MARINA PREISS

Gesetzgebung im Gesundheitsnotstand

Schriften zum Öffentlichen Recht

Band 1561

Gesetzgebung im Gesundheitsnotstand

Die Rolle des parlamentarischen Gesetzgebers im pandemiebedingten Gesundheitsnotstand am Beispiel der COVID-19-Pandemie

Von

Marina Preiß

Duncker & Humblot · Berlin

Veröffentlicht mit finanzieller Unterstützung der Universität Passau.

Die Juristische Fakultät der Universität Passau hat diese Arbeit
im Jahre 2024 als Dissertation angenommen.

Bibliografische Information der Deutschen Nationalbibliothek

Die Deutsche Nationalbibliothek verzeichnet diese Publikation in
der Deutschen Nationalbibliografie; detaillierte bibliografische Daten
sind im Internet über http://dnb.d-nb.de abrufbar.

Satz: 3w+p GmbH, Rimpar
Druck: CPI books GmbH, Leck
Printed in Germany

ISSN 0582-0200
ISBN 978-3-428-19395-0 (Print)
ISBN 978-3-428-59395-8 (E-Book)
Gedruckt auf alterungsbeständigem (säurefreiem) Papier
entsprechend ISO 9706 ♾

Verlagsanschrift: Duncker & Humblot GmbH, Carl-Heinrich-Becker-Weg 9,
12165 Berlin, Germany | E-Mail: info@duncker-humblot.de
Internet: http://www.duncker-humblot.de

Meiner Familie

Vorwort

Die vorliegende Arbeit wurde im Sommersemester 2024 von der Juristischen Fakultät der Universität Passau als Dissertation angenommen. Sie entstand während meiner Zeit als wissenschaftliche Mitarbeiterin am Lehrstuhl für Öffentliches Recht, Sicherheitsrecht und das Recht der neuen Technologien sowie am Lehrstuhl für Staats- und Verwaltungsrecht, Völkerrecht, Europäisches und Internationales Wirtschaftsrecht, dort im Rahmen des vom Bundesministerium für Bildung und Forschung geförderten Projektes „LegEmerge – Gesetzgebung im Gesundheitsnotstand“, Förderkennzeichen: 01KI20501.

Mein besonderer Dank gilt meinem Doktorvater Herrn Professor Dr. Hans-Georg Dederer. Ihm danke ich nicht nur für seine Unterstützung bei der Themenfindung und die großartige Betreuung der Arbeit, sondern auch für die wunderbare und lehrreiche Zeit als wissenschaftliche Mitarbeiterin an seinem Lehrstuhl. Herzlich bedanken möchte ich mich auch bei Herrn Professor Dr. Tristan Barczak für sein zügiges und wertvolles Zweitgutachten, den anregenden wissenschaftlichen Diskurs und die großartige Zeit als wissenschaftliche Mitarbeiterin an seinem Lehrstuhl.

Bei meinem Lehrstuhlkollegen Johannes Forck möchte ich mich für die Durchsicht meines Manuskripts und die gewinnbringenden Diskussionen bedanken.

Die Entstehung der Arbeit wurde von der Universität Passau durch ein Promotionsabschlussstipendium gefördert. Ebenso unterstützte die Universität Passau die Veröffentlichung der Arbeit durch einen großzügigen Druckkostenzuschuss. Auch dafür bin ich sehr dankbar.

Schließlich und von Herzen bedanke ich mich bei meinem Partner Dominik Hübsch, der mein Manuskript durch seine hilfreichen Anmerkungen bereichert und mir während der gesamten Zeit Rückhalt gegeben hat. Mein größter Dank gebührt meinen Eltern Walter und Isolde Preiß sowie meinem Bruder Marco Preiß für ihre unentwegte und bedingungslose Unterstützung in jeder Hinsicht. Ihnen widme ich diese Arbeit.

Passau, im Februar 2025 *Marina Preiß*

Inhaltsverzeichnis

Kapitel 1

Einführung – Pandemien als Herausforderung für die Rechtsordnung

A. Gegenstand der Untersuchung

„Jede gravierende Krise prüft den Zustand der Welt. Sie testet die Kraft ihrer Ordnung, die Fähigkeit, mit den Folgen umzugehen, sich als lernfähig zu erweisen".[1]

Eine solche Krise stellte der gemeinhin als Corona-Pandemie bekannte, weltweite Seuchenausbruch des neuartigen Coronavirus SARS-CoV-2 Ende 2019/Anfang 2020 dar.[2]

Der bis dahin unbekannte SARS-CoV-2-Erreger (severe acute respiratory syndrome coronavirus 2), der zur Lungenkrankheit COVID-19 führt, wurde erstmals am 17. November 2019 in China bestätigt und verbreitete sich innerhalb weniger Monate weltweit. Bereits am 30. Januar 2020 wurde von der World Health Organization (WHO) in diesem Zusammenhang eine gesundheitliche Notlage von internationaler Tragweite (Art. 12 IGV)[3] ausgerufen und der Ausbruch am 11. März 2020 als Pandemie[4] charakterisiert. Schon kurze Zeit später hatten sich über eine Million Menschen mit dem Virus infiziert.[5] Nach über drei Jahren Pandemie[6] waren es über

---

[1] So charakterisiert *Di Fabio*, F. A. Z. v. 06.04.2020, S. 7 die Corona-Pandemie kurz nach deren Ausbruch und den ersten rechtlichen Reaktionen in Deutschland.

[2] In der Epidemiologie versteht man unter einer Pandemie „eine neu, aber zeitlich begrenzt in Erscheinung tretende, weltweite starke Ausbreitung einer Infektionskrankheit mit hohen Erkrankungszahlen und i. d. R. auch mit schweren Krankheitsverläufen", *RKI*, Infektionsschutz und Infektionsepidemiologie, 2015, S. 99.

[3] https://www.who.int/news/item/30-01-2020-statement-on-the-second-meeting-of-the-international-health-regulations-(2005)-emergency-committee-regarding-the-outbreak-of-novel-coronavirus-(2019-ncov) (zuletzt: 28.08.2023).

[4] https://www.who.int/director-general/speeches/detail/who-director-general-s-opening-remarks-at-the-media-briefing-on-covid-19–11-march-2020 (zuletzt: 28.08.2023).

[5] Am 15.06.2020 waren es laut WHO 1.034.095 bestätigte Fälle (https://covid19.who.int/; zuletzt: 28.08.2023).

[6] Die WHO hat die gesundheitliche Notlage von internationaler Tragweite am 05.05.2023 für beendet erklärt (https://www.who.int/news/item/05-05-2023-statement-on-the-fifteenth-meeting-of-the-international-health-regulations-(2005)-emergency-committee-regarding-the-coronavirus-disease-(covid-19)-pandemic). Die Corona-Pandemie ist damit nach der Polio-Notlage, die seit 2014 andauert, die zweitlängste internationale gesundheitliche Notlage, die je von der WHO ausgerufen wurde (https://www.spiegel.de/gesundheit/ende-der-pandemie-who-hebt-co

767 Millionen Infektionsfälle und mehr als sieben Millionen Menschen, die durch das Virus – bzw. rund 20 Millionen Menschen, die in Zusammenhang mit einer Ansteckung[7] – ums Leben gekommen sind.[8] Eine Infektion mit dem Virus kann milde verlaufen oder aber schwerwiegende bis tödliche gesundheitliche Folgen nach sich ziehen.[9] Die unter dem Sammelbegriff Long Covid zusammengefassten diffusen Langzeitfolgen einer Infektion sind bis heute noch nicht hinreichend erforscht. Die Corona-Pandemie führte zu einem in diesem Ausmaß unerwarteten und plötzlichen Anstieg an Personen, die auf eine (intensiv-)medizinische Versorgung angewiesen waren. In manchen Ländern verbreitete sich das Virus so rasant, dass die dortigen Gesundheitssysteme mit dem plötzlichen Anstieg an (intensiv-)medizinisch behandlungsbedürftigen Patienten alsbald überlastet waren und nicht mehr alle Patienten versorgt werden konnten. Die Bilder aus Bergamo in Italien, in denen Militärtransporter Leichen abtransportierten und Ärzte auf den Krankenhausgängen unter dem Entscheidungsdruck der pandemiebedingten Triage zusammenbrachen, bleiben ein prägendes Bild der COVID-19-Pandemie.[10] Im weiteren Verlauf der Pandemie kam es überall auf der Welt immer wieder zu Situationen, in denen medizinische Ressourcen wie Impfstoffe oder Sauerstoff nicht in ausreichender Menge zur Verfügung standen, nicht genügend qualifiziertes medizinisches Personal zur gesundheitlichen Versorgung in den medizinischen Einrichtungen verfügbar war oder die Kapazitäten der gesundheitlichen Versorgungseinrichtungen schlichtweg überlastet waren. Auch in Deutschland wurde eine solche Überlastung der gesundheitlichen Versorgungseinrichtungen, mithin ein Gesundheitsnotstand, befürchtet.

Ein Gesundheitsnotstand beschreibt eine Situation, in der die gesundheitliche Versorgung der Bevölkerung in der Bundesrepublik bedroht ist, weil nicht ausreichend medizinische Versorgungskapazitäten zur Verfügung stehen oder es an notwendigem, hinreichend geschultem medizinischen Personal oder sächlichen Ressourcen fehlt, um alle Patienten, die eine gesundheitliche, pflegerische, ambulante, stationäre oder sonst medizinische oder intensivmedizinische Betreuung benötigen, entsprechend versorgen zu können. Eine Pandemie kann – in der Art der COVID-19-Pandemie – einen möglichen, aber keineswegs den einzigen Auslöser für einen Gesundheitsnotstand darstellen. Dabei geht es nicht primär darum, dass ein Großteil

---

rona-gesundheitsnotstand-auf-a-40c5032c-d369-4cdc-bec4-f2a025312df8; beide zuletzt: 28.08.2023).

[7] Vgl. die Aussage des Generaldirektors der WHO *Tedros Adhanom Ghebreyesus*, abrufbar unter: https://www.who.int/director-general/speeches/detail/who-director-general-s-opening-remarks-at-the-media-briefing–5-may-2023 (zuletzt: 28.08.2023). Siehe dazu *Murswiek*, NVwZ-Extra 05/2021, 1 (8 f.).

[8] Vgl. https://covid19.who.int/ (zuletzt: 28.08.2023).

[9] Vgl. dazu den Steckbrief des RKI, abrufbar unter: https://www.rki.de/DE/Content/InfAZ/N/Neuartiges_Coronavirus/Steckbrief.html?nn=13490888 (zuletzt: 28.08.2023).

[10] Siehe z. B. https://www.tagesschau.de/investigativ/monitor/corona-italien-155.html (zuletzt: 28.08.2023).

der Bevölkerung an dem neuartigen Virus erkrankt. Entscheidend ist vielmehr, dass Personen – ob infolge des Virus oder infolge einer anderen Krankheit oder gesundheitlichen Beeinträchtigung – deshalb sterben oder nicht entsprechend medizinisch versorgt werden können, weil nicht mehr ausreichend Kapazitäten, Ressourcen oder Personal zur medizinischen Versorgung aller Patienten vorhanden sind. Weitere Ursachen für einen Gesundheitsnotstand sind denkbar vielfältig. So kann es aufgrund eines Lieferengpasses von Produkten, die aus dem Ausland importiert werden, an medizinischen Gütern oder notwendigen Bestandteilen zu deren Herstellung fehlen, sodass durch den Mangel an diesen Gütern die Funktionsfähigkeit der gesundheitlichen Versorgungssysteme gefährdet ist. Daneben können insbesondere Naturkatastrophen wie Erdbeben, Hochwasser oder Waldbrände ein solches Ausmaß annehmen, dass im gesamten Bundesgebiet ein starker Anstieg an behandlungsbedürftigen Patienten zu verzeichnen ist, der die gesundheitlichen Versorgungseinrichtungen an ihre Belastungsgrenze bringt. Ebenso können Wasser- oder Lebensmittelverunreinigungen zu einem solchen Anstieg und in der Folge zu einem Gesundheitsnotstand führen.

Der durch SARS-CoV-2 ausgelöste pandemiebedingte Gesundheitsnotstand stellte aber nicht nur Wissenschaft und Medizin vor große Herausforderungen, sondern war auch und zuvörderst eine Bewährungsprobe für den Staat und die Verfassung.[11] Zu den fundamentalen Aufgaben eines Staates gehört der Schutz der Bevölkerung vor Bedrohungen von innen und außen.[12] Dazu zählt insbesondere auch der Schutz von Leben und Gesundheit vor einer pandemischen Bedrohung (Art. 2 Abs. 2 Satz 1 GG).[13] Diese Verpflichtung trifft dabei in erster Linie den parlamentarischen Gesetzgeber, der nach der Wesentlichkeitstheorie verpflichtet ist, alle wesentlichen Entscheidungen in den grundlegenden normativen Bereichen selbst zu treffen[14] und mithin den rechtlichen Rahmen zur Bewältigung eines pandemiebedingten Gesundheitsnotstandes zur Verfügung zu stellen.

Eine Ausnahmesituation, wie sie die COVID-19-Pandemie verursachte, war in der Geschichte der Bundesrepublik bisher ohne Vergleich. Vergangene Seuchenausbrüche trafen Deutschland nicht oder nicht so schwer, dass sie mit den Mittel der Normallage nicht hätten bewältigt werden können.[15] Dem deutschen Recht war und ist der Begriff der Pandemie oder der des pandemiebedingten Gesundheitsnotstandes fremd. Ebenso fehlte es an gesetzlichen Regelungen, die auf eine Bedrohung von pandemischem Ausmaß zugeschnitten waren. Im Zuge der COVID-19-Pandemie wurden daher zahlreiche Maßnahmen ergriffen und Regelungen erlassen, um das

---

[11] *Kersten/Rixen*, Der Verfassungsstaat in der Corona-Krise, 3. Aufl. 2022, S. 24; ähnlich *Gusy*, RuP 56 (2020), 139 (139): „Stresstest für die Verfassung, auch die Grundrechte".

[12] *Klafki*, Risiko und Recht, 2017, S. 20 m. w. N.; siehe auch *Barczak*, Der nervöse Staat, 2. Aufl. 2021, S. 365 m. w. N.

[13] BVerfGE 159, 223 (Rn. 176); 161, 299 (Rn. 155).

[14] BVerfGE 150, 1 (96 ff.); st. Rspr.

[15] Dazu knapp *Gusy*, DÖV 2021, 757 (758).

nötige rechtliche Instrumentarium zur Bewältigung des pandemiebedingten Gesundheitsnotstandes bereitzustellen. Zum Schutz von Leben und Gesundheit sowie zur Aufrechterhaltung der Funktionsfähigkeit der gesundheitlichen Versorgungssysteme wurden grundrechtsbeschränkende Maßnahmen ergriffen, die in ihrem Umfang, ihrer Breite und Intensität bisher beispiellos sind. Flächendeckend und über einen mehrwöchigen oder gar monatelangen Zeitraum wurde der grundrechtliche Freiheits- und Gleichheitsbereich der Bevölkerung durch Ausgangs- und Kontaktbeschränkungen, Versammlungs- und Gottesdienstverbote, Schul- und Betriebsschließungen sowie zahlreiche weitere Maßnahmen verkürzt. Die Maßnahmen erfassten nicht nur fast sämtliche Grundrechte aus dem grundgesetzlichen Katalog, sondern betrafen das gesamte gesellschaftliche und wirtschaftliche Leben.

Die staatliche Reaktion auf die Corona-Pandemie verdeutlichte nicht nur, dass das deutsche Recht nicht auf gesundheitliche Notlagen dieses Ausmaßes vorbereitet war, sondern die in diesem Zuge ergriffenen Maßnahmen und erlassenen Regelungen warfen ihrerseits eine Vielzahl an verfassungsrechtlichen Fragen auf. Allen voran der Gesetzgeber stand in der Kritik, seiner Rolle im verfassungsrechtlichen Gewaltenteilungsgefüge und als Vertreter des Volkes (Art. 38 Abs. 1 Satz 2 GG) nicht gerecht zu werden, weil er der Exekutive zu weitreichende Befugnisse übertrage, keine hinreichend bestimmten gesetzlichen Vorgaben zu grundrechtsbeschränkenden Infektionsschutzmaßnahmen normiere und die Pandemie damit zur krisentypischen „Stunde der Exekutive"[16] werden lasse. Darüber hinaus stellte die große Ungewissheit auf wissenschaftlicher Seite in Bezug auf den Erreger sowie in Bezug auf die Wirksamkeit etwaiger staatlicher Schutzmaßnahmen eine große Herausforderung dar. Der rechtliche Rahmen zur Bewältigung eines pandemiebedingten Gesundheitsnotstandes musste nicht nur anpassungsfähig ausgestaltet werden, sondern stets den Stand von Wissenschaft und Forschung berücksichtigen, ohne jedoch den Weg in eine „Virokratie"[17], einen „faschistoid-hysterischen Hygienestaat"[18] oder eine „Gesundheitsdiktatur"[19] frei zu machen.

Pandemien stellen seit jeher eine Bedrohung für die Menschheit dar. Man denke nur an die Ausbrüche der Pest, die Verbreitung der Pocken oder die Spanische Grippe, die mehr Todesopfer forderte als der Erste Weltkrieg.[20] Die Lebensumstände

---

[16] Zur Charakterisierung der „Ausnahmesituation" als „Stunde der Exekutive" siehe die Rede des seinerzeitigen Bundesinnenministers Dr. *Gerhard Schröder* in der Bundestagsdebatte vom 28.09.1960 um den Regierungsentwurf zur Ergänzung des Grundgesetzes um einen neuen „Abschnitt Xa. Ausnahmezustand" (BT-Plenarprotokoll 3/124, S. 7177 C); siehe dazu für die COVID-19-Pandemie z.B. bei *Kaiser*, RuP 57 (2021), 7 (8 ff.).

[17] *Isensee*, F.A.Z. v. 04.06.2020, S. 7.

[18] *Heinig*, VerfBlog v. 17.03.2020.

[19] Nur referierend *Fuchs*, DÖV 2020, 653 ff.

[20] Schätzungen zufolge wurden im Zuge der Spanischen Grippe zwischen 27 und 50 Millionen Menschen getötet (https://www.aerzteblatt.de/archiv/197155/Spanische-Grippe-Ein-Virus-Millionen-Tote). Im Ersten Weltkrieg sind schätzungsweise 17 Millionen Menschen ums

der modernen Gesellschaft begünstigen zudem den Ausbruch weiterer Seuchen. So lässt sich die Verbreitung einer übertragbaren Infektionskrankheit angesichts der grenzüberschreitenden Mobilität und Vernetzung innerhalb der Bevölkerung kaum aufhalten. Pandemien zählen damit zu den größten Bedrohungen des 21. Jahrhunderts.[21] Experten rechnen auch in Zukunft mit dem Auftreten weiterer Pandemien,[22] die in ihrem Ausmaß und ihrer Gefährlichkeit die Folgen der COVID-19-Pandemie noch übersteigen können. Trotz der Erfahrungen mit der SARS-CoV-2-Pandemie fehlt es nach wie vor an einer allgemeinen Pandemiegesetzgebung im deutschen Recht. Dabei kommt der Steuerungsfunktion gesetzlicher Regelungen gerade im Pandemiefall eine maßgebliche Bedeutung zu.[23] Je besser der rechtliche Rahmen zur Pandemiebewältigung ausgestaltet ist, umso zügiger und effektiver kann auf eine pandemische Bedrohung reagiert und eine Überlastung der Gesundheitssysteme verhindert werden.[24] Die COVID-19-Pandemie sollte als lehrreiches Beispiel dafür fungieren, welcher gesetzlicher Regelungen es im Fall eines pandemiebedingten Gesundheitsnotstandes bedarf und wie diese ausgestaltet werden sollten, um eine effektive Krisenbewältigung unter Beachtung der verfassungsrechtlichen Vorgaben zu ermöglichen. Dabei gilt es, aus den Erfahrungen mit der COVID-19-Pandemie zu lernen und bei einem künftigen Regelwerk besonders darauf zu achten, dass der parlamentarische Gesetzgeber seine Aufgabe im verfassungsrechtlichen Gewaltenteilungsgefüge wahrnimmt und seiner Rolle als Vertreter des Volkes (Art. 38 Abs. 1 Satz 2 GG) gerecht wird.

Gegenstand der vorliegenden Untersuchung ist es daher, die Rolle des parlamentarischen Gesetzgebers im pandemiebedingten Gesundheitsnotstand, wie er durch SARS-CoV-2 ausgelöst wurde, mit dem Ziel zu analysieren, Ansätze und Optionen für einen künftigen, umfassenden und kohärenten rechtlichen Rahmen zur Pandemiebewältigung zu erarbeiten.

B. Gang der Untersuchung

In einem ersten Schritt wird der rechtliche Rahmen zur Bewältigung eines pandemiebedingten Gesundheitsnotstandes im deutschen Recht herausgearbeitet, wie er sich bis zum Ausbruch von COVID-19 und den ersten diesbezüglichen Regelungsänderungen im März 2020 darstellte. Dafür werden sowohl die verfassungs- als

Leben gekommen (https://www.lpb-bw.de/erster-weltkrieg-zusammenfassung; beide zuletzt: 28.08.2023).

[21] Im Global Risks Report 2021 des Weltwirtschaftsforums liegt die Gefahr ansteckender Krankheiten auf Platz 1.

[22] Siehe z. B. https://www.helmholtz-hzi.de/de/aktuelles/thema/es-wird-weitere-vielleicht-noch-gefaehrlichere-pandemien-geben/ (zuletzt: 28.08.2023); *Kräusslich*, in: Lohse/Mettenleiter, Infektionen und Gesellschaft, 2022, 98 (98).

[23] *Klafki*, VerfBlog v. 05.03.2020.

[24] *Klafki*, VerfBlog v. 05.03.2020.

auch einfachrechtlichen Regelungen auf Bundes- sowie Landesebene betrachtet und auf ihre Pandemietauglichkeit hin überprüft.

Daran anschließend wird ein kurzer Überblick über die rechtlichen Änderungen, in erster Linie des Infektionsschutzgesetzes des Bundes als dem zentralen rechtlichen Regelwerk zur Bewältigung eines pandemiebedingten Gesundheitsnotstandes in Deutschland gegeben, bevor diese vertieft an ausgewählten Maßstäben auf ihre Verfassungsmäßigkeit hin überprüft werden. Den zentralen Maßstab zur Beurteilung der pandemiespezifischen Regelungen stellt dabei die Wesentlichkeitstheorie dar, die den Gesetzgeber verpflichtet, alle wesentlichen Entscheidungen in den grundlegenden normativen Bereichen selbst zu treffen. Zur Beurteilung der Frage, ob die COVID-19-Regelungen den Anforderungen der Wesentlichkeitstheorie entsprechen, wird deren Regelungsgehalt zunächst allgemein, dann insbesondere für den Fall des allgemeinen Notstandes und letztlich speziell für den Fall des pandemiebedingten Gesundheitsnotstandes entfaltet.

Einen weiteren Maßstab zur Beurteilung der COVID-19-Regelungen stellt der schonende Ausgleich von Grundrechtskollisionen dar, der für sich eine wesentliche und damit parlamentsgesetzlich zu regelnde Entscheidung ist. Zur Bewältigung der durch den SARS-CoV-2-Erreger ausgelösten pandemischen Bedrohung wurden weitreichende und umfassende freiheitsbeschränkende Infektionsschutzmaßnahmen ergriffen. Deren Verfassungsmäßigkeit beurteilt sich mit Blick auf die staatliche Schutzpflicht für das Leben und die körperliche Unversehrtheit (Art. 2 Abs. 2 Satz 1 GG) durch das Untermaßverbot einerseits und das Übermaßverbot andererseits. Deren Reichweite und Anforderungen werden für den Pandemiefall am Beispiel der COVID-19-Pandemie dargestellt und vor dem Hintergrund der großen Ungewissheit, insbesondere auf Seiten der Wissenschaft, die eine Pandemiesituation prägt, näher beleuchtet.

Ist die gesundheitliche Versorgung im gesamten Bundesgebiet durch die Ausbreitung einer übertragbaren Infektionskrankheit bedroht, bedarf es bundesweiter und bundeseinheitlicher Operationsbefugnisse. Einen weiteren Maßstab zur Beurteilung der COVID-19-Regelungen stellt damit die Einbettung in das nationale Mehrebenensystem dar. In diesem Zusammenhang wird herausgearbeitet, auf welche Art und Weise und in welchem Umfang sich der Bund im Zuge der Corona-Pandemie Handlungsmöglichkeiten gesichert hat und wie sich diese auf die grundgesetzliche Kompetenzverteilung und das bundesstaatliche Gefüge auswirkten.

Die Untersuchung kommt zu dem Ergebnis, dass es bei der Bewältigung eines pandemiebedingten Gesundheitsnotstandes einer dynamischen Risikoregulierung bedarf. Der Begriff der dynamischen Risikoregulierung wird hierfür etabliert und ausgehend vom Beispiel der COVID-19-Pandemie dargestellt, wie sich die Elemente eines dynamischen, anpassungs- und lernfähigen Krisenmanagements gesetzlich abbilden und einfangen lassen.

Abschließend werden auf Grundlage der vorangehenden Ergebnisse Ansätze und Optionen für einen umfassenden, kohärenten rechtlichen Rahmen zur Bewältigung eines pandemiebedingten Gesundheitsnotstandes im Sinne einer allgemeinen Pandemiegesetzgebung auf verfassungsrechtlicher und einfachrechtlicher Ebene in Form eines Normierungsvorschlages präsentiert.

Kapitel 2

Rechtsrahmen zur Pandemiebewältigung – Überblick und Anwendbarkeit im Pandemiefall

Nachfolgend werden die geltenden Rechtsgrundlagen zur Pandemiebewältigung sowie ihre Anwendbarkeit im Pandemiefall überblicksartig dargestellt. Betrachtet werden dabei verfassungsrechtliche sowie einfachgesetzliche Regelungen sowohl auf Bundes- als auch auf Landesebene. Hierbei sollen in erster Linie etwaige Diskrepanzen, Probleme oder Lücken im Rechtsrahmen ausfindig gemacht werden, um im abschließenden Teil der Untersuchung Ansätze und Lösungsoptionen zur Schließung dieser Lücken vorzuschlagen.

Dafür wird zunächst ein Blick auf die maßgeblichen rechtlichen Regelungen geworfen, die bereits vor Beginn der SARS-CoV-2-Pandemie existierten (A.), bevor anschließend auf besondere rechtliche Änderungen auf dem Gebiet des öffentlichen Rechts, die im Zuge der Corona-Pandemie getätigt wurden, eingegangen wird (B.).

A. Rechtlicher Rahmen zur Pandemiebewältigung bis zum Ausbruch der COVID-19-Pandemie

I. Völkerrechtliche und europarechtliche Einbettung

Eine Pandemie ist ein weltweites Phänomen, das sich nicht durch etwaige Staatsgrenzen einschränken lässt. Wenn sich in einem Land der Beginn einer pandemischen Ausbreitung einer übertragbaren Krankheit abzeichnet, kann deren länderübergreifende Verbreitung wegen der Vernetzung und Mobilität der Bevölkerung selten verhindert werden. Deswegen kann ein einziges Land die Pandemie auch nicht alleine besiegen, ohne von Ein- und Ausreisebeschränkungen in einem Umfang Gebrauch zu machen, der speziell in unionsrechtlicher Hinsicht nicht vertretbar wäre. Der internationalen Zusammenarbeit kommt damit eine große Rolle in der Pandemiebewältigung zu.

Auch rechtlich ist die Pandemiebewältigung daher in einen internationalen und europäischen Regelungsrahmen einzubetten.

Auf internationaler Ebene sind es speziell die WHO und die von ihr erlassenen International Health Regulations (Internationale Gesundheitsvorschriften – IGV),[25] die im Fall eines Pandemieausbruchs von Bedeutung sind. Die WHO ist eine auf Gesundheitsfragen spezialisierte, überwiegend medizinisch besetzte Sonderorganisation der Vereinten Nationen, die als internationale Leit- und Koordinierungsstelle fungiert und verschiedene Aufgaben im gesundheitlichen Bereich innehat (siehe Art. 2 der WHO-Satzung[26]).[27] Die IGV sind verbindliche Regelungen, die auf die Verhütung und Bekämpfung einer grenzüberschreitenden Ausbreitung einer Krankheit gerichtet sind. Die Vertragsstaaten sind beispielsweise verpflichtet, Ereignisse mit einer Gefahr für die öffentliche Gesundheit innerhalb von 24 Stunden an die WHO zu melden (Art. 6 Abs. 1 IGV). Auf Grundlage der Meldung und weiterer Informationen kann der Generaldirektor eine gesundheitliche Notlage von internationaler Tragweite (public health emergency of international concern – PHEIC) ausrufen (Art. 12 IGV) und unverbindliche, nicht sanktionsbewehrte Empfehlungen[28] für mögliche nationale Gesundheitsmaßnahmen geben (Art. 15, 16, 18 IGV) oder Maßnahmen im Reise- und Handelsverkehr (Art. 23 ff. IGV) erlassen. Eigene Bekämpfungsbefugnisse der WHO sehen die IGV jedoch nicht vor.[29] Die Zusammenarbeit der WHO und der Vertragsstaaten hat sich in der Vergangenheit zudem als teilweise schwerfällig herausgestellt: Um einer Rufschädigung und Stigmatisierung zu entgehen und sich nicht Reise- und Handelsbeschränkungen anderer Länder ausgesetzt zu sehen, kommen die Vertragsstaaten der Meldepflicht, die den Ausgangspunkt für ein Einschreiten der WHO bildet, häufig nicht oder nur sehr zögerlich nach.[30] Überdies zeigen sich die betroffenen Mitgliedsstaaten, wie z. B. China im Fall von SARS-CoV-2, vereinzelt wenig kooperativ bei der Aufklärung des Ursprungs des Virus. Die IGV sehen bei Verstößen gegen die Vorgaben keinerlei Sanktionen vor, sodass eine Missachtung der Meldepflicht oder unkooperatives Verhalten insofern ohne Konsequenzen bleibt. Auf völkerrechtlicher Ebene fehlt es mithin an klaren Entscheidungsmechanismen und durchsetzbaren Regelungen.[31]

Auf europäischer Ebene thematisieren sowohl der Vertrag über die Arbeitsweise der Europäischen Union (AEUV) als auch Art. 35 der Charta der Grundrechte der Union (GR-Charta) auf Primärebene sowie diverse sekundärrechtliche Akte den

---

[25] Die IGV wurden durch das Gesetz zu den Internationalen Gesundheitsvorschriften (2005) v. 20.07.2007 ins deutsche Recht implementiert (BGBl. II 2007, S. 930).

[26] BGBl. II 1974, S. 43.

[27] Siehe dazu *Klafki*, Risiko und Recht, 2017, S. 168 m.w.N.

[28] *Kloepfer/Deye*, DVBl. 2009, 1208 (1213); *Klafki*, Risiko und Recht, 2017, S. 298.

[29] *Klafki*, VerfBlog v. 05.03.2020.

[30] Beispielsweise wurde der SARS-Ausbruch vom Ursprungsort China zunächst nicht gemeldet oder die Verbreitung von MERS-CoV nicht vom Ursprungsland Saudi-Arabien gemeldet, sondern durch England, als dort erste Krankheitsfälle bekannt wurden, dazu *Klafki*, Risiko und Recht, 2017, S. 207 ff.

[31] Vgl. *Klafki*, Risiko und Recht, 2017, S. 297; *dies.*, VerfBlog v. 05.03.2020.

Gesundheitsschutz und damit den Pandemiebereich.[32] Nach Art. 168 Abs. 1 UAbs. 1 AEUV ergänzt (Art. 6 AEUV) und fördert die Union in diesem Bereich die Politik der Mitgliedsstaaten jedoch nur und wird über den Rat im Wege von Empfehlungen (Art. 168 Abs. 6 AEUV) oder in Absprache mit den Mitgliedsstaaten durch Leitlinien der Kommission (Art. 168 Abs. 2 UAbs. 2 S. 2 AEUV) tätig. Nur in wenigen Ausnahmefällen können das Europäische Parlament und der Rat Maßnahmen erlassen (Art. 168 Abs. 4 AEUV). Die Organisation des Gesundheitswesens und die medizinische Versorgung verbleiben nach Art. 168 Abs. 7 AEUV ausdrücklich in der Verantwortung der Mitgliedsstaaten. Allenfalls Grundfreiheiten und Diskriminierungsverbote[33] können bei der nationalen Pandemiebewältigung zu berücksichtigen sein, insbesondere wenn es um den Grenzverkehr geht. Eigene Bekämpfungsbefugnisse der EU existieren jedoch nicht. Die Kompetenzen und Befugnisse der EU sind letztlich sehr schwach ausgestaltet und entfalten nur wenig Steuerungskraft.[34]

Die rechtlichen Befugnisse und Grundlagen stellen sich insgesamt sowohl auf völkerrechtlicher als auch unionsrechtlicher Ebene als sehr unübersichtlich und mangels klarer Entscheidungsmechanismen und Kompetenzen für den Pandemiefall im Allgemeinen sowie die vorliegend im Fokus stehende Bewältigung eines pandemiebedingten Gesundheitsnotstandes im Besonderen als nur bedingt hilfreich dar.[35] Die Untersuchung befasst sich nachfolgend daher ausschließlich mit den rechtlichen Grundlagen auf nationaler Ebene.[36]

---

[32] Ausführlich bei *Klafki*, Risiko und Recht, 2017, S. 189 ff., 236 ff., 302 ff.; *von Steinau-Steinrück*, Die staatliche Verhütung und Bekämpfung von Infektionskrankheiten, 2013, S. 42 ff.

[33] *von Steinau-Steinrück*, Die staatliche Verhütung und Bekämpfung von Infektionskrankheiten, 2013, S. 46.

[34] *Klafki*, Risiko und Recht, 2017, S. 189 ff., 236 ff., 302 ff.; *A. Müller*, VVDStRL 80 (2021), 105 (106, 107 ff.).

[35] Ein Überblick über die völkerrechtlichen und unionsrechtlichen Regelungen, die im Pandemiefall von Bedeutung sein können, hier aber nicht vertieft behandelt werden, findet sich bei *von Steinau-Steinrück*, Die staatliche Verhütung und Bekämpfung von Infektionskrankheiten, 2013, S. 36 ff. (Völkerrecht), 42 ff. (Unionsrecht). Siehe zudem vertiefend *Klafki*, Risiko und Recht, 2017, S. 175 ff., 228 ff., 297 ff. (Völkerrecht), 189 ff., 236 ff., 302 ff. (Unionsrecht).

[36] Weiterführend zu den völkerrechtlichen und unionsrechtlichen Grundlagen für den Pandemiefall: *Thym/Bornemann*, in: Huster/Kingreen, HdB InfSR, 2. Aufl. 2022, Kapitel 2 für die Unionsebene sowie dazu und zum Völkerrecht *Gassner*, in: Kluckert, Das neue Infektionsschutzrecht, 2. Aufl. 2021, § 1. Zum Völkerrecht zudem *Kaltenborn/Kreft*, in: Huster/Kingreen, HdB InfSR, 2. Aufl. 2022, Kapitel 3. Siehe ferner die Reformvorschläge der WHO für die IGV, abrufbar unter: https://www.swp-berlin.org/publikation/who-initiativen-reformierte-internationale-gesundheitsvorschriften-und-ein-pandemievertrag (zuletzt: 19.08.2023).

II. Nationale Ebene

1. Pandemie als Ausnahmezustand?

Die Corona-Krise versetzte Deutschland in einen „Ausnahmezustand". So liest es sich häufig in Pressemitteilungen und Zeitungsartikeln, sogar rechtswissenschaftliche Abhandlungen greifen den Begriff des Ausnahmezustandes in Bezug auf die Corona-Pandemie auf.[37]

Zutreffend ist, dass der Ausbruch der Corona-Pandemie und seine Folgen die Gesellschaft und auch den Staat vor große Herausforderungen stellten. Die Pandemie ist eine außergewöhnliche Situation, deren Bewältigung ebenso außergewöhnliche Mittel erfordert. Faktisch liegt eine Ausnahmesituation vor. Verfassungsrechtlich von einem Ausnahmezustand im klassischen Sinn, das heißt in bewusster Anlehnung an Carl Schmitt[38], zu sprechen, führt jedoch in die Irre.[39] Im so verstandenen Ausnahmezustand „suspendiert der Staat das Recht"[40], die Verfassung ist außer Kraft gesetzt und ein einzelner Souverän bestimmt ganz nach dem Grundsatz „Not kennt kein Gebot" ohne gewaltenteilige Einschränkungen über das Handeln in der Krise. Eines der bekanntesten Beispiele für eine Regelung, die letztlich einen solchen Zustand ermöglichte, ist Art. 48 Abs. 2 WRV. Demnach war es dem Reichspräsidenten gestattet, „die zur Wiederherstellung der öffentlichen Sicherheit und Ordnung nötigen Maßnahmen" zu treffen und bestimmte „Grundrechte ganz oder zum Teil außer Kraft [zu] setzen". Art. 48 Abs. 2 WRV trug letztlich – neben weiteren Faktoren – zum Ende der Weimarer Republik und seiner Verfassung bei.[41]

Der geltenden deutschen Verfassung ist ein solcher Ausnahmezustand fremd,[42] sie denkt vielmehr von der Normallage her.[43] Zwar kennt die deutsche Verfassung keine „Pandemie" und auch keinen „Gesundheitsnotstand", dennoch findet dessen Bewältigung nicht in einem rechtsfreien Raum statt. In der Konsequenz sind es vielmehr

[37] Z. B. *Ipsen*, NdsVBl. 2020, 165 ff.; *ders.*, DVBl. 2020, 1037 ff.; *Mayen*, NVwZ 2020, 828 ff.; *Volkmann*, VerfBlog v. 20.03.2020.

[38] *C. Schmitt*, Politische Theologie, 8. Aufl. 2004, S. 11. Vgl. dazu die Kritik bei *Dederer*, in: Dürig/Herzog/Scholz, GG, Art. 91 Rn. 3 (2019). Zu Recht mahnend, „mit dem Begriff des ‚Ausnahmezustands' im demokratischen Verfassungsstaat vorsichtig und zurückhaltend [umzugehen]", *Kersten/Rixen*, Der Verfassungsstaat in der Corona-Krise, 3. Aufl. 2022, S. 66. Siehe auch *Kersten*, JuS 2016, 193 ff.

[39] Keiner der verfassungsrechtlichen Autoren geht in Bezug auf die COVID-19-Pandemie von einem solchen Zustand in Deutschland aus.

[40] *C. Schmitt*, Politische Theologie, 8. Aufl. 2004, S. 19.

[41] Knappe Übersicht bei *Kersten/Rixen*, Der Verfassungsstaat in der Corona-Krise, 3. Aufl. 2022, S. 71 f. Aufarbeitung und Einordnung von Art. 48 Abs. 2 WRV z. B. bei *Barczak*, Der nervöse Staat, 2. Aufl. 2021, S. 266 ff.; *Kaiser*, Ausnahmeverfassungsrecht, 2020, S. 136 ff.; siehe zudem *Gusy*, Weimar – die wehrlose Republik?, 1991, S. 50 ff. Siehe auch *Dederer*, in: Dürig/Herzog/Scholz, GG, Art. 91 Rn. 12, 16 f. (2019).

[42] So auch *Dreier*, DÖV 2021, 229 (229). Ausführlich *Barczak*, Der nervöse Staat, 2. Aufl. 2021, S. 57 ff.; *Kaiser*, Ausnahmeverfassungsrecht, 2020, S. 35 ff.

[43] *Barczak*, in: Bitburger Gespräche Jahrbuch 2022, 1 (1).

die „üblichen Maßstäbe des Grundgesetzes“[44], die auch in der Normallage geltenden Vorschriften, welche für die Pandemiebewältigung Anwendung finden. Ein Ausnahmezustand bleibt daher „immer ein rechtsstaatlich und demokratisch eingehegter Ausnahmezustand“.[45] So war die Corona-Pandemie vielleicht „Herausforderung und Test für die rechtsstaatliche Demokratie“,[46] „hat die horizontale und vertikale Gewaltenteilung auf eine Zerreißprobe gestellt“[47] und stellte schlechthin einen „Lackmustest des Grundgesetzes“, eine Bewährungsprobe für den Verfassungsstaat dar.[48] Die zu ihrer Bewältigung eingesetzten Mittel mussten sich aber durchweg an den verfassungsrechtlichen Anforderungen messen lassen.[49] Es konnte nicht nach dem Motto „Whatever it takes“ gehandelt werden.[50] Die zur Eindämmung des Virus und zur Bewältigung der Pandemie ergriffenen staatlichen Schutzmaßnahmen beschränkten die grundrechtlichen Freiheiten der Bevölkerung zwar in außergewöhnlichem Umfang,[51] von einem „Niedergang grundrechtlicher Denkkategorien“[52], einem „Shutdown“[53] oder einer Suspendierung der Grundrechte zu sprechen, ginge jedoch zu weit.[54] Die unzähligen Gerichtsverfahren gegen etwaige Schutzmaßnahmen, bei denen die Grundrechte nicht nur als Maßstab zugrunde gelegt wurden, sondern in denen die Gerichte – wenn auch nur in einer überschaubaren Anzahl von Fällen – Maßnahmen für unverhältnismäßig und verfassungswidrig erklärten, bestätigen dies und stehen für einen effektiven Rechtsschutz auch in Krisenzeiten. Trotz weitreichender Befugnisse der Exekutive bei der Beschaffung, Herstellung und Bevorratung von medizinischen Ressourcen (§ 5 Abs. 2 IfSG) und der überwiegend durch exekutive Verordnungen ergehenden grundrechtsbeschränkenden Maßnahmen (§§ 28 ff. i. V. m. § 32 IfSG) wurden Bundes- wie Landesgesetzgeber – wenn auch zögerlich – im Wege zahlreicher Gesetzesänderungen oder

---

[44] *Dreier*, DÖV 2021, 229 (230).

[45] *Kaiser*, RuP 57 (2021), 7 (8). Zum Begriffsverständnis *dies.*, Ausnahmeverfassungsrecht, 2020, S. 49 ff., welche den Begriff des „Ausnahmeverfassungsrechts“ (S. 74 ff.) im Sinne der „Gesamtheit der verfassungsrechtlichen Regelungen, die der Bewältigung krisenhafter Situationen gelten“ (S. 76), einführt. Eingehend zum Begriff des Ausnahmezustandes auch *Barczak*, Der nervöse Staat, 2. Aufl. 2021, S. 74 ff., 83 ff., 98 ff.

[46] *Papier*, DRiZ 2020, 180 (182).

[47] *Schwarz/Sairinger*, NVwZ 2021, 265 (272).

[48] Vgl. *van Ooyen*, in: ders., Öffentliche Sicherheit und Freiheit, 4. Aufl. 2024, S. 51; ähnlich *Gusy*, RuP 56 (2020), 139 (139): „Stresstest für die Verfassung, auch die Grundrechte“.

[49] So auch *Dreier*, DÖV 2021, 229 (229 f.); *Kersten/Rixen*, Der Verfassungsstaat in der Corona-Krise, 3. Aufl. 2022, S. 68, 71 m. w. N.; siehe auch *Brenner*, ERPL, 34 (2022), 183 (184 f.).

[50] *Kingreen*, VerfBlog v. 20.03.2020.

[51] Das Grundgesetz folgt insofern dem „Einschränkungsmodell“ und nicht dem (Weimarer) „Suspensionsmodell“, dazu *Kaiser*, Ausnahmeverfassungsrecht, 2020, S. 210 ff., 221 ff.

[52] *Lepsius*, VerfBlog v. 06.04.2020.

[53] *van Ooyen/Wassermann*, in: van Ooyen/Wassermann, RuP Beiheft 7 (2021), 7 (9, 10).

[54] So auch *Dreier*, DÖV 2021, 229 (229 f.).

durch Erlass neuer Gesetze tätig.[55] Bei der Rede von der Corona-Krise als „Stunde der Exekutive“[56] ist daher jedenfalls Zurückhaltung geboten.[57] Keinesfalls befand sich der deutsche Rechtsstaat in einer „Gesundheitsdiktatur“[58], „Virokratie“[59], einem „faschistoid-hysterischen Hygienestaat“[60] oder einem „Ausnahmezustand im juristischen Denken“[61].

2. Grundgesetzliche Notstandsregelungen

In bewusster Abkehr zu Art. 48 Abs. 2 WRV wurden 1968 nach langem Ringen mehrere Regelungen zur Bewältigung von Krisenlagen in die Verfassung aufgenommen, die umgangssprachlich als „Notstandsverfassung“ bezeichnet werden.[62] Der grundgesetzlich geregelte „Ausnahmezustand“ beschreibt demnach eine Lage, „in der so schwere Gefahren für den Bestand eines Staates, seine Sicherheit und (Rechts-)Ordnung bestehen, daß deren Bewältigung mit den im Normalfall zu Gebote stehenden Mitteln als nicht mehr möglich erscheint“[63], und erfasst sowohl Fälle des inneren als auch des äußeren Notstandes. Zur Bewältigung dieser Fälle wird sodann ein besonderes Notstandsinstrumentarium bereitgestellt.

Obgleich die Begriffe der „Pandemie“, des „Gesundheitsnotstandes“ oder auch nur der „Gesundheit“ dem Grundgesetz fremd sind,[64] könnten die grundgesetzlichen Notstandsregelungen auch im Pandemiefall Anwendung finden. Dafür ist zwischen den Regelungen des inneren und des äußeren Notstandes zu unterscheiden.

---

[55] *Fuchs*, DÖV 2020, 653 (653) sieht darin Anzeichen für einen „Legiszid“.

[56] Zur Charakterisierung der „Ausnahmesituation“ als „Stunde der Exekutive“ siehe bereits oben Fn. 16. Zutreffend kritisch zu dieser Vokabel *Barczak*, RuP 2020, 458 (460 f.). Siehe auch *Kingreen*, Jura 2020, 1019 (1020): „Alarmvokabel“.

[57] *Dreier*, DÖV 2021, 229 (230). *Kaiser*, RuP 57 (2021), 7 (10) geht vielmehr von einer „Stunde der Legislative“ aus.

[58] *Fuchs*, DÖV 2020, 653 (653).

[59] *Isensee*, F.A.Z. v. 04.06.2020, S. 7.

[60] *Heinig*, VerfBlog v. 17.03.2020.

[61] *Lepsius*, VerfBlog v. 06.04.2020.

[62] Als „Notstandsverfassung“ werden die im Zuge des 17. Gesetzes zur Ergänzung des Grundgesetzes (BGBl. I 1968, S. 709) erlassenen Normen bezeichnet. Der Einführung gingen heftige innenpolitische Debatten voraus. Erste Gesetzesentwürfe gab es bereits 1958, diese konnten jedoch keine Mehrheit im Parlament finden, siehe dazu etwa *Epping*, in: Dürig/Herzog/Scholz, GG, Art. 115a Rn. 15–21 (2012).

[63] *Klein*, in: Isensee/P. Kirchhof, HStR, Band XII, 3. Aufl. 2014, § 280 Rn. 1.

[64] Der Begriff der „Seuchengefahr“ wird vereinzelt im Rahmen bestimmter grundrechtlicher Gesetzesvorbehalte verwendet, vgl. Art. 11 Abs. 2, Art. 13 Abs. 7 GG.

a) Äußerer Notstand des Grundgesetzes

Der äußere Notstand findet seine Regelung im Grundgesetz in den Art. 115a ff. GG, wird durch den Begriff des Verteidigungsfalls in Art. 115a Abs. 1 Satz 1 GG legaldefiniert und umfasst Fälle eines von außerhalb des Bundesgebiets kommenden, bewaffneten Angriffs. Dem Verteidigungsfall sind der Spannungs-, Zustimmungs- (Art. 80a Abs. 1 GG) und Bündnisfall (Art. 80a Abs. 3 GG) vorgeschaltet.[65] Der Verteidigungsfall wird gem. Art. 115a Abs. 1 Satz 1 GG vom Bundestag ausgerufen und führt zum Übergang der Befehls- und Kommandogewalt über die Streitkräfte auf den Bundeskanzler (Art. 115b GG), lässt Abweichungen von der grundgesetzlichen Kompetenzverteilung und dem Gesetzgebungsverfahren zugunsten des Bundes zu (Art. 115c, 115d GG) und erweitert die Kompetenzen der Bundesregierung (Art. 115f GG) bzw. der Landesregierungen (Art. 115i GG).[66] Im äußeren Notstand kommt es somit zur Modifikation der grundgesetzlichen Funktionenordnung.

Um die grundgesetzlichen Regelungen über den äußeren Notstand im pandemiebedingten Gesundheitsnotstand anwenden zu können, müsste dieser einen Verteidigungsfall, d.h. einen (drohenden) Angriff auf das Bundesgebiet mit Waffengewalt im Sinne von Art. 115a Abs. 1 Satz 1 GG darstellen. Zwar kann der Ursprung einer Pandemie durchaus außerhalb der deutschen Landesgrenzen liegen und kann bei einer Einschleppung der Infektionskrankheit in das deutsche Bundesgebiet gewissermaßen von einer von außen kommender Bedrohung gesprochen werden. Mit Ausnahme des Sonderfalls, dass ein Virus gezielt als Waffe eingesetzt wird,[67] liegt aber jedenfalls weder ein Angriff mit Waffengewalt auf das Bundesgebiet im Sinne von Art. 115a Abs. 1 Satz 1 GG vor, der eine Verteidigung durch die Streitkräfte erforderlich macht, noch ist eine solche Art der Verteidigung im Fall einer übertragbaren Infektionskrankheit zielführend. Obgleich in Frankreich der „guerre sanitaire“ (auf Deutsch: der Gesundheitskrieg) ausgerufen wurde,[68] ist eine Pandemie weder vom Wortlaut noch vom Sinn und Zweck der grundgesetzlichen Regelung des äußeren Notstandes erfasst. Bei einem ebenso denkbaren Ursprung der Seuche innerhalb der Bundesrepublik läge hingegen schon kein Angriff von außen vor, sodass je nach Ursprungsort der Krankheit ein unterschiedliches rechtliches Instrumentarium zur Anwendung käme, was bestenfalls willkürlich anmutet.

---

[65] Dazu etwa *Schwarz*, in: Stern/Sodan/Möstl, Das Staatsrecht der Bundesrepublik Deutschland, Band I, 2. Aufl. 2022, § 24 Rn. 15 ff.

[66] Daneben enthalten Art. 115e, 115g bis 115l GG Regelungen über den Gemeinsamen Ausschuss, das Bundesverfassungsgericht, Wahlen und weitere Regelungen zu den im Verteidigungsfall erlassenen Rechtvorschriften.

[67] *Thielbörger/Belehrt*, VerfBlog v. 19.03.2020.

[68] Vgl. die „Adresse aux Français“ v. 16.03.2020 (https://www.elysee.fr/emmanuel-macron/2020/03/16/adresse-aux-francais-covid19; zuletzt: 27.08.2023).

b) Innerer Notstand des Grundgesetzes

Ein pandemiebedingter Gesundheitsnotstand könnte aber einen Anwendungsfall des inneren Notstandes darstellen. Anders als der äußere Notstand wird der innere Notstand nur fragmentarisch und über das Grundgesetz verteilt in Art. 91 GG (ggf. i. V. m. Art. 87a Abs. 4 GG) und Art. 35 Abs. 2, 3 GG und dort wiederum nur lückenhaft geregelt.[69] Eine zu Art. 115a Abs. 1 Satz 1 GG vergleichbare Definition und eine parlamentarische Feststellung des Notstandsfalles fehlen. Ebenso fehlt ein mit den Regelungen über den äußeren Notstand vergleichbares Rechtsfolgenregime. Die Regelungen über den inneren Notstand erfassen vielmehr aus der eigenen staatlichen Sphäre, also von innen kommende Gefährdungen und ermöglichen zur Unterstützung eines Landes bei der Gefahrenabwehr einen zusätzlichen Einsatz von Polizei- und Streitkräften, Einheiten des Bundesgrenzschutzes (heute: Bundespolizei, siehe § 1 Abs. 2 BPolG) oder Einrichtungen der Verwaltung. Zudem steht der Bundesregierung in bestimmten Fällen ein Weisungsrecht gegenüber den Landesregierungen (Art. 35 Abs. 3 Satz 1, 91 Abs. 2 Satz 3 HS 1 GG) oder den Polizeikräften der Bundesländer (Art. 91 Abs. 2 Satz 1 GG) zu. Ein Einschreiten des Bundes kommt dabei erst dann in Betracht, wenn das betroffene Bundesland die Gefahr nicht alleine abwehren kann oder soweit es zur wirksamen Bekämpfung erforderlich ist.[70]

Art. 91 GG (i. V. m. Art. 87a Abs. 4 GG) setzt entweder das Vorliegen einer drohenden Gefahr für den Bestand des Bundes oder eines Landes voraus, schützt mithin die verfassungsmäßige Existenz des Staates, die sich unter Rückgriff auf die Drei-Elemente-Lehre[71] aus Staatsvolk, Staatsgebiet und Staatsgewalt zusammensetzt,[72] oder stellt auf eine drohende Gefahr für die freiheitliche demokratische Grundordnung ab, welche die jeweilige Staatsform im Gesamten sowie die fundamentalen Grundprinzipien der staatlichen Gesamtordnung umfasst.[73] Wie die Geschehnisse in Ungarn und Polen[74] zeigen, ist es durchaus denkbar, dass eine pandemische Notsituation ausgenutzt wird, um aktiv demokratische Elemente abzuschaffen und etwa die Bildung von Staatsorganen zu beeinflussen oder die Hand-

---

[69] Vgl. *Hesse*, Grundzüge des Verfassungsrechts, 20. Aufl. 1999, Rn. 762 ff.; *Dederer*, in: ders./Gierhake/Preiß, COVuR 2020, 454 (455); *Volkmann*, in: Huber/Voßkuhle, GG, Band 3, 8. Aufl. 2024, Art. 91 Rn. 1 f.

[70] Zum Stufenverhältnis exemplarisch für Art. 91 GG *Volkmann*, in: Huber/Voßkuhle, GG, Band 3, 8. Aufl. 2024, Art. 91 Rn. 4.

[71] *Jellinek*, Allgemeine Staatslehre, 3. Aufl. 1976, S. 394 ff.

[72] *Dederer*, in: Dürig/Herzog/Scholz, GG, Art. 91 Rn. 56 (2019); *Volkmann*, in: Huber/Voßkuhle, GG, Band 3, 8. Aufl. 2024, Art. 91 Rn. 14.

[73] Ausführlich *Dederer*, in: Dürig/Herzog/Scholz, GG, Art. 91 Rn. 62 ff. (2019).

[74] In Ungarn wurde die Pandemie dazu benutzt, Ministerpräsident *Viktor Orbán* zu ermöglichen, per Dekret „durchzuregieren" (siehe dazu *Kovács*, VerfBlog v. 06. 04. 2020; *dies.*, VerfBlog v. 11. 03. 2021), in Polen wurde ein umfangreiches Krisengesetz beschlossen, das unter anderem das Wahlgesetz änderte und die Wiederwahl des damaligen Amtsinhabers sichern sollte (dazu z. B. in der SZ v. 30. 03. 2020, S. 6).

lungsfähigkeit des Parlaments zu beeinträchtigen. Ebenso kann eine übertragbare Infektionskrankheit eine Vielzahl an Todesopfern verursachen und gegebenenfalls das Staatsvolk stark dezimieren[75] und damit den Bestand des Bundes oder eines Landes gefährden. Art. 91 GG setzt jedoch eine gewisse normative Erheblichkeit der Gefahr und ihres Schadens voraus, die anhand verfassungsrechtlicher Wertungen und insbesondere mit Blick auf die Rechtsfolgen von Art. 91 GG zu bestimmen ist.[76] In der Konsequenz sind durch den Einsatz von Polizeikräften nicht abwendbare Beeinträchtigungen normativ unerheblich.[77] In Deutschland gab es im Zusammenhang mit der COVID-19-Pandemie keine ähnlichen Vorfälle wie in Ungarn oder Polen, bei denen über ein Infrage-Stellen des Staates im Gesamten[78] nachgedacht werden könnte. Die Pandemie an sich und auch eine Überlastung der Gesundheitssysteme[79] können überdies nicht mithilfe des von Art. 91 GG auf Rechtsfolgenseite vorgesehenen Einsatzes von Polizeikräften bewältigt werden und sind somit normativ unerheblich.[80] Art. 91 GG erfasst den Fall des pandemiebedingten Gesundheitsnotstandes folglich nicht.[81]

Mithin kommt allein der in Art. 35 Abs. 2 Satz 2, Abs. 3 Satz 1 GG[82] geregelte Katastrophennotstand in Betracht. Zur Bewältigung einer Pandemie, die eine Bedrohung für das gesamte Bundesgebiet darstellt, könnte namentlich der in Art. 35 Abs. 3 Satz 1 GG geregelte überregionale Notstand einschlägig sein, welcher länderübergreifende Bedrohungen erfasst. Art. 35 Abs. 2 Satz 2 GG regelt hingegen den regionalen und damit auf ein Land begrenzten Notstand, zu dessen Bewältigung das betroffene Bundesland von anderen Bundesländern Unterstützung bei der Gefahrenabwehr anfordern kann.

Voraussetzung für Art. 35 Abs. 3 Satz 1 GG ist das Vorliegen einer Naturkatastrophe oder eines Unglücksfalls. Damit sind Ereignisse katastrophischer Dimension gemeint, die sich schwerwiegend und mit großer Breitenwirkung auf die Öffentlichkeit auswirken[83] und nicht von den landeseigenen Polizeikräften alleine bewältigt

---

[75] So diskutiert für terroristische Anschläge bei *Dederer*, in: Dürig/Herzog/Scholz, GG, Art. 91 Rn. 61 (2019).

[76] *Dederer*, in: Dürig/Herzog/Scholz, GG, Art. 91 Rn. 60 (2019).

[77] *Dederer*, in: Dürig/Herzog/Scholz, GG, Art. 91 Rn. 60 f. (2019).

[78] *Volkmann*, in: Huber/Voßkuhle, GG, Band 3, 8. Aufl. 2024, Art. 91 Rn. 15.

[79] Für die Subsumtion des Zusammenbruchs des Gesundheitssystems unter Art. 91 GG hingegen *Thielbörger/Behlert*, VerfBlog v. 19.03.2020.

[80] Ebenso *Epping*, in: BeckOK GG, Art. 91 Rn. 5.1 (2024); im Ergebnis auch *Schwarz/Sairinger*, NVwZ 2021, 265 (270).

[81] Ebenso *Ipsen*, RuP 56 (2020), 118 (122).

[82] Art. 35 Abs. 1 GG regelt hingegen die allgemeine Amtshilfe, Art. 35 Abs. 2 Satz 1 GG bezieht sich auf die Gefahrenabwehr für die öffentliche Sicherheit und Ordnung und ist unterhalb der Schwelle von Art. 35 Abs. 2 Satz 2, Abs. 3 Satz 1 GG angesiedelt (dazu *Dederer*, in: Dürig/Herzog/Scholz, GG, Art. 35 Rn. 121 [2018]); diese Konstellationen sind in der vorliegenden Untersuchung daher nachrangig.

[83] Vgl. für den Unglücksfall BVerfGE 115, 118 (143); 133, 241 (265).

werden können.[84] Der tragende Unterschied zwischen den beiden Fällen besteht darin, dass der Unglücksfall „auf menschliches Fehlverhalten oder technische Unzulänglichkeiten“[85] zurückgeführt wird (z. B. „ein schweres Flugzeug- oder Eisenbahnunglück, ein Stromausfall mit Auswirkungen auf lebenswichtige Bereiche der Daseinsvorsorge oder der Unfall in einem Kernkraftwerk“[86]), die Ursache einer Naturkatastrophe hingegen in einem durch eine Naturgewalt ausgelösten Ereignis liegt (z. B. ein Erdbeben, Schneesturm, Hochwasser oder Waldbrand)[87].

Die pandemische Ausbreitung einer übertragbaren Infektionskrankheit kann, insbesondere, wenn sie eine gesundheitliche Notlage im Bundesgebiet verursacht, durchaus ein solches Ereignis von katastrophalem Ausmaß darstellen. Ein Beispiel dafür war die COVID-19-Pandemie. Der neuartige SARS-CoV-2-Erreger verbreitete sich nicht nur in Rekordgeschwindigkeit weltweit und auch in der gesamten Bundesrepublik, eine Infektion führte zudem vielfach zu schwerwiegenden und tödlichen gesundheitlichen Folgen. Neben der gesamten Bevölkerung wurde auch die bundesweite gesundheitliche Versorgung im Rahmen der Pandemie durch Personalausfall sowie einem plötzlich stark erhöhten Bedarf an medizinischer Versorgung auf eine große Belastungsprobe gestellt, die nicht ohne Zutun staatlicher Intervention (des Bundes) bewältigt werden konnte. Zutreffend wurde die Corona-Pandemie daher als „Naturkatastrophe in Zeitlupe“[88] bezeichnet. Die im Vergleich zu einem Erdbeben oder einer Flut deutlich geringere Ausbreitungsgeschwindigkeit einer Pandemie[89] ist für das Ergebnis unerheblich: Richtig ist, dass sich ein Erdbeben, eine Flutkatastrophe oder die Explosion eines Kernkraftwerkes binnen kürzester Zeit ereignen und zu verheerenden Folgen führen, eine Pandemie sich hingegen über einen längeren Zeitraum hinweg ausbreitet. Selbst die Corona-Pandemie, der eine rasante Ausbreitungsgeschwindigkeit zugeschrieben wird, brauchte zumindest wenige Monate, um sich weltweit zu verbreiten. Betrachtet man hingegen auch bei einer Pandemie lokale Infektionsgeschehen, so stiegen die Fallzahlen in Deutschland beispielsweise innerhalb nur eines Monats von sechs (Stand: 17. 02. 2020) auf 21.120 (Stand: 16. 03. 2020) kumulierte COVID-19-Fälle.[90] Sobald eine übertragbare Infektionskrankheit im Umlauf ist, lässt sie sich ähnlich wie andere Katastrophen nur mehr schwer aufhalten. Ebenso wie bei einem Erdbeben oder einer Flutkatastrophe kann das Ausmaß des Schadens auch bei einer Pandemie enorm sein. Wenngleich seit geraumer Zeit mit dem Ausbruch einer Pandemie gerechnet wurde, so war deren tatsächlicher Ausbruch zeitlich sowie mit Blick auf ihren Umfang und ihr Ausmaß

[84] *Dederer*, in: Dürig/Herzog/Scholz, GG, Art. 35 Rn. 134 (2018).

[85] BVerfGE 115, 118 (143).

[86] BVerfGE 115, 118 (143).

[87] Vgl. z. B. *Epping*, in: BeckOK GG, Art. 35 Rn. 22 (2024).

[88] So der Virologe *Christian Drosten* in seinem NDR-Podcast zur Corona-Pandemie vom 11. 03. 2020, nachzulesen unter https://www.ndr.de/nachrichten/info/11-Coronavirus-Update-Wir-muessen-jetzt-gezielt-handeln,podcastcoronavirus128.html (zuletzt: 27. 08. 2023).

[89] *Epping*, in: BeckOK GG, Art. 35 Rn. 22.3 (2024).

[90] Vgl. hierzu https://covid19.who.int/region/euro/country/de (zuletzt: 27. 08. 2023).

ungewiss. Die COVID-19-Pandemie traf die Bundesrepublik daher ebenso schwer und überraschend wie eine Überschwemmung oder ein Großbrand dies tun würden. Dass eine Pandemie auch nach Monaten und Jahren und wegen eines wechselnden Pandemieverlaufs immer wieder weitreichende und schwerwiegende Schäden verursachen kann, spricht vielmehr für ihre katastrophale Dimension als gegen sie. Eine Pandemie stellt damit einen Fall des inneren Notstandes nach Art. 35 Abs. 3 Satz 1 GG dar.[91] Ob es sich dabei um einen menschenverursachten Unglücksfall[92] oder (wahrscheinlicher) um eine auf ein Naturereignis zurückzuführende Naturkatastrophe[93] handelt, kann mit Blick darauf, dass bei einer Pandemie verschiedene Ursachen für deren Ausbruch denkbar, die Grenzen zwischen den Varianten ohnehin fließend sind und eine Unterscheidung letztlich ohne Konsequenzen auf Rechtsfolgenseite bleibt, dahinstehen.

Obgleich eine Pandemie somit einen Fall des inneren Notstandes unter dem Grundgesetz darstellt, sind die Rechtsfolgen von Art. 35 GG nicht auf diesen besonderen Fall zugeschnitten und für die Bekämpfung einer Pandemie schlichtweg untauglich:[94] Auf der Rechtsfolgenseite sieht Art. 35 Abs. 2 Satz 2, Abs. 3 Satz 1 GG den Einsatz von Polizei-, Streitkräften oder Kräften der Bundespolizei vor, um die Polizeikräfte der Bundesländer zu unterstützen. Besondere, außerordentliche Notstandsbefugnisse sind hingegen nicht enthalten. Wie die aktuelle Corona-Krise zeigt, bedarf es im Fall einer Pandemie in erster Linie Regelungen, die dazu dienen, das Infektionsgeschehen einzudämmen und die Bevölkerung vor einer

[91] Vgl. den Erlass des BMVg über Hilfeleistungen der Bundeswehr bei Naturkatastrophen oder besonders schweren Unglücksfällen und im Rahmen der dringenden Nothilfe, VMBl. 1988, S. 279, zuletzt geändert durch VMBl. 2008, S. 2. Anders mit Verweis auf die Dichotomie in Art. 11 Abs. 2 GG *Walus*, DÖV 2010, 127 (131 Fn. 53). Grund für die Trennung von „Seuche“ und „Naturkatastrophe“ bzw. „Unglücksfall“ dürfte jedoch sein, dass Art. 11 Abs. 2 GG bereits seit Inkrafttreten des Grundgesetzes gilt (BGBl. I 1949, S. 1) und im Zuge der Einführung der Notstandsverfassung um die Begriffe der Naturkatastrophe und des Unglücksfalls ergänzt wurde (BGBl. I 1968, S. 709). Historischer Hintergrund der Notstandsregelungen waren jedoch Kriegs- und Belagerungszustände sowie insbesondere die norddeutsche Flutkatastrophe 1962 (vgl. BT-Plenarprotokoll 5/174, S. 9333 ff.). Eine pandemische Bedrohung dieses Ausmaßes dürfte mangels Präzedenzfalls schlichtweg nicht im Blickfeld des Gesetzgebers gewesen sein, was eine Subsumtion unter den Tatbestand der Naturkatastrophe oder des Unglücksfalls gleichwohl keineswegs ausschließt. Bezeichnenderweise setzt auch der speziell im Zusammenhang mit der COVID-19-Pandemie eingefügte § 52 Abs. 4 BWG den Fall einer „Naturkatastrophe oder eines ähnlichen Ereignisses höherer Gewalt“ voraus (BGBl. I 2020, S. 2264). Die Einordung der COVID-19-Pandemie als grundgesetzlichen Notstand offenbar auch ablehnend *Brenner*, ERPL, 34 (2022), 183 (184).

[92] Dafür *Kersten/Rixen*, Der Verfassungsstaat in der Corona-Krise, 3. Aufl. 2022, S. 73 f.

[93] So bereits vor der COVID-19-Pandemie *Bauer*, in: Dreier, GG, Band II, 3. Aufl. 2015, Art. 35 Rn. 29: „Massenerkrankungen“; *Dederer*, in: Dürig/Herzog/Scholz, GG, Art. 35 Rn. 133 (2018); *Reimer*, in: BK-GG, Art. 35 Rn. 261 (2017): „Seuchen“. Zudem *Dederer*, in: ders./Gierhake/Preiß, COVuR 2021, 454 (455); *Epping*, in: BeckOK GG, Art. 35 Rn. 22.3 (2024); wohl auch *Thielbörger/Belehrt*, VerfBlog v. 19.03.2020.

[94] *Dederer*, in: ders./Gierhake/Preiß, COVuR 2021, 454 (455); *Thielbörger/Behlert*, VerfBlog v. 19.03.2020.

Weiterverbreitung zu schützen, sowie Maßnahmen, um die Funktionsfähigkeit des Gesundheitssystems und die Aufrechterhaltung der Gesundheitsversorgung zu gewährleisten. Dies geschieht vor allem durch infektionsschutzrechtliche Maßnahmen, die nicht von Art. 35 GG gedeckt sind. Vereinfacht gesagt, könnte die Bundesregierung die Länder auf Grundlage von Art. 35 Abs. 3 Satz 1 GG nicht dazu anweisen, Veranstaltungen zu verbieten, Gaststätten, Betriebe oder Schulen zu schließen oder Ausgangsbeschränkungen zu verhängen.[95] Demzufolge passt die grundgesetzliche Regelung des Art. 35 Abs. 2, 3 GG zwar auf Tatbestandsseite, stellt jedoch keine (im Kern) geeigneten Maßnahmen auf Rechtsfolgenseite zur Verfügung.

3. Infektionsschutzgesetz des Bundes

a) Regelungsgehalt

Das zentrale Regelwerk zur Bewältigung eines pandemiebedingten Gesundheitsnotstandes bildet mangels verfassungsrechtlicher Pandemie-Regelung das einfachrechtliche Infektionsschutzgesetz des Bundes (IfSG),[96] dessen Regelungen darauf abzielen, „übertragbaren Krankheiten beim Menschen vorzubeugen, Infektionen frühzeitig zu erkennen und ihre Weiterverbreitung zu verhindern", § 1 Abs. 1 IfSG. Das IfSG setzt am Vorliegen eines Krankheitserregers i. S. v. § 2 Nr. 1 IfSG an, der wiederum zu einer Infektion oder (bedrohlichen) übertragbaren Krankheit i. S. v. § 2 Nr. 2–3a IfSG beim Menschen führen kann, und erfasst damit nur solche Krankheiten, die von Mensch zu Mensch übertragen werden können. Pandemien gehen auf ebensolche übertragbaren Krankheiten zwischen den Menschen zurück.

Kompetenzrechtlich verfügt der Bundesgesetzgeber nach Art. 72 Abs. 1, 74 Abs. 1 Nr. 19 Var. 1 GG über die (konkurrierende) Gesetzgebungskompetenz, während die Ausführung der Regelungen des IfSG nach Art. 30, 83 GG Sache der Länder ist, die in Form von Verwaltungsakten oder Rechtsverordnungen (siehe insbesondere § 32 IfSG) tätig werden können. Regelungssystematisch lässt sich das IfSG im Wesentlichen in die drei zentralen Säulen der Überwachung, Verhütung und Bekämpfung übertragbarer Krankheiten gliedern, die nachfolgend kurz dargestellt werden.

aa) Meldewesen

Das Infektionsschutzrecht ist ein stark von wissenschaftlichen, zuvörderst epidemiologischen Fakten und Erkenntnissen zu Krankheitserregern und Krankheiten

---

[95] Vgl. *Thielbörger/Behlert*, VerfBlog v. 19. 03. 2020.

[96] Gesetz zur Verhütung und Bekämpfung von Infektionskrankheiten beim Menschen (Infektionsschutzgesetz – IfSG) v. 20. 07. 2000, BGBl. I 2000, S. 2793, zuletzt geändert durch Artikel 1a u. 2 des Gesetzes v. 17. 07. 2023 (BGBl. I 2023, Nr. 190).

geprägtes Rechtsgebiet. Die epidemiologische Einschätzung ist nicht nur von Bedeutung dafür, infektionsschutzrechtlich relevante Krankheitserreger und Cluster zu erkennen. Die wissenschaftliche Daten- und Faktengrundlage bildet auch das Fundament dafür, welche staatlichen Maßnahmen zur Verhütung und Bewältigung der Ausbreitung einer übertragbaren Krankheit in Betracht kommen und effektiv sind. Wenngleich nicht alles, was medizinisch notwendig und effizient erscheint, insbesondere mit Blick auf die Verhältnismäßigkeit, rechtlich zulässig ist,[97] ist eine rechtliche Seuchenbewältigung ohne Berücksichtigung von infektionsepidemiologischer Fachexpertise nicht denkbar. Namentlich das IfSG wird daher als „Fachgesetz angewandter Epidemiologie"[98] bezeichnet, weil es die Abhängigkeit von außerrechtlichen wissenschaftlichen Aspekten rechtlich einebnet, indem es die zugrundeliegenden Prozesse der Wissensgenerierung und -vermittlung gesetzlich nachzeichnet und prozedural absichert.[99] Wichtigstes Element für die Einbeziehung außerrechtlichen wissenschaftlichen Wissens bilden im IfSG die Regelungen der §§ 6 bis 15a IfSG a. F.[100] über die Überwachung und dort speziell das Meldewesen. Die §§ 6 bis 12 IfSG legen zunächst fest, welche Krankheitserreger und Krankheiten, wann, von wem und an welche Stelle zu melden sind.[101] In einem bund- und länderübergreifenden elektronischen Meldesystem werden die so gewonnenen Informationen zentral vom Robert Koch-Institut (RKI)[102] gesammelt und ausgewertet (§ 14 IfSG).[103] Dabei werden nicht nur Informationen der Bundesländer durch die Gesundheitsämter berücksichtigt, sondern auch europäische und internationale Daten miteinbezogen.[104] Der Katalog der meldepflichtigen Krankheiten und Krankheitserreger kann gemäß § 15 IfSG von der Bundesregierung durch Rechtsverordnung erweitert werden.[105] Das Melde- und Überwachungssystem ist bei der Erkennung und Verhütung übertragbarer Krankheiten und damit überwiegend im vorsorgenden Bereich von maßgeblicher Bedeutung. Gleichzeitig liefert es aber auch

[97] *Rixen*, in: Kloepfer, Pandemien als Herausforderung für die Rechtsordnung, 2011, S. 67 (79).

[98] *Rixen*, in: Kloepfer, Pandemien als Herausforderung für die Rechtsordnung, 2011, S. 67 (70).

[99] Vgl. auch *Rixen*, in: Kloepfer, Pandemien als Herausforderung für die Rechtsordnung, 2011, S. 67 (79).

[100] IfSG in der Fassung vom 01.03.2020. Die Regelungen über die Überwachung wurden im Zuge der Corona-Pandemie teilweise geändert, der inhaltliche Regelungsgehalt der im Folgenden zitierten Normen ist jedoch unverändert geblieben.

[101] Um den Verhältnismäßigkeitsgrundsatz im Hinblick auf das Grundrecht auf informationelle Selbstbestimmung zu wahren, differenziert das IfSG zwischen namentlichen (§ 9 IfSG) und nichtnamentlichen Meldungen (§ 10 IfSG).

[102] Zum RKI sogleich Fn. 118 ff.

[103] Zum Deutschen Melde- und Informationssystem (DEMIS) siehe https://www.rki.de/DE/Content/Infekt/IfSG/DEMIS/DEMIS_node.html (zuletzt: 27.08.2023).

[104] Siehe im IfSG insbesondere § 12 IfSG.

[105] Für die Schweinegrippe *Rixen*, in: Kloepfer, Pandemien als Herausforderung für die Rechtsordnung, 2011, S. 67 (71).

die notwendigen Informationen für das spätere und in der vorliegenden Untersuchung im Fokus stehende Bewältigungsstadium und die in diesem Zusammenhang zu ergreifenden staatlichen Maßnahmen. Trotz dieser Bedeutung kam es in der Vergangenheit des Öfteren zu Verstößen gegen die Meldepflicht, insbesondere durch die nach § 8 IfSG zur Meldung verpflichteten Ärzte.[106]

bb) Verhütung übertragbarer Krankheiten

Die §§ 16 bis 23a IfSG (a. F.)[107] treffen Regelungen zur Verhütung übertragbarer Krankheiten und setzen somit im Vorfeld des Auftretens übertragbarer Krankheiten an.[108] Auf Grundlage von § 16 IfSG können die zuständigen Behörden dafür beim Vorliegen von Tatsachen, die zum Auftreten einer übertragbaren Krankheit führen können, die notwendigen Maßnahmen treffen, um dadurch drohende Gefahren abzuwehren. Insbesondere ist es den Behörden in diesem Fall zur Überwachung und Durchführung der Maßnahmen gestattet, Grundstücke und Verkehrsmittel zu betreten, Gegenstände zu untersuchen, Proben zu entnehmen (§ 16 Abs. 2 Satz 1 IfSG) oder unter Umständen die Vernichtung kontaminierter Gegenstände anzuordnen (§ 17 Abs. 1 Satz 2 IfSG). Welche Maßnahmen im konkreten Fall notwendig sind, hängt von der jeweiligen Infektionskrankheit ab und lässt sich nur unter Einbeziehung wissenschaftlicher Expertise bestimmen.[109] Zu den Verhütungsmaßnahmen zählen auch Schutzimpfungen, welche eines der effektivsten Mittel gegen übertragbare Krankheiten sind. Regelungen darüber finden sich speziell in den §§ 20 ff. IfSG. Für den Fall einer übertragbaren Krankheit mit klinisch schweren Verlaufsformen, bei der mit einer epidemischen Verbreitung zu rechnen ist, werden das Bundesministerium für Gesundheit (BMG) in § 20 Abs. 6 IfSG bzw. die Landesregierungen in § 20 Abs. 7 IfSG sogar ermächtigt, durch Rechtsverordnung die Teilnahme an einer Impfung oder anderen prophylaktischen Maßnahmen für bedrohte Teile der Bevölkerung anzuordnen.

cc) Bekämpfung übertragbarer Krankheiten

Die §§ 24 bis 32 IfSG (a. F.)[110] stellen Maßnahmen zur Bekämpfung übertragbarer Krankheiten bereit und sind damit für das in der vorliegenden Untersuchung in Frage

[106] *Klafki*, Risiko und Recht, 2017, S. 195.

[107] IfSG in der Fassung vom 01.03.2020. Die Regelungen über die Verhütung wurden im Zuge der Corona-Pandemie teilweise geändert, der inhaltliche Regelungsgehalt der im Folgenden zitierten Normen ist jedoch unverändert geblieben.

[108] *Rixen*, in: Kloepfer, Pandemien als Herausforderung für die Rechtsordnung, 2011, S. 67 (72).

[109] So schon *von Steinau-Steinrück*, Die staatliche Verhütung und Bekämpfung von Infektionskrankheiten, 2013, S. 171.

[110] IfSG in der Fassung vom 01.03.2020. Die Regelungen über die Bekämpfung wurden im Zuge der Corona-Pandemie teilweise geändert, der inhaltliche Regelungsgehalt der im

stehende rechtliche Instrumentarium zur Bewältigung eines pandemiebedingten Gesundheitsnotstandes von zentraler Bedeutung. Werden Kranke, Krankheitsverdächtige, Ansteckungsverdächtige oder Ausscheider festgestellt oder ergibt sich, dass ein Verstorbener krank, krankheitsverdächtig oder Ausscheider war, so kann und muss die zuständige Behörde gemäß der Generalklausel[111] des § 28 Abs. 1 Satz 1 IfSG a. F.[112] die notwendigen Schutzmaßnahmen zur Bekämpfung der übertragbaren Krankheit treffen, soweit und solange es zur Verhinderung der Verbreitung übertragbarer Krankheiten erforderlich ist. Mögliche notwendige Schutzmaßnahmen nennt das Gesetz in nicht abschließender Weise selbst. Demnach zählen zu den notwendigen Schutzmaßnahmen neben den in § 28 Abs. 1 Satz 2 IfSG a. F. genannten Maßnahmen (Verlassens- und Betretungsverbot, Veranstaltungsbeschränkung, Schließung von Gemeinschaftseinrichtungen oder Badeanstalten) die Beobachtung gem. § 29 IfSG, die Quarantäne gem. § 30 IfSG oder ein berufliches Tätigkeitsverbot gem. § 31 IfSG.[113]

Hiervon abweichende, besondere Regelungen für den Pandemiefall waren im IfSG nicht vorgesehen.[114] Die bereits kurz nach dem Ausbruch von COVID-19 erlassenen Schutzmaßnahmen wie beispielsweise Ausgangs- und Kontaktbeschränkungen, Gottesdienst- und Versammlungsverbote, Gaststätten- und Betriebsschließungen, fanden zu diesem Zeitpunkt keine explizite Erwähnung im Gesetz. Als gesetzliche Grundlage für die pandemiespezifischen Maßnahmen fungierte vielmehr (überwiegend)[115] die Generalklausel des § 28 Abs. 1 Satz 1 IfSG a. F.

dd) Adressaten

Adressaten der Regelungen können neben den explizit in § 2 Nr. 4 bis 7 IfSG[116] genannten Kranken, Krankheitsverdächtigen, Ausscheidern und Ansteckungsverdächtigen auch Personen sein, „die Krankheitserreger so in oder an sich tragen, dass im Einzelfall die Gefahr einer Weiterverbreitung besteht" (§ 31 Satz 2 IfSG). Die

Folgenden zitierten Normen ist jedoch weitgehend unverändert geblieben. Ausnahmen werden kenntlich gemacht.

[111] *Sodan*, in: Ehlers/Fehling/Pünder, Besonderes Verwaltungsrecht, Band 2, 3. Aufl. 2013, § 56 Rn. 36; *Kießling*, in: dies., IfSG, 3. Aufl. 2022, § 28 Rn. 4 zur Nachfolgeregelung.

[112] In der Fassung vom 10. 02. 2020. In der geltenden Fassung enthält § 28 Abs. 1 Satz 1 HS 1 IfSG auch eine Generalklausel (*Kießling*, in: dies., IfSG, 3. Aufl. 2022, § 28 Rn. 4), die im Zuge der Neufassung von § 28 Abs. 1 IfSG (BGBl. I 2020, S. 587) um einen Halbsatz (vorher Teil von § 28 Abs. 1 Satz 2 HS 2 IfSG) ergänzt wurde.

[113] Im Verhältnis zur Generalklausel des § 28 Abs. 1 Satz 1 IfSG a. F. handelt es sich dabei um Standardmaßnahmen, *Klafki*, Risiko und Recht, 2017, S. 309; *dies.*, JuWissBlog v. 18. 03. 2020; zur geltenden Fassung *Kießling*, in: dies., IfSG, 3. Aufl. 2022, § 28 Rn. 4.

[114] *Walus*, DÖV 2010, 127 (128).

[115] Manche der Corona-Schutzmaßnahmen waren von § 28 Abs. 1 Satz 2 IfSG a. F. erfasst, z. B. werden Veranstaltungsbeschränkungen oder -verbote dort explizit genannt.

[116] IfSG in der Fassung vom 01. 03. 2020. Die Regelungen über die Adressaten wurden im Zuge der Corona-Pandemie nicht geändert.

§§ 16, 28 IfSG adressieren hingegen keinen speziellen Personenkreis, sodass die allgemeinen gefahrenabwehrrechtlichen Grundsätze über die Inanspruchnahme gelten und auch sog. Nichtstörer in Anspruch genommen werden können.[117]

ee) Infektionsschutzverwaltung des Bundes

Auf Grundlage von Art. 87 Abs. 3 Satz 1 GG i. V. m. Art. 74 Abs. 1 Nr. 19 GG wurden das RKI sowie des Paul-Ehrlich-Institut (PEI) als selbstständige Bundesoberbehörden eingerichtet, welche beide eine zentrale Rolle bei der Pandemiebewältigung einnehmen.

Das RKI wurde als Nachfolgebehörde[118] des Bundesgesundheitsamtes und nach dem Vorbild der amerikanischen Centers for Disease Control and Prevention im Geschäftsbereich des BMG als epidemiologisches Zentrum errichtet, um Veränderungen in der Verbreitung bekannter und das Auftreten neuer Infektionskrankheiten bundesweit schneller erkennen und die Länder entsprechend informieren und beraten zu können.[119] Es fungiert als zentrale Informations- und Koordinierungsstelle zwischen Bund und Ländern sowie den jeweils zuständigen Behörden auf nationaler und internationaler Ebene. Dem BMG gegenüber ist das RKI weisungsabhängig.[120] Seine zentralen Aufgabenbereiche werden in § 2 BGA-NachfG und § 4 IfSG geregelt und umfassen sowohl Forschung, Entwicklung und Information als auch die Koordinierung und Zusammenarbeit mit anderen beteiligten Behörden. Daneben beeinflusst das RKI das staatliche Handeln durch seine federführende Mitwirkung bei der Erstellung des Nationalen Pandemieplans.[121] Das RKI ist damit die zentrale Stelle für die Sammlung, Aufbereitung und Vermittlung von medizinischem und epidemiologischem Fachwissen,[122] das die Grundlage jedweder staatlichen Maßnahme bildet. Das Infektionsschutzrecht ist im Allgemeinen und für den Fall einer dynamischen Ausbreitung einer neuartigen übertragbaren Krankheit im Besonderen von der Ge-

---

[117] Zur Zulässigkeit der Inanspruchnahme von Nichtstörern im Polizeirecht *Kingreen/Poscher*, Polizei- und Ordnungsrecht, 12. Aufl. 2022, § 9 Rn. 73 ff.; siehe auch *Seidel*, Verantwortlichkeit Nichtverantwortlicher, 2023; im IfSG BT-Drs. 8/2468, S. 27 sowie BVerwG, Beschl. v. 16.06.2005 – 3 B 129.04, Rn. 3, zum BSeuchG. Siehe zudem *von Steinau-Steinrück*, Die staatliche Verhütung und Bekämpfung von Infektionskrankheiten, 2013, S. 93 ff. Dazu und zur Frage, ob die Generalklausel des § 28 Abs. 1 IfSG i. V. m. § 32 IfSG Ge- und Verbote trägt, die an jeden im Geltungsraum der Verordnung gerichtet sind, unabhängig von einem Krankheits- oder Ansteckungsverdacht BVerwG, Urt. v. 22.11.2022 – 3 CN 1.21, Rn. 21 ff.

[118] § 2 Abs. 1 des Gesetzes über Nachfolgeeinrichtungen des Bundesgesundheitsamtes (BGA-Nachfolgegesetz – BGA-NachfG) v. 24.06.1994, BGBl. I 1994, S. 1416.

[119] BT-Drs. 14/2530, S. 1.

[120] Arg. e § 5 BGA-NachfG. Vgl. allgemein zu selbständigen Bundesoberbehörden i. S. v. Art. 87 Abs. 3 S. 1 GG *Sachs*, in: ders., GG, 9. Aufl. 2021, Art. 87 Rn. 66.

[121] Zum Pandemieplan unten Kapitel 2 A. II. 5.

[122] *Rixen*, in: Kloepfer, Pandemien als Herausforderung für die Rechtsordnung, 2011, S. 67 (77): „Bundesagentur für Wissensvermittlung im infektionsrelevanten Gesundheitswesen".

nerierung von Informationen zum Virus und der dadurch verursachten gesundheitlichen Probleme sowie der Aufbereitung des Wissens in einer für den Entscheidungsträger verständlichen Form angewiesen und daher schlechthin von wissenschaftlicher Fachexpertise abhängig. Der Aufgabe und Rolle des RKI kommt damit gerade im pandemiebedingten Gesundheitsnotstand starkes Gewicht zu. Gleichwohl wird das RKI in der Regel nur auf Ersuchen einer anderen Behörde und in Form von unverbindlichen Handlungsempfehlungen tätig, sodass es den zuständigen Behörden obliegt, ob und inwieweit sie der Empfehlung des RKI folgen.[123] Selbst im pandemiebedingten Gesundheitsnotstand sieht das IfSG kein eigenständiges Interventions- oder Weisungsrecht des RKI an die Landesbehörden vor,[124] wenngleich gerade in diesem Fall das Wissen um und die Einschätzung der bundesweiten Infektionslage des RKI von maßgebender Bedeutung für ein gezieltes und effektives staatliches Handeln sind.[125] Obgleich das Handeln des RKI damit nicht rechtsverbindlich ist, ändert dies freilich nichts an der faktisch präjudizierenden Kraft des durch das RKI zur Verfügung gestellten Wissens[126] und damit dessen Empfehlungen.

Beim RKI sind zudem verschiedene fachwissenschaftliche Kommissionen angesiedelt,[127] wie unter anderem die für den Pandemiefall relevante Ständige Impfkommission (STIKO; siehe § 20 Abs. 2 Satz 1 IfSG). Die STIKO ist ein unabhängiges, vom BMG berufenes Expertengremium[128], welches rechtlich unverbindliche[129] Empfehlungen zur Durchführung von Impfungen oder anderen prophylaktischen Maßnahmen abgibt und etwaige Impfreaktionen und Nebenwirkungen von Impfstoffen beurteilt. Wenngleich die von der STIKO publizierten Vorschläge rechtlich nicht verbindlich sind, kommt ihnen faktisch großes Gewicht zu. Sie bilden etwa die Grundlage für die öffentlichen Impfempfehlungen der Landesbehörden (§ 20 Abs. 3 IfSG) sowie für Richtlinien des Gemeinsamen Bundesausschusses (§ 20d Abs. 1 SGB V), welche die Einzelheiten zu Voraussetzungen, Art und Umfang von Schutzimpfungen als Pflichtleistung der gesetzlichen Krankenversicherung festlegen.[130] Im Bereich der Schutzimpfung ist darüber hinaus das Paul-Ehrlich-

[123] Vgl. § 4 Abs. 1 Satz 5 IfSG. *Walus*, DÖV 2010, 127 (129) spricht daher vom RKI als einer „Servicestelle".

[124] *Walus*, DÖV 2010, 127 (129f.) unter zutreffendem Hinweis darauf, dass eine solche Befugnis des RKI nicht von der Grundlage des Art. 87 Abs. 3 Satz 1 GG gedeckt ist.

[125] Die untergeordnete Rolle des Bundes erkennt an dieser Stelle auch *Grüner*, Biologische Katastrophen, 2017, S. 188.

[126] Vgl. auch *Rixen*, in: Kloepfer, Pandemien als Herausforderung für die Rechtsordnung, 2011, S. 67 (77).

[127] Überblick bei *Aligbe*, in: BeckOK InfSchR, IfSG, § 20 Rn. 18.1 (2024).

[128] *Aligbe*, in: BeckOK InfSchR, IfSG, § 20 Rn. 17, 18 (2024). Siehe zudem BVerfGE 161, 299 (Rn. 139).

[129] *Grüner*, Biologische Katastrophen, 2017, S. 185.

[130] *Pflug*, Pandemievorsorge, 2013, S. 150.

Institut (PEI) als Bundesinstitut für Impfstoffe und Arzneimittel[131] von Bedeutung. Es ist primär für die Zulassung und Chargenprüfung von Impfstoffen und Arzneimitteln zuständig (vgl. § 77 AMG). Gemäß § 11 Abs. 4 Satz 4 IfSG müssen ihm zudem Informationen über Impfschäden übermittelt werden.

b) Tauglichkeit im Pandemiefall?

Obgleich das Infektionsschutzrecht bereits mit dem Reichsseuchengesetz aus dem Jahr 1900 und dem Bundesseuchengesetz aus dem Jahr 1961 eine lange Tradition im deutschen Recht besitzt,[132] zählte es mangels größerer Seuchenausbrüche[133] bis zum Beginn der SARS-CoV-2-Pandemie zu einem eher vernachlässigten rechtlichen Randgebiet.[134] Bis zum Ausbruch der COVID-19-Pandemie wurde das IfSG nur bei kleineren, regionalen Ausbrüchen angewendet und musste seine Tauglichkeit im Pandemiefall bis dahin nicht unter Beweis stellen. Der Begriff der Pandemie ist dem IfSG bis heute fremd.[135] Durch die dezentrale Aufgabenverteilung im IfSG mit der Ausführung des Gesetzes durch die Länder und den generalklauselartigen Handlungsmöglichkeiten war das Gesetz für ebendiese Art von lokal abgrenzbaren seuchenrechtlichen Gefahren zugeschnitten. Im Fall eines pandemiebedingten Gesundheitsnotstandes, der durch eine sich im gesamten Bundesgebiet dynamisch ausbreitende Krankheit verursacht wird, bedarf es hingegen zentraler, bundeseinheitlicher und bundesweiter Handlungsmöglichkeiten, um die Verbreitung des Virus einzudämmen und eine Überlastung der gesundheitlichen Versorgungssysteme zu verhindern.[136] Darauf war das IfSG jedenfalls bis zum Ausbruch von COVID-19 nicht ausgelegt.[137]

---

[131] Vgl. Art. 1 Abs. 1 des Gesetzes über die Errichtung eines Bundesamtes für Sera und Impfstoffe v. 07.07.1972, BGBl. I 1972, S. 1163. Siehe zudem https://www.pei.de/DE/institut/aufgaben/aufgaben-node.html (zuletzt: 28.08.2023).

[132] Vgl. zur Historie der Seuchenbekämpfung *Kingreen*, in: Huster/Kingreen, HdB InfSR, 2. Aufl. 2022, Kapitel 1 Rn. 17 ff.

[133] Dazu *Engels*, DÖV 2014, 464 (466).

[134] Bis zum Jahr 2020 sind etwa nur 425 Gerichtsentscheidungen zu den Normen des IfSG ergangen (Juris-Abfrage; zum Vergleich: Stand 14.04.2021 gab es bereits 2.250) und auch in der Literatur finden sich nur wenige Beiträge zu Pandemien aus der Zeit vor COVID-19, z. B. *Grüner*, Biologische Katastrophen, 2017; *Klafki*, Risiko und Recht, 2017; *Pflug*, Pandemievorsorge, 2013; *von Steinau-Steinrück*, Die staatliche Verhütung und Bekämpfung von Infektionskrankheiten, 2013; *Witte*, Recht und Gerechtigkeit im Pandemiefall, 2013; *Engels*, DÖV 2014, 464 ff.; *Kraft/Dohmen*, PharmR 2008, 401 ff.; *Kloepfer/Deye*, DVBl. 2009, 1208 ff.; *Kloepfer*, Pandemien als Herausforderung für die Rechtsordnung, 2011; *Walus*, DÖV 2010, 127 ff.

[135] In den §§ 5 Abs. 9 Satz 1, 5b Abs. 1, 22a Abs. 8 Satz 2 IfSG wird im Kontext der COVID-19-spezifischen Regelungen auf die COVID-19-Pandemie Bezug genommen und auch der Begriff der Pandemie verwendet, ohne diesen jedoch zu definieren oder näher auszuführen.

[136] So auch *Klafki*, VerfBlog v. 05.03.2020.

Im IfSG fehlte es nicht nur an solchen Interventionsmöglichkeiten des Bundes bzw. bundesweit einheitlichen Vorgaben,[138] vielmehr beschränkte sich die Normierung auf wenige Sondertatbestände und agierte überwiegend über Generalklauseln. An spezifischen Infektionsschutzmaßnahmen wie auch Regelungen über die Beschaffung, Herstellung und Allokation knapper medizinischer Ressourcen mangelte es sowohl für bundesweite als auch regionale Seuchenausbrüche. Gerade im Fall einer neuartigen Bedrohung spricht freilich nichts dagegen, gute Gründe sogar vielmehr dafür, sich auf Generalklauseln[139] zu stützen und mögliche effektive und gegebenenfalls neue Maßnahmen zu erproben.[140] Dies gilt aber selbst im Pandemiefall nur für einen Übergangszeitraum.[141] Werden durch die Schutzmaßnahmen Grundrechte beschränkt, fordern Rechtsstaats- und Demokratieprinzip ab einem gewissen Zeitpunkt eine hinreichend bestimmte gesetzliche Grundlage für die Eingriffe in die grundrechtliche Freiheit,[142] wobei die Anforderungen an die Bestimmtheit/Ausgestaltung der Regelung umso größer sind, je schwerwiegender die grundrechtlichen Beeinträchtigungen sind.[143] Insbesondere die von einigen Bundesländern bereits früh und darüber hinaus in Form von Allgemeinverfügungen[144] erlassenen Ausgangsbeschränkungen, die jedermann ein Verlassen der eigenen Wohnung nur unter Angabe triftiger Gründe und zu bestimmten Zeiten gestatteten,[145] lösten eine Diskussion ob der hinreichenden Bestimmtheit und letztlich der Tauglichkeit der Generalklausel des § 28 Abs. 1 IfSG a. F. im Pandemiefall aus. Die Beschränkungen waren weder ausschließlich an Infizierte gerichtet und stellten somit keine Quarantäneanordnung nach § 30 IfSG dar, noch waren sie von § 28 Abs. 1 Satz 2 HS 2 IfSG a. F. gedeckt, wonach Personen verpflichtet werden konnten, einen bestimmten Ort nicht zu verlassen, bis die notwendigen Schutzmaßnahmen

---

[137] Ebenso zu § 28 Abs. 1 IfSG a. F. VGH München, Beschl. v. 29.10.2020 – 20 NE 20.2360, juris Rn. 30; *Dreier*, DÖV 2021, 229 (231); *Kingreen*, in: Huster/Kingreen, HdB InfSR, 2. Aufl. 2022, Kapitel 1 Rn. 133; *Rixen*, VVDStRL 80 (2021), 37 (54); Bericht des Sachverständigenausschusses nach § 5 Abs. 9 IfSG: Evaluation der Rechtsgrundlagen und Maßnahmen der Pandemiepolitik, 2022, S. 109.

[138] Vgl. auch *Klafki*, VerfBlog v. 05.03.2020; Bericht des Sachverständigenausschusses nach § 5 Abs. 9 IfSG: Evaluation der Rechtsgrundlagen und Maßnahmen der Pandemiepolitik, 2022, S. 103.

[139] Dazu *Kluckert*, in: ders., Das neue Infektionsschutzrecht, 2. Aufl. 2021, § 2 Rn. 80 ff.

[140] Zu § 28 Abs. 1 Satz 1 IfSG *Kluckert*, in: ders., Das neue Infektionsschutzrecht, 2. Aufl. 2021, § 2 Rn. 97; *Rixen*, NJW 2020, 1097 (1099); siehe auch BVerwG, Urt. v. 22.11.2022 – 3 CN 1.21, Rn. 21 ff., 39.

[141] *Kluckert*, in: ders., Das neue Infektionsschutzrecht, 2. Aufl. 2021, § 2 Rn. 86: „Erstreaktionszeitraum". Zu § 28 Abs. 1 IfSG noch unten Fn. 629 ff.

[142] Zur Wesentlichkeitstheorie vertieft unten Kapitel 3 A. I. und B.

[143] BVerfGE 150, 1 (96 ff.); st. Rspr.

[144] Z. B. in Bayern, BayMBl. 2020 Nr. 152 v. 20.03.2020. Zur Allgemeinverfügung als Handlungsform VG München, Beschl. v. 24.03.2020 – M 26 S 20.1252, juris Rn. 31 f.

[145] Z. B. in Bayern, BayMBl. 2020 Nr. 152 v. 20.03.2020; in Tirschenreuth, Bekanntmachung v. 18.03.2020, Az. 093/1-21.

durchgeführt worden sind.[146] Dem eindeutigen Wortlaut nach erfasste § 28 Abs. 1 Satz 2 HS 2 IfSG a. F. damit nämlich nur vorübergehende Maßnahmen und keine allgemeine Ausgangsbeschränkung.[147] Selbst ein Rückgriff auf die Generalklausel des § 28 Abs. 1 Satz 1 IfSG a. F. schien angesichts der speziellen Regelung in § 28 Abs. 1 Satz 2 HS 2 IfSG a. F. und des intensiven Eingriffs einer Ausgangsbeschränkung in das Recht auf Freiheit der Person (Art. 2 Abs. 2 Satz 2 i. V. m. Art. 104 GG) bedenklich.[148] Bei anhaltender Pandemielage ist eine Generalklausel als Rechtsgrundlage jedenfalls nicht ausreichend.[149] Es bedarf vielmehr differenzierter, auf den Pandemiefall angepasster Befugnisnormen.[150]

Darüber hinaus sind die infektionsschutzrechtlichen Eingriffsbefugnisse der §§ 28 ff. IfSG für einen Pandemiefall zu stark gefahrenabwehrrechtlich[151] ausgestaltet. Im Fall einer bundesweiten Ausbreitung eines Virus kann es, wie im Fall von COVID-19, ab einem bestimmten Zeitpunkt zu einem derart dynamischen und

---

[146] Hierzu und zum Folgenden *Klafki*, JuWissBlog v. 18. 03. 2020.

[147] Mit dem Ersten Gesetz zum Schutz der Bevölkerung bei einer epidemischen Notlage von nationaler Tragweite (BGBl. I 2020, S. 587) wurde der Halbsatz „bis die notwendigen Schutzmaßnahmen durchgeführt worden sind" deshalb gestrichen. Die Gesetzesbegründung spricht gleichwohl von einer Neufassung „aus Gründen der Normenklarheit", BT-Drs. 19/18111, S. 24.

[148] *C. Bäcker*, VerfBlog v. 25. 03. 2020; *Edenharter*, VerfBlog v. 19. 03. 2020; *Klafki*, JuWissBlog v. 18. 03. 2020; *Kingreen*, VerfBlog v. 20. 03. 2020; a. A. *Rixen*, NJW 2020, 1097 (1099); *Bethge*, VerfBlog v. 24. 03. 2020. Dass der Gesetzgeber beim Erlass von § 28 Abs. 1 Satz 1 IfSG a. F. allgemeine Ausgangsbeschränkungen nicht im Blick hatte, steht demgegenüber nicht entgegen, vielmehr ist es gerade die Funktion einer Generalklausel unerwartete, neuartige Fälle erfassen zu können, *Bethge*, VerfBlog v. 24. 03. 2020; *Kießling*, JuWissBlog v. 19. 03. 2020; *Rixen*, NJW 2020, 1097 (1099).

[149] VerfGH des Saarlandes, Beschl. v. 28. 08. 2020 – Lv 15/20, juris Rn. 84 ff.; VGH München, Beschl. v. 29. 10. 2020 – 20 NE 20.2360, juris Rn. 28 ff., 35; *Katzenmeier*, MedR 2020, 461 (462 f.); *Klafki*, NVwZ 2020, 1718 (1722); *Möllers*, VerfBlog v. 26. 03. 2020; *Papier*, DRiZ 2020, 180 (183); speziell zur Problematik von Ausgangsbeschränkungen *Edenharter*, VerfBlog v. 19. 03. 2020; *Kießling*, JuWissBlog v. 19. 03. 2020; *Klafki*, VerfBlog v. 25. 03. 2020; *Volkmann*, NJW 2020, 3153 (3156 ff.). Mit weiteren Nachweisen *Kießling*, JZ 2022, 53 (55 in und bei Fn. 21). Siehe zum Ganzen die ausführliche Aufarbeitung mit vielen Nachweisen aus Literatur und Rechtsprechung bei *Hering*, DV 55 (2022), 365 (376 ff.).

[150] So auch *Klafki*, JuWissBlog v. 18. 03. 2020. Auch das BVerwG hebt in seiner Entscheidung (BVerwG, Urt. v. 22. 11. 2022 – 3 CN 1.21) hervor, dass die Generalklausel im maßgeblichen Zeitpunkt der Entscheidung (Mitte April bis Anfang Mai 2020) den Anforderungen der Wesentlichkeitstheorie i. V. m. dem Bestimmtheitsgebot entspricht (Rn. 38 ff., 42, 45), erkennt aber zugleich eine Konkretisierungspflicht bei Verbesserung des Erkenntnisstandes an (Rn. 44).

[151] Zum gefahrenabwehrrechtlichen Charakter der Befugnisse *Kingreen*, in: Huster/Kingreen, HdB InfSR, 2. Aufl. 2022, Kapitel 1 Rn. 86, 90; *Poscher*, in: Huster/Kingreen, HdB InfSR, 2. Aufl. 2022, Kapitel 4 Rn. 3 ff. Über die generelle Rechtsnatur der Regelungen des IfSG herrscht Uneinigkeit, dazu z. B. *Grüner*, Biologische Katastrophen, 2017, S. 180 ff.; *Rixen*, in: Kloepfer, Pandemien als Herausforderung für die Rechtsordnung, 2011, S. 67 (74 ff.), der das IfSG letztlich dem öffentlichen Gesundheitsrecht zuordnet; *Engels*, DÖV 2014, 464 (467 ff.); differenzierend auch *Kingreen*, in: Huster/Kingreen, HdB InfSR, 2. Aufl. 2022, Kapitel 1 Rn. 86 ff.

diffusen Infektionsgeschehen kommen, dass Transmissionsketten nicht mehr nachverfolgt und Infizierte nicht mehr von Nicht-Infizierten unterschieden werden können und es daher flächendeckender Maßnahmen gegenüber der Allgemeinheit bedarf, worauf das klassische Gefahrenabwehrrecht nicht zugeschnitten ist. Wenngleich gerade die Generalklausel des § 28 Abs. 1 Satz 1 IfSG a.F. als Grundlage der pandemiespezifischen Maßnahmen auch die Inanspruchnahme von Nichtstörern ermöglicht, so weicht eine flächendeckende Inanspruchnahme der breiten Allgemeinheit, die jeden unter eine Art „Generalverdacht" stellt, wie mit den Coronaschutzverordnungen der Bundesländer geschehen, doch sehr stark vom herkömmlichen gefahrenabwehrrechtlichen Verständnis ab.[152] Das Infektionsschutzrecht und speziell das IfSG als „Fachgesetz angewandter Epidemiologie"[153] sind zudem stark wissenschaftlich geprägt. Auch und vor allem die im Pandemiefall vorherrschende Unwissenheit in Bezug auf wissenschaftliche und epidemiologische Aspekte des neuartigen Pandemie-Virus beeinflusst daher die rechtlichen Grundlagen und muss sich in den Normen widerspiegeln. Auch hierfür trafen die Eingriffsbefugnisse des IfSG a.F. keine geeigneten Vorkehrungen.

Damit war das IfSG auf dem Stand vor dem Ausbruch von SARS-CoV-2 nicht auf Bedrohungen von pandemischem Ausmaß zugeschnitten[154] und im pandemiebedingten Gesundheitsnotstand nur begrenzt tauglich.

4. Katastrophenschutzrecht

Eine Pandemie kann – insbesondere, wenn dadurch ein Gesundheitsnotstand verursacht wird – als Großschadensereignis eine Vielzahl von Personen betreffen, einen erhöhten Bedarf an personellen und sächlichen Ressourcen bedingen und zu einer Überforderung der zuständigen Behörden und Kräfte führen. Eine Pandemie kann sich damit zu einer Katastrophe auswachsen.[155] Grundsätzlich sind Rechtsgrundlagen zur Bewältigung eines pandemiebedingten Gesundheitsnotstandes daher auch im Katastrophenschutzrecht zu suchen. Dem Bund kommt in diesem Zusam-

[152] Dazu *Katzenmeier*, MedR 2020, 461 (462); *Kingreen*, VerfBlog v. 20.03.2020. Zur Problematik bei der Unterscheidung Störer-Nichtstörer in der COVID-19-Pandemie *Dederer*, in: ders./Gierhake/Preiß, COVuR 2021, 454 (455 f.).

[153] Oben Fn. 98.

[154] So auch *Klafki*, VerfBlog v. 05.03.2020.

[155] *Kloepfer/Deye*, DVBl. 2009, 1208 (1209). Der Begriff der Katastrophe wird rechtlich nicht einheitlich definiert, weist jedoch gemeinsame Strukturen auf, zum Begriff *Trute*, KritV 2005, 342 (345 f.). Umfassend zum Katastrophenrecht *Kloepfer*, Handbuch des Katastrophenrechts, 2014, zum Begriff der Katastrophe § 1 Rn. 23 ff. Siehe zudem die Definition einer Katastrophe z.B. in Art. 1 Abs. 2 BayKSG: „Eine Katastrophe […] ist ein Geschehen, bei dem Leben oder Gesundheit einer Vielzahl von Menschen oder die natürlichen Lebensgrundlagen oder bedeutende Sachwerte in ungewöhnlichem Ausmaß gefährdet oder geschädigt werden und die Gefahr nur abgewehrt oder die Störung nur unterbunden und beseitigt werden kann, wenn unter Leitung der Katastrophenschutzbehörde die im Katastrophenschutz mitwirkenden Behörden, Dienststellen, Organisationen und die eingesetzten Kräfte zusammenwirken".

menhang lediglich eine Gesetzgebungskompetenz für den Zivilschutz im kriegsbedingten Verteidigungsfall zu (Art. 71, 73 Abs. 1 Nr. 1 GG).[156] Bei allen anderen, friedensmäßigen Gefahrenlagen und damit auch im Pandemiefall, ist der Katastrophenschutz vielmehr Aufgabe der Länder (Art. 30, 70 Abs. 1 GG).[157]

Landesrechtlich finden sich Vorschriften für einen pandemischen Katastrophenfall in den Katastrophenschutzgesetzen der Länder.[158] Die landesrechtlichen Vorschriften sind jedoch nicht untereinander abgestimmt, was zu einer uneinheitlichen rechtlichen Grundlage führt.[159] Wird ein Katastrophenfall festgestellt, können zur Bewältigung der Katastrophe unter anderem Betretungsverbote oder Platzverweise durch die Katastrophenschutzbehörde erteilt, Personen oder Sachen in Anspruch genommen oder auf Grundlage einer Generalklausel die notwendigen Maßnahmen getroffen werden.[160] Kommt es im Zusammenhang mit einer Pandemie zu infektionsbedingtem Personalausfall oder einer Knappheit an medizinischen Ressourcen, könnte auf Grundlage der katastrophenschutzrechtlichen Vorgaben zumindest in Grenzen Abhilfe geschaffen werden.[161]

Da eine Pandemie sowohl den Anwendungsbereich des Infektionsschutzrechts als auch des Katastrophenschutzrechts eröffnet, stellt sich die Frage, in welchem Verhältnis die infektions- und katastrophenschutzrechtlichen Befugnisse zueinanderstehen. Auch wenn eine Pandemie eine Katastrophe darstellen kann, sind die infektionsschutzrechtlichen Regelungen des Bundes spezieller auf die Materie einer

---

[156] Siehe zudem Art. 87b Abs. 2 Satz 1 GG für die Möglichkeit des Bundes, die Verwaltungskompetenz an sich zu ziehen; zu Art. 35 Abs. 2, 3 GG bereits oben in und bei Fn. 82. Auf dieser Grundlage wurde das Gesetz über den Zivilschutz und die Katastrophenhilfe des Bundes (ZSKG) erlassen.

[157] Zu dieser Zweiteilung des Bevölkerungsschutzes *Musil/Kirchner*, DV 39 (2006), 373 (375 ff.).

[158] Alle Bundesländer haben von ihrer Kompetenz aus Art. 30, 70 Abs. 1 GG zum Erlass katastrophenschutzrechtlicher Vorschriften (in Friedenszeiten) Gebrauch gemacht. Teilweise existieren keine eigenen Katastrophenschutzgesetze, die Vorschriften zum Katastrophenschutz finden sich dann in Polizei- bzw. Sicherheits- und Ordnungsgesetzen, Feuerwehr- oder Brandschutzgesetzen, eine Übersicht zu den Gesetzen in den jeweiligen Bundesländern findet sich bei *Wissenschaftliche Dienste des Deutschen Bundestages*, WD 3-3000-156/09, S. 17.

[159] *Grüner*, Biologische Katastrophen, 2017, S. 196. Schon der Begriff der Katastrophe wird beispielsweise – trotz gemeinsamer Strukturen – in den Landesgesetzen nicht einheitlich definiert (*Kloepfer*, Handbuch des Katastrophenrechts, 2014, § 10 Rn. 2). Zudem setzen zwar die meisten, aber nicht alle Landesgesetze die Ausrufung eines Katastrophenfalls voraus (*Kloepfer*, Handbuch des Katastrophenrechts, 2014, § 10 Rn. 74). Teils wird der Ausrufung konstitutiver, teils deklaratorischer Charakter zugesprochen (dazu *Grüner*, Biologische Katastrophen, 2017, S. 89 ff.).

[160] Z. B. Art. 9, 10 BayKSG. Als Generalklausel siehe etwa § 11 Abs. 1 KatSG Berlin. In Bayern gibt es anders als in anderen Bundesländern keine katastrophenschutzrechtliche Generalklausel, sodass auf die polizeirechtlichen Generalklauseln zurückgegriffen werden kann und muss (*Kloepfer*, Handbuch des Katastrophenrechts, 2014, § 10 Rn. 77).

[161] Zur Bedeutung der Inanspruchnahme von Personen und Sachen im Pandemiefall *Kloepfer/Deye*, DVBl. 2009, 1208 (1217).

gesundheitlichen Notlage zugeschnitten und damit grundsätzlich vorrangig gegenüber den landesrechtlichen Katastrophenschutzregelungen.[162] Dies gilt jedenfalls insoweit, als der Bund mit dem IfSG abschließende Regelungen getroffen hat.[163] Als einziges Bundesland hat Bayern im Zusammenhang mit der Corona-Pandemie einen Katastrophenfall ausgerufen, wodurch in erster Linie durch die eingerichteten „Führungsgruppen Katastrophenschutz“ eine bessere Koordination der Behörden angestrebt wurde und durch die Inanspruchnahme von Hilfsorganisationen auf Grundlage des BayKSG insbesondere die Logistik in der Materialbeschaffung und -verteilung sowie die Leitung von Notkrankenhäusern verbessert werden sollte. Zuletzt wurden dadurch vor allem die Belegung der Intensivbetten und die Verlegung von Patienten aus überlasteten Kliniken koordiniert.[164]

Nichtsdestotrotz lohnt für den Pandemiefall ein Blick in die katastrophenschutzrechtlichen Risikoanalysen und Krisenmanagementübungen, welche der Krisenvorbereitung dienen und in der Vergangenheit bereits hypothetische Pandemieszenarien zum Gegenstand hatten.

a) Risikoanalysen

Nach § 18 Abs. 1 ZSKG werden zwischen dem Bund und den Ländern jährlich im Rahmen bundesweiter, ressortübergreifender Risikoanalysen hypothetische Szenarien zu möglichen bundesrelevanten Gefahren durchgespielt, um die bei ihrem Eintritt zu erwartenden Auswirkungen auf die Bevölkerung, ihre Lebensgrundlagen und die öffentliche Sicherheit und Ordnung zu ermitteln und den Umgang mit Risiken beurteilen zu können.[165] Die Ergebnisse dienen als Informations- und Entscheidungsgrundlage für eine risiko- und bedarfsorientierte Vorsorge- und Abwehrplanung. Die Analysen liefern die Grundlagen für eine Risikobewertung, nehmen diese aber nicht selbst vor und zeigen daher auch nicht zwingend Maßnahmen auf, die ergriffen werden sollen. Die Entscheidung darüber, ob das modellierte Szenario ein Risiko darstellt und welche Vorsorgemaßnahmen getroffen werden, bleibt vielmehr eine politische.[166] Die Szenarien basieren auf fundierten

---

[162] Das Infektionsschutzrecht wird häufig auch als besonderes Katastrophenschutzrecht eingeordnet, *Grüner*, Biologische Katastrophen, 2017, S. 181 f. und *Kluckert*, in: ders., Das neue Infektionsschutzrecht, 2. Aufl. 2021, § 2 Rn. 12.

[163] *Bals/Kuhn*, GesR 2020, 213 (215); *Grüner*, Biologische Katastrophen, 2017, S. 195; *Wissenschaftliche Dienste des Deutschen Bundestages*, WD 3-3000-082/20, S. 5. Für die im Zuge und zur Bewältigung der COVID-19-Pandemie erlassenen Regelungen *Kingreen*, in: Huster/Kingreen, HdB InfSR, 2. Aufl. 2022, Kapitel 1 Rn. 101.

[164] Erstmals vom 16.03.2020 bis zum 16.06.2020 (https://www.stmi.bayern.de/med/aktuell/archiv/2020/200616corona/). Erneut vom 09.12.2020 bis zum 04.06.2021 (https://www.stmi.bayern.de/med/aktuell/archiv/2021/210604k-fall/) sowie vom 10.11.2021 bis zum 11.05.2022 (https://www.stmi.bayern.de/med/pressemitteilungen/pressearchiv/2022/148/index.php; alle zuletzt: 28.08.2023).

[165] Vgl. BT-Drs. 17/12051, S. 2.

[166] BT-Drs. 19/21115, S. 3.

wissenschaftlichen Grundlagen und beschreiben einen möglichen fiktiven Ereignisverlauf, meist den „reasonable worst case“, anhand dessen ermittelt werden soll, in welchen Bereichen es zu strukturellen, organisatorischen, personellen oder materiellen Problemen kommen könnte und welche Vorkehrungen für einen derartigen Fall getroffen werden müssen.[167] Seit 2012 wurden bereits neun solcher Risikoanalysen zu Themen wie „Dürre“, „Erdbeben“, „Freisetzung radioaktiver oder chemischer Stoffe“, „Sturmflut“ und „Wintersturm“ durchgeführt.[168] Im Jahr 2012 wurde ein Szenario für den Ausbruch einer Pandemie in Deutschland durch ein SARS-Virus durchgespielt.[169] Ähnlich zur COVID-19-Pandemie wurde dem Szenario die Verbreitung eines neuartigen SARS-Erregers als Auslöser der Pandemie zugrunde gelegt, der die gesamte Bevölkerung in gleichem Ausmaß betrifft, dessen Ausbreitung in Wellen eingeteilt werden kann, gegen den erst im Verlauf der Pandemie ein Impfstoff zur Verfügung steht und dessen pandemische Ausbreitung die gesundheitliche Versorgung stark belastet.[170] Bereits in dieser Risikoanalyse wurde festgestellt, dass es im Pandemiefall zu starken Belastungen, in erster Linie des medizinischen Bereichs, kommen wird, ein erhöhter Bedarf an personellen wie sächlichen Ressourcen besteht und unter Umständen auch eine Triage nötig sein wird.[171] Maßgebliche Änderungen in Folge dieser Analyse folgten jedoch nicht.[172] Grund hierfür dürfte sein, dass die Eintrittswahrscheinlichkeit eines solchen Szenarios als „bedingt wahrscheinlich“ (einmal in 100 bis 1000 Jahren) eingestuft wurde.[173]

b) LÜKEX-Übungen

Zur besseren Krisenvorbereitung finden unter Federführung des Bundesministeriums des Innern und für Heimat und maßgeblicher Planung und Organisation des BBK seit 2004 im Zwei-Jahres-Turnus sogenannte LÜKEX-Krisenübungen (Län-

---

[167] *Bundesamt für Bevölkerungsschutz und Katastrophenhilfe* (*BBK*), 10 Jahre Risikoanalyse im Bevölkerungsschutz Bund, 2022, S. 13 ff. (abrufbar unter: https://www.bbk.bund.de/SharedDocs/Downloads/DE/Mediathek/Publikationen/PiB/PiB-22-10-jahre-risikoanalyse.pdf?__blob=publicationFile&v=4; zuletzt: 28.08.2023).

[168] Dazu https://www.bbk.bund.de/DE/Themen/Risikomanagement/Risikoanalysen-Bund-Laender/risikoanalysen-bund-laender_node.html (zuletzt: 28.08.2023); siehe zudem die Publikation des *BBK*, 10 Jahre Risikoanalyse im Bevölkerungsschutz Bund, 2022.

[169] Siehe dazu BT-Drs. 17/12051.

[170] BT-Drs. 17/12051, S. 5 f., Anhang 4 S. 73.

[171] BT-Drs. 17/12051, S. 59, 65, 73.

[172] Siehe dazu auch BT-Drs. 19/21115, insbesondere S. 7 ff., worin die Bundesregierung die Verantwortung den Ländern zuweist.

[173] BT-Drs. 17/12051, Anhang 4 S. 56. Das BVerwG sieht im Untätigbleiben des Gesetzgebers in Folge der Analyse in Bezug auf § 28 Abs. 1 IfSG als rechtliche Grundlage für Pandemieschutzmaßnahmen eine bewusste Entscheidung des Gesetzgebers und ein Indiz für die Verfassungsmäßigkeit der Generalklausel, auch für gegen die Allgemeinheit gerichtete Maßnahmen, BVerwG, Urt. v. 22.11.2022 – 3 CN 1.21, Rn. 27.

der- und Ressortübergreifende Krisenmanagementübung [Exercise]) statt.[174] Ihre rechtliche Verankerung finden die Übungen in § 14 Satz 1 ZSKG. Im Rahmen der LÜKEX-Übungen wird die gesamtstaatliche Krisenreaktion und das Krisenmanagement anhand fiktiver Bedrohungslagen mit dem Ziel getestet, die Reaktionsfähigkeit in außergewöhnlichen Krisen zu verbessern, vorhandene Verfahren und Bewältigungsstrategien kritisch auf Verbesserungspotential zu überprüfen und ggf. Handlungsbedarf ausfindig zu machen. Dafür wird eine fiktive Krisenlage in ihrem Ablauf und Ausmaß vorab geplant, vorbereitet und letztlich für wenige Tage realitätsnah simuliert. Neben dem Bund und den Ländern sind auch private Akteure Kritischer Infrastrukturen (KRITIS) an den Übungen beteiligt.

Bisher wurden acht solcher Übungen durchgeführt.[175] Im Jahr 2007 wurde mit LÜKEX07 das Thema „Weltweite Influenza – Pandemie" geübt. An der Übung waren elf Bundesressorts, das Bundeskanzleramt, das Presse- und Informationsamt der Bundesregierung, sieben Länder (Bremen, Hamburg, Mecklenburg-Vorpommern, Rheinland-Pfalz, Saarland, Sachsen-Anhalt, Thüringen) sowie Behörden, Hilfsorganisationen, Verbände und ca. 50 Unternehmen und Organisationen der Wirtschaft beteiligt.[176] Obgleich zwischen dem Szenario der LÜKEX07 und der Situation der COVID-19-Pandemie Parallelen bestehen, unterscheidet sich das Übungsszenario von der Corona-Pandemie in zentralen Punkten und kann daher nur in Grenzen auf die gegenwärtige Pandemie übertragen werden: Zum einen basierte die Übung auf einem Influenza-Grippevirus, über das bereits wichtige wissenschaftliche und medizinische Datengrundlagen zur Verfügung standen, die eine Prognose und ein Agieren vereinfachten. Zum anderen wurde bei der Übung vorausgesetzt, dass bereits zu Beginn der Pandemie ein Impfstoff zur Verfügung steht, was sich wesentlich auf den Verlauf einer Pandemie und etwaige Pandemiemaßnahmen auswirkt. Die Übung brachte nach Aussagen des BBK jedoch einen erheblichen Nutzen für die nationale Pandemieplanung. Insbesondere wurde festgestellt, dass mit erheblichen Personalausfällen zu rechnen sein wird und bei der Bedarfsermittlung, Vernetzung und Verteilung von medizinischer Ausstattung Optimierungsbedarf besteht.[177]

---

[174] Ausführlich zu LÜKEX und zum Folgenden https://www.bbk.bund.de/DE/Themen/Krisenmanagement/LUEKEX/luekex_node.html#:~:text=Was%20ist%20die%20L%C3%9CKEX%3F,der%20Kritischen%20Infrastrukturen%20(%20KRITIS%20) (zuletzt: 28.08.2023).

[175] Überblick unter https://www.bbk.bund.de/DE/Themen/Krisenmanagement/LUEKEX/luekex_node.html#:~:text=Was%20ist%20die%20L%C3%9CKEX%3F,der%20Kritischen%20Infrastrukturen%20(%20KRITIS%20). Für das Jahr 2021 war „LÜKEX21: Cyberangriff auf Regierungshandeln" geplant, die wegen der Corona-Pandemie verschoben und nunmehr als LÜKEX23 im September 2023 durchgeführt wurde (https://www.bbk.bund.de/DE/Themen/Krisenmanagement/LUEKEX/LUEKEX-23/luekex-23_node.html; beide zuletzt: 28.08.2023).

[176] https://www.bbk.bund.de/DE/Themen/Krisenmanagement/LUEKEX/_documents/art-luekex07.html (zuletzt: 28.08.2023).

[177] Siehe den Auswertungsbericht zur Übung, https://www.bbk.bund.de/DE/Themen/Krisenmanagement/LUEKEX/_documents/art-luekex07.html (zuletzt: 28.08.2023).

5. Pandemieplan

Ein weiteres Element zur Pandemiebewältigung stellt der Nationale Pandemieplan dar, der Handlungsempfehlungen für den Pandemiefall bereithält[178] und in erster Linie der Vorsorge dient. Der Plan wurde erstmals im Jahr 2005 entwickelt, wird fortlaufend aktualisiert und ist bis heute auf das Influenza-Virus zugeschnitten.[179] Eine Übertragung des Rahmenkonzeptes auf andere pandemische Erkrankungen ist gleichwohl nicht ausgeschlossen.[180] Der Plan knüpft an den internationalen Pandemieplan der WHO[181] an und versucht, diesen umzusetzen. Zugleich bildet der Nationale Pandemieplan das Fundament für die von den Ländern kraft ihrer Kompetenz aus Art. 72 Abs. 1, 74 Abs. 1 Nr. 19 GG ausgearbeiteten Pandemierahmenpläne, die eine Art Empfehlung für die Umsetzung des Nationalen Pandemieplans im jeweiligen Bundesland darstellen, sowie für die Pläne der Kommunen.[182]

Der Nationale Pandemieplan hat im Wesentlichen folgende Zielsetzung: Die Morbidität und Mortalität in der Gesamtbevölkerung sollen reduziert, die Versorgung kranker Personen sichergestellt, die Aufrechterhaltung öffentlicher, essentieller Dienstleistungen garantiert sowie die Politik, Öffentlichkeit und Medien informiert werden.[183] Der Plan ist dafür in zwei Teile untergliedert: Während der erste Teil gemeinsam von Bund und Ländern erarbeitet wurde[184] und unter dem Titel „Strukturen und Maßnahmen“ unter anderem Empfehlungen zur (Influenza-)Surveillance, zu infektionshygienischen Maßnahmen, zur medizinischen Versorgung, zur Impfstoff- und Arzneimittellogistik, zur Pandemieplanung in Unternehmen, Verwaltung und anderen nicht-medizinischen Bereichen sowie zur Kommunikations- und Öffentlichkeitsarbeit beinhaltet, erläutert der zweite Teil „Wissenschaftliche Grundlagen“[185] Standards und Methoden, die die Epidemiologie, influenzaspezifische Arzneimittel, nicht-pharmakologische Maßnahmen und Impfstoffe sowie weitere pandemierelevante Themen betreffen. Der zweite Teil wird vom RKI

---

[178] Abrufbar unter: https://www.rki.de/DE/Content/InfAZ/N/Neuartiges_Coronavirus/Pandemieplan.html?nn=13490888 (zuletzt: 28.08.2023).

[179] Siehe https://www.rki.de/DE/Content/InfAZ/I/Influenza/Pandemieplanung/Pandemieplanung_Node.html (zuletzt: 28.08.2020). Die als Bundesrecht geltenden IGV verpflichten in ihrer Anlage I zur Erstellung und Fortführung eines nationalen Plans.

[180] Für die COVID-19-Pandemie wurde der Nationale Pandemieplan ergänzt (https://www.rki.de/DE/Content/InfAZ/N/Neuartiges_Coronavirus/Ergaenzung_Pandemieplan_Covid.html; zuletzt: 28.08.2023).

[181] Abrufbar unter: https://apps.who.int/iris/bitstream/handle/10665/259893/WHO-WHE-IHM-GIP-2017.1-eng.pdf (zuletzt: 28.08.2023).

[182] Überblick zu den Pandemieplänen der Bundesländer unter https://www.rki.de/DE/Content/InfAZ/I/Influenza/Pandemieplanung/Pandemieplaene_Bundeslaender.html (zuletzt: 28.08.2023). Siehe zur Landes- und Kommunalebene *Kloepfer/Deye*, DVBl. 2009, 1208 (1215 f.).

[183] Nationaler Pandemieplan Teil I, S. 7.

[184] Nationaler Pandemieplan Teil I, S. 5.

[185] Nationaler Pandemieplan Teil II.

mit Unterstützung des Expertenbeirats Influenza erstellt[186] und enthält keine Empfehlungen, sondern fasst den aktuellen Wissens- und Forschungsstand zusammen und stellt dadurch eine „fachliche Grundlage für Entscheidungen über Maßnahmen zur Vorbereitung auf den Pandemiefall sowie Maßnahmen im konkreten Pandemiefall“[187] dar. Wenngleich keine konkreten Vorgaben mehr dazu gemacht werden, welche medizinischen Ressourcen und in welchem Umfang bevorratet werden sollen,[188] enthalten die Strukturen und Maßnahmen des ersten Teils wichtige Vorgaben dazu, welche infektionshygienischen Maßnahmen im Stadium der Bewältigung einer Pandemie ergriffen werden sollten,[189] und geben Empfehlungen zur praktischen Umsetzung pandemischer Impfungen.[190] Im Pandemieplan werden somit die zentralen Aspekte für den staatlichen Umgang mit einer Pandemie thematisiert.

Für die Frage der Bedeutung des Pandemieplans bei der Pandemiebewältigung ist zunächst ein Blick auf dessen Rechtsnatur zu werfen. Der Plan wird von einer Expertenkommission unter Federführung des RKI erstellt und damit weder vom Gesetzgeber als formelles Gesetz noch als exekutive Verordnung oder Satzung erlassen.[191] Wegen des Empfehlungscharakters seiner Vorgaben setzt der Nationale Pandemieplan auch keine verbindlichen Rechtsfolgen wie sie für einen Verwaltungsakt nach § 35 Satz 1 VwVfG nötig wären.[192] Neben der Verwaltung werden die Empfehlungen auch an Privatpersonen oder die Öffentlichkeit adressiert,[193] sodass es sich auch um keine rein interne Verwaltungsvorschrift handelt. Letztlich stellen die Vorgaben des Pandemieplans damit lediglich rechtlich unverbindliche Vorsorgeempfehlungen dar.[194] Obgleich der Pandemieplan den staatlichen und nichtstaatlichen Akteuren als Leitfaden und Grundlage für ihr Handeln in der Krise dient und er zentrale Bereiche der Pandemievorsorge und -bewältigung anspricht, stellt die rechtliche Unverbindlichkeit einen großen Mangel dar. So haben beispielsweise die Hälfte der Bundesländer die im Pandemieplan (2007) vorgegebene Bevorratung von

---

[186] Nationaler Pandemieplan Teil II, S. 7.

[187] *RKI*, Epidemiologisches Bulletin, 13/2016, S. 106.

[188] So noch früher im Nationalen Pandemieplan Teil III (2007), S. 26, 80 (https://edoc.rki.de/bitstream/handle/176904/6227/Pandemieplan2007.pdf?sequence=1&isAllowed=y; zuletzt: 28.08.2023).

[189] Nationaler Pandemieplan Teil I, S. 23 ff.

[190] Nationaler Pandemieplan Teil I, S. 36.

[191] *Kloepfer/Deye*, DVBl. 2009, 1208 (1215).

[192] *Kloepfer/Deye*, DVBl. 2009, 1208 (1215).

[193] *Kloepfer/Deye*, DVBl. 2009, 1208 (1215) zum alten Teil III des Nationalen Pandemieplans.

[194] So auch *Kloepfer/Deye*, DVBl. 2009, 1208 (1215); vgl. auch den Bayerischen Pandemieplan, S. 6: „Der Bayerische Influenzapandemie-Rahmenplan setzt die Regelungen, die im Nationalen Pandemieplan von Bund und Ländern getroffen wurden, für Bayern um und versteht sich als Fachschrift mit Informationen, Hinweisen und Empfehlungen für Behörden und andere Institutionen“.

20 bis 25 % antiviraler Arzneimittel nicht eingehalten.[195] Da es in einer Pandemie sehr wahrscheinlich zu einem erhöhten Bedarf an medizinischen Versorgungsgütern kommt, ist eine vorsorgliche Bevorratung ebendieser Güter enorm wichtig. Speziell in solchen Fällen verleiht eine unverbindliche Empfehlung des Pandemieplans dem Anliegen nicht ausreichend Nachdruck. Nach den Erfahrungen mit der Corona-Krise mag sich die Einstellung zur Wichtigkeit einer Bevorratung und Vorbereitung auf einen Pandemiefall freilich geändert haben.

Ebenso wie auf Bundesebene existieren auch auf Länderebene Pandemiepläne, die am Nationalen Pandemieplan des Bundes orientiert sind und darauf aufbauen. Die Ausführungen zum Nationalen Pandemieplan gelten daher entsprechend. Darüber hinaus ist mit Blick auf die Effektivität von Pandemieplänen als Mittel zur Bewältigung einer Pandemie darauf hinzuweisen, dass die Pandemiepläne durch die Bundesländer vor dem Ausbruch von SARS-CoV-2 teilweise bis zu 10 Jahre nicht mehr aktualisiert worden waren, daher beispielsweise noch an ein Phasenmodell der WHO anknüpften, das längst überholt war[196] und die Pläne somit keinerlei Hilfestellung in der akuten COVID-19-Pandemie leisten konnten.

6. Allgemeines Gefahrenabwehrrecht

Den Bundesländern obliegt zudem die Kompetenz für das allgemeine Gefahrenabwehrrecht, namentlich das Polizei- und Sicherheitsrecht (Art. 30, 70 Abs. 1 GG). Eine Pandemie kann durchaus die Anforderungen an eine (konkrete) Gefahr im sicherheitsrechtlichen Sinn erfüllen, sodass die Befugnisse der Polizei- und Sicherheitsgesetze Anwendung finden können. Ungeachtet dessen, dass das allgemeine Gefahrenabwehrrecht neben Platzverweisen und Betretungsverboten keine spezifischen Pandemiemaßnahmen im Repertoire aufweisen kann, tritt es hinter dem Infektionsschutzrecht des Bundes als besonderem Gefahrenabwehrrecht zurück.[197]

---

[195] BT-Drs. 16/6303, S. 50 f. Dazu *Kloepfer/Deye*, DVBl. 2009, 1208 (1214 f.). Zur Mindestbevorratung soeben Fn. 188.

[196] *Klafki*, VerfBlog v. 05.03.2020.

[197] *Sodan*, in: Ehlers/Fehling/Pünder, Besonderes Verwaltungsrecht, Band 2, 3. Aufl. 2013, § 56 Rn. 14. Jedenfalls die hier im Fokus stehenden Eingriffsbefugnisse sind dem Gefahrenabwehrrecht zuzuordnen (oben Fn. 151). Ebenfalls ist hierbei von einer abschließenden Regelung durch den Bund auszugehen (vgl. BT-Drs. III 1888, S. 21 zum BSeuchG), ebenso zum BSeuchG *Costard*, Öffentlich-rechtliche Probleme beim Auftreten einer neuen übertragbaren Infektionskrankheit, 1989, S. 114. Auch die katastrophenrechtlichen Befugnisse sind als besonderes Gefahrenabwehrrecht spezieller, *Grüner*, Biologische Katastrophen, 2017, S. 197.

III. Fazit: Defizitäres rechtliches Instrumentarium für den Pandemiefall

Wie sich zeigt, war das deutsche Regelwerk für einen Pandemiefall bis zum Beginn der COVID-19-Pandemie nur dürftig ausgestaltet und auf einen Krankheitsausbruch von solcher Schwere und solchem Ausmaß wie im Fall von SARS-CoV-2 nicht vorbereitet. Obgleich die Gefahr einer Pandemie und ihr mögliches Schadensausmaß bereits seit der Risikoanalyse 2012 deutlich gemacht wurden, gab es im deutschen Recht kein speziell auf eine pandemische Bedrohung zugeschnittenes Regelwerk. Wenngleich eine Pandemie und der dadurch verursachte Gesundheitsnotstand einen von Art. 35 Abs. 3 Satz 1 GG erfassten Fall des inneren Notstandes darstellen, hält die Verfassung keine geeigneten rechtlichen Instrumentarien zu deren Bewältigung bereit. Die Regelungen über den inneren Notstand unter dem Grundgesetz stellen sich dabei – auch im Vergleich mit den äußeren Notstandsregelungen – nicht nur für den besonderen Pandemiefall, sondern auch allgemein als zu fragmentarisch und lückenhaft dar. Auf einfachrechtlicher Ebene finden mehrere Gesetze im Pandemiefall Anwendung, sodass nicht nur die Abgrenzung der einschlägigen Normen schwierig ist, sondern auch unterschiedliche Behörden auf verschiedener Grundlage zuständig sind und ihre Zusammenarbeit koordiniert werden muss. Daneben treten zahlreiche unverbindliche Empfehlungen und Gremien, die die Koordinierung unterstützen sollen, die Unübersichtlichkeit der Zuständigkeit und Befugnisse im Pandemiefall jedoch zusätzlich verstärken. Insgesamt fehlt es auf Bundesebene grundsätzlich an Operationsbefugnissen des Bundes und bundeseinheitlichen Vorgaben, die zur Bewältigung einer länderübergreifenden oder gar bundesweiten Bedrohung zwingend erforderlich sind. Dies zeigt sich deutlich bei den Vorschriften des IfSG, das zwar vom Bund erlassen, jedoch von den Ländern ausgeführt wird und dem es an einheitlichen, abgestimmten und klaren Vorgaben zum Vorgehen im Pandemiefall mangelt.

B. COVID-19-Regelungen

Nachfolgend wird ein kurzer Überblick über die wichtigsten Änderungen der rechtlichen Grundlagen zur Pandemiebewältigung gegeben, wie sie im Zusammenhang mit der COVID-19-Pandemie erfolgten, bevor die Regelungen im Anschluss daran an ausgewählten Maßstäben vertieft untersucht werden (Kapitel 3).

I. Bundesebene

Mangels bundeseinheitlicher Vorgaben oder bundesrechtlicher operativer Befugnisse führte die Corona-Krise zu einigen Neuerungen auf Bundesebene. Im Geschäftsbereich der Bundesregierung stellten das „kleine“ und „große Corona-

Kabinett"[198] durch wöchentliche Tagungen sicher, dass dringende Pandemieangelegenheiten zeitnah behandelt wurden. Für die schnelle und reibungslose Umsetzung der „Corona-Beschlüsse" wurde ein gemeinsamer Krisenstab des Ressorts für Inneres und Sport und dem BMG eingerichtet.[199] Letzteres erhielt zum gleichen Zweck zudem einen Beschaffungsstab und eine Taskforce.[200] Der Gesundheitsausschuss des Deutschen Bundestages hat im Frühjahr 2021 ferner ein sog. Parlamentarisches Begleitgremium COVID-19-Pandemie[201] einberufen, das sich in öffentlichen Anhörungen neben Fragen der Pandemiebewältigung auch mit den Fragestellungen rund um die Impfung sowie den gesellschaftlichen Auswirkungen der Pandemie beschäftigte. Ab Ende des Jahres 2021 unterstützten ein neu ernannter Corona-ExpertInnenrat[202] sowie ein Krisenstab den Staat bei der Pandemiebewältigung, und über regelmäßige Treffen zwischen der damaligen Bundeskanzlerin Angela Merkel bzw. dem ihr nachfolgenden Bundeskanzler Olaf Scholz und den Regierungschefs der Bundesländer wurde versucht, ein bundesweit abgestimmtes Vorgehen bei der Umsetzung der Spielräume des IfSG durch die Länder, insbesondere bei der Wahl der Hygieneschutzmaßnahmen, zu erreichen.[203]

Erstmals gab es Ansprachen des Bundespräsidenten zur Bevölkerung; Interviews und Talkshow-Besuche von hochrangigen Politikern wie Bundeskanzlerin Angela Merkel oder dem damaligen Bundesgesundheitsminister Jens Spahn wurden bald zum regelmäßigen Abendprogramm. Daneben wurde der Bevölkerung mit täglichen Pressekonferenzen oder Besuchen von Betrieben, Impfzentren und Forschungseinrichtungen eine bürgernahe und sich um ihr Wohlergehen sorgende Politikspitze präsentiert. Vorwiegend durch das RKI übernahm der Bund außerdem eine vorrangige Rolle im Bereich der Informationsveröffentlichung, sei es gegenüber Fachbehörden oder der allgemeinen Bevölkerung. Das RKI veröffentlichte nicht nur tägliche Situationsberichte und aktuelle Statistiken zu Inzidenzfällen, Mutationsraten und Impffortschritten, es stellte auch einen Antworten-Katalog auf eine Vielzahl medizinischer und wissenschaftlicher Fragen zum Virus bereit.[204] Auf der

---

[198] https://www.bundesregierung.de/breg-de/themen/coronavirus/regierungshandeln-covid19-1740548 (zuletzt: 28.08.2023).

[199] Siehe allgemein zum Krisenstab bei Pandemien: https://www.bmi.bund.de/DE/themen/bevoelkerungsschutz/krisenmanagement/organisation/krisenmanagement-organisation-node.html (zuletzt: 28.08.2023). Der Krisenstab wird auf Grundlage des Pandemieplans vom BMG einberufen, vgl. Nationaler Pandemieplan, Teil I, S. 10.

[200] https://www.bundesregierung.de/breg-de/themen/coronavirus/regierungshandeln-covid19-1740548 (zuletzt: 28.08.2023).

[201] https://www.bundestag.de/webarchiv/Ausschuesse/ausschuesse19/a14/pandemie (zuletzt: 28.08.2023).

[202] https://www.bundesregierung.de/breg-de/bundesregierung/bundeskanzleramt/corona-expertinnenrat-der-bundesregierung (zuletzt: 28.08.2023).

[203] Eingehend zu diesen Treffen unten unter Kapitel 3 B. V. 8. und D. II.

[204] https://www.rki.de/DE/Content/InfAZ/N/Neuartiges_Coronavirus/nCoV.html (zuletzt: 28.08.2023).

Homepage der Regierung wurde zudem eine Corona-Info-Seite[205] eingerichtet und der Bundestag informierte über die „Corona-Gesetzgebung“.[206]

Gestützt auf die in Art. 87 Abs. 1 Satz 1, 2 GG fußende Kompetenz wurden zudem Grenzkontrollen und sogar Grenzschließungen angeordnet.[207] Das Auswärtige Amt wurde für seine umfassende Rückholaktion von mehr als 160.000 deutschen Urlaubern bekannt[208] und sprach Reisewarnungen für besonders betroffene und damit gefährliche Gebiete aus. Sobald Impfstoffe verfügbar waren, kümmerte sich der Bund – in Absprache mit der EU – um die Beschaffung der Impfstoffe und deren Verteilung an die Länder. Um die finanziellen Folgen der grundrechtsbeschränkenden Geschäfts- und Betriebsschließungen zu kompensieren, führte der Bund ein ganzes Paket an Soforthilfen für kleine und mittlere Betriebe sowie für Selbstständige ein.[209] Die wichtigste Funktion kam dem Bund dennoch als Gesetzgeber zu.

1. Überblick

Seit Mitte März 2020 wurden eine Vielzahl an Gesetzen, Rechtsverordnungen und sogar Allgemeinverfügungen als Mittel zur Pandemiebewältigung erlassen bzw. bestehende Rechtsvorschriften geändert. Die rechtlichen Maßnahmen deckten dabei fast sämtliche Bereiche der verschiedenen Rechtsgebiete ab und beinhalteten unter anderem arbeits-, sozial-, steuer- und infektionsschutzrechtliche Regelungen, die ein Arbeiten und Leben in der Pandemie ermöglichen und steuern sollten.[210] Für den nationalen Pandemieplan wurde beispielsweise eine 39-seitige Ergänzung[211] erstellt, die auf die speziellen Eigenschaften des SARS-CoV-2-Erregers eingeht und die nationale Pandemiestrategie an dieses Virus anpasst. Zur Finanzierung der Bewältigung der COVID-19-Pandemie wurden die Schuldenbremse mehrfach ausgesetzt und die Regelungen im Bundeswahlgesetz auf den Pandemiefall vorbereitet.[212] Ein wichtiges Mittel zur rechtlichen Bewältigung der COVID-19-Pandemie stellten

---

[205] https://www.bundesregierung.de/breg-de/themen/coronavirus (zuletzt: 28. 08. 2023).

[206] Ein Überblick über die Parlamentsmaterialien findet sich noch unter: https://www.bundestag.de/dokumente/parlamentsdokumentation/dossier (zuletzt: 28. 08. 2023).

[207] Dazu noch in der Vorauflage *Kingreen*, in: Huster/Kingreen, HdB InfSR, 1. Aufl. 2021, Kapitel 1 Rn. 24.

[208] Dazu https://www.auswaertiges-amt.de/de/ReiseUndSicherheit/-/2339172 (zuletzt: 28. 08. 2023).

[209] Überblick unter: https://www.bundesfinanzministerium.de/Content/DE/Standardartikel/Themen/Schlaglichter/Corona/ueberbrueckungshilfe.html (zuletzt: 28. 08. 2023).

[210] Das Suchportal des Deutschen Bundestages zählt 5.869 Treffer für das Schlagwort „COVID-19“, darunter 117 Gesetze (Stand: 28. 08. 2023), https://dip.bundestag.de/erweiterte-suche?fld.0.0=deskriptor&fld.0.0.term=COVID-19&op.0=AND&f.typ=Vorgang&rows=25&sort=datum_ab (zuletzt: 28. 08. 2023).

[211] Abrufbar unter: https://www.rki.de/DE/Content/InfAZ/N/Neuartiges_Coronavirus/Ergaenzung_Pandemieplan_Covid.html (zuletzt: 28. 08. 2023).

[212] Vgl. § 52 Abs. 4 BWahlG a. F. Zur Aussetzung der Schuldenbremse in der Corona-Pandemie z. B. *Meickmann*, NVwZ 2021, 97 ff.; ferner *Heintzen*, NVwZ 2022, 1505 ff.

darüber hinaus Verordnungen des Bundes, insbesondere solche des Bundesgesundheitsministeriums auf Grundlage des neugefassten IfSG dar.[213]

2. Infektionsschutzrecht

Als Herzstück der Pandemiebewältigung wurde das IfSG im Zuge der Corona-Pandemie mehrfach und umfassend geändert, um in verfassungskonformer Weise auf den Pandemiefall reagieren zu können. Von besonderer Wichtigkeit sind die sog. Bevölkerungsschutzgesetze. Diese Gesetze enthalten in erster Linie Änderungen des IfSG, um dieses besser an die Pandemiesituation anzupassen und es mit dem Verfassungsrecht in Einklang zu bringen.

Beginnend mit dem Ersten Gesetz zum Schutz der Bevölkerung bei einer epidemischen Lage von nationaler Tragweite vom 27.03.2020 (Erstes Bevölkerungsschutzgesetz)[214], wurde die Corona-Pandemie rechtlich als epidemische Lage von nationaler Tragweite (§ 5 Abs. 1 IfSG) erfasst und das BMG auf dem Gebiet des Gesundheitsschutzes weitreichend zum Erlass von Verordnungen und Anordnungen ermächtigt, welche die Beschaffung, Herstellung und Verteilung wichtiger medizinischer Ressourcen zum Gegenstand haben (§ 5 Abs. 2 IfSG). In entschädigungsrechtlicher Hinsicht wurde § 56 IfSG um einen neuen Absatz 1a erweitert. Dadurch sollten einer „Destabilisierung des gesamten Gesundheitssystems“ vorgebeugt werden und die notwendigen bundesrechtlichen Operationsbefugnisse zur Abwehr einer Gefahr für die öffentliche Gesundheit in der Bundesrepublik geschaffen werden, der nur begrenzt auf Landesebene begegnet werden kann.[215]

Mit dem Zweiten Gesetz zum Schutz der Bevölkerung bei einer epidemischen Lage von nationaler Tragweite vom 19.05.2020 (Zweites Bevölkerungsschutzgesetz)[216] wurden die Befugnisse des BMG in § 5 Abs. 2 IfSG erweitert.

Nach anhaltender Pandemielage und zunehmend schärfer werdender Kritik ob der Verfassungsmäßigkeit der Generalklausel des § 28 Abs. 1 Satz 1 IfSG als rechtlicher Grundlage für die Pandemieschutzmaßnahmen wurde im Zuge des Dritten Gesetzes zum Schutz der Bevölkerung bei einer epidemischen Lage von nationaler Tragweite vom 18.11.2020 (Drittes Bevölkerungsschutzgesetz)[217] ein neuer § 28a IfSG eingeführt. In sieben Absätzen sollten den Bedenken im Hinblick auf die Verfassungsmäßigkeit der Rechtsgrundlage für die grundrechtsbeschränkenden Pande-

---

[213] Insgesamt wurden zahlreiche Verordnungen zur Bekämpfung der Corona-Pandemie erlassen, ein Großteil davon geht auf das BMG und § 5 Abs. 2 IfSG als Rechtsgrundlage zurück. Das BMG hatte für die Corona-Verordnungen eine eigene Website, die allerdings nicht mehr abrufbar ist.

[214] BGBl. I 2020, S. 587.

[215] BT-Drs. 19/18111, S. 1.

[216] BGBl. I 2020, S. 1018.

[217] BGBl. I 2020, S. 2397.

miemaßnahmen Rechnung getragen, und die Maßnahmen „gerichtsfest"[218] gemacht werden. § 28a Abs. 1 IfSG führt dafür in einem mittlerweile 18 Nummern langen Katalog sämtliche Hygieneschutzmaßnahmen auf, die zuvor in den Verordnungen und Allgemeinverfügungen der Bundesländer auf Grundlage von § 28 Abs. 1 Satz 1 IfSG ergriffen wurden, und erklärt Abstandsgebote, Maskenpflicht, Ausgangs- und Kontaktbeschränkungen, die Erstellung von Hygienekonzepten, Beschränkungen oder gar Untersagungen von Veranstaltungen, Sportausübung, Versammlungen und religiösen Zusammenkünften ebenso zu möglichen Schutzmaßnahmen im Fall einer epidemischen Lage von nationaler Tragweite wie die Schließung von Betrieben, Einzel- und Großhandel und Schulen. Die in § 28a Abs. 1 IfSG aufgeführten Maßnahmen können von den Ländern per Verordnung erlassen werden (§ 32 IfSG).

Mangels wegweisender und klarer bundesgesetzlicher Vorgaben wurde das staatliche Vorgehen zur Pandemiebewältigung lange Zeit überwiegend in den informellen Bund-Länder-Treffen zwischen der damaligen Bundeskanzlerin Angela Merkel bzw. dem späteren Bundeskanzler Olaf Scholz und den Regierungschefs der Bundesländer diskutiert und vereinbart. Das Gremium stand seit Beginn der Krise in der Kritik, einer gesetzlichen Grundlage zu entbehren und intransparent zu sein. Nachdem es immer häufiger zu Abweichungen seitens der Länder von dem zuvor im Gremium beschlossenen Vorgehen und einer stark divergierenden Regulierung in den einzelnen Bundesländern kam, suchte der Bund mit Erlass des Vierten Gesetzes zum Schutz der Bevölkerung bei einer epidemischen Lage von nationaler Tragweite (Viertes Bevölkerungsschutzgesetz)[219] ein einheitliches Vorgehen in der Pandemiebewältigung durch bundesgesetzliche Vorgaben zu erreichen. Anders als in § 28a IfSG ermächtigte das IfSG in einem neuen § 28b in der Fassung vom 22.04.2021 nicht mehr die Länder zum Ergreifen bestimmter Pandemieschutzmaßnahmen, sondern bestimmte selbst, welche Schutzmaßnahmen ab einem Inzidenzwert von 100 bzw. 165 Neuinfektionen je 100.000 Einwohner automatisch gelten sollten und regelte die staatliche Pandemiebewältigung für diesen Fall somit bundesweit und bundeseinheitlich. Daneben konnten die Länder über diese bundesgesetzlichen Maßnahmen hinausgehende Schutzmaßnahmen treffen (§ 28b Abs. 5 IfSG a. F.) und die Bundesregierung per Verordnung nach § 28b Abs. 6 IfSG a. F. zusätzliche Ge- und Verbote oder Ausnahmen und Erleichterungen zu den in § 28b Abs. 1, 3, 7 IfSG a. F. getroffenen Maßnahmen erlassen. Unterhalb dieser Schwelle blieb es bei den Schutzmaßnahmen nach § 28a i. V. m. § 32 IfSG. Auf die Unterschiede, die sich bei der Bekämpfung des Virus durch eine Immunisierung ergeben können, reagierte der COVID-19-Gesetzgeber damit, dass die Bundesregierung gemäß § 28c Satz 1, 2 IfSG per Verordnung Ausnahmen und Erleichterungen zu den COVID-19-Ge- und Verboten für Geimpfte, Getestete und vergleichbare Personen festlegen konnte.

---

[218] So die Aussage des seinerzeitigen Unionsfraktionsvize *Georg Nüßlein* (CSU), zitiert nach https://www.faz.net/aktuell/politik/union-und-spd-einig-infektionsschutzgesetz-wird-schnell-neu-gefasst-17034341.html (zuletzt: 28.08.2023).

[219] BGBl. I 2021, S. 802.

Um sich dem dynamischen, sich stets ändernden Infektionsgeschehen anzupassen und verfassungsrechtlichen Anforderungen gerecht zu werden, wurde das IfSG fortlaufend nachgebessert und die epidemische Lage von nationaler Tragweite beispielsweise zeitlich befristet,[220] die Hospitalisierungsrate zum maßgeblichen Indikator ernannt,[221] eine nationale Reserve an Schutzmasken etabliert,[222] eine Impfnachweispflicht für in bestimmten Einrichtungen tätige Personen eingeführt,[223] Regelungen zur pandemiebedingten Triage[224] sowie zur Priorisierung bei Verteilung knapper medizinischer Güter ergänzt[225] und nach und nach eine Entkoppelung der Schutzmaßnahmen und Regelungen von der epidemischen Lage von nationaler Tragweite angestrebt.[226]

Die COVID-19-Regelungen weisen nicht nur in materieller Hinsicht einige verfassungsrechtlich interessante Aspekte auf, sondern auch die in Rekordgeschwindigkeit abgeschlossenen Gesetzgebungsverfahren stellten eine Besonderheit dar. So wurden sowohl das Erste als auch das Zweite Bevölkerungsschutzgesetz binnen weniger Tage im Gesundheitsausschuss diskutiert und von Bundestag und Bundesrat beschlossen. Die Zweite und Dritte Lesung im Bundestag sowie die Anhörung im Gesundheitsausschuss als auch die Sondersitzung des Bundesrates fanden für das Erste Bevölkerungsschutzgesetz an nur einem einzigen Tag und für das Zweite Bevölkerungsschutzgesetz an zwei aufeinanderfolgenden Tagen statt.[227] Wenngleich das Dritte und Vierte Bevölkerungsschutzgesetz nicht innerhalb weniger Tage beschlossen wurden, so wurde das zügige Tempo dennoch prinzipiell beibehalten.

---

[220] BGBl. I 2020, S. 370.

[221] BGBl. I 2021, S. 4147.

[222] BGBl. I 2021, S. 1174.

[223] BGBl. I 2021, S. 5162.

[224] BGBl. I 2022, S. 2235.

[225] BGBl. I 2021, S. 370.

[226] BGBl. I 2021, S. 1174, 2947, 4906, 5162; BGBl. I 2022, S. 466, 1454.

[227] Der zeitliche Ablauf für das Erste Bevölkerungsschutzgesetz ist einsehbar unter https://dip.bundestag.de/vorgang/gesetz-zum-schutz-der-bevölkerung-bei-einer-epidemischen-lage-von/260577 bzw. für das Zweite Bevölkerungsschutzgesetz https://dip.bundestag.de/vorgang/zweites-gesetz-zum-schutz-der-bevölkerung-bei-einer-epidemischen-lage/261888?term=Zweites%20Gesetz%20zum%20Schutz%20der%20Bevölkerung%20bei%20einer%20epidemischen%20Lage%20von%20nationaler%20Tragweite&f.metatyp=Gesetze&rows=25&pos=1 (beide zuletzt: 28.08.2023).

II. Länderebene

1. Überblick

Wie auch auf Bundesebene erließen die Länder zahlreiche Rechtsvorschriften zu verschiedenen Lebensbereichen, um den Besonderheiten einer Pandemie gerecht zu werden und auch um den staatlichen Betrieb aufrechtzuerhalten.

Zuvörderst im infektionsschutzrechtlichen Bereich, in dem die Länder gem. Art. 30, 83 GG für den Vollzug des IfSG zuständig sind, nahmen die „Coronaschutzmaßnahmenverordnungen"[228] eine federführende Rolle in der staatlichen Pandemiebewältigung ein. Bereits vor Erlass des Ersten Bevölkerungsschutzgesetzes des Bundesgesetzgebers am 27.03.2020 wurden die Länder auf Grundlage des IfSG mittels Verordnungen oder Allgemeinverfügungen tätig und sagten unter anderem Großveranstaltungen ab oder schlossen Schulen, Kitas und letztlich sogar den Einzelhandel.[229] Zunächst nur in einzelnen Gemeinden, alsbald landesweit, kam es schließlich zu flächendeckenden Ausgangs- und Kontaktbeschränkungen. Die Verordnungen wurden zum Standardmittel, um zwischen Verschärfung und Lockerung der Maßnahmen hin- und her zu wechseln.

Wenngleich in den Bund-Länder-Treffen versucht wurde, dem weiten Umsetzungsspielraum der Länder eine gemeinsame Linie zu geben, setzten die Länder die rechtlich unverbindlichen Vorgaben der Treffen in unterschiedlicher Weise um und reagierten mit in Ausmaß und Intensität divergierenden Maßnahmen auf die Pandemiesituation. In der Folge wurde schnell der Vorwurf eines „föderalen Flickenteppichs" – gepaart mit grundsätzlicher Kritik am Prinzip des Föderalismus – laut.

2. Infektionsschutzrecht der Länder

In Bayern[230] und Nordrhein-Westfalen[231] wurden im Zuge der Corona-Pandemie gestützt auf die Kompetenz aus Art. 72 Abs. 1, 74 Abs. 1 Nr. 19 GG[232] eigene Infektionsschutzgesetze erlassen, welche die Handlungsfähigkeit des Gesundheits-

---

[228] So oder ähnlich die Bezeichnung für die auf Länderebene erlassenen Verordnungen auf Grundlage von §§ 28 ff. i. V. m. 32 IfSG.

[229] Vgl. hierzu und zum Folgenden *Kingreen*, in: Huster/Kingreen, HdB InfSR, 2. Aufl. 2022, Kapitel 1 Rn. 25 f.

[230] Bayerisches Infektionsschutzgesetz (BayIfSG) vom 25.03.2020, GVBl. 2020, 174. Das Gesetz ist mit Ablauf des 31.12.2020 außer Kraft getreten (Art. 11 Satz 1 BayIfSG).

[231] Artikel 1 des Gesetzes zur konsequenten und solidarischen Bewältigung der COVID-19-Pandemie in Nordrhein-Westfalen und zur Anpassung des Landesrechts im Hinblick auf die Auswirkungen einer Pandemie, GV. NRW. 2020 Nr. 12b vom 14.04.2020, 217b-244b. Das Gesetz war zunächst bis zum 31.03.2021, später bis zum 31.12.2022 befristet (§ 19 IfSBG-NRW).

[232] Für Bayern explizit LT-Drs. 18/6945, S. 1.

systems kurzfristig in personeller wie materialtechnischer Hinsicht erhöhen und insoweit die bundesrechtlichen Infektionsschutzregelungen sowie die Vorschriften über den Katastrophenschutz ergänzen sollten.[233]

[233] Für das BayIfSG LT-Drs. 18/6945, S. 1. Für das „NRW-Epidemiegesetz" LT-Drs. 17/8920, S. 1. In Niedersachsen wurde das Niedersächsische Gesetz über den öffentlichen Gesundheitsdienst (NGöGD) um einen § 3a ergänzt (Nds. GVBl. 2021, S. 700), der eine epidemische Lage von landesweiter Tragweite einführt (§ 3a Abs. 1 NGöGD), die auf das Land Niedersachsen begrenzt ist und nur festgestellt werden kann, wenn keine epidemische Lage von nationaler Tragweite festgestellt wurde. Die Ausrufung überträgt die Aufgaben des Infektions- und Strahlenschutzes nach § 3 NGöGD für diesen Fall dem Fachministerium (§ 3a Abs. 2 NGöGD).

Kapitel 3

Maßstäbe für ein rechtliches Regelwerk zur Bewältigung eines pandemiebedingten Gesundheitsnotstandes

Die speziell für die Bewältigung von und die Dauer der COVID-19-Pandemie erlassenen gesetzlichen Regelungen sollen im Folgenden anhand ausgewählter, für eine Pandemiegesetzgebung bedeutender Maßstäbe aus verfassungsrechtlicher Sicht und mit Blick auf ihre Effektivität im Fall eines pandemiebedingten Gesundheitsnotstandes begutachtet werden. Dafür werden die Maßstäbe zunächst abstrakt vorgestellt und anschließend ihr Bedeutungsgehalt im Rahmen der Pandemiebekämpfung ausgebreitet, bevor die COVID-19-Regelungen abschließend im Lichte dieser Maßstäbe dahingehend untersucht werden, ob und inwieweit sie den Anforderungen der Bewertungskriterien gerecht werden und jedenfalls insoweit[234] der Verfassung entsprechen.

A. Maßgebende Bewertungskriterien

I. Wesentlichkeitstheorie

Die Erfahrungen mit der Corona-Pandemie lehren, dass das Parlament als volksvertretendes und gesetzgebendes Organ in Krisenzeiten wie eines pandemiebedingten Gesundheitsnotstandes eine Schlüsselrolle innehat. Noch stärker als in Normalzeiten verlangen Krisen nach staatlicher Führung und Orientierung. So ist es die Aufgabe des Staates, das Zusammenleben der Menschen durch rechtliche Vorgaben zu steuern und die Bevölkerung vor Gefahren zu schützen. Der Ausbruch des SARS-CoV-2-Erregers traf die Bundesrepublik Deutschland unerwartet. Das gilt insbesondere für das bis dato zur Verfügung stehende rechtliche Regelwerk zur Bewältigung einer Pandemie. Für eine lange Zeit wurde das Infektionsgeschehen auf Grundlage der Generalklausel des § 28 Abs. 1 i. V. m. § 32 IfSG per Rechtsverordnung oder Allgemeinverfügung, insbesondere der Landesregierungen, reguliert. Vorab sollten Absprachen zwischen der zu dieser Zeit amtierenden Bundeskanzlerin und den Ministerpräsidenten der Bundesländer ein einheitliches, abgestimmtes

---

[234] D. h. die Verfassungsmäßigkeit des COVID-19-Instrumentariums bleibt im Hinblick auf andere Maßgaben weiterer Untersuchungen vorbehalten. Die Untersuchung konzentriert sich auf die zentralen Regelungen des Bundesgesetzgebers, insbesondere im IfSG als dem bedeutendsten Regelwerk zur Pandemiebewältigung.

Vorgehen sicherstellen. Hinzu kamen weitreichende Ermächtigungen an die Bundesregierung zum Verordnungserlass (§ 5 Abs. 2 IfSG). Schnell erhob sich der Vorwurf, während der COVID-19-Krise würde die krisentypische „Stunde der Exekutive“[235] schlagen. Hinsichtlich der Legislative äußerten sich Zweifel ob ihrer Handlungsfähigkeit oder -willigkeit.[236] Gleichwohl erhallte schon ab Beginn und noch verstärkt ab November 2020, sieben Monate in der pandemischen Ausnahmesituation, der Ruf nach dem Gesetzgeber und gesetzgeberischen Entscheidungen.[237]

Sein rechtliches Pendant findet dieser Ruf in der sog. „Wesentlichkeitstheorie“.[238] Die Wesentlichkeitstheorie ist ein vom BVerfG aus dem Rechtsstaatsprinzip (Art. 20 Abs. 3 GG) und dem Demokratieprinzip (Art. 20 Abs. 1, 2 GG) abgeleitetes,[239] grundlegendes Prinzip der deutschen Verfassungsordnung, wonach der parlamentarische Gesetzgeber verpflichtet ist, „in grundlegenden normativen Bereichen, zumal im Bereich der Grundrechtsausübung, soweit diese staatlicher Regelung zugänglich ist, alle wesentlichen Entscheidungen selbst zu treffen“.[240] Die Wesentlichkeitslehre gibt somit vor, welche Entscheidungen vom parlamentarischen Gesetzgeber selbst zu treffen sind und welche Entscheidungen und in welchem Ausmaß an Dritte, zuvörderst die Exekutive, übertragen werden können. Für die in dieser Untersuchung zentrale Frage der Rolle des parlamentarischen Gesetzgebers bei der Pandemiegesetzgebung bildet die Wesentlichkeitstheorie daher den wichtigsten Maßstab.

II. Schonender Ausgleich von Grundrechtskollisionen

Weiterer Maßstab bei der Gestaltung eines gesetzlichen Regelwerks zur Bewältigung eines pandemiebedingten Gesundheitsnotstandes ist der schon vom BVerfG in seinen Grundsatz-Entscheidungen als maßgeblicher „wesentlicher“ Gesichtspunkt hervorgehobene Grundrechtsbereich.[241] Kein Punkt berührt das Verhältnis zwischen Staat und Bürgern derart wie miteinander kollidierende Freiheits-

---

[235] Zur Charakterisierung der „Ausnahmesituation“ als „Stunde der Exekutive“ siehe bereits oben Fn. 16 sowie 56.

[236] *Dreier*, DÖV 2021, 229 (240 ff.); *Kingreen*, in: Huster/Kingreen, HdB InfSR, 2. Aufl. 2022, Kapitel 1 Rn. 130 ff.; *Leisner*, in: Stern/Sodan/Möstl, Das Staatsrecht der Bundesrepublik Deutschland, Band II, 2. Aufl. 2022, § 36 Rn. 22 ff.

[237] Vgl. auch *Mahlmann*, VVDStRL 80 (2021), 69 (90): „[D]ie parlamentarische Rückbindung der Maßnahmen [ist] in der Schweiz und Deutschland zu zögerlich und zu beschränkt erfolgt“. Im Gegensatz dazu *Di Fabio*, Corona-Bilanz, 2021, S. 60 f.

[238] Zur Wesentlichkeitstheorie und Pandemiegesetzgebung *Dederer/Preiß*, AöR 148 (2023), 289 ff.

[239] BVerfGE 150, 1 (96).

[240] BVerfGE 49, 89 (126); st. Rspr.

[241] Z. B. BVerfGE 49, 89 (127); st. Rspr.

und Gleichheitsrechte, die zum Wohle des Einzelnen gleichermaßen wie im Interesse der Allgemeinheit durch den Gesetzgeber miteinander in Einklang und Ausgleich gebracht werden müssen. Gerade in Krisenzeiten drohen weitreichende und einschneidende Maßnahmen zur Bewältigung der Notlage die grundrechtlichen Freiheiten stark zu beschränken.[242] Bei der Abwägung mit Interessen des Gemeinwohls gehen die grundrechtlichen Freiheiten des Einzelnen in Krisenzeiten oft als „Verlierer" hervor.[243] Die Besorgnis, in der Krise könnten Grundrechte suspendiert und dadurch der stets gefürchtete „Ausnahmezustand"[244] herbeigeführt werden, verhinderte in der Vergangenheit bereits so manche Notstandsregelung[245] und schwebt wie ein Damoklesschwert über jeder Entscheidung hinsichtlich grundrechtsbeschränkender Maßnahmen in einer Krise.[246] Die Grundrechte als Herzstück der Verfassung beanspruchen auch in Notzeiten Geltung und sind als Maßstab für ein Regelwerk unabdingbar (Art. 1 Abs. 3 GG).

Die Grundrechte spielen bei der Pandemiebewältigung und der Pandemiegesetzgebung in ihren unterschiedlichen Dimensionen[247] eine jeweils tragende Rolle. So sind sie in ihrer Funktion als Leistungs- und Teilhaberechte[248] etwa maßgeblich für die Frage nach einem (gleichberechtigten) Zugang zu medizinischer Versorgung mit Impfstoffen, Medikamenten oder sonstigen medizinischen Gütern.[249] Zuvörderst sind sie allerdings in ihrer Ausprägung als staatliche Schutzverpflichtungen[250] sowie in ihrer Funktion als Abwehrrechte gegen den Staat[251] von herausragender Bedeutung im Pandemiefall.[252]

Zu den Grundaufgaben des Staates gehört der Schutz der Bevölkerung vor Bedrohungen nach innen und außen.[253] Auf diesen Schutz durch den Staat ist die Be-

---

[242] Vgl. das Sondervotum von *Geller/Schlabrendorff/Rupp* zum Abhörurteil BVerfGE 30, 1 (45); vgl. auch *Barczak*, Der nervöse Staat, 2. Aufl. 2021, S. 542.

[243] Vgl. *Klein*, in: Isensee/P. Kirchhof, HStR, Band XII, 3. Aufl. 2014, § 280 Rn. 68.

[244] In Anlehnung an das Diktum von Carl Schmitt, *ders.*, Politische Theologie, 8. Aufl. 2004, S. 11. Dazu bereits oben in und bei Fn. 38.

[245] Vgl. dazu zur Entstehung der grundgesetzlichen Notstandsregelungen *Kaiser*, Ausnahmeverfassungsrecht, 2020, S. 145 ff., 171 ff.

[246] Zur „verfassungshistorische[n] Angst vor dem Notstandsregime" *Lepsius*, DV 55 (2022), 309 (333 f.).

[247] Ein Überblick über die Dimensionen der Grundrechte findet sich bei *Sodan/Ziekow*, Grundkurs Öffentliches Recht, 10. Aufl. 2023, § 22. Ausführlich *Jarass*, in: Merten/Papier, HGR, Band II, 2006, § 38.

[248] Dazu *Manssen*, Staatsrecht II, 20. Aufl. 2024, § 3 Rn. 66 ff., 69 ff.

[249] Zur Triage und Impfstoffverteilung bei COVID-19 unten Kapitel 3 B. IV. 3. b) und V. 4., 5.

[250] *Isensee*, in: ders./P. Kirchhof, HStR, Band IX, 3. Aufl. 2011, § 191 Rn. 146 ff.

[251] Zur Abwehrfunktion der Grundrechte *Stern*, StR III/1, 1988, S. 558 ff., 620 ff.

[252] Zur zentralen Bedeutung dieser beiden Dimensionen im Umgang mit Freiheitsrechten im Ausnahmezustand *Kaiser*, Ausnahmeverfassungsrecht, 2020, S. 207 f.

[253] *Klafki*, Risiko und Recht, 2017, S. 20 m. w. N.; siehe auch *Barczak*, Der nervöse Staat, 2. Aufl. 2021, S. 365 m. w. N.; *Calliess*, in: Merten/Papier, HGR, Band II, 2006, § 44 Rn. 1;

völkerung in Krisenzeiten besonders angewiesen.[254] Wegen der gesundheitlichen Gefahren durch die sich verbreitende Infektionskrankheit steht im pandemiebedingten Gesundheitsnotstand in erster Linie die in Art. 2 Abs. 2 Satz 1 GG verankerte staatliche Schutzverpflichtung für das Leben und die körperliche Unversehrtheit im Fokus, wonach der Staat sich „schützend und fördernd vor das Leben der Einzelnen zu stellen [...] sowie vor Beeinträchtigungen der körperlichen Unversehrtheit und der Gesundheit zu schützen" hat.[255] Obgleich die Schutzverpflichtung entsprechend Art. 1 Abs. 3 GG den Staat in seiner Gesamtheit bindet,[256] richtet sie sich primär an den Gesetzgeber,[257] welcher mit seinen Regelungen „für einen angemessenen und wirksamen Schutz"[258] sorgen muss. Auf den Fall des pandemiebedingten Gesundheitsnotstandes gewendet, ergeben sich aus dieser Schutzverpflichtung im Sinne eines Untermaßverbotes[259] Mindestanforderungen für das gesetzliche Tätigwerden. Die staatliche Schutzverpflichtung betrifft also die Frage, ob und wie der Gesetzgeber zum Schutz des Lebens und der Gesundheit der Bevölkerung vor der sich ausbreitenden Infektionskrankheit tätig werden *muss* und begrenzt den gesetzgeberischen Spielraum bei der Pandemiebewältigung nach unten hin.[260]

In ihrer Abwehrfunktion gebieten die Grundrechte übermäßigen staatlichen Eingriffen in ihre Schutzbereiche hingegen Einhalt. Wenngleich die Grundrechte nach geltendem Recht selbst in einer Krise nicht suspendiert werden können, können sie gleichwohl beschränkt werden und das – wie das Beispiel der Corona-Pandemiemaßnahmen zeigt – sehr umfangreich.[261] Als fundamentale, letzte materielle Grenze[262] tritt den Einschränkungen dabei der Verhältnismäßigkeitsgrundsatz entgegen. Der Grundsatz der Verhältnismäßigkeit[263] begrenzt sämtliches staatliches

Gusy, DÖV 1996, 573 ff.; grundlegend zum Recht auf Sicherheit *Isensee*, Das Grundrecht auf Sicherheit, 1983, S. 33 f.; knapper Überblick zum Streit über die Existenz eines Grundrechts auf Sicherheit bei *Brugger*, VVDStRL 63 (2004), 101 (129 ff.) m. w. N.

[254] *Kaiser*, Ausnahmeverfassungsrecht, 2020, S. 208.

[255] BVerfG (K), Beschl. v. 12.05.2020 – 1 BvR 1027/20, Rn. 6. Erstmals zum Schutz des Lebens BVerfGE 39, 1 (42); erweitert auf andere Rechtsgüter in BVerfGE 49, 89 (141); 53, 30 (57); 56, 54 (73); st. Rspr.

[256] *Krüper*, in: Dreier, GG, Band I, 4. Aufl. 2023, Art. 2 II Rn. 81.

[257] Vgl. nur BVerfGE 39, 1 (44); siehe auch BVerfGE 88, 203 (254); *Di Fabio*, in: Dürig/Herzog/Scholz, GG, Art. 2 Abs. 2 Satz 1 Rn. 50 (2004); *Krüper*, in: Dreier, GG, Band I, 4. Aufl. 2023, Art. 2 II Rn. 81.

[258] BVerfGE 88, 203 (254).

[259] BVerfGE 88, 203 (254); *Isensee*, in: ders./P. Kirchhof, HStR, Band IX, 3. Aufl. 2011, § 191 Rn. 303 ff.

[260] *Kluckert*, in: ders., Das neue Infektionsschutzrecht, 2. Aufl. 2021, § 2 Rn. 71 ff.

[261] Siehe dazu vertieft in Fn. 370-394.

[262] *Kaiser*, RuP 57 (2021), 7 (11).

[263] Zur Entwicklung des Verhältnismäßigkeitsprinzips *Merten*, in: ders./Papier, HGR, Band III, 2009, § 68 Rn. 6 ff.; *Stern*, StR III/2, 1994, S. 761 ff. Zum Verhältnismäßigkeits-

Handeln, indem er es dem Gebot der Mäßigung unterwirft[264] und fordert, dass es einen legitimen Zweck verfolgt sowie zur Erreichung des angestrebten Erfolges geeignet, erforderlich und angemessen ist.[265] Obgleich das Verhältnismäßigkeitsprinzip für sämtliches staatliches Handeln auf Bundes- sowie Länderebene Geltung beansprucht[266] und ebenso alle drei Teilgewalten bindet,[267] hat sich das Übermaßverbot im Rahmen der Prüfung der Verfassungsmäßigkeit eines Gesetzes als stets zu beachtende materielle Grenze etabliert. Eine große Bedeutung ist ihm daher als Kontrollparameter der Legislative im Bereich der grundrechtsbeschränkenden Gesetze beizumessen.[268] Der Freiheitsanspruch des Einzelnen soll demnach nur so weit beschränkt werden dürfen, wie es zum Schutz öffentlicher Interessen bzw. der Interessen Dritter unerlässlich ist.[269] Dabei begrenzt das Verhältnismäßigkeitsprinzip nicht nur staatliches Handeln und schützt den Freiheitsbereich des Einzelnen, sondern es versucht, (für alle Betroffenen) möglichst billige Ergebnisse zu erzielen, indem es – insbesondere über das Element der Angemessenheit – offen dafür ist, die Besonderheiten des Einzelfalls zu würdigen.

Diese Anpassungsfähigkeit macht den Grundsatz der Verhältnismäßigkeit vor allem auch in Not- und Krisenzeiten so bedeutsam.[270] Das Übermaßverbot gewährt nicht nur den nötigen Spielraum, um auf eine neue, unbekannte Situation reagieren zu können. Über das Element der Erforderlichkeit gibt er überdies überhaupt erst Auskunft darüber, ob das geltende Recht zur Bewältigung einer Notlage ausreicht oder spezielle Notstandsregeln *erforderlich* sind.[271] Insofern verkörpert er eine „verfassungsimmanente Maßstabsnorm für die Unterscheidung zwischen Normal- und Ausnahmezustand".[272] Für krisentypische Modifizierungen im staatsorganisa-

grundsatz nach wie vor grundlegend *Hirschberg*, Der Grundsatz der Verhältnismäßigkeit, 1981; *Lerche*, Übermaß und Verfassungsrecht, 1961.

[264] Daher auch häufig als Übermaßverbot bezeichnet, vgl. *Merten*, in: ders./Papier, HGR, Band III, 2009, § 68 Rn. 50 m.w.N.; *Stern*, StR III/2, 1994, S. 762. Das BVerfG spricht überwiegend von „Verhältnismäßigkeit", siehe erstmals BVerfGE 3, 383 (399); st. Rspr. seit BVerfGE 7, 377 (406); siehe aber BVerfGE 23, 127 (133), dort werden beide Begriffe nebeneinander verwendet.

[265] Vgl. nur BVerfGE 159, 223 (Rn. 167).

[266] BVerfGE 76, 1 (50); 23, 127 (133): „übergreifende Leitregel allen staatlichen Handelns".

[267] *Merten*, in: ders./Papier, HGR, Band III, 2009, § 68 Rn. 42 ff.; *Heinig/Kingreen/Lepsius/Möllers/Volkmann/Wißmann*, JZ 2020, 861 (865): „nicht nur ein justizbezogenes Kontrollverfahren [...] sondern eine verfassungsrechtliche Maßgabe für Entscheidungen".

[268] *Stern*, StR III/2, 1994, S. 764 verweist auf eine „Hauptfunktion" des Grundsatzes und einen „Vorbehalt des verhältnismäßigen Gesetzes" (S. 785 ff.). Teilweise wird der Grundsatz auch aus den Grundrechten direkt hergeleitet vgl. nur BVerfGE 19, 342 (348 f.); 76, 1 (50 f.).

[269] BVerfGE 19, 342 (349).

[270] *Barczak*, Der nervöse Staat, 2. Aufl. 2021, S. 488. *Klein*, in: Isensee/P. Kirchhof, HStR, Band XII, 3. Aufl. 2014, § 280 Rn. 68: „im Notstand wohl wichtigste[s] Rechtsprinzip".

[271] *Barczak*, Der nervöse Staat, 2. Aufl. 2021, S. 487 ff.; *Klein*, in: Isensee/P. Kirchhof, HStR, Band XII, 3. Aufl. 2014, § 280 Rn. 68.

[272] *Barczak*, Der nervöse Staat, 2. Aufl. 2021, S. 485.

tionsrechtlichen Bereich bildet er eine Leitlinie und für die spezifischen Notstandsmaßnahmen dient er als Maßstab.[273] Demnach muss sich auch ein gesetzlicher Rahmen zur Bewältigung eines pandemiebedingten Gesundheitsnotstandes *de lege ferenda* an dieser Richtschnur messen lassen. Allen voran für die Beurteilung gesetzlicher Pandemiemaßnahmen ist das Verhältnismäßigkeitsprinzip von unschätzbarem Wert,[274] indem es Aufschluss darüber gibt, was der Gesetzgeber regeln *kann.*[275]

Die Dynamik des Infektionsgeschehens, die große Ungewissheit im medizinisch-wissenschaftlichen Bereich sowie die starke Abhängigkeit von ebendiesen wissenschaftlichen Daten und Fakten beeinflussen die Frage, ob und welche staatlichen Schutzmaßnahmen ergriffen werden müssen und können, enorm. Insbesondere für die Frage, ob der Gesetzgeber trotz bestehender Unsicherheiten im Hinblick auf die Wirksamkeit etwaiger Schutzmaßnahmen gegen das neuartige Pandemievirus tätig werden darf und für den Umfang und das Ausmaß an Einschätzungs- und Gestaltungsspielraum, welcher dem Gesetzgeber unter diesen Umständen bei der Wahl seiner Mittel zuzugestehen ist, spielen diese Aspekte eine große Rolle.

III. Einbettung im bundesstaatlichen Mehrebenensystem

Ein pandemiebedingter Gesundheitsnotstand stellt eine Herausforderung für die gesamte Bundesrepublik Deutschland dar, zu dessen Bewältigung gesamtstaatliche oder zumindest einheitliche staatliche Bekämpfungsmaßnahmen notwendig sein können. Zudem besteht ein erhöhter Bedarf an Abstimmung und Zusammenarbeit zwischen dem Bund und den Ländern, um einer Ausbreitung der Infektionskrankheit effektiv entgegenzutreten und die Eindämmung des Virus zu erreichen.

Eines der den deutschen Verfassungsstaat prägenden Staatsstrukturprinzipien ist das Bundesstaatsprinzip (Art. 20 Abs. 1 GG). Es gibt die föderale Gliederung in Bund und Bundesländer vor und macht Vorgaben zu deren Verhältnis und ihrer Zusammenarbeit.[276] In der grundgesetzlichen Ausgestaltung stellt sich das Prinzip

---

[273] *Barczak*, Der nervöse Staat, 2. Aufl. 2021, S. 487.

[274] *Kaiser*, RuP 57 (2021), 7 (11 f.): „zentrale Stoppregel"; *Kingreen*, VerfBlog v. 20.03. 2020; *Mangold*, VVDStRL 80 (2021), 7 (19): „letzte Grenze […] damit nicht ein perfektionistischer Lebens- und Gesundheitsschutz alle Freiheit beendet"; *Murswiek*, NVwZ-Extra 05/ 2021, 1 (15): „Das einzige rechtsstaatliche Korrektiv". Allgemein für das Verfassungsrecht als Rechtfertigungsmaßstab staatlichen Handelns *Heinig/Kingreen/Lepsius/Möllers/Volkmann/ Wißmann*, JZ 2020, 861 (863).

[275] Vgl. auch *Kluckert*, in: ders., Das neue Infektionsschutzrecht, 2. Aufl. 2021, § 2 Rn. 71 ff. und im Gegensatz dazu Fn. 260.

[276] Zum Bundesstaatsprinzip *Bauer*, in: Dreier, GG, Band II, 3. Aufl. 2015, Art. 20 (Bundesstaat) Rn. 22 ff.

als ein verzahntes System von Zuständigkeiten und Aufgaben dar.[277] Für die zur Bewältigung des pandemiebedingten Gesundheitsnotstandes überaus wichtigen Verhütungs- und Bekämpfungsmaßnahmen des IfSG ist gemäß Art. 72 Abs. 1, 74 Abs. 1 Nr. 19 GG beispielsweise der Bund neben den Ländern (konkurrierend) gesetzgebungsbefugt. Der Vollzug obliegt hingegen gem. Art. 30, 83 GG den Bundesländern (vgl. auch §§ 54 und 32 IfSG). Besteht über die grundgesetzliche Zuständigkeitsverteilung hinaus Koordinierungsbedarf, greift der im Bundesstaatsprinzip wurzelnde Grundsatz der Bundestreue, der zu gegenseitiger Rücksichtnahme und zum Zusammenwirken auffordert.[278] Der ungeschriebene Grundsatz wirkt nicht nur wechselseitig im Verhältnis Bund-Länder, sondern auch zwischen den einzelnen Bundesländern. Speziell den Bund verpflichtet er, sich mit den Ländern in Angelegenheiten, die sie betreffen, abzustimmen.[279] Diesem Grundsatz entspringt ein vielfältiges Instrumentarium an kooperativen Koordinationsformen im föderalen System, das neben grundgesetzlich vorgesehenen Kooperationen auch informelle Verfahren sowie intraföderative Institutionalisierungen kennt.[280]

Im Fall (bundesweiter) Notlagen besteht ein erhöhter Bedarf an einem koordinierten, (bundes-)einheitlichen Vorgehen. Der in Art. 35 Abs. 2, 3 GG geregelte Katastrophennotstand, der auch den Fall des pandemiebedingten Gesundheitsnotstandes tatbestandlich erfasst, setzt sogar eine Überforderung eines Landes bei der Bewältigung einer Gefahr voraus.[281] Die eben dargestellten Zuständigkeitsverteilungen und Mitwirkungsbefugnisse der Bundesländer sind daher oft Gegenstand von notstandsbedingten Abweichungsregularien zugunsten des Bundes.[282] So sieht Art. 115c Abs. 1 Satz 1, 2 GG beispielsweise eine Erweiterung der konkurrierenden Gesetzgebung des Bundes im Verteidigungsfall und Art. 91 Abs. 2 Satz 1, 3 GG ein Weisungsrecht der Bundesregierung gegenüber den Polizeikräften der Länder oder den Landesregierungen vor. Speziell der pandemiebedingte Gesundheitsnotstand erfordert ein einheitliches Vorgehen und ist daher anfällig dafür, Verschiebungen im vertikalen Kompetenzgefüge auszulösen. Das pandemieauslösende Virus stoppt nicht an (Bundes-)Ländergrenzen. Zur effektiven Bewältigung der Pandemie reicht es nicht aus, dass ein einzelnes Bundesland Maßnahmen ergreift. Gleichermaßen operieren die Krankenhäuser, deren Kapa-

---

277 Knapper Überblick bei *Bauer*, in: Dreier, GG, Band II, 3. Aufl. 2015, Art. 20 (Bundesstaat) Rn. 22.

278 Dazu *Bauer*, in: Dreier, GG, Band II, 3. Aufl. 2015, Art. 20 (Bundesstaat) Rn. 45 ff.

279 *Rux*, in: BeckOK GG, Art. 20 Rn. 40 (2024).

280 Eingehend *Rudolf*, in: Isensee/P. Kirchhof, HStR, Band VI, 3. Aufl. 2008, § 141 Rn. 21 ff., 31 ff.

281 Dazu *Schwarz/Sairinger*, NVwZ 2020, 265 (269 f.), obgleich die Autoren Art. 35 GG den Notstandscharakter mangels Auswirkung auf das Bund-Länder-Verhältnis absprechen.

282 Die bundesstaatliche Organisationsform ist zwar dem Grunde nach gleich mehrfach durch die Ewigkeitsgarantie des Art. 79 Abs. 3 GG abgesichert (*Dreier*, in: ders., GG, Band II, 3. Aufl. 2015, Art. 79 III Rn. 21 ff., 47 ff.), ihre derzeitige Ausgestaltung im Grundgesetz ist jedoch nicht zwingend.

zitäten im Gesundheitsnotstand schlimmstenfalls ihre Überlastungsgrenze überschreiten, mit dem sog. Kleeblattprinzip, d. h. durch Verlegung von Patienten über geographische Grenzen hinweg wird versucht, eine Überlastung zu vermeiden.[283] Kommt es auch nur in einer einzelnen Einrichtung zu einer Überschreitung der Kapazitätsgrenzen, ist mithin die Versorgung im gesamten Bundesgebiet davon betroffen. Die Gesetzgebungskompetenzen für die im pandemiebedingten Gesundheitsnotstand betroffenen Sachbereiche sind hingegen zwischen Bund und Ländern aufgeteilt.[284] So obliegt der Katastrophenschutz den Ländern (Art. 30, 70 GG), speziell der Infektionsschutz hingegen dem Bund (Art. 74 Abs. 1 Nr. 19 GG). Über die Organisation in den Krankenhäusern entscheiden die Länder, während der Bund für die Beschaffung und Zuteilung von Arzneimitteln und Impfstoffen zuständig ist (§ 5 Abs. 2 IfSG).

Gleichermaßen wie der pandemiebedingte Gesundheitsnotstand eine bundesweite Bedrohung darstellt, kann er sich in einzelnen Regionen unterschiedlich stark auswirken. Abhängig von der Verbreitung des Virus, können das gesamte Bundesgebiet oder aber auch nur Teile der Bundesländer von der akuten Notstandslage erfasst sein. Angepasst an das regionale Infektionsgeschehen muss bei den gesetzlichen Regelungen somit differenziert werden – und das nicht nur zwischen Bundes- und Landesebene, sondern vielmehr auch zwischen der Landkreis- und Gemeindeebene.[285] Ein unterschiedliches Vorgehen der Bundesländer schürt die Angst vor einer Zersplitterung. Doch genau in dieser Diversität liegt auch die Stärke eines föderalen Systems, das auf regionale Vielfalt Rücksicht nehmen, Problemlösungskapazitäten steigern oder Macht durch gewaltenteilige Gliederung begrenzen kann.[286] Ein Regelwerk zur Bewältigung eines pandemiebedingten Gesundheitsnotstandes muss daher den schmalen Grat meistern, der föderalen Ordnung und Kompetenzverteilung hinreichend Rechnung zu tragen, wenn nötig, die Möglichkeit einheitlichen Vorgehens sicherzustellen sowie zugleich die Vorteile der föderalen Struktur bestmöglich zu nutzen. Die Wesentlichkeitstheorie adressiert dabei prinzipiell nicht nur den Deutschen Bundestag, sondern gleichermaßen die jeweiligen Landesgesetzgeber.[287]

IV. Dynamische Risikoregulierung

Die Erfahrungen im Umgang mit der COVID-19-Pandemie haben gezeigt, dass das staatliche Handeln zur Bewältigung eines pandemiebedingten Gesundheitsnot-

[283] Dazu im Rahmen der Triage z. B. BT-Drs. 20/3877, S. 7.

[284] Ausführlich dazu und zum Folgenden *Kluckert*, in: ders., Das neue Infektionsschutzrecht, 2. Aufl. 2021, § 2 Rn. 10 ff. m. w. N.

[285] *Ritgen*, Der Landkreis 2020, 137 (137); *ders.*, Der Landkreis 2020, 127 (131 ff.).

[286] Zu diesen und weiteren Wirkungen der föderalen Gliederung *Grzeszick*, in: Dürig/Herzog/Scholz, GG, Art. 20 (Bundesstaat) Rn. 19 ff. (2022).

[287] Ausführlich dazu unter Kapitel 3 B. V. 6.

standes maßgeblich von der großen Ungewissheit in Bezug auf den pandemieauslösenden Erreger sowie der Abhängigkeit von außerrechtlichen, wissenschaftlichen Erkenntnissen zum Virus geprägt wird. Diese Umstände muss der Gesetzgeber bei der Erstellung eines gesetzgeberischen Regelungsrahmens berücksichtigen und rechtlich abbilden. Der Gesetzgeber steht dabei vor der großen Herausforderung, im Sinne der Wesentlichkeitstheorie parlamentsgesetzlich Leitlinien festzulegen, denen eine gewisse „langfristige Geltung" und „fortschreibungsfähige Maßstabsbildung"[288] inhärent ist. Seine Regelungen müssen aber zugleich anpassungs- und lernfähig ausgestaltet sein, sodass auf den stetigen Erkenntnisgewinn und das sich dynamisch ändernde Infektionsgeschehen reagiert werden kann. Dafür ist eine dynamische Risikoregulierung notwendig. Der Begriff, sein Bedeutungsgehalt und Möglichkeiten dafür, wie sich die Elemente einer dynamischen Risikoregulierung im Gesetz abbilden lassen, müssen erst noch herausgearbeitet werden.

B. Wesentlichkeitstheorie und Pandemiegesetzgebung

I. Terminologie und Operationalisierung der Wesentlichkeitstheorie

1. Terminologie und Einordnung der Wesentlichkeitsdoktrin

Die Wesentlichkeitstheorie[289] wird oft auch als Lehre vom „Parlamentsvorbehalt" bezeichnet oder unter dem allgemeinen „Vorbehalt des Gesetzes" angesprochen. Obgleich diese verfassungsrechtlichen Konzepte eng miteinander in Verbindung stehen, liegt ihnen rechtsdogmatisch doch ein unterschiedlicher Bedeutungsgehalt zu Grunde, sodass eine Abgrenzung der Begriffe zur Einordnung und Anwendung der Wesentlichkeitstheorie auf die pandemiespezifischen Regelungen angezeigt ist.

a) Vorbehalt des Gesetzes

Der allgemeine Vorbehalt des Gesetzes[290] beantwortet die Frage, ob für ein bestimmtes staatliches Handeln eine parlamentsgesetzliche Grundlage im Sinne eines vom Bundestag nach den Regelungen des ordentlichen Gesetzgebungsverfahrens (Art. 77 ff. GG) beschlossenen, formellen Gesetzes erforderlich ist.[291] Der Vorbehalt

---

[288] BVerfGE 101, 158 (127).

[289] Die folgenden Ausführungen (Fn. 289 bis Fn. 354) entsprechen in ihrem Aufbau der Ausarbeitung bei *Dederer/Preiß*, AöR 148 (2023), 289 ff. und bauen auf den dortigen Grundlegungen auf.

[290] Vom BVerfG in Art. 20 Abs. 3 GG verankert (BVerfGE 40, 237 [248]).

[291] BVerfGE 40, 237 (248 f.); ferner z. B. *Jarass*, in: ders./Pieroth, GG, 18. Aufl. 2024, Art. 20 Rn. 69 ff.; *Schulze-Fielitz*, in: Dreier, GG, Band II, 3. Aufl. 2015, Art. 20 (Rechtsstaat)

des (Parlaments-)Gesetzes findet klassischerweise[292] bei „Eingriffe[n] in Freiheit und Eigentum“[293] Anwendung und umfasst mithin sämtliche Grundrechtseingriffe des Staates.

b) Parlamentsvorbehalt

Vom Vorbehalt des (Parlaments-)Gesetzes ist die Lehre vom „Parlamentsvorbehalt“ zu unterscheiden, welche sich zwar ebenfalls mit der Frage beschäftigt, wann eine Entscheidung durch eine parlamentarische Mehrheitsentscheidung in öffentlicher Sitzung getroffen werden muss, in Bezug auf die Form aber kein formelles Gesetz, sondern einen schlichten, aber dennoch verbindlichen Parlamentsbeschluss ausreichen lässt.[294] Derzeit gibt es nur wenige Beispiele für einen solchen Parlamentsvorbehalt. Dazu gehören etwa die Einsätze der deutschen Streitkräfte im Ausland,[295] das Zustimmungsbedürfnis des Parlaments zu Rechtsverordnungen der Exekutive[296] sowie die Feststellung des Bundestags über das Vorliegen eines „Spannungsfalls“ im Sinne von Art. 80a Abs. 1 Satz 1 GG oder eines „Verteidigungsfalls“ im Sinne von Art. 115a Abs. 1 Satz 1 GG.[297]

Man kann den Parlamentsvorbehalt daher als Oberbegriff für die Notwendigkeit parlamentarischen Tätigwerdens begreifen.[298] Demnach beantwortet er die Frage, wann sich das Parlament der Sache nach mit einer Situation befassen muss. Der Parlamentsvorbehalt lässt sich dabei in den „Vorbehalt des schlichten Parlamentsbeschlusses“ und den „Vorbehalt des formellen (Parlaments-)Gesetzes“

Rn. 105; zu den verschiedenen Gesetzesbegriffen siehe etwa *Maurer/Schwarz*, Staatsrecht I, 7. Aufl. 2023, § 5 Rn. 99 ff.

[292] BVerfGE 8, 155 (167): „historisch auf die Staatsauffassung des liberalen Bürgertums zurückzuführen“; BVerfGE 40, 237 (249): „[d]ie von der konstitutionellen, bürgerlich-liberalen Staatsauffassung des 19. Jahrhunderts geprägte Formel“.

[293] BVerfGE 8, 155 (166 f.).

[294] *Grzeszick*, in: Dürig/Herzog/Scholz, GG, Art. 20 IV Rn. 76 (2007); *Maurer/Waldhoff*, Allgemeines Verwaltungsrecht, 21. Aufl. 2024, § 6 Rn. 9. So bereits *Dederer/Preiß*, AöR 148 (2023), 289 (293).

[295] Siehe § 1 Abs. 2 ParlBG und grundlegend dazu BVerfGE 90, 286 (381 ff.). Siehe auch die umfassende Aufarbeitung des schlichten Parlamentsbeschlusses bei *Babiak*, Die rechtsetzende Funktion des schlichten Parlamentsbeschlusses, 2021, S. 7 ff.

[296] Siehe dazu BVerfGE 8, 274 (321 f.).

[297] Diese Situationen des äußeren Notstandes müssen öffentlich publiziert werden, wobei eine Verkündung des jeweiligen Beschlusses im Bundesgesetzblatt ausreichend ist (Art. 115a Abs. 3 S. 1 GG [analog], siehe nur *Heun*, in: Dreier, GG, Band II, 3. Aufl. 2015, Art. 80a Rn. 5; *Kment*, in: Jarass/Pieroth, GG, 18. Aufl. 2024, Art. 80a Rn. 1; *Mann*, in: Sachs, GG, 9. Aufl. 2021, Art. 80a Rn. 2), ohne dass der Beschluss dadurch Gesetzesform annehmen müsste oder würde.

[298] *Dederer/Preiß*, AöR 148 (2023), 289 (293).

aufteilen, die Aussagen darüber treffen, in welcher Form das Parlament tätig werden muss.[299]

c) *Wesentlichkeitstheorie*

Die Wesentlichkeitstheorie findet – mit Blick auf die bisherige Rechtsprechung ausschließlich, aber nicht zwangsweise darauf begrenzt – auf den Vorbehalt des Gesetzes[300] Anwendung und erweitert und konkretisiert diesen:[301] Zum einen erstreckt die Wesentlichkeitslehre den „klassischen" Anwendungsbereich des Gesetzesvorbehalts von Eingriffen in Freiheit und Eigentum auf sämtliche „wesentliche" Entscheidungen in „grundlegenden normativen Bereichen".[302] Zum anderen begrenzt sie den Anwendungsbereich aber eben auch darauf, nur das Wesentliche im Gesetz selbst regeln zu müssen, und zeichnet inhaltlich vor, welche Regelungsbereiche und Entscheidungen wesentlich sind.[303]

2. Bedeutungsgehalt und Anwendung der Wesentlichkeitstheorie

Um die Wesentlichkeitstheorie (grundsätzlich und speziell für den pandemiebedingten Gesundheitsnotstand) zu operationalisieren, muss daher bestimmt werden, was die „grundlegenden normativen Bereiche" und „wesentlichen Entscheidungen" im Sinne dieser Lehre sind. Ausgangspunkt bildet die sog. Kalkar-Entscheidung des BVerfG, wonach der Gesetzgeber in ständiger Rechtsprechung „verpflichtet ist, – losgelöst vom Merkmal des ‚Eingriffs' – in grundlegenden normativen Bereichen, zumal im Bereich der Grundrechtsausübung, soweit diese staatlicher Regelung zugänglich ist, alle wesentlichen Entscheidungen selbst zu treffen".[304]

Daraus ergibt sich, dass alles staatliche Handeln – und nicht nur die „Eingriffsverwaltung"[305] –, das die Grundrechtsausübung betrifft, auf einem förmlichen Gesetz beruhen muss. Zudem gibt es grundlegende normative Bereiche, zu denen beispielsweise, aber keinesfalls ausschließlich, der Grundrechtsbereich zählt. Der

[299] Zutreffend *Ossenbühl*, in: Isensee/P. Kirchhof, HStR, Band V, 3. Aufl. 2007, § 101 Rn. 17, 50. Siehe dazu auch *Barczak*, in: Stern/Sodan/Möstl, Das Staatsrecht der Bundesrepublik Deutschland, Band III, 2. Aufl. 2022, § 86 Rn. 13.

[300] Vgl. etwa *Jarass*, in: ders./Pieroth, GG, 18. Aufl. 2024, Art. 20 Rn. 71. Siehe aber *Kokott*, DVBl. 1996, 937 (939 ff.); *Nowrot*, NZWehR 2003, 65 (72 f.) m. w. N., die dafür plädieren, in Abweichung zu BVerfGE 90, 286 (287) die Wesentlichkeitstheorie zur Begründung des wehrverfassungsrechtlichen Parlamentsvorbehalts heranzuziehen.

[301] *Dederer/Preiß*, AöR 148 (2023), 289 (293 f.).

[302] BVerfGE 40, 237 (249); 49, 89 (126).

[303] Dazu sogleich unter Kapitel 3 B. I. 2., insbesondere in und bei Fn. 305.

[304] BVerfGE 49, 89 (126).

[305] Für die Ausdehnung des Vorbehalts des Gesetzes von der „Eingriffsverwaltung" auf die „Leistungsverwaltung" bereits BVerfGE 40, 237 (249); zumindest weithin ablehnend wohl noch BVerfGE 8, 155 (167).

Gesetzgeber muss die „wesentlichen Entscheidungen“ dieser grundlegenden normativen Bereiche selbst treffen. Dabei ist er zwar verpflichtet, alles, was wesentlich in diesem Sinne ist, zu regeln, aber eben auch nur das Wesentliche und nichts darüber hinaus.[306] Grundvoraussetzung ist stets, dass es sich um einen Bereich handelt, der normativ fassbar und damit einer staatlichen Regelung zugänglich ist.

Bei der Frage, was abseits der Grundrechtsausübung ein grundlegender normativer Bereich sein kann, handelt es sich – wie auch bei der Frage, welche Entscheidungen die wesentlichen sind – offenkundig um eine Wertungsfrage. Trotz langjähriger Judikatur und in manchen Sachbereichen sehr ausgeprägter Kasuistik, existieren keine allgemeingültigen oder gar abschließenden Kriterien zur Bestimmung dieser Bereiche.

Verallgemeinerungsfähige Anhaltspunkte für die legislative Übertragung von Befugnissen auf die Exekutive enthält aber Art. 80 Abs. 1 Satz 2 GG:[307] Entscheidungen über „Inhalt“, „Zweck“ und „Ausmaß“ von Ermächtigungen der Exekutive sind wesentliche Entscheidungen; jene müssen darüber hinaus ausreichend „bestimmt“ sein. Weitere Aussagen sind dem Kalkar-Beschluss zu entnehmen. Danach handelt es sich bei der Bestimmung der grundlegenden normativen Bereiche bzw. wesentlichen Entscheidungen prinzipiell um eine einzelfallabhängige Fragestellung, die maßgeblich von der Intensität der jeweiligen Regelung sowie der Eigenart des Sachbereichs geprägt ist.[308] Verfassungsrechtliche Wertungskriterien sind dabei in erster Linie den „tragenden Prinzipien des Grundgesetzes“[309] zu entnehmen, zu denen jedenfalls das Demokratieprinzip (Art. 20 Abs. 1, 2 GG) und das Rechtsstaatsprinzip (Art. 20 Abs. 3 GG), dort[310] insbesondere das Prinzip der Gewaltenteilung (vgl. Art. 20 Abs. 2 Satz 2, Abs. 3 GG), das Bestimmtheitsgebot (vgl. speziell Art. 80 Abs. 1 Satz 2, 103 Abs. 2 GG) und natürlich die vom BVerfG explizit erwähnten Grundrechte (vgl. Art. 1 bis 19 GG), zählen.[311]

Demnach lässt sich folgendes Prüfungsschema zur Anwendung der Wesentlichkeitstheorie auf einen Sachverhalt ableiten:[312]

---

[306] Gleichsinnig *Dederer/Preiß*, AöR 148 (2023), 289 (294).

[307] In diesem Sinne auch BVerfGE 150, 1 (99); 161, 299 (Rn. 126); *Dederer/Preiß*, AöR 148 (2023), 289 (294 f.).

[308] Vgl. BVerfGE 49, 89 (127).

[309] BVerfGE 49, 89 (127).

[310] Zu den unterschiedlichen formellen und materiellen Gehalten des grundgesetzlichen Rechtsstaatsprinzips *Jarass*, in: ders./Pieroth, GG, 18. Aufl. 2024, Art. 20 Rn. 37 ff.; *Sommermann*, in: Huber/Voßkuhle, GG, Band 2, 8. Aufl. 2024, Art. 20 Abs. 3 Rn. 229 ff.

[311] Dazu, dass „insbesondere Art. 20 Abs. 1 bis 3 GG“ zu den tragenden Prinzipien des Grundgesetzes gehören, BVerfGE 150, 1 (96 ff.).

[312] Dazu *Dederer/Preiß*, AöR 148 (2023), 289 (295 ff.).

a) Sachbereich

Zunächst gilt es, den jeweiligen Sachbereich in faktischer Hinsicht genau zu bestimmen und zu charakterisieren, um so festzustellen, ob dieser einer parlamentsgesetzlichen Regelung grundsätzlich zugänglich ist, d.h. normativ erfasst werden kann. Die Möglichkeit, einen Sachbereich normativ zu fassen, findet dort seine Grenze, wo Regelungsverbote entgegenstehen.[313] Derartige Regelungsverbote können sich aus der Eigenart des Sachverhalts oder aus den verfassungsrechtlichen Schranken ergeben. Zudem muss der Bereich den notwendigen Grad an „Regelungsreife" aufweisen bzw. darf nicht „regelungsfeindlich sein",[314] was insbesondere bei vielgestaltigen und in erster Linie einzelfallabhängigen, dynamischen Fragestellungen genau untersucht werden muss.

b) „Grundlegender normativer Bereich"

Welche die grundlegenden normativen Bereiche im Sinne der Wesentlichkeitstheorie sind, wird näher durch die „tragenden Prinzipien des Grundgesetzes", namentlich das Rechtsstaatsprinzip (Art. 20 Abs. 3 GG) und das Demokratieprinzip (Art. 20 Abs. 1, 2 GG) bestimmt.[315]

Dem Gesetzgeber – und auch seinen Entscheidungen – kommt als einzig unmittelbar legitimiertem Organ (vgl. Art. 20 Abs. 2 Satz 2, 38 Abs. 1 Satz 1 GG) im deutschen Rechtssystem eine besondere Stellung zu. Er ist nicht nur gewählter Vertreter des gesamten Volkes (Art. 20 Abs. 2 Satz 2, Art. 38 Abs. 1 Satz 2 GG), das Parlament trifft seine Entscheidung zudem – anders als etwa die Exekutive – in einem öffentlichen, transparenten, die Opposition beteiligenden Verfahren im Wege einer Mehrheitsabstimmung und stärkt dadurch das bereits historisch bedingte Vertrauen der Bevölkerung in die Gesetzgebung[316] und letztlich auch in das staatliche Handeln in seiner Gesamtheit. Demzufolge müssen bedeutende, gewichtige oder das Gemeinwesen in seiner Gesamtheit betreffende Entscheidungen grundsätzlich dem Parlament dergestalt vorbehalten sein, dass es diese Entscheidungen gerade in Gesetzesform trifft.[317] Je gewichtiger die Angelegenheit für die Allgemeinheit ist, umso stärker ist folglich der Gesetzgeber in der Verantwortung.[318] In demokratischer Hinsicht liegt ein grundlegender normativer Bereich somit beispielsweise dann vor, wenn das Volk in seiner Gesamtheit betroffen ist, d.h. wenn eine Entscheidung

---

[313] Dazu BVerfGE 98, 218 (246ff.).

[314] Dazu *Ossenbühl*, in: Isensee/P. Kirchhof, HStR, 3. Aufl. 2007, Band V, § 101 Rn. 78f.

[315] BVerfGE 150, 1 (96ff.) und soeben in und bei Fn. 309. Dazu und zum Folgenden *Dederer/Preiß*, AöR 148 (2023), 289 (295f.).

[316] Ausführlich dazu *Kisker*, NJW 1977, 1313 (1314).

[317] Vgl. BVerfGE 162, 378 (Rn. 95); siehe auch *Barczak*, in: Stern/Sodan/Möstl, Das Staatsrecht der Bundesrepublik Deutschland, Band III, 2. Aufl. 2022, § 86 Rn. 17, 20; *Dederer/Preiß*, AöR 148 (2023), 289 (296).

[318] *Maurer/Waldhoff*, Allgemeines Verwaltungsrecht, 21. Aufl. 2024, § 6 Rn. 14.

„weitreichende Auswirkungen auf die Bürger“ bzw. auf die „allgemeinen Lebensverhältnisse“ haben kann.[319] Ebenso erfasst sind „Fragen […], die für Staat und Gesellschaft von erheblicher Bedeutung sind“,[320] zusammengefasst „Entscheidungen von besonderer Tragweite“.[321] Beispiele für solche, die Allgemeininteressen berührenden Bereiche sind Regelungen mit Langzeitwirkung, die dadurch auch noch künftige Generationen betreffen können. Hierzu gehören insbesondere erhebliche finanzielle Belastungen des Staatshaushalts[322], z. B. aufgrund Entschädigungs- und Ausgleichszahlungen, die zur Wahrung der Verhältnismäßigkeit von ansonsten unzumutbaren Grundrechtseingriffen erforderlich sein können. Die politische Kontroversität eines Sachverhalts spricht für sich genommen hingegen nicht für die Notwendigkeit einer parlamentsgesetzlichen Entscheidung,[323] obgleich sie in manchen Konstellationen verstärkend wirken kann.[324]

In rechtsstaatlicher Dimension sind es in erster Linie der grundrechtliche Freiheits- und Gleichheitsbereich[325] sowie die Gewährleistung der gewaltenteiligen Verfassungsordnung, die für das Erfordernis einer parlamentsgesetzlichen Entscheidung streiten.[326] Das Prinzip der Gewaltenteilung dient nicht nur „der gegenseitigen Kontrolle der Staatsorgane und damit der Mäßigung der Staatsherrschaft“, sondern stellt sicher, dass „staatliche Entscheidungen möglichst richtig, das heißt von den Organen getroffen werden, die dafür nach ihrer Organisation, Zusammensetzung, Funktion und Verfahrensweise über die besten Voraussetzungen verfügen“.[327] Gerade solche Sachverhalte, die den Grundrechtsbereich berühren, Allgemeininteressen betreffen oder das staatliche Funktions- und Aufgabengefüge tangieren, verlangen folglich nach einer Regelung in Gesetzesform. Sofern staatliche Regelungen eine hohe grundrechtliche „Streubreite“[328] haben, d. h. sich gleichzeitig auf die Ausübung einer Vielzahl verschiedener Grundrechte nachteilig eingreifend auswirken, ist nicht nur der Freiheits- und Gleichheitsbereich (fast) aller Bürger

---

[319] BVerfGE 49, 89 (127).

[320] BVerfGE 161, 299 (Rn. 125); 162, 378 (Rn. 95).

[321] BVerfGE 162, 378 (Rn. 95); *Dederer/Preiß*, AöR 148 (2023), 289 (296).

[322] Zu Budgetrecht und haushaltspolitischer Gesamtverantwortung des Bundestages als „unverfügbare[m] Teil des grundgesetzlichen Demokratieprinzips“ zuletzt BVerfGE 154, 17 (Rn. 104); st. Rspr.

[323] In diesem Sinne BVerfGE 49, 89 (126); 98, 218 (251); 139, 19 (45 f., 52); 150, 1 (97).

[324] Für die Berücksichtigung der politischen Kontroversität *Kisker*, NJW 1977, 1313 (1318); *Schultze-Fielitz*, in: Dreier, GG, Band II, 3. Aufl. 2015, Art. 20 (Rechtsstaat) Rn. 114; *Volkmann*, NJW 2020, 3153 (3159).

[325] Zur Grundrechtsrelevanz BVerfGE 47, 46 (73); 49, 89 (127); jüngst BVerfGE 161, 299 (Rn. 126).

[326] Zu diesen Zwecken des Gewaltenteilungsprinzips BVerfGE 95, 1 (15). Siehe zudem die Aufzählung rechtsstaatlicher wie demokratischer Indikatoren, die für die Geltung der Wesentlichkeitstheorie sprechen, bei *Barczak*, in: Stern/Sodan/Möstl, Das Staatsrecht der Bundesrepublik Deutschland, Band III, 2. Aufl. 2022, § 86 Rn. 34.

[327] BVerfGE 95, 1 (15).

[328] Dazu jüngst BVerfGE 159, 223 (Rn. 294).

betroffen. Darüber hinaus werden der demokratische Aspekt der „weitreichenden Auswirkungen auf die allgemeinen Lebensverhältnisse“[329] und dadurch wiederum der gewaltenteilige, mithin rechtsstaatliche Aspekt der „funktionsgerechten Organstruktur“[330] berührt. Werden die Allgemeinheit adressierende Regelungen in ihren Leitlinien vom Gesetzgeber getroffen – genau das fordert die Wesentlichkeitslehre – und die Exekutive wiederum an diese Vorgaben gebunden, wird darüber hinaus das gewaltenteilige Prinzip der Mäßigung verwirklicht.[331]

c) „Wesentliche Entscheidungen“

Welche Entscheidungen in den „grundlegenden normativen Bereichen“ sodann „wesentlich“ sind, bestimmt sich wiederum anhand der „tragenden Prinzipien des Grundgesetzes“[332], mithin zuvörderst aus demokratischer sowie rechtsstaatlicher Perspektive.[333]

Im Lichte des Demokratieprinzips zählen insbesondere politische Grundsatzentscheidungen mit weitreichender Auswirkung auf das Gemeinwesen zu den wesentlichen Entscheidungen.[334] Dazu gehört beispielsweise die Entscheidung über den Ein- oder Ausstieg aus einer Hochrisikotechnologie.[335]

Im grundrechtsrelevanten Bereich sind dabei immer das „Ob“ und „Wie“ eines Grundrechtseingriffs „wesentlich“. Das heißt, der Gesetzgeber muss parlamentsgesetzlich die formellen und materiellen Voraussetzungen eines Grundrechtseingriffes festlegen. Durch die Vorgabe eines Ziels, auf dessen Erreichung mit dem Eingriff hingearbeitet werden soll, durch die Festlegung konkreter tatbestandlicher Voraussetzungen, aufgrund derer gehandelt werden darf, sowie durch die Bestimmung etwaiger verfassungsrechtlicher Grenzen, die den Handlungsspielraum schmälern, kann einer Regelung dabei Kontur verliehen werden.[336] Insoweit zählt es auch zu den grundrechtswesentlichen Entscheidungen, einen möglichst schonenden, verhältnismäßigen Ausgleich der widerstreitenden Grundrechtsbelange untereinander oder miteinander in Konflikt stehender grundrechtlicher und sonstiger (z. B. Verfassungs- und Gemeinwohl-)Belange herzustellen.[337] Darüber hinaus können

---

[329] Soeben in Fn. 319.

[330] Eingehend hierzu *Danwitz*, Der Staat 35 (1996), S. 329; siehe bereits *Küster*, AöR 75 (1949), 397 (404).

[331] Zu diesem Zweck BVerfGE 3, 225 (247).

[332] BVerfGE 49, 89 (127). Dazu zudem oben bei Fn. 309.

[333] Dazu und zum Folgenden *Dederer/Preiß*, AöR 148 (2023), 289 (297 ff.).

[334] Vgl. BVerfGE 49, 89 (127); 161, 299 (Rn. 125); 162, 378 (Rn. 95).

[335] Zur friedlichen Nutzung der Kernenergie siehe BVerfGE 49, 89 (127).

[336] Ähnlich *Kießling*, BT-Drs. 19(14)246(7), S. 2.

[337] In diesem Sinne BVerfGE 150, 1 (97); 161, 299 (Rn. 125, 203); 162, 378 (Rn. 95). Hierzu auch *Barczak*, in: Stern/Sodan/Möstl, Das Staatsrecht der Bundesrepublik Deutschland, Band III, 2. Aufl. 2022, § 86 Rn. 33.

auch organisations- und verfahrensrechtliche Regelungen ebenso wie den Rechtsschutz fördernde Möglichkeiten, welche den Grundsatz des Grundrechtsschutzes durch Organisation und Verfahren[338] verwirklichen, zu den grundrechtswesentlichen Entscheidungen gehören.[339]

Der parlamentarische Gesetzgeber muss mit Blick auf die Wesentlichkeitstheorie jedoch keineswegs alles bis ins letzte Detail regeln, sondern eben nur das Wesentliche, ohne allerdings auf die Regelung nur des Wesentlichen beschränkt zu sein. Das bedeutet, er muss „prinzipiell alle, aber auch nur die ‚für den fraglichen Lebensbereich erforderlichen Leitlinien selbst […] bestimmen', und zwar mit einer gewissen, hinreichenden Regelungsdichte und Bestimmtheit".[340] Demnach kann der Gesetzgeber bei seiner Regelung durchaus auch auf unbestimmte Rechtsbegriffe und Generalklauseln zurückgreifen oder der Exekutive im Rahmen einer Verordnungsermächtigung gewisse Spielräume belassen.[341] Welcher Grad an Bestimmtheit oder Regelungsdichte bei der konkreten Entscheidung erforderlich ist, ist wiederum abhängig von der Intensität z.B. der grundrechtlichen Betroffenheit und der davon ausgehenden Bedeutung für die Grundrechtsausübung.[342] Die Pflicht des Parlamentsgesetzgebers, alles Wesentliche in hinreichender Regelungsdichte und Bestimmtheit zu regeln, richtet sich nicht zuletzt nach den Möglichkeiten des Parlaments, einen Sachverhalt erfassen zu können.[343] Insbesondere die außergewöhnliche wissenschaftlich-technische „Komplexität der zu regelnden Sachverhalte" und deren spezielle Dynamik können einer parlamentsgesetzlichen Regelung Grenzen setzen.[344] Eine andere Sichtweise ließe sich kaum mit dem Allgemeinheitsgebot des Art. 19 Abs. 1 Satz 1 GG vereinbaren[345] und liefe Gefahr, mit dem Versuch, möglichst jeden Einzelfall zu erfassen, letztlich zu einer unübersichtlichen, unverständlichen Regelung zu führen, bei der unter Umständen sogar „der rechtsstaatliche Zweck des Bestimmtheitsgebots, die Vorhersehbarkeit der Rechtsordnung zu stärken, in sein Gegenteil verkehrt würde"[346].[347]

---

[338] Grundlegend, verallgemeinernd für alle Grundrechte BVerfGE 53, 30 (65); st. Rspr.

[339] Zum Ganzen bereits *Dederer/Preiß*, AöR 148 (2023), 289 (297).

[340] *Dederer/Preiß*, AöR 148 (2023), 289 (298), dort auch zum Folgenden. Nach Auffassung des BVerfG „[enthält] [d]ie Wesentlichkeitsdoktrin … auch Vorgaben für die Frage, … in welcher Bestimmtheit der Gesetzgeber selbst tätig werden muss" (BVerfGE 150, 1 [98]), und „berührt sich das Bestimmtheitsgebot mit dem Verfassungsgrundsatz des Vorbehalts des Gesetzes" (BVerfGE 161, 299 [Rn. 126]).

[341] BVerfGE 150, 1 (101 f.).

[342] BVerfGE 150, 1 (98).

[343] BVerfGE 150, 1 (101).

[344] BVerfGE 150, 1 (99); 161, 299 (Rn. 126, 133).

[345] Zur Allgemeinheit des Gesetzes siehe die gleichnamige Schrift von *G. Kirchhof*, Die Allgemeinheit des Gesetzes, 2009, S. 207 ff. und speziell in Bezug auf die Wesentlichkeitslehre S. 250 f. Insoweit wie hier auch *Di Fabio*, Coronabilanz, 2021, S. 50.

[346] BVerfGE 150, 1 (98).

[347] *Dederer/Preiß*, AöR 148 (2023), 289 (298).

Die Wesentlichkeitstheorie statuiert demnach gerade keinen „Gewaltenmonismus“ zugunsten des Gesetzgebers,[348] sondern führt unter Beachtung des Grundsatzes der Entscheidungsrichtigkeit „vielmehr dazu, dass staatliche Entscheidungen im Sinne eines Kaskadenmodells gestufter Konkretisierung vom Gesetzgeber, ggf. über die Regierung als Verordnungsgeber, zur Verwaltung hin verlagert werden, und zwar umso mehr, je stärker der Einzelfallbezug, die technisch-wissenschaftliche Komplexität oder die den Sachbereich spezifisch kennzeichnende Dynamik ist. Die in der Sache richtigen und zugleich grundrechtlich angemessenen staatlichen Entscheidungen kommen deshalb je nach Sachbereich erst durch ein Zusammenwirken abstrakt-genereller Entscheidungen des Gesetzgebers und sodann des Verordnungsgebers sowie darauf beruhender konkret-individueller Entscheidungen der Verwaltung zustande“.[349]

Die Vorgaben der Wesentlichkeitstheorie gelten auch für den Fall, dass der Gesetzgeber die Exekutive zum Verordnungserlass ermächtigt und spielen in dieser Konstellation eine bedeutende Rolle.[350] Art. 80 Abs. 1 Satz 2 GG verpflichtet den Gesetzgeber „Inhalt, Zweck und Ausmaß“ der Verordnungsermächtigung selbst zu regeln und stellt damit eine Konkretisierung der Wesentlichkeitstheorie, genauer der Frage dar, welche die wesentlichen Entscheidungen im Rahmen der Verordnungsermächtigung sind.[351] Da es gerade die Exekutive ist, die „Regelungen rascher und einfacher auf dem neuesten Stand zu halten vermag als der Gesetzgeber“[352], „kann in Rechtsbereichen, die ständig neuen Entwicklungen und Erkenntnissen unterworfen sind und in denen es darum geht, zum Schutz der Grundrechte regulatorisch mit diesen Entwicklungen und Erkenntnissen Schritt zu halten, […] die gesetzliche Fixierung starrer Regelungen dem Grundrechtsschutz auch abträglich und damit kontraproduktiv sein; insoweit kann im Sinne eines ‚dynamischen Grundrechtsschutzes‘ das Gesetzeserfordernis zurücktreten“.[353] Wenngleich der Gesetzgeber die Exekutive zum Erlass von Rechtsverordnungen ermächtigen darf, muss er die nach Art. 80 Abs. 1 Satz 2 GG wesentlichen Entscheidungen zu „Inhalt, Zweck und Ausmaß“ allerdings stets selbst treffen, sodass „niemals *originärer* politischer Gestaltungswille der Exekutive zum Ausdruck“[354] kommt.

[348] BVerfGE 49, 89 (124); st. Rspr. Jüngst etwa BVerfGE 161, 299 (Rn. 126).

[349] *Dederer/Preiß*, AöR 148 (2023), 289 (299).

[350] Hierzu und zum Folgenden *Dederer/Preiß*, AöR 148 (2023), 289 (299).

[351] In diesem Sinne auch BVerfGE 150, 1 (99); ferner etwa BVerfGE 161, 299 (Rn. 126). Anders gewendet, dürften „sich die Anforderungen von Wesentlichkeitsdoktrin und Art. 80 Abs. 1 S. 2 GG […] decken“, BVerfGE 150, 1 (100).

[352] BVerfGE 150, 1 (102).

[353] BVerfGE 161, 299 (Rn. 127).

[354] BVerfGE 78, 249 (273) (Hervorhebung im Original). Zur Gefahr der Entparlamentarisierung auch *Barczak*, in: Stern/Sodan/Möstl, Das Staatsrecht der Bundesrepublik Deutschland, Band III, 2. Aufl. 2022, § 86 Rn. 21.

II. Sachbereich: Pandemiebedingter Gesundheitsnotstand

Nachdem die Prüfungsschritte zur Anwendung der Wesentlichkeitstheorie soeben abstrakt herausgearbeitet wurden, sollen sie nachfolgend auf den Fall eines pandemiebedingten Gesundheitsnotstandes übertragen werden. Dafür muss zunächst der zu regulierende Sachbereich in tatsächlicher Hinsicht aufbereitet werden.[355]

In der Epidemiologie versteht man unter einer Pandemie (griechisch pan = gesamt, umfassend; demos = Volk)[356] „eine neu, aber zeitlich begrenzt in Erscheinung tretende, weltweite starke Ausbreitung einer Infektionskrankheit mit hohen Erkrankungszahlen und i.d.R. auch mit schweren Krankheitsverläufen".[357] Eine Pandemie bedroht damit in erster Linie die Gesundheit und je nach Ansteckungs- und Mortalitätsrate des Erregers das Leben jedes Einzelnen. Die Folgen einer Infektion mit dem SARS-CoV-2-Erreger reichen beispielsweise von asymptomatischen, harmlos verlaufenden Fällen über schwere Verläufe bis hin zum Tod. Viele leiden auch Monate nach einer Ansteckung noch an unspezifischen Spätfolgen („Long Covid"). Eine Vielzahl Erkrankter kann darüber hinaus die Gesundheitsversorgung und das Gesundheitssystem an ihre Belastungsgrenzen bringen.[358] Die Gesundheitsversorgung im gesamten Bundesgebiet näherte sich während der COVID-19-Pandemie trotz flächendeckender, umfassender und intensiver Schutzmaßnahmen mit jeder Virus-Welle ihrer Überlastungsgrenze.[359] Um eine Überlastung zu verhindern und die Bevölkerung zu schützen, können – wie das Beispiel der staatlichen Bekämpfung des SARS-CoV-2-Erregers verdeutlichte – teils weitreichende Maßnahmen erforderlich sein, die sich in sämtlichen Lebensbereichen niederschlagen können.

Im Regelfall wird eine Pandemie durch einen neuartigen Krankheitserreger ausgelöst, der aus wissenschaftlicher und medizinischer Hinsicht erst noch umfassend erforscht werden muss und dessen Auswirkungen auf die menschliche Gesundheit ebenso ungewiss sind wie die Wirksamkeit etwaiger staatlicher Schutzmaßnahmen.[360] Diese wissenschaftliche Ungewissheit paart sich mit einem stetigen Erkenntnisgewinn, der wiederum rechtlich berücksichtigt werden muss.[361] Beide Faktoren, Ungewissheit und Dynamik hinsichtlich der epidemiologischen Fakten des Virus, werden durch das Infektionsgeschehen zusätzlich erhöht. Welche Orte, Per-

---

[355] Grundlegungen hierfür (Fn. 355 bis Fn. 366) bereits bei *Dederer/Preiß*, AöR 148 (2023), 289 (300 f.).

[356] Duden, Deutsches Universalwörterbuch, 8. Aufl. 2015, Stichwort „Pandemie". Siehe auch *Rixen*, DV 55 (2022), 345 (345).

[357] *RKI*, Infektionsschutz und Infektionsepidemiologie, 2015, S. 99.

[358] Vgl. auch die Risikoanalyse zum Virus SARS-Modi, oben Kapitel 2 A. II. 4. a).

[359] Siehe z. B. für die Lage im Winter 2021 F. A. Z. v. 23.11.2021, S. 2.

[360] Zu SARS-CoV-2 siehe u. a. BVerfGE 159, 223 (Rn. 178): „neuartige […] globale […] Pandemie".

[361] Insoweit zur SARS-CoV-2-Pandemie u. a. BVerfGE 159, 223 (Rn. 178); 161, 299 (Rn. 134 ff.).

sonen oder Situationen bei der Ausbreitung des Virus eine besondere Rolle spielen, hängt von einer Vielzahl von Faktoren ab und kann ab einem gewissen Zeitpunkt, insbesondere im Fall eines exponentiellen Anstiegs der Infektionszahlen, nicht mehr mit Sicherheit festgestellt werden.[362] Im Fall von SARS-CoV-2 waren viele Personen bereits infiziert und in der Lage, die Krankheit weiter zu übertragen, bevor bei ihnen selbst erste Symptome einer Infektion auftraten. Teilweise blieben Infektionen gar ohne jedwede Krankheitsanzeichen.[363] Infizierte konnten demnach nicht mehr ohne Weiteres von Nicht-Infizierten unterschieden werden und die staatlichen Maßnahmen mussten sich unterschiedslos an die gesamte Bevölkerung richten.[364] Hinzu kommt ein sich in Virus-Wellen äußernder Pandemieverlauf,[365] der durch staatliche Maßnahmen, saisonale Unterschiede, die Verfügbarkeit von Impfstoffen und zuvörderst das Auftreten von Virusmutationen beeinflusst und gesteuert wird. Rechtlich gewendet, stellen diese tatsächlichen Umstände den Gesetzgeber vor große Herausforderungen, indem eine gesetzliche Regelung getroffen werden muss, obgleich das notwendige wissenschaftliche Fachwissen zum Pandemieerreger nicht gesichert vorhanden ist und stetig neue Erkenntnisse hinzutreten. Gleichwohl ist der Sachbereich einer staatlichen Regelung durchaus zugänglich und nicht per se regelungsfeindlich oder nicht regelungsreif, sondern fordert ein situatives, vielfach provisorisches und adaptives Vorgehen des Gesetz- und Normgebers.[366]

III. Betroffenheit eines „grundlegenden normativen Bereichs“

Zudem müsste ein grundlegender normativer Bereich betroffen sein. Ob dies der Fall ist, bestimmt sich nach den „tragenden Prinzipen dieses Grundgesetzes“, zu denen zuvörderst das Rechtsstaats- und das Demokratieprinzip zählen.[367] Im Falle eines pandemiebedingten Gesundheitsnotstandes ist schon allein aufgrund der flächendeckenden und teils sehr tiefgreifenden Grundrechtsbeeinträchtigungen, die von staatlichen Pandemiebekämpfungsmaßnahmen ausgehen können,[368] ein „grundlegender normativer Bereich“ im Sinne der Wesentlichkeitslehre betroffen.[369]

[362] Vgl. BVerfGE 159, 223 (Rn. 178).

[363] Siehe dazu bei https://www.rki.de/DE/Content/InfAZ/N/Neuartiges_Coronavirus/Steckbrief.html?nn=13490888#doc13776792bodyText3 (zuletzt: 28.08.2023).

[364] Zur Problematik bei der Unterscheidung Störer-Nichtstörer in der COVID-19-Pandemie *Dederer*, in: ders./Gierhake/Preiß, COVuR 2021, 454 (455 f.); siehe z.B. auch VGH Mannheim, Urt. v. 02.06.2022 – 1 S 926/20, juris Rn. 185.

[365] Vgl. BVerfGE 161, 299 (Rn. 134).

[366] Diese Notwendigkeit anerkennend *Pautsch/Haug*, NJ 2020, 281 (281 f.).

[367] Oben Kapitel 3 B. I. 2. b).

[368] Zutreffend BVerfGE 159, 223 (Rn. 150): „Es liegt in der Natur einer Epidemie, dass der Staat zum Schutz der Bevölkerung nicht in individuellen Verwaltungsverfahren punktuelle Maßnahmen trifft, sondern dass zur Abwehr der Gefahr großflächige Schutzmaßnahmen ergriffen werden müssen“.

Das Leben und die Gesundheit jedes Einzelnen (Art. 2 Abs. 2 Satz 1 GG) werden durch die sich verbreitende Krankheit in unterschiedlichem Umfang gefährdet. Aufgrund seiner Schutzverpflichtung aus Art. 2 Abs. 2 Satz 1 GG muss der Staat handeln.[370] Das Beispiel der SARS-CoV-2-Pandemie demonstriert, wie grundrechtsrelevant gerade auch die staatlichen Maßnahmen zur Pandemiebekämpfung sein können und dass diese eine erhebliche „Streubreite“[371] aufweisen können:[372] So tangierten Besuchsverbote in Krankenhäusern und Pflegeheimen und die dadurch verursachte Vereinsamung der Menschen zumindest die allgemeine Handlungsfreiheit (Art. 2 Abs. 1 GG),[373] unter Umständen auch das allgemeine Persönlichkeitsrecht (Art. 2 Abs. 1 i. V. m. Art. 1 Abs. 1 GG).[374] Gleichermaßen beeinträchtigten Beherbergungsverbote,[375] Verbote von touristischen Tagesausflügen, die Einschränkung sozialer Kontakte, die Verpflichtung zum Tragen einer Schutzmaske oder auch Verbote, die eigene Wohnung zu verlassen,[376] um sich im Freien aufhalten zu können, die allgemeine Handlungsfreiheit (Art. 2 Abs. 1 GG). Die verpflichtende Preisgabe von Daten im Rahmen der Kontaktnachverfolgung oder der Abfrage des Impfstatus ist wiederum am allgemeinen Persönlichkeitsrecht (Art. 2 Abs. 1 i. V. m. Art. 1 Abs. 1 GG) zu messen.[377] Die gesetzliche Pflicht zum Nachweis einer Impfung bildet einen mittelbaren Eingriff in das Recht auf körperliche Unversehrtheit (Art. 2 Abs. 2 Satz 1 GG).[378] Ausgangsbeschränkungen, Ausgangssperren sowie Quarantänemaßnahmen beschränken die körperliche Fortbewegungsfreiheit der Person (Art. 2 Abs. 2 Satz 2 i. V. m. Art. 104 Abs. 1 GG).[379] Der allgemeine Gleichheitssatz

---

[369] Die nachfolgende Aufzählung (Fn. 370 bis 394) findet sich inhaltsgleich bereits bei *Dederer/Preiß*, AöR 148 (2023), 289 (301 ff.).

[370] BVerfGE 159, 223 (Rn. 176). Zur Schutzpflicht vertieft unter Kapitel 3 C. II.

[371] Zum Begriff der „Streubreite“ im Kontext der COVID-19-Pandemie auch BVerfGE 159, 223 (Rn. 294). Zu der in diesem Zusammenhang relevanten Unterscheidung von Risiken „erster Ordnung“ und „zweiter Ordnung“ *Rixen*, VVDStRL 80 (2021), 37 (47).

[372] Zur nachfolgenden Aufzählung an betroffenen Grundrechten auch *Kersten/Rixen*, Der Verfassungsstaat in der Corona-Krise, 3. Aufl. 2022, S. 154.

[373] Etwa als „Freiheit, [...] familienähnliche Bindungen tatsächlich zu pflegen“, sowie als „Freiheit, mit beliebigen anderen Menschen zusammenzutreffen“, BVerfGE 159, 223 (Rn. 111 f.).

[374] Etwa soweit dieses Grundrecht „Schutz davor [bietet], dass sämtliche Zusammenkünfte mit anderen Menschen unterbunden werden und die einzelne Person zu Einsamkeit gezwungen wird“, BVerfGE 159, 223 (Rn. 113).

[375] Soweit es um die Beherbergungsgäste geht. Für die Betreiber eines Beherbergungsgewerbes geht es um Eingriffe in die Berufsausübungsfreiheit (Art. 12 Abs. 1 GG).

[376] BVerwG, Urt. v. 22.11.2022 – 3 CN 2.21, Rn. 31.

[377] In dessen Ausprägung als Recht auf informationelle Selbstbestimmung (dazu erstmals BVerfGE 65, 1 [42 f.]).

[378] BVerfGE 161, 299 (Rn. 111 f.).

[379] BVerfGE 159, 223 (Rn. 241, 247). Anders bei Quarantänemaßnahmen, die den Charakter eines „Hausarrests“ annehmen. In diesem Fall müsste unter Umständen weitergehend von einer Freiheitsentziehung i. S. v. Art. 104 Abs. 2 Satz 1 GG auszugehen sein (siehe BVerfGE 159, 223 [Rn. 250]). So wohl für den Regelfall einer Quarantäne Bericht des Sach-

(Art. 3 Abs. 1 GG) wird bei sämtlichen Maßnahmen, die an bestimmte Situationen[380] oder an bestimmte persönliche Merkmale, allen voran die Unterscheidung zwischen Geimpften und Ungeimpften,[381] mit unterschiedlichen Rechtsfolgen anknüpfen, tangiert und ist besonders bei sozial bedingten Ungleichheiten im Bildungsbereich betroffen. Die Religionsfreiheit (Art. 4 Abs. 1, 2 GG) wird durch das Verbot von bzw. Auflagen für religiöse(n) Zusammenkünfte(n) und Gottesdienste(n) beschränkt[382] und die Kunstfreiheit (Art. 5 Abs. 3 Satz 1 Var. 1 GG) durch die Untersagung von Kino-, Kleinkunst-, Konzert-, Opern- und Theateraufführungen sowie die Schließung von Galerien, Diskotheken und Museen verkürzt.[383] Ausgangs- und Kontaktbeschränkungen können Eingriffe in das Grundrecht auf Schutz von Ehe und Familie (Art. 6 Abs. 1 GG) darstellen.[384] Die Einstellung des Kita- und Schulbetriebs wirkt sich nachteilig auf das elterliche Erziehungsrecht (Art. 6 Abs. 2 Satz 1 GG)[385] bzw. im Fall von Schulschließungen auf das Recht auf schulische Bildung der Kinder (Art. 2 Abs. 1 i.V.m. Art. 7 Abs. 1 GG)[386] aus. Versammlungen (Art. 8 Abs. 1 GG) wurden nicht nur beschränkt, sondern teilweise sogar gänzlich verboten.[387] Das Vereinsleben[388] wurde durch die Kontaktbeschränkungen faktisch vollkommen untersagt und damit in die Vereinigungsfreiheit (Art. 9 Abs. 1 GG) eingegriffen. Ein-

---

verständigenausschusses nach § 5 Abs. 9 IfSG: Evaluation der Rechtsgrundlagen und Maßnahmen der Pandemiepolitik, 2022, S. 115. Speziell zum „Verbot, die eigene Wohnung zum Verweilen im Freien zu verlassen" als Eingriff in Art. 2 Abs. 2 Satz 2 GG i.V.m. Art. 104 Abs. 1 GG BVerwG, Urt. v. 22.11.2022 – 3 CN 2.21, Rn. 31.

[380] Wie die Größe der Grundfläche des Ladengeschäfts. Siehe hierzu z.B. VGH München, Beschl. v. 27.04.2020 – 20 NE 20.793, juris Rn. 26 (Verfassungswidrigkeit einer daran anknüpfenden Differenzierung); a.A. OVG Hamburg, Beschl. v. 30.04.2020 – 5 Bs 64/20, juris Rn. 50.

[381] Wie den Impf- oder Genesenenstatus. Siehe hierzu OVG Weimar, Beschl. v. 30.03.2022 – 3 EN 115/22, juris Rn. 94ff.

[382] BVerfG (K), Beschl. v. 10.04.2020 – 1 BvQ 28/20 und BVerfG (K), Beschl. v. 29.04.2020 – 1 BvQ 44/20; VGH München, Beschl. v. 26.06.2020 – 20 NE 20.1423.

[383] VGH München, Beschl. v. 15.04.2021 – 20 NE 21.919, juris Rn. 37f.; *Kersten/Rixen*, Der Verfassungsstaat in der Corona-Krise, 3. Aufl. 2022, S. 154.

[384] Etwa in das „Recht, sich mit seinen Angehörigen beziehungsweise seinem Ehepartner in frei gewählter Weise und Häufigkeit zusammenzufinden und die familiären Beziehungen zu pflegen", BVerfGE 159, 223 (Rn. 108), oder in das Recht, die „familiären und partnerschaftlichen Zusammenkünfte frei zu gestalten", a.a.O., Rn. 251.

[385] Etwa als „Recht der Eltern, den von ihrem Kind einzuschlagenden Bildungsweg wählen zu können", BVerfGE 159, 355 (Rn. 202).

[386] Neu entwickelt von BVerfGE 159, 355 (Rn. 47f.), als das Gericht im Verbot von Präsenzunterricht einen Eingriff in dieses Grundrecht gesehen hat, a.a.O., Rn. 74.

[387] Zur Beschränkung von Versammlungen OVG Münster, Beschl. v. 08.05.2021 – 15 B 841/21; zum Verbot einer Versammlung VG München, Beschl. v. 31.10.2020 – M 13 S 20.5546.

[388] Etwa Mitgliederversammlungen. Derjenige Teil des „Vereinslebens", in welchem sich der jeweilige Vereinszweck spezifisch verwirklicht, wird demgegenüber nicht von Art. 9 Abs. 1 GG geschützt (vgl. BVerfGE 149, 160 [192]; *Höfling*, in: Sachs, GG, 9. Aufl. 2021, Art. 9 Rn. 19, 21).

und Ausreisebeschränkungen wie auch etwaige 15 km-Grenzen[389] verkürzten die Freizügigkeit (Art. 11 Abs. 1 GG). Betriebe, Geschäfte und Restaurants mussten schließen oder wurden verpflichtet sog. Hygienekonzepte zu entwickeln und zu verwirklichen, wodurch sie in ihrer Berufsausübungsfreiheit (Art. 12 Abs. 1 GG) beeinträchtigt wurden.[390] Gleiches gilt für die Pflicht zur Vorlage eines Impfnachweises als Voraussetzung für die Wahrnehmung von Tätigkeiten, die (zumindest typischerweise) beruflich ausgeübt werden, sofern wegen Verletzung bzw. Nichterfüllung der Pflicht z. B. ein behördliches Tätigkeitsverbot angeordnet werden kann.[391] Infektionsschutzrechtliche Betretungsrechte machen auch vor der Unverletzlichkeit der Wohnung (Art. 13 Abs. 1 GG) keinen Halt.[392] Die Eigentumsgarantie (Art. 14 Abs. 1 GG) konnte durch pandemiebedingte Nutzungsbeschränkungen[393] und letztlich sogar das Asylrecht (Art. 16a Abs. 1 GG) durch Abweisung von Asylbewerbern an der Grenze aus Infektionsschutzgründen[394] tangiert sein.[395]

Die Grundrechtseingriffe sind damit gleichermaßen intensiv wie umfassend und betreffen praktisch den gesamten grundgesetzlichen Grundrechtekatalog. Aufgrund ihrer „Streubreite" berühren die freiheitsbeschränkenden Pandemiemaßnahmen daher auch den demokratischen Aspekt der „weitreichenden Auswirkungen […] auf die allgemeinen Lebensverhältnisse"[396] und dadurch wiederum den gewaltenteili-

---

[389] Z. B. in Bayern, hierzu VGH München, Beschl. v. 26.01.2021 – 20 NE 21.162.

[390] So zur Untersagung der Öffnung von Gaststätten BVerfG (K), Beschl. v. 23.03.2022 – 1 BvR 1295/21, Rn. 17, 20.

[391] BVerfGE 161, 299 (Rn. 250 ff.).

[392] *Kersten/Rixen*, Der Verfassungsstaat in der Corona-Krise, 3. Aufl. 2022, S. 154. Das gilt sowohl für das Betreten und Besichtigen einer Privatwohnung ohne oder gegen den Willen ihres Inhabers (BVerfGE 32, 54 [75]) als auch für Arbeits-, Betriebs- und Geschäftsräume (BVerfGE 32, 54 [68 ff.]; st. Rspr.), selbst wenn sie öffentlich zugänglich sind (BVerfGE 95, 228 [265]). Im Fall öffentlich zugänglicher Betriebs- und Geschäftsräume lassen sich Betretungs- und Besichtigungsrechte hingegen leichter verfassungsrechtlich rechtfertigen, denn „[j]e größer ihre Offenheit nach außen ist und je mehr sie zur Aufnahme sozialer Kontakte für Dritte bestimmt sind, desto schwächer wird der grundrechtliche Schutz" (BVerfGE 95, 228 [266]). Zu den insofern maßgeblichen Rechtfertigungsvoraussetzungen BVerfGE 32, 54 (76 f.), dort insbesondere klarstellend, dass Art. 13 GG und nicht Art. 2 Abs. 1 GG Prüfungsmaßstab ist (ähnlich aus jüngerer Zeit z. B. auch BVerfG, NVwZ 2007, 1049 [1050]). Die fehlende Zutrittsverweigerung des Wohnungsinhabers begründet in der Regel auch keine den Grundrechtseingriff ausschließende Einwilligung, jedenfalls soweit behördlichen Betretungs- und Besichtigungsrechten eine Einlasspflicht des Wohnungs- bzw. Betriebes- oder Geschäftsinhabers entspricht, dazu zutreffend *Dietlein*, NVwZ 2020, 1412 (1413 f.).

[393] Zur Untersagung der Nutzung einer Zweitwohnung OVG Schleswig, Beschl. v. 02.04. 2020 – 3 MB 8/20, juris Rn. 39; zur Schließung von Einzelhandelsgeschäften OVG Münster, Beschl. v. 29.04.2020 – 13 B 512/20.NE, juris Rn. 83.

[394] Zur „Abweisung an der Grenze" als Beeinträchtigung des Art. 16a Abs. 1 GG etwa *Jarass*, in: ders./Pieroth, GG, 18. Aufl. 2024, Art. 16a Rn. 31.

[395] Die voranstehende Aufzählung (Fn. 370 bis 394) findet sich inhaltsgleich und in ihrem Aufbau bereits bei *Dederer/Preiß*, AöR 148 (2023), 289 (301 ff.).

[396] BVerfGE 49, 89 (127).

gen, also rechtsstaatlichen Aspekt der „funktionsgerechten Organstruktur".[397] Sie bedürfen daher einer rechtlichen Grundlage durch das Organ, welches nach seiner „Organisation, Zusammensetzung, Funktion und Verfahrensweise über die besten Voraussetzungen verfüg[t]"[398], mithin einer parlamentsgesetzlichen Grundlage. Verstärkend kommen Ausgleichs- und Entschädigungsleistungen für die Grundrechtsbeschränkungen hinzu, die den Staatshaushalt ebenso belasten können wie die Finanzierung der Maßnahmen[399] und zusätzlich für eine gesetzliche Regelung durch das Parlament streiten. Das gewaltenteilige Ziel der Mäßigung der Verwaltung gebietet zudem eine gewisse Rückbindung exekutiver Entscheidungen an die vorherige Willensbildung der Legislative.[400]

Daneben kann eine bundesweite Bedrohungslage wie eine Pandemie durch das Bedürfnis nach zentralen Operationsbefugnissen und einem einheitlichen Vorgehen die vertikale Dimension der Gewaltenteilung tangieren. Die Aufrechterhaltung der föderalen Ordnung ist dabei vom Gesetzgeber selbst zu gewährleisten und abzusichern.[401]

Der pandemiebedingte Gesundheitsnotstand stellt mithin ohne Zweifel einen grundlegenden normativen Bereich im Sinne der Wesentlichkeitsdoktrin dar.

IV. „Wesentliche Entscheidungen" im pandemiebedingten Gesundheitsnotstand

Welche die „wesentlichen Entscheidungen" im pandemiebedingten Gesundheitsnotstand sind, wird maßgeblich davon beeinflusst, dass die Pandemie nicht nur einen faktischen Notstand[402] verursacht, sondern auch im rechtlichen Sinne einen Notstand unter dem Grundgesetz darstellt, nämlich einen länderübergreifenden Katastrophenfall gemäß Art. 35 Abs. 3 Satz 1 GG.[403]

---

[397] Eingehend hierzu *Danwitz*, Der Staat 35 (1996), S. 329; siehe bereits *Küster*, AöR 75 (1949), 397 (404). Zudem oben in Fn. 330.

[398] BVerfGE 95, 1 (15).

[399] Die Bewältigung der Corona-Pandemie hat den Bund einem Bericht des Bundesfinanzministeriums zufolge 439,7 Milliarden Euro gekostet (siehe bei Welt am Sonntag v. 23.04.2023, S. 20).

[400] *Dederer/Preiß*, AöR 148 (2023), 289 (305).

[401] *Dreier*, DÖV 2021, 229 (238).

[402] Oben Kapitel 1 A. Diese Einordung der COVID-19-Pandemie belegt auch die Faktenaufarbeitung durch das BVerfG, BVerfGE 159, 223 (Rn. 178 ff.).

[403] Dazu bereits oben unter Kapitel 2 A. II. 2. b). Zu den Ausführungen im nachfolgenden Abschnitt „IV. ‚Wesentliche Entscheidungen' für den pandemiebedingten Gesundheitsnotstand" (Fn. 402 bis Fn. 502) finden sich bereits Grundlegungen bei *Dederer/Preiß*, AöR 148 (2023), 289 (306 ff.).

Wenngleich die in Art. 35 Abs. 3 Satz 1 GG vorgesehenen Rechtsfolgen zur Pandemiebewältigung schlichtweg untauglich sind,[404] ist Gesetzgebung für den Pandemiefall ihrem Wesen nach damit letztlich Notstandsgesetzgebung.[405] Den im IfSG vorgenommenen Änderungen zur Bewältigung der COVID-19-Pandemie wird daher auch zu Recht Notstandscharakter zugeschrieben.[406]

Zur Bestimmung der „wesentlichen Entscheidungen" bietet sich daher zunächst ein Blick in die Vorschläge für eine grundgesetzliche „Notstandsverfassung" an, wie sie im Zuge der sechziger und siebziger Jahre des letzten Jahrhunderts diskutiert wurden.[407] Auch zu jener Zeit war man sich der Misere bewusst, mit den Notstandsregelungen außergewöhnliche, nicht vorab berechenbare Situationen rechtlich einfangen zu wollen.[408] Wenngleich derartige Situationen normativ nicht antizipierbar sind und Regulierungsversuche keineswegs abschließenden Charakter haben können, so gab es doch bestimmte Abschichtungen und Aspekte, die als einer Regelung nicht nur fähig, sondern auch bedürftig angesehen wurden.[409] Dazu zählen insbesondere die Normierung zu den Voraussetzungen und dem Eintritt des Ausnahmezustandes sowie die Normierung etwaiger Ausnahmebefugnisse, wem diese zustehen sollen und wie sie begrenzt werden.[410]

Eine Notstandsgesetzgebung als Teil der Verfassung zielt stets darauf, eine außergewöhnliche Situation zu bewältigen und nach deren Bewältigung in den Normalzustand zurückzukehren.[411] Zur Bewältigung der Notstandslage sind meist außerordentliche Maßnahmen erforderlich, die speziell und auch nur für die Dauer der Notstandsbekämpfung Geltung beanspruchen.[412] Wenngleich die Fälle des inneren Notstandes, zu denen auch ein pandemiebedingter Gesundheitsnotstand zählt, anders

---

[404] *Dederer*, in: ders./Gierhake/Preiß, COVuR 2021, 454 (455). Zudem oben unter Kapitel 2 A. II. 2. b).

[405] Gleichsinnig *Dederer/Preiß*, AöR 148 (2023), 289 (307).

[406] Beispielsweise von *Isensee*, F.A.Z. v. 04.06.2020, S. 7; *Mayen*, NVwZ 2020, 828 (829); *Rixen*, in: Kluckert, Das neue Infektionsschutzrecht, 2. Aufl. 2021, § 4 Rn. 2; *ders.*, NJW 2020, 1097 (1102); *Shirvani*, JZ 2021, 109 (109); siehe auch BT-Drs. 19/18111, S. 14: „seuchenrechtlicher Notfall".

[407] Insbesondere im Zuge der Einführung einer „Notstandsverfassung" ins Grundgesetz (konkret geschehen erst durch das Siebzehnte Gesetz zur Ergänzung des Grundgesetzes v. 24.06.1968, BGBl. I 1968, S. 709). Ein Überblick darüber, welche Fragen bei der Normierung einer Notstandsregelung relevant sind und deren Antworten mithin „wesentliche Entscheidungen" sind, findet sich bei *Dederer*, in: Dürig/Herzog/Scholz, GG, Art. 91 Rn. 5 Fn. 2 (2019). Antworten auf diese Fragen gesucht und formuliert hat namentlich *Ernst-Wolfgang Böckenförde*, NJW 1978, 1881 ff. Siehe ferner die Konkretisierung in Gestalt von Verfassungsartikeln samt Begründungen von *ders.*, in: FS Hirsch, 1981, 259 (266 f.).

[408] *Böckenförde*, NJW 1978, 1881 (1885).

[409] *Böckenförde*, NJW 1978, 1881 (1885).

[410] *Böckenförde*, NJW 1978, 1881 (1885 f., 1888 ff.).

[411] *Böckenförde*, NJW 1978, 1881 (1890); *Hesse*, JZ 1960, 105 (106); ferner *Thielbörger/Behlert*, VerfBlog v. 19.03.2020.

[412] *Hesse*, JZ 1960, 105 (107).

als etwa der Fall des äußeren Notstandes, wesensmäßig nicht so beschaffen sind, dass zu ihrer Bewältigung eine tiefgreifende Umformung der verfassungsmäßigen Kompetenzordnung notwendig ist,[413] so bedarf es zu ihrer Überwindung dennoch besonderer Maßnahmen und Befugnisse. Die sich in diesem Zusammenhang stellenden Fragen sind aus demokratischer wie rechtsstaatlicher Hinsicht, namentlich wegen ihrer Relevanz für die Grundrechtsverwirklichung, ihrer Auswirkungen auf die Rechtsschutzmöglichkeiten oder die Gewaltenteilung, „wesentliche Entscheidungen", die parlamentsgesetzlich festgelegt werden müssen.[414]

Ergänzend kommen Entscheidungen hinzu, welche sich aus den besonderen Umständen einer Pandemie als wesentlich darstellen.

1. Feststellung und Dauer der Notstandslage

Von grundlegender Bedeutung ist zunächst, dass der Notstand als Ausnahmesituation gekennzeichnet und klar von der Normallage abgegrenzt wird.[415] Dadurch wird eine schleichende Vergesetzlichung der Maßnahmen für die Ausnahmesituation verhindert.[416] Zugleich wird der Ausnahmecharakter der Maßnahmen verdeutlicht, welche allein und ausschließlich durch die besonderen Umstände einer Ausnahmesituation gerechtfertigt werden können und daher nur in Notstandslagen angewendet werden dürfen.[417] Diese Abgrenzung erfolgt in formeller Hinsicht durch eine formale Feststellung bzw. Ausrufung des Notstandes.

Dabei muss festgelegt werden, wem die Feststellungs- und Aufhebungsbefugnis zugestanden wird. Gerade bei Notstandsfällen, die sich nicht nur auf die allgemeine Bevölkerung, sondern auch auf das gewaltenteilige Staatsgefüge beträchtlich auswirken können, sollte die Entscheidung darüber, in einen solchen Zustand zu wechseln, von der breiten demokratischen Mehrheit getragen werden.[418] Verstärkend kommt hinzu, dass in Notstandssituationen typischerweise weitreichende legislative Befugnisse an die Exekutive übertragen werden. Das Parlament sollte daher selbst entscheiden, ob es zu einer Notstandslage und damit der Übertragung von Befug-

[413] Dazu, dass ein auf „Krisenmodus" umgeschaltetes Recht nicht notwendig mit fundamentalen Verschiebungen der Funktionenordnung einhergeht *Nettesheim*, ERPL, 34 (2022), 23 (28, 31).

[414] Siehe auch *Dederer/Preiß*, AöR 148 (2023), 289 (307).

[415] *Böckenförde*, NJW 1978, 1881 (1886, 1888); *Hesse*, JZ 1960, 105 (106). Grundlegungen hierfür und für die folgenden Ausführungen (Fn. 415 bis Fn. 430) bereits bei *Dederer/Preiß*, AöR 148 (2023), 289 (308 f.).

[416] Zu diesem Vorteil einer „dualistischen" Konzeption eines Rechts für den Normalzustand einerseits und eines nur situativ, auf autoritative parlamentarische Entsperrung hinzutretenden Rechts für den Notstand andererseits insofern zutreffend *Nettesheim*, ERPL 34 (2022), 23 (31 f.).

[417] *Böckenförde*, NJW 1978, 1881 (1888 f., 1886).

[418] So schon *Böckenförde*, in: FS Hirsch, 1981, 259 (267).

nissen kommen soll,[419] und muss sich die Befugnis zur Feststellung einer Notstandslage demnach selbst vorbehalten.[420] Die Exekutive scheidet hingegen als Inhaber der Feststellungsbefugnis aus, insbesondere, wenn sie im Rahmen der Notstandslage mit Befugnissen ausgestattet wird.[421] Nur so kann die Gefahr einer Selbstermächtigung gebannt werden.[422] Die Exekutive hat jedoch wegen der Regierungsmehrheit im Parlament häufig großen Einfluss auf das parlamentarische Handeln und damit auch auf die Entscheidung darüber, eine Notstandslage festzustellen und die außerordentlichen Befugnisse auszulösen.[423] Machtmäßigend können hier etwa die Festlegung eines Quorums[424] sowie eine Beteiligung der Länder an der Beschlussfassung der Feststellung, etwa über ein Zustimmungserfordernis des Bundesrates,[425] wirken.[426] Zugleich wird dadurch sichergestellt, dass bei der Feststellung auch Minderheits- und Länderinteressen berücksichtigt werden. Für den Fall, dass der Bundestag nicht zusammentreten und die Feststellung treffen kann, muss ein Ersatzgremium an seine Stelle treten.[427]

Da an die Feststellung des Notstandes zahlreiche Notstandsbefugnisse anknüpfen, mit denen meist eine Verschiebung des verfassungsrechtlichen Kompetenzgefüges einhergeht, ist zudem auf ausreichende Kontrollmöglichkeiten zu achten. Eine zeitliche Befristung[428] des Notstandes, dessen Fortbestehen nach Fristablauf erneut festgestellt werden kann,[429] verhindert, dass die Notstandslage unnötig lange hinausgezögert wird. Der Gesetzgeber unterliegt dadurch außerdem einer ständigen Überprüfungs- und Beurteilungspflicht und muss die Notstandslage gegebenenfalls auch schon vor Fristablauf beenden.[430]

---

[419] *Böckenförde*, in: FS Hirsch, 1981, 259 (267).

[420] *Böckenförde*, NJW 1978, 1881 (1889); *ders.*, in: FS Hirsch, 1981, 259 (266 f.).

[421] So auch *Böckenförde*, NJW 1978, 1881 (1889).

[422] *Böckenförde*, NJW 1978, 1881 (1889).

[423] Dazu auch *Gusy*, VerfBlog v. 15.06.2021; ähnlich *Böckenförde*, NJW 1978, 1881 (1889).

[424] *Böckenförde*, in: FS Hirsch, 1981, 259 (267) schlägt eine Zweidrittelmehrheit der Mitglieder vor.

[425] *Böckenförde*, in: FS Hirsch, 1981, 259 (267).

[426] *Böckenförde*, in: FS Hirsch, 1981, 259 (267).

[427] Bei Gefahr im Verzug spricht sich *Böckenförde*, in: FS Hirsch, 1981, 259 (267) für eine Notkompetenz des Bundestagspräsidenten bzw. *ders.*, NJW 1978, 1881 (1889) für eine Notkompetenz des Parlamentspräsidenten oder des Bundespräsidenten aus.

[428] *Böckenförde*, in: FS Hirsch, 1981, 259 (266, 268); *Hesse*, JZ 1960, 105 (108).

[429] Für eine solche Verlängerungsmöglichkeit *Böckenförde*, in: FS Hirsch, 1981, 259 (266, 268).

[430] *Böckenförde*, in: FS Hirsch, 1981, 259 (266, 268); *Hesse*, JZ 1960, 105 (106 f., 108).

2. Notstandsbefugnisse

Eine Notstandsgesetzgebung zeichnet sich in erster Linie durch besondere, außerordentliche Maßnahmen aus, die nur im Notstandsfall gelten sollen und in der Normallage keine Geltung beanspruchen.[431] Hierbei handelt es sich um teilweise sehr weitreichende Handlungsmöglichkeiten, die es zum Schutz der Funktionsfähigkeit der staatlichen Organe und der Bevölkerung ermöglichen, von geltenden Regelungen abzuweichen oder in Grundrechte einzugreifen. Notstandslagen sind außergewöhnliche Situationen, denen großes Schadenspotential innewohnt. In der Regel muss in solchen Lagen möglichst schnell und flexibel agiert werden. Typischerweise werden die Notstandsbefugnisse in der Krise daher der Exekutive zuteil, der zu Recht solche Handlungsfähigkeiten attestiert werden.[432]

Die Ermächtigung der Exekutive zum Verordnungserlass stärkt ihre Stellung im gewaltenteiligen Kompetenzgefüge in Krisenlagen sehr deutlich. Dies führt oft zur Einordnung einer Krise als „Stunde der Exekutive“.[433] Die Staatsleitung kommt der Regierung und dem Parlament jedoch stets und damit auch in der Krise zur gesamten Hand zu.[434] Der parlamentarische Gesetzgeber ist daher keineswegs darauf beschränkt, sich allein die Feststellungs- und Aufhebungsbefugnis zur Ausrufung bzw. Beendigung des Notstandes vorzubehalten und für die anderen Aspekte der Notstandsbewältigung eine „Globalzuständigkeit der Exekutive eintreten zu lassen“.[435] Vielmehr kann er nicht nur, sondern ist aus Wesentlichkeitsgesichtspunkten dazu verpflichtet,[436] dem exekutiven Handeln normativ Grenzen zu setzen und dieses an die Entscheidung des Parlaments rückzubinden.

Dies kann zum einen durch die „spezifizierend[e] und limitierend[e]“[437] tatbestandliche Normierung der Befugnisse, angepasst an die Notstandssituation, geschehen. Wegen der Vielzahl an möglichen Anwendungsfällen und der damit einem Notstand stets inhärenten Ungewissheit und Unvorhersehbarkeit muss bei der Festlegung der Befugnisse jedoch auf ausreichend Flexibilität geachtet werden, sodass in der Regel auf offene, generalklauselartige Ermächtigungen, die „notwendigen Maßnahmen“ zu ergreifen sowie auf unbestimmte Rechtsbegriffe zu-

---

[431] Vgl. *Hesse*, JZ 1960, 105 (107). Grundlegungen hierfür und für die folgenden Ausführungen (Fn. 431 bis Fn. 448) bereits bei *Dederer/Preiß*, AöR 148 (2023), 289 (309 f.).

[432] Vgl. *Böckenförde*, NJW 1978, 1881 (1889); *Kaiser*, Ausnahmeverfassungsrecht, 2020, S. 30 f.; *Schwerdtfeger*, Krisengesetzgebung, 2018, S. 172.

[433] Zur Charakterisierung der „Ausnahmesituation“ als „Stunde der Exekutive“ siehe bereits oben Fn. 16 sowie 56.

[434] *Friesenhahn*, VVDStRL 16 (1958), 9 (38). Zur Beteiligung des BVerfG an der Staatsleitung *Nußberger*, VVDStRL 81 (2022), 7 (24 ff.).

[435] *Böckenförde*, NJW 1978, 1881 (1890).

[436] Vgl. zur Normierungspflicht des Gesetzgebers im Bereich des Parlamentsvorbehalts *Barczak*, in: Stern/Sodan/Möstl, Das Staatsrecht der Bundesrepublik Deutschland, Band III, 2. Aufl. 2022, § 86 Rn. 21.

[437] *Böckenförde*, NJW 1978, 1881 (1890).

rückgegriffen wird.[438] Gleichwohl muss eine gerichtliche Überprüfbarkeit der Maßnahmen möglich bleiben.[439] Zum anderen sollten die Befugnisse zeitliche und inhaltliche Grenzen durch die Normierung einer vorab festgelegten zeitlichen Geltungsdauer der Maßnahmen[440] sowie der strikten Bindung an die Erreichung ihres Ziels,[441] der Rückkehr zur Normallage, finden. Ergänzend ist die nur vorläufige Geltung der Befugnisse dadurch zu verdeutlichen, dass den Notstandsbefugnissen und auf ihrer Grundlage getroffenen Maßnahmen nur überlagernde oder suspendierende Wirkung zukommt, nach dem Ende der Notstandslage hingegen das Recht der Normallage wieder Geltung beansprucht.[442] Dadurch soll ein (schleichender) Verstetigungseffekt der außergewöhnlichen Notstandsregelungen hin zum Recht der Normallage verhindert werden.[443] Darüber hinaus kann es verfassungsrechtlich erforderlich sein, bestimmte Regelungsbereiche festzulegen, von denen nicht einmal in Notsituationen abgewichen werden darf.[444] Zu diesen Bereichen gehören etwa wesentliche verfassungsrechtliche Strukturen und die Grundrechte.[445]

Zum anderen müssen jedenfalls in gewissen Fällen parlamentarische Beteiligungs- oder Kontrollrechte in Form von Zustimmungsvorbehalten, Änderungs- oder Aufhebungsbefugnissen oder Rückholrechten vorgesehen werden.[446] Nach Beendigung des Notstandes muss sich der Inhaber der Operationsbefugnisse gegenüber dem Parlament verantworten und die Krisenbewältigung im Allgemeinen sowie die getroffenen Maßnahmen im Besonderen evaluieren.[447]

Macht eine Notstandslage ein bundesweites und einheitliches Vorgehen erforderlich und wirken sich die Notstandsbefugnisse demnach auf die föderale Kompetenzverteilung aus, ist über föderale Mitwirkungsbefugnisse bei der Feststellung der Notstandslage oder auch den Notstandsbefugnissen nachzudenken.[448]

---

[438] *Böckenförde*, NJW 1978, 1881 (1890).

[439] Siehe *Böckenförde*, NJW 1881 (1886, 1890).

[440] Vgl. *Böckenförde*, in: FS Hirsch, 1981, 259 (268 f.): „nur zur Beseitigung der Gefahr [...] die zur Erklärung des Ausnahmezustandes geführt hat", „streng zweckgerichtet"; für die zeitliche Befristung von Notstandsmaßnahmen *ders.*, NJW 1978, 1881 (1890); *Hesse*, JZ 1960, 105 (108).

[441] *Hesse*, JZ 1960, 105 (106); zur inhaltlichen Einhegung der Befugnisse der Exekutive bereits durch das Parlament auch *Böckenförde*, NJW 1978, 1881 (1890).

[442] *Böckenförde*, NJW 1978, 1881 (1890). Vgl. auch *Hesse*, JZ 1960, 105 (108).

[443] *Böckenförde*, NJW 1978, 1881 (1886).

[444] Vgl. *Böckenförde*, in: FS Hirsch, 259 (268 ff.); *ders.*, NJW 1978, 1881 (1890).

[445] *Böckenförde*, NJW 1978, 1881 (1890); *Hesse*, JZ 1960, 105 (106).

[446] Für eine ausdrückliche Geltungsverlängerung der Maßnahmen durch das Parlament *Böckenförde*, NJW 1978, 1881 (1890); vgl. für einen Genehmigungsvorbehalt *Hesse*, JZ 1960, 105 (107, 108); ferner *Gusy*, VerfBlog v. 15.06.2021.

[447] *Böckenförde*, NJW 1978, 1881 (1890) spricht sich sogar für die „Wiederbelebung der alten staatsrechtlichen-strafrechtlichen Ministerverantwortlichkeit" als Mittel der politischen Kontrolle aus. *Ders.*, in: FS Hirsch, 1981, 259 (271) schlägt einen Untersuchungsausschuss nach jeder Beendigung eines Ausnahmezustandes vor.

[448] Erwähnt bei *Böckenförde*, NJW 1978, 1881 (1890). Siehe zudem bei Fn. 425.

3. Spezielle Regelungen für den Gesundheitsnotstand

Für einen pandemiebedingten Notstand, wie er durch SARS-CoV-2 ausgelöst wurde, sind noch weitere Aspekte wesentlich.[449] Die aktuelle Corona-Krise zeigt, dass in erster Linie Regelungen zur Aufrechterhaltung der Gesundheitsversorgung und deren Infrastruktur sowie an das Infektionsgeschehen angepasste pandemiespezifische Schutzmaßnahmen erforderlich sein können. Diese Aspekte können bei einer bundesweiten pandemiebedingten Versorgungsknappheit theoretisch die gesamte Bevölkerung und auch jeden Einzelnen in seinen Grundrechten treffen.

a) Vorkehrungen zur Aufrechterhaltung des Gesundheitssystems und der Gesundheitsversorgung

In erster Linie sind Vorkehrungen zur Aufrechterhaltung des Gesundheitssystems sowie der Gesundheitsversorgung der Bevölkerung zu treffen. Das erfordert Regelungen, die auf den Aus-, Auf- und Umbau vorhandener und zusätzlicher Kapazitäten des Gesundheitssystems wie Krankenhäuser, Gesundheitsämter oder Impfzentren gerichtet sind. Zudem müssen in personeller wie materialtechnischer Hinsicht ausreichend Ressourcen bevorratet, sichergestellt, hergestellt oder beschafft werden können, um die medizinische Behandlung einer ungewöhnlich hohen Zahl von Patienten binnen kurzer Frist zu ermöglichen.[450] Wie Bilder und Berichte beispielsweise aus Italien im März 2020 zeigen, würde das Gesundheitssystem ohne derartige Vorkehrungen zusammenbrechen.[451]

b) Medizinische Ressourcen und ihre Verteilung im Knappheitsfall

Bei pandemischen Krankheitsausbrüchen wird es im Regelfall zu einem Anstieg an behandlungsbedürftigen Patienten sowie einem stark erhöhten Bedarf an medizinischen Gütern kommen. Dadurch kann es zu einer Knappheit an einer oder mehreren medizinischen Ressourcen, insbesondere Medikamenten oder Impfstoffen, kommen,[452] sodass Rationierungs- und Priorisierungsentscheidungen getroffen werden müssen. Daher gehören zu den wesentlichen Entscheidungen im Pandemiefall gesetzliche Regelungen zur gerechten Verteilung von Medikamenten, Impfstoffen oder sonstigen medizinischen Produkten.

---

[449] Die nachfolgenden Ausführungen sind nicht abschließend. Der Fokus liegt auf den zentralen Regelungsgebieten des IfSG des Bundes. Die nachfolgenden Ausführungen zu Abschnitt „3. Spezielle Regelungen für den Gesundheitsnotstand“ (Fn. 450 bis Fn. 502) finden sich im Ansatz bereits bei *Dederer/Preiß*, AöR 148 (2023), 289 (310 ff.) und bauen auf diesen auf.

[450] *Dederer/Preiß*, AöR 148 (2023), 289 (310).

[451] Siehe z. B. https://www.tagesschau.de/investigativ/monitor/corona-italien-155.html (zuletzt: 28.08.2023).

[452] So bereits die Risikoanalyse und LÜKEX-Übung, siehe oben unter Kapitel 2 A. II. 4. a) und b).

aa) Impfstoffverteilung und Impfpflicht

Die Frage nach der gerechten Verteilung knapper medizinischer Güter stellt sich in einer seuchenrechtlichen Notlage namentlich bei Impfstoffen gegen das jeweilige Virus.

Der Prävention in Gestalt von Impfungen kommt im Pandemiefall eine überragende Bedeutung für die Eindämmung, Bekämpfung und Bewältigung der gesundheitlichen Bedrohung zu. Eine Impfung kann nicht nur Schutz für die geimpfte Person vor einer Ansteckung oder Erkrankung bieten, sondern schützt zugleich Dritte, die mit der geimpften Person Kontakt haben und kann durch Verhinderung oder Absenkung schwerer gesundheitlicher oder tödlicher Verläufe infolge einer Infektion auch die Aufrechterhaltung der Funktionsfähigkeit des gesundheitlichen Versorgungssystems unterstützen. Knüpfen wie im Fall von COVID-19 bestimmte Pandemieschutzmaßnahmen an den Impfstatus an, ist dieser darüber hinaus maßgeblich für die Inanspruchnahme grundrechtlicher Freiheiten.

Pandemien werden typischerweise durch neuartige Erreger verursacht. Wirksame Impfstoffe dagegen müssen erst noch entwickelt werden. Gelingt dies – wie im Fall von SARS-CoV-2 –, müssen die Wirkstoffe zudem erst in ausreichender Menge hergestellt werden und können der Bevölkerung nur nach und nach zur Verfügung gestellt werden. Es ist daher die Aufgabe des Gesetzgebers, die Leitlinien für die Allokation knapper medizinischer Ressourcen, namentlich Impfstoffe, im Pandemiefall in Form von Zielen der Priorisierung, materieller Kriterien, an denen sich die Auswahl zu orientieren hat, sowie verfahrens- und organisationsrechtlichen Vorschriften dazu, von wem, an welchem Ort und mit welchem Mittel eine Impfung durchgeführt wird, vorzugeben.[453] Insbesondere im Fall neu entwickelter und auch in ihrer Wirkungsweise neuartiger Impfstoffe[454] ist ein detailliertes und umfassendes Monitoring sowie die öffentlichkeitszugängliche Dokumentation von Wirkung, Nebenwirkungen und Impfschäden von großer Bedeutung.[455] Für den Knappheitsfall

---

[453] Dazu und zum Folgenden *Dederer/Preiß*, AöR 148 (2023), 289 (310 f.). Vgl. hierzu auch die *numerus-clausus*-Rechtsprechung des BVerfG, BVerfGE 33, 303 (345 f.); 147, 253 (309); aus der Literatur *Klafki*, VerfBlog v. 22.09.2020; *Kloepfer/Deye*, DVBl. 2009, 1208 (1218 f.); *Witte*, Recht und Gerechtigkeit im Pandemiefall, 2013, S. 147 ff.; *Wolff*, DVBl. 2020, 1379 (1381). Zu einer Priorisierung auch in einer alten Fassung des Nationalen Pandemieplans des Bundes, Nationaler Pandemieplan, Teil III (2007), S. 64 f. (https://edoc.rki.de/bitstream/handle/176904/6227/Pandemieplan2007.pdf?sequence=1&isAllowed=y; zuletzt: 28.08.2023).

[454] Im Rahmen der COVID-19-Pandemie kamen erstmals sog. mRNA-Impfstoffe zum Einsatz (dazu https://www.pei.de/DE/newsroom/dossier/coronavirus/coronavirus-inhalt.html?nn=169730&cms_pos=4; zuletzt: 28.08.2023).

[455] Vgl. dazu das Positionspapier der gemeinsamen Arbeitsgruppe aus Mitgliedern der Ständigen Impfkommission, des Deutschen Ethikrates und der Nationalen Akademie der Wissenschaften Leopoldina, Wie soll der Zugang zu einem COVID-19-Impfstoff geregelt werden?, 2020, S. 5 (abrufbar unter: https://www.rki.de/DE/Content/Infekt/Impfen/ImpfungenAZ/COVID-19/Positionspapier.html; zuletzt: 28.08.2023).

sollte im Meldesystem auch die zur Verfügung stehende Menge an Wirkstoffen im Bundesgebiet ersichtlich sein.[456]

Ferner kann es erforderlich sein, eine allgemeine oder bestimmte Personenkreise betreffende Impfpflicht einzuführen, die neben dem Allgemeinen Persönlichkeitsrecht (Art. 2 Abs. 1 GG) und dem Recht auf Leben und körperliche Unversehrtheit (Art. 2 Abs. 2 Satz 1 GG) auch die Schutzpflicht des Staates für ebendieses Recht tangiert und daher einer Abwägungsentscheidung durch das Parlament bedarf.[457] Parlamentsgesetzlich ist in diesem Zusammenhang festzulegen, „für welche Personen hinsichtlich welchen Erregers bzw. welcher Krankheit eine derartige Pflicht besteht, unter welchen Voraussetzungen eine ausreichende Immunisierung vorliegt und wie diese nachzuweisen ist. Für Personen mit kontramedizinischer Indikation muss eine Ausnahmeregelung getroffen werden".[458] Gesetzlich kann eine Impfpflicht gegen das pandemieauslösende Virus auf unterschiedliche Weise umgesetzt werden. Denkbar ist etwa eine Ermächtigung zum Erlass einer Rechtsverordnung (so z. B. in § 20 Abs. 6, 7 IfSG), eine spezielle gesetzliche Regelung, ggf. nur für einen bestimmten Adressatenkreis (z. B. § 20 Abs. 8 IfSG für die Masernschutzimpfung), oder indirekt dadurch, dass für bestimmte Tätigkeiten und Aktivitäten die Vorlage eines Impfnachweises gefordert wird, mithin Nachteile entstehen, wenn man einen solchen Nachweis nicht erbringen kann.[459]

bb) Triage

Die soeben angesprochene Problematik bei der Verteilung pandemiebedingt knapper medizinischer Ressourcen gipfelt in einer Situation, in der lebensnotwendige Güter nicht in ausreichendem Umfang zur Verfügung stehen und deshalb darüber entschieden werden muss, wer von den zahlreichen Patienten, die eine medizinische Behandlung benötigen, eine solche erhält und wer nicht. Im Verlauf der COVID-19-Pandemie kam es in verschiedenen Orten auf der Welt zu derartigen Überlastungs- und Knappheitssituationen und auch in Deutschland war die Befürchtung groß, dass es zu einer Überlastung der gesundheitlichen Versorgungs-

[456] Vgl. dazu das Positionspapier der gemeinsamen Arbeitsgruppe aus Mitgliedern der Ständigen Impfkommission, des Deutschen Ethikrates und der Nationalen Akademie der Wissenschaften Leopoldina, Wie soll der Zugang zu einem COVID-19-Impfstoff geregelt werden?, 2020, S. 5.

[457] Siehe nur *Rixen*, VerfBlog v. 28.07.2021; *Wißmann*, VerfBlog v. 06.12.2021.

[458] *Dederer/Preiß*, AöR 148 (2023), 289 (311). Vgl. auch BVerfGE 161, 299 (Rn. 124 ff.) zu den §§ 20a, 22a IfSG, die nach Auffassung des Gerichts „alle wesentlichen Entscheidungen" für einen Impfnachweis und damit für eine mittelbar-faktisch geltende Impfpflicht enthalten. Zur kontramedizinischen Indikation vgl. BVerfGE 161, 299 (Rn. 129); vgl. auch § 20 Abs. 6 Satz 2 IfSG.

[459] Dazu *Kersten/Rixen*, Der Verfassungsstaat in der Corona-Krise, 3. Aufl. 2022, S. 235.

systeme kommen könnte. Diese spezielle Problematik wird unter dem Stichwort der Triage diskutiert.[460]

Die Triage im Pandemiekontext bezeichnet „eine […] Entscheidung über die Verteilung von pandemiebedingt knappen intensivmedizinischen Behandlungsressourcen".[461] Gemeinhin unterscheidet man zwischen den Situationen der Ex-ante-Triage und der Ex-post-Triage.[462] Bei der Ex-ante-Triage konkurrieren zwei oder mehr Patienten zu einem bestimmten Zeitpunkt an einem bestimmten Ort, um die letzten noch verfügbaren medizinischen Ressourcen, z. B. Beatmungsgeräte.[463] Jeder der Patienten ist dabei in gleich dringender Weise auf die medizinische Behandlung angewiesen. Im Fall der Ex-post-Triage wird hingegen einer der Patienten bereits beatmet. Die Beatmung dieses Patienten müsste beendet werden, um einen später hinzukommenden Patienten zu retten. Für den Zweck der vorliegenden rechtswissenschaftlichen Untersuchung wird angenommen, dass diejenigen Patienten, denen das Beatmungsgerät vorenthalten oder weggenommen wird, in jedem Fall versterben werden.[464] In der Situation eines pandemiebedingten Gesundheitsnotstandes stellt sich die Triage mithin (noch viel mehr als die Zulassung zum Hochschulstudium)[465] als eine „Zuteilung von Lebenschancen"[466], eine Entscheidung über Leben und Tod dar. Die Wesentlichkeit der Triage ergibt sich somit zuvörderst aus ihrer besonderen Grundrechtsrelevanz:[467]

Im Fokus der Triage steht das Grundrecht auf Leben und körperliche Unversehrtheit (Art. 2 Abs. 2 Satz 1 GG) der auf eine Behandlung angewiesenen Patien-

---

[460] Vom Französischen trier = aussortieren. Die Triage entstammt ursprünglich einem militärmedizinischen Kontext und beschreibt ein patientenbezogenes Sichtungs- und Sortierungsverfahren der Sanitätsdienste. Der Begriff wird allerdings immer häufiger in Knappheitssituationen oder Verteilungsfragen in anderen, außermilitärischen Zusammenhängen herangezogen. Ausführlich zum Begriff und seiner Herkunft *Brech*, Triage und Recht, 2008, S. 48 ff. Umfassend zu den verfassungsrechtlichen Anforderungen an eine gesetzliche Regelung der pandemiebedingten Triage *Dederer/Preiß*, JZ 2022, 170 ff. Die folgenden Ausführungen sind daran angelehnt.

[461] BVerfGE 160, 79 (Rn. 87).

[462] Diese Unterscheidung geht zurück auf die Ad-hoc-Empfehlung des Deutschen Ethikrats v. 27. 03. 2020, Solidarität und Verantwortung in der Krise, S. 4 (abrufbar unter: https://www.ethikrat.org/publikationen/kategorie/ad-hoc-empfehlungen/; zuletzt: 28. 08. 2023).

[463] Zur Veranschaulichung und Exemplifizierung wird dabei nachfolgend nur von zwei Patienten und allein der Knappheit intensivmedizinischer Beatmungsgeräte ausgegangen. Die hierfür entwickelten rechtlichen Argumente, Kriterien und Lösungen dürften sich aber auch auf andere Fälle knapper medizinischer Ressourcen und einer größeren Anzahl an Patienten weithin übertragen lassen.

[464] Diese Annahme hat auch das BVerfG seiner Entscheidung zugrunde gelegt, BVerfGE 160, 79 (Rn. 110).

[465] *Dederer/Preiß*, JZ 2022, 170 (172); ebenso *Brech*, Triage und Recht, 2008, S. 311; *Poscher*, in: Hörnle/Huster/Poscher, Triage in der Pandemie, 2021, S. 41 (78).

[466] BVerfGE 33, 303 (46).

[467] Ausführlich dazu und zum Folgenden *Dederer/Preiß*, JZ 2022, 170 (172 f.).

ten.[468] Die Entscheidung über die Zuteilung trifft dabei der behandelnde Arzt.[469] Dadurch aktiviert sich die staatliche Schutzpflicht für das Leben und die körperliche Unversehrtheit (Art. 2 Abs. 2 Satz 1 GG) der Patienten.[470] Aus dieser Schutzverpflichtung folgen subjektive, miteinander konkurrierende Ansprüche der betroffenen Patienten gegen den Staat, sie jeweils vor grundrechtlich nicht hinnehmbaren ärztlichen Eingriffen in ihr individuelles Leben zu schützen.[471] Verstärkt wird die Wesentlichkeit der auf die Triage bezogenen Entscheidungen durch das Berufsrecht der Ärzte (Art. 12 Abs. 1 GG), die Privatautonomie der Patienten (Art. 2 Abs. 1 GG) sowie den in Art. 1 Abs. 1 i. V. m. Art. 20 Abs. 1 GG (Sozialstaatsprinzip) verankerten grundrechtlichen Anspruch auf die Sicherung bzw. Gewährleistung des Existenzminimums.[472] Davon ist auch eine medizinische Grundversorgung umfasst, die allen Bürgern gleichermaßen lebensnotwendige Behandlungen ermöglicht und die hierzu erforderlichen Ressourcen in genügendem Umfang zur Verfügung stellt.[473] Zwar steht dieser Anspruch, soweit er sich als Leistungs- und Teilhaberecht ausprägt, unter dem „Vorbehalt des Möglichen“[474]. Das bedeutet aber nur, dass er sich bei Erreichen der jeweiligen Kapazitätsgrenze in Verbindung mit Art. 3 Abs. 1 GG in einen Anspruch gegen den Staat auf gleichheitsgerechten Zugang zu den vorhandenen medizinischen Ressourcen bzw. „auf Schutz gegen eine sachgrundlose ärztliche Auswahlentscheidung“[475] wandelt.[476] Eine Heranziehung der mit der Menschenwürde (Art. 1 Abs. 1 GG) in direktem Zusammenhang stehenden Differenzierungskriterien des Art. 3 Abs. 3 GG muss daher ausgeschlossen werden.[477] Im Zusammenhang mit der COVID-19-Pandemie herrschte insbesondere Sorge darüber, dass bei der Verteilung der knappen, lebensnotwendigen medizinischen Güter in erster Linie Menschen mit Behinderung[478] wegen ihres latent schlechteren Ge-

[468] *Dederer/Preiß*, JZ 2022, 170 (172).

[469] Sofern das Handeln des Arztes dem Staat zurechenbar ist, liegt staatliches Handeln und damit ein Eingriff in das Grundrecht auf Leben der Patienten vor. Andernfalls, beispielsweise im Fall von Ärzten an Krankenhäusern in privater Trägerschaft, geht der Eingriff von den Ärzten als privaten Dritten aus, dazu *Dederer/Preiß*, JZ 2022, 170 (172).

[470] Ebenso *Poscher*, in: Hörnle/Huster/Poscher, Triage in der Pandemie, 2021, S. 41 (78); siehe aber *Huster*, in: Hörnle/Huster/Poscher, Triage in der Pandemie, 2021, S. 83 (105): „sehr gewagte schutzpflichtrechtliche Konstruktionen“. Zur staatlichen Schutzpflicht für das Leben und die körperliche Unversehrtheit im Pandemiekontext ausführlich unter Kapitel 3 C. II.

[471] *Dederer/Preiß*, JZ 2022, 170 (172).

[472] BVerfGE 132, 134 (62); 152, 68 (118); *Herdegen*, in: Dürig/Herzog/Scholz, GG, Art. 1 Abs. 1 Rn. 121 (2009).

[473] BVerfGE 115, 25 (43 ff.); ausführlich dazu *Brech*, Triage und Recht, 2008, S. 185 ff., 192, 196 jeweils m. w. N.

[474] Zu diesem Kriterium BVerfGE 33, 303 (333, 336).

[475] *Dederer/Preiß*, JZ 2022, 170 (172).

[476] *Brech*, Triage und Recht, 2008, S. 197 ff.

[477] *Dederer/Preiß*, JZ 2022, 170 (173).

[478] Eine Behinderung i. S. v. Art. 3 Abs. 3 Satz 2 GG liegt vor, wenn eine Person in der Fähigkeit zur individuellen und selbstständigen Lebensführung längerfristig beeinträchtigt ist, BVerfGE 160, 79 (Rn. 90).

sundheitszustandes benachteiligt werden könnten, da sich die Allokationsentscheidungen überwiegend an der klinischen Erfolgsaussicht orientierten.[479] Für Menschen mit Behinderung hat der Gesetzgeber daher in diesem Kontext auch den besonderen Schutzauftrag aus Art. 3 Abs. 3 Satz 2 GG zu beachten, der ihn „verpflichtet, Vorkehrungen gegen Benachteiligungen behinderter Menschen zu treffen"[480] und vor einer solchen Benachteiligung durch Dritte zu schützen.[481] Der Gesetzgeber muss mithin einen „hinreichend wirksamen Schutz vor einer Benachteiligung wegen Behinderung"[482] gewährleisten.[483] Diese Verpflichtung kann sich in gewissen Konstellationen zu einer konkreten Schutzpflicht verdichten.[484] Eine ebensolche Konstellation liegt bei der pandemiebedingten Triage vor.[485]

Dementsprechend bedarf es einer gesetzlichen Regulierung der pandemiebedingten Triage,[486] die in materieller Hinsicht Auswahlkriterien, in prozeduraler Hinsicht das Verfahren der Auswahl und in personeller Hinsicht die zur Auswahl berufenen Personen vorgibt.[487] Der Gesetzgeber hat dabei die „Sachgesetzlichkeit

[479] Mit der Erfolgsaussicht wird die Prognose, eine Behandlung in einem bestimmten Zeitraum nach Beendigung der intensivmedizinischen Therapie zu überleben, umschrieben. Zur Ermittlung der Erfolgsaussicht werden die aktuelle Erkrankung, aber auch etwaige Begleiterkrankungen (Komorbiditäten) sowie der allgemeine Gesundheitsstatus eines Patienten betrachtet. Vgl. z. B. *Deutsche Interdisziplinäre Vereinigung für Intensiv- und Notfallmedizin (DIVI)*, Entscheidungen über die Zuteilung intensivmedizinischer Ressourcen im Kontext der COVID-19-Pandemie, Version 3 v. 14. 12. 2021, S. 5 ff. (abrufbar unter: https://www.divi.de/empfehlungen/publikationen/covid-19-dokumente; zuletzt: 28. 08. 2023); *Kersten/Rixen*, Der Verfassungsstaat in der Corona-Krise, 3. Aufl. 2022, S. 210 f.

[480] BVerfGE 160, 79 (Rn. 96).

[481] BVerfGE 160, 79 (Rn. 96).

[482] BVerfGE 160, 79 (LS 3).

[483] *Dederer/Preiß*, JZ 2022, 170 (173). Für andere schutzbedürftige Personengruppen ist der Staat aus dem Sozialstaatsprinzip zu besonderer Sorge verpflichtet, *Grzeszick*, in: Dürig/Herzog/Scholz, GG, Art. 20 (Sozialstaat) Rn. 33 (2022); *Rux*, in: BeckOK GG, Art. 20 Rn. 216 (2024).

[484] BVerfGE 160, 79 (Rn. 97).

[485] BVerfGE 160, 79 (Rn. 109).

[486] So im Ergebnis auch *Brech*, Triage und Recht, 2008, S. 308 ff.; *Dederer* und *Preiß*, in: Dederer/Gierhake/Preiß, COVuR 2021, 522 (523 f.); *Dederer/Preiß*, JZ 2022, 170 (171); *Engländer/Zimmermann*, NJW 2020, 1398 (1402); *Gelinsky*, KAS v. 07.04.20; *Hartwig*, F. A. Z.NET v. 30. 04. 2020; *Kersten/Rixen*, Der Verfassungsstaat in der Corona-Krise, 3. Aufl. 2022, S. 209; *Klafki*, Risiko und Recht, 2017, S. 286; *Lindner/Schlögl-Flierl*, ZIG-Essay Nr. 2, 2020, S. 10 f.; *Taupitz*, MedR 2020, 440 (442); *Weigend*, in: Hilgendorf/Hoven/Rostalski, Triage in der (Strafrechts-)Wissenschaft, 2021, S. 375 (394); a. A. unter Verneinung der Grundrechtsrelevanz der Triage *Lehner*, DÖV 2021, 252 (260 f.); sehr skeptisch, tendenziell ablehnend *Merkel/Augsberg*, JZ 2020, 704 (706, passim); kritisch auch *Gierhake*, in: Dederer/Gierhake/Preiß, COVuR 2021, 522 (523 f.); *Huster*, in: Hörnle/Huster/Poscher, Triage in der Pandemie, 2021, S. 83 (90, 105, 107); *Waßmer*, in: Hilgendorf/Hoven/Rostalski, Triage in der (Strafrechts-)Wissenschaft, 2021, S. 341 (358 ff.).

[487] Vgl. BVerfGE 33, 303 (340); 61, 210 (252); 141, 143 (170); 147, 253 (310 f. und 321); 160, 79 (Rn. 128). Aus der Literatur *Engländer*, in: Hörnle/Huster/Poscher, Triage in der Pandemie, 2021, S. 111 (143); *Poscher*, in: Hörnle/Huster/Poscher, Triage in der Pandemie,

der klinischen Praxis [...] ebenso zu achten wie die Letztverantwortung des ärztlichen Personals für die Beurteilung medizinischer Sachverhalte".[488] Die Garantie der Menschenwürde (Art. 1 Abs. 1 GG) und das damit einhergehende Postulat der „Lebenswertindifferenz" stehen einer solchen Regelung nicht per se entgegen.[489]

c) Pandemieschutzmaßnahmen

Grundlegende und zentrale Bedeutung kommt zudem infektionsschutzrechtlichen Pandemiemaßnahmen zu, die von einer Maskenpflicht, Abstandsgeboten, Laden- und Schulschließungen über Versammlungs- und Kontaktbeschränkungen bis hin zu sog. Lockdowns ganzer Gebiete reichen können. Die zur Bewältigung der COVID-19-Pandemie ergriffenen Bündel an Schutzmaßnahmen waren in ihrem Ausmaß und Umfang beispiellos. Wegen der erhöhten Grundrechtsrelevanz ist daher eine gesetzliche Grundlage für die Schutzmaßnahmen festzulegen, die präzise bestimmt, „welche Maßnahmen unter welchen Voraussetzungen, zu welchem Zweck, in welchem Verfahren und in welcher Handlungsform angeordnet werden dürfen".[490] Der Verhältnismäßigkeit der Maßnahmen kann durch Entschädigungs- und Ausnahme- bzw. Härtefall- und Befreiungsklauseln Rechnung getragen werden.[491] Ebenso müssen die Pandemieschutzmaßnahmen befristet, an das Vorliegen einer Notstandssituation geknüpft und im Lichte der sich dynamisch ändernden Infektionslage und neuen Erkenntnisgewinns beständig auf ihre Verhältnismäßigkeit hin überprüft und gegebenenfalls angepasst werden.[492]

d) Sachverständige Beratung

Ein derart von wissenschaftlichen Fakten und medizinischer Einschätzung geprägter Bereich wie der des Infektionsschutzrechts erfordert ferner eine angemessene Berücksichtigung der Datenlage und ein an den Wissensstand angepasstes staatliches Vorgehen, was weder der Deutsche Bundestag noch die Bundesregierung ohne externe Beratung leisten können.[493]

2021, S. 41 (78). Ausführlich zu den verfassungsrechtlichen Anforderungen und Gestaltungsmöglichkeiten einer solchen Regulierung *Dederer/Preiß*, JZ 2022, 170 (173 ff.).

488 BVerfGE 160, 79 (Rn. 127).

489 Vertieft dazu *Dederer/Preiß*, JZ 2022, 170 (173 f.).

490 *Dederer/Preiß*, AöR 148 (2023), 289 (312).

491 Ähnlich *Heinig/Möllers*, F.A.Z. v. 20.10.2020, S. 11; *Katzenmeier*, MedR 2020, 461 (462); *Volkmann*, NJW 2020, 3153 (3159 f.); *Kießling*, JuWissBlog v. 19.03.2020; *Kingreen*, VerfBlog v. 20.3.2020; *Klafki*, VerfBlog v. 25.03.2020.

492 *Dederer/Preiß*, AöR 148 (2023), 289 (312); *Katzenmeier*, MedR 2020, 461 (465); *Lepsius*, VerfBlog v. 06.04.2020; *Murswiek*, NVwZ-Extra 05/2021, 1 (14 f.).

493 So auch BT-Drs. 19/25254, S. 1; BT-Drs. 19/20565, S. 1 f.; *Dederer/Preiß*, AöR 148 (2023), 289 (312). Wenngleich sich aus der Verfassung keine Pflicht zur Einbeziehung von Expertise ergibt oder die Verfassung keine Vorgaben dazu macht, auf welche Art und in welchem Umfang externes Wissen zu berücksichtigen ist, sprechen im vorliegenden Pande-

Entscheidend ist, dass der je aktuelle Stand der Wissenschaft und Forschung generiert,[494] in seiner Vielfältigkeit und Pluralität ausgebreitet und den Entscheidungsträgern in verständlicher Form[495] zugetragen wird. Diese Informationen dienen den staatlichen Organen als Entscheidungshilfe. Die außerstaatlichen Institutionen und Experten üben dabei lediglich eine beratende Funktion aus, treffen also selbst keine rechtlich bindenden Entscheidungen. Ebenso sind die staatlichen Entscheidungsträger nicht an die Auffassung oder Ergebnisse der wissenschaftlichen Expertise gebunden. Gleichwohl ist den fachlichen Aussagen faktisch eine enorme Bindungs- und Indizwirkung zu attestieren. Politisch dürften Entscheidungen, die von den Empfehlungen der Wissenschaftler abweichen, nicht nur schwer zu rechtfertigen sein, sondern sie setzen zugleich die Akzeptanz der Bevölkerung gegenüber den Maßnahmen sowie das Vertrauen in das staatliche Handeln im Allgemeinen aufs Spiel. Die Befürchtung, es könne wegen der „faktisch präjudizierende[n] Kraft“[496] außerrechtlichen Wissens zu einer „Expertokratie“[497] kommen, bei der (verfassungs-)rechtliche und auch andere, außerrechtliche Aspekte (z. B. soziale, wirtschaftliche, kulturelle) nur sekundäre Bedeutung haben, ist auf dem Gebiet des Infektionsschutzrechts als angewandter Epidemiologie daher seit geraumer Zeit groß.[498] Namentlich in der Situation einer Pandemie aktualisiert sich diese Sorge wegen der großen Ungewissheit in Bezug auf die epidemiologischen Charakterzüge des Virus sowie der Wirksamkeit etwaiger Schutzmaßnahmen. Notwendiges Wissen, das als Entscheidungsgrundlage für staatliche Maßnahmen dient, muss erst noch generiert werden.

Ob dieser herausragenden Bedeutung wissenschaftlicher Erkenntnisse muss die letztliche Sachentscheidung jedoch allein beim staatlichen Entscheidungsträger verbleiben. Das gebietet in erster Linie das Demokratieprinzip.[499] Diese Tatsache und Informationen darüber, welche Expertise eingeholt und in welchem Umfang sie bei der staatlichen Entscheidung Berücksichtigung gefunden hat, sollten der Öffentlichkeit transparent dargelegt werden. Abhängig davon, für welche Art der Beratung und Einbeziehung externen Sachverstandes sich der Gesetzgeber bzw. die Regierung

---

miekontext jedenfalls Rationalitätserwägungen für eine Berücksichtigung. Dazu speziell im Kontext der COVID-19-Pandemie *Voßkuhle*, in: Kortmann/Schulze, Jenseits von Corona, 2020, S. 205 (206 f.). Grundsätzlich dazu *Münkler*, Expertokratie, 2020, S. 214 ff.

[494] Zur diesbezüglichen Beobachtungs-, Evaluierungs- und Aktualisierungspflicht *Münkler*, Expertokratie, 2020, S. 220.

[495] *Klafki*, Risiko und Recht, 2017, S. 25.

[496] *Rixen*, in: Kloepfer, Pandemien als Herausforderung für die Rechtsordnung, 2011, S. 67 (79).

[497] Zum Begriff und den Formen der Einbeziehung außerrechtlichen Wissens bei der Normgebung *Münkler*, Expertokratie, 2020.

[498] *Rixen*, in: Kloepfer, Pandemien als Herausforderung für die Rechtsordnung, 2011, S. 67 (79): „stabil bleibende Sorge vor der von medizinischen Experten beförderten Entgrenzungstendenz angewandter Epidemiologie“.

[499] Siehe dazu *Münkler*, Expertokratie, 2020, S. 37 ff., 319 ff.; *dies.*, APuZ 26–27/2022, 7 (8, 11).

entscheidet, kann der Befürchtung einer Vorherrschaft der Wissenschaft auch durch eine gesetzliche Vorstrukturierung entgegengetreten werden. Beispielsweise kann durch einen Verweis auf den Stand von Wissenschaft und Technik (z. B. § 22a Abs. 4 Satz 1 IfSG) oder das ärztliche Urteil (z.B. § 34 Abs. 1 Satz 1 IfSG) festgelegt werden, in welchem Kontext und gegebenenfalls zu welchen Aspekten externer Sachverstand einzuholen ist. Ebenso denkbar ist die Errichtung eines kontextspezifischen Beratergremiums, dessen Tätigkeitsbereich sowie verfahrens- und organisationsrechtliche Vorgaben gesetzlich bestimmt werden.[500]

Für die Art und Weise der Beratung stehen den staatlichen Organen verschiedene Möglichkeiten zur Verfügung. Klare, verallgemeinerungsfähige Vorgaben dazu, „inwieweit in hoheitliche Entscheidungen Wissen einzubeziehen ist und unter welchen Umständen diesem gefolgt werden muss", ergeben sich nicht aus der Verfassung.[501] Ob, welche und auf welche Art und Weise Expertenmeinungen bei der Entscheidung miteinbezogen werden, obliegt vielmehr dem Ermessen des zuständigen Staatsorgans.[502]

V. COVID-19-Regelungen und Wesentlichkeitstheorie

Vor Ausbruch der Corona-Pandemie war das deutsche Recht nicht auf eine Pandemiesituation und einen dadurch verursachten Gesundheitsnotstand vorbereitet.[503] Das rechtliche Regelwerk, allen voran das IfSG des Bundes, musste daher im Verlauf der Pandemie mehrfach und umfassend geändert und im Hinblick auf seine verfassungsrechtlichen Defizite angepasst werden.[504] Nachfolgend sollen die explizit im Rahmen und zur Bewältigung der COVID-19-Pandemie erlassenen gesetzlichen Regelungen[505] im Lichte der Wesentlichkeitstheorie beurteilt und auf ihre Verfassungsmäßigkeit hin überprüft werden, um daraus Schlüsse für einen gesetzlichen

[500] *Rixen*, in: Kloepfer, Pandemien als Herausforderung für die Rechtsordnung, 2011, S. 67 (79) nennt die Grundrechte und den Verhältnismäßigkeitsgrundsatz als begrenzende Elemente. Vgl. auch BVerfGE 83, 60 (74).

[501] *Münkler*, Expertokratie, 2020, S. 217 f.

[502] *Münkler*, Expertokratie, 2020, S. 221. Vgl. auch BVerfGE 139, 148 (176 f.) für sachverständige Anhörungen im Gesetzgebungsverfahren.

[503] Siehe zusammenfassend oben unter Kapitel 2 A. III.

[504] Zur Chronologie der gesetzlichen Änderungen insbesondere des IfSG bereits oben unter Kapitel 2 B. 2. Dazu auch *Kingreen*, in: Huster/Kingreen, HdB InfSR, 2. Aufl. 2022, Kapitel 1 Rn. 24 ff.; *ders.*, NJW 2021, 2766 (2767 ff.).

[505] Der Fokus der folgenden Untersuchung liegt auf den zentralen Regelungen des IfSG, wie sie zur Bewältigung der COVID-19-Pandemie eingeführt wurden, sowie auf ausgewählten weiteren Aspekten, die für die Rolle des parlamentarischen Gesetzgebers in der Pandemie bzw. ein gesetzliches Regelwerk zur Bewältigung eines pandemiebedingten Gesundheitsnotstandes von besonderer Bedeutung sind.

Rahmen zur Bewältigung eines pandemiebedingten Gesundheitsnotstandes im Allgemeinen zu ziehen.[506]

1. Epidemische Lage von nationaler Tragweite

a) Verfassungsrechtliche Würdigung

Zur Abgrenzung der besonderen Pandemiesituation von der Normallage wurde bereits zu Beginn der Krise in § 5 Abs. 1 IfSG die „epidemische Lage von nationaler Tragweite“[507] und damit ein einfachgesetzlicher, auf das Gesundheitswesen bezogener Notstand eingeführt.[508]

Regelungstechnisches Vorbild der Norm[509] ist die in § 1 ESVG[510] geregelte Feststellung einer „Versorgungskrise“. Neben der „Katastrophe“, dem „Spannungsfall“ (Art. 80a Abs. 1 Satz 1 GG), dem „Bündnisfall“ (Art. 80a Abs. 4 Satz 1 GG) und dem „Verteidigungsfall“ (Art. 115a Abs. 1 Satz 1 GG) fügt sich die epidemische Lage von nationaler Tragweite rechtsdogmatisch in die typische Vorgehensweise im Katastrophen- und Notstandsrecht ein:[511] Die epidemische Lage von nationaler Tragweite dient als Ausgangs- und Anknüpfungspunkt für das speziell zur Bewältigung der SARS-CoV-2-Pandemie erlassene Regelwerk. Einmal vom Bundestag ausgerufen[512], treten spezielle Befugnisse des BMG in Kraft (insbesondere in

---

[506] Die folgenden Ausführungen im Abschnitt „V. COVID-19-Regelungen und Wesentlichkeitstheorie“ (Fn. 507 bis Fn. 695) sind ihrem Aufbau nach an die Grundlegungen bei *Dederer/Preiß*, AöR 148 (2023), 289 (314 ff., 328 ff.) angelehnt und bauen auf diesen auf.

[507] Art. 1 des Ersten Gesetzes zum Schutz der Bevölkerung bei einer epidemischen Lage von nationaler Tragweite, BGBl. I 2020, S. 587. Grundlegungen hierfür und für die folgenden Ausführungen (Fn. 507 bis Fn. 513) bereits bei *Dederer/Preiß*, AöR 148 (2023), 289 (314 ff., 328 ff.).

[508] So auch *Gärditz/Meinel*, F.A.Z. v. 26.03.2020, S. 6; *Rixen*, in: Kluckert, Das neue Infektionsschutzrecht, 2. Aufl. 2021, § 4 Rn. 6; *Sangs*, NVwZ 2020, 1780 (1780). Siehe aber *Kingreen*, in: Huster/Kingreen, HdB InfSR, 2. Aufl. 2022, Kapitel 1 Rn. 123, welcher der Normierung der epidemischen Lage von nationaler Tragweite kritisch gegenüber steht und diese in der Folge konsequent ablehnt.

[509] Dazu *Rixen*, in: Kluckert, Das neue Infektionsschutzrecht, 2. Aufl. 2021, § 4 Rn. 6. Als Vorlage dürfte wohl auch die „gesundheitliche Notlage von internationaler Tragweite“ gem. Art. 1, 12 IGV fungiert haben, *Kingreen*, in: Huster/Kingreen, HdB InfSR, 2. Aufl. 2022, Kapitel 1 Rn. 118. Die bereits in der Formulierungshilfe zum Ersten Bevölkerungsschutzgesetz und später in ähnlicher Weise durch das Dritte Bevölkerungsschutzgesetz ins IfSG aufgenommenen Tatbestandsvoraussetzungen ähneln dem zuvor in § 5 IfSG a.F. geregelten Bund-Länder-Informationsverfahren.

[510] Gesetz über die Sicherstellung der Grundversorgung mit Lebensmitteln in einer Versorgungskrise und Maßnahmen zur Vorsorge für eine Versorgungskrise (Ernährungssicherstellungs- und -vorsorgegesetz – ESVG) v. 04.04.2017 (BGBl. I 2017, S. 772), das zuletzt durch Artikel 1 des Gesetzes v. 09.12.2020 (BGBl. I 2020, S. 2863) geändert worden ist.

[511] Ähnlich *Sangs*, NVwZ 2020, 1780 (1780).

[512] Der Bundestag hat eine epidemische Lage von nationaler Tragweite erstmals am 27.03. 2020 (BT-Plenarprotokoll 19/154, S. 19169 C) sowie ihr Fortbestehen am 18.11.2020 (BT-

§§ 5 Abs. 2 bis 4, 36 Abs. 8, 10 und 12 IfSG geregelt). Ebenso können die besonderen Maßnahmen des § 28a Abs. 1 bis 6 IfSG angewendet werden. Darüber hinaus knüpfen entschädigungsrechtliche Regelungen (§ 56 Abs. 1a, 2 IfSG), koordinierende Maßnahmen im föderalen Mehrebenensystem (§ 5 Abs. 6, 7 IfSG), Regelungen für die Indienstnahme privater Hilfsorganisationen (§ 5 Abs. 8 IfSG) oder für die Erweiterung des Berufsfelds von nichtärztlichem medizinischem und Pflegepersonal (§ 5a IfSG) sowie zahlreiche weitere Vorschriften aus anderen Gesetzen, namentlich im SGB V auf dem Gebiet der gesetzlichen Krankenversicherung, an die Feststellung einer epidemischen Lage von nationaler Tragweite an.[513]

Im Zuge der Corona-Pandemie wurde § 5 Abs. 1 IfSG gleich mehrfach und teils weitgehend geändert, um den verfassungsrechtlichen Vorgaben, insbesondere denen der Wesentlichkeitstheorie, gerecht zu werden und entspricht den Anforderungen, wie sie oben[514] herausgearbeitet wurden, mittlerweile in weiten Teilen.[515] So wird der Bundestag zum Inhaber der Feststellungs- und Aufhebungsbefugnis erklärt[516] und damit das gewaltenteilige Gleichgewicht mit Blick auf die exekutiven Notstandsbefugnisse der §§ 5 Abs. 2, 28 ff. IfSG (jedenfalls formal) gewährleistet. Die Feststellung und Aufhebung der epidemischen Lage von nationaler Tragweite erfolgen durch schlichten Parlamentsbeschluss, welcher im Bundesgesetzblatt bekannt gemacht wird (§ 5 Abs. 1 Satz 5 IfSG), und genügen damit prozeduralen Anforderungen.[517] Ebenso verpflichtet § 5 Abs. 9 IfSG dazu, die zentralen COVID-19-spezifischen Regelungen durch ein externes, interdisziplinär besetztes, jeweils zur Hälfte von Bundesregierung und Deutschem Bundestag ernanntes Gremium evaluieren zu lassen.[518] Daneben findet sich eine zeitlich angemessene Befristung von drei Monaten im Gesetz.[519] Ursprünglich nur die SARS-CoV-2-Pandemie im Blick

---

Plenarprotokoll 19/191, S. 24109 C), 04.03.2021 (BT-Plenarprotokoll 19/215, S. 27043 C), 11.06.2021 (BT-Plenarprotokoll 19/234, S. 30328 C) und zuletzt am 25.08.2021 (BT-Plenarprotokoll 19/238, S. 31076 C) festgestellt. Mit Ablauf des 25.11.2021 wurde die epidemische Lage von nationaler Tragweite nicht mehr verlängert. Sie gilt damit seither als aufgehoben (§ 5 Abs. 1 Satz 3 HS 1 IfSG). Ebenso *Gerhardt*, IfSG, 6. Aufl. 2022, § 5 Rn. 10a; *Hollo*, in: Kießling, IfSG, 3. Aufl. 2022, § 5 Rn. 11.

513 Ebenso *Dederer/Preiß*, AöR 148 (2023), 289 (314 f.).

514 Kapitel 3 B. IV. 1.

515 So auch *Dederer/Preiß*, AöR 148 (2023), 289 (315).

516 In der Formulierungshilfe des BMG für das Erste Bevölkerungsschutzgesetz v. 23.03.20 war hingegen noch die Bundesregierung vorgesehen (abrufbar unter: https://www.bundesgesundheitsministerium.de/fileadmin/Dateien/3_Downloads/Gesetze_und_Verordnungen/GuV/S/Entwurf_Gesetz_zum_Schutz_der_Bevoelkerung_bei_einer_epidemischen_Lage_von_nationaler_Tragweite.pdf; zuletzt: 28.08.2023).

517 *Dederer/Preiß*, AöR 148 (2023), 289 (331).

518 Der Bericht zu den COVID-19-Regelungen sowie die Stellungnahme der Bundesregierung zum Bericht sind abrufbar unter: https://www.bundesgesundheitsministerium.de/service/begriffe-von-a-z/s/sachverstaendigenausschuss-infektionsschutzgesetz.html (zuletzt: 28.08.2023).

519 Eingefügt durch Art. 1 des Gesetzes zur Fortgeltung der die epidemische Lage von nationaler Tragweite betreffenden Regelungen (EpiLageFortgeltG) v. 29.03.2021, BGBl. I

und auf den 31.03.2021 befristet, wurde die epidemische Lage von nationaler Tragweite mit dem EpiLageFortgeltG[520] zeitlich entkoppelt, um „die geschaffenen rechtlichen Grundlagen für künftige pandemische Lagen zu erhalten".[521] Sie stellt damit den ersten Schritt in Richtung eines allgemeinen Pandemieregelwerks dar.

Nichtsdestotrotz besteht mit Blick auf die Wesentlichkeitslehre weiterhin Anpassungsbedarf. Der Bundestag kann die epidemische Lage von nationaler Tragweite etwa ohne (erhöhten) Begründungsaufwand beliebig oft verlängern, wodurch Verstetigungseffekte drohen.[522] Zudem setzt weder der Beschluss über die Feststellung einer epidemischen Lage von nationaler Tragweite noch die Beurteilung des Vorliegens ihrer Voraussetzungen bestimmte Mehrheitserfordernisse bei der Abstimmung, die Hinzuziehung von Experten oder die Berücksichtigung von Länderinteressen voraus. Speziell in der rechtlichen Konstellation, wie sie für die Bewältigung der COVID-19-Pandemie gewählt wurde, erscheinen derartige Begrenzungen allerdings geboten: Die Feststellung der epidemischen Lage von nationaler Tragweite „entsperrt"[523] in § 5 Abs. 2 Nr. 4, 7, 8 und 10 IfSG unter anderem Verordnungsbefugnisse des BMG, von denen das Ministerium ohne Beteiligung des Bundesrates Gebrauch machen kann. Überdies wirkt sich die COVID-19-Gesetzgebung auch noch in anderen Konstellationen zum Nachteil der Bundesländer und ihrer Kompetenzen aus.[524] Eine Beteiligung des Bundesrates erscheint bei einem derartigen Gesamtkonzept durchaus sinnvoll.[525]

Bei den Voraussetzungen der epidemischen Lage von nationaler Tragweite müssen komplexe epidemiologische Bewertungen vorgenommen und letztlich Prognoseentscheidungen getroffen werden, die von „der außerordentlichen Komplexität der Thematik, der Vielgestaltigkeit möglicher epidemiologischer Ausformungen, der besonderen Dynamik der epidemiologischen Entwicklung sowie der sich aus der Natur der Sache ergebenden hohen Schwierigkeit der Konkretisierung […] geprägt"[526] sind. Obgleich die Entscheidung über das Vorliegen der Voraus-

---

2021, S. 370; für die Angemessenheit des Zeitraums auch *Brenner*, BT-Drs. 19(14)288(20), S. 3; die besondere verfassungsrechtliche Bedeutung der zeitlichen Befristung betont *Wollenschläger*, in: 50 Jahre Juristische Fakultät Augsburg, 2021, 651 (656).

[520] BGBl. I 2021, S. 370.

[521] BT-Drs. 19/27291, S. 2.

[522] Die Tendenz zur Normalisierung der COVID-19-spezifischen Notstandsregelungen wurde zudem dadurch deutlich, dass viele der Regelungen auch nach Beendigung der epidemischen Lage von nationaler Tragweite noch in Kraft und anwendbar blieben. Zu einer ähnlichen Entwicklung in Frankreich im Rahmen der Terrorismusbekämpfung siehe bei *Barczak*, Der nervöse Staat, 2. Aufl. 2021, S. 380 f.

[523] Diese Wirkung des Feststellungsbeschlusses für „zumindest rechtskonstruktiv ungewöhnlich" haltend: Bericht des Sachverständigenausschusses nach § 5 Abs. 9 IfSG: Evaluation der Rechtsgrundlagen und Maßnahmen der Pandemiepolitik, 2022, S. 104.

[524] Vertieft zu den Auswirkungen auf das föderale Mehrebenensystem Kapitel 3 D.

[525] Die Betrachtung des Gesamtkonzeptes für diese Frage betonen bereits *Dederer/Preiß*, AöR 148 (2023), 289 (332 Rn. 286).

[526] *Gerhardt*, IfSG, 6. Aufl. 2022, § 5 Rn. 7.

setzungen der Einschätzungsprärogative des Bundestags unterfällt, sollte eine Beratung mit Experten über die faktischen Gegebenheiten, den Pandemieverlauf und die weitere Entwicklung des Infektionsgeschehens daher verpflichtend sein.[527] Die mündliche Unterrichtungspflicht der Bundesregierung gegenüber dem Bundestag über die Entwicklung der epidemischen Lage von nationaler Tragweite in § 5 Abs. 1 Satz 7 IfSG sowie die Evaluation gem. § 4 Abs. 1a IfSG greifen hierfür verfassungsrechtlich viel zu kurz.[528] Bestehende Gremien wie die Nationale Akademie der Wissenschaften Leopoldina oder der Deutsche Ethikrat können eine spezifisch auf die Pandemie zugeschnittene und für diesen Zeitraum andauernde Beratung ebenfalls nicht ersetzen, wenngleich sie mit ihren Stellungnahmen und Empfehlungen einen wesentlichen Teil zur Einschätzung der Lage sowie zu einer transparenten Information der Öffentlichkeit beitragen.[529] Gleiches gilt für das Parlamentarische Begleitgremium, das ausschließlich aus Bundestagsabgeordneten besteht sowie für den Corona-ExpertInnenrat der Bundesregierung, der ausschließlich die Bundesregierung beraten hat.[530] Die wissenschaftliche Beratung bei der Pandemiepolitik erfolgt demnach nicht einheitlich oder in einer für die Bevölkerung transparenten Weise.

b) Tatbestandsvoraussetzungen

Mit dem Dritten Bevölkerungsschutzgesetz wurden in § 5 Abs. 1 Satz 6 IfSG konkrete materielle Tatbestandsmerkmale einer epidemischen Lage von nationaler Tragweite ins Gesetz aufgenommen. Demnach liegt eine solche vor, „wenn eine ernsthafte Gefahr für die öffentliche Gesundheit in der gesamten Bundesrepublik besteht, weil die Weltgesundheitsorganisation eine gesundheitliche Notlage von internationaler Tragweite ausgerufen hat und die Einschleppung einer bedrohlichen übertragbaren Krankheit in die Bundesrepublik Deutschland droht oder eine dynamische Ausbreitung einer bedrohlichen übertragbaren Krankheit über mehrere Länder in der Bundesrepublik Deutschland droht oder stattfindet“. Für den Feststellungsbeschluss muss demnach einer der Tatbestände in § 5 Abs. 1 Satz 6 Nr. 1

---

[527] Ebenso *Dederer/Preiß*, AöR 148 (2023), 289 (333).

[528] Ähnlich in BT-Drs. 19/25254, S. 2. Als Indiz kann darüber hinaus die kürzliche Einführung eines Expertenrats zur Beratung der Bundesregierung gewertet werden (https://www.bundesregierung.de/breg-de/bundesregierung/bundeskanzleramt/corona-expertinnenrat-der-bundesregierung; zuletzt: 28.08.2023). Zu § 4 Abs. 1a IfSG *Wißmann*, BT-Drs. 9(14)246(12), S. 10.

[529] Zu den COVID-19-Stellungnahmen der Einrichtungen: https://www.leopoldina.org/presse-1/nachrichten/ad-hoc-stellungnahme-coronavirus-pandemie/ und https://www.ethikrat.org/publikationen/kategorie/ad-hoc-empfehlungen/?cookieLevel=not-set (beide zuletzt: 28.08.2023).

[530] Verfassungsrechtler äußern sich zudem kritisch zur Besetzung des Gremiums, vgl. LTO v. 05.01.2022 (https://www.lto.de/recht/hintergruende/h/expertenrat-corona-bundesregierung-ohne-juristen-verfassungsrecht-grundrechte/; zuletzt: 28.08.2023).

oder 2 IfSG vorliegen und kausal („weil") für eine ernsthafte Gefahr der öffentlichen Gesundheit in ganz Deutschland sein.[531]

Die Merkmale einer epidemischen Lage von nationaler Tragweite umschreiben einen seuchenbedingten Gesundheitsnotstand zunächst prinzipiell treffend.[532] Gleichwohl beinhaltet die Definition unbestimmte und bisher teils unbekannte Rechtsbegriffe, die einer näheren Erläuterung bedürfen.

aa) Nationale Epidemie oder internationale Pandemie als Ursprung

Die Tatbestände in § 5 Abs. 1 Satz 6 IfSG erfassen sowohl Pandemien, deren Ursprung außerhalb der Bundesrepublik liegt und die sich demnach von außen kommend auch im Bundesgebiet ausbreiten, als auch Pandemien, die ihren Ursprung in einer nationalen Epidemie haben.

Die genaue Abgrenzung der beiden Varianten fällt allerdings für den Fall schwer, dass die WHO noch keine gesundheitliche Notlage von internationaler Tragweite nach Art. 12 IGV festgestellt hat. Legt man § 5 Abs. 1 Satz 6 Nr. 2 IfSG so aus, dass unabhängig von der Ausrufung einer gesundheitlichen Notlage von internationaler Tragweite nach Art. 12 IGV auch solche pandemische Bedrohungen den Tatbestand erfüllen, die ihren Ursprung außerhalb der Bundesrepublik haben, sich letztlich aber innerhalb der Grenzen der BRD ausbreiten, ist die Ausrufung durch die WHO und auch § 5 Abs. 1 Satz 6 Nr. 1 IfSG genau genommen entbehrlich.[533] Sämtliche Fälle werden von § 5 Abs. 1 Satz 6 Nr. 2 IfSG erfasst. Geht man hingegen davon aus, dass § 5 Abs. 1 Satz 6 Nr. 2 IfSG auf Epidemien nationalen Ursprungs beschränkt ist, wäre Deutschland selbst im Fall der Ausbreitung einer bedrohlichen übertragbaren Krankheit innerhalb der BRD, die ihren Ursprung außerhalb hat, handlungsunfähig, wenn die WHO keine gesundheitliche Notlage von internationaler Tragweite ausruft. Vor dem Hintergrund der starken Kritik an der WHO in der Vergangenheit, eine gesundheitliche Notlage von internationaler Tragweite zu früh oder viel zu spät auszurufen, scheint dies zusätzlich bedenklich.[534] Der Wortlaut unterscheidet bei den beiden Varianten zwar klar zwischen der „Einschleppung" und „Ausbreitung" einer bedrohlichen übertragbaren Krankheit. Der Begriff der Ausbreitung beschreibt für sich genommen jedoch lediglich einen Prozess der Ausdehnung bzw. Vergrößerung, stellt aber nicht zwangsweise auf den Ursprung, im vorliegenden Fall, der Krankheit,

---

[531] Zu diesen gestuften Anforderungen auch *Gerhardt*, IfSG, 6. Aufl. 2022, § 5 Rn. 4. Anders *Sangs/J. Schütz*, in: Sangs/Eibenstein, IfSG, 2022, § 5 Rn. 4, die eine ernsthafte Gesundheitsgefahr bei Vorliegen der Tatbestände immer für gegeben halten bzw. diese dann als fingiert ansehen.

[532] Gleichsinnig *Dederer/Preiß*, AöR 148 (2023), 289 (330).

[533] *Sangs*, NVwZ 2020, 1780 (1781).

[534] Dazu *Klafki*, VerfBlog v. 05.03.2020. Im Fall der COVID-19-Pandemie wurde eine solche Feststellung durch die WHO bereits am 30.01.2020 getroffen, der erste Corona-Fall in Deutschland wurde bereits am 27.01.2020 nachgewiesen.

ab.[535] Sinn und Zweck der Norm ist zudem, eine nationale Gefahrenlage zu identifizieren und den staatlichen Organen die notwendigen Mittel zur Verfügung zu stellen, um diese Gefahrenlage zu überwinden. Für die Gefahr, die von einer Pandemie und einem dadurch verursachten Gesundheitsnotstand ausgeht, ist es dabei unerheblich, ob der pandemische Erreger seinen Ursprung innerhalb oder außerhalb der deutschen Gebietsgrenzen hat. Maßgeblich ist vielmehr das potentielle Schadensausmaß und die Gefährlichkeit des konkreten Krankheitserregers. Die Einschätzung der WHO stellt ein starkes Indiz dafür dar, dass eine internationale gesundheitliche Notlage vorliegt und damit potentiell auch für die BRD Handlungsbedarf bestehen kann. Zudem stärkt das Anknüpfen an die IGV die Rolle der WHO in der Pandemie, ist im Sinne eines völkerrechtlich einheitlichen Vorgehens und trägt der Tatsache Rechnung, dass eine Pandemie als weltweites Problem nicht rein national bewältigt werden kann, sondern erst überstanden ist, wenn sich die Infektionslage weltweit entspannt. Gleichwohl muss der deutsche Staat für sich handlungsfähig bleiben und selbst entscheiden, wann in die Notstandslage gewechselt wird und damit die daran anknüpfenden Kompetenzverschiebungen eintreten sollen. § 5 Abs. 1 Satz 6 Nr. 2 IfSG ist daher so zu verstehen, dass sämtliche Fälle einer Ausbreitung einer bedrohlichen übertragbaren Krankheit, unabhängig von ihrem Ursprungsort, davon erfasst werden.[536]

Zutreffend wird durch einige Merkmale des Tatbestandes sichergestellt, dass ein gewisser Schweregrad und ein gewisses Ausmaß der Bedrohung durch die übertragbare Krankheit notwendig sind, um eine epidemische Lage von nationaler Tragweite zu begründen. Durch den Wechsel in eine epidemische Lage von nationaler Tragweite finden das besondere Notstandsrecht auf einfachgesetzlicher Ebene des IfSG, namentlich die Befugnisse des BMG und weitreichende grundrechtsbeschränkende Maßnahmen Anwendung. Aus Verhältnismäßigkeitsgründen bedarf es somit einer äußersten Notsituation, um derartige, außergewöhnliche Befugnisse und Maßnahmen zu rechtfertigen. So setzen sowohl § 5 Abs. 1 Satz 6 Nr. 1 als auch Nr. 2 IfSG eine „bedrohliche übertragbare Krankheit" im Sinne von § 2 Nr. 3a IfSG voraus, die sich durch eine schwerwiegende Gefahr für die Allgemeinheit kennzeichnet und damit nicht jede Verbreitung einer übertragbaren Krankheit ausreichen lässt, auch nicht, wenn diese sich bundesweit ausbreitet.[537] Ebenso muss eine Einschleppung nach Deutschland oder eine dynamische Ausbreitung der Krankheit über mehrere Länder der Bundesrepublik drohen oder stattfinden. Mithin sind nur solche

---

[535] Eine Abgrenzung danach, wann der Zeitpunkt einer Einschleppung bzw. Ausbreitung vorliegt, scheint hingegen zu unpräzise zu sein, insbesondere mit Blick darauf, dass beide Varianten nur „drohen" müssen. Die Zeitpunkte dürften sich daher sogar decken. Würde man dagegen ein Ausbreiten erst dann annehmen, wenn bereits erste, vereinzelte Infektionsfälle aufgetreten sind, dürfte dies für das Merkmal „drohen" und auch mit Blick auf eine möglichst frühzeitige Reaktionsmöglichkeit zu spät ansetzen.

[536] So auch *Kingreen*, in: Huster/Kingreen, HdB InfSR, 2. Aufl. 2022, Kapitel 1 Rn. 118; *Sangs*, NVwZ 2020, 1780 (1781).

[537] *Gärditz*, MedR 2020, 741 (742).

Ausbrüche tatbestandsmäßig, die das gesamte Bundesgebiet oder wesentliche Teile davon betreffen und die gesundheitliche Versorgung im Bundesgebiet derart bedrohen, dass zentrale und bundesweite Instrumentarien zur Sicherstellung der Versorgung und Steuerung des Infektionsgeschehens, wie sie die Feststellung einer epidemischen Lage von nationaler Tragweite auslöst, erforderlich sind.[538] Nicht tatbestandsmäßig sind damit rein regionale oder lokale gehäufte Krankheitsfälle oder Kapazitätsengpässe. Was eine dynamische Ausbreitung ist, wird weder im Gesetz noch in den Gesetzesmaterialen näher erläutert. Hier dürfte es aber um solche Ausbreitungen gehen, die sich so schnell verbreiten und zu einem so diffusen Infektionsgeschehen führen können, dass eine Nachverfolgung der Transmissionsketten ausgeschlossen ist und anstelle von punktuellen Maßnahmen gegen individuelle Störer auf bundesweite und flächendeckende Eindämmungsmaßnahmen gesetzt werden muss.[539]

Eine epidemische Lage von nationaler Tragweite kann zutreffend bereits dann festgestellt werden, wenn eine Einschleppung oder Ausbreitung des pandemischen Virus droht und dadurch eine ernsthafte Gefahr für die öffentliche Gesundheit besteht. Einer Pandemie wohnt große Ungewissheit insbesondere auf wissenschaftlicher Seite inne. Zugleich kann das von ihr ausgehende Schadensausmaß enorm sein. Ein Abwarten, bis das Virus sich flächendeckend im Bundesgebiet ausgebreitet, zahlreiche Infektionen und womöglich Todesfälle verursacht und das Gesundheitssystems bereits an seine Grenzen gebracht hat, ist daher nicht vertretbar. Vielmehr muss es dem Gesetzgeber bereits frühzeitig möglich sein, eine gesundheitliche Notlage auszurufen und entsprechende Maßnahmen zu treffen, um das Leben und die Gesundheit zu schützen sowie die Funktionsfähigkeit der gesundheitlichen Versorgungssysteme aufrechtzuerhalten.

bb) Ernsthafte Gefahr für die öffentliche Gesundheit

Der zentrale Begriff der ernsthaften Gefahr ist dem allgemeinen Sicherheitsrecht und auch dem IfSG bisher fremd.[540]

Der Begriff der Gefahr entspricht dem sicherheitsrechtlichen, namentlich polizeirechtlichen Verständnis einer Gefahr.[541] Wann eine Gefahr ernsthaft im Sinne von § 5 Abs. 1 Satz 6 IfSG ist, lässt sich nur in Zusammenhang mit der öffentlichen Gesundheit als dem Schutzgut, auf das die Gefahr bezogen ist, bestimmen.

Die öffentliche Gesundheit als kollektives Gut erfasst zunächst die gesundheitliche Versorgung der gesamten Bevölkerung durch entsprechende Versorgungseinrichtungen und -infrastrukturen. Trotz des klaren Wortlauts („öffentlich“) scheint es

[538] So auch *Kingreen*, in: Huster/Kingreen, HdB InfSR, 2. Aufl. 2022, Kapitel 1 Rn. 118.

[539] Ähnlich *Kießling*, BT-Drs. 19(14)246(7), Anhang S. 8 f.

[540] Dazu und zum Folgenden (Fn. 540 bis Fn. 544) *Dederer/Preiß*, AöR 148 (2023), 289 (330 Rn. 273).

[541] Dazu z. B. *Kingreen/Poscher*, Polizei- und Ordnungsrecht, 12. Aufl. 2022, § 8 Rn. 1 ff.

im Fall eines pandemiebedingten Gesundheitsnotstandes jedoch zu kurz gegriffen, die individuelle Komponente des Schutzgutes der Gesundheit gänzlich außen vor zu lassen.[542] Eine Pandemie geht auf eine übertragbare Krankheit zwischen den Menschen zurück, die sich länderübergreifend ausbreitet. Die Gesundheit Einzelner ist daher im Pandemiefall stets betroffen. Eine (drohende) Überlastung der Gesundheitssysteme kann eben nicht nur auf einen erhöhten Bedarf bzw. Mangel an medizinischen Ressourcen als solchem zurückgeführt werden, sondern wird häufig durch einen plötzlichen Massenanfall Erkrankter verursacht, die die gesundheitlichen Kapazitäten und Ressourcen in erhöhtem Maße beanspruchen. Gerade darin liegt die Ursache eines pandemiebedingten Gesundheitsnotstandes. Die Sicherstellung und Stabilisierung der Funktionsfähigkeit gesundheitlicher Versorgungsstrukturen und -einrichtungen zielt letztlich auch auf den Schutz der Gesundheit und des Lebens jedes Einzelnen ab.[543] Die Erkrankung Einzelner reicht damit zwar für sich genommen nicht zur Begründung eines Gesundheitsnotstandes aus. Andernfalls würde die staatliche Pandemiebewältigung vor dem Hintergrund, jede Infektion verhindern zu wollen, wohl nie enden.[544] Wenn durch den Massenanfall Erkrankter jedoch eine Bedrohung für die Funktionsfähigkeit der gesundheitlichen Versorgungsstruktur in der Bundesrepublik entsteht, kann letztlich auch so der Tatbestand der Gefahr für die öffentliche Gesundheit erfüllt sein.

Ein systematisch-vergleichender Blick auf andere Normen des IfSG bestätigt dieses Ergebnis: Der an § 5 Abs. 1 IfSG anknüpfende § 28a Abs. 3 Satz 1 IfSG erklärt neben der Funktionsfähigkeit des Gesundheitssystems, mithin der öffentlichen Gesundheit, ausdrücklich auch den Schutz von Leben und Gesundheit als Ziel der Pandemieschutzmaßnahmen. Im Rahmen des Tatbestandes der epidemischen Lage von nationaler Tragweite wird selbst auf das Vorliegen einer bedrohlichen übertragbaren Krankheit (§ 2 Nr. 3a IfSG) abgestellt. Sinn und Zweck des IfSG ist es letztlich, „übertragbaren Krankheiten beim Menschen vorzubeugen, Infektionen frühzeitig zu erkennen und ihre Weiterverbreitung zu verhindern", § 1 Abs. 1 IfSG. Dort steht die individuelle Komponente sogar im Vordergrund. Über die Einführung einer gesundheitlichen Notlage wird das IfSG also auf den Fall erweitert, dass die zahlreichen Erkrankungen in der Bevölkerung zu einer Bedrohung für die Versorgung durch das öffentliche Gesundheitswesen führen. Die individuelle Komponente auszuschließen, scheint demnach nicht tragfähig.[545]

Dieses Verständnis liegt auch der gesundheitlichen Notlage von internationaler Tragweite zugrunde, die nicht nur Vorbild der epidemischen Lage von nationaler Tragweite ist, sondern auch einen der Tatbestände auslöst. Die gesundheitliche

---

[542] Für eine rein systemisch-institutionelle Auslegung des Begriffs indes *Kingreen*, in: Huster/Kingreen, HdB InfSR, 2. Aufl. 2022, Kapitel 1 Rn. 118.

[543] BVerfGE 159, 223 (Rn. 75).

[544] Vgl. *Wißmann*, VerfBlog v. 06.02.2021.

[545] So aber *Kingreen*, VerfBlog v. 22.10.2021. Insoweit wie hier *Gerhardt*, IfSG, 6. Aufl. 2022, § 5 Rn. 5, dort steht die individuelle Komponente im Sinne der Bedrohung des Lebens und der Gesundheit einer großen Anzahl im Vordergrund.

Notlage von internationaler Tragweite setzt nämlich eine Gefahr für die öffentliche Gesundheit voraus, welche definiert ist als „die Wahrscheinlichkeit eines Ereignisses, das die Gesundheit von Bevölkerungsgruppen beeinträchtigen kann, wobei solche Ereignisse besonders zu beachten sind, die sich grenzüberschreitend ausbreiten oder eine ernste und unmittelbare Bedrohung darstellen können“, Art. 1 IGV. Auch dort wird die massenhafte Erkrankung Einzelner und damit eine individuelle Komponente berücksichtigt.[546] Ein ähnliches Ergebnis liefert eine rechtsvergleichende Betrachtung der Schweizer Influenza-Pandemieverordnung.[547]

Ernsthaft ist eine Gefahr für die öffentliche Gesundheit dann, wenn wie bei einer „gegenwärtigen“ oder „dringenden“ Gefahr,[548] zeitlich oder mit Blick auf die Bedeutung der Rechtsgüter und das mögliche Schadensausmaß schwerwiegende gesundheitliche Beeinträchtigungen einer Vielzahl von Personen oder ein Zusammenbruch der gesundheitlichen Versorgungsstrukturen drohen.[549]

cc) Notwendigkeit gesetzlich festgelegter Voraussetzungen

In den ersten neun Monaten der Pandemie enthielt § 5 Abs. 1 IfSG keine materiellen Tatbestandsmerkmale. Gleichwohl war deren Vorliegen auch in dieser Zeit notwendige Voraussetzung für einen Feststellungsbeschluss des Parlaments.[550] Dass es solche Voraussetzungen gab und diese für die Feststellung und Aufhebung von Bedeutung waren, folgte aus § 5 Abs. 1 Satz 2 IfSG a. F., wonach die Feststellung aufzuheben war, wenn die Voraussetzungen für ihre Feststellung nicht mehr vorlagen.[551] Mangels explizit im Gesetz festgelegter Voraussetzungen, mussten diese durch Auslegung ermittelt werden.[552] Nachdem sich das Infektionsgeschehen in den Sommermonaten 2020 erstmals beruhigte, die Infektionskurve abflachte und die strengen Pandemieschutzmaßnahmen nach und nach gelockert wurden, herrschten Zweifel daran, ob die Voraussetzungen einer epidemischen Lage von nationaler Tragweite überhaupt noch

[546] So auch *Rixen*, in: Kluckert, Das neue Infektionsschutzrecht, 2. Aufl. 2021, § 4 Rn. 7. Anders hingegen *Kingreen*, in: Huster/Kingreen, HdB InfSR, 2. Aufl. 2022, Kapitel 1 Rn. 118, der lediglich auf die Definition der gesundheitlichen Lage von internationaler Tragweite und nicht deren einzelne Komponenten abstellt.

[547] Rechtsverordnung über die Maßnahmen zur Bekämpfung einer Influenza-Pandemie v. 27. 04. 2005, AS 2005, 2137. Eine Pandemie ist danach eine „zeitlich begrenzte, weltweite und massive Häufung von Erkrankungen beim Menschen, die durch ein neuartiges Influenzavirus verursacht werden, das sich rasch ausbreitet, hoch ansteckend ist und gegen das ein grosser Teil der Weltbevölkerung keine Immunität besitzt“.

[548] Zu diesen Qualifikationen *M. Bäcker*, in: Lisken/Denninger, HdB PolizeiR, 7. Aufl. 2021, Kapitel D Rn. 124, 129.

[549] *Dederer/Preiß*, AöR 148 (2023), 289 (330 Rn. 273).

[550] *Kingreen*, Rechtsgutachten für die FDP v. 11. 06. 2020, S. 8.

[551] In der geltenden Fassung verweist § 5 Abs. 1 Satz 2 IfSG in entsprechender Formulierung auf die Voraussetzungen in (§ 5 Abs. 1) Satz 6 IfSG.

[552] Siehe etwa bei *Kingreen*, Rechtsgutachten für die FDP v. 11. 06. 2020, S. 9 ff.; *Wollenschläger*, BT-Drs. 19(14)197(13), S. 11 ff.

vorlagen und ob der Bundestag daher verpflichtet sei, einen Aufhebungsbeschluss zu fassen.[553]

Wenngleich die Diskussion durch die tatsächliche Entwicklung des Infektionsgeschehens in den Herbst- und Wintermonaten obsolet wurde, verdeutlichte sie, welchen großen Vorteil klar festgelegte Bestimmungen bieten, wenn es um die Frage geht, unter welchen Voraussetzungen eine Notstandslage gegeben ist und wann diese festgestellt und aufgehoben werden kann oder der Gesetzgeber hierzu verpflichtet ist.

Das Vorliegen konkreter Tatbestandsmerkmale stellt sicher, dass die gesetzgeberische Entscheidung über die Feststellung des Vorliegens eines Gesundheitsnotstandes keine rein politische ist.[554] Zudem wird das Handeln des Gesetzgebers für die Bevölkerung und Normbetroffenen transparenter, die gerichtliche Überprüfbarkeit der Entscheidung verbessert sowie die Überprüfung der Verhältnismäßigkeit der an die epidemische Lage von nationaler Tragweite anknüpfenden grundrechtsbeschränkenden Maßnahmen (§ 28a IfSG) erleichtert. Zu Recht wurde eine Normierung der Voraussetzungen der epidemischen Lage von nationaler Tragweite daher lange gefordert[555] und letztlich umgesetzt. Gleichzeitig räumt der von mehreren unbestimmten Rechtsbegriffen geprägte Tatbestand der epidemischen Lage von nationaler Tragweite dem Bundestag bei der Beurteilung, ob die Voraussetzungen einer epidemischen Lage von nationaler Tragweite gegeben sind,[556] namentlich ob eine ernsthafte Gefahr für die öffentliche Gesundheit besteht, einen Einschätzungsspielraum ein. Dieser Spielraum ist in erster Linie in Situationen notwendig, die von wissenschaftlicher Unsicherheit geprägt sind.[557] Ebenso steht die Entscheidung darüber, einen Feststellungsbeschluss zu treffen, im Ermessen des Bundestags. Zur Aufhebung der epidemischen Lage von nationaler Tragweite bei Fehlen der (tatsächlichen)[558] Voraussetzungen ist er hingegen (schon nach dem eindeutigen

---

[553] Siehe nur das Aufhebungsverlangen der FDP (BT-Drs. 19/20046) und die Diskussion dazu unter https://www.bundestag.de/dokumente/textarchiv/2020/kw25-de-corona-rechtsverordnungen-701082 (zuletzt: 28.08.2023).

[554] So *Kießling*, BT-Drs. 19(14)246(7), Anhang S. 8. *Gallon/Hollo/Kießling*, Epidemiegesetz, 2023, S. 58 sehen allerdings auch in der politischen Komponente der Feststellungsentscheidung „gleichzeitig eine Gefahr und ein Hemmnis für eine effektive Pandemieeindämmung und -bekämpfung und den damit verbundenen Grundrechtsschutz". Dazu, dass die Feststellung der Voraussetzungen immer auch politischen Entscheidungscharakter hat, bereits *Böckenförde*, NJW 1978, 1881 (1889).

[555] Z. B. *Kießling*, BT-Drs. 19(14)246(7), S. 9, Anhang S. 8; *Mayen*, NVwZ 2020, 828 (830 f.); *Rixen*, NJW 2020, 1097 (1102); *Wollenschläger*, BT-Drs. 19(14)246(20), S. 38 f.

[556] In diesem Sinne auch *Gerhardt*, IfSG, 6. Aufl. 2022, § 5 Rn. 7.

[557] *Dederer/Preiß*, AöR 148 (2023), 289 (330).

[558] Die Umstände müssten sich dergestalt geändert haben, dass keine Gefahr mehr besteht und die besonderen Befugnisse nicht mehr benötigt werden. Eine Feststellung/Aufhebung ist immer vor diesem Hintergrund zu sehen. Vgl. dazu *Kingreen*, Rechtsgutachten für die FDP v. 11.06.2020, S. 14.

Wortlaut in § 5 Abs. 1 Satz 2 IfSG: „hebt auf") verpflichtet.[559] Angesichts der starken Auswirkungen auf das (horizontale und vertikale) gewaltenteilige Kompetenzgefüge, die mit einer Feststellung der epidemischen Lage von nationaler Tragweite, zuvörderst durch die dadurch ausgelösten Befugnisse des BMG in § 5 Abs. 2 IfSG, einhergehen,[560] trifft den Gesetzgeber eine fortwährende Überprüfungs- und Begründungspflicht hinsichtlich der Aufrechterhaltung einer epidemischen Lage von nationaler Tragweite. Diese Pflicht wird gesetzlich mit der zeitlich beschränkten Geltungsdauer einer festgestellten epidemischen Lage von nationaler Tragweite auf drei Monate bzw. der Fiktion ihrer Aufhebung in § 5 Abs. 1 Satz 3 IfSG abgesichert. Zudem trifft den Gesetzgeber eine verfassungsrechtliche Verantwortung, eine Kompetenzverschiebung zugunsten der Exekutive nur dann zu ermöglichen, wenn dies zwingend erforderlich ist, und damit eine Rückkehr zur Normallage einzuleiten, sobald die Umstände es zulassen.[561]

Die Konstruktion der epidemischen Lage von nationaler Tragweite stand während der COVID-19-Pandemie vielfach in der Kritik.[562] Dem Vorwurf, die epidemische Lage von nationaler Tragweite sei eine „juristische Fehlkonstruktion", die „keine zusätzliche Legitimation [schaffe], [...] in Sackgassen und zu Missverständnissen" führe und das Signal sende, „eine Pandemie lasse sich nicht mit den bewährten Mitteln des demokratischen Verfassungsstaates bewältigen"[563], ist jedoch entgegenzutreten.

Kingreen stützt seine These darauf, dass die epidemische Lage von nationaler Tragweite einerseits im Sommer 2020 vom Deutschen Bundestag nicht aufgehoben[564] bzw. im Sommer 2021 verlängert[565] wurde, obgleich die Infektionslage sich zu diesem Zeitpunkt weitgehend entspannt hatte und das Vorliegen der Voraussetzungen für die epidemische Lage von nationaler Tragweite bezweifelt wurde bzw. die epidemische Lage von nationaler Tragweite andererseits im Herbst 2021 nicht

---

[559] Insoweit wie hier *Gausing*, in: BeckOK InfSchR, IfSG, § 5 Rn. 19 (2024); a. A. zu § 5 Abs. 1 Satz 1 IfSG *Gerhardt*, IfSG, 6. Aufl. 2022, § 5 Rn. 8: Ermessensreduzierung auf Null.

[560] Knapp bei *Kingreen*, Rechtsgutachten für die FDP v. 11.06.2020, S. 17.

[561] *Kingreen*, Rechtsgutachten für die FDP v. 11.06.2020, S. 23 ff., 28; ähnlich *Wollenschläger*, BT-Drs. 19(14)197(13), S. 4, 17. Siehe dazu auch *Gärditz*, MedR 38 (2020), 741 (743).

[562] *Boehme-Neßler*, DÖV 2021, 243 (246) hält die epidemische Lage von nationaler Tragweite für „eine ungewöhnliche, sogar befremdliche Konstruktion", weil sie die Entscheidungsfreiheit des parlamentarischen Gesetzgebers zu sehr beschränke. *Kingreen*, in: Huster/Kingreen, HdB InfSR, 2. Aufl. 2022, Kapitel 1 Rn. 120 f. hinterfragt, weshalb „der Bundestag überhaupt über die Anwendung von ihm verabschiedeter Rechtsnormen nochmals eigens entscheiden muss" und attestiert dem Feststellungsbeschluss eine Kompensationsfunktion für ein ansonsten rechtsstaatlich-demokratisch defizitäres infektionsschutzrechtliches (Notstands-)Instrumentarium (klarstellend dazu *Dederer/Preiß*, AöR 148 [2023], 289 [328 f.]).

[563] *Kingreen*, in: Huster/Kingreen, HdB InfSR, 2. Aufl. 2022, Kapitel 1 Rn. 123.

[564] Dazu bereits oben Fn. 553.

[565] BT-Plenarprotokoll 19/238, S. 31076 C.

verlängert wurde, obwohl die daran anknüpfenden Hygieneschutzmaßnahmen teils noch erforderlich waren.[566] „Die feine Differenzierung zwischen dem Ende der ‚epidemischen Lage' im Rechtssinne und dem Fortbestehen der Epidemie im epidemiologischen Sinne" sei politisch kaum kommunizierbar und berge die Gefahr, „dass sich das pandemische Ausnahmeregime perpetuiert und Gewöhnungseffekte an Beschränkungen erzeugt werden, die vor der Pandemie niemand ernsthaft für verfassungsgemäß gehalten hätte".[567]

In der Tat kann ein pandemiebedingter Gesundheitsnotstand von einem wechselhaften Infektionsgeschehen und einem sich wellenartig äußernden Pandemieverlauf geprägt sein. Für die COVID-19-Pandemie war dies jedenfalls der Fall. Bedingt durch saisonale Unterschiede, den Erfolg und die Akzeptanz etwaiger Schutzmaßnahmen, die Verfügbarkeit und Wirksamkeit von Impfstoffen oder auch das Auftreten von Virusmutationen kam es häufig zu einem Wechsel zwischen Beschränkung und Lockerung der staatlichen Schutzmaßnahmen. Diese Wechselfälle rechtlich abzubilden und zu steuern, stellt eine große Herausforderung dar. Die epidemische Lage von nationaler Tragweite fungiert insoweit als Weichenstellung für die Trennung zwischen Ausnahme- und Normalsituation. Gerade um eine schleichende Etablierung von außerordentlichen Befugnissen des Ausnahmezustandes in das (einfache) Recht der Normallage zu verhindern, ist die Konstruktion der Feststellung einer Notstandslage daher unentbehrlicher Bestandteil einer Notstandsgesetzgebung. Als Teil einer Notstandsgesetzgebung ist sie aber gleichermaßen auf eine äußerste Gefahrenlage,[568] eine Notstandslage, begrenzt. Nur derartige Ausnahmesituationen rechtfertigen den Wechsel vom Recht der Normallage zum Recht der Ausnahme mitsamt den Kompetenzverschiebungen und außergewöhnlichen Maßnahmen und Befugnissen, die daran anknüpfen und damit einhergehen. Um den Umständen des Einzelfalls einer gesundheitlichen Notstandslage gerecht zu werden, verfügt der Gesetzgeber bei der Feststellung einer epidemischen Lage von nationaler Tragweite über einen Einschätzungsspielraum. Darüber hinaus setzen die tatbestandlichen Voraussetzungen schon früh[569] im Vorfeld an, nämlich dann, wenn die Einschleppung oder Ausbreitung einer bedrohlichen übertragbaren Krankheit im Bundesgebiet droht und dadurch eine ernsthafte Gefahr für die öffentliche Gesundheit besteht. Ungeachtet der Frage, ob die Voraussetzungen im Fall von COVID-19 in den besagten Zeitpunkten noch oder nicht mehr vorlagen, bestand stets die Notwendigkeit, von den Befugnissen aus § 5 Abs. 2 IfSG und den Maßnahmen aus dem Katalog von § 28a IfSG weiterhin Gebrauch zu machen.[570] Eben

---

[566] *Kingreen*, in: Huster/Kingreen, HdB InfSR, 2. Aufl. 2022, Kapitel 1 Rn. 123.

[567] *Kingreen*, in: Huster/Kingreen, HdB InfSR, 2. Aufl. 2022, Kapitel 1 Rn. 123 (insb. Fn. 397).

[568] Ähnlich *Kießling*, BT-Drs. 19(14)246(7), Anhang S. 8: „qualifizierte Gefahrenlage".

[569] *Dreier*, DÖV 2021, 229 (234); *Sangs/J. Schütz*, in: Sangs/Eibenstein, IfSG, 2022, § 5 Rn. 4, allerdings unter der Annahme, das Vorliegen eines Tatbestandes fingiere eine ernsthafte Gefahr für die öffentliche Gesundheit.

[570] Für das Jahr 2020 siehe z. B. den Entwurf der FDP, BT-Drs. 19/20042.

diese Notwendigkeit ist ein entscheidendes Merkmal bei der Frage, ob eine epidemische Lage von nationaler Tragweite vorliegt. Bezeichnenderweise führte das Auslaufen der epidemischen Lage von nationaler Tragweite im Herbst/Winter 2021 denn dazu, dass Teile des bisherigen infektionsschutzrechtlichen Notstandsinstrumentariums ins Recht der Normallage überführt wurden[571] und gerade dadurch die von Kingreen durch die epidemische Lage von nationaler Tragweite befürchteten Veralltäglichungseffekte in gewisser Weise[572] eintraten. Das Problem liegt damit nicht bei dem Konstrukt der epidemischen Lage von nationaler Tragweite als solchem, sondern vielmehr in der Ausgestaltung des infektionsschutzrechtlichen Notstandsinstrumentariums als Gesamtkonzept. Abhilfe könnte etwa dadurch geleistet werden, die Maßnahmen nach § 28a Abs. 1 IfSG in unterschiedliche, dem Infektionsgeschehen angepasste Stufen einzuteilen, sodass (nur, aber eben auch noch) mildere Maßnahmen bei einer entspannteren Infektionslage möglich sind. Alternativ können landesweite gesundheitliche Notlagen und entsprechende Befugnisse in Erwägung gezogen werden.[573] Die auf Grundlage von § 5 Abs. 2 IfSG erlassenen Verordnungen könnten in Gesetze überführt werden.[574]

2. Verordnungsermächtigungen, § 5 Abs. 2 IfSG

Um einer Destabilisierung des Gesundheitssystems vorzubeugen und dem Defizit der landeseigenen Ausführung des IfSG bei der Bewältigung einer grenzüberschreitenden übertragbaren Krankheit entgegenzuwirken,[575] wurde das BMG in den §§ 5 Abs. 2 bis 4, 5a Abs. 2 IfSG für den Fall einer epidemischen Lage von nationaler Tragweite in außergewöhnlichem Umfang zum Verordnungs- und Anordnungserlass ermächtigt. Die Befugnisse des BMG wurden durch das Zweite Bevölkerungsschutzgesetz noch erheblich erweitert[576] und erfassen nahezu sämtliche Bereiche, die für ein stabiles und funktionierendes Gesundheitssystem von Bedeutung sind. Dem BMG wurde mehr oder weniger eine Generalermächtigung für die epidemische Lage

---

[571] Siehe z. B. § 5 Abs. 4 IfSG, § 28a Abs. 8 IfSG a. F., § 28b IfSG.

[572] Im Bereich der grundrechtsbeschränkenden Pandemiemaßnahmen ließ § 28a Abs. 7, 8 IfSG a. F. nur ausgewählte Maßnahmen zu, die zwar größtenteils, aber eben nicht nur eine vergleichsweise geringe Eingriffsintensität hatten.

[573] Z. B. nach dem Vorbild des § 28a Abs. 7, 8 IfSG a. F. Dass die Länder während der COVID-19-Pandemie keinen Gebrauch von dieser Möglichkeit machen wollten (*Kingreen*, in: Huster/Kingreen, HdB InfSR, 2. Aufl. 2022, Kapitel 1 Rn. 123; *ders.*, VerfBlog v. 22. 10. 2021), ist hingegen ein politisches Problem und keines der rechtlichen Konstruktion der epidemischen Lage von nationaler Tragweite.

[574] So etwa auch der Aufhebungsantrag der FDP, BT-Drs. 19/20046, S. 3.

[575] BT-Drs. 19/18111, S. 1.

[576] BGBl. I 2020, S. 1018. Danach wurde die Vorschrift mehrfach geringfügig geändert, insbesondere die Ermächtigung in § 5 Abs. 2 Satz 1 Nr. 3 IfSG ersatzlos gestrichen und die Möglichkeit nach § 5 Abs. 2 Satz 1 Nr. 1, 2 IfSG, Anordnungen zu erlassen, in § 36 Abs. 8 bis 13 IfSG als Möglichkeit, eine Rechtsverordnung zu erlassen, neugefasst (BT-Drs. 19/23944, S. 36; BGBl. I 2020, S. 2397).

von nationaler Tragweite erteilt, die aus verfassungsrechtlicher Sicht in mehreren Punkten als kritisch zu beurteilen ist.[577]

Allen voran werfen die in § 5 Abs. 2 Satz 1 Nr. 4, 7, 8, 10 IfSG verankerten Ermächtigungen an das BMG, Verordnungen zu erlassen, verfassungsrechtliche Fragen auf.[578] Darin wird das BMG ermächtigt, Maßnahmen zur Sicherstellung der Versorgung mit medizinischen Produkten, zur Aufrechterhaltung der Gesundheitsversorgung in Gesundheitseinrichtungen und zur Aufrechterhaltung der pflegerischen Versorgung in ambulanten und stationären Pflegeeinrichtungen zu erlassen sowie abweichende Regelungen zur Ausbildung der Gesundheitsfachberufe zu treffen. Diese Rechtsverordnungen können ohne Zustimmung des Bundesrates Abweichungen und Ausnahmen von bestehenden Gesetzen vorsehen und können als ministerielles „Notverordnungsrecht"[579] charakterisiert werden.[580]

Die in § 5 Abs. 2 IfSG vorgesehenen Verordnungsbefugnisse ermächtigen das BMG per Rechtsverordnung, Ausnahmen und Abweichungen von gesetzlichen Vorschriften vorzusehen, mithin sogenannte „gesetzesändernde"[581] Verordnungen zu erlassen. Im Gegensatz zu „gesetzesvertretenden"[582] Verordnungen haben gesetzesändernde Verordnungen keine „Gesetzeskraft"[583] und führen zu keinen Veränderungen auf der normhierarchisch höheren Gesetzesebene.[584] Durch diese Art der Verordnung wird vielmehr mit Willen des Gesetzgebers auf Verordnungsebene vom Gesetz Abweichendes vorgesehen.[585] „Generelle Bedenken gegen die Verwendung

[577] Zur Ermächtigung zum Anordnungserlass unter Kapitel 3 D. I.

[578] Siehe dazu etwa *Gärditz/Meinel*, F. A. Z. v. 26. 03. 2020, S. 6; *Meinel/Möllers*, F. A. Z. v. 20. 03. 2020, S. 11; *Möllers*, VerfBlog v. 26. 03. 2020; *Rixen*, NJW 2020, 1097 (1102 f.).

[579] Begrifflich angelehnt an die Befugnisse des Reichspräsidenten gemäß Art. 48 Abs. 2 WRV. Zu einem Notverordnungsrecht der Regierung auf Landesebene siehe etwa Art. 44 Abs. 1 Niedersächsische Verfassung, Art. 60 Abs. 1 Verfassung für das Land Nordrhein-Westfalen, Art. 111 Satz 1 Verfassung für Rheinland-Pfalz.

[580] Etwa *Gärditz/Meinel*, F. A. Z. v. 26. 03. 2020, S. 6; *Lutz*, in: Erbs/Kohlhaas, Strafrechtliche Nebengesetze, § 5 IfSG, Rn. 1 (2023). Zur „verfassungshistorische[n] Angst" vor dem Notverordnungsrecht *Lepsius*, DV 55 (2022), 309 (333 f.). Die nachfolgende verfassungsrechtliche Bewertung zu den Verordnungsermächtigungen in § 5 Abs. 2 IfSG (Fn. 581 bis Fn. 622) ist ihrem Aufbau nach an *Dederer/Preiß*, AöR 148 (2023), 289 (315 ff., 334 ff.) orientiert und baut inhaltlich auf den dortigen Grundlegungen auf.

[581] Kritisch zur Terminologie *Ossenbühl*, in: Isensee/P. Kirchhof, HStR, Band V, 3. Aufl. 2007, § 103 Rn. 27.

[582] Dazu *Dreier*, DÖV 2021, 229 (235); *Ossenbühl*, in: Isensee/P. Kirchhof, HStR, Band V, 3. Aufl. 2007, § 103 Rn. 26.

[583] So explizit für die Notverordnungen nach Landesrecht Art. 44 Abs. 1 Niedersächsische Verfassung, Art. 60 Abs. 1 Verfassung für das Land Nordrhein-Westfalen, Art. 111 Satz 1 Verfassung für Rheinland-Pfalz.

[584] *Dederer/Preiß*, AöR 148 (2023), 289 (315). *Dreier*, DÖV 2021, 229 (235 f.) und der Bericht des Sachverständigenausschusses nach § 5 Abs. 9 IfSG: Evaluation der Rechtsgrundlagen und Maßnahmen der Pandemiepolitik, 2022, S. 106 f. sehen in § 5 Abs. 2 IfSG auch einen Verstoß gegen die Normhierarchie.

[585] *Dederer/Preiß*, AöR 148 (2023), 289 (315).

dieser gesetzgebungstechnischen Formen der Anwendungsbeschränkung von Gesetzen bestehen nicht. Das Grundgesetz hat ihre Existenz und ihre Zulässigkeit vorausgesetzt".[586] In der Situation eines pandemiebedingten Gesundheitsnotstandes, wie er durch SARS-CoV-2 verursacht wurde, sprechen vielmehr sachliche Gründe[587] für ein Handeln der Exekutive im Wege gesetzesändernder Verordnungen,[588] die gerade im Vergleich zum Parlament prinzipiell schneller, flexibler und informierter auf eine dynamische und von außerrechtlichen Fakten geprägte pandemische Bedrohungslage reagieren kann.[589] Für die gesetzgebungstechnische Vorgehensweise, der Exekutive ein solch schnelles und flexibles Handeln zu ermöglichen, besteht in der Situation eines pandemiebedingten Gesundheitsnotstandes überdies eine gewisse Notwendigkeit. In einer solchen Situation kann es kurzfristig zu einem erhöhten Bedarf an Kapazitäten, Personal oder sachlichen medizinischen Ressourcen kommen, sodass eine zügige Herstellung und Beschaffung dieser Güter gefragt sind. Eben für diesen Bereich sieht § 5 Abs. 2 IfSG Handlungsmöglichkeiten des BMG vor. Ein Gesetzgebungsverfahren, um die bestehenden gesetzlichen Vorschriften z. B. zur Beschaffung und Herstellung von Arzneimitteln entsprechend zu ändern oder zu ergänzen, würde diesen Zweck eher konterkarieren, zumal sich die Höhe des Bedarfs und die Auslastung von Produktionskapazitäten stetig ändern dürften. Das BMG ist insofern gerade im Pandemiefall das im Sinne einer „funktionsgerechten Organstruktur"[590] und eines „dynamischen Grundrechtsschutzes"[591] sachgerechtere Organ, wenn es um die Herstellung, Beschaffung, Bevorratung und Verteilung von medizinischen Gütern geht, die gesetzesändernden Verordnungen mithin das Mittel der Wahl.

Die Ermächtigungen stehen allerdings bereits seit dem Zeitpunkt ihres Erlasses in der Kritik, zu weitreichend und umfassend zu sein. Dabei ist nicht ersichtlich, dass solche gesetzesändernden Verordnungen nur zur Regelung „marginale[r] Fragen"[592]

---

[586] Vgl. BVerfGE 8, 155 (171), in diesem Zusammenhang führt das Gericht ausdrücklich von gesetzlichen Vorschriften abweichende Rechtsverordnungen als Beispiel an. Ebenso *Ossenbühl*, in: Isensee/P. Kirchhof, HStR, Band V, 3. Aufl. 2007, § 103 Rn. 27; BVerfG, NJW 1998, 669 (670).

[587] Gefordert von *Ossenbühl*, in: Isensee/P. Kirchhof, HStR, Band V, 3. Aufl. 2007, § 103 Rn. 27; sich darauf beziehend der Kammerbeschluss BVerfG, NJW 1998, 669 (670).

[588] Im Ergebnis bzw. der Sache nach ebenso *Gausing*, in: BeckOK InfSchR, IfSG, § 5 IfSG Rn. 14 (2024); *Gerhardt*, IfSG, 6. Aufl. 2022, § 5 Rn. 2c.

[589] Siehe bereits Fn. 432; vgl. zudem BVerfGE 150, 1 (102); 161, 299 (Rn. 127); *Brenner*, ERPL, 34 (2022), 183 (187); *Gusy*, DÖV 2021, 757 (760); *Klafki*, Risiko und Recht, 2017, S. 75; dies als „Mythos" anzweifelnd *Möllers*, VerfBlog v. 26.03.2020.

[590] Siehe oben Fn. 397.

[591] BVerfGE 49, 89 (137).

[592] *Dreier*, DÖV 2021, 229 (235); Bericht des Sachverständigenausschusses nach § 5 Abs. 9 IfSG: Evaluation der Rechtsgrundlagen und Maßnahmen der Pandemiepolitik, 2022, S. 106.

oder einzelner Regelungen[593] zulässig sind[594] oder der Umfang der Ermächtigungen in § 5 Abs. 2 Satz 1 Nr. 4, 7, 8, 10 IfSG per se einer derartigen Regelungsweise nicht zugänglich ist. Das Bundesverfassungsgericht sah beispielsweise hinsichtlich der Impf- und Genesenennachweispflicht in § 22a Abs. 1 und 2 IfSG auch kein prinzipielles Problem darin, dass „fast alle im Gesetz geregelten Anforderungen an einen Impf- oder Genesenennachweis durch den Verordnungsgeber abweichend geregelt werden [können]" (vgl. § 22a Abs. 4 Satz 2 Nr. 1 und 2 IfSG), sofern „Inhalt und Reichweite und die erforderliche Begrenzung des Spielraums für den ausfüllenden Verordnungsgeber durch das ermächtigende Gesetz selbst klar vorgegeben [werden]".[595] Die Grenze der Zulässigkeit gesetzesändernder Verordnungen ergibt sich somit vielmehr aus dem in Art. 80 Abs. 1 Satz 2 GG verankerten Bestimmtheitsgrundsatz und endet aus gewaltenteiliger Hinsicht (Art. 20 Abs. 2 Satz 2, Abs. 3 GG) dort, „wo der Gesetzgeber Vorschriften von solcher Bedeutung und in solchem Umfang für subsidiär erklärt, daß sich dadurch innerhalb des Staatsgefüges eine Gewichtsverschiebung zwischen gesetzgebender Gewalt und Verwaltung ergibt".[596]

Auf § 5 Abs. 2 IfSG angewendet, sind die Befugnisse zwar durch die mittlerweile enumerative Aufzählung auf einen bestimmten Bereich begrenzt,[597] doch selbst einzelne dieser Ermächtigungen sind für sich genommen schon nicht hinreichend bestimmt: So lässt sich am Beispiel von § 5 Abs. 2 Satz 1 Nr. 4 lit. a IfSG zwar der Zweck der Ermächtigung, die Sicherstellung der Versorgung mit medizinischen Gütern, noch erkennen.[598] Inhalt und Ausmaß sind hingegen nicht mehr hinreichend erkennbar.[599] Betrachtet man allein die Möglichkeit nach § 5 Abs. 2 Satz 1 Nr. 4 lit. a

---

[593] Nach BVerfGE 8, 155 (171) kann Gegenstand „eine […] einzelne […] Vorschrift oder auch eine […] Gruppe von Vorschriften" sein.

[594] Dazu und zum Folgenden *Dederer/Preiß*, AöR 148 (2023), 289 (317).

[595] BVerfGE 161, 299 (Rn. 132). Siehe schon BVerfGE 8, 155 (171).

[596] BVerfGE 8, 155 (171). Ähnlich *Ossenbühl*, in: Isensee/P. Kirchhof, HStR, Band V, 3. Aufl. 2007, § 103 Rn. 27: „nicht als Hebel […], um das Verhältnis von Gesetz und Verordnung umzukehren oder grundsätzlich zu verändern".

[597] In seiner ursprünglichen Fassung (BGBl. I 2020, S. 587) ermächtigte § 5 Abs. 2 Satz 1 Nr. 4, 7, 8, 10 IfSG das BMG „insbesondere" zu den dort genannten Befugnissen. Der Zusatz wurde im Zuge des EpiLageFortgeltG (BGBl. I 2021, S. 370) gestrichen.

[598] Der Zweck der Ermächtigung lässt sich auch für die Nummern 7 (Aufrechterhaltung der Gesundheitsversorgung in Gesundheitseinrichtungen) und 8 (Aufrechterhaltung der pflegerischen Versorgung in ambulanten und stationären Pflegeeinrichtungen) erkennen. Bei § 5 Abs. 2 Satz 1 Nr. 10 IfSG muss dieser erst noch ermittelt werden. Dazu, dass eine Begrenzung nur hinsichtlich des Zwecks nicht ausreichend ist *Kluckert*, in: ders., Das neue Infektionsschutzrecht, 2. Aufl. 2021, § 2 Rn. 149.

[599] Im Ergebnis insoweit ebenso *Dreier*, DÖV 2021, 229 (237); Bericht des Sachverständigenausschusses nach § 5 Abs. 9 IfSG: Evaluation der Rechtsgrundlagen und Maßnahmen der Pandemiepolitik, 2022, S. 107; ferner *Gärditz/Meinel*, F.A.Z. v. 26.03.2020. S. 6; zum früheren § 5 Abs. 2 Nr. 3 IfSG a.F. *Möllers*, VerfBlog v. 26.03.2020; *Rixen*, NJW 2020, 1097 (1102 f.); außerdem etwa *Gärditz/Abdulsalam*, GSZ 2020, 108 (114); *Gerhardt*, IfSG, 6. Aufl. 2022, § 5 Rn. 2d; *Kingreen*, Rechtsgutachten für die FDP v. 11.06.2020, S. 22 f. m.w.N.; *ders.*, Jura 2020, 1019 (1034); *Lindner*, in: H. Schmidt, COVID-19, 3. Aufl. 2021, § 18

IfSG, Ausnahmen von den Vorschriften des Arzneimittelgesetzes z.B. über die Herstellung von Arzneimitteln (§§ 13 bis 20d AMG) zu erlassen, ist für die Normbetroffenen nicht absehbar, von welchen der vielen Vorschriften Ausnahmen mit welcher Tendenz und welchen Inhalts vorgesehen werden können.[600] Schätzungsweise ermächtigt § 5 Abs. 2 Satz 1 Nr. 4 lit. a IfSG allein zu Ausnahmen von über 1000 Normen.[601] Ähnlich verhält es sich mit § 5 Abs. 2 Satz 1 Nr. 7 lit. a IfSG. Dieser ist zwar auf das SGB V und darauf in Bezug genommene Gesetze beschränkt. Tatsächlich umfasst das SGB V jedoch über 330 Paragrafen und nimmt auf über 80 unterschiedliche Gesetze Bezug[602], sodass auch § 5 Abs. 2 Satz 1 Nr. 7 lit. a IfSG weit hinter den Anforderungen von Art. 80 Abs. 1 Satz 2 GG zurückbleibt.[603] Dies gilt gleichermaßen für § 5 Abs. 2 Satz 1 Nr. 8 IfSG, der dem BMG in § 5 Abs. 2 Satz 1 Nr. 8 lit. b IfSG laut Gesetzesbegründung zudem „die Möglichkeit eröffnet, *sämtliche* untergesetzliche Festlegungen einschließlich von Vereinbarungen und Beschlüssen der Pflegeselbstverwaltung auf Bundes- und Landesebene anzupassen, zu ergänzen oder auszusetzen" und die in § 5 Abs. 2 Satz 1 Nr. 8 lit. c IfSG genannten Aufgaben der Pflegeeinrichtungen, Pflegekassen und Medizinischen Dienste „*grundsätzlich* auszusetzen oder einzuschränken".[604] Noch deutlicher wird der Mangel an Bestimmtheit der Verordnungsermächtigungen, wenn man den mittlerweile ersatzlos gestrichenen § 5 Abs. 2 Nr. 3 IfSG a.F.[605] betrachtet. Dieser ermächtigte das BMG „durch Rechtsverordnung ohne Zustimmung des Bundesrates Ausnahmen von den Vorschriften dieses Gesetzes sowie der auf seiner Grundlage erlassenen Rechtsverordnungen in Bezug auf die Verhütung und Bekämpfung übertragbarer Krankheiten, den Infektionsschutz bei bestimmten Einrichtungen, Unternehmen und Personen und gesundheitliche Anforderungen an das Personal beim Umgang mit Lebensmitteln zuzulassen, um die Abläufe im Gesundheitswesen und die Versorgung der Bevölkerung aufrecht zu erhalten". Das BMG konnte auf dieser Grundlage also Ausnahmen von sämtlichen Regelungen des IfSG[606] der Abschnitte 4, 5, 6 und 8 sowie sämtlichen auf dieser Grundlage erlassenen

Rn. 46; *Mayen*, NVwZ 2020, 828 (832); zurückhaltender *Wissenschaftliche Dienste des Deutschen Bundestages*, WD 3-3000-080/20, S. 6: „erheblich problematisch".

[600] Zu allen diesen Kriterien BVerfGE 161, 299 (Rn. 132). Siehe auch BVerfG, NJW 1998, 669 (670). Dazu, dass eine Abweichung nur von „konkret bezeichneten gesetzlichen Vorschriften" zulässig ist, *Kingreen*, Rechtsgutachten für die FDP v. 11.06.2020, S. 22. Wie hier *Dederer/Preiß*, AöR 148 (2023), 289 (319).

[601] *Gausing*, in: BeckOK InfSchR, IfSG, § 5 Rn. 25, 24 (2024); *Wissenschaftliche Dienste des Deutschen Bundestages*, WD 3-3000-080/20, S. 6 „unüberschaubare Anzahl".

[602] *Wissenschaftliche Dienste des Deutschen Bundestages*, WD 3-3000-080/20, S. 6.

[603] So auch *Gärditz/Meinel*, F.A.Z. v. 26.03.2020, S. 6; *Hollo*, in: Kießling, IfSG, 2. Aufl. 2021, § 5 Rn. 28; zurückhaltender *Gausing*, in: BeckOK InfSchR, IfSG, § 5 Rn. 36 (2024): „verfassungsrechtliche [...] Bedenken", die nach einer restriktiven Auslegung verlangen.

[604] BT-Drs. 19/18111, S. 22 (Hervorhebung durch die Verfasserin). Zutreffend *Hollo*, in: Kießling, IfSG, 3. Aufl. 2022, § 5 Rn. 29.

[605] In der Fassung vom 28.03.2020.

[606] IfSG in der Fassung vom 28.03.2020.

Rechtsverordnungen vorsehen. Laut Gesetzesbegründung handelte es sich dabei jedoch nur um eine beispielhafte, nicht abschließende Aufzählung, sodass im Ergebnis noch zahlreiche weitere Normen des IfSG Gegenstand der Verordnungen des BMG sein konnten.[607] Eine Begrenzung hinsichtlich Inhalt und Umfang fehlte somit; der Zweck – die Aufrechterhaltung der Abläufe im Gesundheitswesen und der Versorgung der Bevölkerung – war sehr weit gefasst.[608] Die Norm entsprach damit nicht den Anforderungen des Art. 80 Abs. 1 GG.[609] Nach heftiger Kritik wurde die Norm ersatzlos aus dem IfSG gestrichen, was allerdings damit begründet wurde, dass das BMG von dieser Ermächtigung keinen Gebrauch gemacht habe.[610] In der Gesamtschau dürften die Ermächtigungen in § 5 Abs. 2 IfSG damit einen Umfang haben, der nicht mehr erkennen lässt, von welchen Vorschriften mit welcher Tendenz und welchem Inhalt durch das BMG abgewichen werden kann. Um die Bestimmtheit und Vorhersehbarkeit der Ermächtigungen zu verbessern,[611] wurde im Zuge des EpiLageFortgeltG[612] der Zusatz „insbesondere" im Einleitungsteil der Ermächtigungen nach § 5 Abs. 2 Satz 1 Nr. 4, 7, 8, 10 IfSG gestrichen. An der mangelnden Bestimmtheit der Ermächtigungen konnte dies indes nicht merklich etwas ändern.

Die Ermächtigung zum Erlass gesetzesändernder Verordnungen in § 5 Abs. 2 IfSG und damit die Zurücknahme des Geltungsanspruchs der jeweiligen Gesetze[613] werden darüber hinaus nicht in jenen Gesetzen selbst explizit vorgesehen,[614] sondern in einem ganz anderen Gesetz, nämlich dem IfSG. Das ist nicht nur eine Frage der Gesetzgebungstechnik, sondern stellt ein mit Blick auf die grundgesetzliche Gewaltenteilung verfassungsrechtliches Problem dar.[615] Denn dieses vom Gesetzgeber gewählte Regelungskonzept erweckt den Anschein, dass sich der Gesetzgeber

---

[607] BT-Drs. 19/18111, S. 19. Dazu, dass insbesondere der Zusatz „um die Abläufe im Gesundheitswesen und die Versorgung der Bevölkerung aufrecht zu erhalten" den Anwendungsbereich der Ermächtigung stark ausweitet, in einer Altauflage *Dingemann/Gausing*, BeckOK InfSchR, IfSG, § 5 Rn. 34 (1. Edition, 2020). Für eine restriktive Auslegung der Ermächtigung, sodass die Befugnisnormen §§ 28, 32 IfSG und Zuständigkeitsvorschriften (§ 54 IfSG) nicht davon erfasst werden *Rixen*, NJW 2020, 1097 (1102 f.); siehe dazu auch *Ritgen*, Der Landkreis 2020, 137 (139).

[608] Eine alleinige Begrenzung durch den Zweck nicht für ausreichend haltend auch *Kluckert*, in: ders., Das neue Infektionsschutzrecht, 2. Aufl. 2021, § 2 Rn. 149.

[609] So auch jeweils in einer Altauflage: *Dingemann/Gausing*, BeckOK InfSchR, IfSG, § 5 Rn. 34 (1. Edition, 2020); *Hollo*, in: Kießling, IfSG, 1. Aufl. 2020, § 5 Rn. 24; ebenso *Ritgen*, Der Landkreis 2020, 137 (139); *Rixen*, NJW 2020, 1097 (1102 f.). Im Ergebnis auch *Kluckert*, in: ders., Das neue Infektionsschutzrecht, 2. Aufl. 2021, § 2 Rn. 149a (Nr. 3 gleichwohl „enger" haltend als die Ermächtigungen in Nr. 4, 7, 8, 10).

[610] BT-Drs. 19/23944, S. 25.

[611] BT-Drs. 19/27291, S. 56.

[612] BGBl. I 2021, S. 370.

[613] BVerfG, NJW 1998, 660 (670).

[614] Vgl. auch Bericht des Sachverständigenausschusses nach § 5 Abs. 9 IfSG: Evaluation der Rechtsgrundlagen und Maßnahmen der Pandemiepolitik, 2022, S. 106.

[615] Dazu und zum Folgenden *Dederer/Preiß*, AöR 148 (2023), 289 (318).

selbst[616] (offenbar) keine Gewissheit verschafft hat, um welche Bestimmungen der genannten Gesetze es eigentlich genau geht.[617] Dieser Eindruck wird verstärkt, wenn z. B. § 5 Abs. 2 Satz 1 Nr. 4 lit. a IfSG ganz pauschal und ohne Gesetzesbezeichnung auf die „medizinprodukterechtlichen Vorschriften" und „die persönliche Schutzausrüstung betreffenden Vorschriften des Arbeitsschutzes" verweist oder die in Bezug genommenen Gesetze nicht oder nur teilweise genannt werden (vgl. § 5 Abs. 2 Satz 1 Nr. 7, 8 IfSG).[618]

§ 5 Abs. 2 IfSG verstößt mithin gegen das Bestimmtheitsgebot des Art. 80 Abs. 1 Satz 2 GG in Verbindung mit der Wesentlichkeitstheorie.[619] Dass die Ermächtigungen an die vorherige parlamentarische Feststellung einer epidemischen Lage von nationaler Tragweite gekoppelt sind, hilft über diesen Mangel ebenso wenig hinweg wie ohnehin fehlende parlamentarische Beteiligungs- und Kontrollrechte an der Verordnungsgebung (z. B. Zustimmungsvorbehalte, Änderungs- oder Aufhebungsbefugnisse).[620] Warum derart weitreichende Verordnungsbefugnisse auch nach drei Jahren Pandemie nicht zumindest in Gesetzesform überführt worden sind, erschließt sich nicht.[621]

---

616 Dass es nicht der „originäre Gesetzgeber" der betreffenden Gesetze war, der beim „Erlass eines Gesetzes" die „Subsidiarität" (Begriff nach BVerfGE 8, 155 [171]; BVerfG, NJW 1998, 660 [670]) seiner Regelungen gegenüber den Rechtsverordnungen der Exekutive vorgesehen hat, ist hingegen unschädlich (anders aber *Dreier*, DÖV 2021, 229 [235 f.]; ebenso Bericht des Sachverständigenausschusses nach § 5 Abs. 9 IfSG: Evaluation der Rechtsgrundlagen und Maßnahmen der Pandemiepolitik, 2022, S. 107). Denn selbstverständlich darf ein späterer Bundestag alle Gesetze eines früheren Bundestages abändern und in diesem Zuge auch Ermächtigungen zu „gesetzesändernden" Rechtsverordnungen nachträglich in die betreffenden Gesetze einfügen, insbesondere wenn der spätere Bundestag kraft besserer, konkret pandemiebedingter Einsicht zu der Erkenntnis kommt, dass bestimmte Gesetze der Ergänzung durch Notstandsvorschriften, ggf. in Verbindung mit neuen Ermächtigungen zu „gesetzesändernden" Notstandsverordnungen bedürfen. Eine andere Sicht ließe sich mit dem Demokratieprinzip (Art. 20 Abs. 1 und 2 GG) kaum vereinbaren (dazu BVerfGE 141, 1 [21 ff.]. Zudem *Dreier*, in: ders., Grundgesetz, Band II, 3. Aufl. 2015, Art. 20 (Demokratie) Rn. 73: Demokratie „ist stets Herrschaft auf Zeit"); so bereits wortgleich *Dederer/Preiß*, AöR 148 (2023), 289 (317 f.).

617 *Dederer/Preiß*, AöR 148 (2023), 289 (318). Ganz anders dagegen bei § 22a Abs. 4 Satz 1, 2 Nr. 1, 2 IfSG, der verordnungsrechtliche Abweichungen von § 22a Abs. 1 bzw. 2 IfSG ausdrücklich zulässt.

618 *Dederer/Preiß*, AöR 148 (2023), 289 (318, insb. Fn. 199).

619 *Dederer/Preiß*, AöR 148 (2023), 289 (318).

620 Über diesen verfassungsrechtlichen Mangel an Bestimmtheit kann auch eine restriktive Auslegung nicht hinweghelfen, *Dederer/Preiß*, AöR 148 (2023), 289 (319 Fn. 210); dafür aber offenbar *Gausing*, in: BeckOK InfSchR, IfSG, § 5 IfSG Rn. 14a (2024); *Kersten/Rixen*, Der Verfassungsstaat in der Corona-Krise, 3. Aufl. 2022, S. 324 ff.; *Rixen*, NJW 2020, 1097 (1103); *ders.*, in: Kluckert, Das neue Infektionsschutzrecht, 2. Aufl. 2021, § 4 Rn. 20. Im Ergebnis wie hier *Dreier*, DÖV 2021, 229 (236); Bericht des Sachverständigenausschusses nach § 5 Abs. 9 IfSG: Evaluation der Rechtsgrundlagen und Maßnahmen der Pandemiepolitik, 2022, S. 107.

621 Zutreffend *Kingreen*, BT-Drs. 19(14)288(3), S. 5; *ders.*, Rechtsgutachten für die FDP v. 11.06.20, S. 29 f.

Die Ermächtigungen in § 5 Abs. 2 IfSG sind zeitlich zudem nicht mehr befristet und wurden auch von der epidemischen Lage von nationaler Tragweite insoweit entkoppelt, dass sie nach § 5 Abs. 4 Satz 2 IfSG auch nach deren Beendigung fortgelten können und allenfalls auf einen sehr langen Geltungszeitraum befristet sind. Einen Geltungsraum für die Verordnungen selbst gibt es nicht. Dadurch wird ein Verstetigungseffekt begünstigt.[622]

3. Grundrechtsbeschränkende Pandemiemaßnahmen

Zur Bewältigung der COVID-19-Pandemie wurden die in der Geschichte der Bundesrepublik bislang weitreichendsten und eingriffsintensivsten grundrechtsbeschränkenden Schutzmaßnahmen in der Geschichte der BRD ergriffen.[623] Die Maßnahmen wurden kumulativ als Bündel erlassen und beschränkten das öffentliche und private Leben der gesamten Bevölkerung über einen sehr langen Zeitraum. Sie galten nicht nur flächendeckend und für die breite Allgemeinheit, sondern erfassten fast den gesamten grundrechtlichen Freiheitsbereich und jeden Einzelnen in unterschiedlicher Intensität und Ausmaß.[624]

Die zentrale gesetzliche Grundlage für die Pandemieschutzmaßnahmen bildete zunächst die generalklauselartige Regelung[625] des § 28 Abs. 1 IfSG (a. F.)[626] (i. V. m. § 32 IfSG), auf die alle „notwendigen Schutzmaßnahmen", „soweit und solange" sie zum Zweck des Infektionsschutzes „erforderlich" waren, gestützt werden konnten. Auf dieser Grundlage ergingen für die ersten sieben Monate der COVID-19-Pandemie sämtliche grundrechtsbeschränkenden Maßnahmen – von Abstandsgeboten und Maskenpflichten über Schulschließungen, Versammlungs- und Kontaktverboten bis hin zu Ausgangsbeschränkungen. Mangels konkreter gesetzlicher Vorgaben, oblag es somit allein der Exekutive, zu entscheiden, welche Schutzmaßnahmen

---

[622] Durch Art. 1 des Gesetzes zur Stärkung der Impfprävention gegen COVID-19 und zur Änderung weiterer Vorschriften im Zusammenhang mit der COVID-19-Pandemie (BGBl. 2021 I, S. 5162) kann z. B. von § 5 Abs. 2 Satz 1 Nr. 7 lit. b-f IfSG auch nach Ende der epidemischen Lage von nationaler Tragweite Gebrauch gemacht werden, sofern dies „im Rahmen der Coronavirus-SARS-CoV-2-Pandemie oder ihrer Folgen erforderlich" ist. Ähnlich *Kingreen*, NJW 2021, 2766 (2767).

[623] Vgl. VG Schleswig, Beschl. v. 08. 04. 2020 – 1 B 44/20, juris Rn. 24; ähnlich *Wißmann*, VerfBlog v. 06. 02. 2021: „seit März 2020 die schärfsten Grundrechtseingriffe in der Geschichte der Bundesrepublik".

[624] Die nachfolgenden Ausführungen zu Abschnitt „3. Grundrechtsbeschränkende Pandemiemaßnahmen" (von Fn. 623 bis Fn. 674) bauen auf den Grundlegungen bei *Dederer/Preiß*, AöR 148 (2023), 289 (320 ff.; 339 ff.) auf.

[625] Gleiches gilt weiterhin für § 28 Abs. 1 IfSG in der aktuell geltenden Fassung, siehe etwa *Kießling*, in: dies., IfSG, 3. Aufl. 2022, § 28 Rn. 4.

[626] Bis zum Erlass des Ersten Bevölkerungsschutzgesetz § 28 Abs. 1 Satz 1 IfSG, in der Fassung vom Ersten Bevölkerungsschutzgesetz § 28 Abs. 1 Satz 1 HS 1 IfSG.

ergriffen wurden.[627] Was allenfalls für einen kurzen Anfangszeitraum[628] angesichts einer neuen, bisher unbekannten pandemischen Bedrohungslage noch als zulässige Rechtsgrundlage hingenommen werden konnte,[629] war aus Sicht der Wesentlichkeitstheorie in Verbindung mit dem Bestimmtheitsgrundsatz jedenfalls nach Monaten einer Pandemie nicht mehr tauglich und ausreichend, um derartige Eingriffe in die grundrechtlichen Freiheiten zu tragen.[630]

Neben der Tauglichkeit der Generalklausel des § 28 Abs. 1 IfSG a. F. als Rechtsgrundlage für die flächendeckenden wie eingriffsintensiven Pandemiemaßnahmen wurde ebenso die Handlungsfähig- und -willigkeit des Bundestags vermehrt in Frage gestellt,[631] weshalb dieser mit dem Dritten Bevölkerungsschutzgesetz und nachfolgenden Gesetzen in den §§ 28a bis 28c IfSG ein speziell auf die COVID-19-Pandemie zugeschnittenes und explizit auf dieses bezogenes Repertoire an infektionsschutzrechtlichen Schutzmaßnahmen einführte.[632] Dieses Regelwerk stellte sich in der ursprünglichen Fassung der §§ 28a bis 28c IfSG a. F. als Notstandsgesetzgebung dar, indem die Geltung der Vorschriften grundsätzlich[633] an die Fest-

---

[627] *Lepsius*, RuP 56 (2020), 258 (264 f.) spricht von einer „Parallelrechtsordnung des Corona-Rechts“.

[628] Zur zeitlichen Perspektive siehe *Barczak*, DVBl. 2023, 1036 (1041): „Eine interpretatorische Zurücknahme von Geltung und Reichweite des Parlamentsvorbehalts ‚in der Zeit‘ räumt der Verwaltung [dabei] die nötige Handlungsflexibilität ein“.

[629] *Bethge*, VerfBlog v. 24.03.2020; *Kluckert*, in: ders., Das neue Infektionsschutzrecht, 2. Aufl. 2021, § 2 Rn. 99; *Papier*, DRiZ 2020, 180 (183); *Volkmann*, VerfBlog v. 20.03.2020; *von Weschpfennig*, DV 53 (2020), 469 (479, 481). Siehe aus der Rechtsprechung z. B. VGH München, Beschl. v. 27.04.2020 – 20 NE 20.793, juris Rn. 45; OVG Münster, Beschl. v. 06.04.2020 – 13 B 398/20.NE, juris Rn. 57 ff., 61; VG Frankfurt, Beschl. v. 09.11.2020 – 5 L 2944/20.F, juris Rn. 25.

[630] Zweifelnd VGH BW, Beschl. v. 09.04.20 – 1 S 925/20, juris Rn. 37 ff.; deutlicher sodann VerfGH des Saarlandes, Beschl. v. 28.08.20 – Lv 15/20, juris Rn. 84 ff.; VGH München, Beschl. v. 29.10.2020 – 20 NE 20.2360, juris Rn. 28 ff., 35; das BVerwG hebt in seiner Entscheidung (BVerwG, Urt. v. 22.11.2022 – 3 CN 1.21) hervor, dass es die Generalklausel im maßgeblichen Zeitpunkt der Entscheidung (Mitte April bis Anfang Mai 2020) für die Anforderungen der Wesentlichkeitstheorie i. V. m. dem Bestimmtheitsgebot entsprechend hält (Rn. 38 ff., 42, 45), erkennt aber zugleich eine Konkretisierungspflicht bei Verbesserung des Erkenntnisstandes an (Rn. 44); *Katzenmeier*, MedR 2020, 461 (462 f.); *Klafki*, NVwZ 2020, 1718 (1722); *Möllers*, VerfBlog v. 26.03.2020; *Papier*, DRiZ 2020, 180 (183); speziell zur Problematik von Ausgangsbeschränkungen *Edenharter*, VerfBlog v. 19.03.2020; *Kießling*, JuWissBlog v. 19.03.2020; *Klafki*, VerfBlog v. 25.03.2020; *Volkmann*, NJW 2020, 3153 (3156 ff.). Mit weiteren Nachweisen *Kießling*, JZ 2022, 53 (55 in und bei Fn. 21). Siehe zum Ganzen die ausführliche Aufarbeitung mit vielen Nachweisen aus Literatur und Rechtsprechung bei *Hering*, DV 55 (2022), 365 (376 ff.).

[631] Dazu z. B. bei *Dreier*, DÖV 2021, 229 (240); *Leisner*, in: Stern/Sodan/Möstl, Das Staatsrecht der Bundesrepublik Deutschland, Band II, 2. Aufl. 2022, § 36 Rn. 22 ff.

[632] § 28a IfSG enthält an die Länder gerichtete Verordnungsermächtigungen, § 28b IfSG sieht bundesweite Schutzmaßnahmen vor und § 28c IfSG ermächtigt die Bundesregierung zum Erlass von Rechtsverordnungen, die Ausnahmen und Erleichterungen für Immunisierte vorsehen.

[633] Anders § 28a Abs. 7, 8 IfSG a. F.

stellung einer „epidemischen Lage von nationaler Tragweite" gekoppelt war (§ 28a Abs. 1, § 28b Abs. 10 Satz 1 IfSG a. F.).[634]

Die zentrale Norm für die COVID-19-Pandemiemaßnahmen bildete § 28a IfSG. Dessen Abs. 1 nennt in einem nicht abschließenden Katalog an Regelbeispielen[635] zahlreiche Schutzmaßnahmen verschiedener Art, welche für die Dauer einer epidemischen Lage von nationaler Tragweite (auch und vor allem per Rechtsverordnung, § 32 IfSG) auch kumulativ (§ 28a Abs. 6 Satz 1 IfSG) ergriffen werden können. Die Maßnahmen sind zu begründen[636] und zu befristen (§ 28a Abs. 5 Satz 1 IfSG), am Ziel des Schutzes von Leben und Gesundheit sowie der Funktionsfähigkeit des Gesundheitssystems auszurichten (§ 28a Abs. 3 Satz 1 IfSG) und sind entsprechend der Hospitalisierungsrate sowie weiteren pandemiespezifischen Indikatoren (§ 28a Abs. 3 Satz 4, 5 IfSG) zu ergreifen. In § 28a Abs. 6 IfSG werden außerdem die Verpflichtung zur Erstellung eines Schutzkonzeptes sowie Anforderungen an dieses Konzept normiert.[637] Darüber hinaus versuchen einige Regelungen innerhalb der Norm, den Wechselfällen einer Pandemie und dem sich stetig ändernden, in Wellen verlaufenden Infektionsgeschehen Rechnung zu tragen: § 28a Abs. 3 Satz 2 IfSG ermöglicht etwa, bereits präventiv Maßnahmen zu ergreifen. Dem Umstand, dass auch nach dem Ende einer epidemischen Lage von nationaler Tragweite in einzelnen Ländern noch flächendeckende Pandemiemaßnahmen erforderlich sein können, wurde in § 28a Abs. 8 IfSG a. F.[638] dadurch begegnet, dass die Landesparlamente (mit Ausnahmen) die Schutzmaßnahmen nach Absatz 1 durch Beschluss für anwendbar erklären konnten. Gemäß § 28a Abs. 7 IfSG a. F.[639] konnten zudem, unabhängig von einer epidemischen Lage von nationaler Tragweite, bestimmte, abschließend aufgezählte Maßnahmen ergriffen werden.[640] § 28a IfSG stellt damit eine Grundlage für die grundrechtsbeschränkenden Pandemiemaßnahmen dar, die den Anforderungen

---

[634] Indirekt galt dies auch für § 28c IfSG. Hiernach konnte und kann die Bundesregierung per Rechtsverordnung Ausnahmen von Maßnahmen erlassen, wie sie insbesondere aufgrund von §§ 28a, 28b IfSG angeordnet werden konnten bzw. wurden.

[635] BT-Drs. 19/23944, S. 2.

[636] *Dreier*, DÖV 2021, 229 (234 Fn. 54) hält dies für eine „bemerkenswerte Innovation".

[637] So auch *Kießling*, in: dies., IfSG, 3. Aufl. 2022, § 28a Rn. 179; OVG Koblenz, Beschl. v. 18.01.2021 – 6 B 11642/20, juris Rn. 10; vgl. auch *Gerhardt*, IfSG, 6. Aufl. 2021, § 28 Rn. 24, § 28a Rn. 3. Anders *Sangs*, NVwZ 2020, 1780 (1784); *Eibenstein*, COVuR 2020, 856 (857); *Fleischfresser*, in: Kluckert, Das neue Infektionsschutzrecht, 2. Aufl. 2021, § 13 Rn. 29d, die die Regelung für überflüssig halten.

[638] In der Fassung vom 22.11.2021.

[639] In der Fassung vom 22.11.2021.

[640] So BT-Drs. 20/15, S. 29. Eine Anwendbarkeit von Notstandsbefugnissen auch außerhalb der Notstandslage fördert jedoch einen Normalisierungs- und Gewöhnungseffekt an die außerordentlichen Befugnisse auch in der Normallage (dazu auch *Kingreen*, NJW 2021, 2766 [2768]). Unabhängig von der epidemischen Lage von nationaler Tragweite waren daher zurecht überwiegend lediglich weniger eingriffsintensive Maßnahmen wie Abstandsgebote, Maskenpflicht und die Erstellung von Hygieneschutzkonzepten möglich.

der Wesentlichkeitstheorie prinzipiell gerecht wird.[641] Der Anwendungsbereich der Norm ist allerdings auf die COVID-19-Pandemie und SARS-CoV-2 beschränkt, sodass es weiterhin an einer Grundlage für freiheitsbeschränkende Pandemieschutzmaßnahmen im Allgemeinen fehlt.

Vereinzelt werden mit Blick auf die Bestimmtheitsanforderungen der Wesentlichkeitstheorie in § 28a IfSG auch noch Defizite bemängelt, die im Folgenden näher erörtert werden.

a) Standardmaßnahmen im IfSG?

Nicht zutreffend ist es jedoch, vom Gesetzgeber Regelungen zu fordern, die dem aus dem allgemeinen Sicherheitsrecht bekannten Modell der Standardmaßnahmen nachgebildet sind und an der Eingriffstiefe orientierte tatbestandliche Grenzen und entsprechende Rechtsfolgen normieren.[642] Während das Sicherheitsrecht auf typische und häufige Fälle sowie erwartbare Wechselfälle des alltäglichen Lebens zugeschnitten ist und daher auf Tatbestands- und Rechtsfolgenseite schematisierte Maßnahmen zulässt, ist dies in einer Pandemie gerade nicht der Fall. Es fehlt an hinreichender empirischer Erfahrung im Umgang mit Pandemien. Selbst die Erfahrungen im Zusammenhang mit der Bewältigung der COVID-19-Pandemie entspringen deren spezieller Eigenart und lassen sich nur bedingt auf künftige Pandemien übertragen. Denn jede Pandemie ist in ihrem Ausmaß und Verlauf einzigartig und damit unvorhersehbar. Hier zeigt sich letztlich das typische (Regelungs-)Problem eines jeden Notstandes, dass sich wegen der Unvorhersehbarkeit der Notstandslage[643] ex ante nur begrenzt Schutzmaßnahmen vorhersehen und nach Tatbestand und Rechtsfolge normieren lassen.[644]

---

[641] *Dederer/Preiß*, AöR 148 (2023), 289 (321); *Gerhardt*, IfSG, 6. Aufl. 2022, § 28a Rn. 7; *Klafki*, NVwZ 2020, 1718 (1719): „Norm geschaffen, die verfassungsrechtlichen Mindestanforderungen genügt"; *Poscher*, in: Huster/Kingreen, HdB InfSR, 2. Aufl. 2022, Kapitel 4 Rn. 75 f. Etwas zurückhaltender *Amhaouach/Huster/Kießling/Schaefer*, NVwZ 2021, 825 (826): zumindest „Rechtslage … stark verbessert". Sehr kritisch zu § 28a IfSG *Kingreen*, in: Huster/Kingreen, HdB InfSR, 2. Aufl. 2022, Kapitel 1 Rn. 136.

[642] So aber der Bericht des Sachverständigenausschusses nach § 5 Abs. 9 IfSG: Evaluation der Rechtsgrundlagen und Maßnahmen der Pandemiepolitik, 2022, S. 111; anders wohl auch *Kingreen*, in: Huster/Kingreen, HdB InfSR, 2. Aufl. 2022, Kapitel 1 Rn. 136: „es ist erforderlich, dass für diese Maßnahmen [sc. in § 28a Abs. 1 IfSG] tatbestandliche Grenzen aufgestellt werden, die die grundrechtliche Eingriffstiefe reflektieren." Ebenso *Kießling*, BT-Drs. 19(14)246(7), S. 9; *Klafki*, BT-Drs. 19(14)246(9), S. 2; *Möllers*, BT-Drs. 19(14)246(15), S. 7 f.; *Gallon/Hollo/Kießling*, Epidemiegesetz, 2023, S. 52; Wie hier *Dederer/Preiß*, AöR 148 (2023), 289 (344); *Di Fabio*, Coronabilanz, 2021, S. 48 f.; *Greve*, NVwZ 2020, 1786 (1788 ff.); *Kersten/Rixen*, Der Verfassungsstaat in der Corona-Krise, 3. Aufl. 2022, S. 150; *Wollenschläger*, in: 50 Jahre Juristische Fakultät Augsburg, 2021, 651 (682).

[643] Siehe auch *Di Fabio*, Coronabilanz, 2021, S. 47: „Es irrt, wer meint, mit dem Gesetz alle Lagen eines Notstandes regeln zu können".

[644] Bezeichnenderweise gibt es auch nach über vier Jahren seit Beginn der COVID-19-Pandemie kaum Vorschläge, wie denn wenigstens für die COVID-19-Pandemie derartige

b) *Ausnahme-, Härtefall- und Entschädigungsklauseln*

Zur Verhältnismäßigkeit grundrechtsbeschränkender Maßnahmen können Ausnahme- bzw. Härte- sowie Entschädigungsregeln beitragen. Für die COVID-19-Schutzmaßnahmen erlaubt § 28a Abs. 2 Satz 2 IfSG in der Konsequenz grundsätzlich, das Betreten bzw. Besuchen von Einrichtungen des Gesundheits- und Sozialwesens zu beschränken, allerdings unter der Einschränkung, dass solche Beschränkungen „nicht zur vollständigen Isolation von einzelnen Personen oder Gruppen führen" dürfen und ein „Mindestmaß an sozialen Kontakten gewährleistet bleiben" muss. Zudem ist die Untersagung von Versammlungen und Gottesdiensten ebenso wie das Verhängen von Ausgangsbeschränkungen und das Besuchsverbot in bestimmten Kranken- und Pflegeeinrichtungen nur im *ultima ratio*-Fall[645] zulässig (vgl. § 28a Abs. 2 Satz 1 IfSG), wenngleich dessen Grenze nicht klar umschrieben ist. Aus der abschließenden Aufzählung in den landesrechtlichen Verordnungen ergeben sich daneben weitere Ausnahmen, die aus Verhältnismäßigkeitsgründen nötig sind und ähnlich wie in § 28b Abs. 1 IfSG in der Fassung vom 23.04.2021 auch hier schon im Gesetz Anklang finden könnten.[646]

Entschädigungsregeln finden sich derzeit in § 56 IfSG, der in Absatz 1a dahingehend erweitert wurde, dass auch diejenigen Erwerbstätigen einen Ersatz ihres Verdienstausfalls erhalten, die infolge der Schließung von Schulen oder sonstigen Betreuungseinrichtungen ihre Kinder betreuen müssen. Weder § 56 IfSG noch § 65 IfSG erfassen jedoch Erwerbsausfälle von Personen, die aufgrund der Corona-bedingten Schließungsanordnungen auf Grundlage von §§ 28, 28a IfSG finanzielle Einbußen erleiden.[647] Die Finanzhilfen des Staates, die gegenwärtig für derartige

---

Standardmaßnahmen zu formulieren wären, welche die „grundrechtliche Eingriffstiefe reflektieren" (so gefordert von *Kingreen*, in: Huster/Kingreen, HdB InfSR, Kapitel 1 Rn. 136). Die Vorschläge von *Kießling*, BT-Drs. 19(14)246(7), Anhang S. 2 ff. sind sicher erwägenswert. Der Tatbestand der dort vorgeschlagenen Spezialermächtigungen bezieht sich allerdings durchgehend auf die im dortigen § 31a Abs. 1 normierte Feststellung einer epidemischen Lage von nationaler Tragweite (so ist wohl der Verweis „Unter den Voraussetzungen des § 31a Abs. 1" zu verstehen) und unterscheidet lediglich auf der Rechtsfolgenseite danach, ob die Maßnahmen z. B. „zwingend erforderlich" sind. Wenngleich die zuständige Behörde dadurch zur Auseinandersetzung mit ihrer Entscheidung bewegt wird, ist fraglich, ob damit auch zum Schutz der jeweils betroffenen Grundrechte viel gewonnen ist. So bereits *Dederer/Preiß*, AöR 148 (2023), 289 (344).

[645] OVG Lüneburg, Beschluss v. 06.04.2021 – 13 ME 166/21, juris Rn. 28.

[646] Siehe die beispielhafte Aufzählung solcher Fälle bei *Möllers*, BT-Drs. 19(14)246(15), S. 7 f. Für Tätigkeiten, von denen keine zusätzliche Infektionsgefahr ausgeht oder die zur Befriedigung der Grundbedürfnisse notwendig sind auch *Klafki*, BT-Drs. 19(14)246(9), S. 3.

[647] Kurzer Problemaufriss z. B. bei *Reschke*, DÖV 2020, 423 (423 f.); *Shirvani*, NVwZ 2020, 1457 (1457 f.). Siehe jetzt BGH, NZM 2022, 340, LS 1: „§ 56 I IfSG und § 65 I IfSG gewähren Gewerbetreibenden, die im Rahmen der Bekämpfung der COVID-19-Pandemie als infektionsschutzrechtliche Nichtstörer durch eine auf § 28 I IfSG gestützte flächendeckende Schutzmaßnahme, insbesondere eine Betriebsschließung oder Betriebsbeschränkung, wirtschaftliche Einbußen erlitten haben, weder in unmittelbarer oder entsprechender

Fälle vorgesehen sind, sind freiwillige Leistungen, zeitlich und im Umfang begrenzt und müssen teilweise zurückgezahlt werden.[648] Das normierte Entschädigungsrecht wird daher für defizitär erachtet.[649] Hier wird allerdings das Wesen der COVID-19-Pandemie als innerer (Gesundheits-)Notstand deutlich:[650] Dem pandemischen, „alles Volk“ erfassenden, spezifischen Charakter von COVID-19 entsprechend wird die gesamte Bevölkerung von SARS-CoV-2 in Mitleidenschaft gezogen.[651] Infektionsschutzmaßnahmen stellen sich hier mit Rücksicht auf den Schutz der besonders hochrangigen Rechtsgüter Leben und Gesundheit (Art. 2 Abs. 2 Satz 1 GG) und die Funktionsfähigkeit des hierfür eingerichteten Gesundheitssystems auch ohne finanziellen Ausgleich grundsätzlich als verhältnismäßig dar, weshalb der Gesetzgeber jedenfalls insoweit im Grundsatz keiner Pflicht zur Entschädigungsregelung[652] unterliegt.[653] Der „Schaden“ wird zum Massenphänomen, wie auch immer er sich materialisiert (in Gestalt der Erkrankung, des Verdienstausfalls, des entgangenen Gewinns usw.), sei es durch das Virus selbst, sei es durch Maßnahmen des Infektionsschutzes. Derartige Sachlagen lassen sich im Grundsatz nicht in individuellen Entschädigungsbeziehungen zwischen Staat und Einzelnem nach Maßstäben, die für den „Normalzustand“ gelten, regulieren.[654] Praktizierbar sind nur Pauschallösungen[655] im Sinne eines allgemeinen Lastenausgleichs, zu welchem der Gesetzgeber aus Gründen des Sozialstaatsprinzips verpflichtet sein kann[656] und im Fall der Co-

---

Anwendung noch im Weg verfassungskonformer Auslegung einen Anspruch auf Entschädigung.“

648 Siehe https://www.bmwi.de/Redaktion/DE/Coronavirus/informationen-zu-corona-hilfen-des-bundes.html (zuletzt: 28.08.2023).

649 *Möllers*, BT-Drs. 19(14)246(15), S. 8; *Papier*, DRiZ 2020, 180 (183); *Shirvani*, NVwZ 2020, 1457 (1461); a. A. *Kümper*, in: Kießling, IfSG, 3. Aufl. 2022, Vorb. vor §§ 56 ff. Rn. 17.

650 Die folgenden Ausführungen zu den Entschädigungsansprüchen (bis einschließlich Fn. 660) sind unverändert und wortgleich *Dederer/Preiß*, AöR 148 (2023), 289 (322 f.) entnommen.

651 Je nach Entwicklung der SARS-CoV-2-Varianten lässt sich auch für die absehbare Zukunft nicht ausschließen, dass es wieder zu Infektionsszenarien kommen kann, die jener zu Beginn der Pandemie gleichen, weil bislang vorhandene Immunisierungen durch Impfung oder Genesung und einstweilen verfügbare Testungen wegen der Neuartigkeit der Virusvarianten ins Leere gehen und jene Varianten zu schweren bis tödlichen Krankheitsverläufen führen.

652 Über die bestehenden Regeln der §§ 56 und 65 IfSG hinaus.

653 Wie hier bereits *Cornils*, DV 54 (2021), 477 (485 ff.; 510); *Kruse*, in: BeckOK InfSchR, IfSG, § 65 IfSG Rn. 34b (2024); wohl auch *Reschke*, DÖV 2020, 423 (429 f.); a. A. *Shirvani*, NVwZ 2020, 1457 (1461).

654 Gleichsinnig, aber wesentlich ausführlicher LG Hannover, Urt. v. 11.12.2020 – 8 O 4/20, juris Rn. 132 ff.; ebenso *Kersten/Rixen*, Der Verfassungsstaat in der Corona-Krise, 3. Aufl. 2022, S. 282 ff.

655 Hierzu auch *Dederer*, in: BK-GG, Art. 14 (Eigentum), Rn. 1164, 1166, 1179 f. (2018).

656 Siehe BVerfGE 27, 253 (283). Ferner *Cornils*, DV 54 (2021), 477 (507); *Itzel*, MDR 2021, 649 (654); *Kümper*, in: Kießling, IfSG, 3. Aufl. 2022, Vorb. vor §§ 56 ff. Rn. 17.

rona-Pandemie verpflichtet ist.[657] Mit Rücksicht auf die enorme wirtschaftliche Bedeutung staatlicher Finanzhilfen[658] vor allem für die Berufsausübung (Art. 12 Abs. 1 GG)[659] und deren gleichheitsgerechte Verteilung (Art. 3 Abs. 1 GG) unter einer gewaltigen Masse an Personen muss der Gesetzgeber allerdings parlamentsgesetzliche Grundlagen schaffen, welche z.B. die Errichtung eines Hilfsfonds, dessen Ausstattung und Verwaltung sowie die Verteilungstatbestände und -maßstäbe, die Auszahlungsmodalitäten und etwaige Rückzahlungsverpflichtungen regeln.[660]

c) Ausnahmen für Immunisierte

Steht fest, dass von bestimmten Personen kein oder nurmehr ein epidemiologisch vernachlässigbares Infektionsrisiko ausgeht, so fehlt es den grundrechtsbeschränkenden Maßnahmen an einer sachlichen Grundlage, und sie sind gegenüber diesen Personen nicht mehr verhältnismäßig.[661] Auf die Unterschiede, die sich bei der Bekämpfung des Virus durch eine Immunisierung ergeben können, reagierte der COVID-19-Gesetzgeber, indem er die Bundesregierung in § 28c Satz 1, 2 IfSG[662] ermächtigte, per Verordnung Ausnahmen von und Erleichterungen zu den COVID-19-Ge- und Verboten für Geimpfte, Getestete und vergleichbare Personen (im Folgenden: Immunisierte) zu bestimmen. Auf dieser Grundlage wurde die COVID-19-Schutzmaßnahmen-Ausnahmenverordnung[663] erlassen. Die Verordnung bestimmte, welche Anforderungen an einen Genesenen-, Impf- oder Testnachweis gestellt wurden (§ 2) und von welchen Regelungen des § 28b IfSG a.F. oder von welchen landesrechtlichen Vorschriften, die auf Grundlage des 5. Abschnittes des IfSG erlassen wurden, Ausnahmen zugunsten Immunisierter galten. Der Immunitätsstatus ermöglichte es somit, in Zeiten der strengen Bundesnotbremse am täglichen Leben

---

[657] BGH, NZM 2022, 340 (347). Siehe schon *Kersten/Rixen*, Der Verfassungsstaat in der Corona-Krise, 3. Aufl. 2022, S. 288 ff.

[658] Zu den Finanzhilfen des Bundes siehe https://www.bmwi.de/Redaktion/DE/Coronavirus/informationen-zu-corona-hilfen-des-bundes.html (zuletzt: 28.08.2023).

[659] Siehe auch BVerfG (K), Beschl. v. 23.03.2022 – 1 BvR 1295/21, Rn. 28, 34 zur Bedeutung von staatlichen Finanzhilfen für die Beurteilung der Verhältnismäßigkeit der mehrfachen, je für sich wochenlangen Schließungen von Gaststätten.

[660] Vgl. hierzu auch Bericht des Sachverständigenausschusses nach § 5 Abs. 9 IfSG: Evaluation der Rechtsgrundlagen und Maßnahmen der Pandemiepolitik, 2022, S. 119 f.; siehe zudem jüngst BGH, NVwZ 2023, 1188 ff. Die vorausgehenden Ausführungen zu den Entschädigungsansprüchen (ab Fn. 650) sind unverändert und wortgleich *Dederer/Preiß*, AöR 148 (2023), 289 (322 f.) entnommen.

[661] Siehe nur *Brenner*, BT-Drs. 19(14)323(17), S. 10.

[662] Teilweise normierte 28b IfSG a.F. bereits gesetzliche Ausnahmen für Getestete. Zudem sah das Gesetz teilweise stärkere Beschränkungen für Nicht-Immunisierte etwa in Form sog. 3G- oder 2G- (plus) Regelungen vor.

[663] COVID-19-Schutzmaßnahmen-Ausnahmenverordnung v. 08.05.2021 (BAnz AT 08.05.2021 V1), zuletzt geändert durch die Zweite Verordnung zur Änderung der COVID-19-Schutzmaßnahmen-Ausnahmenverordnung v. 18.01.2022 (BGBl. I 2022, S. 478).

teilzunehmen und wirkte sich daher stark auf die Wahrnehmung von Grundrechten aus, stellte mithin eine „wesentliche Entscheidung“ dar.[664]

Die Wesentlichkeitstheorie in Verbindung mit dem Bestimmtheitsgebot steht einer verordnungsrechtlichen Regelung darüber, von welchen Geboten oder Verboten Erleichterungen oder Ausnahmen welcher Art für immunisierte oder negativ getestete Personen vorgesehen werden können, nicht grundsätzlich entgegen.[665]

Ebenso ist ein Verweis in der Verordnung auf das RKI und den aktuellen Stand der Wissenschaft zur Konkretisierung der Anforderungen an einen Impf- oder Genesenennachweis mit den Anforderungen der Wesentlichkeitstheorie und dem Vorbehalt des Gesetzes vereinbar.[666] Die Frage, wann ein ausreichender Grad an Immunisierung vorliegt, bei dem der Einzelne keinen nennenswerten Beitrag zum Infektionsgeschehen mehr leistet und daher von etwaigen Schutzmaßnahmen ausgenommen werden kann, ist denklogisch abhängig von der wissenschaftlichen Daten- und Erkenntnisgrundlage über das Virus (bzw. den Impfstoff) und wird durch das tatsächliche, dynamische Infektionsgeschehen, insbesondere das Auftreten neuer Mutationen, beeinflusst. Eine statische Regelung durch den Gesetzgeber ist demnach nicht zwingend angezeigt. Der Deutsche Bundestag kann diese Frage vielmehr dem BMG unter Einbeziehung des vom RKI erarbeiteten aktuellen wissenschaftlichen Standes überantworten. Der dynamische Verweis[667] auf die Internetseite des RKI bzw. PEI in der Verordnung lässt für den Normbetroffenen jedoch nicht hinreichend erkennen und vorhersehen, welche Vorschriften für ihn im Einzelnen gelten sollen,[668]

---

[664] *Wissenschaftliche Dienste des Deutschen Bundestages*, WD 3-3000-006/22, S. 5.

[665] So aber zur geplanten Vorgängerregelung § 28b Abs. 6 IfSG (BT-Drs. 19/28444, S. 5 f.) *Möllers*, BT-Drs. 19(14)323(2), S. 7. Siehe ferner *Kießling*, in: dies., IfSG, 2. Aufl. 2021, § 28c Rn. 12; *Piecha*, in: Sangs/Eibenstein, IfSG, 2022, § 28c Rn. 11. Wie hier *Dederer/Preiß*, AöR 148 (2023), 289 (321).

[666] Ein Genesenennachweis im Sinne von § 2 Nr. 5 der SchAusnahmV in der Fassung vom 14.01.2022 (BAnz AT 14.01.2022 V1) sollte nur dann vorliegen „wenn der Nachweis den vom Robert Koch-Institut im Internet unter der Adresse www.rki.de/covid-19-genesenennachweis unter Berücksichtigung des aktuellen Stands der medizinischen Wissenschaft veröffentlichten Vorgaben […] entspricht“. Ähnlich § 2 Nr. 3 für den Impfnachweis: „wenn die zugrunde liegenden Schutzimpfungen den vom Paul-Ehrlich-Institut im Benehmen mit dem Robert Koch-Institut im Internet unter der Adresse www.pei.de/impfstoffe/covid-19 unter Berücksichtigung des aktuellen Stands der medizinischen Wissenschaft veröffentlichten Vorgaben hinsichtlich folgender Kriterien entsprechen“. Vgl. dazu, dass die Bundesregierung per Rechtsverordnung nach dem aktuellen Stand der Wissenschaft und Forschung abweichende Anforderungen an einen Impf- und Genesenennachweis regeln darf, BVerfGE 161, 299 (Rn. 124).

[667] Falls in der Verweisung hingegen eine Subdelegation an das RKI gesehen werden sollte, wäre diese mangels Delegationsmöglichkeit (§ 28c Satz 4 IfSG ermächtigt allein die Landesregierungen) verfassungswidrig. Dazu auch VGH München, Beschl. v. 03.03.2022 – 20 CE 22.536, juris Rn. 17. Siehe auch *Wissenschaftliche Dienste des Deutschen Bundestages*, WD 3-3000-006/22, S. 10: „bedenklich“.

[668] Zu dieser Anforderung für dynamische Verweisungen VGH München, Beschl. v. 03.03.2022 – 20 CE 22.536, juris Rn. 17.

und ist damit im Hinblick auf das Bestimmtheitsgebot problematisch.[669] Die Regelung wurde daher zurecht durch die gesetzliche Regelung in § 22a IfSG ersetzt,[670] welcher nunmehr die Anforderungen an die Nachweise in entsprechender Weise vorgibt.[671]

Aus grundrechtlicher Perspektive liegt die Problematik im Kern jedoch an ganz anderer Stelle.[672] Bei dem betreffenden Personenkreis der Immunisierten handelt es sich um infektionsschutzrechtliche Nichtstörer, d. h. Personen, von denen keine oder nur eine epidemiologisch vernachlässigbare Gefahr einer Virusübertragung ausgeht. Der Gesetzgeber müsste den Verordnungsgeber folglich verpflichten,[673] die betreffenden Personen für den Regelfall von prinzipiell allen Infektionsschutzmaßnahmen auszunehmen, es sei denn, es liegen besonders wichtige Gemeinwohlgründe vor, die es erfordern, dass auch jene Personen bestimmten, prinzipiell nicht sehr eingriffsintensiven Maßnahmen des Infektionsschutzes (z. B. Pflicht zum Tragen einer medizinischen Maske) unterliegen.[674] Derzeit steht die Entscheidung über Erleichterungen und Ausnahmen im Ermessen der Exekutive.

d) Schwellenwerte, Stufenregelung

Mit Rücksicht auf ein regional unterschiedliches Infektionsgeschehen und angesichts der großen Bedeutung der wissenschaftlichen Einordnung des Pandemiegeschehens ist eine Orientierung der Maßnahmen an zentralen infektionsepidemiologischen Indikatoren, wie derzeit in § 28a Abs. 3 Satz 4, 5 IfSG geregelt, nicht nur zulässig, sondern sogar notwendig. Das RKI ist als insofern geeignete und zuständige Einrichtung für die Beschaffung und Aufbereitung des nötigen Wissens zu den einzelnen Indikatoren verantwortlich (§ 28a Abs. 3 Satz 7 IfSG).

---

[669] Kritisch auch VGH München, Beschl. v. 03.03.2022 – 20 CE 22.536, juris Rn. 14; siehe ferner BVerfGE 161, 299 (Rn. 15 ff.). Siehe auch *Piecha*, in: Sangs/Eibenstein, IfSG, 2022, § 28c Rn. 12 m. w. N. aus der Rechtsprechung.

[670] Vgl. Art. 1 Nr. 1b, 1d der Zweiten Verordnung zur Änderung der COVID-19-Schutzmaßnahmen-Ausnahmenverordnung (BGBl. 2022 I, S. 478).

[671] Nach BVerfGE 161, 299 (Rn. 124) ist der Gesetzgeber „den aus dem Grundsatz des Gesetzesvorbehalts erwachsenen Anforderungen gerecht geworden" und hat „selbst alle wesentlichen Entscheidungen getroffen". Die „gewählte Regelungstechnik zur Definition des Impf- und Genesenennachweises begegnet auch insoweit keinen Bedenken, als gemäß § 22a Abs. 4 IfSG die Bundesregierung ermächtigt wird, durch Rechtsverordnung mit Zustimmung des Bundesrats nach dem aktuellen Stand der Wissenschaft und Forschung von den Absätzen 1 bis 2 abweichende Anforderungen an einen Impf- und Genesenennachweis zu regeln".

[672] Zum Folgenden *Dederer/Preiß*, AöR 148 (2023), 289 (322).

[673] Siehe auch *Wissenschaftliche Dienste des Deutschen Bundestages*, WD 3-3000-006/22, S. 5.

[674] *Kingreen*, BT-Drs. 19(14)323(19), S. 10; *Möllers*, BT-Drs. 19(14)323(2), S. 7; *Wollenschläger*, BT-Drs. 19(14)323(21), S. 26; daher für eine verfassungskonforme Auslegung von § 28c IfSG *Leisner-Egensperger*, DVBl. 2021, 825 (828); zustimmend *Kießling*, in: dies., IfSG, 3. Aufl. 2022, § 28c Rn. 22.

Anders als in der Vorgängerregelung, § 28a Abs. 3 Satz 2 bis 12 IfSG in der Fassung vom 18. 11. 2020, bestimmt das IfSG die maßgeblichen Schwellenwerte und Arten von Maßnahmen, die bei Erreichen der jeweiligen Schwelle zu ergreifen sind, nicht mehr selbst. Die Schwellenwerte können nunmehr durch die jeweilige Landesregierung unter Berücksichtigung des wissenschaftlichen Forschungsstandes festgelegt werden, und die Schutzmaßnahmen können sich in der Folge von Bundesland zu Bundesland unterscheiden (siehe § 28a Abs. 3 Satz 6 IfSG).[675] Zutreffend ist weder im Gesetz noch in einer auf dieser Grundlage erlassenen Verordnung nur eine einzige feste Größe ausgewählt worden, nach welcher sich die Einordnung des pandemischen Geschehens richtet. Zur Erfassung des komplexen pandemischen Geschehens bedarf es vielmehr unterschiedlicher Parameter.[676] Da sich die Schwellenwerte abhängig von den Indikatoren bemessen und die Indikatoren wiederum dem sich stetig ändernden Infektionsgeschehen unterliegen, eignet sich der Verordnungsweg grundsätzlich besser zur Festlegung der Schwellenwerte als eine starre gesetzliche Regelung. Für den Fall einer bundesweiten Bedrohung, die mehr als ein einzelnes Bundesland betrifft, wäre eine einheitliche Vorgabe der Schwellenwerte etwa per Verordnung durch die Bundesregierung zur Sicherstellung eines einheitlichen, kohärenten staatlichen Vorgehens sowie zur besseren Beurteilung der bundesweiten Infektionslage indes vorzugswürdig.[677] In jedem Fall sollte die Entwicklung des Maßstabes im Unterschied zur geltenden gesetzlichen Regelung nicht im Ermessen der Länder („können")[678] bzw. der zuständigen Behörde liegen, sondern verpflichtend vorgegeben werden, sodass die Beurteilung des Infektionsgeschehen anhand bundesweit vergleichbarer Größen möglich bleibt.

Der Deutsche Bundestag hat in einer alten Fassung von § 28a IfSG überdies versucht, gesetzlich bereits eine grobe Zuordnung möglicher Maßnahmen zu einer Stufe vorzunehmen. Eine solche parlamentsgesetzliche Vorstrukturierung ist im Ansatz richtig.[679] Denn bei der Bekämpfung einer Pandemie ist ein differenziertes, gestuftes Vorgehen, das sich am tatsächlichen und regionalen Infektionsgeschehen orientiert, zur Wahrung der Verhältnismäßigkeit geboten.[680] Die Umsetzung einer solchen Zuordnung gelang dem Gesetzgeber in § 28a IfSG durch die unbestimmte Umschreibung von „umfassenden" oder „breit angelegten" Schutzmaßnahmen je-

---

[675] Siehe den knappen Vergleich der unterschiedlichen Stufensysteme der Bundesländer bei *Klafki*, NJW 2023, 1340 (1343).

[676] So mittlerweile auch § 28a Abs. 4 Satz 5 IfSG.

[677] Gleichsinnig *Kießling*, in: dies., IfSG, 3. Aufl. 2022, § 28a Rn. 129 mit Verweis auf die unterschiedliche Handhabung der Indikatoren und Werte durch die Bundesländer.

[678] Kritisch dazu *Kießling*, NVwZ 2021, 1801 (1806).

[679] Siehe dazu auch die Vorschläge der FDP (BT-Drs. 19/26536) und Bündnis 90/Die Grünen (BT-Drs. 19/26530). So auch *Kingreen*, BT-Drs. 19(14)323(19), S. 2.

[680] Vgl. zu dieser Grundentscheidung des Gesetzgebers in § 28a Abs. 3 Satz 2 IfSG in der Fassung vom 18. 11. 2020, BT-Drs. 19/23944, S. 35 (zum Entwurf eines 28a Abs. 2 IfSG); VGH München, Beschl. v. 14. 12. 2020 – 20 NE 20.2907, juris Rn. 39; VGH Mannheim, Beschl. v. 05. 02. 2021 – 1 S 321/21, juris Rn. 42.

doch ebenso wenig wie mit der Umschreibung der mit den Maßnahmen einer bestimmten Schwelle verfolgten Ziele einer „effektiven Eindämmung“, „Abschwächung“ und „Kontrolle“ des Infektionsgeschehens (§ 28a Abs. 3 Satz 5 bis 7 IfSG a. F.).[681] Die Möglichkeit, bereits vor Überschreiten bzw. auch noch nach Unterschreiten einer Schwelle die dazugehörigen Maßnahmen ergreifen zu können (§ 28a Abs. 3 Satz 8, 11 IfSG a. F.), verstärkte die mangelnde Bestimmtheit und Klarheit der Regelung zusätzlich. Gleichermaßen unbestimmt war die Regelung, dass bei einer gewissen bundesweiten oder landesweiten Inzidenz einheitliche Maßnahmen angestrebt werden sollten (§ 28a Abs. 3 Satz 9, 10 IfSG a. F.).[682] Die kurzzeitig in § 28a Abs. 3 Satz 5 bis 7 IfSG a. F.[683] vorgegebenen Schwellenwerte von 35, 50 und 100 Neuinfektionen je 100.000 Einwohner innerhalb von sieben Tagen, an denen die soeben genannten beschreibenden Merkmale anknüpften, stellten sich überdies schnell als überholt heraus. Die Inzidenz lag in vielen Bundesländer für lange Zeit weit über der Grenze von 100 Neuinfektionen je 100.000 Einwohner, sodass über diesen gesamten Zeitraum „umfassende Schutzmaßnahmen“ ergriffen werden konnten und ergriffen wurden. Hier wird der stetige Anpassungsbedarf pandemischer Regulierungen deutlich, der durch eine gesetzliche Normierung zumindest schwerer eingefangen werden kann als z. B. durch eine flexible Regelung durch Rechtsverordnung.[684]

e) § 28b IfSG in der Fassung der „Bundesnotbremse“

Im April 2022 sah sich der Deutsche Bundestag angesichts des gehäuften Auftretens von Virusmutationen, einer den infektionsepidemiologischen Indikatoren nach besorgniserregenden und diffusen infektionsepidemiologischen Lage, einer zunehmenden Belastung des Gesundheitssystems sowie vermehrter Kritik an den Beschlüssen der Bund-Länder-Treffen und den im Nachgang dazu unterschiedlichen landesrechtlichen Regelungen dazu aufgerufen, zum Schutz von Leben und Gesundheit (Art. 2 Abs. 2 Satz 1 GG) durch eine selbstvollziehende bundesgesetzliche Regelung (als „Bundesnotbremse“ bekannt) tätig zu werden.[685]

Anders als in § 28a IfSG ermächtigte das IfSG in § 28b in der Fassung vom 22. 04. 2021 nicht mehr die Länder zum Ergreifen bestimmter Pandemieschutzmaßnahmen, sondern bestimmte selbst, welche Schutzmaßnahmen ab einem Inzidenzwert von 100 bzw. 165 Neuinfektionen je 100.000 Einwohner automatisch gelten sollten und regelte die staatliche Pandemiebewältigung für diesen Fall somit bundesweit und bundeseinheitlich per Gesetz. Daneben konnten die Länder über

---

[681] Ähnlich zu § 28a Abs. 2 Satz 2–5 IfSG-E *Kießling*, BT-Drs. 19(14)246(7), S. 4; *Klafki*, BT-Drs. 19(14)235(9), S. 5; kritisch auch *Sangs/Eibenstein*, JZ 2021, 710 (713).

[682] *Klafki*, BT-Drs. 19(14)235(9), S. 6 sieht hierin einen Übergriff in die Vollzugskompetenz der Länder.

[683] In der Fassung vom 29. 03. 2021.

[684] Ähnlicher Befund bei *Leisner-Egensperger*, NJW 2021, 2415 (2419).

[685] BT-Drs. 19/28444, S. 1, 8 f.

diese bundesgesetzlichen Maßnahmen hinausgehende Maßnahmen treffen (§ 28b Abs. 5 IfSG a. F.) und die Bundesregierung per Verordnung nach § 28b Abs. 6 IfSG a. F. zusätzliche Ge- und Verbote oder Ausnahmen und Erleichterungen zu den § 28 Abs. 1 Satz 1, 2, § 28a Abs. 1, § 28b Abs. 1, 3, 7 IfSG a. F. getroffenen Maßnahmen erlassen. Unterhalb dieser Schwelle blieb es bei den Maßnahmen nach § 28a i. V. m. § 32 IfSG.

Obgleich der Weg über eine selbstvollziehende Regelung in gewissen Situationen einer Pandemie durchaus eine Handlungsoption darstellt,[686] sollte die Bundesnotbremse nur bedingt als Vorbild künftiger Pandemieregelwerke herangezogen werden.[687] So stellte die Bundesnotbremse allein auf die Sieben-Tage-Inzidenz ab, die zwar ein wichtiger und früher Indikator zur Beurteilung des Infektionsgeschehens ist,[688] alleine aber keine aussagekräftigen Rückschlüsse auf das sehr komplexe und von vielen Faktoren abhängige Infektionsgeschehen zulässt.[689] Darüber hinaus verlangte das zu dieser Zeit geltende Regelungsgeflecht, dass der Bürger fast täglich[690] die vom RKI veröffentlichten Inzidenzwerte, gegebenenfalls für unterschiedliche Landkreise, abfragte sowie bundesgesetzliche, verordnungsrechtliche als auch landesrechtliche Regelungen in Bezug auf diesen Wert prüfte, um so feststellen zu können, welche Regelungen ihn betrafen.[691] Mit Blick auf den Grundsatz der Bestimmtheit und Normenklarheit ist dies jedenfalls bedenkenswert.[692] In § 28b Abs. 1 Satz 2 IfSG a. F. wurde daher eine Bekanntmachungspflicht durch die zuständige Landesbehörde ergänzt. Hinzu kommt, dass mangels Vollzugs durch die Länder bei dieser Regelungstechnik keinerlei Spielraum für regionale Besonderheiten besteht[693] und der Rechtsschutz für den Bürger zumindest stark verkürzt wird.[694]

Dass die gesetzlichen Maßnahmen bei einem Überschreiten des Schwellenwerts alle kumulativ in Kraft traten und insofern nicht erneut zwischen den einzelnen Maßnahmen abgestuft wurde, dürfte hingegen vom Gestaltungsspielraum des Ge-

---

686 Zur Zulässigkeit selbstvollziehender Regelungen BVerfGE 159, 223 (Rn. 134 ff.).

687 Kritisch auch Bericht des Sachverständigenausschusses nach § 5 Abs. 9 IfSG: Evaluation der Rechtsgrundlagen und Maßnahmen der Pandemiepolitik, 2022, S. 113; ferner bereits *Dederer*, in: ders./Gierhake/Preiß, COVuR 2021, 454 (459).

688 BVerfGE 159, 223 (Rn. 199).

689 So z. B. auch *Seegmüller*, BT-Drs. 19(14)323(16), S. 3; *Kingreen*, BT-Drs. 19(14) 323(19), S. 8 f. Kritisch zum Inzidenzwert auch *Sangs/Eibenstein*, JZ 2021, 710 (714 ff.).

690 Die Bundesnotbremse sah Beschränkungen bei einem Überschreiten an drei aufeinanderfolgenden Tagen ab dem übernächsten Tag vor und trat bei einem Unterschreiten des Inzidenzwerts an fünf aufeinanderfolgenden Tagen am übernächsten Tag außer Kraft. Dies bedingte einen schnellen und häufigen Wechsel der geltenden Maßnahmen.

691 *Volkmann*, F. A. Z. Einspruch v. 20. 04. 2021.

692 Dazu auch *Kingreen*, BT-Drs. 19(14)323(19), S. 3.

693 *Kingreen*, BT-Drs. 19(14)323(19), S. 3.

694 Dazu *Kingreen*, BT-Drs. 19(14)323(19), S. 4 ff. Unproblematisch hingegen nach BVerfGE 159, 223 (Rn. 136 f.).

setzgebers gedeckt sein, der dadurch lediglich die oberste Stufe des Pandemie-Ampel-Systems bundesweit und -einheitlich regelte.[695]

4. Triage

Obgleich das Problem einer Triage-Regulierung seit geraumer Zeit Diskussionsgegenstand ist,[696] hat sich die Forderung nach einer gesetzlichen Regelung im Zuge der COVID-19-Pandemie in besonderem Maße aktualisiert. Grund dafür ist nicht zuletzt, dass es bereits zu Beginn und auch im weiteren Verlauf des weltweiten Ausbruchs von SARS-CoV-2 in einigen Regionen zu einer Überlastung der gesundheitlichen Versorgungsstrukturen gekommen ist, bei der nicht allen Patienten, die eine medizinische Behandlung benötigten, auch eine solche zuteilwerden konnte.[697] Die behandelnden Ärzte mussten daher entscheiden, wer die lebensnotwendige Behandlung erhält oder in Ermangelung dieser verstirbt.

In den bisher zumeist behandelten Triage-Konstellationen ging es um ein Sichtungs- und Sortierungsverfahren, bei dem die zu Behandelnden, je nach Dringlichkeit der Versorgung,[698] in unterschiedliche Gruppen eingeteilt und ihrer Reihenfolge in der Priorisierung entsprechend versorgt wurden.[699] Lediglich bei der letzten Gruppe, den hoffnungslosen Fällen, ging man davon aus, dass die Personen, die dieser Gruppe zugeteilt wurden, nicht mehr gerettet werden können.[700] Die pandemiebedingte Triage stellt sich hingegen als durchweg existenzielle Situation dar, in der alle Patienten den gleichen Dringlichkeitsgrad für eine Behandlung aufweisen und diejenigen Patienten, denen eine Behandlung verweigert wird, in der Folge versterben. Anders als in den herkömmlichen Triage-Situationen findet demnach keine Priorisierung und damit zeitlich gestufte Behandlung statt. Es liegt vielmehr allein eine Entscheidung über Leben und Tod auf höchster Dringlichkeitsstufe vor.[701]

---

[695] Anders *Reimer*, F.A.Z Einspruch v. 21.04.2021, der darin einen „faktische[n] Abwägungsausfall" sieht. Kritisch auch *Volkmann*, F.A.Z. Einspruch v. 20.04.2021.

[696] Vgl. nur *Brech*, Triage und Recht, 2008, S. 310f.; *Klafki*, Risiko und Recht, 2017, S. 286; *Kloepfer/Deye*, DVBl. 2009, 1208 (1219); *Taupitz*, in: Kloepfer, Pandemien als Herausforderung für die Rechtsordnung, 2011, S. 103ff. Angedeutet auch in der Risikoanalyse „Pandemie durch Virus Modi-SARS", BT-Drs. 17/12051, S. 65 Fn. 7.

[697] Bekanntestes Beispiel ist die Situation in Italien zu Beginn der Krise, dessen Gesundheitssystem auf einen derartigen Massenanfall schlichtweg nicht vorbereitet war (siehe z.B. https://www.tagesschau.de/investigativ/monitor/corona-italien-155.html; 28.08.2023). Ein weiteres Beispiel ist die Sauerstoffknappheit in Indien (dazu z.B. SZ v. 26.04.2021, S. 7).

[698] *Brech*, Triage und Recht, 2008, S. 54.

[699] Vgl. dazu z.B. *Brech*, Triage und Recht, 2008, S. 52ff.; *Taupitz*, in: Kloepfer, Pandemien als Herausforderung für die Rechtsordnung, 2011, S. 104.

[700] Zur Diskussion um die ethische und rechtliche Einstufung *Brech*, Triage und Recht, 2008, S. 61ff. m.w.N.

[701] So auch die Annahme des BVerfG in seiner Triage-Entscheidung, BVerfGE 160, 79 (Rn. 110). Zur Dringlichkeit *Dederer/Preiß*, JZ 2022, 170 (176f.).

Deutschland selbst blieb von einer tatsächlichen Triage-Situation im Kontext der COVID-19-Pandemie verschont.[702] Dennoch gab es zahlreiche Medienberichte, die eine sich zuspitzende, kritische Lage der Versorgungseinrichtungen meldeten, und auch Fachleute gingen von der nicht nur theoretischen Möglichkeit aus, dass es zu einer Triage-Situation in Deutschland kommen könnte.[703]

Verfassungsrechtlich ist der Gesetzgeber aufgrund der Schutzpflicht aus Art. 2 Abs. 2 Satz 1 GG in Verbindung mit dem Schutzauftrag aus Art. 3 Abs. 1 und 3 GG dazu verpflichtet, die betroffenen Patienten im Triage-Fall vor grundrechtlich nicht hinnehmbaren Eingriffen in ihr individuelles Leben zu beschützen und hierzu die notwendigen, das ärztliche Handeln rechtsklar und rechtsverbindlich steuernde Maßnahmen bereits im Vorfeld zu treffen.[704] Gleichwohl fehlte es lange Zeit an einer gesetzlichen Triage-Regelung.[705] Auch in Deutschland entbrannte daher bereits früh eine rege Diskussion um das Fehlen, die Notwendigkeit und die möglichen Gestaltungsoptionen einer gesetzlichen Triage-Regulierung.[706]

Der verfassungsrechtliche Schutzauftrag richtet sich, wenn auch zuvörderst an den Gesetzgeber,[707] grundsätzlich an den Staat in seiner Gesamtheit (Art. 1 Abs. 3 GG).[708] Den staatlichen Organen kommt bei der Erfüllung der Schutzpflicht zudem ein großer Einschätzungs- und Gestaltungsspielraum zu.[709] Im Kontext der COVID-19-Pandemie hat der Staat durchaus eine Vielzahl von Maßnahmen ergriffen, deren wichtigstes Ziel es war, die Überlastung der gesundheitlichen Versorgungssysteme zu verhindern. So wurden etwa die Krankenhauskapazitäten bundesweit erhöht, Intensivbetten teilweise für COVID-19-Patienten freigehalten

---

[702] Vgl. BT-Drs. 20/3877, S. 10.

[703] Z.B. BVerfGE 160, 79 (Rn. 77 f.); *Bundesärztekammer* (*BÄK*), Deutsches Ärzteblatt 117 (2020), A 1084; *DIVI*, Leitlinien, Version 3 v. 14.12.2021, S. 3. Um die gesundheitliche Versorgung, insbesondere von COVID-19-Patienten, zu gewährleisten, wurden zu mehreren Zeitpunkten elektive Eingriffe verschoben und Betten für COVID-19-Patienten freigehalten, siehe dazu *Bockholdt*, in: Schlegel/Meßling/Bockholdt, COVID-19, § 9 Rn. 177 m. w. N.

[704] *Dederer/Preiß*, JZ 2022, 170 (172).

[705] § 5c IfSG wurde erst durch das Zweite Gesetz zur Änderung des Infektionsschutzgesetzes v. 08.12.2022 (BGBl. I 2022, S. 2235) ins IfSG eingefügt. Dazu sogleich.

[706] Vgl. aus dem breiten Schrifttum etwa *Brade/M. Müller*, NVwZ 2020, 1792 ff.; *Dederer/Preiß*, JZ 2022, 170 ff.; *Engländer/Zimmermann*, NJW 2020, 1398 ff.; *Gaede/Kubiciel/Saliger/Tsambikakis*, medstra 2020, 129 ff.; *Hilgendorf/Hoven/Rostalski*, Triage in der (Straf-) Rechtswissenschaft, 2021; *Hoven*, JZ 2020, 449 ff.; *Hörnle/Huster/Poscher*, Triage in der Pandemie, 2021; *Lehner*, DÖV 2021, 252 ff.; *Merkel/Augsberg*, JZ 2020, 704 ff.; *Schöne-Seifert*, F. A. Z. v. 31.03.2020, S. 11; *Taupitz*, MedR 2020, 440 ff.; zur Triage in der Pandemie auch *Wolf*, Triage in der Pandemie, 2024.

[707] Vgl. nur BVerfGE 39, 1 (44); 88, 203 (254); *Di Fabio*, in: Dürig/Herzog/Scholz, GG, Art. 2 Abs. 2 Satz 1 Rn. 50 (2004); *Krüper*, in: Dreier, GG, Band I, 4. Aufl. 2023, Art. 2 II Rn. 81.

[708] *Krüper*, in: Dreier, GG, Band I, 4. Aufl. 2023, Art. 2 II Rn. 81.

[709] Vgl. BVerfGE 56, 54 (80); 88, 203 (254); 150, 1 (89). Zur staatlichen Schutzpflicht für das Leben und die körperliche Unversehrtheit (Art. 2 Abs. 2 Satz 1 GG) ausführlich unter Kapitel 3 C. II.

oder das DIVI-Intensivmelderegister[710] eingeführt. Daneben wurden die Funktionsfähigkeit des Gesundheitssystems sowie der Schutz von Leben und Gesundheit vom Bundesgesetzgeber in § 28a Abs. 3 Satz 1 IfSG explizit als Ziele sowie die Hospitalisierungsrate als Maßstab (§ 28a Abs. 3 Satz 4 IfSG) zum Ergreifen der besonderen, präventiven Schutzmaßnahmen gegen COVID-19 genannt. Der Staat in seiner Gesamtheit versuchte somit, mittels vorbeugender und vorsorgender Maßnahmen eine Triage-Situation zu verhindern. Dass bisher noch keine Triage-Entscheidungen in Deutschland getroffen werden mussten, dürfte für die Eignung dieser ergriffenen Maßnahmen sprechen. Nichtsdestotrotz beschränkte sich das staatliche Handeln auf die Vorsorge; eine Regelung für den Eintritt des Ernstfalles der Triage gab es hingegen lange Zeit nicht.[711] Ebenso mangelte es an Vorkehrungen zum Schutz von Menschen, die aufgrund einer Behinderung dem Risiko einer Benachteiligung bei der Verteilung von knappen medizinischen Ressourcen ausgesetzt sind.[712]

a) Defizitäre strafrechtliche und medizinisch-ethische Lösungsansätze

Die Triage-Situation selbst versuchte man über medizinisch-ethische Leitlinien oder mittelbar über das Strafrecht zu steuern. Keiner dieser Lösungsansätze vermochte es jedoch, eine Benachteiligung von Menschen aufgrund ihrer Behinderung bei der Verteilung der knappen medizinischen Güter auszuschließen,[713] geschweige denn den gleichberechtigten Zugang aller Patienten zu gewährleisten oder die ärztliche Entscheidung über die Vorgabe von Verfahren und Entscheidungskriterien rechtssicher auszugestalten:[714]

Die strafrechtliche Diskussion war allein darum bemüht, das Handeln des Arztes (Nichtaufnahme eines Patienten in der Ex-ante-Situation bzw. Behandlungsabbruch in der Ex-post-Situation) durch Rechtfertigungs- oder Entschuldigungsgründe straffrei zu stellen, sodass dem betroffenen Arzt bei der Entscheidung für die Behandlung eines und gegen die Behandlung eines anderen Patienten keine Strafbarkeit wegen Totschlags (ggf. durch Unterlassen) nach § 212 Abs. 1 StGB (ggf. i. V. m. § 13 Abs. 1 StGB) drohte.[715] „Der eigentlich zentrale grundrechtliche Konflikt zwischen den Patienten, die in ihrem Lebensrecht betroffen sind und eine gleichheitsgerechte

---

[710] https://www.intensivregister.de/#/index (zuletzt: 28.08.2023). Jenes Register zeigt die Anzahl der freien Intensivbetten in der Bundesrepublik an.

[711] Ebenso BVerfGE 160, 79 (Rn. 6); *Dederer/Preiß*, JZ 2022, 170 (172).

[712] BVerfGE 160, 79 (Rn. 122).

[713] So explizit BVerfGE 160, 79 (Rn. 111, 113, 122).

[714] Ausführlich dazu und zum Folgenden *Dederer/Preiß*, JZ 2022, 170 (170 f.).

[715] Siehe den Überblick zur strafrechtlichen Debatte bei *Dederer/Preiß*, JZ 2022, 170 (170 f.); zudem z. B. *Ast*, in: Hilgendorf/Hoven/Rostalski, Triage in der (Straf-)Rechtswissenschaft, 2021, S. 77 (77); *Engländer/Zimmermann*, NJW 2020, 1398 ff.; *Hoven*, JZ 2020, 449 ff.; *Jäger/Gründel*, ZIS 2020, 151 ff.; *Lindner*, medstra 2020, 199 ff.; *Rönnau/Wegner*, JuS 2020, 403 ff.

Auswahl erwarten (Art. 2 Abs. 2 Satz 1, Art. 3 Abs. 1 und 3 GG)", wurde hingegen völlig ausgeblendet.[716] Die strafrechtlichen Vorschriften regeln lediglich die Voraussetzungen und Folgen eines strafbaren Verstoßes gegen Verhaltenspflichten auf der Sekundärebene, statuieren allerdings selbst keine solchen Verhaltenspflichten auf der Primärebene.[717] In einer Triage-Situation kommt es aus Sicht der betroffenen Patienten aber gerade auf eine solche rechtliche Verhaltenssteuerung des handelnden Arztes auf der Primärnormenebene an.[718] Das Strafrecht vermag menschliches Verhalten daher nur indirekt zu beeinflussen und ist zu einer umfassenden Regelung der Triage letztlich nicht geeignet.

Die medizinethischen Ansätze[719] versuchten allesamt den Ärzten in einer Triage-Situation mit allgemeinen Grundsätzen, Kriterien oder Verfahrensvorgaben Orientierung zu bieten. Sämtliche dieser Entscheidungshilfen waren jedoch weder demokratisch legitimiert noch allgemein gültig oder gar rechtlich verbindlich.[720] Die Leitlinien stellten auf die „klinische Erfolgsaussicht" als maßgebliches Kriterium für die Zuteilung der knappen Ressourcen ab,[721] ohne dieses jedoch konkret auszuformen.[722] Das Merkmal vermochte das Risiko einer Benachteiligung von Personen aufgrund ihrer Behinderung überdies nicht auszuschließen.[723] Vielmehr konnte eine faktische Benachteiligung dadurch sogar begünstigt werden.[724] Der aber wohl eklatanteste Mangel der Leitlinien zeigte sich allerdings darin, dass sämtliche Entscheidungshilfen die Ex-post-Triage (im Widerspruch zur h. M. im Strafrecht)[725]

---

[716] *Dederer/Preiß*, JZ 2022, 170 (171).

[717] *Dederer/Preiß*, JZ 2022, 170 (171).

[718] *Dederer/Preiß*, JZ 2022, 170 (171). Zum Problem der fehlenden Regelung auf der Primärebene siehe auch *Dederer*, in: ders./Gierhake/Preiß, COVuR 2021, 522 (523); in diese Richtung auch *Gaede/Kubiciel/Saliger/Tsambikakis*, medstra 2020, 129 (130 f.); *Hartwig*, F.A.Z. NET v. 30.04.2020.

[719] Dazu gehörten namentlich die Ad-hoc-Empfehlung des Deutschen Ethikrates (Ad-hoc-Empfehlung, Solidarität und Verantwortung in der Krise v. 27.03.2020), die Orientierungshilfe der BÄK (Deutsches Ärzteblatt 117 [2020], A 1084–1087), sowie die Empfehlungen der DIVI (Leitlinien, Version 3 v. 14.12.2021).

[720] So auch BVerfGE 160, 79 (Rn. 7 ff., explizit für die Empfehlungen der DIVI Rn. 115).

[721] *BÄK*, Deutsches Ärzteblatt 2020, A 1084 (A 1085 f.); *DIVI*, Leitlinie Version 3 v. 14.12.2021, S. 5. Der Deutsche Ethikrat gibt kein konkretes Differenzierungsmerkmal vor.

[722] Vgl. dazu *Engländer/Zimmermann*, NJW 2020, 1398 (1402); *Kinzig/Maubach*, in: Hilgendorf/Hoven/Rostalski, Triage in der (Strafrechts-)Wissenschaft, 2021, S. 195 (209 ff.).

[723] Vgl. BVerfGE 160, 79 (Rn. 111 ff., 114 ff.).

[724] Dazu *Engländer/Zimmermann*, NJW 2020, 1398 (1402) mit aussagekräftigen Beispielen. Kritisch zum Merkmal in der Ausgestaltung der DIVI-Leitlinien auch BVerfGE 160, 79 (Rn. 118).

[725] *Engländer/Zimmermann*, NJW 2020, 1398 (1401); *Fateh-Moghadam/Gutmann*, in: Hörnle/Huster/Poscher, Triage in der Pandemie, 2021, S. 291 (329 ff.); *Merkel*, F.A.Z. v. 04.04.2020, S. 11; *Rönnau/Wegner*, JuS 2020, 403 (406); *Walter*, ZEIT ONLINE v. 02.04.2020. Zum vielfältigen Klärungsbedarf etwa *Hilgendorf*, in: ders./Hoven/Rostalski, Triage in der (Straf-)Rechtswissenschaft, 2021, S. 166 (172 ff.).

für zulässig erachteten[726] oder jedenfalls von „einer entschuldigenden Nachsicht der Rechtsordnung“[727] für die handelnden Ärzte in diesem Fall ausgingen.

Somit vermochte keiner der eben dargestellten Steuerungsversuche eine rechtssichere und klare Entscheidungsgrundlage für die schicksalhafte[728] Dilemma-Situation bereitzustellen. Notwendig war vielmehr eine gesetzliche Regelung der Triage-Situation in der Pandemie.[729]

b) § 5c IfSG

Speziell zum Schutz der Menschen mit Behinderung vor dem Risiko einer Benachteiligung bei der Verteilungsentscheidung forderte das BVerfG den Gesetzgeber schließlich auf, „unverzüglich“ tätig zu werden.[730] Dabei stellte es dem Gesetzgeber unter Berücksichtigung seines Einschätzungs-, Wertungs- und Gestaltungsspielraums frei, Vorgaben zu den Kriterien von Verteilungsentscheidungen zu machen oder Vorgaben zum Verfahren zu machen.[731] Den Gesetzgeber trifft jedoch nicht nur für diese Personengruppe ein besonderer Schutzauftrag (Art. 3 Abs. 3 Satz 2 GG), er ist gem. Art. 2 Abs. 2 Satz 1 GG vielmehr verpflichtet, allgemein einen gleichberechtigten Zugang für die betroffenen Patienten sicherzustellen sowie das ärztliche Handeln zu steuern.[732] Dies lässt sich nur mithilfe einer allgemeinen Triage-Regelung erreichen.[733]

Ein knappes Jahr nach der Aufforderung des BVerfG verabschiedete der Deutsche Bundestag sodann einen neuen § 5c IfSG,[734] der eng an die Vorgaben des BVerfG angelehnt ist und verfassungsrechtlichen Anforderungen der Wesentlichkeitstheorie an eine Regulierung der pandemiebedingten Triage, wie sie bereits andernorts[735]

---

[726] *BÄK*, Deutsches Ärzteblatt 117 (2020), A 1084 (A 1086) unter Verweis auf die DIVI-Empfehlungen: „wesentlich, dass in diesen Fällen nicht nur kein individueller Schuldvorwurf erhoben wird, sondern das ärztliche Handeln auch als objektiv rechtmäßig gilt“; *DIVI*, Leitlinien Version 3 v. 14.12.2021, S. 5 f., 9.

[727] *Deutscher Ethikrat*, Ad-hoc Empfehlung v. 27.03.2020, S. 4, gleichwohl statuierend, dass dieses Handeln objektiv nicht rechtens ist.

[728] Zu diesem Aspekt des Schicksalhaften siehe die Auseinandersetzung von *Dederer* und *Gierhake* bei *Dederer/Gierhake/Preiß*, COVuR 2021, 522 (524).

[729] Für die Notwendigkeit einer gesetzlichen Regelung auch *Dederer/Preiß*, JZ 2022, 170 (171) m.w.N.

[730] BVerfGE 160, 79 (Rn. 130).

[731] BVerfGE 160, 79 (Rn. 128).

[732] Die aus Art. 2 Abs. 2 Satz 1 GG bestehende Schutzpflicht für die anderen Patienten klingt auch bei der Gerichtsentscheidung an, BVerfGE 160, 79 (Rn. 127, 130).

[733] *Dederer*, VerfBlog v. 28.12.2021; *Dederer/Preiß*, JZ 2022, 170 (170 ff.).

[734] Zweites Gesetz zur Änderung des Infektionsschutzgesetzes vom 08.12.2022 (BGBl. I 2022, S. 2235). Zu § 5c IfSG *Eufinger/Klemm*, MedR 2023, 200 ff.; *Gutmann/Fateh-Moghadam*, ZRP 2022, 130 ff.; *Windsberger*, NK 2023, 63 ff.

[735] *Dederer/Preiß*, JZ 2022, 170 (175 ff.).

vertieft vorgestellt wurden, prinzipiell gerecht wird. Die gesetzliche Regelung deckt sich im Wesentlichen mit den dort[736] gemachten Vorschlägen:

Der Anwendungsbereich der Regelung ist nach der Überschrift sowie dem Regelungsstandort im 2. Abschnitt des IfSG auf eine pandemiebedingte Ressourcenknappheit begrenzt.[737] Etwas versteckt stellt die Normierung in § 5c Abs. 2 Satz 4 IfSG klar, dass allein die Konstellation der Ex-ante-Triage Gegenstand der Regelung ist. Obgleich sie in einem ersten Entwurf wohl noch vorgesehen war, wurde die Ex-post-Triage nach harscher Kritik[738] aus dem Gesetzesentwurf gestrichen und letztlich auch in der gesetzlichen Normierung explizit ausgeschlossen (vgl. § 5c Abs. 2 Satz 4 IfSG). Ein anderes Ergebnis wäre verfassungsrechtlich auch nicht vertretbar gewesen.[739]

Dass die Einwilligung des Patienten in die Behandlung sowie das Vorliegen einer medizinischen Indikation notwendige Voraussetzungen dafür sind, dass ein Patient bei der Triage-Entscheidung berücksichtigt wird, statuiert zwar nicht das Gesetz selbst, dies wird jedoch in der Gesetzesbegründung vorausgesetzt.[740]

Zunächst wird definiert, was unter einer Triage (im Gesetz: Zuteilungsentscheidung, § 5c Abs. 1 Satz 1 IfSG) zu verstehen ist, und unter welchen Umständen eine solche Situation vorliegt. Voraussetzung dafür ist, dass eine Knappheit an überlebenswichtigen intensivmedizinischen Behandlungsressourcen besteht. Adressiert wird folglich ausschließlich die Extremsituation einer Entscheidung über Leben und Tod und nicht jegliche Knappheitssituation. Ob die Ressourcen in ausreichender Menge zur Verfügung stehen, bestimmt sich nach den Kapazitäten vor Ort sowie insbesondere den Verlegungsmöglichkeiten im regionalen und überregionalen Bereich (§ 5c Abs. 1 Satz 2 IfSG).

---

[736] *Dederer/Preiß*, JZ 2022, 170 (175 ff.).

[737] Im Referentenentwurf des BMG sprach hingegen sogar der Normtext ausdrücklich von einer „Zuteilung von pandemiebedingt nicht ausreichend vorhandenen überlebenswichtigen intensivmedizinischen Behandlungskapazitäten".

[738] Vgl. dazu bei LTO v. 10.05.2022 (https://www.lto.de/recht/hintergruende/h/triage-entwurf-gesundheitsministerium-lauterbach-kritik-bmj-buschmann; zuletzt: 19.09.2024).

[739] Dazu bereits ausführlich *Dederer/Preiß*, JZ 2022, 170 (179 f.) m. w. N. Gleiches gilt für die sog. „Verlaufstriage", es sei denn, sie beschränkt sich darauf festzustellen, ob die medizinische Indikation bei dem betreffenden Patienten für dessen laufende intensivmedizinische Behandlung entfallen ist (so auch *Walter*, NJW 2022, 363 [365]). Zu dieser Triage-Form *Gaede/Kubiciel/Saliger/Tsambikakis*, medstra 2020, 129 (132); *Schöne-Seifert*, F.A.Z. v. 31.03.2020, S. 11. Für die Zulässigkeit aber *Frister*, BT-Drs. 10(14)60(8), S. 4 ff. Gegen den Ausschluss der Ex-post-Triage nach wie vor *BÄK*, BT-Drs. 20(14)60(20), S. 10; *Hörnle*, medstra 2022, 273 ff.; *Hörnle/Hoven/Huster/Weigend*, F.A.Z. v. 28.07.2022, S. 6. Wie hier *Gutmann/Fateh-Moghadam*, ZRP 2022, 130 (132).

[740] BT-Drs. 20/3877, S. 19.

Als einziges positives Auswahlkriterium wird in zutreffender und auch vom BVerfG[741] gebilligter Weise die klinische Erfolgsaussicht im Sinne des Überlebens der aktuellen Erkrankung festgelegt (§ 5c Abs. 2 Satz 1 IfSG). Dabei wird der Anwendungsbereich der Norm nicht auf spezielle übertragbare Krankheiten oder gar COVID-19 beschränkt, sondern erfasst jegliche Erkrankungen und gilt nicht nur für Pandemie-Patienten, sondern alle Patienten, die in einer pandemiebedingten Knappheitssituation auf bestimmte intensivmedizinische Ressourcen angewiesen sind, unabhängig von der Art ihrer Erkrankung.[742] Zur Beurteilung der klinischen Erfolgsaussicht ist es überdies nicht von vornherein unzulässig, „Komorbiditäten"[743] zu berücksichtigen, sofern diese „aufgrund ihrer Schwere oder Kombination die auf die aktuelle Krankheit bezogene kurzfristige Überlebenswahrscheinlichkeit erheblich verringern" (§ 5c Abs. 2 Satz 2 IfSG).[744] Daneben nennt § 5c Abs. 2 Satz 3 IfSG explizit Merkmale und Kriterien, die nicht bei der Beurteilung herangezogen werden dürfen. Zudem statuiert § 5c Abs. 1 Satz 1 IfSG ausdrücklich ein am AGG und Art. 3 Abs. 3 GG orientiertes[745] Benachteiligungsverbot. § 5c Abs. 3 bis 5 IfSG sehen darüber hinaus Vorgaben zu Verfahren und Organisation in Form des Mehr-Augen-Prinzips, einer Dokumentationspflicht, der Verpflichtung der Krankenhäuser, Verfahrensanweisungen zu erstellen, sowie einer Anzeigepflicht vor. Nach § 5c Abs. 3 Satz 1 IfSG muss die Entscheidung von zwei fachlich qualifizierten Ärzten getroffen werden, die den Patienten unabhängig voneinander begutachten. Die Entscheidung muss einstimmig sein oder andernfalls ein weiterer Arzt hinzugezogen werden (§ 5c Abs. 3 Satz 2 IfSG). Im Fall eines Patienten mit Behinderung oder einer Komorbidität ist überdies stets eine weitere Person hinzuzuziehen (§ 5c Abs. 3 Satz 4 IfSG). Wenngleich aus verfassungsrechtlicher Sicht begrüßenswert, scheint diese Vorgehensweise in der Praxis mit Blick auf einen pandemiebedingten Personalengpass schwer umsetzbar, außerdem zeitverzögernd und damit nicht im Sinne des Patientenwohls zu sein.[746]

In manchen Punkten bleibt die Regelung jedoch hinter den verfassungsrechtlichen Anforderungen zurück. Hier sind in erster Linie die kompetenzrechtlichen Defizite

---

[741] BVerfGE 160, 79 (Rn. 117 f., 123, 128). Zum Streit im Schrifttum um die Zulässigkeit dieses Kriteriums z. B. *Brade/M. Müller*, NVwZ 2020, 1792 (1797); *Dederer/Preiß*, JZ 2022, 170 (176); *Merkel/Augsberg*, JZ 2020, 704 (708 ff.); *Sternberg-Lieben*, MedR 2020, 627 (632).

[742] BT-Drs. 20/3877, S. 20.

[743] Nach der Gesetzesbegründung definiert als „das gleichzeitige Vorhandensein von zwei oder mehr diagnostisch unterscheidbaren Krankheiten bei einer Patientin oder einem Patienten", BT-Drs. 20/3877, S. 22.

[744] Siehe dazu BVerfGE 160, 69 (Rn. 118). Kritisch zum Merkmal der Erfolgsaussicht in der Ausgestaltung des § 5c IfSG *Gutmann/Fateh-Moghadam*, ZRP 2022, 130 (131).

[745] BT-Drs. 20/3877, S. 18. Dazu auch *Dederer/Preiß*, JZ 2022, 170 (177). Siehe zudem BVerfGE 160, 79 (Rn. 124).

[746] So in der Stellungnahme der BÄK zum Gesetzesentwurf, BT-Drs. 20(14)60(20), S. 10 f.; *Frister*, BT-Drs. 20(14)60(8), S. 7.

des Bundes zu einer solchen Regelung[747] sowie der mangelnde Wille des Gesetzgebers[748] anzuführen, die strafrechtlichen Folgen von Verstößen der Ärzte gegen die aus § 5c IfSG folgenden Verpflichtungen zu regeln.

Welche Indikatoren für eine gute oder schlechte klinische Erfolgsaussicht berücksichtigt werden dürfen bzw. sollen, ergibt sich zudem nicht aus dem Gesetz. Bei dieser Frage handelt es sich um genuin medizin-wissenschaftliche Aspekte, die der Gesetzgeber selbst nicht beantworten kann. Hierfür sollte die gesetzliche Regelung vielmehr auf den aktuellen Stand der Wissenschaft verweisen, der durch die BÄK in Zusammenarbeit mit medizinischen Fachgesellschaften, namentlich der DIVI, in Richtlinien zu konkretisieren ist.[749] Zur rechtsstaatlichen und demokratischen Absicherung sind die Richtlinien einem Genehmigungsvorbehalt des BMG zu unterstellen.[750] Gerade mit Blick darauf, dass die Kompetenz für den Erlass einer gesetzlichen Triage-Regelung nicht beim Bund, sondern bei den Ländern liegt und es mithin zu einer Vielzahl unterschiedlicher Regelungen kommen kann, könnten durch eine „interdisziplinär erarbeitete, bundesweit geltende“ Vorgabe der zu beachtenden Faktoren zur Ermittlung der klinischen Erfolgsaussicht per Richtlinie „einrichtungsübergreifend gleichmäßige […] Zuteilungsentscheidungen“ erreicht werden.[751]

Die gesetzliche Regelung in § 5c IfSG verhält sich überdies nicht dazu, inwiefern das Merkmal der Gleichzeitigkeit von Bedeutung ist und wie in diesem Zusammenhang mit „provozierten Fällen“ einer gleichzeitigen Behandlungsbedürftigkeit, z. B. durch Aufsparen der Ressourcen für später eintreffende Patienten, umzugehen ist und auf welchen Ort und Zeitpunkt es für die Frage ankommt, welcher Patient zuerst eingeliefert worden ist.[752] Ebenso fehlt es an einer Regelung für etwaige Patt-Situationen, d. h. Situationen, in denen die Patienten dieselbe klinische Erfolgsaussicht aufweisen. Hier könnte ein Losentscheid Abhilfe leisten.[753]

5. Impfstoffverteilung und Impfpflicht

Mit der Zulassung der ersten Impfstoffe gegen das SARS-CoV-2-Virus im Winter 2020 rückte zunehmend die Frage nach der Verteilung des zunächst knappen Guts in

---

[747] Siehe *Dederer/Preiß*, JZ 2022, 170 (174 f.). Ähnlich *Tolmein*, BT-Drs. 20(14)60(36), S. 4 ff., dort allerdings für eine umfassendere, allgemeine Triage-Regelung.

[748] Dazu BT-Drs. 20/3877, S. 20. Siehe auch *Tolmein*, BT-Drs. 20(14)60(36), S. 13 f.

[749] Vgl. für die Organvermittlung § 12 Abs. 3 i. V. m. § 16 Abs. 1 Satz 1 Nr. 5 TPG.

[750] Insoweit strenger als § 16 Abs. 3 TPG. So bereits *Dederer/Preiß*, JZ 2022, 170 (176). Ähnliche Überlegungen bei *Taupitz*, MedR 2020, 440 (443). Siehe auch *BÄK*, BT-Drs. 20(14) 60(20), S. 7 f.

[751] *BÄK*, BT-Drs. 20(14)60(20), S. 7.

[752] Zum Merkmal der Gleichzeitigkeit *Dederer/Preiß*, JZ 2022, 170 (175).

[753] Dafür auch *Dederer/Preiß*, JZ 2022, 170 (177 f.).

der Bevölkerung in den Vordergrund. Dabei handelt es sich um eine wesentliche Entscheidung, die einer parlamentsgesetzlichen Regelung bedarf.[754]

Der Bereich der Impfstoffentwicklung und -verteilung ist von großer wissenschaftlicher Unsicherheit in Bezug auf die Wirksamkeit und Verträglichkeit des jeweiligen Impfstoffes und diesbezüglich stetigen Änderungen der Datengrundlage geprägt.[755] Auch aus Wesentlichkeitsgesichtspunkten muss der Gesetzgeber daher keine ins letzte Detail ausgeformte gesetzliche Grundlage für die Allokation medizinischer Güter im Knappheitsfall erlassen. Diese wäre für die dynamische und von komplexen wissenschaftlichen Fragen bestimmte Situation viel zu starr.[756] Im Sinne eines „dynamischen Grundrechtsschutz[es]"[757] hat der Gesetzgeber parlamentsgesetzlich vielmehr nur die Leitlinien in Form einer ausdrücklichen Ermächtigung zur Priorisierung im Knappheitsfall, der Normierung von Verteilungszielen und Kriterien, an denen die Entscheidung zu orientieren ist, und Bestimmungen zum Verfahren vorzugeben.[758] In einer Verordnung sind diese Vorgaben für den konkreten Erreger und Impfstoff zu konkretisieren und an den jeweils aktuellen Stand der Wissenschaft anzupassen.[759]

Für SARS-CoV-2 wurde deshalb auf Grundlage von § 20i Abs. 3 Satz 2 Nr. 1 lit. a, Nr. 2, Satz 3, 4, 7, 8, 10, 11 SGB V a.F. und § 5 Abs. 2 Satz 1 Nr. 4 lit. c, f IfSG eine Coronavirus-Impfverordnung (CoronaImpfV) des BMG erlassen, die sich unter anderem mit dem Thema der Priorisierung der vorhandenen Impfstoffe beschäftigte und etwa festlegte, welche Personen in welche Prioritätsgruppe eingeteilt werden und von wem und wo die Impfungen durchgeführt werden.[760] Schnell wurden jedoch verfassungsrechtliche Bedenken ob der Tauglichkeit der gesetzlichen Grundlage geäußert. So erwähnten weder der sozialversicherungsrechtliche § 20i Abs. 3 SGB V noch der infektionsschutzrechtliche § 5 Abs. 2 Satz 1 Nr. 4 lit. c, f IfSG explizit die Möglichkeit einer Priorisierung oder deuteten auch nur im Wege der Auslegung darauf hin, dass eine Priorisierung vom jeweiligen Normzweck erfasst sein sollte.[761]

---

[754] Oben in und bei Fn. 453.

[755] Siehe dazu *Leisner-Egensperger*, BT-Drs. 19(14)263(1), S. 11 ff.

[756] Siehe die Kritik zum Entwurf eines Impfpriorisierungsgesetzes (BT-Drs. 19/25260) bei *Leisner-Egensperger*, BT-Drs. 19(14)263(1), S. 18 ff.; *Kießling*, BT-Drs. 19(14)263(5), S. 8 f.

[757] BVerfGE 49, 89 (137).

[758] So einstimmig in der Literatur, z.B. *Klafki*, VerfBlog v. 22.09.2020; *Kießling/Kingreen/Leisner-Egensperger*, VerfBlog v. 02.02.2021; *Wolff*, DVBl. 2020, 1379 (1381). Zu diesen „wesentlichen Entscheidungen" bei Zuteilungsfragen BVerfGE 33, 303 (345 f.); 147, 253 (309).

[759] *Kießling/Kingreen/Leisner-Egensperger*, VerfBlog v. 02.02.2021.

[760] BAnz AT 21.12.2020 V3, zuletzt geändert durch BAnz AT 24.02.2021 V1; zur aktuellen Fassung BAnz AT 31.08.2021 V1, zuletzt geändert durch die Sechste Verordnung zur Änderung der Coronavirus-Impfverordnung, BAnz AT 30.12.2022 V1.

[761] § 20i Abs. 3 SGB V ist eine sozialversicherungsrechtliche Norm, die dem Zweck der Kostenübernahme durch die Versicherung dient. Wenngleich § 5 Abs. 2 Satz 1 Nr. 4 lit. c, f IfSG die „Verteilung" und „Abgabe" von Impfstoffen erwähnt, so ist mit Blick auf den generell organisatorischen Regelungsgehalt der Norm doch anzunehmen, dass sich diese For-

Zutreffend wurde die gesetzliche Grundlage als unzureichend und die CoronaImpfV infolgedessen als verfassungswidrig eingestuft.[762]

Im Zuge des Dritten Bevölkerungsschutzgesetzes[763] und des EpiLage-FortgeltungsG[764] wurden daher umfassende Änderungen an den Normen vorgenommen, sodass in einem Zusammenspiel der §§ 5 Abs. 2 Satz 1 Nr. 4 lit. f, 20 Abs. 2a Satz 2, 1 IfSG und § 20i Abs. 3 Satz 4, 5 SGB V nun den Anforderungen der Wesentlichkeitstheorie prinzipiell entsprechend[765] zulässige Impfziele der sowie Kriterien für die Verteilungsentscheidung gesetzlich vorgegeben sind, welche ausdrücklich auch im Falle einer beschränkten Verfügbarkeit von Impfstoffen bei notwendigen Priorisierungen bei der Verordnungsgebung zu berücksichtigen sind. Die rechtlichen Grundlagen nehmen nach wie vor explizit Bezug auf SARS-CoV-2 bzw. die dadurch ausgelöste Lungenkrankheit COVID-19 und gelten nur ausschließlich für diese Fälle.

§ 5 Abs. 2 Satz 1 Nr. 4 lit. f IfSG enthält nun eine ausdrückliche Ermächtigung an das BMG, für den Fall beschränkter Verfügbarkeit von Arzneimitteln einschließlich Impfstoffen per Verordnung Regelungen zur Priorisierung der Abgabe zu erlassen. Kriterien für eine mögliche Verteilungsentscheidung können nach § 20i Abs. 3 Satz 5 SGB V das Alter, der Gesundheitszustand, ein tätigkeitsbedingtes Expositionsrisiko sowie die Systemrelevanz einer Person sein. Der Gesetzgeber hat sich hierbei für eine nicht abschließende („insbesondere“) Regelung entschieden und – anders als noch im ersten *numerus-clausus*-Urteil[766] vom Bundesverfassungsgericht gefordert – kein Rangverhältnis der Kriterien untereinander festgelegt. Angesichts der tatsächlichen und wissenschaftlichen Umstände, in die die Allokationsentscheidung knapper Impfstoffe eingebettet ist, scheint dies aber auch nicht erforderlich.[767] Die Wahl der Kriterien ist abhängig vom konkreten Virus im Einzelfall sowie seinem Verhältnis zum jeweiligen Impfstoff. Je nach Verfügbarkeit, Wirkung, Nebenwirkung und Verträglichkeit eines Impfstoffes in unterschiedlichen Personengruppen kann hier Anpassungsbedarf bestehen.

Beim Erlass der Verordnung sind gemäß § 20i Abs. 3 Satz 4 SGB V die in § 20 Abs. 2a Satz 1 IfSG genannten Impfziele zu berücksichtigen. Als Impfziele werden

---

mulierung auf die Verteilung zwischen Bund und Ländern bezieht. Ausführlich dazu *Leisner-Egensperger*, BT-Drs. 19(14)263(1), S. 4 f.; *Kießling*, BT-Drs. 19(14)263(5), S. 5 ff.

[762] *Leisner-Egensperger*, BT-Drs. 19(14)263(1), S. 7; *Kießling*, BT-Drs. 19(14)263(5), S. 5.

[763] BGBl. I 2020, S. 2397.

[764] BGBl. I 2021, S. 370.

[765] So auch *Leisner-Egensperger*, BT-Drs. 19(14)288(9), S. 27; *Kingreen*, BT-Drs. 19(14)288(3), S. 6 f.; *Wollenschläger*, BT-Drs. 19(14)288(18), S. 29.

[766] BVerfGE 33, 303 (346). Nicht mehr ausdrücklich gefordert in BVerfGE 147, 253 (310).

[767] *Leisner-Egensperger*, BT-Drs. 19(14)288(9), S. 31; *Wollenschläger*, BT-Drs. 19(14)288(18), S. 31; für die beispielhafte Aufzählung von Kriterien auch *Leisner-Egensperger*, NJW 2021, 202 (205); *Klafki*, BT-Drs. 19(14)246(9), S. 10. A. A. *Kingreen*, BT-Drs. 19(14)288(3), S. 8 und BT-Drs. 19(14)263(2), S. 12.

in § 20 Abs. 2a Satz 1 IfSG beispielhaft die Reduktion schwerer oder tödlicher Krankheitsverläufe, die Unterbindung von Transmissionsketten, der Schutz von Personen mit besonders hohem Risiko für einen schweren oder tödlichen Verlauf oder einem behinderungs-, tätigkeits- oder aufenthaltsbedingt besonders hohem Infektionsrisiko sowie die Aufrechterhaltung zentraler staatlicher Funktionen, von Kritischen Infrastrukturen und von zentralen Bereichen der Daseinsvorsorge und des öffentlichen Lebens genannt.[768] Die Ziele spiegeln damit die zentralen Zwecke der staatlichen Pandemieregulierung wieder, die Funktionsfähigkeit der Gesundheitssysteme aufrechtzuerhalten und das Leben und die Gesundheit zu schützen.[769] Wie schon in § 20i Abs. 3 Satz 5 SGB V für die möglichen Kriterien, an denen sich eine Priorisierung zu orientieren hat, werden auch die Impfziele in § 20 Abs. 2a Satz 1 IfSG nur beispielhaft aufgezählt. Der Bundesregierung hier Spielraum zu belassen und die Impfziele und Kriterien angepasst an das jeweilige Pandemiestadium und die politischen Ziele ergänzen zu können, scheint verfassungsrechtlich vertretbar.[770]

Die genannten Impfziele sind dabei nicht nur bei Rechtsverordnungen zur Priorisierung (§ 20 Abs. 2a Satz 2 IfSG), sondern gemäß § 20 Abs. 2a Satz 1 IfSG auch von der STIKO bei ihren Empfehlungen zur Durchführung von Schutzimpfungen gegen SARS-CoV-2 zu beachten.[771] Erlässt das BMG eine Rechtsverordnung für den Fall einer Priorisierung bei beschränkter Verfügbarkeit von Impfstoffen, hat es gemäß § 20i Abs. 3 Satz 1, 2 Nr. 1 lit. a, Nr. 2, Satz 4 SGB V vorab die STIKO anzuhören. Wenngleich die Empfehlungen der STIKO rechtlich unverbindlich sind, kommt ihnen eine „faktisch […] quasinormative […] Wirkung“ und damit eine starke Bindungswirkung zu,[772] sie gelten als „medizinischer Standard“[773]. Der STIKO kommt mithin bei der Durchführung von Schutzimpfungen im Allgemeinen und bei Allokationsentscheidungen im pandemiebedingten Knappheitsfall im Besonderen eine herausragende Bedeutung zu. Dies scheint indes nur sachgerecht, weil die Entwicklung, Zulassung und Durchführung von Schutzimpfungen genuin wissenschaftliche Sachbereiche sind, die von komplexen medizinischen Fragen beeinflusst werden. Eine Beurteilung der Wirkungen, Nebenwirkungen und Verträglichkeit gerade neuartiger Impfstoffe muss ebenso wie die Frage, welche Personen ein erhöhtes Infektionsrisiko haben, von medizinischen Experten beurteilt werden.[774] Die STIKO fungiert insofern als „institutionalisierte Wissensquelle“ des Staates, die

[768] Kritisch mit Blick auf das Bestimmtheitsgebot (zur ähnlichen Formulierung in BT-Drs. 19/25260) *Leisner-Egensperger*, BT-Drs. 19(14)263(1), S. 20 f.

[769] Zu diesen Zielen BVerfGE 159, 223 (Rn. 174).

[770] So auch *Klafki*, BT-Drs. 19(14)246(9), S. 10; *Wollenschläger*, BT-Drs. 19(14)288(18), S. 30. Für eine abschließende Festlegung der Ziele *Leisner-Egensperger*, NJW 2021, 202 (205).

[771] Zur STIKO bereits oben in und bei Fn. 128.

[772] *Leisner-Egensperger*, BT-Drs. 19(14)288(9), S. 29.

[773] BVerfGE 161, 299 (Rn. 139).

[774] *Leisner-Egensperger*, BT-Drs. 19(14)263(1), S. 14 f.

es ihm ermöglicht, „seine Wissensgrundlage durch den Rückgriff auf privates Wissen“ zu verbessern.[775] Gleichwohl wurde in diesem Zusammenhang – wie häufig in medizinisch-wissenschaftlich geprägten Sachbereichen – die Gefahr einer Entparlamentarisierung durch Einbeziehung privaten Sachverstandes beklagt.[776] Der Vorwurf konzentriert sich zum einen darauf, dass die STIKO in Zusammenarbeit mit dem Deutschen Ethikrat und der Nationalen Akademie der Wissenschaften Leopoldina vor Erlass der ersten CoronaImpfV damit beauftragt wurde, einen Kriterienkatalog für die Priorisierung zu entwerfen,[777] der letztlich Niederschlag in der Verordnung gefunden hat. Zum anderen sei die Stellung und Aufgabe der STIKO unklar, wenn § 20 Abs. 2a Satz 1 IfSG sie verpflichtet, die Empfehlungen an den (politischen) Impfzielen „auszurichten“. Dies stehe im Konflikt mit der Stellung der STIKO als unabhängiges, fachmedizinisches Gremium, das in seinen Empfehlungen nur fachmedizinische Standards definieren soll. In der Tat kann die STIKO ihrer Struktur nach allenfalls die medizinisch-wissenschaftliche Daten- und Faktengrundlage rund um die Impfstoffe und ihre Wirkungen auf verschiedene Bevölkerungsgruppen liefern. Sie kann als solche Einrichtung aber keine normativen Abwägungsentscheidungen vornehmen, wie sie bei Allokationsentscheidungen notwendig sind.[778] Dies kann und darf nur der Gesetzgeber selbst.[779] In einer künftigen Regelung könnte und sollte dies deutlicher klargestellt werden.[780] Dass die Impfziele indes für die Empfehlungen der STIKO nicht gänzlich unbeachtet bleiben können, ergibt sich aus dem Kontext, in den sie eingebettet sind.[781]

Bestimmungen bzgl. des Verfahrens, der Zuständigkeit oder der Handhabung von Ausnahmefällen fehlen im Gesetz, fanden sich aber in der zu jener Zeit geltenden CoronaImpfV.[782] Das Meldewesen ist in § 13 Abs. 5 IfSG festgelegt, worauf die CoronaImpfV Bezug nimmt. Flankierend regelt § 22 Abs. 1 bis 4 IfSG die Impfdokumentation. Überdies wurde zur Klarstellung des Rechtswegs § 68 Abs. 1a IfSG eingefügt. Allenfalls an ein als Ordnungswidrigkeitstatbestand ausgestaltetes gesetzliches Verbot der entgeltlichen Abgabe des Impfstoffes als Ergänzung wäre zu

---

[775] *Pflug*, Pandemievorsorge, 2013, S. 153.

[776] Dazu und zum Folgenden *Kingreen*, BT-Drs. 19(14)263(2), S. 5; *ders.*, BT-Drs. 19(14) 288(3), S. 7.

[777] Positionspapier der STIKO, Leopoldina und des Deutschen Ethikrats zur Verteilung eines COVID-19-Impfstoffes (abrufbar unter: https://www.rki.de/DE/Content/Infekt/Impfen/ImpfungenAZ/COVID-19/Positionspapier.html; zuletzt: 28.08.2023).

[778] So auch *Klafki*, VerfBlog v. 22.09.2020.

[779] *Kingreen*, BT-Drs. 19(14)263(2), S. 7 spricht daher von einem „kategorialen Konstruktionsfehler“; zustimmend *Leisner-Egensperger*, BT-Drs. 19(14)288(9), S. 30.

[780] *Wollenschläger*, BT-Drs. 19(14)288(18), S. 34 f. schlägt z. B. vor, nicht von der „Ausrichtung“ an den Impfzielen, sondern deren „Berücksichtigung“ zu sprechen.

[781] *Wollenschläger*, BT-Drs. 19(14)288(18), S. 34.

[782] Verordnung zum Anspruch auf Schutzimpfung gegen das Coronavirus SARS-CoV-2 (Coronavirus-Impfverordnung – CoronaImpfV) v. 18.12.2020, BAnz AT 21.12.20 V3; zur aktuellen Fassung BAnz AT 31.08.2021 V1, zuletzt geändert durch die Sechste Verordnung zur Änderung der Coronavirus-Impfverordnung, BAnz AT 30.12.2022 V1.

denken, um eine Regelungslücke außerhalb versicherungsrechtlicher Erstattungsansprüche zu schließen.[783]

Alles in allem handelt es sich um eine auf Parlamentsgesetz, Rechtsverordnung und STIKO-Empfehlung verteilte und dadurch unnötig komplizierte Regelung,[784] die unter Wesentlichkeitsgesichtspunkten zwar ausreichend ist, aus Transparenzgründen aber in eine einheitliche Regelung im IfSG (z. B. in den §§ 20 ff. IfSG) überführt werden sollte.[785] Das SGB V kann ergänzend darauf Bezug nehmen. Selbstredend müssten die Regelungen sich vom spezifischen Bezug zu SARS-CoV-2 lösen und die Rahmenbedingungen für Priorisierungsentscheidungen bei Knappheit im Pandemiefall allgemein adressieren. Eine derartige Regelung kann der Gesetzgeber dabei erst im Laufe der jeweiligen Pandemie und abhängig davon, wer vom Pandemieerreger besonders gefährdet ist, den Zielen der staatlichen Maßnahmen sowie der wissenschaftlichen Daten- und Faktengrundlage zu möglichen Impfstoffen konkretisieren.

Ein andauerndes und von Virusvarianten geprägtes Pandemiegeschehen sowie eine stagnierende Impfquote führten letztlich zur Diskussion über die Einführung einer allgemeinen oder zumindest berufsbezogenen Impfpflicht gegen SARS-CoV-2. Nach langwieriger Diskussion wurde daraufhin in den §§ 20a, 22a IfSG eine einrichtungsbezogene Impfnachweispflicht[786] für einen bestimmten Personenkreis in bestimmten Einrichtungen eingeführt, die „alle wesentlichen Entscheidungen" für einen Impfnachweis und damit für eine mittelbar-faktisch geltende Impfpflicht enthalten.[787] Dabei ist aus Wesentlichkeitsgründen auch nicht zu beanstanden, dass die Bundesregierung nach § 22a Abs. 4 IfSG dazu ermächtigt wird, durch Rechtsverordnung auf Grundlage des aktuellen Standes der Wissenschaft und Forschung abweichende Anforderungen an einen Impf- und Genesenennachweis festzulegen.[788]

---

[783] Dazu *Kießling*, BT-Drs. 19(14)263(5), S. 6 f.; *Wissenschaftliche Dienste des Deutschen Bundestages*, WD 3-3000-271/20, S. 4 f.

[784] Treffend *Kingreen*, F. A. Z. v. 25.02.2021, S. 6: „Schnitzeljagd durch zwei Gesetze"; *ders.*, BT-Drs. 19(14)288(3), S. 7: „überkomplexes Kaskadenmodell"; *Hollo*, in: Kießling, IfSG, 3. Aufl. 2022, § 5 Rn. 27 zweifelt an der „eigenständigen Bedeutung" von § 5 Abs. 2 Satz 1 Nr. 4 lit. f IfSG.

[785] *Klafki*, BT-Drs. 19(14)246(9), S. 10; dafür auch *Kießling*, BT-Drs. 19(14)263(5), S. 8; *Kingreen*, 19(14)288(3), S. 9 f. mit Normierungsvorschlag. Für eine Regelung im SGB V hingegen *Leisner-Egensperger*, BT-Drs. 19(14)263(1), S. 17. Für eine Regelung in Anlehnung an die Verordnungsermächtigung des Art. 61 Schweizer Epidemienverordnung *Klafki*, VerfBlog v. 22.09.2020; Positionspapier der STIKO, Leopoldina und des Deutschen Ethikrats zur Verteilung eines COVID-19-Impfstoffes, S. 4.

[786] Ausführlich dazu und zu alternativen Realisationsmöglichkeiten einer Impfpflicht *Kersten/Rixen*, Der Verfassungsstaat in der Corona-Krise, 3. Aufl. 2022, S. 234 ff. Umfassend zum Impfschutzrecht *Rixen*, in: Huster/Kingreen, HdB InfSR, 2. Aufl. 2022, Kapitel 5.

[787] BVerfGE 161, 299 (Rn. 124 ff.).

[788] BVerfGE 161, 299 (Rn. 124).

Unter welchen Voraussetzungen eine Impfpflicht als Eingriff in die körperliche Unversehrtheit (Art. 2 Abs. 2 Satz 1 GG)[789] gerechtfertigt ist, ist im Pandemiefall von verschiedenen Faktoren abhängig. Eine Impfpflicht kann stets nur *ultima ratio*-Maßnahme sein, das bedeutet, andere Maßnahmen dürften keinen oder zumindest nicht den gleichen Erfolg versprechen wie eine Impfpflicht und müssen ausgeschöpft worden sein.[790] Für SARS-CoV-2 stellten eine hohe Wirksamkeit der Impfung selbst[791] sowie eine wissenschaftlich-medizinisch erwiesene, durch das Virus bedingte „erhebliche Gefahrenlage für gewichtige Schutzgüter, die gesetzgeberisches Handeln erforderlich macht"[792], für die Entscheidung maßgebliche Kriterien dar.[793] Gerade im Pandemiefall, der durch ein neuartiges Virus verursacht wurde und gegen das neuartige Impfstoffe zum Einsatz kommen, zu denen es noch keine hinreichend aussagekräftige Datengrundlage gibt, geht die Einführung einer Impfpflicht mit erhöhtem Begründungsaufwand einher.[794] Damit stellt sich die Entscheidung über die Einführung einer Impfpflicht als komplex dar. Ihre Verhältnismäßigkeit kann letztlich nur unter Betrachtung der konkreten Umstände des Einzelfalls beurteilt werden und keinesfalls pauschal und vorab für künftige Pandemiefälle attestiert werden.[795]

6. Beteiligung der Länderparlamente

Die Wesentlichkeitstheorie adressiert den Gesetzgeber – und zwar grundsätzlich sowohl auf Bundes- als auch auf Landesebene.[796]

Während der Deutsche Bundestag auf Bundesebene auf Grundlage seiner Gesetzgebungskompetenz nach Art. 72 Abs. 1, 74 Abs. 1 Nr. 19 GG im IfSG die wesentlichen Entscheidungen, insbesondere in Bezug auf etwaige grundrechtsbeschränkende Pandemiemaßnahmen, gesetzlich festlegen kann und damit in erster Linie von der Wesentlichkeitstheorie adressiert wird, verbleiben den Landesparlamenten deutlich weniger Möglichkeiten, auf die Pandemiebewältigung einzuwirken. Nach der Kompetenzverteilung des Grundgesetzes führen nämlich die Länder das

[789] Zum Eingriff siehe etwa BVerfGE 161, 299 (Rn. 206 ff.).

[790] *Kingreen*, in: Huster/Kingreen, HdB InfSR, 2. Aufl. 2022, Kapitel 1 Rn. 143.

[791] Vgl. BVerfGE 161, 299 (Rn. 173 f., 184).

[792] BVerfGE 161, 299 (Rn. 153, 156 ff.). Vorliegend ist dieses Gut der Schutz vulnerabler Personen vor einer Infektion.

[793] *Hollo*, VerfBlog v. 22.08.2022, zur Entscheidung des BVerfG zur Masernimpfpflicht. Ähnlich für die Masernimpfpflicht BVerfGE 162, 378 (Rn. 108 ff., 114 f.). Die Entscheidung zur Masernimpfpflicht unterscheidet sich freilich stark von der Situation der COVID-19-Pandemie und einer Impfpflicht gegen das neuartige Coronavirus SARS-CoV-2 (dazu *Hollo*, VerfBlog v. 22.08.2022).

[794] Siehe nur *Rixen*, VerfBlog v. 28.07.2021.

[795] Ähnlich *Dederer/Preiß*, AöR 148 (2023), 289 (345).

[796] Klarstellend auch *Kluckert*, in: ders., Das neue Infektionsschutzrecht, 2. Aufl. 2021, § 2 Rn. 107.

IfSG gem. Art. 30, 83 GG als eigene Angelegenheit aus. Für die Schutzmaßnahmen der §§ 28 ff. IfSG ermächtigt § 32 Satz 1 IfSG wiederum die Landesregierungen, die entsprechenden Maßnahmen durch Rechtsverordnung festzulegen. Die Länder haben von dieser Möglichkeit mit ihren „Coronaschutzverordnungen" regen Gebrauch gemacht und damit die zentrale Rolle bei der rechtlichen Pandemiebewältigung eingenommen. Die Landesparlamente sind in der Konsequenz an der Rechtsetzung im pandemiebedingten Gesundheitsnotstand grundsätzlich nicht beteiligt.[797]

a) Ausgleich bundesgesetzlicher Defizite?

Daher stellt sich die Frage, ob die Wesentlichkeitstheorie die Landesgesetzgeber jedenfalls für den Fall, dass der Bundesgesetzgeber keine hinreichende gesetzliche Regelung schafft, mithin seiner Aufgabe nach der Wesentlichkeitstheorie nicht nachkommt, verpflichtet, von der Möglichkeit des Art. 80 Abs. 4 GG Gebrauch zu machen und der Exekutivlastigkeit in der Pandemiebewältigung entgegenzutreten.

Wird eine Landesregierung zum Erlass einer Verordnung ermächtigt, kann der Landesgesetzgeber diese Ermächtigung nach Art. 80 Abs. 4 GG an sich ziehen und anstelle einer Verordnung ein Gesetz erlassen.[798] Für den Fall des IfSG könnte ein Landesparlament wegen der Ermächtigung in §§ 28 ff. i. V. m. 32 Satz 1 IfSG somit anstelle einer Verordnung ein Gesetz mit den jeweiligen Schutzmaßnahmen erlassen.

Die Möglichkeit des Art. 80 Abs. 4 GG ändert jedoch nichts daran, dass kompetenzrechtlich der Bundesgesetzgeber von der Wesentlichkeitstheorie adressiert wird und dazu verpflichtet ist, die wesentlichen Entscheidungen selbst bundesgesetzlich festzulegen und insbesondere etwaige Ermächtigungen zum Erlass von Verordnungen nach Inhalt, Zweck und Ausmaß hinreichend zu bestimmen (Art. 80 Abs. 1 Satz 2 GG). Kommt der Bundesgesetzgeber dieser Verpflichtung nicht nach, kann der Landesgesetzgeber dieses Defizit auch nicht über Art. 80 Abs. 4 GG ausgleichen.[799] So wie auch eine für sich betrachtete, rechtmäßige Rechtsverordnung verfassungswidrig ist, wenn sie auf keiner tauglichen Rechtsgrundlage ergeht,[800] gilt

---

[797] Außer der Bundesgesetzgeber bezieht die Landesgesetzgeber in seiner Gesetzgebung ein, wie während der COVID-19-Pandemie zeitweise über § 28a Abs. 7, 8 IfSG a. F.

[798] Zu Art. 80 Abs. 4 GG etwa *Remmert*, in: Dürig/Herzog/Scholz, GG, Art. 80 Rn. 196 ff. (2013); *Wagner/Brocker*, NVwZ 1997, 759 ff.

[799] So auch *Amhaouach/Huster/Kießling/Schaefer*, NVwZ 2021, 825 (826 f.); *Brocker*, NVwZ 2020, 1485 (1488); *Klafki*, NVwZ 2020, 1718 (1722); *Nierhaus*, in: BK-GG, Art. 80 Abs. 4 Rn. 826 (1998); a. A. *Birkner*, ZRP 2020, 157 (158); *Kluckert*, in: ders., Das neue Infektionsschutzrecht, 2. Aufl. 2021, § 2 Rn. 111 ff., 111b, welcher die Landtage wegen der dezentralen Regelungsanforderungen bei einer Pandemie für entscheidungszuständig hält; *Pautsch/Haug*, NJ 2020, 281 (282), welche fälschlicherweise davon ausgehen, ein verordnungsvertretendes Gesetz sei anders als eine Verordnung nicht auf die bloße Umsetzung und Konkretisierung der gesetzgeberischen Vorgaben beschränkt (dazu sogleich).

[800] Siehe Art. 80 Abs. 1 Satz 1 GG. Zur Rechtmäßigkeit von Rechtsverordnungen *Sodan/Ziekow*, Grundkurs Öffentliches Recht, 10. Aufl. 2023, § 17 Rn. 44.

dies auch für ein Gesetz, das nach Art. 80 Abs. 4 GG „an Verordnungs Statt“[801] ergeht. Zieht der Landesgesetzgeber eine Verordnungsermächtigung auf Grundlage von Art. 80 Abs. 4 GG an sich, ist er wie der Verordnungsgeber an den Umfang und die von der Ermächtigungsgrundlage belassenen Spielräume gebunden.[802] Art. 80 Abs. 4 GG ermöglicht insofern nur einen „Rechtsformentausch“[803], ändert jedoch nichts an der Abhängigkeit von der Ermächtigungsgrundlage. Das bedeutet für den COVID-19-Pandemiefall, der Landesgesetzgeber kann auch in seinem auf Art. 80 Abs. 4 GG basierenden Gesetz nur diejenigen Maßnahmen erlassen, zu denen § 28a IfSG ermächtigt. Er kann keine weitergehenden Maßnahmen treffen, es sei denn, das IfSG eröffnet diese Möglichkeit. Für den langen Anfangszeitraum der COVID-19-Pandemie stellte die Generalklausel des § 28 Abs. 1 IfSG a. F. die einzige bundesgesetzliche Rechtsgrundlage für etwaige Pandemieschutzmaßnahmen dar. Der Umsetzungs- und Gestaltungsspielraum der Verordnungsgeber und mithin auch der Landesgesetzgeber bei Anwendung von Art. 80 Abs. 4 GG war in dieser Konstellation freilich sehr groß. Die Landesgesetzgeber hätten jedoch selbst dann, wenn sie den Spielraum genutzt hätten, um landesgesetzlich hinreichend bestimmt ausgestaltete Pandemieschutzmaßnahmen zu bestimmen, nicht ausgleichen können, dass der Bundesgesetzgeber mit seiner Regelung hinter den Anforderungen der Wesentlichkeitstheorie zurückgeblieben ist und seiner verfassungsrechtlichen Rolle im Gewaltenteilungsgefüge nicht gerecht geworden ist.

Art. 80 Abs. 4 GG steht seinem klaren Wortlaut nach im Ermessen der Landesparlamente. Dieses Ermessen reduziert sich nach dem eben Gesagten auch bei einer länger andauernden seuchenrechtlichen Notlage und kumulativen wie flächendeckenden, sehr grundrechtsintensiven Pandemieschutzmaßnahmen sowie einem Zurückbleiben der bundesgesetzlichen Regelung hinter den Anforderungen der Wesentlichkeitstheorie nicht auf Null.[804] Der Landesgesetzgeber kann das Defizit auf bundesgesetzlicher Ebene durch Art. 80 Abs. 4 GG nicht ausgleichen und ist daher zu dessen Gebrauch auch nicht nach der Wesentlichkeitslehre verpflichtet.[805]

b) Art. 80 Abs. 4 GG im Verhältnis Landesregierung und Landesgesetzgeber

Wenngleich Art. 80 Abs. 4 GG keine Auswirkungen auf das Verhältnis von Bundesgesetzgeber und Regierung unter der Wesentlichkeitstheorie hat, so kann die

---

801 *P. Schütz*, NVwZ 1996, 37 ff.

802 *Remmert*, in: Dürig/Herzog/Scholz, GG, Art. 80 Rn. 201 (2013).

803 BVerwG, Urt. v. 12.04.2018 – 3 A 10/15, Rn. 33.

804 *Amhaouach/Huster/Kießling/Schaefer*, NVwZ 2021, 825 (826); ferner und ohne Pandemiebezug *Brocker*, NVwZ 2020, 1485 (1487); a. A. *Brosius-Gersdorf*, Stellungnahme im Sonderausschuss SARS Cov-2-Pandemie des Niedersächsischen Landtages am 30.11.2020, S. 5 f.; *Kluckert*, in: ders., Das neue Infektionsschutzrecht, 2. Aufl. 2021, § 2 Rn. 111; *Pautsch/Haug*, NJ 2020, 281 (285).

805 *Amhaouach/Huster/Kießling/Schaefer*, NVwZ 2021, 825 (827).

Norm im Verhältnis Landesregierung und Landesparlament dennoch von Bedeutung sein. Art. 80 Abs. 4 GG wurde explizit deshalb eingeführt, um die Handlungsfähigkeit der Landesparlamente zu stärken,[806] und ist insbesondere im Verhältnis von Landesparlament zur jeweiligen Landesregierung durchaus dazu geeignet, dies zu tun.[807] Während von Art. 80 Abs. 4 GG vor der COVID-19-Pandemie nur vereinzelt Gebrauch gemacht wurde, erließen im Zuge der COVID-19-Pandemie zahlreiche Bundesländer in Anwendung der Norm Gesetze, die die parlamentarische Beteiligung an den Pandemieschutzverordnungen stärken sollten.[808]

Dafür machten die Landesparlamente von der Möglichkeit nach Art. 80 Abs. 4 GG insofern Gebrauch, als sie die Verordnungsermächtigung an sich zogen und ein Landesgesetz erließen, das die Ermächtigung zum Erlass von Verordnungen nach §§ 28 ff. i. V. m. 32 IfSG wiederum auf die Landesregierung zurückdelegierte, also keine eigenen materiellen Vorgaben, z. B. zu grundrechtsbeschränkenden Schutzmaßnahmen, machten.[809] Zugleich statuierte das Landesgesetz parlamentarische Beteiligungs- und Kontrollelemente in Form von Informations-, Begründungs- und Anhörungspflichten der Landesregierung gegenüber dem Landesparlament oder Zustimmungs-, Veto- und Aufhebungsvorbehalte des Landesparlaments in Bezug auf die von der Landesregierung auf Grundlage der §§ 28 ff. IfSG erlassenen Verordnungen.[810] Teilweise enthielten die Gesetze auch grundsätzliche Maßgaben, die es bei Erlass der Verordnungen zu beachten galt.[811] Auf diese Weise blieb der zuvörderst im Pandemiefall wichtige Vorteil schnellen und flexiblen exekutiven Handelns bestehen.[812] Gleichzeitig sicherten sich die Landesgesetzgeber eine mit-

[806] BT-Drs. 12/6000, S. 38 und 12/6633, S. 11.

[807] Diesen Aspekt sehen auch *Wagner/Brocker*, NVwZ 1997, 759 (759) sowie die *Wissenschaftlichen Dienste des Landtags Rheinland-Pfalz*, Ausarbeitung v. 06. 12. 2020, 52–1725, S. 9.

[808] Z. B. für Baden-Württemberg das Gesetz über den Erlass infektionsschützender Maßnahmen vom 23. Juli 2020, GBl. 2020, 649; für Niedersachsen gab es einen ähnlichen Gesetzesentwurf, LT-Drs. 18/6381. Siehe zudem den Überblick über ähnliche Gesetzesvorhaben in den Bundesländern bei *Klafki*, NVwZ 2020, 1718 (1719) sowie den Überblick über die Beteiligung der Parlamente in den Ländern während der COVID-19-Pandemie bei *Amhaouach/Huster/Kießling/Schaefer*, NVwZ 2021, 825 (827 ff.).

[809] Z. B. § 2 Abs. 1 des Gesetzes über den Erlass infektionsschützender Maßnahmen (BaWü).

[810] *Rauber*, VerwArch 112 (2021), 205 (207) spricht von einer modifizierenden Subdelegation. Ein Überblick über die Formen der Parlamentsbeteiligung am Verordnungserlass auf Grundlage von Art. 80 Abs. 4 GG findet sich bei *Klafki*, NVwZ 2020, 1718 (1720).

[811] Z. B. § 2 Abs. 2 bis 6 des Gesetzes über den Erlass infektionsschützender Maßnahmen (BaWü). Ähnlich in § 3 des Entwurfes für Niedersachsen, LT-Drs. 18/6381.

[812] Ebenso steht damit der Verwaltungsrechtsweg zu den Fachgerichten gegen die Rechtsverordnungen weiterhin offen und wird nicht auf den (teilweise schwierigen) verfassungsgerichtlichen Rechtsschutz gegen Landesgesetze beschränkt. Dazu *Amhaouach/Huster/Kießling/Schaefer*, NVwZ 2021, 825 (827); *Klafki*, NVwZ 2020, 1718 (1721); *Mann*, in: Sachs, GG, 9. Aufl. 2021, Art. 80 Rn. 57.

wirkende Rolle in der Pandemieregulierung. Ob ein derartiges Vorgehen von der Möglichkeit des Art. 80 Abs. 4 GG gedeckt ist, muss allerdings geprüft werden.

aa) Zulässigkeit der modifizierten Weiterübertragung

Die Möglichkeit einer Weiterübertragung der Verordnungsermächtigung ist dabei grundsätzlich anerkannt, sofern das ermächtigende Bundesgesetz eine solche Subdelegation vorsieht (Art. 80 Abs. 1 Satz 4 GG).[813] Für § 32 Satz 2 IfSG ist genau dies der Fall. Dass § 32 Satz 2 IfSG lediglich davon spricht, dass die *Landesregierung* die Ermächtigung auf eine andere Stelle übertragen kann, steht einer Subdelegation eines Landesparlaments an die Landesregierung im Rahmen von Art. 80 Abs. 4 GG dabei ebenso wenig entgegen wie Art. 80 Abs. 1 Satz 4 GG, der als Form der Weiterübertragung die Rechtsverordnung vorgibt.[814] Der Wortlaut von Art. 80 Abs. 4 GG spricht jedenfalls nicht gegen eine Weiterübertragung der Ermächtigung vom Landesparlament an die Landesregierung, sondern zielt mit der Formulierung, dass die „Länder" und nicht nur das Landesparlament zu einer Regelung befugt sind, darauf ab, die Staatlichkeit und das Selbstorganisationsrecht der Länder unangetastet zu lassen.[815] § 32 Satz 2 IfSG bezieht sich auf § 32 Satz 1 IfSG, der wiederum von einer Zuständigkeit der Landesregierung ausgeht. Wird nun aber auf Grundlage von Art. 80 Abs. 4 GG das Landesparlament und nicht die Landesregierung tätig, muss ebenfalls eine andere Stelle als das Landesparlament ermächtigt werden können. Sinn und Zweck der Zulässigkeit einer Übertragung (nur) auf eine andere Stelle ist, dass die ermächtigte Stelle sich nicht erneut ermächtigen und dadurch weiteren Spielraum schaffen können soll.[816] Dies ist im vorliegenden Fall nicht ersichtlich. Ebenso ist bei der Anwendung von Art. 80 Abs. 4 GG eine Übertragung der Ermächtigung durch Landesgesetz möglich, wenngleich Art. 80 Abs. 1 Satz 4 GG die Übertragung in Form einer Rechtsverordnung vorschreibt. Als Legislativorgan könnten die Landesparlamente keine Rechtsverordnungen erlassen.[817] Würde die Weiterübertragung auf die Form der Rechtsverordnung beschränkt, würden die Landesparlamente sowie die Landesgesetze gegenüber den Verordnungen der Exekutive schlechter gestellt. Dies scheint nicht dem Ziel von Art. 80 Abs. 4 GG, die Handlungsfähigkeit der Landesparlamente zu stärken, zu entsprechen.[818]

Ebenso unschädlich ist es, dass der Landesgesetzgeber die Ermächtigung an sich zieht und dabei weitere Mitwirkungsbefugnisse einführt, die im ursprünglich er-

---

[813] Dazu *Rauber*, VerwArch 112 (2021), 205 (214 ff.).

[814] Dazu und zum Folgenden *Rauber*, VerwArch 112 (2021), 205 (214 ff.).

[815] *Rauber*, VerwArch 112 (2021), 205 (216, 219).

[816] *Rauber*, VerwArch 112 (2021), 205 (219 f.).

[817] *Nierhaus*, in: BK-GG, Art. 80 Abs. 4 Rn. 843 (1998).

[818] Dazu ausführlich *Rauber*, VerwArch 112 (2021), 205 (220 ff.).

mächtigenden Gesetz nicht vorgesehen waren.[819] Wenn es dem Landesgesetzgeber möglich ist, die Verordnungsermächtigung – auch nach Erlass der Verordnung[820] – im Ganzen an sich zu ziehen und abschließend von ihr Gebrauch zu machen und den Verordnungsgeber damit gänzlich von der Regelungsmaterie auszuschließen, muss die Einführung parlamentarischer Mitwirkungsbefugnisse unter Weiterdelegation der inhaltlichen Regelungen an die Landesregierung als Minusmaßnahme dazu erst recht möglich sein.[821] Für die Bundesebene wurde dies vom BVerfG für den Fall eines Zustimmungsvorbehalts mit ähnlicher Argumentation ausdrücklich anerkannt.[822] Warum für den Fall eines verordnungsvertretenden Gesetzes etwas anderes gelten sollte, ist nicht ersichtlich[823]; auch hier geht es um das Verhältnis zwischen Exekutive und Legislative.

Das BVerfG lässt die Minusmaßnahme jedoch nur zu, sofern „ein legitimes Interesse der Legislative anerkannt werden muß, zwar einerseits die Rechtsetzung auf die Exekutive zu delegieren, sich aber andererseits – wegen der Bedeutung der zu treffenden Regelungen – entscheidenden Einfluß auf Erlaß und Inhalt der Verordnungen vorzubehalten".[824] Im Fall einer Pandemie besteht erhöhter Bedarf an schnellen und flexiblen Handlungsmöglichkeiten, wie sie zuvörderst die Exekutive bieten kann. Wegen der kompetenzrechtlichen Verteilung im Bereich des Infektionsschutzrechtes bleiben die Landesgesetzgeber bei der staatlichen Pandemieregulierung außen vor. Ein legitimes Interesse dem exekutiven Überschuss entgegenzutreten liegt mithin vor.

bb) Arten der parlamentarischen Beteiligung

Die stärkste Form der Beteiligung liegt in Form von Aufhebungs-, Änderungs- und Zustimmungsvorbehalten vor. Die Möglichkeit, den Erlass von Rechtsverordnungen unter einen Zustimmungsvorbehalt zu stellen, wurde vom BVerfG ausdrücklich anerkannt.[825] Auf Aufhebungsvorbehalte, die auch in Form von auflösend bedingten Zustimmungsvorbehalten erlassen werden können, lässt sich diese Er-

---

[819] § 32 Satz 1, 2 IfSG sieht keine verfahrensrechtlichen oder sonstigen Mitwirkungsrechte des Landesparlaments vor.

[820] *Wagner/Brocker*, NVwZ 1997, 759 (759). Siehe auch *Mann*, in: Sachs, GG, 9. Aufl. 2021, Art. 80 Rn. 55.

[821] *Klafki*, NVwZ 2020, 1718 (1720); *Mann*, in: Sachs, GG, 9. Aufl. 2021, Art. 80 Rn. 41; *Rauber*, VerwArch 112 (2021), 205 (213, 228).

[822] BVerfGE 8, 274 (321). Aus dem Schrifttum z. B. *Brenner*, in: Huber/Voßkuhle, GG, Band 2, 8. Aufl. 2024, Art. 80 Rn. 106; *Nierhaus*, in: BK-GG, Art. 80 Abs. 1 Rn. 217 ff. (1998); *Mann*, in: Sachs, GG, 9. Aufl. 2021, Art. 80 Rn. 42.

[823] Ebenso *Klafki*, NVwZ 2020, 1718 (1720); *Rauber*, VerwArch 112 (2021), 205 (228).

[824] BVerfGE 8, 274 (321).

[825] Soeben Fn. 822, 824.

kenntnis problemlos übertragen.[826] Aufhebungs- und Zustimmungsvorbehalt erfolgen dabei in Form schlichter Parlamentsbeschlüsse.[827] Auf diese Weise können sich die Landesgesetzgeber in die staatliche Pandemiebewältigung einschalten und der Exekutive bei Bedarf Einhalt gebieten, ohne ein (langwieriges) Gesetzgebungsverfahren durchlaufen zu müssen. Die Befürchtung, ein zusätzlicher Zwischenschritt beim Parlament, sei es auch nur in Form eines Ja-/Nein-Beschlusses, verzögere die staatliche Reaktion auf das Pandemiegeschehen zu sehr, kann mit einer Zustimmungsfiktion entkräftet werden.[828] Gleichwohl sind die Parlamentsbeschlüsse, die in der Regel nur eine einfache Mehrheit benötigen, anfälliger für oppositionelle Blockaden und könnten daher effektivitätsmindernd sein. Die Erfahrungen mit der COVID-19-Pandemie zeigen jedoch, dass die Abgeordneten in einer Krisensituation zum Zwecke der effektiven Pandemiebewältigung durchaus an einem Strang ziehen und sich nicht missbräuchlich gegenseitig behindern. Kritischer dürften hingegen Änderungsvorbehalte zugunsten der Landesgesetzgeber beurteilt werden.[829] Auf diese Weise würde zwar das Gesetz, das den Vorbehalt statuiert, in einem ordnungsgemäßen Gesetzgebungsverfahren erlassen werden, die tatsächliche Mitwirkung (= Änderung der Verordnung) könnte jedoch durch schlichten Parlamentsbeschluss erfolgen.

Informations-, Unterrichtungs- oder Anhörungsbefugnisse greifen im Vergleich schon viel weniger stark in den Handlungsbereich der Landesregierung ein und sind folglich erst recht zulässig.[830] Gleichwohl bewirken sie keinerlei parlamentarische Gestaltungswirkung[831] und sind somit nur ein schwaches Instrument zur Stärkung der Landesparlamente. Nichtsdestotrotz kann auch diese Form der parlamentarischen Mitwirkung die Sorge um eine Entparlamentarisierung in der Bevölkerung beschwichtigen und ist in ihrer Wirkung daher nicht zu unterschätzen.

7. Beschlussfähigkeit des Bundestages

Schon kurz nach offiziellem Beginn der SARS-CoV-2-Pandemie konnte rund ein Viertel der Abgeordneten des Deutschen Bundestages nicht an den Bundestagssitzungen teilnehmen, weil sie selbst am Virus erkrankt waren oder als Kontaktperson

---

[826] *Brenner*, in: Huber/Voßkuhle, GG, Band 2, 8. Aufl. 2024, Art. 80 Rn. 106; *Mann*, in: Sachs, GG, 9. Aufl. 2021, Art. 80 Rn. 42; *Rauber*, VerwArch 112 (2021), 205 (227).

[827] *Klafki*, NVwZ 2020, 1718 (1720).

[828] *Klafki*, NVwZ 2020, 1718 (1720).

[829] *Brenner*, in: Huber/Voßkuhle, GG, Band 2, 8. Aufl. 2024, Art. 80 Rn. 107; *Klafki*, NVwZ 2020, 1718 (1720); *Mann*, in: Sachs, GG, 9. Aufl. 2021, Art. 80 Rn. 43; *Nierhaus*, BK-GG, Art. 80 Abs. 1 Rn. 203 ff. (1998); *Remmert*, in: Dürig/Herzog/Scholz, GG, Art. 80 Rn. 108 (2013); weniger kritisch hingegen *Uhle*, in: BeckOK GG, Art. 80 Rn. 57 (2023).

[830] *Rauber*, VerwArch 112 (2021), 205 (227).

[831] *Uhle*, in: BeckOK GG, Art. 80 Rn. 55 (2024); *Klafki*, NVwZ 2020, 1718 (1721 f.); *Mann*, in: Sachs, GG, 9. Aufl. 2021, Art. 80 Rn. 41.

eines Infizierten Quarantäneregelungen unterlagen.[832] Schnell mehrten sich die Bedenken ob der Handlungsfähigkeit des Parlaments in der Krise. Die Diskussion gipfelte in einem Vorschlag des damaligen Bundestagspräsidenten Wolfgang Schäuble, der die Fraktionen in einem Brief dazu aufforderte, über die Einführung eines Notparlaments oder virtuelle Teilnahmeregelungen für die Parlamentssitzungen zu diskutieren.[833]

a) Notparlament

In Krisenzeiten ist die Aufrechterhaltung der Funktionsfähigkeit des Parlaments von fundamentaler Bedeutung. Um die Handlungsfähigkeit des Parlaments in Krisenzeiten sicherzustellen, werden daher häufig Notparlamente als vorübergehende Ersatzgesetzgeber eingesetzt, die bestimmte Aufgaben des Parlaments übernehmen, wenn dieses aufgrund unüberwindbarer Hindernisse nicht selbst zusammentreten kann. Anders als für den Verteidigungsfall, der nach Art. 115a Abs. 2 GG i. V. m. Art. 53a GG anstelle des Bundestages vom Gemeinsamen Ausschuss festgestellt werden kann,[834] gibt es für die Fälle des inneren Notstandes im Allgemeinen und den Fall des pandemiebedingten Gesundheitsnotstandes im Besonderen bisher keine vergleichbare Regelung.

So sinnvoll die Festlegung eines Ersatzgesetzgebers in Krisenzeiten im Allgemeinen auch für die Fälle eines inneren Notstandes sein mag,[835] so fraglich ist deren Sachdienlichkeit im Pandemiefall. Je nach Verbreitungsweg und Gefährlichkeit des jeweiligen Erregervirus ist selbst der Zusammentritt eines verkleinerten Parlaments ein (zu) großes Risiko für die Gesundheit und das Leben der an der Sitzung Teilnehmenden. Sogar im Fall von SARS-CoV-2, einem Virus, dessen Infektionen – wie nun bekannt ist – nicht stets tödliche oder schwere gesundheitliche Folgen nach sich zogen und gegen die Atemschutzmasken in Kombination mit Abstandsregeln und ausreichend Luftzufuhr einen effektiven Schutz boten,[836] waren Kontakte auf ein Minimum zu reduzieren, weil das Risiko einer Infektion und in Folge dessen einer

---

[832] Vgl. dazu SZ v. 04. 04. 2020, S. 6.

[833] Siehe bei SZ v. 04. 04. 2020, S. 6.

[834] Vergleichbare Regelungen finden sich auch auf Landesebene z. B. in Art. 113 Abs. 1 SächsVerf sowie Art. 62 Abs. 1 BWVerf oder Art. 22 Abs. 3 SchlHVerf. In Berlin wurde im Rahmen der COVID-19-Pandemie ein befristetes Notparlament auf Verfassungsebene etabliert (Art. 43 Abs. 3–7 Verfassung Berlin) und in Schleswig-Holstein die Einführung eines parlamentarischen Notausschusses diskutiert, LT-Drs. 19/2558, dazu *Lenz/Kunkel*, VerfBlog v. 05. 01. 2021. Kritisch zu den landesverfassungsrechtlichen Regelungen *Möllers*, VerfBlog v. 20. 03. 2020.

[835] Dazu *Hoppe/Risse*, DVBl. 2020, 1386 ff.; *Lenz/Kunkel*, VerfBlog v. 05. 01. 2021; *T. I. Schmidt*, DVBl. 2021, 231 (234); *Untrieser/Neußer*, NVwZ 2021, 282 (286).

[836] Siehe dazu die Ergebnisse der CoViRiS-Studie (abrufbar unter: https://www.rki.de/DE/Content/InfAZ/N/Neuartiges_Coronavirus/Projekte_RKI/coviris_studie.html; zuletzt: 28. 08. 2023).

unkontrollierbaren Ausbreitung des Virus sonst zu groß gewesen wäre.[837] Veranstaltungen mit mehr als 1.000 Besuchern wurden untersagt,[838] Versammlungen teils sogar gänzlich verboten.[839] Selbstredend besteht in vielen Fällen die Möglichkeit, eine für die Teilnehmenden hinreichend sichere Sitzung stattfinden zu lassen, etwa unter Beachtung bestimmter Hygienemaßnahmen und in Räumlichkeiten, die ausreichend Abstand zwischen den Abgeordneten zulassen.[840] Gleichermaßen ist die Funktionsfähigkeit des Parlaments ein derart wichtiges Gut, das es rechtfertigt, von den für die Bevölkerung geltenden Maßnahmen Ausnahmen zuzulassen, sodass die Vorschriften über Ansammlungen nur bedingt auf das Parlament übertragbar sind.[841] Nichtsdestotrotz kann die nächste Pandemie durch eine so gefährliche übertragbare Infektionskrankheit verursacht werden, dass diese Möglichkeiten nicht mehr bestehen. Überdies kann nicht ausgeschlossen werden, dass die Mitglieder des Notparlaments erkranken, sich in Quarantäne begeben müssen oder (insbesondere, wenn sie Teil einer Risikogruppe sind) sich der hohen Infektionsgefahr nicht aussetzen wollen und das Ersatzgremium vor demselben Problem der Handlungsunfähigkeit steht wie der Deutsche Bundestag selbst.[842]

b) § 126a Abs. 2 GOBT a. F.

Während der COVID-19-Pandemie wurde daher zurecht keine Verfassungsänderung vorgenommen, um ein Notparlament einzurichten.[843] Vielmehr wurden über die Einführung von § 126a GOBT a. F.[844] die Anforderungen an die Beschlussfähigkeit des Bundestags auf unterverfassungsrechtlicher Ebene abgesenkt. Abweichend von § 45 Abs. 1 GOBT, der Art. 42 Abs. 2 Satz 1 GG konkretisiert,[845] war der Bundestag gem. § 126a Abs. 1 GOBT a. F. nicht erst bei Anwesenheit der Hälfte

[837] Z. B. für Bayern § 5 Abs. 1 Satz 1 der Zweiten BayIfSMV v. 16.04.2020, BayMBl. 2020, 205. Noch strenger § 28b Abs. 1 Satz 1 Nr. 1 HS 1 IfSG a. F. (Angehörige eines Haushalts und eine weitere haushaltsfremde Person).

[838] Z. B. für Bayern in der Allgemeinverfügung v. 25. 03. 2020, BayMBl. 2020, 139.

[839] Z. B. für Bayern in § 1 Abs. 1 Satz 1 der BayIfSMV v. 27. 03. 2020, BayMBl. 2020, 158.

[840] Das Schweizer Parlament tagte während der COVID-19-Krise etwa in einer Messehalle, siehe dazu in der NZZ v. 27. 03. 2020, S. 12.

[841] *Thielbörger/Belehrt*, VerfBlog v. 30. 03. 2020.

[842] Selbst die Wahl von Stellvertretern dürfte hier keine sichere Abhilfe leisten.

[843] Siehe aber den Vorschlag eines Art. 53b GG-E bei *Hoppe/Risse*, DVBl. 2020, 1386 ff. sowie für Nordrhein-Westfalen den Vorschlag eines Art. 60a NRWVerf bei *Untrieser/Neußer*, NVwZ 2021, 282 (286).

[844] BGBl. I 2020, S. 764. Die Norm wurde mehrfach geändert, überwiegend um ihre Geltungsdauer zu verlängern (BGBl. I 2020, S. 2067; BGBl. I 2021, S. 97, S. 734, S. 2868), teilweise aber auch um § 126a Abs. 1 GOBT zu streichen (BGBl. I 2021, S. 4830; BGBl. I 2022, S. 562) bzw. wieder einzuführen (BGBl. I 2021, S. 5203) und ist (nach einer weiteren Änderung, BGBl. I 2022, S. 1383) seit dem 01. 01. 2023 außer Kraft getreten (BGBl. I 2022, S. 2598).

[845] Dazu BVerfGE 44, 308 (314 ff.).

seiner Mitglieder, sondern bereits bei Anwesenheit eines Viertels seiner Mitglieder im Sitzungssaal beschlussfähig. Ein Viertel der Mitglieder des zu der Zeit 709 Abgeordneten (19. Deutscher Bundestag) bzw. 736 Abgeordneten (20. Deutscher Bundestag) umfassenden Parlaments waren 177 (19. Deutscher Bundestag) bzw. 184 (20. Deutscher Bundestag) Abgeordnete. Dies ist eine für eine Pandemiesituation immer noch sehr kritische Größe für das Zusammentreten einer Personengruppe. Zudem wird der Fall, dass etwa nur Mitglieder einer oder bestimmter Parteien – um das Extrembeispiel zu bilden: nur der Oppositions-Partei(en) – seuchenbedingt nicht zur Sitzung erscheinen können, nicht berücksichtigt. Eine repräsentative Abstimmungsmehrheit kann nicht mehr gewährleistet werden.

Über dieses Problem können zwar informelle Absprachen,[846] namentlich das sog. Pairing-Verfahren,[847] hinweghelfen, bei denen die Fraktionen vereinbaren, dass nur jeweils so viele Abgeordnete der jeweiligen Fraktion teilnehmen, dass die parlamentarischen Mehrheitsverhältnisse auch in der kleineren Runde widergespiegelt werden. Durch eine derartige Absprache passiert jedoch nichts anderes, als dass ein verkleinertes Notparlament auf informelle Weise eingeführt wird.[848] Neben den bereits erwähnten problematischen Punkten, allen voran des hohen Infektionsrisikos bei einer so großen Anzahl von Personen,[849] ist diese Herangehensweise vom Einvernehmen und einer verlässlichen, absprachegemäßen Teilnahme aller Fraktionen abhängig und mit Blick auf das freie Mandat der Abgeordneten (Art. 38 Abs. 1 Satz 2 GG) bedenklich.[850] Demnach repräsentieren die Abgeordneten für sich und in ihrer Gesamtheit den Willen des Volkes.[851] Zudem hat jeder Abgeordnete das Recht, an jeder Sitzung, Debatte und Abstimmung teilzunehmen und ist nicht an informelle/parlamentsinterne Absprachen gebunden.[852] Wendet man § 126a GOBT a.F. in Verbindung mit der einvernehmlichen Absprache eines Pairing-Verfahrens etwa auf die Abgeordneten während der COVID-19-Pandemie an, würden „[a]llein auf der Grundlage einer interfraktionellen Absprache […] 532 von 709 Abgeordneten (19. Deutscher Bundestag) bzw. 552 von 736 Abgeordneten (20. Deutscher Bundestag) entscheiden, ihr Mandat […] zugunsten von 177 Abgeordneten (19. Deutscher Bundestag) bzw. 184 Abgeordneten (20. Deutscher Bundestag) *nicht* auszu-

[846] In Bayern wurde etwa zwischen der Landtags-Präsidentin und den Fraktionsspitzen ein Einvernehmen darüber getroffen, dass der Landtag auch bei Anwesenheit nur eines Fünftels der Abgeordneten beschlussfähig ist, die Beschlussfähigkeit nicht angezweifelt wird und kein Hammelsprung stattfindet, LT-Plenarprotokoll 18/42, S. 5217.

[847] Dazu *Klein/Schwarz*, in: Dürig/Herzog/Scholz, GG, Art. 38 Rn. 235 (2021).

[848] *Kersten/Rixen*, Der Verfassungsstaat in der Corona-Krise, 3. Aufl. 2022, S. 305; *Thielbörger/Behlehrt*, VerfBlog v. 19.03.2020: „Taschenspielertricks".

[849] *Thielbörger/Belehrt*, VerfBlog v. 30.03.2020.

[850] Dazu *Kersten/Rixen*, Der Verfassungsstaat in der Corona-Krise, 3. Aufl. 2022, S. 305 f.

[851] Z.B. BVerfGE 156, 224 (247 f.).

[852] Zu den Wirkungsrichtungen des freien Mandats *Butzer*, in: BeckOK GG, Art. 38 (Wahl) Rn. 125 ff. (2024).

üben".[853] Einer repräsentativen Demokratie dürfte das kaum gerecht werden. So sinnvoll und richtig die Änderung der Geschäftsordnung und eine informelle Absprache für den akuten und aktuellen Fall der Corona-Pandemie war, sollte eine dauerhafte (verfassungsrechtlich verankerte) Lösung für die Zukunft gefunden werden.[854] Weder eine vorübergehende Änderung der Geschäftsordnung des Bundestages noch eine informelle Absprache rechtfertigen es, das freie Mandat der Abgeordneten und den Grundsatz der repräsentativen Demokratie zugunsten der Funktionsfähigkeit des Parlaments derart einzuschränken.[855] Bedenkt man zudem, wie lange die COVID-19-Pandemie andauerte, scheint auch in zeitlicher Hinsicht nicht von vorübergehend hinnehmbaren Übergangslösungen gesprochen werden zu können.

c) Virtuelles Parlament

Lohnenswert erscheint aber ein Blick auf die Möglichkeit virtueller Teilnahme an den Parlamentssitzungen. Der Weg über eine Teilnahme per elektronischer Kommunikationsmittel, insbesondere per Videokonferenz, war für die Zeit der COVID-19-Pandemie in § 126a Abs. 2 GOBT a. F. für Ausschusssitzungen im Deutschen Bundestag und vereinzelt auch auf Länderebene[856] bereits möglich und wurde zudem bei einer Plenarsitzung des Europäischen Parlaments[857] als auch in anderen Ländern genutzt.[858] Während der COVID-19-Pandemie fanden darüber hinaus nicht nur Meetings, Tagungen und Veranstaltungen teils ausschließlich über elektronische Kommunikationsmittel statt, es wurden ganze Parteitage sowie der Großteil des Schulbetriebs und der Hochschullehre über mehrere Monate hinweg online abgehalten.

Für die Handlungs- und Beschlussfähigkeit des Parlaments bieten derartige virtuelle oder hybride Formate den großen Vorteil, dass die Abgeordneten in voller Besetzung „zusammentreten" und die Sitzungen im Wesentlichen in ihrem gewohnten Ablauf stattfinden können. Informelle Absprachen oder Verkleinerungen sind nicht erforderlich. Die Parlamentssitzungen bleiben durch das Fernbleiben

---

[853] *Kersten/Rixen*, Der Verfassungsstaat in der Corona-Krise, 3. Aufl. 2022, S. 305 f. (Hervorhebung im Original).

[854] Allenfalls vorübergehend zulässig halten diese Vorgehensweise auch *Kersten/Rixen*, Der Verfassungsstaat in der Corona-Krise, 3. Aufl. 2022, S. 305.

[855] So auch *Kersten/Rixen*, Der Verfassungsstaat in der Corona-Krise, 3. Aufl. 2022, S. 306.

[856] Dazu *Lenz/Schulte*, NVwZ 2020, 744 (748). Z. B. für Bayern Art. 47a BayGO.

[857] *Lenz/Schulte*, NVwZ 2020, 744 (748); siehe zudem: http://www.europarl.europa.eu/news/de/headlines/eu-affairs/20200408STO76807/wie-arbeitet-das-parlament-wahrend-einer-pandemie (zuletzt: 28.08.2023).

[858] Z. B. im britischen Unterhaus, siehe dazu in der F.A.Z. v. 23.04.2020, S. 3; siehe zudem https://www.parliament.uk/about/how/covid-19-proceedings-in-the-house-of-commons/ (zuletzt: 28.08.2023).

Infizierter bzw. als Kontaktperson eingestufter Abgeordneter oder durch eine rein virtuelle Sitzung von den Gefahren einer Pandemie unberührt.[859] Speziell im Fall eines pandemiebedingten Gesundheitsnotstandes erscheint der Vorschlag eines „virtuellen Parlaments“ daher tauglich.

Es stellt sich aber die Frage, ob die Möglichkeit einer rein virtuellen oder zumindest hybriden Parlamentssitzung unter dem Grundgesetz überhaupt möglich ist.[860] Wenn es um die Zusammenkunft im Plenum geht, spricht das Grundgesetz von „Zusammentritt“ (Art. 39 Abs. 1 Satz 2 GG) und den „Sitzungen“ (Art. 39 Abs. 3, Art. 42 Abs. 1 Satz 3, Abs. 3 GG) des Bundestages, zu denen der Bundesregierung „Zutritt“ (Art. 43 Abs. 2 Satz 1 GG) zu gewähren ist oder bei denen die „Anwesenheit“ von Mitgliedern der Bundesregierung verlangt werden kann. Wenngleich diese Begriffe auf den ersten Blick eine körperliche Anwesenheit der Beteiligten vorauszusetzen scheinen,[861] so sind sie gerade in einem modernen, digitalen Zeitalter doch hinreichend offen, um auch virtuelle Möglichkeiten zu umfassen.[862] So werden beispielsweise Zoom-„Meetings“ anberaumt, zu denen der „Host“ anderen Teilnehmenden ebenfalls Zutritt zum virtuellen Veranstaltungsraum geben muss und bei dem die anwesenden bzw. „teilnehmenden“ Personen angezeigt werden. Explizit von der Voraussetzung körperlicher Anwesenheit spricht die Verfassung hingegen nicht. Dass der Verfassungsgesetzgeber bei Einführung der Normen selbstredend mangels technischer Möglichkeiten zu dieser Zeit allein Sitzungen unter persönlichem Zusammentreffen vor Ort vor Augen gehabt haben dürfte, steht einer Ausweitung des Verständnisses und damit einer Anpassung an die tatsächliche Entwicklung dabei nicht entgegen.[863] Denn das Grundgesetz ist kein gänzlich starres Regelwerk, sondern „in gewissem Maße für die sich wandelnde Wirklichkeit offen und in der Lage […], diese Wirklichkeit normativ zu verarbeiten“.[864] Sinn und Zweck der Regelungen über die Sitzungen des Plenums ist es letztlich, ein transparentes und die Öffentlichkeit einbeziehendes (Art. 42 Abs. 1 Satz 1 GG) Verfahren zur Beschlussfassung zu gewährleisten und die Mitwirkungsrechte der Abgeordneten sicherzustellen. Es ist nicht ersichtlich, wieso diese Aspekte nur bei einer körperlichen

---

[859] Einzig denkbare Gefahr wäre ein bundesweiter Stromausfall, der die elektronische Teilnahme verhindern würde. Die Wahrscheinlichkeit für einen solchen Fall ist allerdings gering und wird durch eine Pandemie auch nicht erhöht, *Lenz/Kunkel*, VerfBlog v. 05.01.2021.

[860] Dazu *Kersten/Rixen*, Der Verfassungsstaat in der Corona-Krise, 3. Aufl. 2022, S. 307 f.; *Lenz/Schulte*, NVwZ 2020, 744 (748).

[861] So *Wissenschaftliche Dienste des Deutschen Bundestages*, WD-3-3000-084/20, S. 3.

[862] Ebenso *Kersten/Rixen*, Der Verfassungsstaat in der Corona-Krise, 3. Aufl. 2022, S. 307; *Lenz/Schulte*, NVwZ 2020, 744 (745).

[863] *Kersten/Rixen*, Der Verfassungsstaat in der Corona-Krise, 3. Aufl. 2022, S. 307; *Lenz/Schulte*, NVwZ 2020, 744 (746); a. A. *Michl*, JuS 2020, 643 (644).

[864] *Voßkuhle*, JuS 2019, 417 (417), dort auch zur Maßgeblichkeit des Willens des Verfassungsgebers (422 f.) und zur grundsätzlichen Debatte um den Wandel der Verfassung und seine Grenzen.

Zusammenkunft erfüllt werden könnten, nicht jedoch bei virtuellen Sitzungen.[865] Freilich lebt eine Plenumssitzung von den öffentlichen Debatten und rhetorisch ausgefeilten Vorträgen am Rednerpult. Nichtsdestotrotz geht es dabei vorrangig um keinen „körperlichen, sondern [...] einen geistigen Schlagabtausch"[866] zwischen den Abgeordneten, der genauso gut bei einem virtuellen Zusammentreffen stattfinden kann. Die Beteiligung der Öffentlichkeit scheint über virtuelle Sitzungen sogar in größerem Ausmaß zu gelingen als bei Sitzungen im Reichstagsgebäude, zumal die öffentlichen Sitzungen auch jetzt schon virtuell übertragen werden, um einer breiten Menge den Zugang dazu zu ermöglichen. Letztlich ist es im Sinne der Funktionsfähigkeit des Parlaments, dass die Abgeordneten möglichst vollzählig an den Sitzungen teilnehmen können, was speziell im Pandemiefall durch hybride Teilnahmemöglichkeiten am sichersten gewährleistet werden kann. Es sprechen demnach überzeugende Gründe dafür, dass die verfassungsrechtlichen Regelungen einer virtuellen Teilnahme nicht entgegenstehen.[867]

Auf Ebene der Geschäftsordnung des Deutschen Bundestages müsste hierfür allerdings sichergestellt werden, dass das Verfahren, insbesondere bei der Beschlussfassung, virtuell entsprechend ausgestaltet wird.[868]

Der Deutsche Bundestag hat seine Geschäftsordnung für die COVID-19-Pandemie nur mit Blick auf Ausschusssitzungen um die explizite Möglichkeit der elektronischen Teilnahme ergänzt und bleibt dadurch hinter seinen Möglichkeiten zurück.

8. Bund-Länder-Treffen („Ministerpräsidentenkonferenzen")

In bundesweiten Notlagen, etwa durch eine Pandemie verursacht, ist das Bedürfnis nach einem koordinierten Vorgehen auf Bundes- und Länderebene sehr groß. Die Absprache zwischen Bund und Ländern kann im pandemiebedingten Gesundheitsnotstand beispielsweise für die Sicherstellung ausreichender Mengen an medizinischen Gütern im gesamten Bundesgebiet erforderlich oder für die effektive Eindämmung des Virus über Bundeslandgrenzen hinweg von immenser Bedeutung sein. In solchen Situationen kann über die grundgesetzliche Kompetenzverteilung hinaus Abstimmungsbedarf zwischen Bund und Ländern bestehen. Im Fall der COVID-19-Pandemie erfolgte diese Zusammenarbeit im Wesentlichen über die Bund-Länder-Treffen zwischen der damals amtierenden Bundeskanzlerin Angela

---

[865] *Kersten/Rixen*, Der Verfassungsstaat in der Corona-Krise, 3. Aufl. 2022, S. 307.

[866] *Lenz/Schulte*, NVwZ 2020, 744 (745).

[867] *Kersten/Rixen*, Der Verfassungsstaat in der Corona-Krise, 3. Aufl. 2022, S. 307 f. Für das Erfordernis einer Verfassungsänderung aber *Michl*, JuS 2020, 643 (644); *Wissenschaftliche Dienste des Deutschen Bundestages*, WD-3-3000-084/20, S. 3 ff.

[868] Siehe hierzu *Kersten/Rixen*, Der Verfassungsstaat in der Corona-Krise, 3. Aufl. 2022, S. 307 f.; zudem *Lenz/Schulte*, NVwZ 2020, 744 (746 ff.).

Merkel bzw. dem ihr nachfolgenden Bundeskanzler Olaf Scholz und den Ministerpräsidenten der Bundesländer.

Dass das Interesse an einem Austausch zwischen den Regierungsvorsitzenden von Bund und Ländern speziell im Fall der sich auf das gesamte Bundesgebiet erstreckenden Corona-Pandemie so groß war, hatte mehrere Gründe: Zum einen war der gesetzliche Rahmen auf den Umgang mit pandemischen Bedrohungen schlichtweg nicht vorbereitet.[869] Zum anderen war (gerade zu Beginn der Krise) wenig über das neuartige SARS-Erregervirus, seine Verbreitungswege oder die gesundheitlichen Auswirkungen bei einer Ansteckung bekannt. Hinzu kam, dass sich nicht nur das Infektionsgeschehen, sei es aufgrund neuartiger Mutationen oder wegen der Entwicklung von Impfstoffen, ständig änderte, sondern auch neue wissenschaftliche Erkenntnisse über das Virus gewonnen werden konnten, ohne jedoch alle Fragen darüber beantworten zu können. Umso größer war daher die Ungewissheit, ob und wie schlimm das Bundesgebiet von der Seuche befallen wird, ob die gesundheitliche Infrastruktur ausreichend ausgebaut werden kann und wie auf eine Ausbreitung des Virus in der Gesellschaft reagiert werden soll. Zu diesem Zweck trat die Bund-Länder-Runde bereits am 12.03.2020, also kurz nachdem COVID-19 von der WHO am 30.01.2020 als gesundheitliche Notlage von internationaler Tragweite (Art. 12 IGV) bzw. am 11.03.2020 als Pandemie ausgerufen worden war und noch bevor der Bundesgesetzgeber am 27.03.2020 mit dem Ersten Bevölkerungsschutzgesetz[870] auf die Pandemielage reagierte, erstmals zusammen, um das gemeinsame Vorgehen zur Bewältigung der Corona-Pandemie abzustimmen.[871] In insgesamt 32 Treffen bzw. Video- und Telefonschaltkonferenzen[872] wurde unter anderem besprochen, an welchen Indikatoren das Infektionsgeschehen gemessen, ob die epidemische Lage von nationaler Tragweite (§ 5 Abs. 1 IfSG) verlängert, welche Pandemieschutzmaßnahmen erlassen und ob und welche Lockerungen vorgenommen werden sollten. Ab diesem Zeitpunkt fanden die Treffen meist mehrmals im Monat, oft wöchentlich statt. Für die nächsten 14 Monate wurde in ebendiesen Treffen die gesamte staatliche Pandemieregulierung inhaltlich vorgezeichnet und anschließend durch zahlreiche Rechtsverordnungen in einem wechselnden Turnus von Beschränkung und Lockerung umgesetzt. Die Treffen wurden dadurch zum „wichtigste[n] Gremium der Republik“[873] in der SARS-CoV-2-Pandemie.

---

[869] Siehe oben Kapitel 2 A. III.

[870] BGBl. I 2020, S. 587.

[871] Siehe den Bericht zum ersten Treffen unter https://www.bundesregierung.de/breg-de/themen/coronavirus/beschluss-zu-corona-1730292. Sämtliche Beschlüsse sind im PDF-Format auf der Homepage der Bundesregierung (https://www.bundesregierung.de/breg-de/themen/coronavirus/corona-regeln-und-einschrankungen-1734724; beide zuletzt: 28.08.2023) abrufbar.

[872] Stand: 16.02.2022. Gemeint sind nur die Treffen, die sich den Pandemiefragen widmeten. Darüber hinaus gab es weitere Treffen mit anderen Inhalten.

[873] *Gloger/Mascolo*, Die ZEIT v. 11.03.2021, S. 8. Ähnlich *Waldhoff*, NJW 2021, 2772 (2772): „zentrales Steuerungsgremium in der Krise“.

Weder die Verfassung noch das IfSG sieht diese Art der Absprache zwischen Bund und Ländern jedoch explizit vor, sodass sich zunächst die Frage stellt, wie diese Treffen verfassungsrechtlich einzuordnen sind. Das Bedürfnis nach einem koordinierten Vorgehen in der Krise ist selbstredend nachvollziehbar und aus Sicht des Bundesstaatsprinzip auch notwendig: Der Bund und die Länder sind sich wegen des aus dem Bundesstaatsprinzip folgenden Gebots der Bundestreue wechselseitig zu gegenseitiger Rücksichtnahme und Zusammenarbeit verpflichtet.[874] Über die grundgesetzlichen Zuständigkeitsregelungen hinaus kennt der kooperative Bundesstaat daher zahlreiche, auf ebendiesem Gebot gründende Kooperations- und Koordinierungsmöglichkeiten zwischen Bund und Ländern.[875] Zu ihnen zählen insbesondere informelle Absprachen, wie es auch die COVID-19-Bund-Länder-Treffen waren.[876]

Anders als die gängige mediale Bezeichnung es vermuten lässt, sind die Treffen indes keine „Ministerpräsidentenkonferenzen" (MPK). Die MPK sind seit 1954 etablierte Treffen zwischen den Ministerpräsidenten der Länder, deren Vorsitz wechselt.[877] Bei den Treffen ist allenfalls der für den Bereich zuständige Bundesminister als Gast anwesend. Zweimal jährlich findet im Anschluss an die Treffen eine Konsultation der Bundesregierung statt.[878] Im Gegensatz dazu prägte die COVID-19-Absprachen eine starke Bundesbeteiligung: Die Konferenzen fanden nicht nur auf die Einladung des Bundeskanzleramts hin statt, dieses legte auch den Teilnehmerkreis der einzelnen Treffen fest und brachte Beschlussvorlagen ein.[879] Die Treffen fanden – anders als die MPK, dort nämlich in dem Bundesland, das gerade den Vorsitz hat – in Berlin bzw. der Infektionslage entsprechend per Video- oder Telefonschaltkonferenz statt und auch die Beschlüsse der Treffen wurden auf der Website der Bundesregierung veröffentlicht. Der Bundeskanzler war nicht nur als Gast(hörer) anwesend, sondern aktiv an den Beratungen beteiligt. Ebenso nahmen einzelne, fachlich zuständige Bundesminister sowie der Chef des Bundeskanzleramts an den Konferenzen teil.[880]

---

[874] Zum Gebot der Bundestreue *Grzeszick*, in: Dürig/Herzog/Scholz, GG, Art. 20 (Bundesstaatliche Verfassung) Rn. 127 ff. (2022).

[875] Ausführlich dazu *Rudolf*, in: Isensee/P. Kirchhof, HStR, Band VI, 3. Aufl. 2008, § 141 Rn. 31 ff.

[876] *Wissenschaftliche Dienste des Deutschen Bundestages*, WD 3-3000-031/21, S. 1.

[877] Siehe für weitere Infos zu den MPK etwa beim Land Sachsen, das den Vorsitz vom 01.10.2024 bis zum 30.09.2025 hat (https://www.ministerpraesident.sachsen.de/mpk.html; zuletzt: 05.12.2024); ferner *Rudolf*, in: Isensee/P. Kirchhof, HStR, Band VI, 3. Aufl. 2008, § 141 Rn. 37 ff.

[878] *Gallon*, VerfBlog v. 09.02.2021.

[879] Vgl. die Kleine Anfrage an die Bundesregierung bzgl. der Konferenzen, BT-Drs. 19/28056, S. 11.

[880] BT-Drs. 19/28056, S. 1 ff. Daraus geht hervor, dass die Chefs der Staatskanzleien der Länder ebenfalls anwesend waren und teilweise auch Expertenanhörungen stattgefunden haben (a. a. O., S. 10).

Ihrem Ablauf nach sind die Treffen daher mit den Besprechungen nach § 31 GOBReg zu vergleichen,[881] bei denen der Bundeskanzler die Regierungsvertreter der Länder mehrmals jährlich einlädt, um wichtige, gemeinsame Fragen zu erörtern. An den Treffen nehmen auch die zuständigen Bundesminister teil.[882] Die Staatssekretäre der Länder bereiten diese Treffen in der Regel einige Zeit vor den Besprechungen vor.[883] Ob es im Rahmen dieser Treffen üblich ist, dass Expertenanhörungen stattfinden, ist nicht bekannt.[884] Es sind jedoch keine Gründe ersichtlich, die gegen eine Einbeziehung von Sachverständigen sprechen, zumal die Formen des kooperativen Bundesstaates und auch § 31 GOBReg nicht auf bestimmte Themen oder Zusammensetzungen beschränkt sind, sofern sie nicht mit verfassungsrechtlichen Vorgaben korrelieren.[885]

Die Bund-Länder-Treffen zum Umgang mit der Corona-Pandemie sind somit verfassungsrechtlich als Ausprägung des kooperativen Bundesstaates legitim. Sie verfolgen ein anerkennenswertes Ziel, bilden einen geeigneten Ort für Absprachen und Abstimmungen über ein koordiniertes Vorgehen in einer bundesweiten Notlage und sind in Grenzen für eine effektive Pandemiebewältigung auch notwendig. In Hinblick auf Effizienz und Schnelligkeit hat sich diese Form der Kooperation bewährt.[886] So war das Bundesgebiet etwa schon drei Tage nach dem ersten Bund-Länder-Treffen in einen Lockdown versetzt worden. Die Treffen begleiteten das dynamische, sich rasch ändernde Pandemiegeschehen fortwährend und passten die rechtlichen Vorgaben der jeweiligen Situation zeitnah an. In einer Pandemiesituation ist ein solches, situationsadäquates staatliches Agieren unabdingbar und von unschätzbarem Wert, wenn es darum geht, Transmissionsketten zu unterbrechen und eine Verbreitung des Virus einzudämmen. Als informelles Gremium verfügen die Bund-Länder-Treffen jedoch über keine Rechtsetzungsbefugnis, ihre Beschlüsse sind mithin rechtlich nicht bindend.[887] Derartige Absprachen müssen sich vielmehr

---

[881] So auch schon *Dederer/Preiß*, AöR 148 (2023), 289 (290 Fn. 3); *Gallon*, VerfBlog v. 09.02.2021; *Waldhoff*, NJW 2021, 2772 (2774). Siehe dazu auch VG Berlin, Urteil v. 30.06. 2022 – 2 K 155/21, juris Rn. 21. Für die Treffen als MPK erweitert um den Bundeskanzler hingegen *Lepsius*, JöR 69 (2021), 705 (719), wenngleich auf S. 720 Fn. 24 dahingehend relativierend, dass manche der Treffen „Beratungen der BK mit den Regierungschefs der Länder" waren.

[882] *Busse*, GOBReg, 3. Aufl. 2018, § 31 Rn. 3.

[883] *Busse*, GOBReg, 3. Aufl. 2018, § 31 Rn. 3. Dass die Chefs der Staatskanzleien bei den coronabedingten Treffen direkt beteiligt waren, dürfte der Tatsache geschuldet sein, dass in der Pandemie nicht ausreichend Zeit für eine Vorbereitung war und die Treffen auch deutlich öfter als bisher (halbjährlich, siehe a. a. O.,§ 31 Rn. 3) stattfanden.

[884] Über diese Treffen gibt es nur wenige Informationen. Abstimmungsverfahren oder Geschäftsordnung sind nicht veröffentlicht.

[885] *Busse*, GOBReg, 3. Aufl. 2018, § 31 Rn. 4.

[886] *Kühne*, VerfBlog v. 25.02.2021.

[887] VG Berlin, Urteil v. 30.06.2022 – 2 K 155/21, juris Rn. 21. Siehe auch *Lehner*, VerfBlog v. 30.10.2020: „Bündel politischer Absichtserklärungen". Eine rechtliche Bindungswirkung lässt sich auch nicht über das Gebot der Bundestreue (Art. 20 Abs. 1 GG [Bundes-

an den Grenzen der Verfassung orientieren und dürfen zu keiner Verschiebung der grundgesetzlichen Kompetenzverteilung führen.[888] Die konkrete Ausgestaltung der Bund-Länder-Treffen stellt sich diesbezüglich in mehrfacher Hinsicht als problematisch dar:[889]

Dies gilt zuvörderst mit Blick auf das horizontale Gewaltenteilungsgeflecht zwischen Exekutive und Legislative im Notstand.[890] Die Bund-Länder-Treffen fanden zwischen dem Bundeskanzler und den Ministerpräsidenten der Bundesländer, mithin allein Mitgliedern der Exekutivorgane, statt. Gleichwohl wurden in diesen Treffen die zentralen Fragen der staatlichen Pandemieregulierung und -bewältigung getroffen und das in umfassender wie zugleich kleinteiliger Weise. Inhalt der Treffen waren nicht nur grundsätzliche Fragen wie die Öffnung von Schulen und Kitas oder Besuchsregeln für Krankenhäuser und Seniorenheime. Teilweise wurde stundenlang über (im pandemiebedingten Notstand doch eher nebensächliche) Einzelfragen diskutiert. So ging es eine Stunde lang etwa nur um die Fußballbundesliga und die Frage, ob Spiele vor Zuschauern stattfinden konnten.[891] Obgleich die Beschlüsse der Bund-Länder-Treffen als informellem Gremium rechtlich nicht verbindlich sind, weisen sie „durchregierenden" Charakter auf.[892] Dies ist nicht zuletzt sowohl der dezidierten Formulierung der Beschlüsse[893] als auch den Aussagen der damaligen Bundeskanzlerin geschuldet, die die Länder für ein Abweichen von den Beschlüssen kritisierte und sie zur Einheitlichkeit aufforderte. Was zuvor in den Bund-Länder-Treffen beschlossen wurde, wurde im Nachgang von den Landesregierungen ohne Beteiligung des Parlaments[894] in Form von Rechtsverordnungen umgesetzt. Den Bund-Länder-Treffen kam somit für lange Zeit die entscheidende Rolle in der Bewältigung des durch SARS-CoV-2 ausgelösten Gesundheitsnotstandes zu.

Nach Wesentlichkeitsgesichtspunkten ist es jedoch der Gesetzgeber, der die zentralen Entscheidungen dem Grunde nach treffen muss. Allein das parlamentarische Gesetzgebungsverfahren ist der geeignete Ort, um Sachverständige einzubeziehen und es zugleich Öffentlichkeit und Wählern zu ermöglichen, die Entscheidungen nachzuvollziehen und einzelne Positionen zuordnen zu können. Zu den

staat]) oder den allgemeinen Rechtsgrundsatz *pacta sunt servanda* begründen, dazu *Gallon*, VerfBlog v. 09.02.2021.

[888] *Schwarz/Sairinger*, NVwZ 2021, 265 (269).

[889] Dazu *Gallon*, VerfBlog v. 09.02.2021.

[890] Zur vertikalen Ebene unten Kapitel 3 D. II.

[891] Z.B. Gegenstand der Beschlüsse vom 16.02.2022 oder 02.12.2021. Siehe dazu bei *Gloger/Mascolo*, Die ZEIT v. 11.03.2021, S. 8f.

[892] *Waldhoff*, NJW 2021, 2772 (2774).

[893] So auch *Waldhoff*, NJW 2021, 2772 (2774).

[894] Zu einer ähnlichen Entparlamentarisierung im Rahmen der Ministerpräsidentenkonferenzen, welche die Mitwirkung des jeweiligen Landesparlaments auf eine Ja/Nein-Entscheidung reduzierten, *Klafki*, Risiko und Recht, 2017, S. 291f.

COVID-19-Konferenzen wurden nur in Einzelfällen Sachverständige geladen,[895] die wiederum allein von der Bundesregierung ausgewählt wurden. Selbst die an den Konferenzen beteiligten Ministerpräsidenten fanden diese Auswahl zu dürftig, um dadurch die facettenreichen Auswirkungen einer Pandemiepolitik und die vielfältigen Faktoren, die für die Beurteilung der Infektionslage wie auch der Schutzmaßnahmen von Bedeutung sind, abzudecken.[896] Über die Treffen wurde zwar bereits vorab als auch währenddessen von den Medien in Live-Tickern berichtet, wobei einzelne Aussagen der Beteiligten an die Öffentlichkeit drangen. Gleichwohl fanden die Konferenzen in nicht-öffentlicher Sitzung statt. Es gibt keine öffentlichen Protokolle,[897] die den Ablauf, den Inhalt, die einzelnen Diskussionsbeiträge oder Positionen der Beteiligten und vor allem das Abstimmungsverhalten dokumentieren. Für die Bevölkerung stellen sich die Treffen daher als intransparent und nicht nachvollziehbar dar; sie kann ihre Funktion als (politische) Kontrollinstanz nicht ausüben.[898] Dass die Bundesländer nach den Konferenzen außerdem immer häufiger von den dort getroffenen Beschlüssen abwichen, führte letztlich zu einem Vertrauensverlust in das staatliche Krisenmanagement im Allgemeinen und das Gremium der Bund-Länder-Treffen im Besonderen.

Gepaart mit der in Krisenzeiten vorherrschenden Exekutivlastigkeit tragen die Konferenzen zu gravierenden Verschiebungen im Gewaltenteilungsgeflecht bei. Die Ministerpräsidenten besprechen mit dem Bundeskanzler inhaltlich das weitere Vorgehen, die Landesregierungen können die Beschlüsse ohne Zuziehung des Parlaments als Verordnung (Art. 80 Abs. 1 GG, §§ 28aff. i.V.m. 32 Satz 1 IfSG) erlassen und dadurch die gesamte staatliche Pandemiepolitik kontrollieren. Die Länder vollziehen dabei nicht nur bundesgesetzliche Regelungen im Einzelfall (Art. 30, 83 GG), sie setzen mit ihren Rechtsverordnungen (Art. 80 Abs. 1 GG) selbst materielles Recht – flächendeckend, weitreichend und das gesamte Bundesgebiet erfassend.[899] Dies führt zu einer Entinstitutionalisierung und Entmachtung der Parlamente[900] zugunsten der Exekutivorgane, einer Entnormativierung des Krisenrechts, weg von gesetzlichen Regelungen hin zu schnelllebigen Verordnungen, sowie einer Entrechtlichung der Entscheidungsprozesse.[901] Diese Tendenzen setzen sich über die Pandemie hinaus schleichend fort, indem das Gremium teilweise auch andere

---

[895] BT-Drs. 19/28056, S. 10.

[896] Siehe dazu bei *Lepsius*, JöR 69 (2021), 705 (721 Fn. 25).

[897] Die Bundesregierung lässt Kurzprotokolle für interne Zwecke anfertigen. Zum Recht auf Einsichtnahme dieser Protokolle VG Berlin, Urteil v. 30.06.2022 – 1 K 155/21.

[898] *Gallon*, VerfBlog v. 09.02.2021; *Waldhoff*, NJW 2021, 2772 (2774).

[899] *Hermes*, VerfBlog v. 03.04.2021.

[900] *Lepsius*, JöR 69 (2021), 705 (719). Zu ähnlichen Tendenzen bei den MPK *Klafki*, Risiko und Recht, 2017, S. 291 f.

[901] Vgl. auch *Barczak*, Der nervöse Staat, 2. Aufl. 2021, S. 693.

Themenbereiche, beispielsweise die Hilfe für Flutopfer in Norddeutschland oder den Ukraine-Krieg, besprochen hat.[902]

Indes ist es die Aufgabe des Gesetzgebers dafür Sorge zu tragen, dass er seiner Rolle als unmittelbar demokratisch legitimiertem, das Volk repräsentierenden Organ gerecht wird. Namentlich der Bundesgesetzgeber ist aus Wesentlichkeitsgesichtspunkten nicht nur berechtigt, sondern vielmehr auch verpflichtet, die zentralen Entscheidungen zur staatlichen Bewältigung eines pandemiebedingten Gesundheitsnotstandes selbst zu treffen und formell-gesetzlich zu regeln. Nur so kann eine Entmachtung der Parlamente verhindert werden. Insofern war es richtig und von immenser Bedeutung für die Frage nach der Rolle des parlamentarischen Gesetzgebers im Notstand, dass der Deutsche Bundestag den Bund-Länder-Treffen mit Erlass der §§ 28b, 28c IfSG („Bundesnotbremse") ihre Notwendigkeit entzogen und die Zügel selbst in die Hand genommen hat.[903]

Ob eine stärkere parlamentarische Kontrolle der Treffen durch die Parlamente[904] den demokratisch-rechtsstaatlichen Missstand hätte ausgleichen können, ist mit Blick auf die Kritik an den sehr ähnlichen MPK[905] zu bezweifeln: Die MPK waren ursprünglich dafür gedacht, etwaige Vollzugsprobleme zu lösen. Mit der Zeit enthielten ihre Beschlüsse aber immer mehr gesetzliche Vorgaben, die dann von den Landesparlamenten umgesetzt werden mussten. Die jeweiligen Landesparlamente konnten wegen der genauen inhaltlichen Vorgaben und des hohen politischen Umsetzungsdrucks kaum von den Beschlüssen abweichen, so dass von der parlamentarischen Rechtsetzungsmacht oftmals nur noch eine Ja- oder Nein-Entscheidung übrigblieb und letztlich auch die Entmachtung der Parlamente beschrieben wurde.[906] Ähnliches wäre im Rahmen der COVID-19-Pandemie auch zu erwarten gewesen, zumal sowohl der Deutsche Bundestag erst spät gesetzgeberisch tätig wurde und auch die Landesparlamente von ihrer Möglichkeit, die an die Landesregierungen gerichteten Verordnungsermächtigungen nach Art. 80 Abs. 4 GG an sich zu ziehen, allenfalls zurückhaltend Gebrauch gemacht haben. Die Ermächtigung in § 28a

---

902 Inhaltlich sind die Treffen nach § 31 GOBReg nicht beschränkt (siehe nur *Busse*, GOBReg, 3. Aufl. 2018, § 31 Rn. 4). Die heftige Kritik an den Treffen während der COVID-19-Pandemie spricht jedoch klar gegen eine Ausweitung auf andere Themenbereiche und gegen die generelle Etablierung der Treffen. Der Deutsche Bundestag schritt hiergegen frühzeitig ein, indem er selbst über die Ukraine-Hilfe beriet und eines der Bund-Länder-Treffen infolgedessen abgesagt wurde.

903 Zur verfassungsrechtlichen Beurteilung der Bundesnotbremse vertieft oben Kapitel 3 B. V. 3. e) und mit Blick auf die bundesstaatliche Kompetenzverteilung unten Kapitel 3 D. III.

904 Kritisch zum Fehlen parlamentarischer Kontrolle *Hermes*, VerfBlog v. 03.04.2021; *Waldhoff*, NJW 2021, 2772 (2774). Das Parlament hat erstmals im März 2021 mit einer Kleinen Anfrage an die Bundesregierung direkt auf die Treffen reagiert, siehe BT-Drs. 19/ 27510.

905 Dazu und zum Folgenden *Klafki*, Risiko und Recht, 2017, S. 291.

906 *Klafki*, Risiko und Recht, 2017, S. 291.

Abs. 7, 8 IfSG a. F. wollten die Landesgesetzgeber nach eigenen Aussagen nicht in Anspruch nehmen.[907]

VI. Fazit

Aus der vorausgegangenen Untersuchung ergibt sich, dass auch die COVID-19-Regelungen nur nach und nach den Anforderungen der Wesentlichkeitslehre entsprechend gesetzlich austariert werden konnten. Als „roter Faden" der COVID-19-Pandemiegesetzgebung zieht sich der Vorwurf an den Gesetzgeber, seiner Rolle nicht hinreichend nachzukommen und einer Entparlamentarisierung durch die Kompetenzverlagerung an die Exekutive sowie die Einbeziehung überwiegend medizinischen Sachverstandes Vorschub zu leisten. Der rechtliche Rahmen ist außerdem weitestgehend ausdrücklich auf den speziellen Fall der SARS-CoV-2-Pandemie zugeschnitten und beansprucht keine Geltung für einen (künftigen) Pandemiefall im Allgemeinen. Mit Blick auf ein allgemeines künftiges Regelwerk zur Bewältigung eines pandemiebedingten Gesundheitsnotstandes gilt es, diese Lücken zu schließen. Die aus Sicht der Wesentlichkeitstheorie gelungenen Regelungen können indes als Vorbild für einen künftigen Rechtsrahmen dienen.

C. Schonender Ausgleich von Grundrechtskollisionen

Die Grundrechte bilden in der Krise mehr denn je Richtlinie und Kontrollmaßstab für staatliches, insbesondere gesetzgeberisches Handeln. Gleichwohl werden sie in Krisenzeiten häufig stark beschränkt.[908] Zur Bewältigung der COVID-19-Pandemie wurden fast sämtliche im grundgesetzlichen Katalog aufgeführten Grundrechte zum Zwecke der effektiven Pandemiebewältigung und zum Schutz des Lebens so intensiv und flächendeckend wie nie zuvor und scheinbar ohne absehbares Ende immer wieder beschränkt.[909] War es vor der Krise noch unvorstellbar, so wurden binnen kürzester Zeit Versammlungen untersagt und Gottesdienste selbst an höchsten christlichen Feiertagen verboten.[910] Die gesamte Bevölkerung der Bundesrepublik hat sich sogar mehrfach in einem allumfassenden Lockdown[911] in eine „Schlummerposition" versetzen lassen. Das bisher so hoch gehaltene grundgesetzliche

---

[907] Dazu oben Fn. 573.

[908] *Kaiser*, Ausnahmeverfassungsrecht, 2020, S. 207.

[909] Siehe dazu ausführlich bereits oben unter Kapitel 3 B. III.

[910] Vgl. die Bayerische Verordnung über Infektionsschutzmaßnahmen anlässlich der Corona-Pandemie (Bayerische Infektionsschutzmaßnahmenverordnung – BayIfSMV) v. 27.03. 2020, BayMBl. 2020 Nr. 158.

[911] Als Lockdown werden in dieser Untersuchung die unterschiedlichen Maßnahmen, die zusammen als Maßnahmenpaket zur Einschränkung weiter Teile des öffentlichen und privaten Lebens erlassen wurden, zusammengefasst und bezeichnet.

Freiheitsverständnis schien binnen eines Wimpernschlages staatlicher Regulierung weiter gesellschaftlicher wie wirtschaftlicher Bereiche in nie dagewesenem Ausmaß zu weichen, und bald wurde es zur Selbstverständlichkeit, seinen Aufenthalt in der Öffentlichkeit durch einen triftigen Grund[912] sowie seine eigene Irrelevanz für das Infektionsgeschehen über 2G- bzw. 3G-Nachweise[913] darzulegen und an Heiligabend um kurz vor 21 Uhr der nächtlichen Ausgangssperre[914] folgend nach Hause zu eilen. Gerichte beurteilten es gar als „Höchstmaß an sozialer Rücksichtslosigkeit" und „verachtenswert", seinen Geburtstag mit sieben Personen bei sich zu Hause zu feiern.[915] Über die Lockerungen und „Privilegien"[916] für Geimpfte bzw. Getestete herrschte sodann große Erleichterung, obgleich diese doch nur den ursprünglich als normal und vor der Krise als selbstverständlich angesehenen Zustand wiederherstellten.[917] Der Schutz von Leben und Gesundheit schien – verfassungsrechtlich selbstredend unzutreffend – per se vorrangig gegenüber allen anderen grundrechtlichen Freiheiten zu sein,[918] was durch extreme Gegenüberstellungen wie „Leben versus Diskobesuch" untermauert wurde.[919] Hochrangige Politiker und Symbolfiguren der Krise wollten sich bei ihren Entscheidungen nicht von „kleinen Richterlein"[920] und „juristische[n] Spitzfindigkeiten"[921] beeinflussen lassen. Die Corona-

---

[912] Vgl. die Bayerische Verordnung über eine vorläufige Ausgangsbeschränkung anlässlich der Corona-Pandemie v. 24.03.2020, BayMBl. 2020 Nr. 130.

[913] Vgl. § 28c IfSG in der Fassung vom 07.05.2021 sowie die COVID-19-Schutzmaßnahmen-Ausnahmenverordnung (SchAusnahmV) des BMG v. 08.05.2021, BAnz AT v. 08.05.2021 V1; vgl. auch 13. BayIfSMV v. 05.06.2021, BayMBl. 2021 Nr. 384.

[914] Vgl. die 11. BayIfSMV v. 15.12.2020, BayMBl. 2020 Nr. 737.

[915] OLG Oldenburg, Beschl. v. 11.12.2020 – 2 Ss (OWi) 286/20, juris Rn. 27.

[916] Vgl. zur Diskussion die Ad-hoc-Empfehlung des Deutschen Ethikrates, Besondere Regeln für Geimpfte? (abrufbar unter: https://www.ethikrat.org/publikationen/publikationsdetail/?tx_wwt3shop_detail%5Bproduct%5D=150&tx_wwt3shop_detail%5Baction%5D=index&tx_wwt3shop_detail%5Bcontroller%5D=Products&cHash=823d98f02728e258468368f3d2b686ed; zuletzt: 28.08.2023).

[917] *Kersten/Rixen*, Der Verfassungsstaat in der Corona-Krise, 3. Aufl. 2022, S. 243.

[918] Siehe z.B. die Aussage der ehemaligen Bundeskanzlerin *Angela Merkel* bei der Pressekonferenz v. 06.04.2020: „Gesundheitsschutz [...] immer im Vordergrund" (zitiert nach: https://www.bundesregierung.de/breg-de/suche/pressekonferenz-von-bundeskanzlerin-merkel-zu-den-massnahmen-der-bundesregierung-im-zusammenhang-mit-dem-coronavirus-1739654) und ähnlich Ministerpräsident *Winfried Kretschmann* in einem Interview im Badischen Tagblatt v. 10.04.2020 (abrufbar unter: https://www.baden-wuerttemberg.de/de/regierung/ministerpraesident/interviews-reden-und-regierungserklaerungen/interview/pid/das-grundrecht-auf-leben-und-koerperliche-unversehrtheit-steht-jetzt-im-vordergrund/; beide zuletzt: 28.08.2023).

[919] Ähnliche Äußerungen des bayerischen Ministerpräsidenten *Markus Söder* finden sich z.B. bei https://www.tagesschau.de/inland/corona-soeder-rki-101.html (zuletzt: 28.08.2023); *Kingreen*, Jura 2020, 1019 (1027): „absurd primitiven Entgegensetzungen".

[920] So die Aussage von Weltärztepräsident *Frank Ulrich Montgomery* nach Kippung der 2G-Regelung im Einzelhandel in Niedersachsen durch dessen OVG wegen Unverhältnismäßigkeit, zitiert nach https://www.faz.net/aktuell/gesellschaft/gesundheit/coronavirus/montgomery-kritisiert-richter-fuer-aufhebung-von-corona-massnahmen-17702693.html (zuletzt: 28.08.2023).

Pandemie wurde daher als „Stresstest für […] die Grundrechte“[922] bezeichnet. Teilweise wurde sogar über eine Verletzung der Wesensgehaltsgarantie nachgedacht.[923] Keine Frage wurde in der Krise so leidenschaftlich und häufig diskutiert wie die nach der Verfassungsmäßigkeit der grundrechtsbeschränkenden Pandemiemaßnahmen.

Parameter für die Beurteilung, ob und wie der Gesetzgeber aus grundrechtlicher Sicht handeln musste und durfte, bilden das Untermaßverbot einerseits sowie das Übermaßverbot andererseits. Nachfolgend soll daher dargestellt werden, ob im pandemiebedingten Gesundheitsnotstand eine Handlungspflicht des Gesetzgebers zum Schutz des Lebens und der Gesundheit der Bevölkerung besteht, welche Anforderungen sich aus einer derartigen Schutzverpflichtung für ein gesetzliches Pandemieregelwerk ergeben und ob der parlamentarische Gesetzgeber diesen Anforderungen am Fallbeispiel der SARS-CoV-2-Pandemie gerecht wurde (II.). Im Anschluss daran wird untersucht, welche Leitlinien sich für den gesetzgeberischen Umgang mit dem pandemiebedingten Gesundheitsnotstand aus dem Verhältnismäßigkeitsgebot ergeben (III.). Dabei wird jeweils die Frage im Fokus stehen, wie das die Pandemie prägende dynamische, teils diffuse Infektionsgeschehen und die Abhängigkeit von der wissenschaftlichen Faktenlage, die wiederum von großer Unwissenheit geprägt ist, die Handlungsmöglichkeiten des Gesetzgebers beeinflussen (I.).

I. Entscheidung unter Ungewissheiten

1. Pandemiebewältigung und Risikorecht

Die zur Bewältigung eines pandemiebedingten Gesundheitsnotstandes eingesetzten Infektionsschutzmaßnahmen zielen offenkundig auf Gefahrenabwehr.[924] Das sicherheitsrechtliche Regelungskonzept scheint gerade im Fall eines pandemiebedingten Gesundheitsnotstandes jedoch überfordert zu sein.

Die gefahrenabwehrrechtlichen Eingriffsbefugnisse zentrieren sich um den Begriff der Gefahr, der eine Sachlage beschreibt, bei der die hinreichende Wahr-

---

[921] So die Aussage des ehemaligen österreichischen Bundeskanzlers *Sebastian Kurz* angesichts der Debatte um die Verfassungskonformität der Einschränkungsmaßnahmen, zitiert nach SZ v. 21.04.2020, S. 7.

[922] *Gusy*, RuP 56 (2020), 139 (139). Vgl. auch *Isensee*, F.A.Z. v. 04.06.2020, S. 7: „Die Pandemie ist der Ausnahmezustand grundrechtlicher Freiheit und der Ernstfall des grundrechtlichen Schutzes“.

[923] *F. Schmitt*, NJW 2020, 1626 (1630) für Ausgangsverbote; *Völzmann*, DÖV 2020, 893 (902) für Versammlungsverbote.

[924] Das sicherheitsrechtliche Gefahrenabwehrrecht ist denn auch Ursprung des für die Pandemiebewältigung zentralen Infektionsschutzrechts, siehe dazu *Kingreen*, in: Huster/Kingreen, HdB InfSR, 2. Aufl. 2022, Kapitel 1 Rn. 90, 133; *Poscher*, in: Huster/Kingreen, HdB InfSR, 2. Aufl. 2022, Kapitel 4.

scheinlichkeit besteht, dass in absehbarer Zeit ein Schaden für ein geschütztes Rechtsgut eintreten wird.[925] Das Vorliegen einer Gefahr setzt damit Kenntnis über die Schadensquelle, das Ausmaß des Schadens sowie den (individuellen) Zurechnungszusammenhang zwischen Quelle und Schaden voraus. Zudem muss eine hinreichende Wahrscheinlichkeit für einen Schadenseintritt vorliegen, wobei die Anforderungen an den Wahrscheinlichkeitseintritt umso geringer sind, je schwerer der zu erwartende Schaden wiegt.[926] Das nötige Wissen hierzu liefern unter anderem empirische Untersuchungen und die allgemeine Lebenserfahrung.[927]

In der Situation eines pandemiebedingten Gesundheitsnotstandes herrscht hingegen große Unwissenheit. Es fehlt an empirischer Erfahrung im Umgang mit Pandemien im Allgemeinen und an notwendigem Wissen zu Entstehungsort, Zeitpunkt sowie Ausmaß und Umfang künftiger Pandemien im Besonderen.[928] Verlauf und Folgenschwere einer Pandemie können ebenso wie die Wirksamkeit etwaiger staatlicher Schutzmaßnahmen nur für den konkreten Krankheitserreger im Einzelfall und in Abhängigkeit von dessen epidemiologischem Profil eingeschätzt werden.[929] Selbst nach Ausbruch einer Pandemie fehlt es lange Zeit an einer hinreichenden wissenschaftlichen Grundlage zu den Übertragungswegen des neuartigen Virus, den gesundheitlichen Folgen einer Infektion oder der Wirksamkeit von Medikamenten oder Impfstoffen gegen den Erreger. Dieses Wissen kann allenfalls schrittweise im Verlauf einer Pandemie generiert werden. SARS-CoV-2 führte zudem zu einer großen Anzahl asymptomatisch Infizierter, die das Virus lange vor Auftreten der ersten Symptome weiterübertragen konnten und das Infektionsgeschehen dadurch diffus werden ließen. Eine für das Gefahrenabwehrrecht typische Unterscheidung zwischen Störer und Nichtstörer war somit nicht mehr möglich.[930] Darüber hinaus verbreitete sich das Virus so schnell und exponentiell in der Bevölkerung, dass

[925] Zu den verschiedenen Gefahrbegriffen *Graulich*, in: Lisken/Denninger, HdB PolizeiR, 7. Aufl. 2021, Kapitel E Rn. 136 ff.

[926] Siehe z. B. BVerwGE 88, 348 (351); BVerfGE 115, 320 (360 f.). Siehe zudem *Graulich*, in: Lisken/Denninger, 7. Aufl. 2021, HdB PolizeiR, Kapitel E Rn. 129.

[927] Treffend zum Ganzen *Trute*, DV 36 (2003), 501 (501); *M. Bäcker*, in: Lisken/Denninger, HdB PolizeiR, 7. Aufl. 2021, Kapitel D Rn. 88; für das Umweltrecht etwa *Wahl/Appel*, in: Wahl, Prävention und Vorsorge, 1995, S. 1 (28).

[928] *Dederer/Preiß*, AöR 148 (2023), 289 (344). Darüber, dass es zu weiteren Pandemien kommen wird, herrscht hingegen Einigkeit (siehe z. B. https://www.helmholtz-hzi.de/de/aktuelles/thema/es-wird-weitere-vielleicht-noch-gefaehrlichere-pandemien-geben/ (zuletzt: 28.08.2023); *Kräusslich*, in: Lohse/Mettenleiter, Infektionen und Gesellschaft, 2022, 98 (98).

[929] Bereits in der Risikoanalyse aus dem Jahr 2012 (oben Kapitel 2 A. II. 4. a)) wurde das Szenario einer SARS-Pandemie durchgespielt. Ungeachtet dessen, dass infolge dieser Analyse keine rechtlichen Vorbereitungen auf einen Pandemieausbruch getroffen wurden, musste der für die COVID-19-Pandemie verantwortliche, neuartige SARS-CoV-2-Erreger zunächst identifiziert und erforscht werden, sodass zu Beginn der Krise keine hinreichende wissenschaftliche Datengrundlage vorhanden war.

[930] Zur Problematik bei der Unterscheidung Störer-Nichtstörer in der COVID-19-Pandemie *Dederer*, in: ders./Gierhake/Preiß, COVuR 2021, 454 (455 f.).

Transmissionsketten nicht mehr nachverfolgt oder unterbrochen werden konnten.[931] Mit einer derart komplexen, dynamischen und von so großer Unwissenheit geprägten Situation ist das herkömmliche gefahrenabwehrrechtliche Instrumentarium schlichtweg überfordert.[932]

Es bedarf daneben vielmehr vorsorge- bzw. risikorechtlicher Steuerungselemente.[933] Das Vorsorge- und Risikorecht ist der Versuch einer rechtlichen Antwort auf den Umgang mit Ungewissheiten und setzt dort an, wo das herkömmliche Gefahrenabwehrrecht Lücken lässt.[934] Eine allgemeingültige rechtliche Definition des Risikos gibt es im deutschen Recht nicht. Die bisherigen rechtlichen Anknüpfungen gehen gemeinhin vom Risiko als Produkt von Eintrittswahrscheinlichkeit und Schadensausmaß aus, das ebenfalls die Abwehr von Gefahren zum Ziel hat.[935] Der Risikobegriff weist damit starke Ähnlichkeiten zum sicherheitsrechtlichen Gefahrenverständnis auf und ist im deutschen Recht demnach durch Abgrenzung zum Gefahrbegriff zu konturieren.[936]

Sowohl der Begriff der Gefahr als auch der des Risikos werden über das Produkt von Eintrittswahrscheinlichkeit und Schadenshöhe bestimmt. Unter der Berück-

[931] Vgl. zur „Gefahr des Kontrollverlustes" angesichts der Dynamik des Infektionsgeschehens, auch wegen „neuer, infektiöser und tödlicher wirkender Virusvarianten", BVerfGE 159, 355 (Rn. 158). Zum diffusen Infektionsgeschehen bei SARS-CoV-2 siehe BVerfGE 159, 223 (Rn. 178).

[932] Im Ergebnis ebenso *Kießling*, JZ 2022, 53 (56 f.). Vgl. auch *Mangold*, VVDStRL 80 (2021), 7 (18); *Poscher*, in: Huster/Kingreen, HdB InfSR, 2. Aufl. 2022, Kapitel 4 Rn. 3 f.; *Rixen*, VVDStRL 80 (2021), 37 (46 f.); *Dederer/Preiß*, AöR 148 (2023), 289 (328); siehe auch *Engels*, DÖV 2014, 464 (468 f.).

[933] Das Vorsorgerecht hat im deutschen Recht eine ressourcenschonende sowie eine risikospezifische Ausprägung, vgl. etwa bei *Kloepfer*, Umweltrecht, 4. Aufl. 2016, § 4 Rn. 33 ff., 54 ff. In der vorliegenden Untersuchung liegt der Fokus auf Letzterer. Zum Vorsorgebegriff siehe *Ossenbühl*, NVwZ 1986, 161 (162 f.).

[934] Der Risikobegriff rührt aus einer soziologischen Debatte der 1980er Jahre um die sog. Risikogesellschaft und fußt auf den mit der fortschreitenden Technisierung im Industriezeitalter einhergehenden neuartigen, globalen und allen voran ökologischen Bedrohungen und deren Gefährdungspotential für die gesamte Bevölkerung unabhängig von ihrer Klasse oder ihrem sozialen Stand (siehe dazu die Grundsatzwerke *Beck*, Risikogesellschaft, 1986; *Luhmann*, Soziologie des Risikos, 2003). Im Anschluss daran wurde das Risiko Gegenstand zahlreicher rechtlicher Beiträge, die sich damit beschäftigten, wie das Recht mit Blick auf diese neuen Gegebenheiten und die sie prägende Dynamik, Unwissenheit und Komplexität angepasst werden muss. Siehe nur *Di Fabio*, Risikoentscheidungen im Rechtsstaat, 1994; *Jaeckel*, Gefahrenabwehrrecht und Risikodogmatik, 2010; *Klafki*, Risiko und Recht, 2017; *Ossenbühl*, NVwZ 1986, 161 ff.; *Scherzberg*, VerwArch 84 (1993), 484 ff.; *ders.*, VVDStRL 63 (2004), 214 ff. Anschaulich für das Umweltrecht *Wahl/Appel*, in: Wahl, Prävention und Vorsorge, 1995, S. 1 ff. Siehe auch BVerfGE 49, 89 (138 ff.).

[935] Vgl. *Klafki*, Risiko und Recht, 2017, S. 10 ff. Vgl. auch § 2 Nr. 22 ProdSG. Siehe zum gefahrenrechtlichen Ursprung des Vorsorgeprinzips auch die Leitsätze im Umweltprogramm der Bundesregierung 1971, BT-Drs. 7/5684, S. 8.

[936] *Ossenbühl*, NVwZ 1986, 161 (162). Ausführlich zur Abgrenzung von Risiko und Gefahr *Dederer*, Gentechnikrecht im Wettbewerb der Systeme, 1998, S. 72 ff.; siehe auch *Klafki*, Risiko und Recht, 2017, S. 12 ff.

sichtigung der das Gefahrenabwehrrecht prägenden „Je-Desto-Formel“[937] liegt auch dann eine Gefahr (und kein Risiko) im rechtlichen Sinne vor, wenn zwar nur eine geringe Eintrittswahrscheinlichkeit besteht, der zu erwartende Schaden in Ausmaß und Schwere aber umso größer ist. Versuche, die beiden Begriffe dergestalt voneinander abzugrenzen, dass das Risiko lediglich eine unterhalb der Gefahrenschwelle[938] ansetzende Vorstufe zur Gefahr darstelle, bei der geringere Anforderungen an die Eintrittswahrscheinlichkeit gestellt werden,[939] vermögen daher nicht zu überzeugen.[940]

Risiko und Gefahr unterscheiden sich vielmehr in struktureller Hinsicht durch das Merkmal der Ungewissheit,[941] welches der Eigenart der risikotypischen Sachbereiche inhärent ist.[942] Das Risikorecht wird vor allem in Bereichen herangezogen, die sich mit neuen technischen Errungenschaften, digitalem Fortschritt und wissenschaftlichen Erkenntnissen befassen.[943] All diesen Bereichen ist gemeinsam, dass sie Materien zum Gegenstand haben, deren Ausgangsbedingungen ebenso komplex sind wie ihre Auswirkungen vielfältig sein können und die allesamt mit empirischen Ungewissheiten belastet sind.[944] Es fehlt mithin an dem nötigen Erfahrungswissen im Umgang mit ihnen, „da sich diese Risiken entweder noch zu selten verwirklicht haben oder die für sie relevanten Faktoren schnell wandelbar, vielfältig und komplex sind, sodass keine tragfähigen Prognosen über Eintrittswahrscheinlichkeit und Folgenschwere für die Zukunft möglich sind“.[945] Während für den Gefahrbegriff zur Bestimmung von Eintrittswahrscheinlichkeit und Schadenshöhe sowie des Produktes hieraus auf empirische Daten und Erfahrungswissen zurückgegriffen werden kann, es sich mithin um ein berechenbares Produkt handelt, fehlt es bei Vorliegen

[937] BVerwGE 47, 31 (40). Siehe zudem oben Fn. 926.

[938] *Ossenbühl*, NVwZ 1986, 161 (162f.).

[939] *Ossenbühl*, NVwZ 1986, 161 (164): „denkbare Gefahr“; ähnlich *Kloepfer*, Umweltrecht, 4. Aufl. 2016, § 4 Rn. 38: „Noch-nicht-Gefahr“ (Hervorhebung im Original hier ausgelassen); BVerwGE 119, 329 (332f.): „Besorgnispotential“.

[940] *Dederer*, Gentechnikrecht im Wettbewerb der Systeme, 1998, S. 77f. Darstellend zum Risiko als „minus“ zur Gefahr *Klafki*, Risiko und Recht, 2017, S. 12f., die selbst zutreffend vom Risiko als „aliud“ zur Gefahr ausgeht (S. 13ff.).

[941] Das Risiko stellt demnach ein „aliud“ zur Gefahr dar. So auch *Dederer*, Gentechnikrecht im Wettbewerb der Systeme, 1998, S. 75ff.; *Kießling*, JZ 2022, 53 (55f.); *Klafki*, Risiko und Recht, 2017, S. 13ff.; *M. Bäcker*, in: Lisken/Denninger, HdB PolizeiR, 7. Aufl. 2021, Kapitel D Rn. 107; *Scherzberg*, VerwArch 84 (1993), 484 (498).

[942] Für das Atomrecht *Ossenbühl*, NVwZ 1986, 161 (163), der im Ergebnis aber von einem Stufenverhältnis zwischen Risiko und Gefahr ausgeht. Siehe auch die Veranschaulichung am Beispiel von § 7 Abs. 2 Nr. 3 AtomG und § 5 Abs. 1 Nr. 1, 2 BImSchG bei *Dederer*, Gentechnikrecht im Wettbewerb der Systeme, 1998, S. 73ff.

[943] Traditionell spielt die Risikovorsorge daher bisher insbesondere im technischen Sicherheitsrecht, dem Umwelt-, Gentechnik- und Gesundheitsrecht eine bedeutende Rolle.

[944] *Klafki*, Risiko und Recht, 2017, S. 14; vgl. auch *Dederer*, Gentechnikrecht im Wettbewerb der Systeme, 1998, S. 76f.

[945] *Klafki*, Risiko und Recht, 2017, S. 14; ähnlich *Dederer*, Gentechnikrecht im Wettbewerb der Systeme, 1998, S. 76f.

eines Risikos also gerade an der nötigen Wissensgrundlage zu Ursachenzusammenhang und Schadensablauf.[946] Anders als beim Gefahrenverdacht beruht die Ungewissheit bei Vorliegen eines Risikos auch nicht nur auf einem Mangel an tatsächlichen Feststellungen und kann insofern beseitigt werden.[947] Das Risiko kennzeichnet sich vielmehr dadurch, dass „die Kausalbeziehung zwischen einem Verhalten oder einem Zustand auf der einen Seite und einem Schaden auf der anderen Seite nach dem gegenwärtigen Stand des Erfahrungswissens *un*gewiß ist", die Schadenswahrscheinlichkeit mithin nicht durch empirisches Erfahrungswissen gestützt und abgesichert werden kann.[948] Das Risiko greift mithin dann ein, wenn im Beurteilungszeitraum unüberwindbare Wissensdefizite bestehen, die keine Gefahrenprognose zulassen.[949] Somit können Risikoentscheidungen als „Entscheidungen, die auf ungewisser Tatsachengrundlage zur Abwehr eines drohenden Schadensereignisses getroffen werden"[950], beschrieben werden. Begrenzt werden risikorechtliche Befugnisse durch die Ausgrenzung von hinnehmbaren (Rest-)Risiken, die kein staatliches Eingreifen rechtfertigen.[951]

Die stark von wissenschaftlichen Erkenntnissen und ebenso von den Unsicherheiten in der wissenschaftlichen Erforschung eines neuen pandemischen Erregers geprägte Pandemiesituation lebt von Entscheidungen unter Ungewissheiten,[952] mithin von Risikoentscheidungen. Im IfSG finden sich bereits risikorechtliche Ansätze, insbesondere im Bereich der Überwachung; die vorliegend im Fokus stehenden Bekämpfungsmaßnahmen zielen allerdings auf Gefahrenabwehr.[953]

---

[946] *Dederer*, Gentechnikrecht im Wettbewerb der Systeme, 1998, S. 75 ff.; *Klafki*, Risiko und Recht, 2017, S. 14 ff.; vgl. auch BVerwGE 72, 300 (315).

[947] Zur Abgrenzung von Gefahrenverdacht und Risiko siehe *Dederer*, Gentechnikrecht im Wettbewerb der Systeme, 1998, S. 76 Fn. 159.

[948] *Dederer*, Gentechnikrecht im Wettbewerb der Systeme, 1998, S. 76 (Hervorhebung im Original). Siehe auch *Scherzberg*, VerwArch 94 (1993), 484 (497): „Im [...] Sicherheitsrecht ist heute nicht mehr nur die Gefahr, sondern das Nichtwissen das juristisch zu bewältigende Problem. Das Recht muss sich deshalb [...] vorrangig [...] orientieren [...] an der *Gefahr, die Gefahr nicht zu erkennen*" (Hervorhebung im Original).

[949] *Klafki*, Risiko und Recht, 2017, S. 14 f.; siehe auch *Monien*, Prinzipien, 2014, S. 302 f.

[950] *Klafki*, Risiko und Recht, 2017, S. 15.

[951] Siehe dazu BVerfGE 49, 89 (143): Fälle, bei denen es „praktisch ausgeschlossen erscheint, daß solche Schadensereignisse eintreten werden. Ungewißheiten jenseits dieser Schwelle praktischer Vernunft haben ihre Ursache in den Grenzen des menschlichen Erkenntnisvermögens; sie sind unentrinnbar und insofern als sozialadäquate Lasten von allen Bürgern zu tragen" (Hervorhebungen im Original hier ausgelassen). Siehe auch *Dederer*, Gentechnikrecht im Wettbewerb der Systeme, 1998, S. 81 ff., 90 ff. Ebenso besteht „keine Pflicht des Staates zur Vorsorge gegen rein hypothetische Gefährdungen" (BVerfG [K], Beschl. v. 28.02.2002 – 1 BvR 1676/01, Rn. 12).

[952] Vgl. auch den Titel des gemeinsamen Abendessens zwischen Mitgliedern der damaligen Bundesregierung und des Bundesverfassungsgerichts im Sommer 2021: „Entscheidung unter Unsicherheiten".

[953] Dazu und zur Rechtsnatur des IfSG vertieft *Engels*, DÖV 2014, 464 ff.; *Rixen*, in: Kloepfer, Pandemien als Herausforderung für die Rechtsordnung, S. 67 (74 ff.); dazu auch

2. Das Vorsorgeprinzip

Im Pandemiefall kann wegen der unsicheren wissenschaftlichen Datengrundlage keine Eintrittswahrscheinlichkeit berechnet und damit keine sicherheitsrechtliche Gefahr festgestellt werden, die ein Tätigwerden des Staates („Ob") rechtfertigt.[954] Für die Frage, ob und wie der Staat in einer Situation der Ungewissheit handeln darf, spielt daher das Vorsorgeprinzip eine zentrale Rolle. Das Vorsorgeprinzip ist eine primär mit dem Umweltrecht assoziierte, aber keineswegs auf dieses beschränkte Leitlinie zum Umgang mit Ungewissheiten,[955] die es dem Staat ermöglicht, trotz bestehender wissenschaftlicher Ungewissheiten tätig zu werden und nicht abwarten zu müssen, bis eine hinreichende Erkenntnisgrundlage gebildet werden konnte.[956] Gerade in der Anfangszeit einer Pandemie kann ein schnelles Handeln unabdingbar sein, um eine flächendeckende Ausbreitung des neuartigen, noch unbekannten und potentiell tödlichen Virus zu verhindern oder zumindest zu verlangsamen und dadurch Leben zu retten. Aber auch im weiteren Verlauf der Pandemie kann es immer wieder zu Situationen kommen, in denen die wissenschaftliche Datengrundlage zum Virus, etwaigen Mutationen oder Impfstoffen und deren Wirkungen unklar ist. Die in Zusammenhang mit dem Ausbruch des SARS-CoV-2-Erregers ergriffenen staatlichen Maßnahmen ergingen in diesen Situationen gestützt auf das Vorsorgeprinzip, wenngleich die Entscheidungsträger sich nicht (immer) explizit darauf berufen haben.[957]

Obgleich es mittlerweile einen anerkannten Grundsatz auf Völker-, EU- und nationaler Rechtsebene darstellt,[958] gibt es für das Vorsorgeprinzip keine einheitli-

---

Kingreen, in: Huster/Kingreen, HdB InfSR, 2. Aufl. 2022, Kapitel 1 Rn. 93; *Poscher*, in: Huster/Kingreen, HdB InfSR, 2. Aufl. 2022, Kapitel 4 Rn. 3 ff.

[954] *Möstl*, LMuR 2022, 513 (514). Soeben in und bei Fn. 932.

[955] *Kingreen*, in: Huster/Kingreen, HdB InfSR, 2. Aufl. 2022, Kapitel 1 Rn. 92. Zum Umweltrecht etwa *Kloepfer*, Umweltrecht, 4. Aufl. 2016, § 4 Rn. 22 ff.

[956] Vgl. Prinzip 15 der Rio-Erklärung 1982.

[957] Die Bundesregierung und auch der Deutsche Bundestag begründeten die COVID-19-Schutzmaßnahmen erst seit Anfang 2021 mit dem Vorsorgeprinzip, ohne jedoch näher darauf einzugehen, vgl. den Entwurf eines Vierten Bevölkerungsschutzgesetzes, BT-Drs. 19/28444, S. 10 oder das Bund-Länder-Gespräch vom 19.01.2021 (abrufbar unter: https://www.bundesregierung.de/breg-de/suche/bund-laender-beschluss-1841048; zuletzt: 28.08.2023). Zu einer ähnlichen Beobachtung in Bezug auf die unionsrechtlichen Veröffentlichungen *Goldner Lang*, European Journal of Risk Regulation, 14 (2023), 141 (150 ff.).

[958] Für das internationale Recht siehe etwa Prinzip 15 der Rio-Erklärung. Zum EU-Recht siehe insbesondere Art. 191 Abs. 2 Satz 2 AEUV. Im nationalen Recht bildete § 5 Abs. 1 Nr. 2 BImSchG einen ersten Anknüpfungspunkt. Auf verfassungsrechtlicher Ebene ist das Prinzip in der Staatszielbestimmung des Art. 20a GG enthalten. Die Rechtsnatur des Vorsorgeprinzips wird auf völkerrechtlicher Ebene unterschiedlich beurteilt (dazu knapp *Durner*, in: Landmann/Rohmer, Umweltrecht, Band I, Umweltverfassungsrecht Rn. 60 ff. [2015]), unionsrechtlich wird es als allgemeingültiger Grundsatz (Mitteilung der Kommission: die Anwendbarkeit des Vorsorgeprinzips, KOM[2000] 1 endgültig, S. 12) angesehen und im deutschen Recht bildet es eine Säule der fundamentalen Prinzipientrias im Umweltrecht (*Kloepfer*,

che, allgemeingültige Definition. Seine Anwendungsvoraussetzungen und auch die Folgen einer Berufung auf das Vorsorgeprinzip lassen sich nur anhand der bereichsspezifischen Umstände des Einzelfalls und des jeweils betrachteten Rechtsgebiets bestimmen.[959] Auf einen Pandemiefall wurde das Prinzip bisher – soweit ersichtlich – nicht angewendet. Demnach gilt es zunächst festzustellen, ob das Vorsorgeprinzip auf den Fall eines pandemiebedingten Gesundheitsnotstandes Anwendung findet, um anschließend prüfen zu können, welche Schlussfolgerungen sich aus der Anwendung für die Rechtfertigung grundrechtsbeschränkender Pandemieschutzmaßnahmen ziehen lassen.

a) Anwendbarkeit des Vorsorgeprinzips auf den Pandemiefall

Das Vorsorgeprinzip entstammt zwar traditionell einem umweltrechtlichen Kontext und bildet speziell für das deutsche Umweltrecht neben dem Verursacherprinzip und dem Kooperationsprinzip eines der drei großen Leitprinzipien.[960] Gleichwohl findet es auch in anderen Rechtsgebieten Anwendung.[961] Sowohl Art. 5 Abs. 7 SPS-Übereinkommen als (mittelbar) auch Art. 191 Abs. 2, 1 AEUV erstrecken seinen Anwendungsbereich explizit auch auf im vorliegenden Kontext interessierende „gesundheitspolizeiliche Maßnahmen“ oder den Gesundheitsschutz per se.

Trotz eines unterschiedlichen Konzeptes der Vorsorge und damit eines unterschiedlichen Anwendungsbereiches des Vorsorgeprinzips auf den Ebenen des internationalen und nationalen Rechts,[962] bilden das Vorliegen eines Risikos für Umwelt oder Gesundheit und eine von wissenschaftlichen Unsicherheiten geprägte

---

Umweltrecht, 4. Aufl. 2016, § 4 Rn. 1). Zur Rechtsnatur von Prinzipien *Monien*, Prinzipien, 2014, S. 45 ff.

[959] Vgl. auch *Nordgren*, Medicine, Health Care and Philosophy, 26 (2023), 163 (166) mit Verweis auf den Charakter als Rechtsprinzip. Dazu auch *Birger*, Das Vorsorgeprinzip im EU-Recht, 2009, S. 27.

[960] *Kloepfer*, Umweltrecht, 4. Aufl. 2016, § 4 Rn. 1.

[961] Ausdrücklich in der Mitteilung der Kommission: die Anwendbarkeit des Vorsorgeprinzips, KOM(2000) 1 endgültig, S. 12: „Obgleich das Vorsorgeprinzip im Vertrag nur im Zusammenhang mit dem Umweltbereich ausdrücklich erwähnt wird, ist sein Anwendungsbereich wesentlich weiter. So ist es in konkreten Fällen anwendbar, in denen die wissenschaftlichen Beweise nicht ausreichen, keine eindeutigen Schlüsse zulassen oder unklar sind, in denen jedoch aufgrund einer vorläufigen und objektiven wissenschaftlichen Risikobewertung begründeter Anlaß zu der Besorgnis besteht, daß die möglicherweise gefährlichen Folgen für die Umwelt und die Gesundheit von Menschen, Tieren und Pflanzen mit dem hohen Schutzniveau der Gemeinschaft unvereinbar sein könnten“ (Hervorhebung im Original hier ausgelassen).

[962] Im deutschen Recht steht die Abgrenzung zur Gefahrenabwehr im Vordergrund, während es im Unions- und Völkerrecht mangels Kompetenzen im Bereich der Gefahrenabwehr vielmehr um die wissenschaftlichen Anforderungen an Risiken geht, vgl. *Klafki*, Risiko und Recht, 2017, S. 17 ff. Vertiefend zu den unterschiedlichen Anforderungen *Monien*, Prinzipien, 2014, S. 313 ff.

Situation die zentralen, gemeinsamen Merkmale des Prinzips.[963] Beide Voraussetzungen liegen im pandemiebedingten Gesundheitsnotstand vor:

Der pandemiebedingte Gesundheitsnotstand ist gekennzeichnet durch eine starke Wissenschaftsabhängigkeit und eine wissenschaftliche, namentlich epidemiologische, virologische und medizinische Beurteilung der Lage einerseits sowie große bestehende Unsicherheiten in der wissenschaftlichen Forschung andererseits. Die Ungewissheit, die gerade im Anfangsstadium der Verbreitung über ein neuartiges Virus herrscht, wird deutlich, wenn man die unterschiedlichen Einschätzungen der Lage des European Center for Disease Prevention and Control (ECDC) in Bezug auf den SARS-CoV-2-Erreger von Anfang 2020 miteinander vergleicht:[964] Während man Anfang Januar 2020 noch davon ausging, dass keine Mensch-zu-Mensch Übertragung stattfindet und eine Ausbreitung innerhalb der EU als gering bis sehr gering einschätzte,[965] widerlegte der weltweit rapide Anstieg von Infektionen diese Annahme sehr schnell. Anfang März 2020 stufte das ECDC das Risiko einer COVID-19-Infektion bereits als mäßig bis hoch ein.[966] Das ECDC betont dabei selbst, dass große Unwissenheit hinsichtlich des Erregers und seiner epidemiologischen Besonderheiten besteht.[967] Diese Unwissenheit kann im Laufe einer Pandemie nur schrittweise und insbesondere mit Blick auf Mutationen des Virus nie ganz ausgeschlossen werden und begleitet die staatliche Pandemieregulierung fortwährend.

Trotz dieser wissenschaftlichen Unsicherheiten gab es jedoch bereits früh Anhaltspunkte für potentiell schwere bis tödliche gesundheitliche Auswirkungen einer SARS-CoV-2-Infektion.[968] Das neuartige Coronavirus und die dadurch verursachte

---

[963] Welche Anforderungen an die einzelnen Merkmale gestellt werden, ist nicht abschließend geklärt. Vgl. dazu die Übersicht bei *Nordgren*, Medicine, Health Care and Philosophy, 26 (2023), 163 (168 ff.).

[964] Siehe dazu auch *Goldner Lang*, European Journal of Risk Regulation, 14 (2023), 141 (154 f.).

[965] *ECDC*, Threat Assessment Brief „Pneumonia cases possibly associated with a novel coronavirus in Wuhan, China", 9 January 2020, p. 2 (abrufbar unter: https://www.ecdc.europa.eu/en/publications-data/pneumonia-cases-possibly-associated-novel-coronavirus-wuhan-china; zuletzt: 28. 08. 2023). Ähnlich für Deutschland das RKI in seinem Epidemiologischen Bulletin 2/2020, S. 26 (abrufbar unter: https://www.rki.de/DE/Content/Infekt/EpidBull/Archiv/2020/Ausgaben/02_20.pdf?__blob=publicationFile; zuletzt: 28. 08. 2023).

[966] *ECDC*, Rapid Risk Assessment „Outbreak of novel coronavirus disease 2019 (COVID-19): increased transmission globally – fifth update", 2 March 2020, p. 5 (abrufbar unter: https://www.ecdc.europa.eu/sites/default/files/documents/RRA-outbreak-novel-coronavirus-disease-2019-increase-transmission-globally-COVID-19.pdf; zuletzt: 28. 08. 2023).

[967] *ECDC*, Rapid Risk Assessment „Outbreak of novel coronavirus disease 2019 (COVID-19): increased transmission globally – fifth update", 2 March 2020, p. 4. Ähnlich für Deutschland das RKI in seinem Epidemiologischen Bulletin 2/2020, S. 26 sowie deutlicher in Epidemiologisches Bulletin 07/2020, S. 5 (beide abrufbar unter: https://www.rki.de/DE/Content/Infekt/EpidBull/AktuelleAusgaben/Ausgaben_table_2020.html; zuletzt: 28. 08. 2023).

[968] Siehe dazu z. B. im Epidemiologischen Bulletin 17/2020 des RKI (abrufbar unter: https://www.rki.de/DE/Content/Infekt/EpidBull/Archiv/2020/Ausgaben/17_20.pdf?__blob=publicationFile; zuletzt: 28. 08. 2023).

Krankheit COVID-19 stellen damit prinzipiell ein Risiko für die menschliche Gesundheit dar. Welche Anforderungen an die Schwere und das Ausmaß der drohenden Beeinträchtigung zu stellen sind, wird im Kern zwar nicht einheitlich beurteilt.[969] Eine Pandemie nach Art der Corona-Pandemie wird diesen Anforderungen aber wohl in jeder Ausgestaltung gerecht. Hinsichtlich des Maßes an wissenschaftlicher Unsicherheit, das hingenommen werden kann, um den Erlass von Vorsorgemaßnahmen zu rechtfertigen sowie hinsichtlich der Anforderungen an die wissenschaftliche Begründung des Risikos werden wiederum unterschiedliche Anforderungen gestellt.[970] Rein hypothetische Risiken reichen für die Aktivierung des Vorsorgeprinzips jedenfalls nicht aus, es sind daher zumindest begründete wissenschaftliche Anhaltspunkte für das Vorliegen eines Risikos zu fordern.[971] Dass Umfang und Ausmaß des Risikos nicht messbar sind, ist dabei nicht abträglich.[972] Für eine Pandemie nach Art der Corona-Pandemie liegen, wie gezeigt, einerseits Anhaltspunkte für deren schweres und großes Schadensausmaß vor, andererseits herrscht Unsicherheit. Die Anforderungen sind somit erfüllt.

Zudem stellt die Komplexität einer Pandemie, die zu multidimensionalen Abwägungen und der Berücksichtigung wissenschaftlicher, sozialer, ökonomischer und zahlreicher anderer Interessen verpflichtet, ein weiteres Indiz für die Pandemie als Anwendungsfall des Vorsorgeprinzips dar.[973] Staatliche Hygieneschutzmaßnahmen in Form von Betriebs-, Gaststätten- oder Hotelschließungen gehen etwa mit einer starken wirtschaftlichen und finanziellen Belastung der Betreiber und des Staates einher, Besuchs- und Kontaktbeschränkungen treffen Personen in Pflegeeinrichtungen, Krankenhäusern oder Altenheimen in psychischer Hinsicht besonders schwer und Schulschließungen wie auch Kontakt- und Ausgangsbeschränkungen

---

[969] Im nationalen Recht finden sich keine diesbezüglichen Einschränkungen, *Monien*, Prinzipien, 2014, S. 317. Auf völkerrechtlicher sowie unionsrechtlicher Ebene werden hingegen gefährliche Folgen (Mitteilung der Kommission: die Anwendbarkeit des Vorsorgeprinzips, KOM[2000] 1 endgültig, S. 12) bzw. erhebliche oder irreversible Schäden (Prinzip 15 der Rio-Erklärung) gefordert.

[970] Dazu *Monien*, Prinzipien, 2014, S. 318 ff. Vgl. auch EuGH, C 282/15, Queisser Pharma, ECLI:EU:C:2017:26; ferner EuG, T-13/99, Pfizer Animal Health/Rat, ECLI:EU:T:2002:209; EuGH, C-236/01, Monsanto Agricoltura Italie u. a., ECLI:EU:C:2003:431; EuGH, C-58/10 u. a., Monsanto u. a., ECLI:EU:C:2011:553; EuGH, C-111/16, Fidenato u. a., ECLI:EU:C:2017:676.

[971] *Appel*, in: Kahl/Ludwigs, Handbuch des Verwaltungsrechts, Band IV, 2022, § 122 Rn. 51; *Monien*, Prinzipien, 2014, S. 318 ff. Vgl. auch BVerfG (K), Beschl. v. 28.02.2002 – 1 BvR 1676/01, Rn. 2: „verlässliche wissenschaftliche Erkenntnisse", „keine Pflicht des Staates zur Vorsorge gegen rein hypothetische Gefährdungen" (Rn. 12). Im Unionsrecht ist zusätzlich eine vorherige umfassende Risikobewertung fakultativ, vgl. Mitteilung der Kommission: die Anwendbarkeit des Vorsorgeprinzips, KOM(2000) 1 endgültig, S. 16 f. Im internationalen Recht wird der Anwendungsbereich hingegen enger gezogen (vgl. etwa Art. 2.2 SPS-Abkommen oder ähnlich im Cartagena-Protokoll, dazu *Monien*, Prinzipien, 2015, S. 320).

[972] Mitteilung der Kommission: die Anwendbarkeit des Vorsorgeprinzips, KOM(2000) 1 endgültig, S. 15.

[973] *Goldner Lang*, European Journal of Risk Regulation, 14 (2023), 141 (152 f.).

haben auch jetzt noch nicht vollends messbare, aber prägende Auswirkungen auf soziale Verhaltensweisen und das gesellschaftliche Miteinander.

Ein pandemiebedingter Gesundheitsnotstand stellt damit einen Anwendungsfall des Vorsorgeprinzips *par excellence* dar.[974] In der Fachliteratur findet das Vorsorgeprinzip in Zusammenhang mit COVID-19 bisher jedoch kaum Erwähnung.[975] Gleichwohl wird im Rahmen von Reformvorschlägen, die vor dem Hintergrund der COVID-19-Pandemie erfolgten, vereinzelt eine stärkere Heranziehung des Vorsorgeprinzips gefordert.[976] Die Berufung auf das Vorsorgeprinzip im Fall eines pandemiebedingten Gesundheitsnotstandes ist gleichwohl ein Präzedenzfall, nicht nur im Hinblick auf die Art der Bedrohung, auf die es angewendet wird, sondern auch mit Blick auf Umfang und Ausmaß seines Anwendungsbereichs im Pandemiefall. Während in der Vergangenheit meist Einzelfragen und Risiken, die sich etwa bei der Marktzulassung[977] eines neuartigen, noch nicht gänzlich erforschten Produkts ergeben, Anlass für eine Berufung auf das Vorsorgeprinzip waren, wird es im Zusammenhang mit der COVID-19-Pandemie als Rechtfertigungsansatz für flächendeckende, die Allgemeinheit betreffende Maßnahmebündel an grundrechtsbeschränkenden Pandemieschutzmaßnahmen herangezogen.[978] Die Maßnahmen müssen überdies unter großem zeitlichen Handlungsdruck erlassen und des Öfteren schnell geändert werden. Es handelt sich mithin nicht um die typischen planenden

---

[974] Vgl. auch *Goldner Lang*, European Journal of Risk Regulation, 14 (2023), 141 (142): unionsrechtlicher Ansatz in Bezug auf COVID-19 als „triumph of the much-disputed precautionary principle". Ähnlich *Meßerschmidt*, The Theory and Practice of Legislation, 8 (2020), 267 (268): „inevitable". Sogar Kritiker des Prinzips halten dessen Anwendung in dieser Situation für gerechtfertigt, siehe nur *Sunstein*, Bloomberg News, 26 March 2020. Zu seiner Kritik am Vorsorgeprinzip *Sunstein*, Laws of Fear: Beyond the Precautionary Principle, 2005.

[975] *Goldner Lang*, European Journal of Risk Regulation, 14 (2023), 141 ff.; *Meßerschmidt*, The Theory and Practice of Legislation, 8 (2020), 267 ff.; *Nordgren*, Medicine, Health Care and Philosophy, 26 (2023), 163 ff.; aus der Rechtsprechung AG Weimar, Beschl. v. 08.04. 2021 – 9 F 148/21, juris Rn. 446–453; OVG Koblenz, Urt. v. 17.11.2022 – 7 A 10719/21, juris Rn. 62, 77, 106 zu Einreisebeschränkungen.

[976] Für Schweden etwa die Corona-Kommission in ihrem Evaluationsbericht (https://coronakommissionen.com/wp-content/uploads/2022/02/summary_20220225.pdf; zuletzt: 28.08. 2023), dazu *Nordgren*, Medicine, Health Care and Philosophy, 26 (2023), 163 ff. Siehe auch *WHO*, Report of the Review Committee on the Functioning of the International Health Regulations (2005) during the COVID-19 response, A74/9 Add. 1 (2021), p. 44, 60 f. (abrufbar unter: https://www.who.int/publications/m/item/a74-9-who-s-work-in-health-emergencies; zuletzt: 28.08.2023), worin bei der Beurteilung der IGV während COVID-19 auf eine Anwendung des Vorsorgeprinzips bei der Umsetzung reisebezogener Maßnahmen hingewiesen wird.

[977] Dass das Prinzip in der Pandemiesituation dafür genutzt wird, Risiken eines Nicht-Agierens zu vermeiden, ist ein bisher eher seltener Fall, gleichwohl nicht abträglich *Goldner Lang*, European Journal of Risk Regulation, 14 (2023), 141 (150). Vgl. Prinzip 15 der Rio-Erklärung, das sich auch auf den Fall eines Nicht-Handelns konzentriert.

[978] *Meßerschmidt*, The Theory and Practice of Legislation, 8 (2020), 267 (268, 280, 291): „most complex application of the precautionary principle". Siehe auch *Goldner Lang*, European Journal of Risk Regulation, 14 (2023), 141 (149 f.).

und vorausschauenden Vorsorgemaßnahmen,[979] sondern vielmehr um kurzfristiges Krisenmanagement.[980] Obgleich die Anwendung des Vorsorgeprinzips auf die COVID-19-Gesetzgebung damit einen besonderen Fall darstellt, steht dies einer Berufung auf das Prinzip keineswegs entgegen.[981] Vielmehr lohnt dadurch ein genauerer Blick darauf.

b) Folgen der Anwendung

Für den deutschen Gesetzgeber bedeutet der Rekurs auf das Vorsorgeprinzip im Rahmen der Pandemiebewältigung konkret: Er kann in der Situation eines pandemiebedingten Gesundheitsnotstandes trotz bestehender Wissensdefizite tätig werden. Ergriffene Maßnahmen sind nicht schon deswegen unverhältnismäßig und verfassungswidrig, weil sie auf keiner hinreichend sicheren wissenschaftlichen Grundlage fußen. Das Vorsorgeprinzip legitimiert staatliches Handeln bei Ungewissheit aber nicht nur. Vielmehr kann es den Gesetzgeber auch zum Handeln verpflichten.[982] Konkret schließt es eine Rechtfertigung für ein Untätigbleiben des Staates trotz Besorgnisanlass aus. Der Gesetzgeber kann sich in einer Pandemiesituation daher nicht auf die epidemiologischen Wissensdefizite stützen und mit dem Erlass hoheitlicher Infektionsschutzmaßnahmen[983] warten, bis gesicherte Erkenntnisse über das Virus vorliegen. In Zusammenschau mit seiner Schutzverpflichtung für das Leben und die körperliche Unversehrtheit (Art. 2 Abs. 2 Satz 1 GG) muss er vielmehr tätig werden und unter Anwendung des Vorsorgeprinzips muss er dies trotz der vorliegenden Ungewissheit tun.[984]

Hinsichtlich der Frage, welche Maßnahmen der Gesetzgeber sodann ergreifen kann oder muss, bleibt das Vorsorgeprinzip hingegen vage. Die Antwort darauf ist abhängig von den Umständen des Einzelfalls und den Eigenheiten des jeweiligen Sachbereichs. Zwar wird der Anwendungsbereich maßgebend durch die Abhängigkeit von wissenschaftlichen Erkenntnissen geprägt, die eine gewisse Richtung des staatlichen Handelns anstoßen. Gleichwohl gibt die wissenschaftliche Daten- und Faktengrundlage nicht vor, welche Maßnahmen getroffen werden sollen oder

[979] *Meßerschmidt*, The Theory and Practice of Legislation, 8 (2020), 267 (280).

[980] Zu diesem Unterschied *Barczak*, DVBl. 2023, 1036 (1040 ff.).

[981] *Meßerschmidt*, The Theory and Practice of Legislation, 8 (2020), 267 (280).

[982] Zu unterschiedlichen Verbindlichkeitsgraden des Vorsorgeprinzips *Goldner Lang*, European Journal of Risk Regulation, 14 (2023), 141 (157).

[983] Der Anwendungsbereich des Vorsorgeprinzips erstreckt sich freilich nicht allein auf Rechtsakte wie grundrechtsbeschränkende Schutzmaßnahmen, sondern kann auch den Entschluss, ein Forschungsprojekt zu finanzieren oder zur Öffentlichkeitsinformation tragen, vgl. Mitteilung der Kommission: die Anwendbarkeit des Vorsorgeprinzips, KOM(2000) 1 endgültig, S. 18.

[984] Zu einer möglichen staatlichen Pflicht zur (Risiko-)Vorsorge durch das Vorsorgeprinzip *Birger*, Das Vorsorgeprinzip im EU-Recht, 2009, S. 24 f. Zur Schutzpflicht sogleich noch ausführlich unten Kapitel 3 C. II.

müssen. Die Entscheidung, welche Maßnahmen ergriffen werden, ist letztlich eine politische. Sie kann nur vom Gesetzgeber getroffen werden, der sowohl wissenschaftliche als auch zahlreiche andere Aspekte, etwa wirtschaftlicher, finanzieller oder gesellschaftlicher Art, berücksichtigen und beurteilen muss, welche Risiken und Maßnahmen für die Gesellschaft hinnehmbar sind.[985] So konnte der Gesetzgeber sich während der COVID-19-Pandemie etwa für die Freizügigkeit einschränkende Grenzkontrollen sowie Ein- und Ausreisebeschränkungen entscheiden, obgleich die WHO und auch das ECDC an der Effektivität solcher Maßnahmen zweifelten und sich gegen diese aussprachen.[986] Auch die Art der zu ergreifenden Maßnahmen steht im Ermessen des Entscheidungsträgers und kann von Informationshandeln über Forschungsverpflichtungen bis zu grundrechtsbeschränkenden Maßnahmen reichen.[987]

Die Folgen der Anwendung des Vorsorgeprinzips können sachbereichsspezifisch stark variieren. Eine Handhabung und Anwendung des Vorsorgeprinzips ist daher immer der Kritik ausgesetzt, zu konturenlos zu sein, eine zu starke Abhängigkeit von externem Wissen zu schaffen und letztlich unbegrenztes staatliches Vorsorgehandeln zu ermöglichen.[988] Die Berufung auf das Vorsorgeprinzip rechtfertigt für sich genommen allerdings keine grundrechtsbeschränkenden Maßnahmen und entbindet auch nicht vom Vorbehalt des Gesetzes[989]. Es setzt vielmehr voraus, dass die Grundsätze der Verhältnismäßigkeit und der Kohärenz sowie das Diskriminierungsverbot gewahrt, die Vor- und Nachteile eines Tätigwerdens denen eines Untätigbleibens gegenübergestellt und abgewogen werden sowie dass die wissenschaftliche Entwicklung verfolgt wird.[990]

Die Anwendung des Vorsorgeprinzips wirkt sich aber auf die Verhältnismäßigkeit der grundrechtsbeschränkenden Maßnahmen in gewisser Hinsicht aus:[991]

---

[985] Vgl. *Goldner Lang*, European Journal of Risk Regulation, 14 (2023), 141 (152 f.); Mitteilung der Kommission: die Anwendbarkeit des Vorsorgeprinzips, KOM(2000) 1 endgültig, S. 18.

[986] So auch *Goldner Lang*, European Journal of Risk Regulation, 14 (2023), 141 (155 f.), dort auch mit Nachweisen zu den Beurteilungen der WHO und des ECDC in den Fn. 51–56.

[987] Mitteilung der Kommission: die Anwendbarkeit des Vorsorgeprinzips, KOM(2000) 1 endgültig, S. 18. Zur Zulässigkeit von grundrechtsbeschränkenden Maßnahmen am Beispiel von Beschränkungen der Freizügigkeit *Goldner Lang*, European Journal of Risk Regulation, 14 (2023), 141 ff.

[988] Siehe nur die Nachweise und den Überblick der Kritik am Vorsorgeprinzip bei *Nordgren*, Medicine, Health Care and Philosophy, 26 (2023), 163 (165).

[989] *Birger*, Das Vorsorgeprinzip im EU-Recht, 2009, S. 27: „Tatbestand und Rechtsfolge des Vorsorgegrundsatzes ergeben sich vielmehr in erster Linie durch Auslegung des jeweiligen gesetzlichen Tatbestandes".

[990] Mitteilung der Kommission: die Anwendbarkeit des Vorsorgeprinzips, KOM(2000) 1 endgültig, S. 21.

[991] So im Ergebnis auch *Goldner Lang*, European Journal of Risk Regulation, 14 (2023), 141 (158 ff.).

Derartige Maßnahmen können demnach auch bei nicht ausreichender wissenschaftlicher Datengrundlage vorübergehend, das heißt bis die notwendigen zusätzlichen Informationen beschafft werden konnten, ergriffen werden und verhältnismäßig sein.[992] Wegen der bestehenden wissenschaftlichen Unsicherheit auch in Bezug auf die Wirksamkeit etwaiger Schutzmaßnahmen wird dem Gesetzgeber im Rahmen der Prüfung der Geeignetheit und Erforderlichkeit einer Maßnahme ein großer Einschätzungsspielraum zugestanden.[993] Gleichzeitig setzt das Prinzip staatlichem Handeln aber auch Grenzen, indem es die Gebote der Gleichheit und Kohärenz in den Vordergrund rückt und insbesondere keine willkürlichen Maßnahmen zulässt.[994] Die Berufung auf das Vorsorgeprinzip verpflichtet den Gesetzgeber zudem, ein wissenschaftlich begründetes Risiko nachzuweisen und seinen Maßnahmen – sofern möglich – eine umfassende Risikobewertung zu Grunde zu legen.[995] Dafür müssen alle verfügbaren und notwendigen Informationen eingeholt, bewertet und berücksichtigt werden. Insbesondere dürfen und müssen wegen der Berufung auf das Vorsorgeprinzip auch etwaige Langzeitfolgen[996] bei der Beurteilung der Verhältnismäßigkeit berücksichtigt werden, wenn die Maßnahmen ein Risiko minimieren, verhindern oder bewältigen, dessen Wirkungen sich erst später zeigen.[997] Die erlassenen Maßnahmen dürfen solange aufrecht erhalten bleiben, wie das Risiko hoch und die Grundlage noch unklar ist.[998] Gleichermaßen verpflichtet die Berufung auf das Vorsorgeprinzip den Gesetzgeber damit dazu, die nötige Informationsgrundlage herzustellen und die Unwissenheit zu beseitigen.[999] Darüber hinaus bindet es den Gesetzgeber, seine getroffenen Maßnahmen zu beobachten und bei Auftreten neuer Erkenntnisse zu evaluieren, auf ihre Wirksamkeit im Lichte dieser neuen Informationen zu überprüfen und gegebenenfalls nachzubessern.[1000] Ebenso gibt es Auskunft darüber, welche wissenschaftliche Grundlage der Gesetzgeber für seine Einschätzung und Bewertung heranziehen kann. So muss er sich nicht

---

[992] Vgl. § 5 Abs. 7 SPS-Abkommen. Die Aussagen wurden eigens für einen speziellen Anwendungsbereich getroffen, sodass sich in anderen Bereichen freilich abweichende Grundsätze ergeben können. Eine Übertragung auf die Pandemiesituation ist aber nicht ausgeschlossen.

[993] Dazu noch sogleich in und bei Fn. 1077.

[994] *Goldner Lang*, European Journal of Risk Regulation, 14 (2023), 141 (158 f.).

[995] Vgl. die Mitteilung der Kommission: Die Anwendbarkeit des Vorsorgeprinzips, KOM(2000) 1 endgültig, S. 16, 19, siehe auch S. 33. A. A. für das nationale Recht, gleichwohl für eine vorherige Risikobewertung *Monien*, Prinzipien, 2014, S. 318 f.

[996] Im Fall von SARS-CoV-2 sind dies etwa die Long Covid-Fälle, über die derzeit noch wenig bekannt ist, oder die psychischen Auswirkungen in Folge von Kontaktbeschränkungen und Ausgangssperren sowie die Auswirkungen der Schulschließungen auf die Entwicklung und Bildung der Kinder.

[997] Mitteilung der Kommission: Die Anwendbarkeit des Vorsorgeprinzips, KOM(2000) 1 endgültig, S. 21.

[998] Vgl. dazu und zum Folgenden § 5 Abs. 7 SPS-Abkommen.

[999] *Dederer*, in: ders./Gierhake/Preiß, COVuR 2021, 454 (457).

[1000] Vgl. die Mitteilung der Kommission: Die Anwendbarkeit des Vorsorgeprinzips, KOM(2000) 1 endgültig, S. 23 f.

auf reine Mehrheitsmeinungen stützen, sondern kann und muss auch einer wissenschaftlichen Minderheit Beachtung schenken und diese seiner Entscheidung zugrunde legen, sofern die Ergebnisse dieser Ansicht nach den wissenschaftlichen Standards erarbeitet wurden und nicht im Widerspruch zu allgemeinen Tatsachen stehen.[1001] Nur für den Fall, dass die Bewertungen und Erkenntnisse, die das Fundament der gesetzgeberischen Entscheidung bilden, „auch für den nicht Sachkundigen erkennbare Mängel" aufweisen, besteht Anlass dazu, weitere und andere Quellen heranzuziehen.[1002] Anders als im herkömmlichen Polizeirecht zielen die Maßnahmen nicht darauf ab, einen *status quo ante* wiederherzustellen.[1003] Durch die Berufung auf das Vorsorgeprinzip verpflichtet sich der Gesetzgeber vielmehr, sein rechtliches Regelwerk anpassungs- und lernfähig zu gestalten.

II. Die staatliche Schutzpflicht für das Leben und die körperliche Unversehrtheit im pandemiebedingten Gesundheitsnotstand, Art. 2 Abs. 2 Satz 1 GG

Breitet sich eine übertragbare Infektionskrankheit pandemisch aus, geht vom zugrunde liegenden Virus ein Risiko für das Leben und die Gesundheit der Bevölkerung aus. Die Grundrechte sind daher mit Blick auf etwaige staatliche Infektionsschutzmaßnahmen nicht nur in ihrer Funktion als Abwehrrechte gegen den Staat gefragt, sondern kommen besonders auch in ihrer objektiven Dimension als staatliche Schutzpflichten zu tragen.

Für den vorliegend betrachteten Pandemiefall ist zuvörderst die in Art. 2 Abs. 2 Satz 1 GG verankerte staatliche Schutzverpflichtung für das Leben und die körperliche Unversehrtheit[1004] von Interesse. Demnach ist der Staat verpflichtet, „sich schützend und fördernd vor das Leben der Einzelnen zu stellen […] sowie vor Beeinträchtigungen der körperlichen Unversehrtheit und der Gesundheit zu schützen".[1005] Nachfolgend ist daher zu prüfen, ob im pandemiebedingten Gesundheitsnotstand eine solche staatliche Schutzverpflichtung besteht (1.) und welche Auswirkungen diese auf das gesetzgeberische Handeln zur Pandemiebewältigung hat (2.).

[1001] Vgl. Mitteilung der Kommission: Die Anwendbarkeit des Vorsorgeprinzips, KOM(2000) 1 endgültig, S. 20. So auch *Münkler*, Expertokratie, 2020, S. 220.

[1002] BVerwG, Urt. v. 22.11.2022 – 3 CN 1.21, Rn. 57.

[1003] *Wahl/Appel*, in: Wahl, Prävention und Vorsorge, 1995, S. 1 (29).

[1004] Ausführlich dazu *Schultze-Fielitz*, in: Dreier, GG, Band I, 3. Aufl. 2013, Art. 2 II Rn. 76 ff.; *Rixen*, in: Sachs, GG, 9. Aufl. 2021, Art. 2 Rn. 188 ff.

[1005] Aus jüngerer Zeit etwa BVerfG (K), Beschl. v. 12.05.2020 – 1 BvR 1027/20, Rn. 6; erstmals zum Schutz des Lebens BVerfGE 39, 1 (42); st. Rspr.

1. Bestehen einer staatlichen Schutzpflicht

Für das Bestehen einer staatlichen Schutzpflicht für das Leben und die körperliche Unversehrtheit (Art. 2 Abs. 2 Satz 1 GG) müsste zunächst eine Beeinträchtigung der genannten Schutzgüter vorliegen. Im Fall der pandemischen Ausbreitung einer übertragbaren Infektionskrankheit kann, je nach Eigenart des Erregers, die gesamte Bevölkerung der Gefahr einer Ansteckung und damit der Gefahr von milden bis hin zu schweren Krankheitsverläufen, schlimmstenfalls der Gefahr des Todes ausgesetzt sein.[1006] Unternimmt der Staat nichts, breitet sich die Krankheit uneingeschränkt in der gesamten Bevölkerung aus. Im äußersten Fall kann es zur Überlastung der gesundheitlichen Versorgungseinrichtungen kommen, sodass nicht nur die stationäre Behandlung von Pandemie-Opfern, sondern sämtlicher Patienten – sei es wegen nicht ausreichend verfügbarer Kapazitäten, Ressourcen oder Personalmangel – nicht mehr gewährleistet werden kann.[1007] Insbesondere bei Personengruppen, die wegen ihrer Hilfsbedürftigkeit auf den Kontakt zu anderen Menschen angewiesen sind oder deren Gesundheitszustand durch eine Vorerkrankung bereits geschwächt ist, besteht ein großes Risiko für einen schweren oder tödlichen Verlauf, dessen sie sich nicht gänzlich entziehen können. Sie sind mithin besonders auf den Schutz durch den Staat angewiesen.[1008] Die Schutzgüter Leben und Gesundheit werden im Pandemiefall durch das Virus also potentiell beeinträchtigt.

Die Schutzverpflichtung wird zudem durch das Sozialstaatsprinzip (Art. 20 Abs. 1 GG) verstärkt,[1009] wonach der „Schutz des Einzelnen in Fällen von Krankheiten […] in der sozialstaatlichen Ordnung des Grundgesetzes eine Grundaufgabe des Staates“[1010] ist und der Staat „Vorsorge gegen die ‚Wechselfälle des Lebens‘ ([…] Krankheit […])“[1011] treffen sowie eine „bestmögliche Krankenversorgung“[1012] gewährleisten muss.[1013] Demnach ist neben den Individualschutzgütern Leben und Gesundheit über Art. 2 Abs. 2 Satz 1 GG i. V. m. dem Sozialstaatsprinzip (Art. 20 Abs. 1 GG) im pandemiebedingten Gesundheitsnotstand die öffentliche Gesundheit, die neben der Betroffenheit vieler Einzelner auch die Aufrechterhaltung der Funk-

---

[1006] Siehe für SARS-CoV-2 und die Corona-Pandemie z. B. im Epidemiologischen Bulletin 17/2020 des RKI (abrufbar unter: https://www.rki.de/DE/Content/Infekt/EpidBull/Archiv/2020/Ausgaben/17_20.pdf?__blob=publicationFile; zuletzt: 28.08.2023).

[1007] Zur Triage bereits oben Kapitel 3 B. IV. 3. b) bb) und V. 4.

[1008] Vgl. BVerfGE 161, 299 (Rn. 155).

[1009] *Kluckert*, in: ders., Das neue Infektionsschutzrecht, 2. Aufl. 2021, § 2 Rn. 53. Vgl. auch VGH Kassel, Beschl. v. 07.04.2020 – 8 B 892/20.N, juris Rn. 52.

[1010] BVerfGE 115, 25 (43).

[1011] *Sodan/Ziekow*, Grundkurs Öffentliches Recht, 10. Aufl. 2023, § 10 Rn. 11.

[1012] BVerfGE 57, 70 (99); zur Corona-Pandemie VGH Kassel, Beschl. v. 07.04.2020 – 8 B 892/20.N, juris Rn. 52.

[1013] *Kluckert*, in: ders., Das neue Infektionsschutzrecht, 2. Aufl. 2021, § 2 Rn. 53.

tionsfähigkeit gesundheitlicher Versorgungssysteme erfasst, so eng mit der Schutzpflicht verbunden, dass sie bei deren Erfüllung zu berücksichtigen ist.[1014]

Betrachtet man die Rechtsprechung des BVerfG, liegen der Schutzverpflichtung stets Dreiecksverhältnisse zugrunde, in denen der Staat zum Schutz eines Grundrechtsträgers gegen Beeinträchtigungen eines anderen Grundrechtsträgers (= Dritter) eingreift.[1015] Ist eine übertragbare Infektionskrankheit im Umlauf, trägt das menschliche Verhalten maßgeblich zu deren Verbreitung bei. Die Schutzpflicht wird daher in jedem Fall dadurch ausgelöst, dass bereits infizierte Personen den Krankheitserreger auf andere, noch nicht infizierte Personen übertragen und diese mit der Infektionskrankheit bewusst oder auch unbewusst anstecken.[1016] Gleichwohl ist die Schutzpflicht keineswegs auf „Dreiecksverhältnisse" beschränkt,[1017] sondern vielmehr schutzgutorientiert[1018] und kann daher auch bei „gegnerlosen Notlagen"[1019], wie es Naturkatastrophen oder Seuchenausbrüche sind, ausgelöst werden.[1020] Auch die pandemische Notlage bzw. die Infektionskrankheit an sich stellt somit unabhängig davon, ob ihr Ursprung auf den Mensch als Verursacher zurückzuführen ist,

[1014] In den Gerichtsentscheidungen zur SARS-COV-2-Pandemie werden beide Güter daher in einem Zug genannt, vgl. nur VGH Kassel, Beschl. v. 07.04.2020 – 8 B 892/20.N, juris Rn. 52; VGH Mannheim, Beschl. v. 05.11.2020 – 1 S 3405/20, juris Rn. 55: „Schutzpflicht [...] und die damit verbundene Erhaltung der Leistungsfähigkeit des Gesundheitssystems Deutschlands". Das BVerfG sieht die Aufrechterhaltung der Funktionsfähigkeit der Gesundheitssysteme zudem als notwendiges Zwischenziel zur Erreichung des Lebens- und Gesundheitsschutzes an, vgl. BVerfGE 159, 223 (Rn. 175).

[1015] Vgl. BVerfGE 39, 1 (42): „vor rechtswidrigen Eingriffen von seiten anderer zu bewahren"; ähnlich BVerfGE 53, 30 (57). So auch *Isensee*, in: ders./P. Kirchhof, HStR, Band IX, 3. Aufl. 2011, § 191 Rn. 218, 225.

[1016] *Grüner*, Biologische Katastrophen, 2017, S. 251 f.; *Isensee*, in: ders./P. Kirchhof, HStR, Band IX, 3. Aufl. 2011, § 191 Rn. 207; *Kluckert*, in: ders., Das neue Infektionsschutzrecht, 2. Aufl. 2021, § 2 Rn. 52; *Murswiek*, DÖV 2021, 505 (506).

[1017] Vgl. die Rechtsprechung des BVerfG „insbesondere" (z.B. BVerfGE 53, 30 [57]; 56, 54 [73]), „vor allem" (z.B. BVerfGE 39, 1 [42]; 115, 118 [152]). So auch *Brech*, Triage und Recht, 2008, S. 189; *Lang*, in: BeckOK GG, Art. 2 Rn. 252 (2024); *Sachs*, in: ders., GG, 9. Aufl. 2021, Vor Art. 1 Rn. 38; *Schultze-Fielitz*, in: Dreier, GG, Band I, 3. Aufl. 2013, Art. 2 II Rn. 76; *von Steinau-Steinrück*, Die staatliche Verhütung und Bekämpfung von Infektionskrankheiten, 2013, S. 141 ff.; a. A. *Isensee*, in: ders./P. Kirchhof, HStR, Band IX, 3. Aufl. 2011, § 191 Rn. 206; *Hermes*, Das Grundrecht auf Schutz von Leben und Gesundheit, 1987, S. 231 f.; *Hesse*, Grundzüge des Verfassungsrechts, 20. Aufl. 1999, Rn. 350; *Murswiek*, DÖV 2021, 505 (506); *Rixen*, in: Sachs, GG, 9. Aufl. 2021, Art. 2 Rn. 213 f.

[1018] *von Steinau-Steinrück*, Die staatliche Verhütung und Bekämpfung von Infektionskrankheiten, 2013, S. 142 f.

[1019] *Brech*, Triage und Recht, 2008, S. 189.

[1020] Zur Frage, ob auch Selbstgefährdungen oder staatliche Gefahren eine Schutzpflicht begründen können *von Steinau-Steinrück*, Die staatliche Verhütung und Bekämpfung von Infektionskrankheiten, 2013, S. 138 ff., 143 ff.

eine die staatliche Schutzpflicht auslösende Beeinträchtigung der geschützten Rechtsgüter dar.[1021]

Die Schutzverpflichtung des Staates greift dabei nicht erst dann, wenn eine tatsächliche Beeinträchtigung der betroffenen Rechtsgüter eingetreten ist, das heißt, wenn der Erreger die Bevölkerung[1022] befallen und erkranken hat lassen, schlimmstenfalls deren Tod verursacht hat, sondern sie umfasst bereits die „Vorsorge gegen Gesundheitsbeeinträchtigungen".[1023] Ob die Schwelle zur Aktivierung der Schutzpflicht erfüllt ist, hängt von der Eigenart und den Besonderheiten des konkreten Virus ab.[1024] Je schwerwiegender die drohende Beeinträchtigung für die Rechtsgüter ist und je größer das zu erwartende Schadensausmaß, desto geringere Anforderungen sind an das Vorliegen der Wahrscheinlichkeit zu stellen.[1025] Die Beurteilung dieser Parameter ist wegen der großen Ungewissheit im Pandemiefall freilich schwierig und vergrößert den Einschätzungsspielraum des Gesetzgebers. Gleichwohl darf sich der Gesetzgeber unter Anwendung des Vorsorgeprinzips nicht auf die defizitäre wissenschaftliche Datengrundlage stützen und untätig bleiben. Grundsätzlich stellt sich ein pandemiebedingter Gesundheitsnotstand, ausgelöst durch ein neuartiges Virus mit noch unbekannten Auswirkungen auf die Gesundheit, aber in der Regel hohen Erkrankungszahlen und schweren Gesundheitsverläufen,[1026] als Bedrohung nicht nur für Einzelne, sondern die gesamte Bevölkerung und mithin als so gefährlich dar, dass die Schwelle in jedem Fall überschritten sein dürfte.[1027] Der Staat ist im pandemiebedingten Gesundheitsnotstand mithin aufgrund seiner in

[1021] In den meisten Fällen sich pandemisch ausbreitender Infektionskrankheiten dürfte der Ursprung der Viren jedoch unklar oder jedenfalls nicht zweifelsfrei auf den Menschen als Verursacher zurückzuführen sein. Der Ursprung des die Corona-Pandemie auslösenden SARS-CoV-2-Erregers konnte beispielsweise nicht zweifelsfrei festgestellt werden. Sowohl die Vermutung eines Laborunfalles als auch die Möglichkeit eines tierischen Ursprungs halten sich hartnäckig. Ausnahmen hierzu bilden Laborunfälle oder der gezielte Einsatz eines Virus als Waffe, vgl. schon *von Steinau-Steinrück*, Die staatliche Verhütung und Bekämpfung von Infektionskrankheiten, 2013, S. 141.

[1022] Die Schutzpflicht besteht „gegenüber der Gesamtheit aller Bürger", BVerfGE 46, 160 (165).

[1023] Jüngst BVerfGE 159, 223 (Rn. 176); 161, 299 (Rn. 155); vgl. auch BVerfGE 49, 89 (140 ff.). Zur von der Schutzpflicht umfassten Risikovorsorge *Isensee*, in: ders./P. Kirchhof, HStR, Band IX, 3. Aufl. 2011, § 191 Rn. 235.

[1024] Zum Einschätzungsspielraum des Gesetzgebers bei der Frage, ob eine Gefahrenlage besteht BVerfGE 159, 233 (Rn. 170 ff., 177 ff.).

[1025] Zur Je-desto-Skalierung BVerfG (K), Beschl. v. 18.02.2010 – 2 BvR 2502/08, Rn. 12; *Schultze-Fielitz*, in: Dreier, GG, Band I, 3. Aufl. 2013, Art. 2 II Rn. 80 f.

[1026] Vgl. die Definition einer Pandemie bei *RKI*, Infektionsschutz und Infektionsepidemiologie, 2015, S. 99.

[1027] Vgl. zum sofortigen Handeln wegen der besonderen Infektionsdynamik und erhöhten Infektionswahrscheinlichkeit insbesondere für vulnerable Personengruppen im Fall von SARS-CoV-2 BVerfGE 161, 299 (Rn. 217). Für die COVID-19-Pandemie und speziell mit Blick auf Risikogruppen auch *Goldhammer/Neuhöfer*, JuS 2021, 212 (215).

Art. 2 Abs. 2 Satz 1 GG wurzelnden Schutzverpflichtung aktiv[1028] zum Schutz der Bevölkerung verpflichtet. Ein Abwarten und damit der Weg der natürlichen Durchseuchung der Bevölkerung ist verfassungsrechtlich nicht haltbar.[1029] Sämtliche Infektionsschutzmaßnahmen des IfSG, die zur Bekämpfung des SARS-CoV-2-Erregers eingeführt wurden, dienten der Verwirklichung dieser Schutzpflicht.[1030]

2. Auswirkungen auf die gesetzgeberischen Handlungsmöglichkeiten

Die Schutzverpflichtung richtet sich an den Staat in seiner Gesamtheit (Art. 1 Abs. 3 GG), wegen der Wesentlichkeitstheorie zuvörderst jedoch an den Gesetzgeber.[1031] Ob und wie[1032] der Gesetzgeber seiner Verpflichtung nachkommt, unterliegt einem weiten Einschätzungs-, Gestaltungs- und Ermessensspielraum.[1033]

Für den Fall einer Pandemie ist dieser Spielraum wegen der Dynamik des Infektionsgeschehens, der Wissenschaftsabhängigkeit sowie der großen Ungewissheit auf wissenschaftlicher Seite, insbesondere auch in Bezug auf die Wirksamkeit etwaiger Schutzmaßnahmen, ebenso wie des stetigen Erkenntnisgewinns, der Bedeutung der betroffenen Schutzgüter sowie der Komplexität einer pandemischen Lage und der multidimensionalen Abwägungsentscheidungen entsprechend groß.

Wenngleich die Anforderungen an ein gesetzgeberisches Tätigwerden mit Blick auf die Bedeutung der in Rede stehenden Rechtsgüter sehr hoch sind,[1034] ist zur Erfüllung der Schutzverpflichtung gleichwohl keineswegs der Ausschluss jeden Ansteckungsrisikos geboten.[1035] Zur Erfüllung seiner Schutzpflicht ist ausreichend,

---

[1028] Echte Schutzpflichten fordern im Gegensatz zur Abwehrdimension der Grundrechte kein Unterlassen, sondern ein aktives Tätigwerden des Staates, dazu *Grüner*, Biologische Katastrophen, 2017, S. 251; *Kluckert*, in: ders., Das neue Infektionsschutzrecht, 2. Aufl. 2021, § 2 Rn. 50.

[1029] *Froese*, DÖV 2022, 389 (395); *Gusy*, RuP 56 (2020), 139 (139); *Isensee*, F.A.Z. v. 04.06.2020, S. 7.

[1030] *Froese*, DÖV 2022, 389 (390); *Kingreen*, in: Huster/Kingreen, HdB InfSR, 2. Aufl. 2022, Kapitel 1 Rn. 64.

[1031] Vgl. nur BVerfGE 39, 1 (44); 88, 203 (254); *Di Fabio*, in: Dürig/Herzog/Scholz, GG, Art. 2 Abs. 2 Satz 1 Rn. 50 (2004).

[1032] *Schultze-Fielitz*, in: Dreier, GG, Band I, 3. Aufl. 2013, Art. 2 II Rn. 86.

[1033] BVerfG (K), Beschl. v. 12.05.2020 – 1 BvR 1027/20, Rn. 6; st. Rspr.

[1034] Dazu und zum Leben als „Höchstwert" BVerfGE 39, 1 (42). Vgl. auch BVerfG (K), Beschl. v. 12.05.2020 – 1 BvR 1027/20, Rn. 7: „Leben und körperliche Unversehrtheit überragend wichtige Rechtsgüter".

[1035] BVerfG (K), Beschl. v. 16.11.2020 – 2 BvQ 87/20, Rn. 62; *Froese*, DÖV 2022, 389 (391). Ein solcher „Ausschluss jedes vorstellbaren Risikos" kann selbst aus dem Grundrecht auf Leben (Art. 2 Abs. 2 Satz 1 GG) nicht gefordert werden (BVerfG [K], Beschl. v. 18.02.2010 – 2 BvR 2502/08, Rn. 10; *Kluckert*, in: ders., Das neue Infektionsschutzrecht, 2. Aufl. 2021, § 2 Rn. 54).

dass der Gesetzgeber im Sinne eines Untermaßverbotes[1036] Regelungen erlässt, welche die „Mindestanforderungen“ an einen ausreichenden Schutz nicht unterschreiten bzw. die einen „angemessenen und wirksamen Schutz“ gewährleisten.[1037] Um diesem Mindestmaß an Schutznormen gerecht zu werden, stehen dem Gesetzgeber „[j]e nach der Beurteilung der tatsächlichen Verhältnisse, der konkreten Zielsetzungen und ihrer Priorität sowie der Eignung der denkbaren Mittel und Wege“[1038] in der Regel verschiedene Möglichkeiten zur Verfügung.[1039] Nur in seltenen Ausnahmefällen begründet das Vorliegen einer staatlichen Schutzverpflichtung daher konkrete Pflichten.[1040] Gerade in Situationen wie einer Pandemie, in denen die gesamte Bevölkerung durch diverse Schutzmaßnahmen in sämtlichen Bereichen des gesellschaftlichen Lebens staatlich beschränkt wird, stellt sich eine Abwägung aller privater und öffentlicher Interessen äußerst vielschichtig wie diffizil dar und führt nicht nur zu einem einzigen möglichen Ergebnis.[1041] Im Anwendungsbereich des Vorsorgeprinzips, in dem Wirkung und Auswirkung etwaiger Maßnahmen unklar sind und der weitere Pandemieverlauf und Änderungen im Infektionsgeschehen nicht vorhersehbar sind, kann es erst recht nicht nur ein mögliches Vorgehen geben.[1042]

[1036] Zum Begriff *Isensee*, in: ders./P. Kirchhof, HStR, Band IX, 3. Aufl. 2011, § 191 Rn. 219 ff., 291 ff.

[1037] BVerfGE 88, 203 (254 f.).

[1038] BVerfGE 56, 54 (81).

[1039] Um den gesetzgeberischen Spielraum zu wahren, nimmt das BVerfG einen Verstoß gegen die Schutzverpflichtung auch nur an, „wenn Schutzvorkehrungen entweder überhaupt nicht getroffen sind, wenn die getroffenen Regelungen und Maßnahmen offensichtlich ungeeignet oder völlig unzulänglich sind, das gebotene Schutzziel zu erreichen, oder wenn sie erheblich hinter dem Schutzziel zurückbleiben“ (BVerfG [K], Beschl. v. 12.05.2020 – 1 BvR 1027/20, Rn. 7; st. Rspr; vgl. auch BVerfGE 56, 54 [80]: „evidente Verletzung“).

[1040] So wurde z. B. für die pandemiebedingte Triage ein unverzügliches Handeln des Gesetzgebers gefordert (BVerfGE 160, 79 [Rn. 130]). Siehe ferner BVerfGE 39, 1 (46 f.); 46, 160 (164 f.); 146, 294 (311 ff.); BVerfG, Beschl. v. 28.07.1987 – 1 BvR 842/87 = NJW 1987, 2287. Das BVerfG hat in seiner Rechtsprechung bisher nie eine Verengung auf eine konkrete Handlung angenommen.

[1041] Vgl. zum Spielraum beim Ausgleich widerstreitender Grundrechte BVerfGE 161, 299 (Rn. 217). Eben diese Umstände streiten für die Zuständigkeit des parlamentarischen Gesetzgebers in seiner Funktion als Vertreter des Volkes und gegen eine strenge gerichtliche Überprüfbarkeit, dazu auch *Kluckert*, in: ders., Das neue Infektionsschutzrecht, 2. Aufl. 2021, § 2 Rn. 56. Würde man im Pandemiefall hingegen etwa eine bestimmte staatliche Infektionsschutzmaßnahme einklagen, müsste neben der Schutzpflichtverletzung schlüssig die Art der zu ergreifenden Maßnahmen sowie der Umstand, dass allein durch die eingeforderte Maßnahme die Schutzverpflichtung erfüllt werden kann, dargelegt werden (vgl. zu den Anforderungen BVerfGE 77, 170 [215]). Für den Pandemiefall wird dies wegen der eben dargestellten, weiten Einschätzungsprärogative des Gesetzgebers und den zahlreichen Möglichkeiten der Pandemiebekämpfung kaum möglich sein (gleichsinnig *von Steinau-Steinrück*, Die staatliche Verhütung und Bekämpfung von Infektionskrankheiten, 2013, S. 152).

[1042] Im Ergebnis wie hier *Birger*, Das Vorsorgeprinzip im EU-Recht, 2009, S. 25, dort aber mit dem Argument, die Gerichte verfügten nicht über die entsprechenden Mittel, „die für eine

Der Gesetzgeber ist beispielsweise nicht darauf beschränkt, nur die besonders vom Virus bedrohten Personengruppen (sog. Risikogruppen, Vulnerable) durch Schutzmaßnahmen wie Quarantäneregelungen in ihren Freiheitsrechten einzuschränken und so vor dem Erreger zu schützen.[1043] Von seiner Einschätzungsprärogative ist es vielmehr gedeckt, „Regelungen [zu] treffen, die auch den vermutlich gesünderen und weniger gefährdeten Menschen in gewissem Umfang Freiheitsbeschränkungen abverlangen, wenn gerade hierdurch auch den stärker gefährdeten Menschen, die sich ansonsten über längere Zeit vollständig aus dem Leben in der Gemeinschaft zurückziehen müssten, ein gewisses Maß an gesellschaftlicher Teilhabe und Freiheit gesichert werden kann“.[1044] Und obgleich der Staat besonders zum Schutz vulnerabler Personengruppen verpflichtet ist,[1045] steht es dem Gesetzgeber gleichermaßen frei, nicht den Weg der vollständigen Isolation und damit des bestmöglichen Schutzes zu gehen, sondern soziale Interaktionen in gewissem Umfang zuzulassen.[1046]

Die Einhaltung des Untermaßes erfordert daneben auch keineswegs immer eine formell-gesetzliche Regelung, sondern ist oftmals auch durch untergesetzliche Normen zu erreichen.[1047] Ebenso kann der Gesetzgeber wählen, ob er seine Verpflichtung durch inhaltliche Vorgaben oder aber organisations- und verfahrensrechtliche Normierungen erfüllt.[1048]

Die Entscheidung des Gesetzgebers muss allerdings „auf sorgfältigen Tatsachenermittlungen und vertretbaren Einschätzungen beruhen“,[1049] was im von (wissenschaftlichen und tatsächlichen) Unsicherheiten sowie von Dynamik geprägten Pandemiefall bedeutet, dass der Gesetzgeber sich der wissenschaftlichen Fakten versichern und diese berücksichtigen muss. Erfordern die Umstände, dass der Ge-

---

konkrete Regulierungsentscheidung relevanten wissenschaftlichen Streitfragen zu entscheiden“.

[1043] Sofern diese überhaupt eindeutig festgemacht werden können. Im Fall der SARS-CoV-2-Pandemie gelten insbesondere alle über 50-Jährigen sowie Personen mit bestimmten Vorerkrankungen als besonders gefährdet, vgl. *RKI*, Epidemiologischer Steckbrief zu SARS-CoV-2 und COVID-19 (Stand: 16. 11. 2021) (abrufbar unter: https://www.rki.de/DE/Content/InfAZ/N/Neuartiges_Coronavirus/Steckbrief.html;jsessionid=D01BEC680217A64892FD6F621B42F6F8.internet111?nn=13490888#doc13776792bodyText15; zuletzt: 28.08.2023). Die Risikogruppen erfassen in diesem Fall einen Großteil der Bevölkerung, sodass Beschränkungen nur dieser Personengruppe schlichtweg nicht operabel sein dürften.

[1044] BVerfG (K), Beschl. v. 13.05.2020 – 1 BvR 1021/20, Rn. 9.

[1045] BVerfGE 161, 299 (Rn. 155).

[1046] Vgl. BVerfG (K), Beschl. v. 12.05.2020 – 1 BvR 1027/20, Rn. 8. Vgl. zum „bestmöglichen“ und nicht nötigen „absoluten“ Schutz bei Kernkraftwerken BVerfGE 49, 89 (137 u. 142).

[1047] Dazu *Schultze-Fielitz*, in: Dreier, GG, Band I, 3. Aufl. 2013, Art. 2 II Rn. 87.

[1048] Vgl. *Isensee*, in: ders./P. Kirchhof, HStR, Band IX, 3. Aufl. 2011, § 191 Rn. 285. Zur Möglichkeit von organisations- und verfahrensrechtlichen Vorgaben *Schultze-Fielitz*, in: Dreier, GG, Band I, 3. Aufl. 2013, Art. 2 II Rn. 88, 91 ff.

[1049] BVerfGE 88, 203 (254).

setzgeber seiner Entscheidung Prognosen zugrunde legen muss, müssen diese verlässlich sein.[1050] Wegen der Unsicherheiten, die wissenschaftlichen Studien stets inhärent sind, ist er aber keineswegs verpflichtet, bestimmte Studien zu Grunde zu legen.[1051] Es reicht vielmehr aus, wenn seine Entscheidung „sich an einer sachgerechten und vertretbaren Beurteilung der ihm verfügbaren Informationen und Erkenntnismöglichkeiten orientiert".[1052] Die Grundlagen für diese Einschätzung können sich freilich gerade im Pandemiefall des Öfteren ändern: Nicht nur bringt die Forschung neue Erkenntnisse über das Virus, seine Verbreitungswege und die Wirksamkeit etwaiger Medikamente oder Impfstoffe. Das Infektionsgeschehen kann sich regional unterscheiden, saisonal oder durch das Auftreten von Mutationen gar täglich variieren. Das Vorliegen von Erkenntnisdefiziten vergrößert dabei den Spielraum, der dem Gesetzgeber bei seiner Entscheidung zugestanden wird.[1053] Zugleich kann sich seine Regelung bei neuen (wissenschaftlichen) Erkenntnissen und sich stetig ändernden tatsächlichen Umständen als unzureichend erweisen. Insbesondere beim Auftreten neuartiger Gefahren aktualisiert sich der Schutzpflichtauftrag.[1054] Im Sinne eines „dynamischen Grundrechtsschutz[es]"[1055] verpflichtet die Schutzpflicht den Gesetzgeber, nicht nur einmalig Regelungen zu erlassen. Ihn trifft vielmehr eine Beobachtungs-, Überprüfungs- und Nachbesserungspflicht.[1056] Im Fall der Corona-Pandemie war dies mehrfach nötig und ist sowohl bei den Verordnungen der Exekutive als auch den gesetzgeberischen COVID-19-Regelungen geschehen.[1057] Regelungstechnisch können Befristungen[1058] diese Beobachtungs- und Anpassungspflicht absichern und Generalklauseln[1059] breite Handlungsmöglichkeiten zur Erprobung bestimmter Maßnahmen öffnen.

Betrachtet man den Umgang mit der SARS-CoV-2-Pandemie, haben sowohl die Gesetzgeber als auch die Regierungen und Verwaltungen auf Bundes- sowie auf Länderebene in zahlreichen Gesetzen, Verordnungen und Verwaltungsakten verschiedene Maßnahmen zum Schutz des Lebens und der Gesundheit der gesamten Bevölkerung ergriffen. Ebenso haben die Gerichte die Einhaltung des Untermaß-

---

[1050] Vgl. BVerfGE 88, 203 (262).

[1051] Vgl. dazu BVerfG (K), Beschl. v. 12.05.2020 – 1 BvR 1027/20, Rn. 8.

[1052] Dazu BVerfGE 159, 223 (Rn. 171).

[1053] *Rixen*, in: Sachs, GG, 9. Aufl. 2021, Art. 2 Rn. 200. Vgl. auch BVerfG (K), Beschl. v. 13.05.2020 – 1 BvR 1021/20, Rn. 10: „tatsächlicher Einschätzungsspielraum".

[1054] *Isensee*, in: ders./P. Kirchhof, HStR, Band IX, 3. Aufl. 2011, § 191 Rn. 285.

[1055] BVerfGE 49, 89 (137); dazu *Isensee*, in: ders./P. Kirchhof, HStR, Band IX, 3. Aufl. 2011, § 191 Rn. 285 ff.

[1056] *Rixen*, in: Sachs, GG, 9. Aufl. 2021, Art. 2 Rn. 198; *Isensee*, in: ders./P. Kirchhof, HStR, Band IX, 3. Aufl. 2011, § 191 Rn. 287. Ferner *Scherzberg*, VVDStRL 63 (2004), 214 (241).

[1057] Ein Überblick findet sich oben unter Kapitel 2 B. I. 2.

[1058] BVerfGE 159, 233 (Rn. 226, 233, 287, 302).

[1059] *Isensee*, in: ders./P. Kirchhof, HStR, Band IX, 3. Aufl. 2011, § 191 Rn. 286.

verbotes geprüft und diese, wenn es nötig war, eingefordert.[1060] Ein Verstoß gegen die staatliche Schutzverpflichtung ist somit nicht ersichtlich.

Die Bedeutung der Schutzpflicht in der Krise beschränkt sich aber keineswegs auf die Einhaltung des Untermaßverbots. Die Schutzverpflichtung kann sich gerade im gesundheitlichen Bereich mit der davon zu trennenden Dimension der Leistungsrechte überschneiden[1061] und beispielsweise bei der Begründung von Leistungsrechten eine ergänzende Rolle spielen. So darf der Staat bei gefährlichen Infektionskrankheiten nicht gänzlich darauf verzichten, neue Krankheiten zu erforschen.[1062] Ebenso ist er gestützt auf Art. 1 Abs. 1 Satz 2, 2 Abs. 2 Satz 1 i. V. m. Art. 20 Abs. 1 GG zur Gewährleistung eines Existenzminiums verpflichtet, das (in Notsituationen) auch die medizinische Mindestversorgung erfasst.[1063]

Die staatliche Schutzverpflichtung spielt daneben eine Rolle bei der Rechtfertigung von grundrechtsbeschränkenden staatlichen Eingriffen: In der Pandemiekonstellation erlässt der Gesetzgeber in Erfüllung seiner Verpflichtung zum Schutz des Lebens und der Gesundheit der Bevölkerung, insbesondere vulnerabler Personengruppen, beispielsweise Regelungen wie Kontaktbeschränkungen, Betriebsschließungen oder Maskengebote und beschränkt durch ebendiese Infektionsschutzmaßnahmen zugleich den grundrechtlichen Freiheitsbereich. Diese Beschränkungen sind wiederum am Verhältnismäßigkeitsgrundsatz zu messen.[1064] Der Gesetzgeber muss seine Regelungen demnach unter Beachtung sowohl des Über- als auch Untermaßverbots erlassen.[1065] Das Vorliegen einer Schutzverpflichtung rechtfertigt grundrechtliche Beeinträchtigungen nicht per se, vielmehr bestimmt sich die Reichweite der Schutzpflicht nach den damit kollidierenden Verfassungsgütern.[1066] Wird bei den Gerichtsentscheidungen im Rahmen der Abwägung die bestehende

[1060] Siehe etwa den Triage-Beschluss des BVerfG, BVerfGE 160, 79. Vgl. zu generellen Gottesdienstverboten BVerfG (K), Beschl. v. 29.04.2020 – 1 BvQ 44/20, wenngleich im deutlichen Widerspruch zu BVerfG (K), Beschl. v. 10.04.2020 – 1 BvQ 28/20.

[1061] *Costard*, Öffentlich-rechtliche Probleme beim Auftreten einer neuen übertragbaren Krankheit am Beispiel AIDS, 1989, S. 53; *von Steinau-Steinrück*, Die staatliche Verhütung und Bekämpfung von Infektionskrankheiten, 2013, S. 153. Siehe auch *Sachs*, in: ders., GG, 9. Aufl. 2021, Vor Art. 1 Rn. 38. Vgl. auch BVerfGE 115, 25 (44 f.).

[1062] Vgl. *Costard*, Öffentlich-rechtliche Probleme beim Auftreten einer neuen übertragbaren Krankheit am Beispiel AIDS, 1989, S. 56 ff.; *von Steinau-Steinrück*, Die staatliche Verhütung und Bekämpfung von Infektionskrankheiten, 2013, S. 160 ff.

[1063] *Brech*, Triage und Recht, 2008, S. 185. Ausführlich zum „Recht auf Gesundheit“ in den unterschiedlichen Grundrechtsdimensionen a. a. O., S. 182 ff. Zum Existenzminimum etwa *Herdegen*, in: Dürig/Herzog/Scholz, GG, Art.1 Abs. 1 Rn. 121 (2009).

[1064] Dazu sogleich.

[1065] Vgl. dazu auch *Isensee*, F. A. Z. v. 04.06.2020, S. 7; *Papier*, DRiZ 2020, 180 (181 f.): „Balance von Freiheit und Sicherheit“.

[1066] *Kluckert*, in: ders., Das neue Infektionsschutzrecht, 2. Aufl. 2021, § 2 Rn. 50. Vgl. auch *Heinig/Kingreen/Lepsius/Möllers/Volkmann/Wißmann*, JZ 2020, 861 (864).

staatliche Schutzpflicht gegen die Freiheitsbeschränkung ins Feld geführt,[1067] leitet dies jedoch in die Irre. Dass der Staat wegen der bestehenden Schutzpflicht grundsätzlich handeln muss und die Infektionsschutzmaßnahmen zum Schutze der Gesundheit zur Erfüllung ebendieser Verpflichtung erlassen wurden, ändert nichts an der Gewichtung in der Abwägung.[1068] Welche Maßnahmen der Staat ergreift, liegt in seinem Ermessen. Anders wäre dies nur, wenn die Schutzpflicht des Staates sich zu einer bestimmten Infektionsschutzmaßnahme verdichten würde, ohne deren Ergreifen die Schutzpflicht nicht erfüllt werden kann. Ebenso wenig ermächtigt allein das Vorliegen einer Schutzverpflichtung zum Eingriff in Grundrechte. Es bedarf dafür stets (auch in Notsituationen) einer gesetzlichen Grundlage.[1069]

III. Der Verhältnismäßigkeitsgrundsatz

Den zentralen Maßstab für die Beurteilung der Verfassungsmäßigkeit von Grundrechtsbeschränkungen stellt im deutschen Recht der Verhältnismäßigkeitsgrundsatz dar.[1070] Demnach wird jeder staatliche Eingriff in die Grundrechte der Bevölkerung, egal ob in Normal- oder Krisenzeiten, daran gemessen, ob damit ein verfassungsrechtlich legitimes Ziel verfolgt und der Eingriff mit Blick auf die Erreichung dieses Ziels geeignet, erforderlich und angemessen ist. Hierdurch soll ein übermäßiger staatlicher Eingriff in den grundrechtlichen Freiheits- und Gleichheitsbereich verhindert werden. In Krisenzeiten zeigt namentlich die Erforderlichkeitsprüfung als Teil der Verhältnismäßigkeit zudem die Grenze zwischen Normal- und Ausnahmesituation auf[1071] und gibt Auskunft darüber, ob die außerordentlichen Notstandsmaßnahmen zur Krisenbewältigung notwendig sind oder die Bedrohungslage auch mit Mitteln der normalen Rechtslage bewältigt werden kann.

Eine Überprüfung der Verhältnis- und damit Verfassungsmäßigkeit der einzelnen zur Bewältigung der COVID-19-Pandemie ergriffenen Maßnahmen wurde durch die Gerichte und die Literatur bereits vielfach geleistet[1072] und stellt sich für die Erarbeitung eines künftigen Regelwerks zur Pandemiebewältigung überdies als wenig gewinnbringend dar. Jede Pandemie ist einzigartig, und so sind es auch die für die konkrete Situation zu wählenden staatlichen Schutzmaßnahmen. Die Verhältnis- und

---

[1067] Siehe z.B. bei BayVerfGH, Entsch. v. 30.12.2020 – Vf. 96-VII-20, juris Rn. 21, gleichwohl betonend, dass ein Ausgleich zwischen Freiheit und Schutz geschaffen werden muss.

[1068] Zutreffend *Murswiek*, DÖV 2021, 505 (508 f.).

[1069] *Barczak*, Der nervöse Staat, 2. Aufl. 2021, S. 206; *Kaiser*, Ausnahmeverfassungsrecht, 2020, S. 269; *Kluckert*, in: ders., Das neue Infektionsschutzrecht, 2. Aufl. 2021, § 2 Rn. 57.

[1070] Dazu bereits oben in und bei Fn. 262.

[1071] *Barczak*, Der nervöse Staat, 2. Aufl. 2021, S. 487 ff.

[1072] Gleichwohl fiel die Beurteilung oft sehr unterschiedlich aus, dazu mit anschaulichen Beispielen *Brenner*, ERPL, 34 (2022), 183 (189 ff.). Zur Rolle der Gerichte insbesondere für Bayern *Altenburger*, Dispensierter Rechtsstaat?, 2024.

Verfassungsmäßigkeit der COVID-19-Schutzmaßnahmen kann daher nur für konkrete Maßnahmen zu einem konkreten Zeitpunkt und unter Berücksichtigung der tatsächlichen Umstände des Einzelfalls beurteilt werden. Eine über die spezielle Situation der COVID-19-Pandemie hinausgehende, generelle Aussage zur Verhältnismäßigkeit einzelner Schutzmaßnahmen im Pandemiefall lässt sich wegen dieser Abhängigkeit von der jeweiligen Infektionskrankheit und den Umständen des Einzelfalls hingegen nicht treffen. Nachfolgend liegt der Fokus daher auf der Frage, wie sich die Besonderheiten einer pandemischen Gesundheitsnotlage auf die Beurteilung der Verhältnismäßigkeit von staatlichen Schutzmaßnahmen auswirken. Zentrale Herausforderungen stellen dabei die große Ungewissheit einerseits (1.) sowie der Umgang mit den weitreichenden, flächendeckenden, die Allgemeinheit in zahlreichen Grundrechten einschränkenden und in Form von Maßnahmepaketen ergehenden staatlichen Schutzmaßnahmen andererseits (2.) dar.

1. Umgang mit Ungewissheit in der Pandemie

Eine Pandemie wird durch starke Ungewissheit und Unwissenheit geprägt.[1073] Die Unsicherheit bezieht sich vor allem auf das neuartige Virus bzw. die neuartige Krankheit, die erst ausreichend auf Verbreitungswege, Gefährlichkeit und weitere epidemiologische Charakteristika untersucht werden müssen. Vom wissenschaftlichen Erkenntnis- und Forschungsstand ist wiederum abhängig, welche Maßnahmen zum Schutz gegen das Virus ergriffen werden. Bei SARS-CoV-2 ging man beispielsweise zu Beginn der Pandemie von einer Übertragung mittels Schmierinfektion aus und setzte vorwiegend auf Hygienemaßnahmen wie Händewaschen und Desinfektion. Atemschutzmasken wurde hingegen die Wirksamkeit abgesprochen. Im Laufe der Pandemie kamen Studien zu dem Ergebnis, dass das Virus sich hauptsächlich über Tröpfcheninfektionen und Aerosole überträgt, sodass das Tragen von FFP2-Schutzmasken wissenschaftlich empfohlen und staatlicherseits vorgegeben wurde.[1074] Niemand kann bei einer unsicheren wissenschaftlichen Datengrundlage abschätzen, wie effektiv eine Maßnahme letztlich ist oder welche gesellschaftlichen, sozialen, wirtschaftlichen oder sonstigen Auswirkungen von der Maßnahme ausgehen.[1075] Die Unsicherheit auf wissenschaftlicher Seite kann zudem allenfalls nach und nach durch Erweiterung der Daten- und Faktenlage beseitigt werden, aber auch durch veränderte Umstände und neue Erkenntnisse erneut begründet werden.

Trotz großer Unwissenheit ist der Staat im Pandemiefall jedoch verpflichtet, zum Schutz von Leben und Gesundheit (Art. 2 Abs. 2 Satz 1 GG) sowie zur Aufrecht-

---

[1073] Aufschlussreich *Trute*, GSZ 2020, 93 ff.

[1074] Zu den unterschiedlichen epidemiologischen Bewertungen siehe etwa die Darstellung des OVG Münster, Beschl. v. 19.05.2020 – 13 B 557/20.NE, juris Rn. 90 ff. m. w. N.

[1075] *Volkmann*, F.A.Z. v. 25.01.2021, S. 12.

erhaltung der Funktionsfähigkeit des Gesundheitssystems tätig zu werden und Maßnahmen zu ergreifen.[1076]

Bei derartigen Entscheidungen unter Unsicherheiten wird dem Gesetz- und Verordnungsgeber bei der Beurteilung der Verhältnismäßigkeit seiner Maßnahmen daher ein Einschätzungsspielraum gewährt. Dieser Einschätzungs- und Gestaltungsspielraum ist umso größer, je größer das Nichtwissen um das Virus und seine Folgen ist.[1077] Insbesondere für den Anfangszeitraum einer Pandemie oder im Fall neuer Ungewissheitsmomente (z. B. durch das Auftreten von Virus-Mutationen) bedeutet dies große Handlungsfreiheit für den Gesetz- und Verordnungsgeber und wenig Grenzen durch den Grundsatz der Verhältnismäßigkeit.[1078]

Dem Gesetzgeber wird in der Pandemie bereits für die Beurteilung, ob eine Gefahrenlage vorliegt, eine Einschätzungsprärogative zugestanden, die lediglich daraufhin zu überprüfen ist, ob die „Annahme des Gesetzgebers hinreichend tragfähige Grundlagen hat“[1079] und im Fall von Unwägbarkeiten der wissenschaftlichen Erkenntnisgrundlage auf „einer sachgerechten und vertretbaren Beurteilung der ihm verfügbaren Informationen und Erkenntnismöglichkeiten“[1080] beruht. Die Grundlage für die Bewertung einer Pandemielage muss dabei über eine wissenschaftliche Beratung des Gesetzgebers, z. B. durch das RKI,[1081] zur Verfügung gestellt werden.

Daneben werden dem Gesetzgeber im Rahmen der Geeignetheit und Erforderlichkeit weitreichende Einschätzungs- und Gestaltungsspielräume zugestanden.[1082] Nach der COVID-19-Rechtsprechung des BVerfG ist es für die Annahme eines geeigneten und erforderlichen Mittels ausreichend, wenn die Entscheidung und Prognose des Gesetzgebers sachgerecht und vertretbar sind. „Zweifelsfreie empirische Nachweise der Wirkung oder Wirksamkeit der Maßnahmen“ sind hingegen nicht erforderlich.[1083] Die Begrenzungswirkung der Verhältnismäßigkeit ist bei einer derartigen Vertretbarkeitskontrolle (vorbehaltlich der Angemessenheitsprüfung) mithin sehr gering. Der pauschale (und nur schwer widerlegbare) Verweis darauf, dass die Infektionslage ohne die Maßnahmen jedenfalls schlechter wäre als sie es mit ihnen ist, genügt den Anforderungen jedoch nicht.[1084] Aufgrund der großen wissenschaftlichen Ungewissheit und des dadurch bedingten weiten Einschätzungs-

---

[1076] Dazu bereits bei Fn. 984 und 1029.

[1077] VGH München, Beschl. v. 30.03.2020 – 20 NE 20.632, juris Rn. 63, für den Verordnungsgeber.

[1078] Daher heftige Kritik am Grundsatz der Verhältnismäßigkeit und seiner regulierenden Kraft in der Krise bei *Schwarz*, NVwZ-Beilage 2022, 3 (3).

[1079] BVerfGE 159, 223 (Rn. 170).

[1080] BVerfGE 159, 223 (Rn. 171).

[1081] BVerfGE 159, 223 (Rn. 178).

[1082] BVerfGE 159, 223 (Rn. 185, 204).

[1083] BVerfGE 159, 223 (Rn. 186).

[1084] *Wißmann*, VerfBlog v. 06.02.2021.

spielraums des Gesetz- und Verordnungsgebers wurden nur wenige COVID-19-Maßnahmen als ungeeignet[1085] oder nicht erforderlich[1086] angesehen.

In „äußersten Gefahrenlage[n]“[1087] wie der einer Pandemie gesteht das BVerfG dem Gesetzgeber sogar bei der Prüfung der Verhältnismäßigkeit im engeren Sinne „grundsätzlich“ einen Einschätzungsspielraum zu, der wiederum nur einer Vertretbarkeits- und Missbrauchskontrolle unterliegt.[1088] Bei Prognoseentscheidungen beschränkt sich die gerichtliche Kontrolle darauf, ob hinreichend gesicherte Grundlagen für die Entscheidung des Gesetzgebers vorliegen.[1089] Wo bisher eine umfassende Abwägung der widerstreitenden Interessen vorgenommen und einer abschließenden Schlüssigkeitsprüfung durch die Gerichte unterzogen wurde, scheint nun eine Plausibilitätskontrolle der Einzelmaßnahme im Gesamtschutzkonzept zu genügen.[1090] Bei der Abwägung und dem Ausgleich kollidierender Grundrechtsbelange im Rahmen der Prüfung der Verhältnismäßigkeit im engeren Sinne handelt es sich jedoch nicht um Tatsachenfragen, die einen Einschätzungsspielraum begründen können, sondern um rechtliche Aspekte, deren Geltung nicht im Ermessen des Gesetzgebers steht.[1091] Das BVerfG bleibt in seinen Entscheidungen jedoch eine Begründung oder Konkretisierung dieses als „grundsätzlich“ statuierten Einschätzungsspielraums schuldig.[1092] Auch die in der Entscheidung zitierten Rechtsprechungsnachweise können die These des Gerichts weder untermauern, noch geben sie Aufschluss darüber, wie und in welchem Umfang der Gesetzgeber bei der Abwägung

[1085] Z. B. das Verbot, (sei es auch allein) auf einer Parkbank zu verweilen (so zu Beginn der Pandemie in Bayern, siehe bei https://www.sueddeutsche.de/bayern/corona-bayern-parkbank-regelaenderung-1.4872090 [zuletzt: 28.08.2023]), die Ausweispflicht im Raum Berlin (§ 17 SARS-CoV-2-EindmaßnV Berlin in der Fassung v. 22.03.2020 [GVBl. 220, 224]; in der Fassung v. 02.04.2020 [GVBl. 234] hingegen nicht mehr enthalten) oder ein nicht wissenschaftlich begründbares Abstandsgebot von fünf Metern in im Zusammenhang bebauten Ortsteilen Düsseldorfs (dazu VG Düsseldorf, Beschl. v. 09.11.2020 – 26 L 2226/20, juris Rn. 9). Dazu auch *Kersten/Rixen*, Der Verfassungsstaat in der Corona-Krise, 3. Aufl. 2022, S. 161 f.

[1086] Z. B. zur Sperrzeitklausel für Restaurationsbetriebe VG Osnabrück, Beschl. v. 23.10. 2020 – 3 B 75/20, BeckRS 2020, 27910, Rn. 9 f.; zu nächtlichen Ausgangsbeschränkungen z. B. OVG Lüneburg, Beschl. v. 06.04.2021 – 13 ME 166/2, juris Rn. 25 ff.

[1087] BVerfGE 159, 223 (Rn. 305).

[1088] BVerfGE 159, 223 (Rn. 217); 159, 355 (Rn. 135); 161, 299 (Rn. 204). Anders VGH München, Beschl. v. 04.10.2021 – 20 N 20.767, juris Rn. 81 für den Verordnungsgeber.

[1089] BVerfGE 159, 223 (Rn. 217); 159, 355 (Rn. 135); 161, 299 (Rn. 204).

[1090] Kritisch dazu *Kersten/Rixen*, Der Verfassungsstaat in der Corona-Krise, 3. Aufl. 2022, S. 174, 139 ff.; *Lepsius*, LTO v. 03.12.2021; *ders.*, F.A.Z. v. 10.12.2021, S. 9 sieht in den Beschlüssen des BVerfG Anzeichen eines „pandemischen Umbaus des Rechtsstaats“; *ders.*, Der Staat 60 (2021), 609 (637 f.); *Schwarz*, NVwZ-Beilage 2022, 3 (4); *Rixen*, VerfBlog v. 25.05.2022.

[1091] *Lepsius*, Der Staat 60 (2021), 609 (637).

[1092] *Kersten/Rixen*, Der Verfassungsstaat in der Corona-Krise, 3. Aufl. 2022, S. 140.

von seinem Spielraum Gebrauch machen kann.[1093] Im Fortgang der Entscheidungen zur Bundesnotbremse beschäftigt sich das Gericht denn nur mit tatsächlichen Fragen, etwa welche Auswirkungen der Maßnahmen zu erwarten sind. Letztlich ist die Aussage des BVerfG vor dem Hintergrund der Pandemiesituation zu sehen und dürfte allein den Aspekt ansprechen, dass die besonderen Umstände einer Pandemie, deren tatsächliche, zuvörderst wissenschaftliche Aspekte nicht nur die Grundlage des staatlichen Handelns darstellen, sondern dieses völlig durchdringen. Die Überprüfung der Rechtsfragen lässt sich kaum ohne Berücksichtigung der Tatsachenfragen durchführen, wobei letztere eben durchaus einer Abwägung zugänglich sind.

So großzügig der Spielraum des Gesetzgebers hier erscheinen mag und so wenig begrenzend die Wirkung der Verhältnismäßigkeitsprüfung daher beurteilt wird, so limitiert ist auch dessen Anwendungsbereich. Die eben dargestellten Besonderheiten gelten denn nur in „äußersten Gefahrenlage[n]“[1094], wie sie etwa im Zeitpunkt der Bundesnotbremse vorlagen. Sie gelten weder für den gesamten Zeitraum einer Pandemie und erst recht nicht generell für jegliche staatliche Maßnahme.[1095] Allein die besonderen Umstände (Unwissenheit und Notwendigkeit gesamtgesellschaftlicher Abwägungen[1096]) rechtfertigten diesen weiten Spielraum.

Sind die ungewisse wissenschaftliche Datengrundlage in Bezug auf die Gefahr, die vom Erreger ausgeht und die in Bezug auf die Effektivität staatlicher Maßnahmen besteht sowie das tatsächliche Infektionsgeschehen im Zeitpunkt des Erlasses der Maßnahmen[1097] der Grund dafür, dem Gesetzgeber einen weiten Spielraum zuzugestehen, sind es neue wissenschaftliche Erkenntnisse und ein sich änderndes Infektionsgeschehen, die diesen Spielraum auch wieder begrenzen können. So haben die Gerichte einzelne COVID-19-Maßnahmen nach und nach auch für unverhält-

---

[1093] Ähnlich *Kersten/Rixen*, Der Verfassungsstaat in der Corona-Krise, 3. Aufl. 2022, S. 140. BVerfGE 121, 317 (356f.) nimmt Bezug auf den gesetzgeberischen Spielraum bei der Erfüllung seiner staatlichen Schutzpflicht; BVerfGE 68, 193 (219f.) konzentriert sich allein darauf, dass der Gesetzgeber bei den seiner Entscheidung zugrundeliegenden Tatsachenfragen (konkret den „Ursachen der hohen Steigerungsraten bei zahntechnischen Leistungen und der ökonomischen Folgen der Vergütungsregelung“) über einen Einschätzungsspielraum verfügt, verhält sich aber nicht dazu, inwiefern dadurch auch normative Fragen zur freien Beurteilung des Gesetzgebers stehen sollen; BVerfGE 153, 182 (Rn. 266) spricht hingegen ohne weitere Ausführungen von einer „hohen Kontrolldichte“ und BVerfGE 152, 68 (Rn. 183) ist ebenso nichtssagend wie der Beschluss der Bundesnotbremse selbst.

[1094] BVerfGE 159, 223 (Rn. 305).

[1095] Zur Zeitkomponente und ihren Folgen für die Verhältnismäßigkeit auch *Kersten/Rixen*, Der Verfassungsstaat in der Corona-Krise, 3. Aufl. 2022, S. 158f. Dafür, der Entscheidung dadurch die Orientierungswirkung zu nehmen, *Lepsius*, LTO v. 03.12.2021. Siehe zudem BVerwG, Urt. v. 22.11.2022 – 3 CN 1.21, Rn. 38ff., das Gericht betont hier mehrfach, dass seine Beurteilung nur für den maßgeblichen Zeitraum (Mitte April bis Anfang Mai 2020) und die damaligen Umstände gelte (Rn. 42ff.) und weist auf eine Konkretisierungspflicht bei verbessertem Erkenntnisstand hin (Rn. 41).

[1096] *Kersten/Rixen*, Der Verfassungsstaat in der Corona-Krise, 3. Aufl. 2022, S. 156.

[1097] Dazu, dass die ex-ante-Perspektive für die Beurteilung maßgebend ist BVerfGE 159, 223 (Rn. 186); 159, 355 (Rn. 193); BVerwG, Urteil v. 22.11.2022 – 3 CN 2.21, Rn. 17.

nismäßig erklärt und bereits im März 2020 Versammlungs-[1098] und Gottesdienstverbote[1099] aufgehoben, Ausgangsbeschränkungen für unangemessen erklärt,[1100] differenzierte Regelungen gefordert[1101] und gleichheitswidrige Verstöße z. B. bei Betriebsschließungen[1102] geahndet und die begrenzende Funktion des Verhältnismäßigkeitsgrundsatzes verdeutlicht.[1103]

Den Voraussetzungen des Vorsorgeprinzips entsprechend darf und muss der Gesetzgeber zwar trotz bestehender Ungewissheit Entscheidungen treffen; er ist jedoch zugleich zu beständiger Beobachtung, Evaluierung und Anpassung seiner getroffenen Regelungen verpflichtet.[1104] Eine ursprünglich verfassungsmäßige Regelung kann angesichts veränderter Umstände,[1105] aber auch bei gleichbleibendem Infektionsgeschehen und langer Geltungsdauer einer Maßnahme unverhältnismäßig werden.[1106] Die Berücksichtigung der zeitlichen Komponente bei der Beurteilung der Verhältnismäßigkeit scheint eine zentrale Erkenntnis beim Umgang mit der COVID-19-Pandemie zu sein. Wurden Grundrechtseingriffe bisher eher als statisch wahrgenommen, ist nun klar, dass eine lange zeitliche Geltungsdauer einen Eingriff auf Dauer intensivieren und damit die Anforderungen an die empirischen Nachweise und letztlich die Rechtfertigungslast des Staates erhöhen kann.[1107] In der COVID-19-Pandemie waren die Befristung von Verordnungen und Vorschriften sowie eine zeitlich begrenzte Geltungsdauer von einzelnen Maßnahmen daher von ausschlag-

---

[1098] BVerfG (K), Beschl. v. 15.04.2020 – 1 BvR 828/20, Rn. 11 ff.; BVerfG (K), Beschl. v. 17.04.2020 – 1 BvQ 37/20, Rn. 19 ff.

[1099] BVerfG (K), Einstweilige Anordnung v. 29.04.2020 – 1 BvQ 44/20, Rn. 14 f.

[1100] VGH München, Beschl. v. 04.10.2021 – 20 N 20.767, juris Rn. 80 und BVerwG Urt. v. 22.11.2022 – 3 CN 2.21, Rn. 30 ff. (gleichwohl mit unterschiedlicher Begründung).

[1101] OVG Münster, Beschl. v. 06.07.2020 – 13 B 940/20.NE, juris Rn. 52 und noch zuvor OVG Münster, Beschl. v. 19.06.2020 – 13 B 911/20.NE.

[1102] Z. B. VG München, Beschl. v. 11.05.2020 – M 26 E 20.1850, juris Rn. 33 ff.; OVG Hamburg, Beschl. v. 20.05.2020 – 5 Bs 77/20, juris Rn. 41 ff.

[1103] *Klafki*, JöR 69 (2021), 583 (596) spricht von der „zurückgewonnenen Begrenzungsfunktion des Verhältnismäßigkeitsprinzips"; *Rixen*, RuP 56 (2020), 109 (113): „die schützenden Formen und Denkschemata des Rechtsstaats funktionieren".

[1104] Oben Fn. 1000; *Froese*, DÖV 2022, 389 (393) zur Befristung und Evaluierung als möglichen, per se aber nicht ausreichenden Kontrollparametern. Zudem BVerfGE 159, 355 (Rn. 198); VerfGH München, Entsch. v. 30.12.2020 – Vf. 96-VII-20, juris Rn. 32, für die Verordnungsebene; VGH München, Beschl. v. 30.03.2020 – 20 NE 20.632, juris Rn. 63, für die Verordnungsebene.

[1105] Vgl. dazu BVerfGE 159, 223 (Rn. 198).

[1106] *Rixen*, RuP 56 (2020), 109 (112 f.): „Temporalisierte Verhältnismäßigkeit"; VerfGH Saarland, Beschl. v. 28.04.2020 – Lv 7/20, juris Rn. 32: „begleitende[n] Rechtfertigungskontrolle".

[1107] Vgl. BVerfGE 159, 223 (Rn. 190); 159, 355 (Rn. 177); BVerfG (K), Beschl. v. 13.05.2020 – 1 BvR 1021/20, Rn. 10; SaarlVerfGH, Beschl. v. 28.04.2020 – Lv 7/20, juris Rn. 32. Aus der Literatur *Brenner*, ERPL, 34 (2022), 183 (193); *Kersten/Rixen*, Der Verfassungsstaat in der Corona-Krise, 3. Aufl. 2022, S. 158; *Kingreen*, VerfBlog v. 20.03.2020; *Murswiek*, NVwZ-Extra 05/2021, 1 (14).

gebender Bedeutung dafür, dass sich Gesetz- und Verordnungsgeber der Rechtmäßigkeit ihrer Maßnahmen vor veränderter tatsächlicher und wissenschaftlicher Lage vergewissern.[1108] Ebenso ist der Staat aus Verhältnismäßigkeitsgründen verpflichtet, die Eingriffe in die grundrechtlichen Bereiche möglichst gering zu halten[1109] und daher durch die Förderung wissenschaftlichen Fortschritts neue Erkenntnisgrundlagen zu schaffen und so der unsicheren Entscheidungsgrundlage entgegenzuwirken.[1110]

Abschließend bleibt festzuhalten, dass der Verhältnismäßigkeitsgrundsatz in Situationen, in denen niemand – auch nicht der Gesetzgeber – über gesicherte Erkenntnisse zur Wirksamkeit und möglichen Auswirkungen von Schutzmaßnahmen verfügt, zwar weitreichende Spielräume der Entscheidungsträger zulässt, diese aber gleichermaßen an sich ändernde Verhältnisse bindet. Der Verhältnismäßigkeitsgrundsatz büßt damit nicht seine Kontrollfunktion ein, sondern passt sich den besonderen und sich stetig verändernden Umständen einer Pandemiesituation vielmehr an und schafft die notwendige Flexibilität zur Überprüfung grundrechtsbeschränkender Maßnahmen.[1111]

2. Maßnahmen als Teil eines gesetzgeberischen Gesamtkonzepts

Zur Bewältigung einer sich im gesamten Bundesgebiet ausbreitenden pandemischen übertragbaren Infektionskrankheit wie COVID-19 braucht es mehr als einzelne, punktuelle Maßnahmen gegen ausgewählte Personen. Es ist vielmehr eine Vielzahl unterschiedlicher Maßnahmen für verschiedene Lebensbereiche notwendig, die erst in ihrem Zusammenwirken das Ziel, eine weitere Ausbreitung des Virus in der Bevölkerung zu unterbinden und so Leben und Gesundheit zu schützen sowie das Gesundheitssystem aufrechtzuerhalten, erreichen können.[1112] Die COVID-19-Schutzmaßnahmen wurden daher zusammengefasst in einem Bündel an Maßnahmen erlassen, dessen Einzelmaßnahmen gleichzeitig, flächendeckend und für die Allgemeinheit galten und damit jeden Einzelnen simultan in mehreren Grundrechten in

---

[1108] Siehe nur BVerfGE 159, 355 (Rn. 192 ff.).

[1109] *Murswiek*, NVwZ-Extra 05/2021, 1 (4).

[1110] Vgl. BVerfGE 159, 223 (Rn. 190) zu den Auswirkungen auf die Beurteilung der Geeignetheit. Vgl. auch BVerfGE 159, 355 (Rn. 177). Siehe zudem OVG Lüneburg, Beschluss v. 06.04.2021 – 13 ME 166/21, juris Rn. 31: „Nach mehr als einem Jahr Dauer des Pandemiegeschehens besteht die begründete Erwartung nach weitergehender wissenschaftlicher Durchdringung der Infektionswege. Der Erlass einschneidender Maßnahmen lediglich auf Verdacht lässt sich in diesem fortgeschrittenen Stadium der Pandemie jedenfalls nicht mehr rechtfertigen".

[1111] *Brenner*, ERPL, 34(2022), 183 (193).

[1112] Vgl. BVerfGE 159, 223 (Rn. 287); *Froese*, DÖV 2022, 389 (391); *Mangold*, VVDStRL 80 (2021), 7 (20).

unterschiedlicher Intensität und über einen lange Zeitraum beeinträchtigten.[1113] Hinzu kommt, dass das Infektionsgeschehen ab einem gewissen Zeitpunkt so diffus war, dass eine Unterscheidung zwischen den herkömmlichen Kategorien Störer und Nichtstörer schlichtweg nicht mehr möglich war und sich die staatlichen Maßnahmen unterschiedslos gegen die Bevölkerung in ihrer Gesamtheit richteten.

Die Beurteilung der Verhältnismäßigkeit, namentlich der Angemessenheit, steht damit vor der großen Herausforderung,[1114] komplexe, gesamtgesellschaftliche Abwägungen vornehmen zu müssen. In die Abwägungsentscheidung müssen dabei nicht nur sämtliche betroffenen Belange und Interessen einbezogen und einander gegenübergestellt werden, sondern auch die kurz- und langfristigen Folgewirkungen jeder einzelnen Maßnahme, aber auch der Gesamtheit der Maßnahmen z. B. in gesellschaftlicher, finanzieller, wirtschaftlicher oder psychologischer Hinsicht berücksichtigt werden. Die einzelnen Maßnahmen eines Bündels müssen überdies in Zusammenhang gesetzt und dementsprechend beurteilt werden.[1115] Hinzu kommt, dass der Wirkungsbeitrag einer einzelnen Maßnahme eines Gesamtpakets zur Erreichung des angestrebten Erfolgs mangels gesicherter wissenschaftlicher Erkenntnisse oft nicht bemessen werden kann.[1116] Für die Überprüfung der Verhältnismäßigkeit von Pandemieschutzmaßnahmen haben sich daher besondere Prüfungsschritte herausgestellt.

Versuche, die Abwägung durch Konkretisierung der sich gegenüberstehenden Belange, der verfolgten Ziele und Wirkungsbeiträge und isolierter Prüfung einer Einzelmaßnahme zu strukturieren,[1117] können in einer derartigen Konstellation nur bedingt gelingen. Im Rahmen der Abwägung ist zwar eine genaue Betrachtung der einzelnen Positionen wichtig: So ist eine konkrete Freiheitsbeschränkung durch eine staatliche Maßnahme nicht pauschal dem Schutz von Leben und Gesundheit, der mit dieser Maßnahme bezweckt wird, gegenüberzustellen, sondern nur dem konkreten Beitrag, den der Eingriff zur Erreichung des Ziels leisten kann.[1118] Ebenso darf nicht der kollektive Nutzen von Maßnahmen für die gesamte Bevölkerung gegen die

---

[1113] Als sog. additive Grundrechtseingriffe, siehe BVerfGE 159, 223 (Rn. 290); dazu *Sodan*, in: Stern/Sodan/Möstl, Das Staatsrecht der Bundesrepublik Deutschland, Band III, 2. Aufl. 2022, § 87 Rn. 54 ff. Siehe auch *Mangold*, VVDStRL 80 (2021), 7 (20), die sich in Fn. 43 allerdings kritisch zur Figur der additiven Grundrechte verhält. Siehe auch § 28a Abs. 6 IfSG.

[1114] *Volkmann*, F.A.Z. v. 25.01.2021, S. 12 hält den Verhältnismäßigkeitsgrundsatz in solchen Situationen für „faktisch außer Kraft gesetzt" und attestiert ihm „keinerlei regulierende oder begrenzende Kraft".

[1115] Zur Komplexität der Abwägung *Kersten/Rixen*, Der Verfassungsstaat in der Corona-Krise, 3. Aufl. 2022, S. 155 f., 166 ff.

[1116] Vgl. BVerfGE 159, 355 (Rn. 155).

[1117] Dafür *Murswiek*, NVwZ-Extra 05/2021, 1 (3 ff.).

[1118] *Murswiek*, NVwZ-Extra 05/2021, 1 (6).

Betroffenheit der Freiheitsrechte eines Einzelnen abgewogen werden.[1119] Hier sind vielmehr kollektiver Gesamtnutzen und kollektive Gesamtnachteile oder die individuellen Nachteile eines Einzelnen und der Erfolgsbeitrag zum Gemeinwohlziel der diesem gegenüber ergriffenen konkreten Einzelmaßnahme gegenüberzustellen.[1120] Hinsichtlich der Wirkungsbeiträge der einzelnen Maßnahme per se und im Gesamtkonzept sowie ihrem konkreten Erfolgsbeitrag lassen sich jedoch meist gerade keine gesicherten Aussagen treffen.[1121] Überdies müssen die einzelnen Schutzmaßnahmen als additive Grundrechtseingriffe im Verbund aller anderen Schutzmaßnahmen beurteilt werden.[1122]

Für den Fall, dass die Wirkung und/oder der Einzelbeitrag einer Maßnahme in einem Bündel an Maßnahmen nicht feststellbar ist und die Maßnahmen nur als Gesamtschutzpaket zu sehen sind, werden andere Aspekte zur Beurteilung der Verfassungsmäßigkeit des staatlichen Handelns wichtiger.

Gesetz- und Verordnungsgeber sind zunächst zur Erstellung nachvollziehbarer „Gesamtschutzkonzepte“[1123] verpflichtet, in denen die einzelnen Maßnahmen zueinander stimmig festgelegt und mit der pandemischen Entwicklung fortgeschrieben werden müssen.[1124] Über eine Begründungspflicht wie in § 28a Abs. 5 IfSG wird abgesichert, dass sich der Entscheidungsträger mit den Wirkungen der einzelnen Maßnahmen im Gesamtkonzept auseinandersetzt.[1125] Die Maßnahmen dieses Gesamtkonzeptes müssen an einem konkreten Ziel ausgerichtet sein. Für eine Pandemie ist dies das übergeordnete Ziel des Schutzes von Leben und Gesundheit sowie gegebenenfalls das Zwischenziel der Sicherstellung eines stabilen und funktionsfähigen Gesundheitssystems.[1126]

Für die Beurteilung von Geeignetheit, Erforderlichkeit und Angemessenheit einer Maßnahme bedeutet dies, dass nicht die jeweilige Maßnahme und ihr konkreter

---

[1119] *Murswiek*, NVwZ-Extra 05/2021, 1 (6) mit zahlreichen Nachweisen aus der Rechtsprechung.

[1120] *Murswiek*, NVwZ-Extra 05/2021, 1 (6 f.).

[1121] Z.B. BVerfGE 159, 355 (Rn. 156).

[1122] BVerfGE 159, 223 (Rn. 290); 159, 355 (Rn. 154). Ebenso *Dederer/Preiß*, AöR 148 (2023), 289 (342 Rn. 360); *Mangold*, VVDStRL 80 (2021), 7 (21). Soeben Fn. 1113.

[1123] BVerfGE 159, 223 (Rn. 274, 290, 303); BVerfG (K), Beschl. v. 11.11.2020 – 1 BvR 2530/20, Rn. 16; OVG Münster, 08.07.2020 – 13 B 870/20.NE, juris Rn. 28.

[1124] *Kersten/Rixen*, Der Verfassungsstaat in der Corona-Krise, 3. Aufl. 2022, S. 170; *Rixen*, VVDStRL 80 (2021), 37 (58); siehe auch den ähnlichen Vorschlag bei *Kießling*, BT-Drs. 19(14)246(7), Anhang S. 2 sowie *Gallon/Hollo/Kießling*, Epidemiegesetz, 2023, S. 18, 99 ff. (§ 6 Konzeptpflicht). Für § 28a Abs. 3 Satz 2–8 IfSG *Gerhardt*, IfSG, 6. Aufl. 2022, § 5 Rn. 11c, § 28a Rn. 107b. Ferner BT-Drs. 19/24334, S. 81.

[1125] Dazu z.B. VGH München, Beschl. v. 08.12.2020 – 20 NE 20.2461, juris Rn. 32. Für eine Begründungspflicht *Mangold*, VVDStRL 80 (2021), 7 (21). Zur Bedeutung einer Begründung für die Beurteilung der Verhältnismäßigkeit auch *Kersten/Rixen*, Der Verfassungsstaat in der Corona-Krise, 3. Aufl. 2022, S. 170.

[1126] Zu dieser gestuften Zielsetzung für die COVID-19-Schutzmaßnahmen BVerfGE 159, 223 (Rn. 175).

Beitrag zu Erreichung des angestrebten Ziels maßgeblich sind, sondern die Maßnahme als Teil des Gesamtschutzkonzepts beurteilt wird.[1127] Eine Maßnahme ist etwa dann erforderlich, wenn ohne sie das gesamte Maßnahmenpaket nicht effektiv wäre.[1128] Dies setzt freilich voraus, dass das Paket als solches erforderlich ist.[1129]

Bei der Erstellung der Schutzkonzepte gilt es insbesondere den Grundsatz der Kohärenz zu beachten,[1130] wonach die Geeignetheit, Erforderlichkeit und Angemessenheit einzelner Schutzmaßnahmen im Verbund aller anderen Schutzmaßnahmen beurteilt werden müssen. Die einzelnen Maßnahmen müssen mit Blick auf das Gesamtschutzkonzept also stimmig, folgerichtig, konsistent, widerspruchsfrei und komplementär sein.[1131] Unterscheidungen innerhalb eines Maßnahmenpaketes sind möglich, erfordern aber sachliche Gründe.[1132] Der VGH München hat die Bayerische Landesregierung während der COVID-19-Pandemie unter dem Gesichtspunkt der Kohärenz beispielsweise dazu verpflichtet, an ihrer grundsätzlichen Wertung festzuhalten, Individualsport in Indoor-Sportstätten zuzulassen und die Schließung von Fitnessstudios daher als unverhältnismäßigen Eingriff angesehen.[1133] Die Schutzmaßnahmen sollten dabei jede für sich, aber auch in ihrem Zusammenwirken als Gesamtschutzkonzept die wirtschaftlichen, sozialen und kulturellen sowie die Sicherheit, Freiheit, Gleichheit und demokratische Selbstbestimmung betreffenden Auswirkungen auf den Einzelnen und die Allgemeinheit berücksichtigen.[1134]

Eine bedeutende Rolle bei der Beurteilung der Pandemieschutzmaßnahmen im Rahmen eines Gesamtkonzeptes kommt zudem dem Gleichbehandlungsgrundsatz zu.[1135] So wurden etwa Verbote der kommerziellen Beherbergung zu touristischen

---

[1127] BVerfGE 159, 223 (Rn. 290); 159, 355 (Rn. 154 f.).

[1128] Vgl. BVerfGE 159, 223 (Rn. 283); BVerfG (K), Beschl. v. 11.11.2020 – 1 BvR 2530/20, Rn. 16; OVG Münster, Beschl. v. 08.07.2020 – 13 B 870/20.NE, juris Rn. 28.

[1129] *Murswiek*, NVwZ-Extra 05/2021, 1 (5).

[1130] Hierzu *Dederer*, in: Kahl/Ludwigs, Handbuch des Verwaltungsrechts, Band II, 2021, § 47 Rn. 33, 37, 45, 55.

[1131] Vgl. *Dederer*, in: Kahl/Ludwigs, Handbuch des Verwaltungsrechts, Band II, 2021, § 47 Rn. 9.

[1132] *Mangold*, VVDStRL 80 (2021), 7 (22 Fn. 52).

[1133] VGH München, Beschl. v. 12.11.2020 – 20 NE.20/2463, juris Rn. 26. Der bayerische Verordnungsgeber hat die Kohärenz in der Konsequenz dadurch hergestellt, dass sämtliche Indoor-Sportstätten geschlossen wurden, § 10 der 8. BayIfSMV in der Fassung v. 12.11.2020, GVBl 2020, 592. *Froese*, DÖV 2022, 389 (395) hält das Kohärenzgebot daher als Kontrollmechanismus nicht für überzeugend und für eine Detailsteuerung überdies nicht geeignet. Auf die Kohärenz stellt z.B. auch ab OVG Magdeburg, Beschl. v. 03.09.2020 – 3 R 156/20, juris Rn. 27; VGH München, Beschl. v. 17.11.2020 – 20 NE 20.2620, juris Rn. 28, 20, 25; anders hingegen noch OVG Lüneburg, Beschl. v. 26.03.2020 – 13 MN 552/20, juris Rn. 65.

[1134] Siehe für COVID-19 etwa § 28a Abs. 6 Satz 2 IfSG. Gleichsinnig *Dederer/Preiß*, AöR 148 (2023), 289 (343).

[1135] Siehe dazu *Kersten/Rixen*, Der Verfassungsstaat in der Corona-Krise, 3. Aufl. 2022, S. 167 ff.; *Mangold*, VVDStRL 80 (2021), 7 (27 ff.).

Zwecken (Beherbergungsverbote),[1136] die nach Klassen differenzierte Öffnung der Schulen[1137] oder die 800-Quadratmeter-Grenze zur Öffnung von bestimmten Geschäften[1138] von den Gerichten unter Verweis auf Art. 3 Abs. 1 GG als verfassungswidrig eingestuft. Der COVID-19-Gesetzgeber hat diese Aspekte im Rahmen von § 28a IfSG berücksichtigt und die Abwägung in gewisser Weise vorstrukturiert, indem er in § 28a Abs. 6 Satz 2 IfSG vorgibt, welche Auswirkungen zu berücksichtigen sind, in § 28a Abs. 6 Satz 1 IfSG die kumulative Anordnung von Maßnahmen unter Beachtung des Subsidiaritätsgrundsatzes für zulässig erklärt, in § 28a Abs. 2 Satz 2 IfSG Grenzen für einzelne Maßnahmen setzt und in § 28a Abs. 6 Satz 3 IfSG Prioritätsentscheidungen zulässt.[1139] Prioritätsentscheidungen innerhalb des Gesamtschutzkonzeptes sind bei Vorliegen sachlicher Gründe durchaus zulässig.[1140]

Daneben stellt die Wesensgehaltstheorie (Art. 19 Abs. 2 GG) sicher, dass die Grundrechte jedenfalls nicht zu einer reinen äußeren Hülle verkommen.[1141] Für die meisten grundrechtsbeschränkenden Pandemiemaßnahmen lassen sich daraus jedoch keine konkreten Begrenzungen herleiten.[1142]

D. Einbettung im nationalen Mehrebenensystem

Das föderale System der BRD ist ein Unikat an Vielfalt und Möglichkeiten. Nachdem SARS-CoV-2 von der WHO offiziell als Pandemie ausgerufen wurde und das Virus sich in besorgniserregender Geschwindigkeit auch in Deutschland vermehrt ausbreitete, waren es die Bundesländer, die bereits früh Maßnahmen ergriffen. Über Allgemeinverfügungen und Verordnungen wurden trotz unsicherer Rechtsgrundlage Schutzmaßnahmen veranlasst, lange bevor auf Bundesebene das Erste Bevölkerungsschutzgesetz erlassen wurde. Nichtsdestotrotz bildete eben diese bundesstaatliche Kompetenzverteilung einen zentralen Angriffspunkt für Kritik an der föderalistischen Struktur bei der Bewältigung einer bundesweiten Bedrohung. Das Vorgehen der Bundesländer sei uneinheitlich und führe zu einer Zersplitterung des Rechts, einem „Flickenteppich".[1143] Bereits in den Gesetzesmaterialien zum

---

[1136] OVG Sachsen-Anhalt, Beschl. v. 27.10.2020 – 3 R 205/20, juris Rn. 28.

[1137] VGH Hessen, Beschl. v. 24.04.2020 – 8 B 1097/20.N, juris Rn. 53.

[1138] VGH München, Beschl. v. 27.04.2020 – 20 NE 20.793, juris Rn. 25 ff.

[1139] *Kersten/Rixen*, Der Verfassungsstaat in der Corona-Krise, 3. Aufl. 2022, S. 172 f.

[1140] VGH München, Beschl. v. 19.01.2021 – 20 NE 21.76, juris Rn. 53.

[1141] Zur Wesensgehaltstheorie *Kaufhold*, in: Dreier, GG, Band I, 4. Aufl. 2023, Art. 19 II Rn. 1 ff. Für ein stärkeres Abstellen auf Art. 19 Abs. 2 GG in Krisenzeiten hingegen *Kaiser*, Ausnahmeverfassungsrecht, 2020, S. 238; für „relationale Freiheiten" auch *Mangold*, VVDStRL 80 (2021), 7 (26 f.).

[1142] So auch *Froese*, DÖV 2022, 389 (394).

[1143] Siehe z. B. die Berichte in https://www.focus.de/gesundheit/hohes-mass-an-routine-welche-regeln-gelten-wo-der-corona-flickenteppich-2023_id_181169691.html; https://www.zeit.de/politik/deutschland/2022-12/gesundheitsministerkonferenz-corona-maskenpflicht-isolations

Ersten Bevölkerungsschutzgesetz wurde die Implementierung eines gesundheitlichen Notstandsrechts auf einfachrechtlicher Ebene des IfSG damit begründet, dass einer solchen Bedrohung nur begrenzt auf Landesebene begegnet werden könne und es vielmehr bundesrechtlicher Befugnisse bedarf.[1144] An derartigen Operationsmöglichkeiten des Bundes im Pandemiefall fehlte es bisher. Nachfolgend wird daher untersucht, welche Auswirkungen die COVID-19-Gesetzgebung auf das bundesstaatliche Kompetenzverteilungssystem zwischen Bund und Ländern hatte und welche Möglichkeiten im Pandemiefall eröffnet sind, um dem Bund Operations- oder zumindest Koordinierungsbefugnisse zu sichern, ohne die Kompetenzen der Länder übermäßig zu beschneiden.

I. Anordnungsermächtigungen in § 5 Abs. 2 IfSG

Um einer Destabilisierung des gesamten Gesundheitssystems durch das sich pandemisch ausbreitende Coronavirus SARS-CoV-2 vorzubeugen und ein schnelles Handeln in der Krise zu ermöglichen, wurde das BMG in § 5 Abs. 2 IfSG mit weitreichenden Befugnissen im Gesundheitsbereich ausgestattet.[1145] § 5 Abs. 2 IfSG ermächtigt das BMG, bei Vorliegen einer epidemischen Lage von nationaler Tragweite (§ 5 Abs. 1 IfSG) „Maßnahmen zur Grundversorgung mit Arzneimitteln, einschließlich Betäubungsmitteln, Medizinprodukten, Labordiagnostik, Hilfsmitteln, Gegenständen der persönlichen Schutzausrüstung und Produkten zur Desinfektion sowie zur Stärkung der personellen Ressourcen im Gesundheitswesen zu treffen“[1146]. Anders als in § 5 Abs. 6, 7 IfSG handelt es sich bei den Befugnissen in § 5 Abs. 2 IfSG nicht nur um koordinierende oder empfehlende, sondern um operative Eingriffsrechte des BMG.[1147] Ihrer Intensität nach sind sie inhaltlich mit den Befugnissen der Sicherstellungsgesetze vergleichbar,[1148] die als „(unausgesprochenes) Vorbild für § 5 Abs. 2 IfSG dienen“[1149]. Eine Übertragung von Befugnissen auf die Exekutive ist für den Notstand zwar durchaus typisch, der dem BMG über § 5 Abs. 2 IfSG eingeräumte Katalog an Befugnissen geht jedoch weit über die Kompetenzen hinaus, die der Bundesregierung für ähnliche Fälle im Grundgesetz bisher zugestanden werden (vgl. Art. 35 Abs. 2 Satz 2, Abs. 3 GG).[1150] Das Ausmaß dieser Ermächtigungen wird als derart besorgniserregend eingestuft, dass (freilich über-

---

pflicht-lauterbach-wieler?utm_referrer=https%3A%2F%2Fwww.google.com%2F (beide zuletzt: 28.08.2023).

[1144] BT-Drs. 19/18111, S. 1.

[1145] Vgl. BT-Drs. 19/18111, S. 1.

[1146] BT-Drs. 19/18111, S. 1.

[1147] *Ritgen*, Der Landkreis 2020, 137 (137).

[1148] *Ritgen*, Der Landkreis 2020, 137 (138).

[1149] *Rixen*, in: Kluckert, Das neue Infektionsschutzrecht, 2. Aufl. 2021, § 4 Rn. 22, siehe auch Rn. 6 (Klammersetzung im Original).

[1150] *Ritgen*, Der Landkreis 2020, 137 (137).

spitzt) eine Parallele zwischen der „Hindenburg-Klausel"[1151] des § 5 Abs. 2 IfSG und den Ermächtigungsgesetzen der NS-Zeit gezogen[1152] und die Selbstentmächtigung des Parlaments[1153] verkündet wurde. § 5 Abs. 2 IfSG ist damit eine der wohl am stärksten polarisierenden Normen der COVID-19-Gesetzgebung.

Die Regelung birgt unter anderem enormes Konfliktpotenzial für das föderale System.[1154] Das gilt für die Rechtsverordnungsbefugnisse, die oftmals ohne Zustimmung des Bundesrates ergriffen werden können, speziell jedoch für die Anordnungsbefugnisse des BMG in § 5 Abs. 2 Satz 1 Nr. 5 und 6 IfSG:[1155]

§ 5 Abs. 2 Satz 1 Nr. 5, 6 IfSG ermächtigt das BMG, „nach § 13 Absatz 1 des Patentgesetzes anzuordnen, dass eine Erfindung in Bezug auf eines der in [§ 5 Abs. 2 Satz 1] Nummer 4 vor der Aufzählung genannten Produkte [...] benutzt werden dürfen" und die notwendigen Anordnungen zur Durchführung der Maßnahmen nach § 5 Abs. 2 Satz 1 Nr. 4 lit. a, c bis g IfSG zu treffen. § 5 Abs. 2 Satz 1 Nr. 4 IfSG betrifft wiederum Maßnahmen zur Sicherstellung der Versorgung mit medizinischen Produkten. Ihrer Rechtsnatur nach stellen die Anordnungen Verwaltungsakte bzw. Allgemeinverfügungen nach § 35 Satz 1 und 2 VwVfG dar[1156] und sind damit Teil der Verwaltungskompetenzen. Dem Grundsatz der Art. 30, 83 GG zufolge obliegt die Vollzugskompetenz der Regelungen des IfSG den Ländern, welche die Gesetze,[1157] auch die des Bundes, als eigene Angelegenheiten[1158] ausführen, soweit das Grundgesetz nichts anderes bestimmt. Etwas anderes in diesem Sinne bestimmt das Grundgesetz für den Fall der Bundesauftragsverwaltung (Art. 85 GG) und den Fall der bundeseigenen Verwaltung (Art. 86 ff. GG). Bei der Bundesauftragsverwaltung führen die Länder die Gesetze im Auftrag des Bundes, mithin nicht als eigene Angelegenheit aus, während im Fall der bundeseigenen Verwaltung nicht die Länder, sondern der Bund selbst die Gesetze ausführt.[1159]

Wie sich die Befugnisse des IfSG in dieses Gefüge einordnen, bleibt zu klären: Der Wortlaut von § 5 Abs. 2 Satz 1 Nr. 5, 6 IfSG spricht davon, dass das BMG er-

---

[1151] *Kingreen*, Interview, abgedruckt in der SZ v. 26.03.2020, S. 6.

[1152] *Gärditz/Meinel*, F. A. Z. v. 26.03.2020, S. 6.

[1153] *Möllers*, VerfBlog v. 26.03.2020.

[1154] Vgl. *Ritgen*, Der Landkreis 2020, 137 (137): „erheblicher föderaler Sprengstoff", „erhebliche Belastungsprobe" für die bundesstaatliche Verteilung der Vollzugskompetenzen.

[1155] Zu den verfassungswidrigen Ermächtigungen zum Erlass gesetzesändernder Verordnungen (§ 5 Abs. 2 Satz 1 Nr. 4, 7, 8 und 10 IfSG) bereits oben unter Kapitel 3 B. V. 2.

[1156] *Gausing*, in: BeckOK InfSchR, IfSG, § 5 Rn. 6 (2024); *Hollo*, in: Kießling, IfSG, 3. Aufl. 2022, § 5 Rn. 14.

[1157] Sog. gesetzesakzessorische Verwaltung. Daneben erstreckt sich die Verwaltungskompetenz auf nicht gesetzesakzessorisches Handeln, was sich in der COVID-19-Pandemie etwa durch die Warnungen und Verhaltensempfehlungen der Bundesregierung äußerte, dazu *Degenhart*, Staatsrecht I, 39. Aufl. 2023, Rn. 525.

[1158] Dies ist Ausdruck der Eigenstaatlichkeit der Länder, *Degenhart*, Staatsrecht I, 39. Aufl. 2023, Rn. 522.

[1159] Zum Ganzen *Hermes*, in: Dreier, GG, Band III, 3. Aufl. 2018, Art. 83 Rn. 36 ff.

mächtigt wird, Maßnahmen „anzuordnen“ bzw. „Anordnungen zu treffen“ und deutet auf eine bundeseigene Vollzugskompetenz hin. Die Fälle der bundeseigenen Verwaltung setzen eine ausdrückliche grundgesetzliche Verankerung voraus.[1160] Für das IfSG ist dabei etwa im Bereich der Bundeswehr eine bundeseigene Verwaltungskompetenz vorgesehen, vgl. Art. 87b Abs. 1 GG, § 54a IfSG.[1161] Gleiches gilt für den Bereich der Eisenbahnen des Bundes, vgl. Art. 87e Abs. 1 GG.[1162] Eine ausdrückliche grundgesetzliche Normierung zum hier vorliegenden Fall gibt es jedoch nicht.

Die Anordnungsbefugnisse des BMG könnten aber von Art. 87 Abs. 3 Satz 1 GG gedeckt sein. Demnach kann der Bund für Angelegenheiten, für die ihm die Gesetzgebungskompetenz zusteht, „selbständige Bundesoberbehörden und neue bundesunmittelbare Körperschaften und Anstalten des öffentlichen Rechtes durch Bundesgesetz“ errichten und dadurch auch die Verwaltungskompetenz an sich ziehen.[1163] Auf Basis dieser Grundlage wurden das für den Infektionsschutzbereich relevante RKI sowie das PEI errichtet.[1164] In § 5 Abs. 2 Satz 1 Nr. 5, 6 IfSG wird mit dem BMG ein Bundesministerium, mithin eine oberste Bundesbehörde, ermächtigt und keine der explizit in Art. 87 Abs. 3 Satz 1 GG genannten Organisationsformen.[1165] Eine Ausweitung auf andere Organisationsformen, speziell Bundesministerien,[1166] ist abzulehnen. Dagegen spricht bereits der klare Wortlaut.[1167] Darüber hinaus stellt Art. 87 Abs. 3 Satz 1 GG eine Ausnahme zum Grundsatz der Kompetenz der Länder nach Art. 83 GG dar.[1168] Diese Verteilung würde zum Nachteil der Länder ins Gegenteil verkehrt, wenn dem Bund bei Vorliegen der Gesetzgebungskompetenz pauschal und ungeachtet der Organisationsform ermöglicht wird, auch

---

[1160] *Degenhart*, Staatrecht I, 39. Aufl. 2023, Rn. 530; *Dreier*, DÖV 2021, 229 (238); *Kingreen*, in: Huster/Kingreen, HdB InfSR, 2. Aufl. 2022, Kapitel 1 Rn. 113. Als Beispiele siehe Art. 87, 87b, 87d, 88, 89, 90 Abs. 3 GG oder die Regelungen über die Finanzverfassung, Art. 104a GG ff.

[1161] *Kingreen*, in: Huster/Kingreen, HdB InfSR, 2. Aufl. 2022, Kapitel 1 Rn. 112.

[1162] *Kingreen*, in: Huster/Kingreen, HdB InfSR, 2. Aufl. 2022, Kapitel 1 Rn. 112.

[1163] *Wissenschaftliche Dienste des Deutschen Bundestages*, WD 3-3000-111/20, S. 3.

[1164] Siehe dazu oben in und bei Fn. 118 und 131. *Kingreen*, in: Huster/Kingreen, HdB InfSR, 2. Aufl. 2022, Kapitel 1 Rn. 109 ff.; *Kluckert*, in: ders., Das neue Infektionsschutzrecht, 2. Aufl. 2021, § 2 Rn. 25 ff., 30.

[1165] Insbesondere Bundesoberbehörden sind nur solche, die dem Bundesministerium unmittelbar nachgeordnet sind (*Hermes*, in: Dreier, GG, Band III, 3. Aufl. 2018, Art. 86 Rn. 26; siehe auch die Unterscheidung in BVerfGE 14, 197 [210 f.]). Zu den Organisationsformen *Hermes*, in: Dreier, GG, Band III, 3. Aufl. 2018, Art. 86 Rn. 24 ff.

[1166] Dafür *Hermes*, in: Dreier, GG, Band III, 3. Aufl. 2018, Art. 87 Rn. 76, 79 unter Verweis darauf, dass es für die Länder unerheblich ist, wer die Aufgabe erfüllt; wohl auch *Burgi*, in: Huber/Voßkuhle, GG, Band 3, 8. Aufl. 2024, Art. 87 Rn. 97; *Sangs*, NVwZ 2020, 1780 (1781).

[1167] *Sachs*, in: ders., GG, 9. Aufl. 2021, Art. 87 Rn. 63, 69 f.

[1168] *Hermes*, in: Dreier, GG, Band III, 3. Aufl. 2018, Art. 86 Rn. 15, 65.

die Verwaltungskompetenz an sich zu ziehen.[1169] Anders als Art. 87 Abs. 1 und 2 GG enthält Art. 87 Abs. 3 GG keine inhaltlichen Begrenzungen auf bestimmte Aufgabenbereiche, sondern findet auf alle Materien, die der Gesetzgebungskompetenz des Bundes unterfallen, Anwendung.[1170] Eine Ausweitung auf andere Behörden ist daher abzulehnen.[1171] Eine bundeseigene Kompetenz, gestützt auf Art. 87 Abs. 3 Satz 1 GG, besteht mithin nicht.

Die Fälle der Bundesauftragsverwaltung (Art. 85 GG) müssen ebenfalls grundgesetzlich verankert sein. Für das IfSG und speziell die Befugnisse des BMG in § 5 Abs. 2 Satz 1 Nr. 5, 6 IfSG sieht das Grundgesetz jedoch keine Bundesauftragsverwaltung vor.[1172] Ebenso begründen die grundgesetzlichen Regelungen für den inneren Notstand (Art. 35 Abs. 2, 3 GG, Art. 91 GG) keine Vollzugsbefugnisse des Bundes für das IfSG.[1173]

Schließlich kann noch über einen Rückgriff auf eine ungeschriebene Kompetenz des Bundes nachgedacht werden, um eine Grundlage für die Verwaltungskompetenzen des Bundes im IfSG zu finden. Ungeschriebene Verwaltungskompetenzen lassen sich kraft Sachzusammenhangs, als Annexkompetenz oder kraft Natur der Sache begründen.[1174] Da die Verwaltungskompetenz für das IfSG bei den Ländern liegt, besteht keine Verwaltungskompetenz des Bundes, die es erfordert, den Bereich der § 5 Abs. 2 Satz 1 Nr. 5 und 6 IfSG zwingend mit zu regeln (Sachzusammenhang) oder diesen stillschweigend miteinschließt (Annex).[1175] Eine Verwaltungskompetenz des Bundes könnte sich allenfalls kraft Natur der Sache ergeben. Eine derartige Zuständigkeit wird bei Gesetzen angenommen, „deren Zweck durch das Verwaltungshandeln eines Landes überhaupt nicht erreicht werden kann"[1176] bzw. „von vornherein ausgeschlossen"[1177] ist. An diese Voraussetzungen werden jedoch sehr

---

[1169] *Dreier*, DÖV 2021, 229 (239); *Kingreen*, Jura 2020, 1019 (1032).

[1170] *Hermes*, in: Dreier, GG, Band III, 3. Aufl. 2018, Art. 86 Rn. 15, 65 ff. Art. 87 Abs. 3 Satz 1 GG wird daher generell als eine „Fehlkonstruktion' eingeschätzt, die geeignet sei, das in Art. 30 und 83 GG zugunsten der Landesverwaltung vorgesehene Regel-Ausnahme-Verhältnis ‚in sein Gegenteil zu verkehren'", *Hermes*, in: Dreier, GG, Band III, 3. Aufl. 2018, Art. 86 Rn. 66 mit entsprechenden Nachweisen zur Kritik.

[1171] So auch *Ibler*, in: Dürig/Herzog/Scholz, GG, Art. 87 Rn. 61, 265 (2012); *Mayen*, NVwZ 2020, 828 (832); *Oebbecke*, in: Isensee/P. Kirchhof, HStR, Band VI, 3. Aufl. 2008, § 136 Rn. 93; *Sachs*, in: ders., GG, 9. Aufl. 2021, Art. 87 Rn. 63, 69 f.

[1172] *Lindner*, in: H. Schmidt, COVID-19, 3. Aufl. 2021, § 18 Rn. 15.

[1173] *Lindner*, in: H. Schmidt, COVID-19, 3. Aufl. 2021, § 18 Rn. 121 f.

[1174] *Wissenschaftliche Dienste des Deutschen Bundestages*, WD 3-3000-111/20, S. 5. Dazu etwa *Hermes*, in: Dreier, GG, Band III, 3. Aufl. 2018, Art. 83 Rn. 39 ff.

[1175] *Hermes*, in: Dreier, GG, Band III, 3. Aufl. 2018, Art. 83 Rn. 40; *Wissenschaftliche Dienste des Deutschen Bundestages*, WD 3-3000-111/20, S. 5. Anders zu § 5 Abs. 2 Nr. 1, 2 IfSG a. F. in der Vorauflage *Kluckert*, in: ders., Das neue Infektionsschutzrecht, 1. Aufl. 2020, § 2 Rn. 32, 34 (Annexkompetenz zur Kompetenz des Bundes für den Grenzschutz gem. Art. 87 Abs. 1 Satz 2 GG).

[1176] BVerfGE 11, 6 (17).

[1177] BVerfGE 41, 291 (312).

hohe Anforderungen gestellt. Sie sind nur im Ausnahmefall gegeben.[1178] Eine Zuweisung kraft Natur der Sache muss „begriffsnotwendig sein und eine bestimmte Lösung unter Ausschluß anderer Möglichkeiten sachgerechter Lösung zwingend fordern".[1179]

Für die Befugnisse in § 5 Abs. 2 Satz 1 Nr. 5, 6 IfSG im Pandemiefall scheint es prinzipiell sinnvoll, bundesweit die Versorgung mit medizinischen Produkten sicherstellen zu können, zu deren Durchführung die Anordnungsbefugnisse dienen. Die Gesetzesbegründung geht überdies davon aus, dass der Gefahr einer sich grenzüberschreitend ausbreitenden übertragbaren Infektionskrankheit nur begrenzt auf Landesebene begegnet werden kann,[1180] begründet dies jedoch nicht weiter. Die Überregionalität eines Sachverhalts oder die reine Zweckmäßigkeit eines bundeseigenen Vollzugs reichen für sich genommen indes nicht aus, um eine ungeschriebene Verwaltungskompetenz des Bundes kraft Natur der Sache zu begründen und vom Regelfall der Landesverwaltungskompetenz abzuweichen.[1181]

Warum ein Vollzug durch die Länder für das IfSG allgemein, jedoch nicht die § 5 Abs. 2 Satz 1 Nr. 5 und 6 IfSG geeignet erscheint, das Ziel des Gesetzes zu erreichen, erschließt sich nicht und mutet mit Blick darauf, dass es für die restlichen Normen des IfSG durchaus bei der Vollzugskompetenz der Länder bleibt, befremdlich an.[1182] Im Gegensatz zum BMG stehen die Bundesländer den zahlreichen Unternehmen und Einrichtungen, die im Bereich der Herstellung, Beschaffung und Verteilung medizinischer Produkte tätig sind, örtlich jeweils näher. Es kann zudem vermutet werden, dass die Bundesländer über die Anzahl und Kapazitäten der in ihrem Gebiet gelegenen Stätten einen besseren Überblick haben als es das BMG für alle Produktionsstätten im gesamten Bundesgebiet über den gesamten Zeitraum einer Pandemie haben wird. Die Befürchtung eines Wettlaufs um die knappen Güter mit anschließender landesbezogener Bevorratung und „Hortung" der Produkte für den Fall, dass die Bundesländer die Maßnahmen zur Durchführung der Beschaffung, Herstellung und Produktion von medizinischen Produkten sowie die Verfügbarkeit von Patenten allein treffen,[1183] scheint hingegen nicht realistisch. Während der COVID-19-Pandemie gab es jedenfalls keinerlei Anzeichen dafür. Die Güter werden im Pandemiefall im gesamten Bundesgebiet gebraucht. Führt ein Mangel auch nur in einem Bundesland zu einem starken Anstieg der Infektionszahlen, verbreitet sich die Infektionskrankheit unweigerlich auch stärker in anderen Bundesländern. Dies lässt sich ohne eine komplette Schließung der Bundesländergrenzen oder umfassende Lockdowns für das gesamte Bundesgebiet schlichtweg nicht vermeiden. Derartige

[1178] Vgl. BVerfGE 11, 6 (17).

[1179] BVerfGE 22, 180 (217).

[1180] BT-Drs. 19/18111, S. 1, 14.

[1181] Zur Zweckmäßigkeit BVerfGE 11, 6 (18); zur Überregionalität BVerfGE 12, 205 (251 f.).

[1182] *Wissenschaftliche Dienste des Deutschen Bundestages*, WD 3-3000-111/20, S. 7.

[1183] Vgl. dazu *Kingreen*, Interview abgedruckt in der SZ v. 26.03.2020, S. 6.

Maßnahmen lassen sich aus Verhältnismäßigkeitsgründen und auch mit Blick auf die bundesstaatliche Prägung der BRD nicht rechtfertigen. Kommt es mangels ausreichender Kapazitäten oder medizinischer Produkte zu einer Überlastung der gesundheitlichen Versorgungssysteme, z.B. von Krankenhäusern, werden Patienten nach Möglichkeit, auch bundeslandübergreifend, in andere Einrichtungen verlegt. Die Bundesländer sitzen im Pandemiefall sprichwörtlich „im selben Boot". Es ist somit im Interesse aller Bundesländer, dass medizinische Produkte bundesweit in ausreichender Menge zur Verfügung stehen oder etwa auch Patente für die Herstellung von Impfstoffen oder Medikamenten weitreichend genutzt werden können, um die Bevölkerung zu versorgen und zu schützen. Diese bundesweite Notwendigkeit ändert gleichwohl nichts daran, dass die Bundesländer den Produktionsstätten näherstehen und – wenn nicht sogar besser als das BMG – zumindest auch geeignet sind, die notwendigen Maßnahmen zur Durchführung der Sicherstellung der Versorgung mit medizinischen Produkten anzuordnen. Dass die Sicherstellungsgesetze, die als Vorbild für § 5 Abs. 2 IfSG dienen und ähnliche Situationen betreffen, ebenfalls keine bundeseigenen Vollzugskompetenzen vorsehen, verstärkt diesen Befund.[1184]

Damit sind keine hinreichenden Gründe dafür ersichtlich, warum eine Kompetenz des Bundes für die betroffenen Fälle begriffsnotwendig und für eine sachgerechte Erreichung des Zwecks zwingend erforderlich sein soll.[1185]

Die Annahme einer ungeschriebenen Kompetenz des Bundes kraft Natur der Sache und damit einer Änderung der grundgesetzlichen bundesstaatlichen Zuständigkeiten steht zudem unter dem Vorbehalt, dass ein einheitliches Vorgehen durch andere Koordinationsmöglichkeiten nicht erreicht werden kann. Dazu gehören insbesondere die Einwirkungsmöglichkeiten des Bundes nach Art. 84 Abs. 2 und 3 GG,[1186] eine Zusammenarbeit aufgrund des Prinzips der Bundestreue[1187] oder eine Koordination der Länder untereinander.[1188] Vor Erlass von § 5 Abs. 2 IfSG wurde kein solcher Koordinierungsversuch unternommen, insbesondere nicht über die bereits erlassene IfSGKoordinierungs-VwV.[1189] Das BMG sollte der Formulie-

---

[1184] *Kluckert*, in: ders., Das neue Infektionsschutzrecht, 2. Aufl. 2021, § 2 Rn. 22.

[1185] So auch *Dreier*, DÖV 2021, 229 (238); *Kingreen*, in: Huster/Kingreen, HdB InfSR, 2. Aufl. 2022, Kapitel 1 Rn. 113; *Kluckert*, in: ders., Das neue Infektionsschutzrecht, 2. Aufl. 2021, § 2 Rn. 22; *Mayen*, NVwZ 2020, 828 (833); *Rixen*, in: Kluckert, Das neue Infektionsschutzrecht, 2. Aufl. 2021, § 4 Rn. 25; vgl. auch *Wissenschaftliche Dienste des Deutschen Bundestages*, WD 3-3000-111/20, S. 8.

[1186] Zum Erlass einer allgemeinen Verwaltungsvorschrift siehe BVerfGE 11, 6 (18).

[1187] Vgl. BVerfGE 22, 180 (218); 41, 291 (310, 312).

[1188] *Wissenschaftliche Dienste des Deutschen Bundestages*, WD 3-3000-111/20, S. 6 f.

[1189] Allgemeine Verwaltungsvorschrift über die Koordinierung des Infektionsschutzes in epidemisch bedeutsamen Fällen (Verwaltungsvorschrift-IfSG-Koordinierung – IfSGKoordinierungs-VwV) vom 12.12.2013. Die Verwaltungsvorschrift legt lediglich „Verfahren fest, wie das Robert Koch-Institut und das Bundesministerium für Gesundheit in epidemisch bedeutsamen Fällen mit anderen Behörden des Bundes, Behörden des öffentlichen Gesundheitsdienstes der Länder und weiteren beteiligten Behörden und Stellen Informationen aus-

rungshilfe zum Ersten Bevölkerungsschutzgesetz vom 20.03.2020 nach neben den Befugnissen aus § 5 Abs. 2 IfSG vielmehr noch zusätzlich zu Einzelweisungen ermächtigt werden.[1190] Der Bund und die Länder haben sich zur Bewältigung der COVID-19-Pandemie regelmäßig in Bund-Länder-Treffen abgesprochen. Freilich ist diese Art der Koordination für sich kritisch zu betrachten,[1191] dennoch wäre (auch jenseits dieser Treffen) Raum für eine Absprache bezüglich der Sicherstellung der Versorgung mit medizinischen Produkten und der Benutzung von Patenten gewesen. Eine Verwaltungskompetenz des Bundes für § 5 Abs. 2 Satz 1 Nr. 5, 6 IfSG kraft Natur der Sache liegt somit nicht vor.[1192]

Es bleibt beim Regelfall des Ländervollzugs nach Art. 30, 83 GG.[1193] Der Bund kann in diesem Fall nur über die Möglichkeiten von Art. 84 GG auf die Länder einwirken und im Wege der Aufsicht einschreiten (Abs. 3), allgemeine Verwaltungsvorschriften erlassen (Abs. 2) oder Einzelweisungen erteilen (Abs. 5 Satz 1). § 5 Abs. 2 Satz 1 Nr. 5, 6 IfSG entsprechen allerdings keiner der dort vorgesehenen Einwirkungsmöglichkeiten des Art. 84 GG.[1194]

Eine derartige „‚direkte‘ Ministerialverwaltung“[1195] des Bundes, wie sie in § 5 Abs. 2 Satz 1 Nr. 5 und 6 IfSG mithin geregelt wird, ist nicht vom Grundgesetz gedeckt und auch höchstrichterlich bisher nicht anerkannt.[1196] Durch eine bundes-

---

tauschen und Zusammenarbeiten“ (§ 1 IfSG-Koordinierungs-VwV) und wurde im Zuge der COVID-19-Pandemie nicht verändert, erweitert oder durch weitere Verwaltungsvorschriften ergänzt.

[1190] § 5 Abs. 6 IfSG-E lautete: „Die Bundesregierung kann für den Fall einer epidemischen Lage von nationaler Tragweite zur Ausführung dieses Gesetzes sowie des Arzneimittel-, des Apothekengesetzes und der aufgrund dieser Gesetze erlassenen Rechtsverordnungen und der medizinprodukterechtlichen Vorschriften in Ausnahmefällen gegenüber den Ländern Einzelweisungen erteilen, wenn dies zur Sicherung der öffentlichen Gesundheit in der Bundesrepublik Deutschland dringend geboten ist“. Die Passage wurde noch vor der Kabinettsfassung gestrichen und war bereits am 23.03.2020 nicht mehr in der geänderten Formulierungshilfe des BMG erfasst. Allein die Formulierungshilfe vom 23.03.2020 ist online noch abrufbar. Kritisch zu einem Weisungsrecht des BMG für das IfSG *Ritgen*, Der Landkreis 2020, 137 (141).

[1191] Dazu bereits oben unter Kapitel 3 B. V. 8. und sogleich D. II.

[1192] So auch *Dreier*, DÖV 2021, 229 (239); anders für § 5 Abs. 2 Satz 1 Nr. 1, 2 IfSG a.F. *Ritgen*, Der Landkreis 2020, 137 (142); a.A. hingegen *Lindner*, in: H. Schmidt, COVID-19, 3. Aufl. 2021, § 18 Rn. 28. Für eine ungeschriebene Kompetenz des Bundes jedenfalls für § 5 Abs. 2 Satz 1 Nr. 5 IfSG *Rixen*, in: Kluckert, Das neue Infektionsschutzgesetz, 2. Aufl. 2021, § 4 Rn. 25. Ein Gutachten der *Wissenschaftlichen Dienste des Deutschen Bundestages* geht hingegen davon aus, dass die Verwaltungskompetenz für § 13 Abs. 1 PatG ohnehin dem Bund zusteht, WD 3-3000-11/20, S. 7.

[1193] *Wissenschaftliche Dienste des Deutschen Bundestages*, WD 3-3000-080/20, S. 10; *Kingreen*, in: Huster/Kingreen, HdB InfSR, 2. Aufl. 2022, Kapitel 1 Rn. 59; *Kluckert*, in: ders., Das neue Infektionsschutzrecht, 2. Aufl. 2021, § 2 Rn. 18; *Lindner*, in: H. Schmidt, COVID-19, 3. Aufl. 2021, § 18 Rn. 15.

[1194] Zur Einzelweisung auch *Gausing*, in: BeckOK InfSchR, IfSG, § 5 Rn. 10 (2024).

[1195] *Sachs*, in: ders., GG, 9. Aufl. 2021, Art. 87 Rn. 69.

[1196] Vgl. *Kingreen*, BT-Drs. 19(14)160(27), S. 2.

eigene Vollzugskompetenz in dieser Gestalt würde das bundesstaatliche System des Ländervollzugs „damit teilweise ausgesetzt, jedenfalls aber unter den Vorbehalt bundesrechtlicher Maßnahmen gestellt“[1197]. § 5 Abs. 2 Satz 1 Nr. 5 und 6 IfSG verstoßen damit gegen die grundgesetzliche Kompetenzverteilung, mithin das Bundesstaatsprinzip.[1198] Darüber kann auch der „gesetzgebungstechnisch neue“[1199] Zusatz in § 5 Abs. 2 IfSG, dass die Befugnisse des BMG „unbeschadet der Befugnisse der Länder“ bestehen, nicht hinweghelfen. Das Gesetz selbst bleibt eine Erklärung dieser Aussage schuldig. In der Begründung heißt es, die „Anordnungsbefugnisse treten neben die Rechtsetzungs- und Verwaltungsbefugnisse der Länder, gleichgültig ob sie nach diesem Gesetz oder auf Grundlage anderer Vorschriften bestehen. Regelungen der Länder dürfen den Regelungen des Bundes in diesem Rahmen nicht widersprechen. Die Vollzugskompetenz der Länder bei der Durchführung der auf Grund dieses Absatzes erlassenen Anordnungen und Rechtsverordnungen bleibt unberührt“[1200]. Die Begründung ist wohl so zu verstehen, dass für die betroffenen Regelungen die Anordnungsbefugnis allein beim Bund, namentlich dem BMG, liegt und die Länder lediglich in ihrer Vollzugskompetenz (der vom BMG erlassenen Anordnungen) nicht beschnitten werden.[1201] Würde man die Passage hingegen so verstehen, dass die Anordnungsbefugnis des BMG nur dann greifen soll, wenn die Länder über keine Befugnisse verfügen,[1202] liefe die Befugnis des BMG in der praktischen Konsequenz leer, was nicht intendiert sein kann.[1203] Legt man der Begründung ersteres Verständnis zugrunde, deuten § 5 Abs. 2 Satz 1 Nr. 5 und 6 IfSG

1197 *Hollo*, in: Kießling, IfSG, 3. Aufl. 2022, § 5 Rn. 2.

1198 So auch *Dreier*, DÖV 2021, 229 (240); *Gausing*, in: BeckOK InfSchR, IfSG, § 5 Rn. 8 (2024); *Gerhardt*, IfSG, 6. Aufl. 2022, § 5 Rn. 12a; *Hollo*, in: Kießling, IfSG, 3. Aufl. 2022, § 5 Rn. 13, 18; *Kingreen*, in: Huster/Kingreen, HdB InfSR, 2. Aufl. 2022, Kapitel 1 Rn. 113; differenzierend *Rixen*, in: Kluckert, Das neue Infektionsschutzrecht, 2. Aufl. 2021, § 4 Rn. 25; a. A. *Kau*, in: Kluckert, Das neue Infektionsschutzrecht, 2. Aufl. 2021, § 5 Rn. 9.

1199 *Wissenschaftliche Dienste des Deutschen Bundestages*, WD 3-3000-080/20, S. 10.

1200 BT-Drs. 19/18111, S. 19.

1201 So auch *Gausing*, in: BeckOK InfSchR, IfSG, § 5 Rn. 7 (2024); *Hollo*, in: Kießling, IfSG, 3. Aufl. 2022, § 5 Rn. 15.

1202 So die *Wissenschaftlichen Dienste des Deutschen Bundestages*, WD 3-3000-080/20, S. 10, obgleich auch dort derselbe Schluss (praktisch kein Anwendungsbereich) gezogen und auf die entgegenstehende Annahme der Gesetzesbegründung verwiesen wird.

1203 Das BMG hat durchaus auch Gebrauch von den Ermächtigungen gemacht, siehe z. B. die Allgemeinverfügung zur Sicherstellung der flächendeckenden Verteilung von Impfstoffen gegen COVID-19 an Arztpraxen v. 31.03.2021, BAnz AT 01.04.2021 B8. Dies gilt insbesondere für § 5 Abs. 2 Satz 1 Nr. 1 und 2 IfSG a. F. (in der Fassung v. 27.03.2020), siehe z. B. die Anordnungen gemäß § 5 des Infektionsschutzgesetzes nach Feststellung einer epidemischen Lage von nationaler Tragweite durch den Deutschen Bundestag v. 08.04.2020, BAnz AT 09.04.2020 B7 oder die Anordnungen betreffend den Reiseverkehr nach Feststellung einer epidemischen Lage von nationaler Tragweite durch den Deutschen Bundestag v. 06.08.2020, BAnz AT 07.08.2020 B5.

jedoch auf eine Anordnungskompetenz des Bundes und mithin bundeseigene Verwaltungskompetenzen hin.[1204]

Dieser Eingriff in das grundgesetzliche Zuständigkeitssystem erfolgt darüber hinaus auf Basis des einfachgesetzlichen IfSG, konfligiert mithin mit der rechtsstaatlichen Normenpyramide und stellt folglich gleichermaßen einen Verstoß gegen das Rechtsstaatsprinzip dar.[1205] Ebenso wie die gesetzesändernden Verordnungsbefugnisse leiden auch die Anordnungsbefugnisse in demokratischer Hinsicht zudem daran, dass allein das BMG und nicht die Regierung als Kollegialorgan zuständig ist und das BMG ohne weitere Absprache mit dem Bundestag oder dem Bundesrat agieren kann.[1206]

Warum in den Fällen von § 5 Abs. 2 Satz 1 Nr. 5 und 6 IfSG anders als bei den restlichen Nummern des Absatzes bundeseigene Anordnungskompetenzen anstelle von Verordnungsermächtigungen erforderlich waren, bleibt offen. Umso mehr verwundert es, dass die ehemaligen Anordnungsbefugnisse der § 5 Abs. 2 Satz 1 Nr. 1 und 2 IfSG a. F.[1207] im Zuge des Dritten Bevölkerungsschutzgesetzes in § 5 IfSG gestrichen und stattdessen als Verordnungsbefugnis in § 36 IfSG aufgenommen wurden.[1208]

Möchte sich der Bund in zukünftigen Fällen Befugnisse zur Sicherstellung eines einheitlichen Vollzugs sichern, ist er auf die Möglichkeiten der Art. 84 Abs. 2 bis 5 GG sowie Art. 85 GG verwiesen. Ob die Möglichkeit des Bundes, per Einzelweisung tätig zu werden, für den Fall der infektionsschutzrechtlichen Pandemiebewältigung greift, ist hingegen fraglich. Die Befugnis der Bundesregierung zur Einzelweisung nach Art. 85 Abs. 3 Satz 1 GG soll eine einzelfallbezogene Steuerung des Bundes für konkrete Sachverhalte ermöglichen.[1209] Sinn und Zweck dieser Möglichkeit ist es, der Bundesregierung als Kollegialorgan eine eigene Sachentscheidungsbefugnis einzuräumen. Ein einheitlicher Gesetzesvollzug durch allgemeine Vorgaben zum Vollzug durch die Bundesländer soll dadurch jedoch nicht sichergestellt werden.[1210] Für den hier betrachteten Fall scheint eine Einzelweisung

---

[1204] Vgl. *Gausing*, in: BeckOK InfSchR, IfSG, § 5 Rn. 6 (2024); *Hollo*, in: Kießling, IfSG, 3. Aufl. 2022, § 5 Rn. 18; *Ritgen*, Der Landkreis 2020, 137 (140); *Kluckert*, in: ders., Das neue Infektionsschutzrecht, 2. Aufl. 2021, § 2 Rn. 21; *Wissenschaftliche Dienste des Deutschen Bundestages*, WD 3-3000-080/20, S. 10.

[1205] *Hollo*, in: Kießling, IfSG, 3. Aufl. 2022, § 5 Rn. 16. Auch *Dreier*, DÖV 2021, 229 (238 ff.).

[1206] Siehe auch *Hollo*, in: Kießling, IfSG, 3. Aufl. 2022, § 5 Rn. 31, 32 m. w. N.

[1207] In der Fassung vom 27.03.2020.

[1208] Dafür, die Anordnungsbefugnisse des BMG allesamt in Verordnungsermächtigungen zu ändern, *Kingreen*, Rechtsgutachten v. 07.05.2020, S. 2. *Lindner*, in: H. Schmidt, COVID-19, 3. Aufl. 2021, § 18 Rn. 30, sieht den Rechtsformentausch der § 5 Abs. 2 Satz 1 Nr. 1 und 2 IfSG a. F. als verfassungsrechtlich problematischen Formenmissbrauch an.

[1209] *Hermes*, in: Dreier, GG, Band III, 3. Aufl. 2018, Art. 85 Rn. 43.

[1210] *Hermes*, in: Dreier, GG, Band III, 3. Aufl. 2018, Art. 85 Rn. 37, 43.

nach Art. 85 Abs. 3 Satz 1 GG somit keine geeignete Möglichkeit zu sein.[1211] Ähnlich verhält es sich für die Möglichkeit einer Einzelweisung auf Grundlage von Art. 84 Abs. 5 GG.[1212] Auch dort wird die Anwendung auf „besondere Fälle" begrenzt, ohne diese Fälle jedoch näher zu konkretisieren. Die Konkretisierung muss daher in der gesetzlichen Grundlage erfolgen.[1213] Welche Anforderungen dabei an das Gesetz zu stellen sind, wird uneinheitlich beurteilt.[1214] Aus der gesetzlichen Regelung muss sich jedenfalls selbst ergeben, in welchen konkreten Fällen vom Standardfall des Vollzugs durch die Länder abgewichen wird.[1215] Eine diesen Anforderungen entsprechende gesetzliche Grundlage im IfSG für den hier untersuchten Fall fehlt bisher und wäre jedenfalls in der Ausgestaltung des Formulierungsentwurfes eines § 5 Abs. 6 IfSG-E nicht hinreichend bestimmt.[1216] Der Anwendungsbereich wäre überdies wegen des ausufernden Umfangs der Verordnungsermächtigungen des § 5 Abs. 2 Satz 1 Nr. 4 IfSG,[1217] der den Bezugspunkt für die in Frage stehenden Befugnisse darstellt, wohl zu weit für einen „besonderen Fall" im Sinne des Art. 84 Abs. 5 GG. Vorzugswürdig erscheint daher, von der Möglichkeit in Art. 84 Abs. 2 GG (oder Art. 85 Abs. 2 GG) Gebrauch zu machen und einen einheitlichen Vollzug durch Erlass einer Verwaltungsvorschrift sicherzustellen.[1218] Im Gegensatz zur Einzelweisung ist eine Verwaltungsvorschrift nicht auf die Regelung konkreter Einzelfälle beschränkt, bedarf keiner gesonderten gesetzlichen Rechtsgrundlage und kann jederzeit flexibel von der Bundesregierung als Kollegialorgan erlassen werden.[1219] Auf diesem Weg kann die Bundesregierung einen einheitlichen Vollzug sicherstellen, wenn sie dies für erforderlich hält, ohne aber die Länder zu stark oder generell in ihren Kompetenzen zu beschränken. Der Erlass einer Verwaltungsvorschrift nach Art. 84 Abs. 2 GG (bzw. Art. 85 Abs. 2 GG) setzt die Zustimmung des Bundesrates voraus, sodass die Interessen der Länder berücksichtigt werden müssen und Raum für einen Austausch zwischen Bund und Ländern geschaffen wird.

[1211] Darüber hinaus wäre dafür eine Verfassungsänderung notwendig. Für ein bundesweites Weisungsrecht im Pandemiefall bei grundrechtsbeschränkenden Maßnahmen auf Grundlage von Art. 85 GG aber *Aust*, VerfBlog v. 15.12.2020. Nach *Waldhoff*, NJW 2021, 2772 (2774) haben sich die Einzelweisungen in der Vergangenheit zudem nicht bewährt.

[1212] Für eine solche Weisungsbefugnis im Pandemiefall aber *Walus*, DÖV 2010, 127 (133); kritisch dazu *Hermes*, in: Dreier, GG, Band III, 3. Aufl. 2018, Art. 84 Rn. 90.

[1213] *Hermes*, in: Dreier, GG, Band III, 3. Aufl. 2018, Art. 84 Rn. 95.

[1214] *Hermes*, in: Dreier, GG, Band III, 3. Aufl. 2018, Art. 84 Rn. 95; in einer Vorauflage noch für ähnliche Anforderungen wie in Art. 80 Abs. 1 Satz 2 GG *Lerche*, in: Maunz/Dürig, GG, Art. 84 Rn. 120 (60. EL, 2010).

[1215] *Hermes*, in: Dreier, GG, Band III, 3. Aufl. 2018, Art. 84 Rn. 95; so auch *F. Kirchhof*, in: Dürig/Herzog/Scholz, GG, Art. 84 Rn. 266 (2020).

[1216] Dazu in Fn. 1190. Dies dürfte auch für die Sicherstellung eines einheitlichen Vollzugs im Bereich der grundrechtsbeschränkenden Pandemiemaßnahmen gelten.

[1217] Dazu oben in und bei Fn. 599.

[1218] Dazu, dass gerade dies Zweck der Norm ist, BVerfGE 11, 6 (18).

[1219] Dazu *Hermes*, in: Dreier, GG, Band III, 3. Aufl. 2018, Art. 84 Rn. 79 ff., 87.

II. Bund-Länder-Treffen („Ministerpräsidentenkonferenzen“)

In bundesweiten Notlagen, etwa durch eine Pandemie verursacht, ist das Bedürfnis nach einem koordinierten Vorgehen auf Bundes- und Länderebene sehr groß. In solchen Situationen kann über die grundgesetzliche Kompetenzverteilung hinaus Abstimmungsbedarf zwischen Bund und Ländern bestehen. Im Fall der COVID-19-Pandemie erfolgte diese Zusammenarbeit im Wesentlichen über die Bund-Länder-Treffen zwischen der damals amtierenden Bundeskanzlerin Angela Merkel bzw. dem späteren Bundeskanzler Olaf Scholz und den Ministerpräsidenten der Bundesländer.[1220] In diesen Treffen wurden von den Regierungsmitgliedern der Bundes- und Länderebene über einen langen Zeitraum hinweg die zentralen Fragen der Pandemiebewältigung in umfassender und zugleich kleinteiliger Weise besprochen. Inhaltlich zeichneten die dort gefassten Beschlüsse insbesondere vor, welche Schutzmaßnahmen zur Bewältigung der COVID-19-Pandemie die Bundesländer im Anschluss an die Treffen in ihren Rechtsverordnungen auf Grundlage von §§ 28 ff. i. V. m. § 32 IfSG festlegten.[1221]

Vor dem Hintergrund der bundesstaatlichen Kompetenzverteilung und der Eigenstaatlichkeit der Bundesländer erscheinen diese Treffen jedoch bedenklich.

Obgleich die Beschlüsse des Gremiums rechtlich nicht verbindlich sind, geht von ihnen eine starke faktische Bindungswirkung aus. Diesen Eindruck gewinnt man bereits bei einer kurzen Durchsicht der Beschlüsse und der dort sehr bestimmten und dezidierten Formulierungsweise.[1222] Bundesländer, die von den zuvor getroffenen Beschlüssen abweichen wollten, sahen sich einer hohen Rechtfertigungslast ausgesetzt, die ohne den Übergriff der Bund-Länder-Treffen nicht bestünde,[1223] und fühlten sich gar genötigt, den Beschlüssen ein geplantes Abweichen bereits als Protokollerklärung beifügen zu lassen.[1224] Dabei läge es nach der grundgesetzlichen Kompetenzverteilung für die Regelungen des IfSG nach Art. 30, 83 GG allein bei den Ländern, darüber zu entscheiden, wie sie die gesetzlichen Vorgaben umsetzen.[1225] Speziell für den Fall der grundrechtsbeschränkenden Schutzmaßnahmen eröffnete die Generalklausel des § 28 Abs. 1 IfSG a. F. i. V. m. § 32 IfSG für einen langen Zeitraum einen großen Spielraum für die Länder bei der Umsetzung. Die Länder vollzogen also nicht eine bundesgesetzliche Regelung im Einzelfall „vor Ort“, sondern sie setzten mit ihren Rechtsverordnungen eigenes, materielles

---

[1220] Ausführlich zu den Treffen, insbesondere mit Blick auf die horizontale Gewaltenverteilung, bereits oben unter Kapitel 3 B. V. 8.

[1221] *Schwarz/Sairinger*, NVwZ 2021, 265 (266).

[1222] Vgl. *Lehner*, VerfBlog v. 30. 10. 2020; *Waldhoff*, NJW 2021, 2772 (2774).

[1223] *Lepsius*, JöR 69 (2021), 705 (720).

[1224] Siehe beim Beschluss vom 03. 03. 2021 (abrufbar unter: https://www.bundesregierung.de/breg-de/themen/coronavirus/corona-regeln-und-einschrankungen-1734724; zuletzt: 28. 08. 2023).

[1225] Von seinen Rechten aus Art. 84 Abs. 2 bis 5 GG hat der Bund – soweit ersichtlich – nicht Gebrauch gemacht.

Recht.[1226] Dem gesetzgeberischen Versäumnis, hinreichend bestimmte, den verfassungsrechtlichen Anforderungen der Wesentlichkeitstheorie entsprechende, gesetzliche Grundlagen zu schaffen, dürfte es denn auch geschuldet sein, dass ein großes Bedürfnis nach bundesweiter Absprache bei der Vorgehensweise zur Bewältigung der COVID-19-Pandemie und mithin nach den Bund-Länder-Treffen überhaupt erst entstand.

Dieses Bedürfnis und auch das Anliegen der Bund-Länder-Treffen, diesem nachzukommen, sind an sich nicht zu beanstanden. Verfassungsrechtlich spricht auch nichts gegen informelle Formen der Kooperation und Koordinierung, solange die grundgesetzlichen Vorgaben und Strukturen gewahrt werden.[1227] Die Bund-Länder-Treffen waren jedoch so stark von der Beteiligung des Bundes geprägt, dass ihre Beschlüsse die eigenstaatliche Wahrnehmung der gesetzlich zugeordneten Kompetenzen durch die Länder stark beeinträchtigten.[1228] Dem Gremium wurde zurecht ein „durchregierender" Charakter vorgeworfen.[1229] Ein Bundesland bestimmt durch dieses Format nicht mehr nur für sich selbst, sondern, angeleitet durch den Bundeskanzler, auch für alle anderen Bundesländer über die Umsetzung der bundesgesetzlichen Vorgaben. Die Absprachen zeigen deutliche zentralistische Tendenzen[1230] und scheinen geeignet, die föderale Vielfalt zu unterdrücken.[1231]

Darüber, wem letztlich die Verantwortung über die Entscheidungen hinsichtlich der Bewältigung des pandemiebedingten Gesundheitsnotstandes obliegt, herrschte selbst bei den Beteiligten keine Einigkeit. So kritisierte etwa der bayerische Ministerpräsident Markus Söder die Zurückhaltung des Bundes, während die damalige Bundeskanzlerin Angela Merkel die Verantwortung den Ländern zuwies und forderte, die Beschlüsse der Bund-Länder-Treffen im Sinne einer einheitlichen Pandemiepolitik umzusetzen und einen „Flickenteppich" zu vermeiden.[1232] Damit bleibt hinter dem Deckmantel der Bund-Länder-Konferenz unklar, wer das Steuerrad in der Hand hält und die BRD durch die Pandemiewellen hindurch navigiert – der Bund oder die Länder?

Obgleich das Problem des faktischen Drucks bereits von den MPK bekannt ist,[1233] wurde es bei den COVID-19-Beratungen durch die enorme mediale Begleitung

---

[1226] *Hermes*, VerfBlog v. 03.04.2021.

[1227] *Schwarz/Sairinger*, NVwZ 2021, 265 (268 f.).

[1228] Kritischer *Lepius*, JöR 69 (2021), 705 (720): Beweislastpflichtigkeit föderativer Eigenständigkeit und damit politische Nivellierung ebendieser.

[1229] *Waldhoff*, NJW 2021, 2772 (2774).

[1230] *Schwarz/Sairinger*, NVwZ 2021, 265 (266, 269): das Gremium setzt sich durch „bündisch-zentrales" Handeln über die in der Verfassung vorgezeichnete Struktur hinweg (266) und setzt einen „Zentralisierungsprozess" in Gang (269); *Waldhoff*, NJW 2021, 2772 (2774), fürchtet einen schwer reversiblen Zentralisierungsschub.

[1231] *Lepsius*, JöR 69 (2021), 705 (720 f.).

[1232] Dazu bei *Hermes*, VerfBlog v. 03.04.2021.

[1233] Dazu *Klafki*, Risiko und Recht, 2017, S. 291.

deutlich verschärft. Dass bereits vorab Informationen über den Gegenstand der Beratungen oder die Position eines Bundeslandes zu bestimmten Fragen öffentlich wurden, ließ manche Ministerpräsidenten sogar um ihre Handlungsfähigkeit fürchten.[1234] Berücksichtigt man, dass Abweichungen durch die Bundesländer keineswegs eine Seltenheit waren, vielmehr zum Standard wurden, kann der Druck auf die Beteiligten zwar mutmaßlich nicht allzu groß gewesen sein. Nichtsdestotrotz stellt sich angesichts dieser Abweichungen die Frage nach der grundsätzlichen Geeignetheit eines derartigen Gremiums zur Koordinierung des staatlichen Vorgehens in der Pandemie. Nachdem das Gremium zunächst eine strenge „Osterruhe" verabredet hatte[1235] und von diesen Beschlüssen kurzerhand doch wieder Abstand nahm und es zu immer stärkerer Kritik an den Bund-Länder-Treffen sowie dem Föderalismus im Allgemeinen kam, wurde der Bundesgesetzgeber mit den selbstvollziehenden Regelungen der „Bundesnotbremse" tätig und verdeutlichte, dass die Treffen bei Vorliegen einer hinreichenden gesetzlichen Grundlage gar obsolet waren. Gleichzeitig waren die Bestimmungen der Bundesnotbremse inhaltlich an die zuvor gefassten Beschlüsse der Bund-Länder-Treffen angelehnt,[1236] was belegt, dass die Treffen – ungeachtet ihrer Durchführungsform – durchaus Bedeutung haben und der Sache nach in gewisser Weise notwendig waren.

Dass nach dem Auslaufen der Bundesnotbremse erneut Bund-Länder-Treffen abgehalten wurden, verdeutlicht das Bedürfnis nach Zusammenarbeit und Absprache im föderalen Bundesstaat. Für ein Regelwerk *de lege ferenda* ist dieses Bedürfnis zu berücksichtigen, wenngleich auch ersichtlich wurde, dass der Bundesgesetzgeber seiner verfassungsrechtlichen Aufgabe im pandemiebedingten Gesundheitsnotstand durch formell-gesetzliche Regelung der „wesentlichen Entscheidungen" nachkommen muss, auch um die Länder zu schützen. Künftige Regelungen sind derart auszugestalten, dass informellen Gremien zur Koordinierung lediglich eine untergeordnete Rolle in der Pandemiebewältigung zukommen kann.

III. Die „Bundesnotbremse"

Im April 2022 sah sich der Deutsche Bundestag angesichts des gehäuften Auftretens von Virusmutationen, einer den infektionsepidemiologischen Indikatoren nach besorgniserregenden und diffusen infektionsepidemiologischen Lage, einer zunehmenden Belastung des Gesundheitssystems sowie vermehrter Kritik an den Beschlüssen der Bund-Länder-Treffen und den im Nachgang dazu divergierenden landesrechtlichen Regelungen[1237] dazu aufgerufen, zum Schutz von Leben und

[1234] Vgl. bei DIE ZEIT v. 11.03.2021, S. 8 f.

[1235] Beschluss vom 03.03.2021 und 22.03.2021 (beide abrufbar unter: https://www.bundesregierung.de/breg-de/themen/coronavirus/corona-beschluss-22-03-1880004; zuletzt: 28.08.2023).

[1236] BT-Drs. 19/28444, S. 9.

[1237] BT-Drs. 19/28444, S. 1, 8 f.

Gesundheit (Art. 2 Abs. 2 Satz 1 GG) durch eine selbstvollziehende bundesgesetzliche Regelung (als „Bundesnotbremse" bekannt) tätig zu werden.[1238]

Anders als in § 28a IfSG ermächtigte das IfSG in § 28b in der Fassung vom 22.04. 2021 nicht mehr die Länder zum Ergreifen bestimmter Pandemieschutzmaßnahmen, sondern bestimmte selbst, welche Schutzmaßnahmen ab einem Inzidenzwert von 100 bzw. 165 Neuinfektionen je 100.000 Einwohner automatisch gelten sollten und regelte die staatliche Pandemiebewältigung für diesen Fall somit bundesweit und bundeseinheitlich per Gesetz. Daneben konnten die Länder über diese bundesgesetzlichen Maßnahmen hinausgehende Schutzmaßnahmen treffen (§ 28b Abs. 5 IfSG a. F.) und die Bundesregierung per Verordnung nach § 28b Abs. 6 IfSG a. F. zusätzliche Ge- und Verbote oder Ausnahmen und Erleichterungen zu den in §§ 28 Abs. 1 Satz 1, 2, 28a Abs. 1, 28b Abs. 1, 3, 7 IfSG a. F. getroffenen Maßnahmen erlassen. Unterhalb dieser Schwelle blieb es bei den Maßnahmen nach § 28a i. V. m. § 32 IfSG. Mit Blick auf die föderale Kompetenzverteilung interessiert insbesondere ihr Charakter als selbstvollziehendes Gesetz.[1239]

In der Ausgestaltung der Bundesnotbremse als selbstvollziehendes Gesetz[1240] schränkte der Bundesgesetzgeber die Bundesländer stark in ihren Vollzugskompetenzen für das IfSG (Art. 30, 83 GG) ein:[1241] Die Regelungen waren so gestaltet, dass automatisch bei Überschreiten des Grenzwertes bestimmte Maßnahmen in Kraft traten. Zudem waren die einzelnen Regelungen bewusst so detailreich ausgeformt, dass möglichst viele Anwendungsfälle abschließend davon erfasst waren.[1242] Ein an Einzelfälle oder regionale Besonderheiten angepasstes Vorgehen – einer der größten Vorteile eines föderalen Systems – war mangels Ermessensspielraum bei der Umsetzung nicht möglich.[1243] Zwar statuierte die Gesetzesbegründung, dass die Regelungen von § 28b IfSG a. F. neben die aufgrund von §§ 28 ff. i. V. m. § 32 IfSG von den Ländern erlassenen Pandemieschutzmaßnahmen zusätzlich hinzutreten wür-

---

1238 Zur Bundesnotbremse zudem bereits oben unter Kapitel 3 B. V. 3. e).

1239 Ein selbstvollziehendes Gesetz verzichtet „auf die Anordnung der jeweiligen Maßnahmen durch behördlichen Verwaltungsakt", BVerfGE 159, 233 (135); für den Charakter als selbstvollziehende Normen auch *Ritgen*, in: Kluckert, Das neue Infektionsschutzrecht, 2. Aufl. 2021, § 18 Rn. 55; *Schwarz*, COVuR 2021, 257 (258) sieht darin ein „Maßnahmegesetz"; *Möllers*, BT-Drs. 19(14)323(2), S. 1: „Maßnahmegesetz mit allgemeiner Geltung". Gegen diese Einordnung *Kersten/Rixen*, Der Verfassungsstaat in der Corona-Krise, 3. Aufl. 2022, S. 134 ff.

1240 Kritisch dazu, insbesondere mit Blick darauf, ob sachliche Gründe für diese vom Regelfall des vollzugsbedürftigen Gesetzes abweichende Regelungsweise vorliegen, *Schwarz*, COVuR 2021, 257 (258).

1241 *Ritgen*, in: Kluckert, Das neue Infektionsschutzrecht, 2. Aufl. 2021, § 18 Rn. 51; anders *Kluckert*, VerfBlog v. 27.04.2021.

1242 *Volkmann*, F.A.Z. Einspruch v. 20.04.2021; siehe auch *Kersten/Rixen*, Der Verfassungsstaat in der Corona-Krise, 3. Aufl. 2022, S. 135.

1243 *Möllers*, BT-Drs. 19(14)323(2), S. 7; zustimmend *Kingreen*, BT-Drs. 19(14)323(19), S. 3.

den.[1244] Die Handlungsmöglichkeiten der Bundesländer waren jedoch darauf begrenzt, weitergehende, d.h. noch strengere Maßnahmen als die Bundesnotbremse selbst zu erlassen (§ 28b Abs. 5 IfSG a.F.) oder das Unterschreiten der Inzidenzgrenze an fünf aufeinanderfolgenden Tagen und damit das Aussetzen der Regelungen der Bundesnotbremse (§ 28b Abs. 2 Satz 1 IfSG a.F.) abzuwarten, sodass ihre Maßnahmen wieder Geltung beanspruchten. Dieser Fall trat für den Geltungszeitraum der Bundesnotbremse wegen sehr hoher Inzidenzzahlen jedoch allenfalls selten und erst nach längerer Geltungsdauer der bundesgesetzlichen Regelung ein. Abweichungen und Ausnahmen konnte überdies nur die Bundesregierung vorsehen (§§ 28b Abs. 6, § 28c IfSG a.F.). Die maßgeblichen Inzidenzwerte wurden vom RKI auf seiner Homepage bereitgestellt (§ 28b Abs. 1 Satz 2 IfSG a.F.). Dass die Länder diese Zahlen bekanntgeben mussten/durften (§ 28b Abs. 1 Satz 3 IfSG a.F.), die einzelfallbezogene Anwendung der Notbremse überprüften und auch für den Vollzug der restlichen IfSG-Vorschriften weiterhin zuständig waren,[1245] ändert nichts daran, dass sie durch die Bundesnotbremse in ihren ihnen verfassungsrechtlich zustehenden Rechten – wenn auch in verfassungsrechtlich zulässiger Weise[1246] – stark beschränkt wurden.[1247] Zusätzlich wurde eine Beschränkung der Länderkompetenzen angenommen, weil das Vierte Bevölkerungsschutzgesetz zur Einführung der Bundesnotbremse nicht als Zustimmungsgesetz[1248] verabschiedet wurde und mit ihren Regelungen zum Schulbereich (§ 28b Abs. 3 IfSG a.F.) einen seit der Föderalismusreform genuinen Zuständigkeitsbereich der Landesgesetzgeber zu regulieren schien.[1249]

[1244] BT-Drs. 19/28444, S. 1.

[1245] *Kersten/Rixen*, Der Verfassungsstaat in der Corona-Krise, 3. Aufl. 2022, S. 135; *Ritgen*, in: Kluckert, Das neue Infektionsschutzrecht, 2. Aufl. 2021, § 18 Rn. 51.

[1246] *Kluckert*, VerfBlog v. 27.04.2021; *Ritgen*, in: Kluckert, Das neue Infektionsschutzrecht, 2. Aufl. 2021, § 18 Rn. 59: „nicht verfassungswidrig; verfassungsfremd […] aber allemal".

[1247] *Kingreen*, BT-Drs. 19(14)323(19), S. 3: „bewährte Tradition des deutschen Vollzugsföderalismus mit zentraler Rechtsetzung und dezentraler bürgernaher Ausführung von Gesetzen (Art. 83 GG) in einer in der Geschichte des Grundgesetzes einzigartigen Weise durchbrochen" (Hervorhebung im Original hier ausgelassen); zustimmend *Ritgen*, in: Kluckert, Das neue Infektionsschutzrecht, 2. Aufl. 2021, § 18 Rn. 57.

[1248] *Deutscher Landkreistag*, BT-Drs. 19(14)323(4), S. 4f.; siehe auch die Verfassungsbeschwerde 1 BvR 860/21. Die Zustimmungspflichtigkeit soll sich aus Art. 104a Abs. 4 GG i.V.m. der Pflicht zur Erstattung von Verdienstausfall (§ 56 Abs. 1a IfSG) infolge der Schul- und Kita-Schließungen nach § 28b Abs. 3 S. 2, 3, 9 IfSG a.F. ergeben, die von den Ländern zu tragen sei (vgl. § 66 Abs. 1 Satz 1 Nr. 3 IfSG). Siehe dazu und zutreffend gegen eine Zustimmungspflicht *Rixen*, in: Kluckert, Das neue Infektionsschutzrecht, 2. Aufl. 2021, § 18 Rn. 3ff.; ebenso BVerfGE 159, 355 (Rn. 188ff.); 159, 223 (Rn. 133); *Greve/Lassahn*, NVwZ 2021, 665 (665).

[1249] *Deutscher Landkreistag*, BT-Drs. 19(14)323(4), S. 5. Anders BVerfGE 159, 355 (Rn. 78ff.); 159, 223 (Rn. 118ff.). Dazu *Greve/Lassahn*, NVwZ 2021, 665 (665f.).

Das BVerfG sieht all diese Punkte in seiner Entscheidung zur Bundesnotbremse nicht als problematisch an.[1250] Auf die bundesstaatlichen Aspekte geht es in seiner Entscheidung allerdings nicht vertieft ein.

Der Gesetzgeber begründete die Notwendigkeit der Bundesnotbremse damit, dass zur Erfüllung der staatlichen Schutzpflicht für das Leben und die körperliche Unversehrtheit (Art. 2 Abs. 2 Satz 1 GG) die Lücke im Schutz gegen COVID-19 geschlossen werden müsse, die wegen der „bundesuneinheitliche[n] Auslegung der gemeinsam von den Ländern in der regelmäßig stattfindenden Ministerpräsidentenkonferenz beschlossenen Maßnahmen“ entstanden ist.[1251] Umso bemerkenswerter ist es daher, dass die bundesgesetzliche Regelung inhaltlich an den vorherigen Entwurf der Maßnahmen aus der Bund-Länder-Runde angelehnt ist.[1252] Speziell der Fall des pandemiebedingten Gesundheitsnotstandes stellt indes ein Sinnbild für das Potential eines föderalen Systems in einer Krise dar. Freilich lassen sich gewisse Unterschiede bei einer Umsetzung durch sechzehn verschiedene Bundesländer nie gänzlich vermeiden.[1253] Durch die unterschiedlichen Herangehensweisen werden aber zugleich auch unterschiedliche Handlungsmöglichkeiten erprobt, Erkenntnisse gesammelt und der „Werkzeugkasten“ zur Bewältigung einer neuartigen Bedrohung um ebenso neuartige Instrumente erweitert. Denn es herrscht nicht nur in Bezug auf den Erreger und seine Verbreitungsweisen große Ungewissheit, sondern auch mit Blick auf die Wirksamkeit etwaiger Schutzmaßnahmen. In Bezug auf die grundrechtsbeschränkenden Pandemieschutzmaßnahmen kann dies letztlich zu einem „konkurrierende[n] Ringen um die beste Problemlösung“ führen.[1254] Die Vorteile eines dezentralen Vollzugs des IfSG bezeugt letztlich auch ein internationaler Vergleich, insbesondere mit zentralistischen Staaten wie Großbritannien oder Frankreich. Der BRD wird hier ein deutlich besseres Zeugnis ausgestellt.[1255] Die bundesgesetzliche Regelung der Bundesnotbremse empfindet der Deutsche Landkreistag daher als „in Gesetzesform gegossenes Misstrauensvotum gegenüber Ländern und Kommunen“.[1256]

Für ein künftiges Regelwerk ist daraus zu schlussfolgern, dass durchaus auch die Handlungsform eines selbstvollziehenden Gesetzes im äußersten Pandemiefall gewählt werden kann, wenngleich mit Blick auf die föderale Struktur und die Rechte der Bundesländer vollzugsbedürftigen Regelungen der Vorrang eingeräumt werden sollte.[1257]

[1250] BVerfGE 159, 223 (Rn. 118 ff., 133, 138 ff.); 159, 355 (Rn. 78 ff., 188 ff.).

[1251] BT-Drs. 19/28444, S. 8 f.

[1252] BT-Drs. 19/28444, S. 9.

[1253] *Kersten/Rixen*, Der Verfassungsstaat in der Corona-Krise, 3. Aufl. 2022, S. 315.

[1254] *Dreier*, DÖV 2021, 229 (238); ähnlich *Kersten/Rixen*, Der Verfassungsstaat in der Corona-Krise, S. 315 f.; *Lepsius*, RuP 56 (2020), 258 (278 f.).

[1255] *Dreier*, DÖV 2021, 229 (239 f.); *Behnke*, APuZ 35–37/2020, 9 (9, 14).

[1256] *Deutscher Landkreistag*, BT-Drs. 19(14)323(4), S. 2.

[1257] So bereits *Dederer/Preiß*, AöR 148 (2023), 289 (340).

IV. Infektionsschutzgesetze der Bundesländer

In Bayern[1258] und Nordrhein-Westfalen[1259] wurden im Zuge der Corona-Pandemie gestützt auf die Kompetenz aus Art. 72 Abs. 1, 74 Abs. 1 Nr. 19 GG[1260] eigene Infektionsschutzgesetze erlassen, welche die Handlungsfähigkeit des Gesundheitssystems kurzfristig in personeller wie materialtechnischer Hinsicht erhöhen und insoweit die bundesrechtlichen Infektionsschutzregelungen sowie die Vorschriften über den Katastrophenschutz ergänzen sollten.[1261]

Art. 1 Abs. 1 Satz 1 BayIfSG ermöglichte es der Staatsregierung, einen Gesundheitsnotstand festzustellen und damit die besonderen Vorschriften des BayIfSG zu aktivieren. Eine ähnliche Regelung fand sich in § 11 Abs. 1 Satz 1 des Gesetzes zur Regelung besonderer Handlungsbefugnisse im Rahmen einer epidemischen Lage von nationaler oder landesweiter Tragweite und zur Festlegung der Zuständigkeiten nach dem Infektionsschutzgesetz (Infektionsschutz- und Befugnisgesetz – IfSBG-NRW) mit der Feststellung einer epidemischen Lage von landesweiter Tragweite durch den Landtag.[1262] Regelungstechnisch besteht große Ähnlichkeit zur Ausrufung eines Katastrophenfalls und der Feststellung des grundgesetzlichen Verteidigungsfalles (Art. 115a GG) durch den Bundestag, mithin Notstandsregelungen.[1263]

[1258] Bayerisches Infektionsschutzgesetz (BayIfSG) vom 25.03.2020, GVBl. 2020, 174. Das Gesetz ist mit Ablauf des 31.12.2020 außer Kraft getreten (Art. 11 Satz 1 BayIfSG).

[1259] Art. 1 des Gesetzes zur konsequenten und solidarischen Bewältigung der COVID-19-Pandemie in Nordrhein-Westfalen und zur Anpassung des Landesrechts im Hinblick auf die Auswirkungen einer Pandemie, GV. NRW. 2020 Nr. 12b vom 14.04.2020, 217b-244b. Das Gesetz war zunächst bis zum 31.03.2021, später bis zum 31.12.2022 befristet (§ 19 IfSBG-NRW).

[1260] Für Bayern explizit LT-Drs. 18/6945, S. 1.

[1261] Für das BayIfSG LT-Drs. 18/6945, S. 1. Für das „NRW-Epidemiegesetz" LT-Drs. 17/8920, S. 1. In Niedersachsen wurde das Niedersächsische Gesetz über den öffentlichen Gesundheitsdienst (NGöGD) um einen § 3a ergänzt (Nds. GVBl. 2021, S. 700), der den Begriff einer epidemischen Lage von landesweiter Tragweite einführt (§ 3a Abs. 1 NGöGD), die auf das Land Niedersachsen begrenzt ist und nur festgestellt werden kann, wenn keine epidemische Lage von nationaler Tragweite festgestellt wurde. Die Ausrufung überträgt die Aufgaben des Infektions- und Strahlenschutzes nach § 3 NGöGD für diesen Fall dem Fachministerium (§ 3a Abs. 2 NGöGD).

[1262] Später (geändert durch das Gesetz zur parlamentarischen Absicherung der Rechtsetzung in der COVID-19-Pandemie vom 25.03.2021, GV. NRW 2021, 312) § 14 IfSBG-NRW. Eine epidemische Lage von landesweiter Tragweite wurde erstmals am 14.04.2020 festgestellt (GV. NRW 2020, 218b) und am 30.10.2020 (GV. NRW 2020, 1052b), am 27.11.2020 (GV. NRW 2020, 1097a), am 27.01.2021 (GV. NRW 2021, 36), am 24.03.2021 (GV.NRW 2021, 312) sowie am 30.04.2021 (GV. NRW 2021, 430) verlängert. Die epidemische Lage von landesweiter Tragweite endete zum 19.06.2021, *Gausing*, in: BeckOK InfSchR, IfSG, § 5 Rn. 65a (2023). Gem. § 22 Abs. 1 IfSBG-NRW ist das Gesetz zum 31.12.2022 außer Kraft getreten, GV. NRW 2020, 218b.

[1263] Die Gesetze sahen sich daher ähnlicher verfassungsrechtlicher Kritik ausgesetzt wie § 5 Abs. 1 IfSG auf Bundesebene (dazu ausführlich unten Kapitel 3 B. V. 1.), siehe z. B. *Gusy*, LT-Drs. 17/2440 (NRW), S. 2 ff.

Im Gesundheitsnotstand bzw. während einer epidemischen Lage von landesweiter Tragweite konnte zur Sicherstellung der Materialversorgung medizinisches, pflegerisches oder sanitäres Material beschlagnahmt (Art. 2 Abs. 1 BayIfSG, § 17 Abs. 1 Satz 1 Nr. 1 IfSBG-NRW) bzw. für diese Ressourcen ein Verkaufs- und Verpflichtungsgebot erlassen (Art. 2 Abs. 2 BayIfSG, § 17 Abs. 1 Satz 1 Nr. 2 IfSBG-NRW) oder deren Herstellung angeordnet werden (Art. 3 BayIfSG). Über die in Art. 4 BayIfSG, § 17 Abs. 3 IfSBG-NRW verankerte Meldepflicht konnten der Bestand und die Möglichkeit, diese Produkte herstellen zu lassen, erfragt werden. Art. 5 und 6 BayIfSG sollten mit der Inanspruchnahme von Organisationen und Dritten ausreichende Personalkapazitäten absichern,[1264] wofür während einer epidemischen Lage von landesweiter Tragweite ein Freiwilligenregister (§ 18 IfSBG-NRW) erstellt wurde. Zusätzlich entsperrte die Feststellung einer epidemischen Lage von landesweiter Tragweite Befugnisse im Krankenhausbereich, um zusätzliche Behandlungskapazitäten zu schaffen (§ 12 Abs. 1 Satz 3 Nr. 1 IfSBG-NRW).[1265]

Die Gesetze regeln damit Materien, die im IfSG des Bundes bis zum Ausbruch der COVID-19-Pandemie nicht vorgesehen waren,[1266] im Zuge der pandemiebedingten Änderungen des IfSG aber insbesondere mit den §§ 5 Abs. 2, 5a IfSG ins Bundesgesetz eingefügt wurden, sodass sich mit Blick auf die Gesetzgebungskompetenz die Frage nach der Verfassungsmäßigkeit der landesrechtlichen Regelungen stellt.[1267]

Gemäß Art. 72 Abs. 1, 74 Abs. 1 Nr. 19 GG steht dem Bund die konkurrierende Gesetzgebungskompetenz für das Infektionsschutzrecht zu. Die Länder sind zu einer eigenständigen Regelung daher nur befugt, „solange und soweit der Bund von seiner Gesetzgebungszuständigkeit nicht durch Gesetz Gebrauch gemacht hat“ (Art. 72 Abs. 1 GG). Ein solches Gebrauchmachen liegt vor, wenn der Gesetzgeber den betreffenden Sachbereich „tatsächlich umfassend und lückenlos geregelt“ hat oder dieser nach dem „aus Gesetzgebungsgeschichte und Materialien ablesbaren objektivierten Willen des Gesetzgebers abschließend geregelt werden sollte“.[1268] Ob dies der Fall ist, bestimmt sich anhand einer „Gesamtwürdigung des betreffenden Normenkomplexes“.[1269]

Auf die Infektionsschutzgesetze der Bundesländer gewendet bedeutet das, landesrechtliche Regelungen, die nicht im Widerspruch zur bundesgesetzlichen Regelung stehen, sind unbedenklich, lediglich solche Regelungen der Landesgesetze,

[1264] Daneben enthielt das BayIfSG weitere Vorschriften, die im vorliegenden Kontext vernachlässigbar sind.

[1265] Siehe auch den Überblick bei *Rixen*, in: Kluckert, Das neue Infektionsschutzrecht, 2. Aufl. 2021, § 4 Rn. 30 ff., 34 ff.

[1266] Weswegen man von einer nicht abschließenden Bundesregelung ausgehen konnte, *Lindner*, in: H. Schmidt, COVID-19, 3. Aufl. 2021, § 18 Rn. 12.

[1267] *Wißmann*, LT-Drs. 17/2458, S. 5 ff. Siehe auch VerfGH München, Entscheidung v. 28.09.2021 – Vf. 8-VII-20, juris Rn. 34 f.

[1268] BVerfGE 138, 261 (280).

[1269] BVerfGE 138, 261 (280); *Kingreen*, in: Huster/Kingreen, HdB InfSR, 2. Aufl. 2022, Kapitel 1 Rn. 96.

die einen vergleichbaren Inhalt wie die Vorschriften auf Bundesebene haben, müssen dahingehend überprüft werden, ob der Bundesgesetzgeber die Materie in seiner Vorschrift abschließend regeln wollte.[1270] Namentlich § 5 Abs. 2 Satz 1 Nr. 4 lit. c, d, e und g IfSG wartet bundesgesetzlich mit Möglichkeiten auf, medizinische Ressourcen zu beschaffen, zu bevorraten, zu verteilen, abzugeben, sicherzustellen und zu verwenden und sieht auch ein Verkaufs- und Verpflichtungsgebot, Melde- und Anzeigepflichten sowie Entschädigungsklauseln vor. Der Gesetzesbegründung zufolge kann einer Pandemie als einer Gefahr für die öffentliche Gesundheit in der gesamten Bundesrepublik nur begrenzt auf Landesebene begegnet werden. Mit den Ermächtigungen in § 5 Abs. 2 IfSG sollte die Bundesregierung im Pandemiefall in die Lage versetzt werden, „einer Destabilisierung des gesamten Gesundheitssystems vorzubeugen".[1271] Dies deutet darauf hin, dass der Bundesgesetzgeber die Sicherstellung der gesundheitlichen Versorgung im Pandemiefall in § 5 Abs. 2 IfSG abschließend bundesgesetzlich regeln wollte.[1272] Konnte man für die bayerische Regelung noch anführen, dass diese vor dem Erlass des Ersten Bevölkerungsschutzgesetzes und ausdrücklich vor dem Hintergrund fehlender bundesrechtlicher Vorschriften sowie mit dem Ziel, kurzfristig notwendiges Material sicherzustellen, eingeführt wurde[1273] und darüber hinaus mangels Ausrufung eines Gesundheitsnotstandes bzw. durch Außerkrafttreten des Gesetzes ohnehin nicht zur Anwendung kam, liegt der Fall beim NRW-Epidemiegesetz anders. Das IfSBG-NRW wurde am 14.04.2020, also Wochen nach der bundesrechtlichen Änderung erlassen. Angesichts der Sperrwirkung des IfSG waren die Regelungen daher nichtig.[1274] Dabei ist es unschädlich, dass es sich bei der bundesgesetzlichen Regelung in § 5 Abs. 2 Satz 1 Nr. 4 IfSG nur um eine Ermächtigung zum Verordnungserlass handelt.[1275] Aus

---

[1270] *Kingreen*, in: Huster/Kingreen, HdB InfSR, 2. Aufl. 2022, Kapitel 1 Rn. 97; *Rixen*, in: Kluckert, Das neue Infektionsschutzrecht, 2. Aufl. 2021, § 4 Rn. 41.

[1271] BT-Drs. 19/18111, S. 1.

[1272] *Wißmann*, LT-Drs. 17/2458 (NRW), S. 7 f. Dies gilt nur für den Fall, dass sich die epidemische Lage von nationaler Tragweite nach § 5 Abs. 1 IfSG und die landesweiten epidemischen Notlagen überschneiden. Sieht ein Landesgesetz außerhalb einer epidemischen Lage von nationaler Tragweite Regelungen für das betroffene Bundesland vor (so etwa § 3a NGöGD oder auch der erste Entwurf des NRW-Epidemiegesetzes, vgl. LT-Drs. 17/8920, § 11 Abs. 1 Nr. 2 [Entwurf]), ist dies mangels korrelierender Bundesvorschriften verfassungsrechtlich unproblematisch möglich. Insbesondere existiert keine zu § 28a Abs. 7, 8 IfSG a. F. vergleichbare Regelung. Dazu für NRW auch *Wißmann*, LT-Drs. 17/2458, S. 9 f.

[1273] LT-Drs. 18/6945, S. 1.

[1274] Ebenso *Kingreen*, in: Huster/Kingreen, HdB InfSR, 2. Aufl. 2022, Kapitel 1 Rn. 98; zum BayIfSG *Lindner*, in: H. Schmidt, COVID-19, 3. Aufl. 2021, § 18 Rn. 14; in einer Vorauflage noch *Dingemann/Gausing*, in: BeckOK InfSchR, IfSG, § 5 Rn. 64 (2. Edition, 2020); zum IfSBG-NRW in einer Vorauflage noch *Gausing*, in: BeckOK InfSchR, IfSG, § 5 Rn. 65 (14. Edition, 2022); a. A. *Rixen*, in: Kluckert, Das neue Infektionsschutzrecht, 2. Aufl. 2021, § 4 Rn. 41; mit Blick auf rein landesrechtliche Notlagen *Wißmann*, LT-Drs. 17/2458 (NRW), S. 9 f. Siehe auch VerfGH München, Entsch. v. 28.09.2021 – Vf. 8-VII-20, juris Rn. 34.

[1275] Zur Sperrwirkung bei Rechtsverordnungen z. B. *Oeter/Krönke*, in: Huber/Voßkuhle, GG, Band 2, 8. Aufl. 2024, Art. 72 Rn. 81 ff.

Gründen der Rechtssicherheit und auch um einen Wettlauf zwischen Bund und den Ländern um die knappen Güter zu verhindern, entfaltet bereits diese Ermächtigung eine Sperrwirkung für die Länder und nicht erst eine auf dieser Grundlage erlassene Verordnung.[1276] Dass das BMG von der Ermächtigung in § 5 Abs. 2 Satz 1 Nr. 4 lit. d IfSG keinen Gebrauch gemacht hat, ist daher unerheblich.[1277] Ebenso ändert es nichts am Ergebnis, dass die Befugnisse nach § 5 Abs. 2 IfSG „unbeschadet der Befugnisse der Länder“ erteilt werden. Dieser Zusatz lässt die Befugnisse der Länder gerade nicht „unberührt“, sondern ermöglicht dem Bundesgesundheitsministerium trotz und unbeeinträchtigt von etwaigen bereits bestehenden landesrechtlichen Regelungen tätig zu werden.[1278]

Ferner ist die in Art. 6 Abs. 1 BayIfSG vorgesehene Zwangsverpflichtung von Personen mit Blick auf das Verhältnis zum IfSG des Bundes nichtig.[1279] Denn eine Sperrwirkung des Art. 72 Abs. 1 GG tritt auch dann ein, wenn der Bundesgesetzgeber einen Sachbereich bewusst nicht geregelt hat.[1280] Im Rahmen der Beratung zum Ersten Bevölkerungsschutzgesetz wurde über die Aufnahme einer Art. 6 Abs. 1 BayIfSG vergleichbaren Regelung diskutiert,[1281] diese fand letztlich jedoch keinen Eingang ins Gesetz, sodass davon auszugehen ist, dass der Gesetzgeber bewusst von einer derartigen Regelung Abstand nehmen wollte.[1282] Ähnlich gelagert ist der Fall beim IfSBG-NRW, dessen erster Entwurf in § 15 ebenfalls eine Zwangsverpflichtung vorsah.[1283] Die Regelung wurde nach heftiger Kritik[1284] aus dem Entwurf gestrichen und durch die Erstellung eines Freiwilligenregisters ersetzt.

[1276] So auch *Kingreen*, in: Huster/Kingreen, HdB InfSR, 2. Aufl. 2022, Kapitel 1 Rn. 98; *Wissenschaftliche Dienste des Deutschen Bundestages*, WD 3-3000-081/20, S. 5; *Wißmann*, LT-Drs. 17/2458, S. 8. Abgesehen davon hat das BMG im Zuge der COVID-19-Pandemie umfangreich von der Ermächtigung in § 5 Abs. 2 Satz 1 Nr. 4 IfSG Gebrauch gemacht.

[1277] *Kingreen*, in: Huster/Kingreen, HdB InfSR, 2. Aufl. 2022, Kapitel 1 Rn. 97 f.

[1278] So auch *Wißmann*, LT-Drs. 17/2458 (NRW), S. 7; a. A. *Rixen*, in: Kluckert, Das neue Infektionsschutzrecht, 2. Aufl. 2021, § 4 Rn. 41.

[1279] Zur Vereinbarkeit mit Art. 12 Abs. 2 GG siehe *Wissenschaftliche Dienste des Deutschen Bundestages*, WD 3-3000-095/20; *Wißmann*, LT-Drs. 17/2458 (NRW), S. 10 ff.; *Bockholdt*, in: Schlegel/Meßling/Bockholdt, COVID-19, 2. Aufl. 2022, § 11 Rn. 147.

[1280] BVerfGE 98, 265 (300).

[1281] Im Referentenentwurf vom 23.03.2020 (abrufbar unter: https://www.bundesgesundheitsministerium.de/fileadmin/Dateien/3_Downloads/Gesetze_und_Verordnungen/GuV/S/Entwurf_Gesetz_zum_Schutz_der_Bevoelkerung_bei_einer_epidemischen_Lage_von_nationaler_Tragweite.pdf; zuletzt: 28.08.2023) war in § 5 Abs. 3 Nr. 8 lit. d IfSG-E noch eine vergleichbare Regelung vorgesehen. Bereits im offiziellen Gesetzesentwurf (BT-Drs. 19/18111) findet sie sich nicht mehr.

[1282] *Kingreen*, in: Huster/Kingreen, HdB InfSR, 2. Aufl. 2022, Kapitel 1 Rn. 99; *Wissenschaftliche Dienste des Deutschen Bundestages*, WD 3-3000-081/20, S. 4 f.

[1283] LT-Drs. 17/8920.

[1284] Vgl. https://www.lto.de/recht/nachrichten/n/corona-nrw-epidemie-gesetz-entwurf-verfassungswidrig-staatsrechtslehrer-kritik-gravierende-maengel/ (zuletzt: 28.08.2023); *Wißmann*, LT-Drs. 17/2458 (NRW), S. 12 ff.

Zusammenfassend lässt sich festhalten, dass die eigenen Infektionsschutzgesetze der Bundesländer das Kompetenzgeflecht zwischen Bund und Ländern im Pandemiefall, das durch das Nebeneinander von Katastrophenschutzrecht und Infektionsschutzrecht ohnehin sehr unübersichtlich ist, noch zusätzlich verwirren und inhaltlich für den Fall einer bundesweiten Epidemie keinen Mehrwert aufweisen.

E. Meta-Maßstab: Dynamische Risikoregulierung

Obgleich jede Pandemie abhängig vom jeweiligen Erreger und damit für sich ein Unikat ist und der Umgang mit der COVID-19-Pandemie speziell auf den SARS-CoV-2-Erreger zugeschnitten war, hat die Corona-Pandemie gezeigt, dass jeder pandemiebedingte Gesundheitsnotstand und auch seine gesetzliche Regulierung maßgeblich durch Dynamik und stetige Veränderung bestimmt werden.[1285]

Dies geht in erster Linie auf das die Pandemie auslösende, neuartige Virus und die großen Wissensdefizite in Bezug auf dessen gesundheitliche Auswirkungen[1286] infolge einer Infektion, seine Verbreitungswege und -geschwindigkeit[1287] sowie die Wirkung möglicher Impfstoffe und Medikamente zurück. Wissenschaftliche Erkenntnisse können nur sukzessive gewonnen werden, sind oftmals nicht eindeutig und können zugleich neue, noch unbeantwortete Fragen aufwerfen.[1288] Insbesondere bei mutationsanfälligen Viren wie den SARS-Viren kann sich die epidemiologische Faktengrundlage beim Auftreten von Varianten grundlegend verändern.[1289] Kommt

---

[1285] Vgl. BVerfGE 161, 299 (Rn. 188): „denn die Situation der Pandemie ist durch eine gefährliche, aber schwer vorhersehbare Dynamik geprägt".

[1286] SARS-CoV-2 verursachte schwere bis tödliche, teils lange Krankheitsverläufe, siehe dazu z. B. im Epidemiologischen Bulletin 17/2020 des RKI (abrufbar unter: https://www.rki.de/DE/Content/Infekt/EpidBull/Archiv/2020/Ausgaben/17_20.pdf?__blob=publicationFile; zuletzt: 28.08.2023).

[1287] Die besondere Dynamik, die von der Ansteckungsgefahr ausgeht, betont bereits *Klafki*, Risiko und Recht, 2017, S. 162.

[1288] *Di Fabio*, Risikoentscheidungen im Rechtsstaat, 1994, S. 111 f. Siehe auch *Scherzberg*, VVDStRL 63 (2004), 214 (218 Fn. 19 m. w. N.); *ders.*, VerwArch 84 (1993), 484 (495): „Horizont des bewussten Nichtwissens".

[1289] Vgl. allgemein zu den *variants of concern* zu SARS-CoV-2 https://www.rki.de/DE/Content/InfAZ/N/Neuartiges_Coronavirus/Virologische_Basisdaten.html?nn=13490888#doc14716546bodyText9. Bei den SARS-CoV-2-Mutationen handelte es sich dabei um vergleichsweise geringe Unterschiede zum Ursprungsstamm, dennoch gab es etwa bei der Delta-Variante „deutliche Hinweise auf eine erhöhte Übertragbarkeit" (https://www.rki.de/DE/Content/InfAZ/N/Neuartiges_Coronavirus/Virologische_Basisdaten.html?nn=13490888#doc14716546bodyText21) und die Omikron-Variante verursachte einen besonders hohen Anstieg der Infektionen bei Kindern, Jugendlichen und jüngeren Erwachsenen (siehe den Lagebericht des RKI zur Coronavirus-Krankheit-2019 v. 10.02.2022, S. 5, https://www.rki.de/DE/Content/InfAZ/N/Neuartiges_Coronavirus/Situationsberichte/Wochenbericht/Wochenbericht_2022-02-10.pdf?__blob=publicationFile; alle zuletzt: 28.08.2023).

es wie bei SARS-CoV-2 zu einer großen Anzahl asymptomatischer Infizierter, die das Virus unbemerkt weiterübertragen, führt dies zu einem diffusen Infektionsgeschehen,[1290] welches mit gezielten Maßnahmen gegen individualisierte Infizierte nicht mehr zu kontrollieren und nur schwer vorhersehbar ist.[1291] Zudem wird das tatsächliche Infektionsgeschehen von zahlreichen Faktoren wie dem Einsatz und der Wirksamkeit etwaiger Schutzmaßnahmen, der Akzeptanz und Einhaltung ebendieser staatlichen Maßnahmen durch die Bevölkerung, saisonalen Unterschieden oder bestimmten Anlässen (Weihnachten, Ostern, Silvester), die Pandemie-Treiber sein können, beeinflusst. Der Pandemieverlauf ändert sich stetig und unterliegt starken Schwankungen, die gegebenenfalls sogar in Tagesabständen sichtbar werden.

Nichtsdestotrotz steht der Gesetzgeber unter großem Druck, schnell zu handeln und seiner Verpflichtung zum Schutz für das Leben und die körperliche Unversehrtheit (Art. 2 Abs. 2 Satz 1 GG) nachzukommen.[1292] Ohne rechtzeitiges und effektives hoheitliches Eingreifen wird eine Vervielfachung der Infektions- und Todesfälle riskiert.[1293] Das Vorsorgeprinzip verbietet es, wegen der medizinisch unsicheren Datenlage untätig zu bleiben und lediglich abzuwarten.[1294] Wird der Gesetzgeber tätig, muss er die bereichsprägende Dynamik des tatsächlichen Geschehens rechtlich auffangen. Das gesetzgeberische Schutzkonzept hängt in seiner Wirksamkeit und Verhältnismäßigkeit nämlich maßgeblich von den aktuellen Umständen, mithin davon ab, dass aktuelle wissenschaftliche Forschungsergebnisse berücksichtigt werden und das Konzept an das tatsächliche Infektionsgeschehen angepasst ist.[1295] Damit sind nicht nur das Infektionsgeschehen und die wissenschaftliche Forschung ständig im Fluss, sondern auch die gesetzgeberische Normierung.

Gesetzgebungstechnisch ist daher ein resilienter rechtlicher Regelungsrahmen erforderlich, der zugleich flexibel ist und wenn nötig angepasst werden kann, ohne jedoch seine grundlegende Steuerungskraft und Orientierungswirkung zu verlie-

---

[1290] BVerfGE 159, 223 (Rn. 178).

[1291] Zur „Gefahr des Kontrollverlustes" angesichts der „Dynamik des Infektionsgeschehens", auch wegen „neuer, infektiöser und tödlicher wirkender Varianten", vgl. BVerfGE 159, 355 (Rn. 158).

[1292] Dazu oben Kapitel 3 C. II.

[1293] *Klafki*, Risiko und Recht, 2017, S. 162. Bei SARS-CoV-2 wurden zu Höchstzeiten von einem Infizierten im Mittel drei Personen angesteckt (siehe https://github.com/robert-koch-institut/SARS-CoV-2-Nowcasting_und_-R-Schaetzung/blob/main/Nowcast_R_aktuell.csv; zuletzt: 28.08.2023), was zu einem exponentiellen Anstieg der Infektionszahlen und einem nur schwer beherrschbaren Pandemieverlauf führte; vgl. auch BVerfGE 159, 223 (Rn. 174, 229); 159, 355 (Rn. 111, 155 ff.).

[1294] Zum Vorsorgeprinzip bereits oben unter Kapitel 3 C. I. 2.

[1295] Die COVID-19-Gesetz- und Verordnungsgeber mussten das rechtliche Instrumentarium daher nicht nur mehrfach anpassen, sondern versuchten der schwankenden Infektionslage durch einen steten Wechsel zwischen Lockerung und Beschränkung und regional unterschiedlichen Infektionsgeschehen durch Spielräume Rechnung zu tragen.

ren.[1296] Das Regelwerk muss in gewisser Weise lernfähig sein. Der Gesetzgeber wird zwar prinzipiell rational-planmäßig in Form maßstabsbildender Regelungen tätig, die eine gewisse Dauerhaftigkeit aufweisen.[1297] Hiervon muss er in der Krise nun in einem gewissen Umfang Abstand nehmen.

Um auf die Gegebenheiten einer Pandemie zu reagieren, bedarf es mithin einer dynamischen Risikoregulierung.[1298] Eine Risikoregulierung[1299] basiert auf Risikoinformationen, die zunächst gesammelt werden müssen. Diese Informationen werden sodann ausgewertet und bilden die Grundlage der Risikobewertung, die letztlich die Basis für die staatlichen Risikomanagementmaßnahmen darstellt. Mit jeder neuen Information wird der eben geschilderte Prozess erneut in Gang gesetzt. Das bedeutet, „die staatlichen Maßnahmen müssen ständig auf ihre Wirkungen (auch angesichts der Dynamik des Infektionsgeschehens) hin beobachtet, mit den vorgenannten Zielen abgeglichen und zur möglichst gleichmäßigen Erreichung der Ziele immer wieder neu justiert werden. Gefordert ist also ein kybernetischer Regelkreis politischer Entscheidung. Die Normierung dieses Regelkreises bildet jedenfalls in seinen Grundzügen eine wesentliche, vom Gesetzgeber zu treffende Entscheidung“.[1300]

[1296] Zum Begriff der Resilienz *Barczak*, Der nervöse Staat, 2. Aufl. 2021, S. 606 ff., 612 ff.

[1297] BVerfGE 101, 158 (217).

[1298] Dazu bereits knapp *Dederer/Preiß*, AöR 148 (2023), 289 (326 f.); *Dederer* und *Preiß*, in: Dederer/Gierhake/Preiß, COVuR 2021, 454 (456 f.).

[1299] Zum Risikobegriff bereits oben unter Kapitel 3 C. I. Der staatliche Umgang mit Risiken gliedert sich in die Aufgabenfelder der Risikoprävention (Risikoerkennung, -abschätzung, -überwachung und -bewertung, präventives Risikomanagement), Risikovorbereitung und Risikobewältigung (*Klafki*, Risiko und Recht, 2017, S. 34 ff., 149 ff., speziell für das Pandemierisiko S. 159 ff.), welche in einem sich wiederholenden Prozess stattfinden. Ein Regelwerk zur Bewältigung eines pandemiebedingten Gesundheitsnotstandes ist damit Teil der Vorbereitung auf die nächste Pandemie und zugleich bei deren Ausbruch Bewältigungsmechanismus ebendieser. Im Bewältigungsstadium findet wegen der vorherrschenden Unsicherheit und Dynamik ein ähnlicher, sich wiederholender wie der soeben geschilderte Prozess statt, bei dem neue Erkenntnisse und Veränderungen des Infektionsgeschehens erkannt, gesammelt und bewertet werden müssen, damit der Staat seine hoheitlichen Maßnahmen vor diesem Hintergrund bewerten und aktualisieren kann. Die Erfahrungen aus dem Umgang mit einer Pandemie fließen nach deren erfolgreicher Bewältigung sodann in die Vorsorge für weitere Pandemien ein, sodass der Prozess von vorne beginnt.

[1300] *Dederer/Preiß*, AöR 148 (2023), 289 (326). Siehe zudem BVerfGE 161, 299 (Rn. 134 f.): „Seit Ausbruch der COVID-19-Pandemie hat das Infektionsgeschehen einen dynamischen, in Infektionswellen eingeteilten Verlauf genommen, wobei verschiedene Virusvarianten das jeweilige Infektionsgeschehen geprägt haben und weiterhin prägen. […] Mit dieser fortlaufend nicht sicher einschätzbaren tatsächlichen Situation geht einher, dass ständig neue wissenschaftliche Erkenntnisse aus dem In- und Ausland zu erfassen, auszuwerten und zu bewerten sind“. Vgl. auch BVerfGE 159, 355 (Rn. 176): „Eine Pandemie bewirkt eine lange andauernde, sich dynamisch entwickelnde und mit vielen Ungewissheiten behaftete Gefährdung von Leib und Leben. Die Eindämmung von Infektionen bedarf fortdauernder und wiederkehrender Maßnahmen“. Dazu, dass gesetzliche Regelungen infolge gewandelter wissenschaftlicher Erkenntnisse verfassungswidrig werden können, BVerfGE 159, 223 (Rn. 186, 189 f., 236); 161, 299 (Rn. 167, 184, 235); siehe auch BVerfGE 159, 355 (Rn. 177, 184, 193,

Der Gesetzgeber kann wegen der Unvorhersehbarkeit weiterer Pandemien sowie der Unberechenbarkeit eines Pandemieverlaufs in der konkreten Situation nur in Grenzen gesetzliche Entscheidungen treffen und vorgeben. Eine Pandemie lässt sich nicht planen. Sie kann nicht mittels starrer, auf Dauerhaftigkeit ausgerichteter Normen bewältigt werden. Der Gesetzgeber kann zur staatlichen Pandemiebewältigung daher nur in Form maßstabsgebender Leitlinien agieren, welche ihn selbst für den konkreten Krisenfall binden und auf deren Grundlage Regelungen für die aktuelle pandemische Bedrohungslage entwickelt werden können und müssen.[1301] Gesetzlich werden somit die einzelnen Bausteine und Werkzeuge zur Pandemiebewältigung dergestalt vorgegeben, dass eine Anwendung auf den konkreten Einzelfall möglich bleibt und das erforderliche Instrumentarium angepasst an die vorherrschende Lage zusammengesetzt werden kann. Hier wird deutlich, dass Krisenmanagement und Planung sich nicht wechselseitig ausschließen, sondern ineinander übergehen, wobei das Krisenmanagement ein wesentlicher Bestandteil der allumfassenden Planung ist.[1302]

Der Gesetzgeber kann die „wesentlichen Entscheidungen" allerdings nicht vorab und unmittelbar vorgeben.[1303] Er kann aber sicherstellen, dass die wesentlichen Entscheidungen in der konkreten Situation von der dafür funktionsadäquaten Behörde getroffen werden. Die Aufgabe der dynamischen Risikoregulierung kann er daher keinesfalls alleine bewältigen. Vielmehr bedarf es neben der abstrakt-generellen Steuerung durch den Gesetzgeber einer anschließenden, mittels Verordnungen und Verwaltungsakten konkretisierten Krisenbewältigung durch Regierung und Verwaltung.[1304] Diesen wird auf Grund ihrer Funktion, Organisation und Verfahrensweise zu Recht attestiert, schneller, flexibler, sachkundiger und letztlich wirksamer Pandemieschutzmaßnahmen ergreifen und durchsetzen zu können, als dies mittels formell-gesetzlicher Regelung möglich wäre.[1305] Ein häufiges und oft

198). Zur Nachbesserungspflicht auch BVerfGE 161, 299 (Rn. 159). Zur Bedeutung „dynamisierter Wissensverarbeitung" in der Pandemiebekämpfung *Mangold*, VVDStRL 80 (2021), 7 (19 f.).

[1301] So schon BVerfGE 101, 158 (217) für ein Maßstäbegesetz zum Finanzausgleich.

[1302] *Barczak*, DVBl. 2023, 1036 (1040, 1042 f.).

[1303] Siehe auch *Scherzberg*, VerwArch 84 (1993), 484 (505 f.).

[1304] *Dederer* und *Preiß*, in: Dederer/Gierhake/Preiß, COVuR 2021, 454 (457 f.); ähnlich *Gusy*, DÖV 2021, 757 (760). Treffend *Scherzberg*, VerwArch 94 (1993), 484 (499): „Ein rationaler Umgang mit der Ungewißheit muß […] an der Dynamik und der Komplexität der zu regelnden Sachverhalte und des Prozesses ihrer Erforschung anknüpfen. Das kann nur durch Bündelung ihrerseits flexibler und mehrschichtiger verfahrensrechtlicher und materiellrechtlicher Vorkehrungen gelingen".

[1305] Zur Übertragung von Befugnissen an die Exekutive beispielhaft BVerfGE 161, 299 (Rn. 127): „Insbesondere in Rechtsbereichen, die ständig neuen Entwicklungen und Erkenntnissen unterworfen sind und in denen es darum geht, zum Schutz der Grundrechte regulatorisch mit diesen Entwicklungen und Erkenntnissen Schritt zu halten, kann die gesetzliche Fixierung starrer Regelungen dem Grundrechtsschutz auch abträglich und damit kontraproduktiv sein; insoweit kann im Sinne eines ‚dynamischen Grundrechtsschutzes' das Gesetzeserfordernis zurücktreten."; Rn. 137: „Die insoweit vom Gesetzgeber ermächtigte

schnelles Wechselspiel zwischen Lockerung und Beschränkung lässt sich etwa reibungsloser, regionale Unterschiede und die Umstände des Einzelfalls sachnäher im Verordnungswege als in einem langwierigen Parlamentsverfahren gestalten.[1306] Wegen der Notwendigkeit von Verordnungen zur Bewältigung von Krisenlagen wird daher auch oft von einer „umgekehrten Wesentlichkeitstheorie" gesprochen.[1307] Eine Krise ist gleichwohl nicht zwangsweise die „Stunde der Exekutive", insbesondere dann nicht, wenn der Gesetzgeber die Entscheidung darüber, ob und wie die Exekutive tätig werden darf, stets selbst trifft und an das Parlament rückbindet. Dennoch rechtfertigt der Zeitdruck in der Krise, wann immer er nicht adäquat von der Legislative aufgefangen werden kann, einen „interimistischen Entscheidungsvorsprung der Verwaltung".[1308] Bereichsabhängig kann der Gesetzgeber den Verordnungsgebern teils weite Spielräume zugestehen.[1309] Dort, wo er selbst keine materiellen Vorgaben machen kann, sind prozedurale Absicherungen umso wichtiger.[1310]

Neben dem Zusammenspiel von Legislative und Exekutive muss der Gesetzgeber in einer pandemischen Situation ebenso die Berücksichtigung und Einbeziehung wissenschaftlichen Sachverstandes sicherstellen. Dies kann etwa über einen gesetzgeberischen Verweis auf den aktuellen Stand der Forschung – auch im Rahmen der Verordnungsgebung – sichergestellt werden.[1311] Im Rahmen der Risikoregulierung ist die Berücksichtigung wissenschaftlicher Expertise bereits fundamental bei der Erkennung und Einordnung eines Ereignisses als Risiko. So müssen alle rele-

---

Bundesregierung bündelt den für eine sachgerechte Bewältigung dieser Herausforderungen erforderlichen Sach- und Fachverstand. Auch kann sie durch auf gesetzlicher Grundlage installierte sachverständige Beratung besonders schnell beurteilen, welche Anforderungen im Sinne eines ausreichenden Immunschutzes an einen Impf- oder Genesenennachweis zu stellen sind. Denn mit dem Robert Koch-Institut und dem Paul-Ehrlich-Institut sind ihr mit spezifisch wissenschaftlicher Fachkompetenz ausgestattete selbständige Bundesoberbehörden im Geschäftsbereich des Bundesministeriums für Gesundheit zugeordnet, die insoweit besonders geeignet sind, hochdynamische Veränderungsprozesse nachzuvollziehen und zu bewerten."; Rn. 140: „Eine gesetzliche Fixierung der Anforderungen an die für eine Impfung oder Genesung zu führenden Nachweise durch die Aufstellung starrer gesetzlicher Regeln würde vor dem Hintergrund fortlaufend neuer Entwicklungen und Erkenntnisse in der Pandemiebekämpfung eine diesen Entwicklungen und Erkenntnissen entsprechende, angemessene Sicherung der Grundrechte eher hemmen als fördern." Siehe auch BVerfGE 49, 89 (139 f.). Siehe ferner etwa *Rixen*, VVDStRL 80 (2021), 37 (57).

[1306] Gleichwohl steht dem Bundesgesetzgeber der Weg über eine selbstvollziehende gesetzliche Stufenregelung nach dem Vorbild der Bundesnotbremse in § 28b IfSG a.F. offen, dazu BVerfGE 159, 223 (Rn. 134 ff.).

[1307] Dazu *Klafki*, Risiko und Recht, 2017, S. 87; *Ossenbühl*, Die Not des Gesetzgebers, 2000, S. 25; *Reimer*, in: Voßkuhle/Eifert/Möllers, Grundlagen des Verwaltungsrechts, Band I, 3. Aufl. 2022, § 11 Rn. 56.

[1308] *Barczak*, DVBl. 2023, 1036 (1041).

[1309] BVerfGE 49, 89 (146 f.).

[1310] *Di Fabio*, Risikoentscheidungen im Rechtsstaat, 1995, S. 465; *Klafki*, Risiko und Recht, 2017, S. 151; *Scherzberg*, VVDStRL, 214 (244, 257).

[1311] Ähnlich auch BVerfGE 49, 89 (139). Ferner *Brenner/Nehrig*, DÖV 2003, 1024 (1028).

vanten Informationen und neuen Erkenntnisse[1312] gesammelt, ausgewertet, in eine für den Entscheidungsträger verständliche Form gebracht und diesem zugänglich gemacht werden, damit dieser die Informationen seiner Abwägung und Bewertung der Wirksamkeit und Auswirkungen seiner Maßnahmen zur Erreichung des Ziels zugrunde legen kann.[1313] Diese Aufgabe kann der Gesetzgeber nicht selbst übernehmen. Hierfür ist vielmehr eine zentrale Stelle wie das RKI[1314] notwendig, die sowohl über die nötigen Personal- und Sachressourcen als auch den erforderlichen Sachverstand verfügt, um den Überblick über das Pandemiegeschehen wie auch den wissenschaftlichen Bereich zu behalten, die relevanten Informationen herauszufiltern und in den richtigen Zusammenhang zu setzen sowie sie richtig einzuordnen, zu gewichten und zu bewerten (vgl. § 4 Abs. 1 Satz 1 bis 3, Abs. 2 IfSG).[1315]

Neben die wissenschaftlichen Informationen treten Informationen weiterer Disziplinen (etwa Medizin, Wirtschaft, Soziologie, Psychologie), die sich insbesondere mit den Auswirkungen etwaiger staatlicher Schutzmaßnahmen auf die unterschiedlichen Lebensbereiche beschäftigen. Diese müssen ebenfalls gesammelt und aufbereitet werden.[1316] Hiermit kann keinesfalls das RKI alleine beauftragt werden. Es bedarf vielmehr eines interdisziplinären Gremiums oder sachverständiger Berater,[1317] welche die zahlreichen anderen Einflussfaktoren im Blick behalten und dem staatlichen Entscheidungsträger in verständlicher Form zukommen lassen.

Um seine Normierung möglichst flexibel zu halten, kann insbesondere für einen kurzen Erstreaktionszeitraum[1318] eine offene, generalklauselartige Regelung hilfreich sein.[1319] Rechtstechnisch kann der Gesetzgeber seiner Beobachtungs-, Evalu-

[1312] Stützt sich der Gesetzgeber auf das Vorsorgeprinzip, verpflichtet dessen Anwendung ihn dazu, neue Informationen zu generieren und zu berücksichtigen, vgl. § 5 Abs. 7 SPS-Abkommen. Siehe dazu bereits oben Fn. 998.

[1313] *Klafki*, Risiko und Recht, 2017, S. 35 ff. Die wissenschaftlichen Informationen werden aus Studien und Modellierungen gewonnen, siehe dazu *Trute*, GSZ 2020, 93 (94 f.).

[1314] Zur Eignung des RKI in dieser Hinsicht vgl. auch BVerfGE 159, 223 (Rn. 178 ff., 191); 161, 299 (Rn. 137 f., 160); BVerwG, Urt. v. 22. 11. 2022 – 3 CN 1.21, Rn. 56; *Dederer/Preiß*, AöR 148 (2023), 289 (333 f.). Für eine Verlagerung dieses Arbeitsschrittes auf die Exekutive unter Einbeziehung privaten Sachverstandes *Klafki*, Risiko und Recht, 2017, S. 149. Zur Rolle des RKI in der Pandemie siehe auch *Trute*, GSZ 2020, 93 (96 f.).

[1315] Für die Informationsbeschaffung und Überwachung des Infektionsgeschehens sind Meldepflichten und Monitoringmaßnahmen von unschätzbarem Wert. Derartige Regelungen finden sich bereits im IfSG (z. B. §§ 6, 7 IfSG). Das RKI muss darüber hinaus mit staatlichen und privaten Stellen zusammenarbeiten. In bestimmten Bereichen gibt es eigens für eine Risikobewertung errichtete Einrichtungen, z. B. das Bundesinstitut für Risikobewertung oder das Bundesamt für Arzneimittel und Medizinprodukte (dazu *Brenner/Nehrig*, DÖV 2003, 1024 [1028]).

[1316] Dazu, wie schwierig eine fachliche Durchdringung von Risiken wegen der fachübergreifenden Abhängigkeit und Komplexität der Entscheidungen ist, *Klafki*, Risiko und Recht, 2017, S. 15 f.

[1317] Ähnlich *Scherzberg*, VerwArch 84 (1993), 484 (499, 503 f.).

[1318] Dazu *Kluckert*, in: ders., Das neue Infektionsschutzrecht, 2. Aufl. 2021, § 2 Rn. 99.

[1319] Zu § 28 Abs. 1 IfSG a. F. oben in und bei Fn. 625.

ierungs- und Nachbesserungspflicht[1320] etwa durch eine zeitliche Befristung der Regelungen und Evaluierungsklauseln nachkommen.[1321]

Um eine Einordnung des pandemischen Geschehens vornehmen und daran angepasste Maßnahmen ergreifen zu können, ist es sinnvoll wie auch notwendig, einen Grenzwert bzw. eine Messgröße einzuführen,[1322] die den aktuellen Stand des Pandemiegeschehens wiedergibt und einen Rückschluss auf künftige Entwicklungen zulässt.

In § 28b Abs. 1 IfSG in der Fassung vom 22.04.2021 (Bundesnotbremse)[1323] legte der COVID-19-Gestezgeber konkrete Maßnahmen fest, die ab dem Überschreiten eines ebenfalls bestimmten Schwellenwertes in einem Landkreis Anwendung fanden. In § 28b Abs. 2 IfSG a.F. regelte er zudem, dass die Maßnahmen bei einem Unterschreiten des Schwellenwerts wieder außer Kraft treten. Dadurch bestimmte er einen festen, bundeseinheitlichen und in gewisser Weise vorhersehbaren gesetzlichen Rahmen, der sich je nach Infektionsgeschehen dynamisch wandelte und auf die schwankende Infektionslage in den unterschiedlichen Gebieten selbst reagierte. Für den Wechsel aus Lockerung und Beschränkung waren kein ständiges Nachjustieren der gesetzlichen Grundlage oder immer neue Verordnungen nötig. Dem Gesetzgeber steht es prinzipiell frei, in Form selbstvollziehender bundesgesetzlicher Vorgaben vorzugehen oder die Entscheidung in gewissem Umfang dem Verordnungsgeber zu überlassen.[1324] Er kann etwa nur die entsprechenden Schwellen und einen Katalog an möglichen Maßnahmen vorgeben, aus denen der Verordnungsgeber auswählen muss.[1325] Ebenso steht in seinem Ermessen, ob der Gesetzgeber nur eine oder mehrere Schwellen in einem Stufenkonzept bzw. einem Ampelsystem festlegt. Gleichwohl stellt sich das maßstabsorientierte Vorgehen in der Praxis als durchaus diffiziler dar: § 28b IfSG a.F. legte etwa so kurze Zeitspannen fest, dass Gaststätten und Hotelbetriebe innerhalb von drei bis fünf Tagen öffnen durften oder schließen mussten, was einen geordneten und planbaren Betriebsablauf unmöglich machte.

Um das komplexe Infektionsgeschehen und seine Entwicklung abzubilden, wurde im Zuge der COVID-19-Pandemie auf verschiedene Parameter zurückgegriffen. Deren Geeignetheit als Maßstab bestimmt sich dabei vorrangig anhand des Ziels, das

---

[1320] BVerfGE 49, 89 (139); 161, 299 (Rn. 159); *Rixen*, in: Sachs, GG, 9. Aufl. 2021, Art. 2 Rn. 198; *Isensee*, in: ders./P. Kirchhof, HStR, Band IX, 3. Aufl. 2011, § 191 Rn. 287; ferner *Scherzberg*, VVDStRL 63 (2004), 214 (241).

[1321] Dazu bereits oben in Fn. 1058 und 1108.

[1322] Vgl. § 28a Abs. 3 Satz 4, 5 IfSG, der in erster Linie auf die Hospitalisierungsinzindenz und zusätzlich auf die Sieben-Tage-Inzidenz, die verfügbaren intensivmedizinischen Behandlungskapazitäten und die Impfquote abstellt.

[1323] Oben unter Kapitel 3 B. V. 3. e) und D. III.

[1324] Wenngleich das BVerfG das Konzept der selbstvollziehenden Normen in seiner Entscheidung zur „Bundesnotbremse" nicht beanstandet hat (BVerfGE 159, 223 [Rn. 134 ff.]), sollte diesem kritisch begegnet werden, dazu bereits oben Fn 687.

[1325] Siehe auch schon oben unter Kapitel 3 B. V. 3. d). Ähnlich bereits *Scherzberg*, VerwArch 84 (1993), 484 (505 f.).

die hoheitlichen Schutzmaßnahmen verfolgen. In Zeiten der COVID-19-Krise orientierte man sich dafür in der Anfangszeit am R-Wert[1326], der jedoch stark durch Schwankungen beeinflusst werden kann und abhängig von der Erfassung von Krankheitsfällen ist.[1327] Dieser Wert lässt zudem keine konkreten Aussagen über die Schwere der Verläufe, konkrete Infektionszahlen oder das Erfordernis einer medizinischen Behandlung zu. Konkrete Maßnahmen zum Schutz von Leben und Gesundheit und einer Verhinderung der Überlastung der Gesundheitssysteme können daraus nicht abgeleitet werden. Später und die weitere Pandemiesituation hindurch war daher der sog. Inzidenzwert zentraler Indikator für das Ausmaß des Pandemiegeschehens.[1328] Als einziger Wert gibt die Inzidenz bereits zwei bis drei Wochen im Voraus einen Blick darauf, wie sich das Infektionsgeschehen entwickeln wird. Sie ist daher als Paramater zur Risikobeurteilung nicht wegzudenken.[1329] Gleichwohl wird die Inzidenzzahl maßgeblich von zahlreichen schwankenden Faktoren beeinflusst, allen voran der Testrate und den damit in Verbindung stehenden Vorgängen. Entscheidend sind etwa die Anzahl der Tests,[1330] die durchgeführt wurden, die Kapazitäten der Testeinrichtungen wie auch die Erfassung aller Ergebnisse eines Tages innerhalb einer kurzen Zeitspanne, die Frage, ob es sich um anlassbezogene Testungen handelt, die Anzahl falsch positiver/negativer Tests und eine vermutlich hohe Dunkelziffer an weiteren Infektionsfällen, die ohne eine Testpflicht und auch bei Selbsttests besteht. Deutlicher wird die Lücke, wenn die Impf- und damit die Immunitätsrate in der Bevölkerung ansteigt und der Inzidenzwert nicht mehr für alle Bevölkerungsgruppen aussagekräftig ist und damit die Krankheitslast in der Gesellschaft nicht mehr widerspiegelt.[1331] Darüber hinaus entspricht nicht jeder positive Test einem schweren, medizinisch behandlungsbedürftigen Verlauf, sodass die In-

[1326] Die (Basis-)Reproduktionszahl (R-Wert) beschreibt, wie viele Personen eine infizierte Person im Durchschnitt ansteckt, und wird durch das RKI erhoben und berechnet. Um Schwankungen vorzubeugen, wird meist ein Sieben-Tages-Mittelwert errechnet. Als Faustregel gilt, dass ein Wert von $R0 < 1$ eine Ausbreitung der Infektionskrankheit verhindert. Der R-Wert ist ein exponentieller Wert, sodass bereits geringe Veränderungen große Auswirkungen haben können. In Deutschland schwankte der Sieben-Tage-R-Wert im Lauf der Corona-Pandemie zwischen 0.73 (24.06.2020) und maximal 3.22 (03.10.2020), vgl. https://github.com/robert-koch-institut/SARS-CoV-2-Nowcasting_und_-R-Schaetzung/blob/main/Nowcast_R_aktuell.csv (zuletzt: 28.08.2023).

[1327] Vgl. *RKI*, Epidemiologisches Bulletin 17/2020 (https://www.rki.de/DE/Content/Infekt/EpidBull/Archiv/2020/17/Art_02.html; 28.08.2023).

[1328] Vgl. § 28a Abs. 3 Satz 4 IfSG in der Fassung v. 18.11.2020. Der Inzidenzwert wurde mit dem Dritten Bevölkerungsschutzgesetz (BGBl. I 2020, S. 2397) erstmals ins IfSG aufgenommen und beschreibt die Anzahl der Neuinfektionen mit dem Coronavirus SARS-CoV-2 je 100.000 Einwohner innerhalb von sieben Tagen.

[1329] Siehe nur BVerfGE 159, 223 (Rn. 199).

[1330] Die Tests dienen zum Nachweis der Virenlast bei Personen. Ein Überblick über die verschiedenen Testarten findet sich z. B. unter: https://www.kvhh.net/_Resources/Persistent/a/9/4/8/a9488b15accbfe678e5c38ed533d6917f7de4ede/12_20_www_KVH_Journal_RZ02.pdf (zuletzt: 28.08.2023).

[1331] *Krueger*, BT-Drs. 19(14-2)6(1), S. 2; siehe zudem bei https://www.tagesschau.de/faktenfinder/inzidenz-zahlenchaos-101.html (zuletzt: 28.08.2023).

zidenzzahl mit Blick auf das Ziel, eine Überlastung des Gesundheitssystems zu verhindern, für sich genommen nicht geeignet ist. Eine an den Einzelfall anknüpfende Gefährdungsbeurteilung und eine angepasste Reaktion auf lediglich lokale Ausbrüche ist unter der ausschließlichen Berücksichtigung der Inzidenz ebenfalls nicht möglich.[1332] Dafür sind vielmehr die Hospitalisierungs-,[1333] Mortalitäts- und Morbiditätsrate[1334] sowie die Anzahl der verfügbaren Behandlungsplätze[1335] zu betrachten. Diese Werte sind aber wiederum mit den regionalen stationären Versorgungskapazitäten ins Verhältnis zu setzen, welche je nach Bundesland und dessen Größe unterschiedlich ausfallen dürften, so dass ein Standardwert als Bezugsgröße schwer zu konzipieren ist. Daneben gelang es im Fall von COVID-19 nicht, diejenigen Patienten, die aufgrund ihrer Corona-Infektion eingeliefert und behandelt werden mussten bzw. an den Folgen der Infektion verstarben, von denjenigen Patienten zu unterscheiden, bei denen neben einem anderen, primären Leiden lediglich zusätzlich eine SARS-CoV-2-Infektion nachgewiesen wurde.[1336] Ein denkbarer weiterer Wert könnte aus Abwasseranalysen gewonnen werden.[1337] Diese können ähnlich wie die Inzidenzzahl bereits frühzeitig – und sogar (mehrere Wochen) früher als die Auswertung von Humantests[1338] – Aussagen über die Entwicklung und den Stand des Infektionsgeschehens geben, sind überdies unabhängig von asymptomatischen Fällen sowie Testraten und den mit dieser Messgröße zusammenhängenden Unsicherheiten und wurden bereits früh seitens der EU und der WHO empfohlen.[1339]

[1332] Vgl. dazu auch die Übersicht in der Ausarbeitung der *Wissenschaftlichen Dienste des Deutschen Bundestages*, WD 3-3000-046/21 sowie WD 3-3000-083/21. So beispielsweise auch VGH München, Beschl. v. 28.07.2020 – 20 NE 20.1609, juris Rn. 45; siehe ferner für Schleswig-Holstein, BR-Drs. 315/1/21, S. 1: „Der Bundesrat bedauert, dass das Gesetz weiterhin undifferenzierte Vorgaben bei der Überschreitung des Schwellenwertes der Sieben-Tage-Inzidenz von 100 beinhaltet und damit insbesondere keine Unterscheidung zwischen Cluster-Ausbrüchen und diffusem Infektionsgeschehen auf Bevölkerungsebene ermöglicht. Dies wird regionalen Besonderheiten nicht gerecht".

[1333] Die Hospitalisierungsinzidenz beschreibt gem. § 28a Abs. 3 Satz 4 IfSG die „Anzahl der in Bezug auf die Coronavirus-Krankheit-2019 (COVID-19) in ein Krankenhaus aufgenommenen Personen je 100.000 Einwohner innerhalb von sieben Tagen".

[1334] Morbidität beschreibt die Häufigkeit des Vorkommens von Erkrankungen, Mortalität die Zahl der Toten in einem bestimmten Zeitraum, vgl. dazu *RKI*, Infektionsschutz und Infektionsepidemiologie, 2015, S. 92, 93.

[1335] Gemeint sind hierbei in erster Linie freie Intensivbetten und ausreichend Personalressourcen.

[1336] Dazu *Murswiek*, NVwZ-Extra 5/2021, 1 (8 f.).

[1337] Ausführlich dazu und zum Folgenden unter: https://www.rki.de/DE/Content/Institut/OrgEinheiten/Abt3/FG32/Abwassersurveillance/Abwassersurveillance.html (zuletzt: 28.08.2023).

[1338] Z. B. *Randazzo et al.*, Water Research, 181 (2020), abrufbar unter: https://www.sciencedirect.com/science/article/pii/S0043135420304796?ref=pdf_download&fr=RR-2&rr=7f58bd161cb62be9 (zuletzt: 28.08.2023).

[1339] Empfehlung (EU) 2021/472 der Kommission vom 17. März 2021 über einen gemeinsamen Ansatz zur Einführung einer systematischen Überwachung von SARS-CoV-2 und seinen Varianten im Abwasser in der EU (ABl. L 98 vom 19.03.2021, S. 3); zur WHO siehe etwa

In Deutschland beschränkt sich die Abwasseranalyse bisher im Rahmen des Pilotprojekts ESI-CorA auf einzelne Probe-Studien in 28 Standorten mit vielversprechenden Ergebnissen.[1340] Die Abwasserdaten erlauben laut RKI jedoch keinen Rückschluss auf die Krankheitsschwere, Inzidenz/Prävalenz, die „Dunkelziffer", Risikogruppen, klinische Relevanz oder die Belastung des Gesundheitswesens und können zudem durch eine Vielzahl von Faktoren wie beispielsweise Starkregenereignisse beeinflusst werden.[1341] Die abwasserbasierte Surveillance ist noch im Aufbau, die Auswahl an Standorten ist bisher nicht repräsentativ für Deutschland.[1342] Sie war daher für die COVID-19-Pandemie keine taugliche Messgröße; könnte und sollte es aber für zukünftige Pandemien sein.[1343]

Letztlich verdeutlicht die Darstellung, dass es nicht einen einzigen Messwert geben kann, um ein derart komplexes Phänomen wie eine Pandemie zu bewerten.[1344] Vielmehr ist jeder dieser Parameter von anderen Umständen und Faktoren und ganz besonders dem mit der Pandemieregulierung verfolgten Ziel abhängig. Erforderlich ist daher ein Produkt aus den unterschiedlichen Parametern,[1345] ein dynamischer Wert, der das konkrete Infektionsgeschehen und den Pandemieverlauf treffend ab-

---

das Q&A zu „Wastewater surveillance of SARS-CoV-2", abrufbar unter: https://apps.who.int/iris/bitstream/handle/10665/353058/WHO-EURO-2022-5274-45038-64164-eng.pdf?sequence=4&isAllowed=y (zuletzt: 28.08.2023).

[1340] Siehe dazu https://www.rki.de/DE/Content/Institut/OrgEinheiten/Abt3/FG32/Abwassersurveillance/Abwassersurveillance.html (zuletzt: 28.08.2023).

[1341] Siehe die Hinweise zum Indikator „Viruslast im Abwasser" beim Pandemieradar (https://www.rki.de/DE/Content/InfAZ/N/Neuartiges_Coronavirus/Situationsberichte/COVID-19-Trends/COVID-19-Trends.html?__blob=publicationFile#/home) sowie die Antworten auf die häufig gestellten Fragen unter https://www.rki.de/DE/Content/Institut/OrgEinheiten/Abt3/FG32/Abwassersurveillance/Abwassersurveillance.html (beide zuletzt: 28.08.2023).

[1342] Siehe die Hinweise zum Indikator „Viruslast im Abwasser" beim Pandemieradar (https://www.rki.de/DE/Content/InfAZ/N/Neuartiges_Coronavirus/Situationsberichte/COVID-19-Trends/COVID-19-Trends.html?__blob=publicationFile#/home; zuletzt: 28.08.2023).

[1343] Zum Potential der Abwasseranalyse als ein zu berücksichtigender Faktor insbesondere bei neu auftretenden Erregern: https://www.rki.de/DE/Content/Institut/OrgEinheiten/Abt3/FG32/Abwassersurveillance/Abwassersurveillance.html (zuletzt: 28.08.2023).

[1344] Der Entschließungsantrag des Bundesrats zum Antrag des Landes Schleswig-Holstein, BR-Drs. 315/1/21, S. 1, forderte neben der Inzidenz als zu berücksichtigende Faktoren „die Anzahl der geimpften Personen, die Zahl der durchgeführten Tests und die tatsächliche Auslastung der Intensivstationen inklusive des vorhandenen Personals sowie die Möglichkeiten der Gesundheitsämter, die Ansteckungsketten". OVG Lüneburg, Beschl. v. 29.10.2020 – 13 MN 393/20, juris Rn. 57 spricht von einem „zutreffenden und gebotenen Ansatz".

[1345] So bereits früh der Vorschlag der FDP (BT-Drs. 19/26536, S. 2), worin die Multiplikation der Sieben-Tage-Inzidenz mit einem „dynamischen Faktor" vorgeschlagen wird. Ähnlich *Wollenschläger*, BT-Drs. 19(14)246(20); *RKI*, ControlCOVID-Handreichung v. 19.03.2021 (abrufbar unter: https://www.rki.de/DE/Content/InfAZ/N/Neuartiges_Coronavirus/ZS/Pandemieplan_Strategien.html?nn=13490888; zuletzt: 28.08.2023). Siehe auch § 31a Abs. 1 Satz 3 HS 2 des Regelungsentwurfs von *Kießling*, Anhang zu BT-Drs. 19(14)246(7), S. 2.

bildet. Welche Indikatoren hierfür herangezogen werden, ist abhängig von dem die konkrete Pandemie auslösenden Erreger und kann vom Gesetzgeber weder vorab festgelegt noch in der konkreten Lage ohne Hinzuziehung wissenschaftlichen Sachverstandes bestimmt werden. Diese Aufgabe ist vielmehr einer wissenschaftlichen Einrichtung zu übertragen. Hierfür ist das RKI prädestiniert.[1346] Das RKI ist dabei abhängig von Meldepflichten und Erhebungsdaten unterschiedlicher Stellen wie etwa Krankenhäusern und Gesundheitsämtern.[1347]

F. Fazit

Zur Bewältigung der COVID-19-Pandemie wurden zahlreiche Regelungen, insbesondere im IfSG erlassen, die als einfachrechtliche Notstandsgesetzgebung einzuordnen sind. Die COVID-19-Regelungen wurden nach und nach an die verfassungsrechtlichen Anforderungen der Wesentlichkeitstheorie angepasst und werden diesen mittlerweile prinzipiell gerecht. Gleichwohl ist der rechtliche Rahmen aber weitestgehend auf den SARS-CoV-2-Erreger und die Besonderheiten der COVID-19-Pandemie zugeschnitten, sodass es weiterhin an einer allgemeinen Pandemiegesetzgebung fehlt. Der rechtliche Umgang mit der Corona-Pandemie hat zudem gezeigt, dass ein pandemiebedingter Gesundheitsnotstand stark von der Dynamik des Infektionsgeschehens, der wissenschaftlichen Unwissenheit in Bezug auf den Erreger, einem stetigen Erkenntnisgewinn sowie einer starken Abhängigkeit der normativen Entscheidungsträger von externem Fachwissen geprägt ist. Der Gesetzgeber muss diese Umstände bei seinem Regelwerk berücksichtigen und rechtlich einfangen. Zudem wurden die Kompetenzen der Länder durch die COVID-19-Regelungen in der Gesamtschau stark beschnitten, obgleich dies – je nach Ausgestaltung des rechtlichen Rahmens – nicht in diesem Umfang notwendig gewesen wäre. In einem zukünftigen Regelwerk zur Pandemiebewältigung sollte daher auch mit Blick auf die vertikale Gewaltenteilung auf ein stimmiges Konzept geachtet werden.

[1346] Während der COVID-19-Pandemie veröffentlichte das RKI tagesaktuell Zahlen zu allen wichtigen Faktoren in einem Pandemieradar auf seiner Website. Der Pandemieradar des RKI wurde zum 01.07.2023 eingestellt, die Daten können aber noch unter https://corona-pandemieradar.de/inzidenz, https://github.com/robert-koch-institut und https://zenodo.org/communities/robertkochinstitut/?page=1&size=20 abgerufen werden (beide zuletzt: 28.08.2023).

[1347] Siehe dazu z.B. Verordnung zur Aufrechterhaltung und Sicherung intensivmedizinischer Krankenhauskapazitäten (DIVI IntensivRegister-Verordnung – DIVIRegV) v. 08.04.2020, BAnz AT 09.04.2020 V4, worin Krankenhäuser, die intensivmedizinische Behandlungskapazitäten vorhalten, verpflichtet werden, sich beim DIVI-Intensivregister zu registrieren und die Anzahl der verfügbaren Kapazitäten dort täglich zu melden.

Kapitel 4

Rechtliches Regelwerk für den Fall eines pandemiebedingten Gesundheitsnotstandes *de lege ferenda*

A. Notwendigkeit einer allgemeinen Pandemiegesetzgebung

Im Jahr 2022, nach etwas über drei Jahren, scheint der Höhepunkt der SARS-CoV-2-Pandemie in Deutschland überwunden zu sein.[1348] Die pandemische Lage wandelt sich immer stärker zu einer endemischen, staatliche Regulierungsmaßnahmen beschränken sich auf ein Minimum oder werden ganz ausgesetzt. Nach der Krise ist jedoch vor der (nächsten) Krise. In Fachkreisen herrscht Einigkeit darüber, dass es zu weiteren Pandemien in der Zukunft kommen wird, deren Ausmaß und Folgenschwere nicht vorhersehbar sind.[1349] Auch wenn die Corona-Pandemie mit Blick auf die Todeszahlen und Krankheitsfälle rückblickend vergleichsweise milde verlaufen ist,[1350] kann dies bei zukünftigen Pandemien anders sein. Die Corona-Pandemie und allen voran der staatliche Umgang damit bleiben in jedem Fall im Gedächtnis. Noch nie zuvor in der Geschichte der Bundesrepublik Deutschland gab es eine ähnliche, alle Lebensbereiche umfassende und so lange andauernde staatliche Regulierung. Die Auswirkungen in gesellschaftlicher, ökonomischer, finanzieller und auch rechtlicher Hinsicht sind nur schwer zu erfassen.

Der Staat und zuvörderst der Gesetzgeber sind verpflichtet, die Bevölkerung zu schützen. Die Schutzpflicht für das Leben und die körperliche Unversehrtheit (Art. 2 Abs. 2 Satz 1 GG) fordert nicht nur ein Tätigwerden zur Bewältigung einer bereits ausgebrochenen Seuche, sondern sogar ein vorsorgliches Handeln des Staates.

[1348] Siehe z. B. die Aussage von Virologe *Christian Drosten* bei https://www.faz.net/aktuell/gesellschaft/gesundheit/coronavirus/corona-christian-drosten-haelt-die-pandemie-fuer-beendet-18559338.html (zuletzt: 28.08.2023). Am 05.05.2023 hat die WHO die Corona-Pandemie zudem für beendet erklärt.

[1349] Siehe z. B. *Kräusslich*, in: Lohse/Mettenleiter, Infektionen und Gesellschaft, 2022, 98 (98); ferner bereits *Witte*, Recht und Gerechtigkeit im Pandemiefall, 2013, S. 22 ff.; zudem https://www.helmholtz-hzi.de/de/aktuelles/thema/es-wird-weitere-vielleicht-noch-gefaehrlichere-pandemien-geben/ oder https://www.spiegel.de/wissenschaft/mensch/corona-andere-pandemien-bedrohen-die-menschen-who-warnt-a-8c899749-bf9e-4d85-a194-e31b9454b909 (beide zuletzt: 28.08.2023).

[1350] Gleichwohl können die durch SARS-CoV-2-Infektionen verursachten Langzeitschäden (z. B. Long Covid) noch nicht eingeschätzt werden (dazu https://www.rki.de/DE/Content/InfAZ/N/Neuartiges_Coronavirus/Long-COVID/Inhalt-gesamt.html; zuletzt: 28.08.2023).

Dynamik und Unwissenheit können nicht für ein Abwarten ins Feld geführt werden. Wie die Lage in Deutschland ohne die zahlreichen und umfassenden staatlichen Regulierungen wäre, lässt sich im Nachhinein nur schwer beurteilen. Einer bereits vor dem Ernstfall bestehenden rechtlichen Regelung kommt aber in jedem Fall immense Bedeutung zu. Gerade im Fall eines pandemischen Virus kann ein schnelles, effektives Eingreifen des Staates essentiell sein, um eine weitere Ausbreitung zu verhindern oder zumindest soweit abzuschwächen, dass die Virusverbreitung kontrolliert und vom Gesundheitssystem bewältigt werden kann. Ein Regelwerk, das erst nach Eintreten der Gefahr austariert wird, muss zu spät kommen. Im Fall einer tödlichen übertragbaren Infektionskrankheit kann jedes „Zu-Spät-Kommen" Leben kosten.

Ob der fundamentalen Bedeutung staatlicher Regulierung in krisenhaften Zeiten erweist sich der gesetzliche Rahmen zur Bewältigung eines pandemiebedingten Gesundheitsnotstandes nach wie vor als defizitär. Die COVID-19 spezifischen Instrumentarien sind eigens und allein auf die epidemiologischen Besonderheiten des SARS-CoV-2-Erregers abgestimmt und größtenteils auch nur für die Bekämpfung dieses Erregers gedacht. Künftige Fälle können sich abhängig vom verursachenden Erreger stark von der COVID-19-Pandemie unterscheiden und andere Anforderungen an ein rechtliches Regelwerk stellen. Ein gesetzgeberischer Handlungsrahmen muss daher allgemein, das heißt losgelöst vom konkreten Virus im Einzelfall, ausgestaltet sein und gleichwohl auf dessen Besonderheiten reagieren können. Ansätze dafür, wie ein solcher gesetzlicher Regelungsrahmen zur Bewältigung eines pandemiebedingten Gesundheitsnotstandes aussehen könnte, sollen im Folgenden dargestellt werden.[1351]

B. Vorüberlegungen

Ein künftiges Regelwerk zur Bewältigung eines pandemiebedingten Gesundheitsnotstandes steht vor der großen Herausforderung, einen generellen, auf alle Arten künftiger Pandemien anwendbaren rechtlichen Rahmen bereitzustellen, der gleichwohl auf die Besonderheiten jeder einzelnen Pandemie und des sie verursachenden Virus reagieren kann.

Aus den Erfahrungen im Umgang mit der Corona-Pandemie können insofern nur bedingt Lehren für eine allgemeine Pandemiegesetzgebung gezogen werden.[1352]

[1351] Insbesondere für das IfSG wird ein „Relaunch" gefordert, *Kingreen*, NJW 2021, 2766 (2766); Ansätze finden sich auch bei *Dederer/Preiß*, AöR 2023 (148), 289 (323 ff.); *Gallon/Hollo/Kießling*, Epidemiegesetz, 2023; *Kießling*, JZ 2022, 53 (53); *Kluth*, VerfBlog v. 10.12.2021; *Sangs*, NVwZ 2022, 1489 (1495). Für einen Reformbedarf auch Bericht des Sachverständigenausschusses nach § 5 Abs. 9 IfSG: Evaluation der Rechtsgrundlagen und Maßnahmen der Pandemiepolitik, 2022, S. 103.

[1352] Vgl. dazu und zum Folgenden *Dederer/Preiß*, AöR 148 (2023), 289 (324 ff.).

Denn jede Pandemie ist einzigartig und wird von den Besonderheiten des sie verursachenden Virus, dem wissenschaftlichen Erkenntnisstand und dem jeweiligen Forschungsfortschritt sowie dem Vorhandensein oder der Möglichkeit einer Immunisierung der Gesellschaft geprägt. Alle diese eine Pandemie definierenden und für den rechtlichen Umgang damit ausschlaggebenden Merkmale können vorab nicht bestimmt, festgelegt oder vorhergesagt werden. Sie werden vielmehr erst nach dem Auftreten eines neuartigen Virus und dessen sich bereits in Gang befindlicher Ausbreitung erforschbar und fassbar. Das gesetzgeberische COVID-19-Instrumentarium, allen voran die Regelungen des IfSG, wurde dementsprechend weithin spezifisch an die COVID-19-Pandemie und ihren Verlauf eingefügt und angepasst.[1353] Es stellt keinen allgemeingültigen Maßstab für künftige Pandemiefälle dar und lässt sich nicht ohne Weiteres auf andere Fälle übertragen. Das vor dem Hintergrund des SARS-CoV-2-Erregers und speziell gegen jenen entwickelte rechtliche Handwerkzeug muss dem Gesetzgeber gleichwohl für künftige Fälle eines pandemiebedingten Gesundheitsnotstandes zur Verfügung stehen, ohne dass dieser jedoch zu dessen Anwendung verpflichtet oder allein darauf begrenzt ist.[1354]

Ein pandemiebedingter Gesundheitsnotstand stellt nicht nur faktisch eine Ausnahmesituation, sondern auch in rechtlicher Hinsicht einen Notstand dar. Pandemiegesetzgebung ist damit Notstandsgesetzgebung.[1355] Wegen der notstandsrechtlichen Auswirkungen auf die horizontale und vertikale Gewaltenverteilung ist eine verfassungsrechtliche Verankerung des Gesundheitsnotstandes erforderlich.[1356] An einer solchen Verankerung fehlt es bisher. Ein jeder Versuch, gesetzliche Regelungen für eine Notstandslage auszutarieren, steht dabei vor der großen Herausforderung, Sachlagen normativ erfassen zu wollen, die nicht gänzlich vorhersehbar und damit auch nur in Grenzen normierbar sind. Für den Fall des pandemiebedingten Gesundheitsnotstandes kommt hinzu, dass der Gesetzgeber bei der Normierung die Grundsätze einer dynamischen Risikoregulierung[1357] zu beachten hat und sein Regelwerk anpassbar und lernfähig gestalten muss, um auf das sich ändernde Infektionsgeschehen, die Dynamik einer Pandemie und wissenschaftliche Erkenntnisfortschritte reagieren zu können. *De lege ferenda* bedarf es mithin einer rechtlichen Rahmengesetzgebung, die bereits jetzt gesetzgeberisch festgelegt werden muss und die Grundstrukturen zur Bewältigung eines pandemiebedingten Gesundheitsnotstandes bereithält. Die Detail- und Einzelfragen können erst bei Eintreten des Ernstfalles näher umrissen werden. Zugleich muss das Regelwerk einen möglichst frühen, vorsorglichen staatlichen Zugriff ermöglichen.

[1353] Siehe den Überblick oben Kapitel 2 B. I. 2.

[1354] Gleichsinnig *Dederer/Preiß*, AöR 148 (2023), 289 (325).

[1355] Oben bei Fn. 405.

[1356] *Hesse*, JZ 1960, 105 (105); *Thielbörger/Belehrt*, VerfBlog v. 30.03.2020; kritisch zur einfachgesetzlichen Ausgestaltung der COVID-19-Notstandsregelungen *Barczak*, Der nervöse Staat, 2. Aufl. 2021, S. 698, 702; *ders.*, RuP 56 (2020), 458 (464); *Gärditz/Meinel*, F. A. Z. v. 26.03.2020, S. 6.

[1357] Dazu unter Kapitel 3 E.

Vorgeschlagen wird daher eine verfassungsrechtliche Verankerung des Gesundheitsnotstandes in einem neuen Art. 80b GG-E, der nach dem Vorbild von Art. 80a GG[1358] einfachgesetzliche Regelungen im IfSG entsperrt.[1359]

Durch diese Konzeption wird die Normallage nicht nur strikt von der Notstandslage getrennt, sondern bereits in Zeiten der Normallage für einen potentiellen, künftigen Notstandsfall Sorge getragen. Das an die Anwendbarkeitserklärung im Rahmen von Art. 80b GG-E anknüpfende einfache Recht wird bereits in Zeiten der Normallage und damit in einem ordnungsgemäßen Gesetzgebungsverfahren mit all seinen Vorteilen und ohne den zeitlichen und politischen Druck einer Krisensituation erlassen. Diese Gesetze sind „zwar nach Art. 78 GG ‚zustande gekommen' und nach Art. 82 Abs. 1 GG ‚in Kraft getreten', aber noch nicht wirksam"; ihre Wirksamkeit ist vielmehr „aufschiebend bedingt" durch den parlamentarischen Beschluss[1360] über das Vorliegen eines Gesundheitsnotstandes. Es handelt sich mithin um eine Form der Vorratsgesetzgebung,[1361] die es dem Gesetzgeber ermöglicht, „ruhig, rational und abgeklärt normative Vorsorge"[1362] für eine Ausnahmesituation zu treffen. Art. 80a GG bietet somit bereits „*de constitutione lata* ein ebenso flexibles wie rigides Instrument für Krisensituationen, das den […] Ausgleich zwischen rechtsstaatlich-demokratischer Sekurität und politischer Effektivität mustergültig verwirklicht".[1363]

Art. 80a GG erfasst ausschließlich Fälle des äußeren Notstandes[1364] und kann daher nicht unmittelbar für den Gesundheitsnotstand als Fall des inneren Notstandes fruchtbar gemacht werden. Eine vergleichbare Regelung für Fälle des inneren Notstandes gibt es im Grundgesetz bisher nicht, gleichwohl stehen ihr keine ver-

---

1358 Zum Potential von Art. 80a GG in der Krisengesetzgebung *Barczak*, Der nervöse Staat, 2. Aufl. 2021, S. 632 ff.; *Depenheuer*, in: Dürig/Herzog/Scholz, GG, Art. 80a Rn. 10 f. (2011). Für die COVID-19-Regelungen, wenngleich kritisch, auch Bericht des Sachverständigenausschusses nach § 5 Abs. 9 IfSG: Evaluation der Rechtsgrundlagen und Maßnahmen der Pandemiepolitik, 2022, S. 108. Im Folgenden wird ausschließlich auf die Regelungen des Spannungsfalls in Art. 80a Abs. 1 Satz 1 Var. 1 GG Bezug genommen. Die ebenso in Art. 80a Abs. 1 GG geregelten Alternativen des Bündnis- und Zustimmungsfall bleiben außer Betracht. Zur Tauglichkeit dieser Fälle als Blaupause für einen Art. 80b GG-E vor dem Hintergrund terroristischer Bedrohungen *Barczak*, Der nervöse Staat, 2. Aufl. 2021, S. 633 f.

1359 Vorbild des vorliegenden Entwurfs auf Verfassungsebene ist der Vorschlag eines Art. 80b GG-E bei *Barczak*, Der nervöse Staat, 2. Aufl. 2021, S. 651 ff.

1360 So für Art. 80a GG *Depenheuer*, in: Dürig/Herzog/Scholz, GG, Art. 80a Rn. 7 (2011).

1361 *Depenheuer*, in: Dürig/Herzog/Scholz, GG, Art. 80a Rn. 7 (2011).

1362 *Depenheuer*, in: Dürig/Herzog/Scholz, GG, Art. 80a Rn. 8 (2011).

1363 *Barczak*, Der nervöse Staat, 2. Aufl. 2021, S. 630 (Hervorhebung im Original). Art. 80a GG lässt sich wegen seiner Konzeption nicht eindeutig der Normal- oder Ausnahmelage zuordnen, sondern nimmt vielmehr eine Zwischenstellung ein, dazu *Barczak*, Der nervöse Staat, 2. Aufl. 2021, S. 632 m. w. N.

1364 Nicht nur den Verteidigungsfall in Art. 115a GG, dazu *Depenheuer*, in: Dürig/Herzog/Scholz, GG, Art. 80a Rn. 13 ff. (2011).

fassungsrechtlichen Bedenken entgegen.[1365] Art. 80a GG bietet als „äußerst geschickter Schachzug des Notstandsgesetzgebers" daher nicht nur für die Fälle des äußeren Notstandes „ein bislang noch kaum gesehenes Regelungspotential",[1366] sondern für sämtliche staatliche Gefährdungssituationen,[1367] mithin auch für den Gesundheitsnotstand. Art. 80a GG wird aufgrund seiner „innovativen Funktionsweise"[1368] als ein „zentrales verfassungsrechtliches Instrument des prozedural formalisierten, aber sachlich (und auch zeitlich) anpassungsfähigen Krisenmanagements"[1369] beschrieben. Eben diese Qualitäten sind bei der Bewältigung eines pandemiebedingten Gesundheitsnotstandes und der dafür erforderlichen dynamischen Risikoregulierung notwendig.

Der richtige Regelungsstandort auf einfachgesetzlicher Ebene bleibt prinzipiell das IfSG.[1370] Das pandemiegesetzliche Regelungskonzept zielt dabei ohne Zweifel auf Gefahrenabwehr. Gleichwohl reichen gefahrenabwehrrechtliche Elemente für sich genommen mit Blick auf die große Ungewissheit, die einen pandemiebedingten Gesundheitsnotstand umgibt, nicht zu dessen Bewältigung aus. Es bedarf neben den gefahrenabwehrrechtlichen Strukturen in Situationen der Unwissenheit insbesondere vorsorge- und risikorechtlicher Elemente.[1371] Das Regelwerk kann sich auch deshalb nicht am allgemeinen Sicherheitsrecht orientieren, da dessen bekannte Kategorien wie die Unterscheidung zwischen Störer und Nichtstörer im Fall einer Pandemie unter Umständen nicht vorgenommen werden kann.[1372] Und auch wenn es bei der Pandemiegesetzgebung und vor allem ihrer Vollziehung um die komplexe Zuordnung einer Vielzahl unterschiedlicher konkurrierender und widerstreitender Güter zur Erreichung eines übergeordneten, hochrangigen Zwecks geht, lassen sich dem Planungsrecht keine Anleihen entnehmen.[1373] Planung zielt darauf, vorausschauend und auf einen langen Zeithorizont gesehen normative Stabilität zu bieten. Zur normativen Bewältigung einer Pandemie braucht es hingegen dynamischer und oftmals schnelllebiger Regelungen. Für eine Pandemiegesetzgebung bietet das

---

[1365] Siehe dazu *Barczak*, Der nervöse Staat, 2. Aufl. 2021, S. 636 f. mit dem historischen Verweis auf den Höcherl-Entwurf 1963 als Ursprung der Art. 80a GG zugrunde liegenden Regelung, der den inneren Notstand durchaus erfasste.

[1366] *Depenheuer*, in: Dürig/Herzog/Scholz, GG, Art. 80a Rn. 10 (2011).

[1367] Vgl. *Barczak*, Der nervöse Staat, 2. Aufl. 2021, S. 645.

[1368] *Barczak*, Der nervöse Staat, 2. Aufl. 2021, S. 640.

[1369] *März*, in: Isensee/P. Kirchhof, HStR, Band XII, 3. Aufl. 2014, § 281 Rn. 8.

[1370] Dazu und zum Folgenden *Dederer/Preiß*, AöR 148 (2023), 289 (327 f.).

[1371] Dazu bereits oben unter Kapitel 3 C. I. 1.

[1372] Im Ergebnis ebenso *Kießling*, JZ 2022, 53 (56 f.); vgl. auch *Mangold*, VVDStRL 80 (2021), 7 (18); *Poscher*, in: Huster/Kingreen, HdB InfSR, 2. Aufl. 2021, Kapitel 4 Rn. 3 f.; *Rixen*, VVDStRL 80 (2021), 37 (46 f.). Zur Problematik bei der Unterscheidung Störer-Nichtstörer in der COVID-19-Pandemie *Dederer*, in: ders./Gierhake/Preiß, COVuR 2021, 454 (455 f.).

[1373] Anders *Kießling*, JZ 2022, 53 (59 f.); Tendenz wohl auch bei *Kluth*, VerfBlog v. 10. 12. 2021.

Planungsrecht somit keine Orientierung. Pandemiegesetzgebung ist daher Sicherheitsrecht, aber ein Sicherheitsrecht sui generis.[1374]

Bei der Untersuchung des bisherigen rechtlichen Rahmens zur Bewältigung von Pandemien und pandemiebedingten Gesundheitsnotständen stellte sich dieser als defizitär heraus.[1375] Zuvörderst fehlte es an bundesrechtlichen Operationsbefugnissen und bundeseinheitlichen Steuerungsmöglichkeiten. *De lege ferenda* sollen diese Elemente in der Notstandsgesetzgebung des IfSG integriert werden, wenngleich nach Möglichkeit am Regelfall des Vollzugs durch die Bundesländer festgehalten werden soll.

Im folgenden Normierungsvorschlag werden Optionen und Ansätze für ein solches künftiges pandemisches Regelwerk auf verfassungsrechtlicher wie einfachrechtlicher Ebene dargestellt.[1376] Die Darstellung im einfachen Recht konzentriert sich auf die zentralen Regelungen im IfSG zur Feststellung eines pandemiebedingten Gesundheitsnotstandes, exekutiven Notstandsbefugnissen in Form von Ermächtigungen zum Verordnungserlass sowie grundrechtsbeschränkenden Pandemiemaßnahmen.[1377]

C. Regelungsansätze und -optionen

I. Normierungsvorschlag

1. Verfassungsrechtliche Ebene

Art. 80b GG-E [Gesundheitsnotstand]

(1) Ist in einem Bundesgesetz bestimmt, dass bestimmte Rechtsvorschriften nur nach Maßgabe dieses Artikels angewandt werden dürfen, so ist ihre Anwendung nur zulässig, wenn der Bundestag den Eintritt des Gesundheitsnotstandes festgestellt hat.

[1374] Gleichsinnig *Dederer/Preiß*, AöR 148 (2023), 289 (328).

[1375] Kapitel 2 A. III. und Kapitel 3 F.

[1376] Grundlegungen für die einfachgesetzliche Ebene des IfSG bereits bei *Dederer/Preiß*, AöR 148 (2023), 289 (328 ff.). Die Reformvorschläge in dieser Untersuchung bauen auf jenen Überlegungen auf.

[1377] Darüber hinaus besteht selbstredend weiterer Regelungsbedarf. Insbesondere bedarf eine Impf- bzw. Impfnachweispflicht ebenso einer parlamentsgesetzlichen Regelung wie die mit einer Impfpriorisierung zusammenhängenden Regulierungsfragen (*Dederer/Preiß*, AöR 148 (2023), 289 [345]). Diese Regelungen kann der Gesetzgeber jedoch abhängig von der konkreten Pandemie erst in deren Verlauf treffen. Zudem bieten die diesbezüglichen COVID-19-Regelungen hierfür gute und übertragbare Ansätze (siehe Kapitel 3 B. V. 5.). Gleiches gilt für die parlamentsgesetzliche Regelung einer pandemiebedingten Triage auf Länderebene. § 5c IfSG bietet ebenfalls eine brauchbare Blaupause, leidet jedoch an einem kompetenzrechtlichen Defizit (siehe Kapitel 3 B. V. 4. b)). Die Beschlussfähigkeit des Bundestages kann hingegen auch ohne Änderung der Verfassung bereits jetzt über digitale Modelle sichergestellt werden (oben Kapitel 3 B. V. 7.).

(2) [1]Die Feststellung erfolgt auf Antrag der Bundesregierung mit Zustimmung des Bundesrates. [2]Sie bedarf einer Mehrheit von zwei Dritteln der abgegebenen Stimmen im Bundestag. [3]Der Gesundheitsnotstand ist unverzüglich für beendet zu erklären, wenn die Voraussetzungen für seine Feststellung nicht mehr gegeben sind. [4]Die Feststellung gilt als aufgehoben, sofern der Bundestag nicht spätestens drei Monate nach der Feststellung das Fortbestehen des Gesundheitsnotstandes feststellt. [5]Die Feststellung und Aufhebung sind in der Beschlussvorlage zu begründen und werden vom Bundespräsidenten gemäß Artikel 82 im Bundesgesetzblatt verkündet.

(3) Die Anwendung der Rechtsvorschriften nach Absatz 1 ist nach Beendigung des Gesundheitsnotstandes unter Einbeziehung wissenschaftlicher Sachverständiger zu evaluieren.

(4) Das Nähere regelt ein Bundesgesetz.

2. Einfachrechtliche Ebene (IfSG-E)

§ 5 IfSG-E [Pandemiebedingter Gesundheitsnotstand]

(1) [1]Der Deutsche Bundestag kann einen Gesundheitsnotstand im Sinne des Art. 80b Abs. 1 GG-E feststellen, wenn eine ernsthafte Gefahr für die öffentliche Gesundheit in der Bundesrepublik Deutschland besteht, weil

1. die Einschleppung einer bedrohlichen übertragbaren Krankheit in die Bundesrepublik Deutschland droht oder
2. eine dynamische Ausbreitung einer bedrohlichen übertragbaren Krankheit über mehrere Länder in der Bundesrepublik Deutschland droht oder stattfindet

und die Gefahr nicht allein durch Maßnahmen nach den §§ 28 bis 31 IfSG eingedämmt werden kann (pandemiebedingter Gesundheitsnotstand). [2]Eine ernsthafte Gefahr für die öffentliche Gesundheit nach Satz 1 liegt insbesondere dann vor, wenn die übertragbare Krankheit zu einer erheblichen Übersterblichkeit, zu erheblichen gesundheitlichen Langzeitschäden in einem großen Teil der Bevölkerung oder zu einem Zusammenbruch der Gesundheitsversorgung führen kann.

(2) [1]Vor der Feststellung nach Absatz 1 Satz 1, vor der Feststellung eines Fortbestehens (Art. 80b Abs. 2 Satz 4 GG-E) und vor der Aufhebung einer Feststellung (Art. 80b Abs. 2 Satz 3 GG-E) holt der Deutsche Bundestag eine Stellungnahme des Robert Koch-Institutes ein. [2]Das Robert Koch-Institut ist insoweit nicht den Weisungen des Bundesministeriums für Gesundheit unterworfen.

(3) [1]Für die nach Art. 80b Abs. 3 GG-E vorgesehene Evaluierung beauftragt das Bundesministerium für Gesundheit eine externe Evaluation zu den Auswirkungen der Regelungen dieses Abschnitts, der Vorschriften, die auf dieser Grundlage erlassen wurden, und der Vorschriften, die auf den pandemiebedingten Gesundheitsnotstand Bezug nehmen sowie zu der Frage einer Reformbedürftigkeit. [2]Die Evaluation erfolgt nach dem Ende des pandemiebedingten Gesundheitsnotstandes. [3]Die Evaluation erfolgt durch unabhängige Sachverständige verschiedener Fachbereiche, die jeweils zur Hälfte von der Bundesregierung und vom Deutschen Bundestag benannt werden. [4]Das Ergebnis der Evaluierung wird der Bundesregierung spätestens sechs Monate nach der

Beauftragung vorgelegt. [5]Die Bundesregierung übersendet dem Deutschen Bundestag das Ergebnis der Evaluierung sowie eine Stellungnahme der Bundesregierung zu diesem Ergebnis.

§ 5a IfSG-E [Rechtsverordnungsermächtigungen]

(1) [1]Im Rahmen eines pandemiebedingten Gesundheitsnotstandes kann die Bundesregierung feststellen, dass ohne die in § 5a Abs. 1 Satz 2 IfSG-E getroffenen Maßnahmen die Deckung des Bedarfs an personellen wie sächlichen Ressourcen für ein funktionsfähiges Gesundheitssystems im Bundesgebiet oder wesentlichen Teilen davon ernsthaft gefährdet ist. [2]Soweit es zur Sicherstellung der gesundheitlichen Versorgung im pandemiebedingten Gesundheitsnotstand nach Satz 1 erforderlich ist, wird die Bundesregierung ermächtigt, durch Rechtsverordnung ohne Zustimmung des Bundesrates

1. Maßnahmen zur Sicherstellung der Versorgung mit Arzneimitteln gemäß § 79 Abs. 2 AMG-E zu treffen.
2. …

(2) Rechtsverordnungen nach Absatz 1 sind von der Bundesregierung aufzuheben, oder auszusetzen, wenn der Bundestag es verlangt.

(3) Eine auf Grund des Absatzes 1 erlassene Rechtsverordnung tritt vorbehaltlich der vorherigen Verlängerung durch den Deutschen Bundestag mit Aufhebung der Feststellung eines pandemiebedingten Gesundheitsnotstandes außer Kraft.

§ 31a IfSG-E [Hygieneschutzmaßnahmen im pandemiebedingten Gesundheitsnotstand]

(1) [1]Für die Dauer und zur Bewältigung eines pandemiebedingten Gesundheitsnotstandes bestimmt der Deutsche Bundestag die notwendigen Schutzmaßnahmen und maßgeblichen Indikatoren. [2]Schutzmaßnahmen und Indikatoren sind insbesondere die in den Anlagen II und III aufgeführten.

(2) [1]Maßnahmen, die auf der Grundlage der nach Absatz 1 ausgewählten Schutzmaßnahmen und Indikatoren ergehen, sind aufeinander abzustimmen und im Rahmen eines Gesamtschutzkonzeptes zu erlassen. [2]Das Gesamtschutzkonzept ist am Ziel des Schutzes von Leben und Gesundheit sowie der Funktionsfähigkeit des Gesundheitssystems auszurichten. [3]Die Schutzmaßnahmen sind unter Berücksichtigung des jeweiligen regionalen und überregionalen Infektionsgeschehens zu treffen. [4]Wesentlicher Maßstab hierfür sind die vom Deutschen Bundestag bestimmten Indikatoren nach Absatz 1. [5]Das Robert Koch-Institut veröffentlicht im Internet unter https://www.rki.de werktäglich nach Altersgruppen differenzierte und mindestens auf einzelne Länder und auf das Bundesgebiet bezogene Daten zu den vom Deutschen Bundestag ausgewählten Indikatoren. [6]Die Bundesregierung bestimmt durch Rechtsverordnung Schwellenwerte aus den vom Deutschen Bundestag ausgewählten und durch das Robert Koch-Institut aufbereiteten Indikatoren, jenseits derer bestimmte Schutzmaßnahmen eingreifen. [7]Das Gesamtschutzkonzept ist am aktuellen Stand der Wissenschaft und Forschung zu orientieren, fortlaufend zu evaluieren und an das Infektionsgeschehen anzupassen. [8]Die Schutzmaßnahmen müssen für sich genommen und in ihrer Gesamtheit als Gesamtschutzkonzept insbesondere die wirtschaftlichen, sozialen und kulturellen kurz- und langfristigen Auswirkungen auf den Einzelnen und die Allgemeinheit berücksichtigen.

(3) [1]Schutzmaßnahmen gegen Immunisierte dürfen nur ergriffen werden, sofern die Infektionsgefahr nicht ohne deren Inanspruchnahme abgewehrt werden kann. [2]Die

Bundesregierung bestimmt durch Rechtsverordnung die Anforderungen an einen Nachweis der Immunisierung nach dem aktuellen Stand der Wissenschaft und Forschung.

(4) [1]Rechtsverordnungen, die nach § 32 in Verbindung mit § 31a Absatz 2 erlassen werden, sind zeitlich auf eine Geltungsdauer von vier Wochen zu befristen und zu begründen. [2]Eine Verlängerung ist unter Begründung möglich. [3]In der Begründung ist das Gesamtschutzkonzept der Maßnahmen nach § 31a Abs. 2 Satz 1 darzulegen.

§ 31b IfSG-E [Vorsorgendes Gesamtschutzkonzept]

Liegen die Voraussetzungen für einen pandemiebedingten Gesundheitsnotstand vor, ist ein vorsorgendes Gesamtschutzkonzept nach den Maßgaben des § 31a Absatz 2 bis 4 zu erstellen, auch ohne, dass eine ernsthafte Gefahr für die öffentliche Gesundheit besteht.

§ 32 IfSG-E

… [3]Im pandemiebedingten Gesundheitsnotstand wird die Bundesregierung ermächtigt, unter den Voraussetzungen, die für die Maßnahmen nach § 31a maßgebend sind, durch Rechtsverordnung mit Zustimmung des Bundestages und Zustimmung des Bundesrates entsprechende Gebote und Verbote zur Bekämpfung übertragbarer Krankheiten zu erlassen, soweit zur effektiven Pandemiebewältigung bundesweit einheitliche Schutzmaßnahmen zwingend erforderlich sind.

Anlage II (zu 31a IfSG-E) [Schutzmaßnahmen im pandemiebedingten Gesundheitsnotstand]

Schutzmaßnahmen zur Bewältigung eines pandemiebedingten Gesundheitsnotstandes sind unter anderem

1. Anordnung eines Abstandsgebots im öffentlichen Raum,
2. Verpflichtung zum Tragen einer Mund-Nasen-Bedeckung (Maskenpflicht),
3. Verpflichtung zur Vorlage eines Impf-, Genesenen- oder Testnachweises,
4. Ausgangs- oder Kontaktbeschränkungen im privaten sowie im öffentlichen Raum,
5. Verpflichtung zur Erstellung und Anwendung von Hygienekonzepten für Betriebe, Einrichtungen oder Angebote mit Publikumsverkehr,
6. Untersagung oder Beschränkung von Freizeitveranstaltungen und ähnlichen Veranstaltungen,
7. Untersagung oder Beschränkung des Betriebs von Einrichtungen, die der Freizeitgestaltung zuzurechnen sind,
8. Untersagung oder Beschränkung von Kulturveranstaltungen oder des Betriebs von Kultureinrichtungen,
9. Untersagung oder Beschränkung von Sportveranstaltungen und der Sportausübung,
10. umfassendes oder auf bestimmte Zeiten beschränktes Verbot der Alkoholabgabe oder des Alkoholkonsums auf bestimmten öffentlichen Plätzen oder in bestimmten öffentlich zugänglichen Einrichtungen,
11. Erteilung von Auflagen für das Abhalten von Veranstaltungen, Ansammlungen, Aufzügen, Versammlungen sowie religiösen oder weltanschaulichen Zusammenkünften,

12. Untersagung oder Beschränkung von Reisen; dies gilt insbesondere für touristische Reisen,
13. Untersagung oder Beschränkung von Übernachtungsangeboten,
14. Untersagung oder Beschränkung des Betriebs von gastronomischen Einrichtungen,
15. Schließung oder Beschränkung von Betrieben, Gewerben, Einzel- oder Großhandel,
16. Untersagung oder Beschränkung des Betretens oder des Besuchs von Einrichtungen des Gesundheits- oder Sozialwesens,
17. Schließung von Gemeinschaftseinrichtungen im Sinne von § 33, Hochschulen, außerschulischen Einrichtungen der Erwachsenenbildung oder ähnlichen Einrichtungen oder Erteilung von Auflagen für die Fortführung ihres Betriebs oder
18. Anordnung der Verarbeitung der Kontaktdaten von Kunden, Gästen oder Veranstaltungsteilnehmern, um mögliche Infektionsketten nachverfolgen und unterbrechen zu können.

Anlage III (zu § 31a IfSG-E) [Indikatoren]

Indikatoren zur Beurteilung des Pandemiegeschehens sind unter anderem

1. die Anzahl der Neuinfektionen mit dem jeweiligen Virus je 100.000 Einwohner innerhalb von sieben Tagen (Sieben-Tage-Inzidenz),
2. die Anzahl der in Bezug auf die jeweilige Krankheit in ein Krankenhaus aufgenommenen Personen je 100.000 Einwohner innerhalb von sieben Tagen (Hospitalisierungsinzidenz),
3. die verfügbaren (intensivmedizinischen) Behandlungskapazitäten,
4. die Mortalitätsrate,
5. die Anzahl der gegen die jeweilige Krankheit geimpften Personen,
6. die Testrate und die Anzahl positiver Tests,
7. das Abwasser-Monitoring,
8. die Surveillance-Systeme des Robert Koch-Institutes für respiratorische Atemwegserkrankungen,
9. die Reproduktionszahl (R-Wert),
10. die Impfquote.

II. Erläuterungen

1. Verfassungsrechtliche Ebene (Art. 80b GG-E)

Art. 80b GG-E bildet den verfassungsrechtlichen Anknüpfungspunkt zur Bewältigung eines pandemiebedingten Gesundheitsnotstandes. Angelehnt an Art. 80a GG werden außerordentliche Notstandsbefugnisse auf einfachgesetzlicher Ebene, die bereits vor Eintritt des tatsächlichen Notstandsfalles vom Gesetzgeber beschlossen wurden und in Kraft getreten sind, durch einen Feststellungsbeschluss des Parlaments für anwendbar erklärt („entsperrt").[1378] Eine verfassungsrechtliche Verankerung des rechtlichen Rahmens zur Pandemiebewältigung ist wegen der notstandsbedingten Verschiebung im Gewaltenteilungsgefüge – weg vom Parlament und hin zur Exekutive – erforderlich.[1379] Ebenso dient der Regulierungsansatz der rechtsklaren Trennung von Normallage und Notstandslage. Das COVID-19-Regelwerk, das als Notstandsgesetzgebung auf einfachrechtlicher Ebene einzuordnen ist, offenbarte, dass gerade auch im Pandemiefall vielfältige und zahlreiche Befugnisse der Exekutive im Sinne einer effektiven Bewältigung des Notstandes erforderlich sind. Durch den Feststellungsbeschluss sowie den Erlass nur für den Ausnahmefall geltender Gesetze verbleibt die sächliche und tatsächliche Entscheidungsgewalt darüber, ob und welche weitreichenden Befugnisse der Exekutive ausgelöst werden sollen, beim Gesetzgeber.

a) Gegenstand und Voraussetzungen (Absatz 1)

Nach Art. 80b Abs. 1 GG-E obliegt die Entscheidung, einen Gesundheitsnotstand festzustellen, dem Bundestag. Der Feststellungsbeschluss „entsperrt" das daran anknüpfende einfache Recht, wie es vorliegend exemplarisch für den Fall des pandemiebedingten Gesundheitsnotstandes und anhand der entsprechenden Regelungen im IfSG dargestellt wird. Durch den Beschluss werden die in der Normallage „schlafenden", besonderen Notstandsbefugnisse anwendbar. Der Feststellungsbeschluss leitet den Übergang von der Normallage zur Ausnahmesituation ein und bildet damit einen zentralen und unabdingbaren Bestandteil eines notstandsrechtlichen Regelwerks.[1380]

Inhaber der Feststellungs- und Aufhebungsbefugnis ist das Parlament, das in Vertretung des Volkes (Art. 38 Abs. 1 Satz 2 GG) fungiert sowie dem Volk als Souverän (Art. 20 Abs. 2 Satz 1 GG) verantwortlich ist und besonders demokratisch legitimiert ist. Durch die Feststellung eines Gesundheitsnotstandes werden (jedenfalls im IfSG) Befugnisse der Exekutive freigeschaltet, so dass der Gesetzgeber auch

---

[1378] Zu dieser Wirkung der Feststellung des Spannungsfalls gemäß Art. 80a Abs. 1 Satz 1 GG etwa *Brenner*, in: Huber/Voßkuhle, GG, Band 2, 8. Aufl. 2024, Art. 80a Rn. 18, 27 f. Auch die „entsperrten" Gesetze müssen der Verfassungs- und Grundrechtsbindung aus Art. 1 Abs. 3, 20 Abs. 3 GG genügen. Davon befreit Art. 80a Abs. 1 Satz 1 GG nicht, *Dederer/Preiß*, AöR 148 (2023), 289 (329 Fn. 266).

[1379] Siehe Fn. 1356.

[1380] Dazu bereits oben unter Kapitel 3 B. IV. 1. Anders aber für die vergleichbar wirkende Feststellung einer „epidemischen Lage von nationaler Tragweite" durch den Bundestag Bericht des Sachverständigenausschusses nach § 5 Abs. 9 IfSG: Evaluation der Rechtsgrundlagen und Maßnahmen der Pandemiepolitik, 2022, S. 104: „[e]in Beschluss, der die Anwendung von Gesetzen feststellt, ist […] zumindest rechtskonstruktiv ungewöhnlich"; *Kingreen*, in: Huster/Kingreen, HdB InfSR, 2. Aufl. 2022, Kapitel 1 Rn. 120: „verfassungspolitisch in vielfacher Hinsicht fragwürdig". Wie hier *Dederer/Preiß*, AöR 148 (2023), 289 (328).

aus rechtsstaatlicher, gewaltenteiliger Sicht über den Wechsel in eine Notstandssituation zu bestimmen hat.[1381]

Wie auch schon Art. 80a Abs. 1 Satz 1 GG den Spannungsfall nicht definiert,[1382] nennt auch Art. 80b Abs. 1 GG-E keine konkreten materiellen Tatbestandsvoraussetzungen des Gesundheitsnotstandes.

Die Formulierung konkreter Voraussetzungen einer Notstandslage bietet zwar den Vorteil, dass die gesetzgeberische Entscheidung über das Vorliegen einer Notstandslage nicht mehr nur eine rein politische und damit gerichtlich nur in äußersten Grenzen überprüfbare ist.[1383] Ein zentrales Problem jeder Notstandsgesetzgebung ist es jedoch, bis zu einem gewissen Grad Unvorhersehbares und damit Unnormierbares regeln zu wollen.[1384] Die Formulierung von Tatbestandsmerkmalen einer Notstandslage steht mithin vor der großen Herausforderung, die Notstandslage treffend und begrenzend zu umschreiben, gleichwohl die Subsumtion einer Vielzahl an Fällen zu ermöglichen und dem Gesetzgeber bei seiner Entscheidung zudem genügend Einschätzungsspielraum zur Würdigung der Umstände des Einzelfalls zu belassen. Um auch unvorhersehbare Fälle erfassen zu können, kommt eine tatbestandliche Normierung daher nicht umhin, unbestimmte Rechtsbegriffe zu verwenden.[1385] Vorliegend wird mit Art. 80b GG-E eine der Regelungstechnik des Spannungsfalls nachempfundene Möglichkeit zur Vorratsgesetzgebung für bestimmte Fälle des inneren Notstandes geschaffen.[1386] Der Gesundheitsnotstand bildet insofern den Oberbegriff für gesundheitliche Notlagen, in denen die Funktions- und Leistungsfähigkeit der gesundheitlichen Versorgungssysteme und ihrer Infrastruktur bedroht sind. Ursache für diese Bedrohung kann unter anderem eine Pandemie sein. Daneben sind aber auch weitere Auslöser für einen Gesundheitsnotstand denkbar.[1387] Dazu gehören beispielsweise Versorgungsengpässe hinsichtlich medizinischer Ressourcen wegen Importschwierigkeiten, ein plötzlicher Anstieg an medizinisch zu versorgenden Patienten aufgrund einer Wasserverunreinigung oder ein erhöhter Bedarf an medizinischen Ressourcen und Kapazitäten infolge eines Großschadensereignisses und der dadurch bedingten großen Anzahl an versorgungsbedürftigen Patienten.[1388]

[1381] Dazu auch *Dederer/Preiß*, AöR 148 (2023), 289 (328 ff.).

[1382] *Barczak*, Der nervöse Staat, 2. Aufl. 2021, S. 634 hält eine Definition für den Spannungsfall weder für möglich noch nötig.

[1383] Zur eingeschränkten Überprüfbarkeit im Sinne einer Vertretbarkeitskontrolle beim Spannungsfall nach Art. 80a GG *Depenheuer*, in: Dürig/Herzog/Scholz, GG, Art. 80a Rn. 68 (2011); *Schmidt-Radefeldt*, in: BeckOK GG, Art. 80a Rn. 4 (2024). Vgl. auch *Böckenförde*, NJW 1978, 1881 (1885 Rn. 37).

[1384] Vgl. dazu *Barczak*, Der nervöse Staat, 2. Aufl. 2021, S. 48, 193 ff. jeweils m. w. N.

[1385] *Böckenförde*, NJW 1978, 1881 (1885 Rn. 37).

[1386] Vorbild der Regelung ist der Vorschlag eines Art. 80b GG-E bei *Barczak*, Der nervöse Staat, 2. Aufl. 2021, S. 651 ff.

[1387] Dazu auch oben unter Kapitel 1 A.

[1388] Der Ukraine-Krieg führte beispielsweise zu Versorgungsengpässen bei einer Vielzahl (nicht nur medizinischer) Güter, ohne freilich einen Gesundheitsnotstand auszulösen.

Speziell am letzten Beispiel wird die Einordnung des Gesundheitsnotstandes als Fall des inneren Notstandes im Sinne von Art. 35 Abs. 3 Satz 1 GG deutlich. Zwar trifft es zu, dass nicht jede erlebte oder befürchtete konkrete Ausnahmesituation als Notstandsfall ins Grundgesetz aufgenommen werden sollte.[1389] Eine Begrenzung auf die Fälle eines Gesundheitsnotstandes scheint aber angesichts der Besonderheiten dieses medizinisch und wissenschaftlich geprägten Bereichs sowie der zahlreichen Auslöser eines Gesundheitsnotstandes angezeigt.[1390] Daneben hat die COVID-19-Pandemie gezeigt, wie sehr sich der Fall des Gesundheitsnotstandes von den bisherigen grundgesetzlichen Notstandsfällen unterscheidet und dass es zu dessen Bewältigung an einem spezifischen Instrumentarium fehlt.

Die Begrenzung auf eine das Gesundheitswesen betreffende Notlage erleichtert letztlich die Auslegung und Einordnung des Begriffs. Der Gesundheitsnotstand in Art. 80b Abs. 1 GG-E ist kontextual zudem als zeitliche und inhaltliche Vorstufe zu den Fällen des inneren Notstandes (Art. 35 Abs. 2, 3 GG)[1391] zu sehen und wird auch dadurch konturiert.[1392] Zudem helfen die Konkretisierungen auf einfachgesetzlicher Ebene, wie sie hier für den pandemiebedingten Gesundheitsnotstand im IfSG vorgeschlagen werden, bei der Auslegung des Begriffs. Dies gilt zuvörderst für diejenigen Fälle, bei denen die einfachgesetzliche Konkretisierung Tatbestandsmerkmale nennt.

Der Gesundheitsnotstand ist eine auf das Gesundheitswesen bezogene Notlage. Zentrales Schutzgut stellt die Funktionsfähigkeit der gesundheitlichen Versorgungseinrichtungen bzw. die Gewährleistung der Versorgungssicherheit durch das öffentliche und private Gesundheitswesen im Bundesgebiet dar.[1393] Der Staat ist wegen seiner Schutzpflicht für das Leben und die körperliche Unversehrtheit aus Art. 2 Abs. 2 Satz 1 GG und dem Sozialstaatsprinzip (Art. 20 Abs. 1 GG) verpflichtet, eine gesundheitliche Versorgung der Bevölkerung zu gewährleisten und insbesondere eine ausreichende Infrastruktur für die gesundheitliche und medizi-

---

[1389] Vgl. *Böckenförde*, NJW 1978, 1881 (1888).

[1390] *Barczak*, Der nervöse Staat, 2. Aufl. 2021, S. 650 weist auf die Gefahr hin, dass eine zu starke Begrenzung des Notstandes „phänomenologisch zu eng und anderen Bedrohungslagen gegenüber indifferent“ sein kann. Der Weg über eine alle Fälle des inneren Notstandes erfassende Formulierung stände ebenso offen (so *Barczak*, Der nervöse Staat, 2. Aufl. 2021, S. 651: „Gesetzesbereitschaft“).

[1391] Ebenso denkbar sind Art. 91 Abs. 1, 87a Abs. 4 GG, die hier jedoch von nachrangiger Bedeutung sind. So auch *Barczak*, Der nervöse Staat, 2. Aufl. 2021, S. 653 für seinen Entwurf eines Art. 80b GG-E, dort allerdings auf Art. 91 Abs. 1, 87a Abs. 4 GG abstellend.

[1392] Der Spannungsfall erfährt dadurch Konturen, dass in ihm eine qualitative und zeitliche Vorstufe zum Verteidigungsfall gesehen wird, *Funke*, in: BK-GG, Art. 80a Rn. 83 ff. (2014); *Barczak*, Der nervöse Staat, 2. Aufl. 2021, S. 634 f.; *Mann*, in: Sachs, GG, 9. Aufl. 2021, Art. 80a Rn. 2.

[1393] Vgl. für die Landesebene ähnlich § 14 Abs. 1 Satz 1 IfSBG-NRW; Art. 1 Abs. 1 Satz 1 BayIfSG.

nische Versorgung der Bevölkerung bereitzustellen.[1394] Die Versorgung durch das öffentliche und private Gesundheitswesen erstreckt sich dabei auf die gesamte gesundheitliche, namentlich ambulante, stationäre, pflegerische und insbesondere intensivmedizinische Versorgung.[1395] Die Versorgungssicherheit ist gefährdet, sofern nicht ausreichend Kapazitäten oder Personal zur Verfügung stehen, um allen Personen, die einer Behandlung bedürfen, diese auch zukommen zu lassen. Ebenso gefährdet eine Knappheit an medizinischen Ressourcen (z.B. medizinische Schutzausrüstung, Arzneimittel, Beatmungsgeräte) die gesundheitliche Versorgungssicherheit. Dies gilt auch und vor allem, wenn elektive Eingriffe nicht wie geplant durchgeführt werden können und (auf unbestimmte Zeit) verschoben werden bzw. Versorgungsleistungen priorisiert eingesetzt oder auch Personaluntergrenzen ausgesetzt werden müssen.[1396] Im Fokus eines Gesundheitsnotstandes steht somit auf den ersten Blick nicht die individuelle Gesundheit Einzelner, sondern die öffentliche Gesundheit als kollektives Rechtsgut. Gleichwohl zielt die Sicherstellung und Stabilisierung der Funktionsfähigkeit gesundheitlicher Versorgungsstrukturen und -einrichtungen letztlich auf den Schutz der Gesundheit und des Lebens jedes Einzelnen ab und kann zudem durch einen plötzlichen Massenanfall Erkrankter, die die gesundheitlichen Kapazitäten in erhöhtem Maße beanspruchen, derart beeinträchtigt werden, dass eine Überlastung der Gesundheitssysteme droht.[1397] Die Erkrankung Einzelner reicht für sich genommen damit nicht zur Begründung eines Gesundheitsnotstandes aus, sondern muss zu einer Bedrohung für die Funktionsfähigkeit der gesundheitlichen Versorgungsstruktur in der Bundesrepublik führen. Unter diesen Umständen findet sie bei der Beurteilung, ob ein Gesundheitsnotstand vorliegt, Berücksichtigung.[1398] Welches Ereignis die gesundheitliche Notlage auslöst und einen Feststellungsbeschluss des Bundestages rechtfertigt, wird in Art. 80b Abs. 1 GG-E allerdings bewusst nicht geregelt und unterliegt folglich der „politischen Krisenprognose“ des Parlaments.[1399] Ursache kann beispielsweise die pandemische Ausbreitung einer neuartigen übertragbaren Infektionskrankheit sein.[1400] Zudem ist zu fordern, dass die gesundheitliche Versorgung bundesweit oder in wesentlichen Teilen des Bundes bedroht sein muss. Die außerordentlichen, bun-

[1394] Zur Schutzpflicht ausführlich bereits oben unter Kapitel 3 C. II. Siehe zur gesundheitlichen Versorgung durch den Staat zudem bereits oben bei der Triage, Kapitel 3 B. IV. 3. b) bb) und V. 4. So auch *Gallon/Hollo/Kießling*, Epidemiegesetz, 2023, S. 90 f.

[1395] *Gallon/Hollo/Kießling*, Epidemiegesetz, 2023, S. 90 f.

[1396] *Gallon/Hollo/Kießling*, Epidemiegesetz, 2023, S. 91; ferner *Huster*, in: ders./Kingreen, HdB InfSR, 2. Aufl. 2022, Kapitel 8 Rn. 1.

[1397] Etwa im Pandemiefall.

[1398] Dazu bereits oben in und bei Fn. 542. Für den pandemiebedingten Gesundheitsnotstand wird dies im hier vorgeschlagenen Entwurf eines § 5 Abs. 1 Satz 2 IfSG-E klargestellt (dazu sogleich).

[1399] *Barczak*, Der nervöse Staat, 2. Aufl. 2021, S. 635 m. w. N. zum Begriff und S. 653 für den dortigen Vorschlag eines Art. 80b GG-E.

[1400] Siehe oben Fn. 1387. Ähnlich LT-Drs. 17/8920, S. 68 (NRW): „seuchenrechtliche[r] Notfall“. Dazu sogleich.

deseinheitlichen Regelungen und Maßnahmen, die die Feststellung eines Gesundheitsnotstandes freischaltet, sind nur dann gerechtfertigt, wenn die herkömmlichen Mittel zur Bewältigung nicht ausreichen und eine zentralere Steuerung durch den Bund erforderlich ist. Rein lokale oder regionale Engpässe verbleiben der dezentralen Bewältigung durch das betroffene Bundesland ebenso wie das Erreichen bzw. Überschreiten von Kapazitätsgrenzen lokaler Einrichtungen, sofern dies bundesweit kompensiert werden kann.[1401]

Art. 80b Abs. 1 GG-E verhält sich bewusst nicht dazu, welche Anforderungen an die Wahrscheinlichkeit des Vorliegens einer gesundheitlichen Gefahr für die Bundesrepublik gestellt werden, also ob der Eintritt eines Gesundheitsnotstandes z. B. (unmittelbar) drohen muss.[1402] Der Entscheidung liegt eine mit großen Unsicherheiten behaftete, prognostische Einschätzung und Abschätzung der Lage und ihrer Entwicklung zugrunde, weshalb die Wahrscheinlichkeitsprognose[1403] darüber, ob die Anforderungen an eine drohende Überlastung vorliegen, wann also die Grenze aus Schadensumfang und Eintrittswahrscheinlichkeit erreicht ist, die eine Feststellung des Gesundheitsnotstandes rechtfertigt, dem Einschätzungs- und Beurteilungsspielraum des Gesetzgebers überantwortet ist.[1404] Als Vorstufe zu den inneren Notstandsfällen setzt der Gesundheitsnotstand jedenfalls in deren Vorfeld an und kann mithin nicht erst dann festgestellt werden, wenn eine Gefahr für die gesundheitliche Versorgung im Bundesgebiet besteht oder (unmittelbar) droht. Vielmehr müssen bereits Situationen unterhalb einer konkreten Gefahr im polizeirechtlichen Sinn ausreichen, um den Gesundheitsnotstand auszulösen.[1405] Wie auch für die Spannungslage in Art. 80a GG ist aber eine gesteigerte Gefährdungslage[1406] bzw. eine Krisensituation mit Eskalationsgefahr[1407] zu fordern. Im Fall des Gesundheitsnotstandes dürfte diese Anforderung erfüllt sein, wenn sich abzeichnet, dass Umstände vorliegen, wonach es mit gesteigerter Wahrscheinlichkeit[1408] zu einer derartigen Überlastungssituation kommen kann. Das Wahrscheinlichkeitsmoment muss daher der zeitlichen Vorfeldwirkung einerseits und den Anforderungen an die Notstandslage andererseits Rechnung tragen. Die gesetzgeberische Entscheidung ist

---

[1401] Siehe oben Fn. 538.

[1402] So für den Verteidigungsfall Art. 115a Abs. 1 Satz 1 GG.

[1403] Zur gesetzgeberischen Prognose und dem Wahrscheinlichkeitskriterium als zentralen Abgrenzungskriterien zwischen Verteidigungs- und Spannungsfall *Epping*, in: Dürig/Herzog/Scholz, GG, Art. 115a Rn. 58, 59 (2012).

[1404] Für Art. 80a GG *Barczak*, Der nervöse Staat, 2. Aufl. 2021, S. 635: „Welches Maß an Bedrohung im Verhältnis zum Grad an Wahrscheinlichkeit im Vorfeld des Verteidigungsfalls bestehen muss, um einen Spannungsfall zu begründen, ist dabei nicht letztgültig und abschließend normativ definierbar, sondern nur parlamentarisch-politisch ‚dezidierbar'".

[1405] Dazu *Barczak*, Der nervöse Staat, 2. Aufl. 2021, S. 654.

[1406] *Depenheuer*, in: Dürig/Herzog/Scholz, GG, Art. 80a Rn. 12, 20 (2011).

[1407] *Schmidt-Radefeldt*, in: BeckOK GG, Art. 80a Rn. 2 (2024).

[1408] *Epping*, in: Dürig/Herzog/Scholz, Art. 115a Rn. 58 (2012); *Mann*, in: Sachs, GG, 9. Aufl. 2021, Art. 80 a Rn. 2: „mit großer Wahrscheinlichkeit"; ähnlich *Schmidt-Radefeldt*, in: BeckOK GG, Art. 80a Rn. 2 (2024): „erhebliche […] Wahrscheinlichkeit".

wegen des gewährten Einschätzungsspielraums einer gerichtlichen Überprüfung nur in äußeren Grenzen zugänglich.[1409] Die geringe gerichtliche Kontrolldichte scheint in der vorliegenden Konstellation aber vertretbar. Denn es ist nicht Art. 80b GG-E selbst, der unmittelbar Verschiebungen im Gewaltenteilungsgefüge auslöst oder selbst außerordentliche Notstandsbefugnisse normiert, sondern das an ihn anknüpfende einfache Recht. Die einfachrechtlichen Normierungen konkretisieren die Notstandslage wiederum, vor allem weil dort auch materielle Tatbestandsmerkmale (hier für den pandemiebedingten Gesundheitsnotstand im IfSG) vorgeschlagen werden. Diese Konkretisierungen sind einer Überprüfung zugänglicher als Art. 80 Abs. 1 GG-E.[1410]

b) Verfahren und Form der Feststellung und Aufhebung (Absatz 2)

aa) Verkündung und Feststellungsbeschluss

Aus Gründen der demokratischen Legitimation und mit Blick auf die Gewaltenteilung ist der Gesundheitsnotstand vom Bundestag als dem gewählten Vertreter des Volkes (Art. 38 Abs. 1 Satz 2 GG) in einem öffentlichen, pluralistischen Verfahren festzustellen und aufzuheben.[1411] Für die Feststellung bzw. Aufhebung scheint prozedural ein schlichter Parlamentsbeschluss ausreichend, sofern dieser hinreichend öffentlich bekannt gemacht wird.[1412] Eine außenwirksame Bekanntmachung ist für die Transparenz und Rechtssicherheit förderlich und mit Blick auf die weitreichenden Folgen und Signalwirkung einer Feststellung bzw. Aufhebung für den Übergang von Normallage zur Ausnahmesituation rechtsstaatlich unentbehrlich.[1413] Art. 80b Abs. 2 Satz 5 GG-E sieht hierfür in Verbindung mit Art. 82 GG die Verkündung im Bundesgesetzblatt vor.[1414] Ebenso wie die Frage, ob die Voraussetzungen eines Gesundheitsnotstandes vorliegen, der Einschätzungsprärogative des Gesetzgebers unterfällt, liegt es im Ermessen des Gesetzgebers, ob er einen Feststellungsbeschluss trifft.[1415] Es erscheint daher angebracht, dass sich der Bundestag aus Gründen der Transparenz wie im Interesse der Eigenkontrolle und Selbstvergewisserung einer Pflicht zur schriftlichen Begründung unterwirft (Art. 80b Abs. 2 Satz 5 GG-E).[1416]

[1409] Oben Fn. 1383.

[1410] Ähnliche Argumentation bei *Barczak*, Der nervöse Staat, 2. Aufl. 2021, S. 654.

[1411] *Dederer/Preiß*, AöR 148 (2023), 289 (329, 331), dort auch Grundlegungen zum Folgenden. So auch z.B. zur Funktion des Spannungsfalls nach Art. 80a Abs. 1 Satz 1 GG. Hierzu etwa *Brenner*, in: Huber/Voßkuhle, GG, Band 2, 8. Aufl. 2024, Art. 80a Rn. 7.

[1412] Ebenso *Barczak*, Der nervöse Staat, 2. Aufl. 2021, S. 638 f., 662 f.

[1413] *Barczak*, Der nervöse Staat, 2. Aufl. 2021, S. 638 f., 662 f.

[1414] So auch bei der Ausrufung des Verteidigungsfalles (Art. 115a Abs. 3 Satz 1 GG) oder der Feststellung/Aufhebung einer epidemischen Lage von nationaler Tragweite (§ 5 Abs. 1 Satz 5 IfSG).

[1415] So derzeit auch bei § 5 Abs. 1 Satz 1 IfSG.

[1416] Gleichsinnig *Dederer/Preiß*, AöR 148 (2023), 289 (331).

Art. 80b GG-E sieht angesichts der Möglichkeit einer hybriden oder virtuellen Parlamentssitzung[1417] keine Ersatzzuständigkeit eines „Notparlaments“ vor.

bb) Initiativrecht

Die Feststellung eines Gesundheitsnotstandes durch den Bundestag setzt einen vorherigen Antrag der Bundesregierung voraus (Art. 80b Abs. 2 Satz 1 GG-E). Das Initiativrecht steht der Bundesregierung dabei als Kollegialorgan (Art. 62 GG) zu und fordert einen Kabinettsbeschluss.[1418]

Ein Initiativrecht der Bundesregierung scheint angezeigt, weil sie es ist, die „ihrer Organisation, Zusammensetzung, Funktion und Verfahrensweise“[1419] nach über die notwendigen Kapazitäten, Strukturen und Netzwerke verfügt, um insbesondere bundeslandübergreifende oder auch überregionale Bedrohungslagen frühzeitig zu erkennen sowie die nötigen Informationen besitzt, um sich abzeichnende Bedrohungslagen beurteilen zu können.[1420] Dem Bundestag steht es frei, einen Feststellungsbeschluss zu treffen (s. o.).

cc) Zustimmung des Bundesrates

Art. 80b Abs. 2 Satz 1 GG-E unterwirft den Feststellungsbeschluss einem Zustimmungsvorbehalt des Bundesrates und gewährleistet dadurch die Beteiligung der Bundesländer. Ob eine solche Beteiligung notwendig ist, ist abhängig von der Ausgestaltung des Regelwerks in der Gesamtschau. Nach dem in dieser Untersuchung vorgeschlagenen Entwurf wirkt sich der Wechsel in die gesundheitliche Notstandslage auf die vertikale Kompetenzverteilung zwischen Bund und Ländern aus: Zwar führt der Gesundheitsnotstand anders als der Verteidigungsfall in Art. 115c, 115d GG zu keinen Änderungen im Gesetzgebungsverfahren und gesteht dem Bund auch keine Erweiterung der Gesetzgebungskompetenzen zu. Das hier vorgestellte Regelwerk sieht jedoch in Abweichung zum landeseigenen Vollzug des IfSG durch die Bundesländer eine Erweiterung des Adressatenkreises in § 32 Satz 3 IfSG-E um die Bundesregierung vor. Daneben enthält § 5a IfSG-E Verordnungsermächtigungen an die Bundesregierung, die nach Art. 80 Abs. 2 GG ohne Zustimmung des Bundesrates ergehen können. Ebenso kann der Gesetzgeber über die Pandemieschutzmaßnahmen im Wege selbstvollziehender Normen, die bundesweit einheitlich in Form einer Stufenregelung vorgegeben werden, entscheiden und wiederum die Beteiligung der Bundesländer am Vollzug des IfSG schmälern. Eine

[1417] Dazu oben unter Kapitel 3 B. V. 7. sowie Fn. 427.

[1418] Für den Verteidigungsfall *Epping*, in: Dürig/Herzog/Scholz, GG, Art. 115a Rn. 65 (2012).

[1419] Dazu BVerfGE 98, 218 (252).

[1420] *Depenheuer*, in: Dürig/Herzog/Scholz, GG, Art. 80a Rn. 21 f. (2011). Ebenso *Barczak*, Der nervöse Staat, 2. Aufl. 2021, S. 660 f.

Feststellung unter Zustimmungsvorbehalt hat gegenüber einer Beteiligung auf einfachgesetzlicher Ebene zudem den Vorteil, dass die Länder bereits ab Beginn gehört und beteiligt werden, was eine reibungslose Zusammenarbeit vereinfachen dürfte. Dass die Bundesratsbeteiligung eine Mehrheitsentscheidung schwerfälliger macht und sich als kontraproduktiv herausstellt, ist angesichts der Ausgestaltung des Regelwerks, die auf ein stimmiges Gesamtkonzept auch mit Blick auf die vertikale Gewaltenteilung achtet, nicht zu befürchten.

Eine alternative Beteiligung der Bundesländer über ein verbindliches Aufhebungsverlangen des Bundesrates[1421] scheint hingegen mit der Einschätzungsprärogative und Rolle des Parlaments zu konfligieren und wird vorliegend nicht vorgesehen.

dd) Abstimmungsmehrheit

Mit der Entscheidung, einen Gesundheitsnotstand festzustellen, ermächtigt der Gesetzgeber die Exekutive zu außerordentlichen Maßnahmen. Unter Berücksichtigung der starken Verschränkung zwischen Exekutive und Legislative und um der politischen Verantwortung gegenüber dem Volk Rechnung zu tragen, sollte die Entscheidung des Bundestages über die Feststellung eines Gesundheitsnotstandes verfahrensrechtlich durch ein Mehrheitserfordernis beschränkt werden.[1422] Ein Erfordernis von Zwei-Dritteln der abgegebenen Stimmen (Art. 80b Abs. 2 Satz 2 GG-E) gewährleistet, dass die Entscheidung von einer besonders breiten Mehrheit des Parlaments getragen wird, und grenzt sie von normalen Gesetzgebungsentscheidungen ab, die in der Regel mit einfacher Mehrheit beschlossen werden können (Art. 42 Abs. 2 Satz 1 GG).[1423] Durch die Zweidrittelmehrheit wird die Opposition in die Entscheidung eingebunden und ein „Durchregieren" der Regierungsmehrheit zugunsten der durch den Beschluss ermächtigten Bundesregierung verhindert. Gleichwohl übernimmt die parlamentarische Opposition dadurch auch in gewisser Weise die parlamentarische Verantwortung für den Beschluss und büßt insofern ihre parlamentarische Kontrollfunktion „faktisch" ein, was „jedoch im Interesse der Gesamtkohärenz des bundesverfassungsrechtlichen Notstandsgefüges (vgl. Art. 80a Abs. 1 Satz 2, 115a Abs. 1 Satz 2, Abs. 2 GG) gerechtfertigt erscheint".[1424] Für die Aufhebung der Feststellung bleibt es bei einer einfachen Abstimmungsmehrheit. Die Aufhebung stellt die gewaltenteilige Normallage wieder her. Das Parlament gibt

---

[1421] Der Bundesrat kann etwa bei Art. 35 Abs. 3 Satz 2 GG die Aufhebung der Maßnahmen der Bundesregierung im überregionalen Katastrophennotstand verlangen.

[1422] Siehe oben Fn. 424.

[1423] So auch in Art. 80a Abs. 1 Satz 2 GG. Art. 115a Abs. 1 Satz 2 GG fordert noch weitergehend „mindestens eine Mehrheit der Mitglieder des Bundestages". Derartige qualifizierte Anforderungen scheinen hier nicht zwingend erforderlich. Letztlich handelt es sich bei dieser Frage um eine verfassungspolitische Überlegung. So bereits *Dederer/Preiß*, AöR 148 (2023), 289 (331 f.).

[1424] *Barczak*, Der nervöse Staat, 2. Aufl. 2021, S. 660.

mithin keine Befugnisse an die Exekutive ab, sondern holt sich zuvor abgegebene Notstandsbefugnisse wieder zurück. Missbrauchssicherungen sind in diesem Fall nicht erforderlich.

ee) Zeitliche Befristung und Beendigung des Gesundheitsnotstandes

Die Dauer des Gesundheitsnotstandes wird auf einen Zeitraum von drei Monaten begrenzt (Art. 80b Abs. 2 Satz 4 GG-E), sodass der Bundestag einerseits ausreichend Zeit zur Beobachtung und Beurteilung der Lage sowie der ergriffenen Maßnahmen hat, andererseits zugleich sichergestellt ist, dass er seine Entscheidung regelmäßig überprüfen und neu begründen muss.[1425] Dem Bundestag steht es frei, das Fortbestehen des Gesundheitsnotstandes festzustellen und diesen durch einen erneuten schlichten, qualifiziert-mehrheitlichen Parlamentsbeschluss zu verlängern.[1426]

Eine zeitliche Befristung der Notstandslage ist den im Grundgesetz geregelten Fällen bisher fremd,[1427] während sie in der Literatur stets gefordert wird und auch im europäischen Verfassungsvergleich nicht unüblich ist.[1428] Zwar birgt die dem Gesetzgeber zugestandene Verlängerungsmöglichkeit die Gefahr einer Verstetigung und Normalisierung der Ausnahmesituation und seines außerordentlichen Regelwerks.[1429] Durch eine vorgegebene Geltungsdauer ist das Parlament jedoch zumindest gezwungen, sich in regelmäßigen Abständen mit den tatsächlichen Gegebenheiten und dem Vorliegen der Voraussetzungen des Gesundheitsnotstandes auseinanderzusetzen. Da jede erneute Feststellung und auch die Feststellung des Fortbestehens einer gesundheitlichen Notlage von einer qualifizierten Mehrheit des Parlaments getragen werden muss, setzt diese Art der Normierung einer Normalisierung größere Hürden als die bisherigen grundgesetzlichen Ansätze.[1430] Speziell die COVID-19-Pandemie hat gezeigt, von welcher Bedeutung eine derartige Feststellung durch das Parlament in krisenhaften Zeiten und einer sehr präsenten Regierung ist. Gerade wenn eine Notstandslage bereits länger andauert, kommt dem Handeln des Parlaments als gewähltem Vertreter des Volkes (Art. 38 Abs. 1 Satz 2 GG), welchem der Gesetzgeber gegenüber politisch verantwortlich ist (Art. 20 Abs. 1 Satz 2 GG), eine große Signalwirkung zu.[1431]

[1425] Gleichsinnig aber in Bezug auf das IfSG *Dederer/Preiß*, AöR 148 (2023), 289 (333).

[1426] Vgl. § 5 Abs. 1 Satz 3 IfSG.

[1427] Siehe aber Art. 115k Abs. 2 GG für die Geltungsdauer von Gesetzen des Gemeinsamen Ausschusses und auf deren Grundlage erlassene Rechtsverordnungen.

[1428] *Barczak*, Der nervöse Staat, 2. Aufl. 2021, S. 663.

[1429] Noch größer ist die Gefahr eines Gewöhnungseffekts ohne eine solche Befristung.

[1430] A. A. und in der Konsequenz gegen eine Befristung *Barczak*, Der nervöse Staat, 2. Aufl. 2021, S. 663 f.

[1431] Vgl. *Dederer/Preiß*, AöR 148 (2023), 289 (333).

Der Deutsche Bundestag muss die zuvor getroffene Feststellung eines Gesundheitsnotstandes (ungeachtet der Drei-Monats-Frist) aufheben, wenn dessen Voraussetzungen nicht mehr vorliegen (Art. 80b Abs. 2 Satz 3 GG-E).[1432] Demnach ist der Gesetzgeber verpflichtet unverzüglich tätig zu werden.[1433] Um eine schnelle und reibungslose Rückkehr in den Normalzustand zu gewährleisten, kommt dem Gesetzgeber bei der Aufhebung, anders als bei der Feststellung, schon dem expliziten Wortlaut nach („ist") kein Ermessensspielraum zu. Dadurch wird dem Erforderlichkeitsprinzip als Maßstab für die Grenze zwischen Normal- und Ausnahmesituation Rechnung getragen.[1434] Durch die Aufhebung der Feststellung wird die Normallage wiederhergestellt. Daher ist keine Beteiligung des Bundesrates erforderlich[1435] und es sind auch keine qualifizierten Anforderungen an den Parlamentsbeschluss zu stellen. Eine einfache Mehrheit (Art. 42 Abs. 2 Satz 1 GG) ist ausreichend.[1436]

c) Evaluierung (Absatz 3)

Nach Beendigung der Notstandslage sind das Krisenmanagement und die getroffenen Maßnahmen von einem externen Gremium, bestehend aus Sachverständigen unterschiedlicher Disziplinen, zu evaluieren. Der Bericht des Gremiums ist dem Bundestag vorzulegen.[1437] Die Evaluierung dient der Überprüfung des krisenspezifischen Regelwerks und gewährleistet, dass die Ergebnisse in zukünftige Risikobewältigungsregelungen einfließen. Es sichert damit den Lernprozess ab.[1438] Speziell im dynamischen und von Unwissenheit und Erkenntnisgewinn geprägten Gesundheitsnotstand „lernt" der Gesetzgeber im Zuge der Bewältigung des Notstandes stetig dazu, was die Bedeutung der Evaluation noch verstärkt.[1439] Näheres zur Evaluierung, insbesondere zur Zusammensetzung des Sachverständigengremiums, regelt ein Bundesgesetz. So wird sichergestellt, dass auf die jeweilige Ursache des Gesundheitsnotstandes angepasst entsprechende Vertreter gewählt werden.

[1432] Vgl. auch Art. 115l Abs. 2 Satz 3 GG, § 5 Abs. 1 Satz 2 IfSG. Ebenso der Entwurf eines Art. 80b GG bei *Barczak*, Der nervöse Staat, 2. Aufl. 2021, S. 651 f., 663 f.

[1433] So auch *Barczak*, Der nervöse Staat, 2. Aufl. 2021, S. 666; *Heun*, in: Dreier, GG, Band III, 3. Aufl. 2018, Art. 115l Rn. 11.

[1434] Zu dieser Funktion *Barczak*, Der nervöse Staat, 2. Aufl. 2021, S. 487 ff., 666; für Art. 115 l Abs. 2 Satz 3 GG *Herzog*, in: Dürig/Herzog/Scholz, GG, Art. 115l Rn. 26 (Grundwerk).

[1435] Ebenso *Barczak*, Der nervöse Staat, 2. Aufl. 2021, S. 665, der dem Bundesrat jedoch ein Initiativrecht hinsichtlich der Feststellung der Beendigung zugesteht.

[1436] Vgl. auch *Barczak*, Der nervöse Staat, 2. Aufl. 2021, S. 665.

[1437] Ähnlich geregelt in § 5 Abs. 9 IfSG.

[1438] Siehe oben bei/nach Fn. 1003, 1296 und 1358. Zur Bedeutung von „Evaluierungen als Garantin der Preparedness" *Rixen*, DV 55 (2022), 345 (362).

[1439] Ähnlich *Barczak*, Der nervöse Staat, 2. Aufl. 2021, S. 668.

d) Konkretisierung (Absatz 4)

Die nähere Ausgestaltung wird dem Gesetzgeber überantwortet, der in einfachrechtlichen Normierungen auf die Besonderheiten und Gegebenheiten des jeweils vorliegenden Gesundheitsnotstandes, insbesondere dessen spezifische Ursache, reagieren kann.

2. Einfachrechtliche Ebene (IfSG-E)

Auf einfachgesetzlicher Ebene liegt der Fokus des Reformvorschlags auf dem IfSG als dem zentralen Regelwerk zur Bewältigung eines pandemiebedingten Gesundheitsnotstandes. Innerhalb des IfSG konzentriert sich der Entwurf auf die zentralen Aspekte der Feststellung eines pandemiebedingten Gesundheitsnotstandes, der Verordnungsermächtigungen zur Sicherstellung notwendiger medizinischer Ressourcen, Kapazitäten und ausreichenden Personals sowie auf Optionen und Ansätze für besondere Hygieneschutzmaßnahmen für den Pandemiefall.[1440]

Obgleich auch andere Regelungsstandorte und -techniken denkbar sind, wird kein eigener Abschnitt des IfSG als Ergänzung der bisherigen Regelungen oder ein eigenes Gesetz für den pandemiebedingten Gesundheitsnotstand vorgeschlagen,[1441] sondern das IfSG an den dafür vorgesehenen Stellen überarbeitet und um neue Paragraphen ergänzt. Die Notstandsregelungen fügen sich dadurch ins Regelungsgefüge des IfSG ein und verkomplizieren das Auffinden der rechtlichen Grundlagen nicht unnötig dadurch, dass neben der Verfassung und dem IfSG sowie den darauf beruhenden Verordnungen noch weitere Rechtsquellen beachtet werden müssen.

a) § 5 IfSG-E: Pandemiebedingter Gesundheitsnotstand

In § 5 IfSG-E wird zunächst nach dem Vorbild der derzeit in § 5 IfSG normierten epidemischen Lage von nationaler Tragweite der pandemiebedingte Gesundheitsnotstand als Anwendungsfall eines Gesundheitsnotstandes nach Art. 80b GG-E eingeführt. § 5 IfSG-E bildet damit den zentralen Anknüpfungspunkt für das einfachgesetzliche Notstandsregelwerk des IfSG und enthält neben Gegenstand und Voraussetzungen der Feststellung eines pandemiebedingten Gesundheitsnotstandes weitere Konkretisierungen der verfassungsrechtlichen Norm.

[1440] Teilweise finden sich bei *Dederer/Preiß*, AöR 148 (2023), 289 (328 ff.) bereits Ansätze für den Normierungsvorschlag sowie die Ausführungen zum folgenden Abschnitt „2. Einfachrechtliche Ebene" (Fn. 1440 bis Fn. 1587).

[1441] So *Gallon/Hollo/Kießling*, Epidemiegesetz, 2023.

aa) Definition und Voraussetzungen

Zunächst normiert § 5 Abs. 1 Satz 1 IfSG-E konkrete materielle Tatbestandsmerkmale eines pandemiebedingten Gesundheitsnotstandes. Dieser stellt einen möglichen Anwendungsfall eines Gesundheitsnotstandes im Sinne von Art. 80b Abs. 1 GG-E dar und liegt vor, wenn eine ernsthafte Gefahr für die öffentliche Gesundheit in der Bundesrepublik Deutschland besteht, weil die Einschleppung einer bedrohlichen übertragbaren Krankheit in die Bundesrepublik Deutschland droht oder eine dynamische Ausbreitung einer bedrohlichen übertragbaren Krankheit über mehrere Länder in der Bundesrepublik Deutschland droht oder stattfindet und die Gefahr nicht allein durch punktuelle Maßnahmen nach den §§ 28 bis 31 IfSG eingedämmt werden kann.

Die Definition ist stark an die einer epidemischen Lage von nationaler Tragweite im derzeitigen § 5 Abs. 1 Satz 6 IfSG angelehnt, die einen pandemiebedingten Gesundheitsnotstand im Wesentlichen treffend umschreibt und losgelöst von COVID-19 auch für künftige pandemische Bedrohungen Anwendung finden könnte.[1442] Die Regelungstechnik der epidemischen Lage von nationaler Tragweite ist daher *mutatis mutandis* als Blaupause für die Feststellung eines pandemiebedingten Gesundheitsnotstandes geeignet.[1443]

Die Normierung ist begrifflich allerdings am Vorliegen einer Pandemie und nicht am Vorliegen einer Epidemie orientiert. Die Begriffe der Epidemie und Pandemie sind zunächst infektionsepidemiologisch zu erfassen. Demnach liegt eine Epidemie bei einem räumlich und zeitlich begrenzten gehäuften Auftreten von Erkrankungsfällen mit einheitlicher Ursache vor.[1444] Unter einer Pandemie versteht man hingegen „eine neu, aber zeitlich begrenzt in Erscheinung tretende, weltweite starke Ausbreitung einer Infektionskrankheit mit hohen Erkrankungszahlen und i. d. R. auch mit schweren Krankheitsverläufen".[1445] Neben dem zentralen Unterschied, dass eine Epidemie sich örtlich auf bestimmte Gebiete beschränkt,[1446] unterscheiden sich eine Epidemie und eine Pandemie auch in weiteren Merkmalen: Während sich eine

---

[1442] Oben Fn. 532.

[1443] Anders *Kingreen*, VerfBlog v. 22.10.2021: „juristische Fehlkonstruktion"; *ders.*, in: Huster/Kingreen, HdB InfSR, 2. Aufl. 2022, Kapitel 1 Rn. 120: „verfassungspolitisch in vielfacher Hinsicht fragwürdig". Ähnlich *Gallon/Hollo/Kießling*, Epidemiegesetz, 2023, S. 57 („systemwidrig"), S. 88 („unglücklich gestaltete[s] und vorbelastete[s] Konstrukt"); Bericht des Sachverständigenausschusses nach § 5 Abs. 9 IfSG: Evaluation der Rechtsgrundlagen und Maßnahmen der Pandemiepolitik, 2022, S. 105: „insgesamt fragwürdige Konstruktion".

[1444] *RKI*, Infektionsschutz und Infektionsepidemiologie, 2015, S. 34 „Epidemie".

[1445] *RKI*, Infektionsschutz und Infektionsepidemiologie, 2015, S. 99 „Pandemie". Zu den ähnlichen rechtlichen Definitionen siehe *Lohse*, in: Weber, Rechtswörterbuch, „P", „Pandemie" und *Weber*, in: ders., Rechtswörterbuch, „E", „Epidemie"; zur Epidemie auch *Aligbe*, Infektionsschutzrecht in Zeiten von Corona, 2021, 3. Kapitel.

[1446] Eine Pandemie wird daher oft als weltweite Epidemie beschrieben, dazu *RKI*, Ergänzung zum Nationalen Pandemieplan – COVID-19 – neuartige Coronaviruserkrankung, S. 6 (zuletzt: 28.08.2023).

Pandemie durch ihre Schwere und Ausmaß kennzeichnet, sind bei einer Epidemie „[e]ine besonders hohe Zahl an Erkrankungen, eine besondere gesellschaftliche Bedeutung oder eine Gefährdung vieler Personen […] keine notwendigen Bedingungen, obwohl eine Epidemie im üblichen Sprachgebrauch meist mit diesen Merkmalen verknüpft wird".[1447] Eine pandemische Bedrohung wiegt daher in ihrem Ausmaß und Umfang tendenziell schwerer, kann insbesondere wie im Fall von SARS-CoV-2 einen Gesundheitsnotstand auslösen und entspricht der gesteigerten Gefährdungslage, die für eine Notstandsgesetzgebung in der Regelungsweise einer Vorsorge- und Vorratsgesetzgebung zu fordern ist, somit besser als eine Epidemie. Eine Epidemie beschränkt sich nach dem vorliegenden Verständnis auf örtlich begrenzte Ausbrüche einer Infektionskrankheit, die zu keiner Gefahr für die gesundheitliche Versorgung im gesamten Bundesgebiet oder Teilen davon führen.[1448] So erklärt sich auch der Zusatz „von nationaler Tragweite" im aktuellen § 5 Abs. 1 IfSG; eine epidemische Lage allein begründet noch keine Gefahr für die gesundheitliche Versorgung in der Bundesrepublik, die wiederum das außerordentliche Notstandsrecht erfordern und rechtfertigen würde.[1449] Nichtsdestotrotz sollte der Begriff der Epidemie ins IfSG aufgenommen werden und angesichts der auch im Fall einer Epidemie angespannteren infektionsschutzrechtlichen Situation ein Repertoire an weniger einschneidenden Hygieneschutzmaßnahmen (z. B. Maskenpflicht, Hygienekonzept für Betriebe und Gaststätten)[1450] regelbeispielhaft normiert werden. Dies würde den fließenden, nicht klar abgrenzbaren Übergang zwischen den unterschiedlichen Infektionsphasen zudem erleichtern.[1451]

Der Begriff der Pandemie wird nach der hier vorgeschlagenen Lösung nicht explizit ins IfSG aufgenommen, sondern klingt lediglich beim Zusatz als „pandemiebedingter" Gesundheitsnotstand an und wird durch die regelbeispielhafte Definition einer ernsthaften Gefahr für die öffentliche Gesundheit verdeutlicht.[1452] Die Pandemie ist damit die Ursache für einen Gesundheitsnotstand, der durch eine Ausbreitung einer bedrohlichen übertragbaren Krankheit eine Vielzahl an Erkrankten verursacht und eine Belastung für die gesundheitliche Versorgung darstellen kann.

Für die einzelnen Merkmale der Definition und ihren strukturellen Aufbau kann weitgehend auf die Ausführungen zur epidemischen Lage von nationaler Tragweite

---

[1447] *RKI*, Infektionsschutz und Infektionsepidemiologie, 2015, S. 34 „Epidemie".

[1448] Gleichwohl ist eine Infektionskrankheit nicht zwingendes Merkmal einer Epidemie, *RKI*, Infektionsschutz und Infektionsepidemiologie, S. 34 „Epidemie".

[1449] So im Ergebnis wohl auch *Kingreen*, Rechtsgutachten für die FDP v. 11.06.2020, S. 9 f. (dort allerdings unter der Annahme, eine Epidemie würde das gesamte Bundesgebiet erfassen).

[1450] Vgl. die Maßnahmen in § 10 Epidemiegesetz bei *Gallon/Hollo/Kießling*, Epidemiegesetz, 2023, S. 20.

[1451] Siehe dazu oben ab Fn. 563, unten in und bei Fn. 1460 sowie unter Kapitel 4 C. II. 2. c) ee).

[1452] Dazu sogleich.

nach § 5 Abs. 1 IfSG verwiesen werden.[1453] Im Unterschied zur epidemischen Lage von nationaler Tragweite knüpft der Tatbestand in § 5 Abs. 1 Satz 1 Nr. 1 IfSG-E nicht an die Ausrufung einer gesundheitlichen Notlage von internationaler Tragweite durch die WHO gemäß Art. 12 IGV an. Damit soll klargestellt werden, dass ein pandemiebedingter Gesundheitsnotstand auf nationaler Ebene unabhängig vom Ursprungsort des neuartigen Virus festgestellt werden kann.[1454] Die Ausrufung durch die WHO stellt gleichwohl ein starkes Indiz für eine Bedrohungslage dar, die – wenn die Einschleppung nach Deutschland droht – eine Feststellung durch den Deutschen Bundestag rechtfertigen kann.[1455] Konstitutive Voraussetzung ist sie gleichwohl nicht.

Ferner wird in § 5 Abs. 1 Satz 2 IfSG-E regelbeispielhaft festgelegt, wann eine ernsthafte Gefahr für die öffentliche Gesundheit vorliegen kann und damit der dem Sicherheitsrecht bisher fremde Begriff konkretisiert.[1456] Durch die Aufzählung wird insbesondere klargestellt, dass die öffentliche Gesundheit sowohl durch eine kollektive als auch individuelle Komponente charakterisiert wird.[1457] Die Merkmale einer ernsthaften Gefahr decken sich insoweit mit den Merkmalen einer Pandemie.[1458]

Zudem wird als Zusatz ergänzt, dass eine Bewältigung der Bedrohung nicht durch die herkömmlichen, punktuellen Maßnahmen der §§ 28 bis 31 IfSG möglich ist. Dadurch wird der Ausnahmecharakter des Notstandsregelwerks verdeutlicht und sichergestellt, dass die flächendeckenden und umfassenden, gegen die Allgemeinheit gerichteten grundrechtsbeschränkenden Pandemiemaßnahmen in Form eines Gesamtschutzkonzeptes nur dann zur Anwendung kommen, wenn eine Nachverfolgung der Transmissionsketten und punktuelle Maßnahmen gegen individuelle Störer nicht mehr effektiv oder schlichtweg nicht möglich sind und daher nicht zur Eindämmung und Bewältigung der Pandemie ausreichen. Diese Funktion erfüllt nach dem hiesigen Verständnis auch das Merkmal der dynamischen Ausbreitung.[1459] Der Zusatz dient insofern als Verdeutlichung.

[1453] Oben Kapitel 3 B. V. 1. b).

[1454] Siehe zu diesbezüglichen Unklarheiten in der Definition der epidemischen Lage von nationaler Tragweite oben in und bei Fn. 533–536.

[1455] Für die IGV liegen vor dem Hintergrund der Erfahrungen mit der Corona-Pandemie Reformvorschläge vor, die namentlich auch Art. 12 IGV betreffen und die ein möglichst frühzeitiges, jedenfalls informatives, Handeln der WHO bei bedeutsamen Fällen intendieren (die aktuelle Zusammenfassung der Vorschläge ist abrufbar unter: https://apps.who.int/gb/wgihr/; zuletzt: 28.08.2023). Der Fall, dass eine Ausrufung der WHO „zu spät kommt", wird in diesem Fall noch unwahrscheinlicher.

[1456] Der Entwurf entspricht dem Vorschlag bei *Dederer/Preiß*, AöR 148 (2023), 289 (330 Fn. 273).

[1457] Zu dieser Unklarheit bei der epidemischen Lage von nationaler Tragweite nach § 5 Abs. 1 Satz 6 IfSG oben in und bei Fn. 542.

[1458] Zur Definition soeben Fn. 1445.

[1459] Oben Fn. 539.

Um den Wechselfällen einer Pandemie und insbesondere der Notwendigkeit grundrechtsbeschränkender Pandemiemaßnahmen auch unterhalb der Schwelle eines pandemiebedingten Gesundheitsnotstandes Rechnung zu tragen,[1460] wird der Gesetzgeber zur Erstellung eines vorsorgenden Gesamtschutzkonzeptes verpflichtet. Ebenso sind die Aufnahme des Begriffs der Epidemie und daran anknüpfende Maßnahmen diesem Zweck zuträglich. An der Definition und Reichweite der gesundheitlichen Notlage wird in diesem Zusammenhang nichts verändert.

bb) Wissenschaftliche Beratung

In § 5 Abs. 2 IfSG-E wird der Bundestag bei der Entscheidung über das Vorliegen der Voraussetzungen eines pandemischen Gesundheitsnotstandes an die wissenschaftliche Beratung durch das RKI verpflichtet. Das RKI ist vor der Feststellung des (Fort-)Bestehens eines pandemiebedingten Gesundheitsnotstandes und vor dessen Aufhebung durch eine Stellungnahme anzuhören.

Obgleich die Entscheidung über das Vorliegen der Voraussetzungen eines pandemiebedingten Gesundheitsnotstandes sowie die Entscheidung darüber, einen Feststellungsbeschluss zu treffen, im Einschätzungsspielraum des Gesetzgebers liegt,[1461] ist eine solche wissenschaftliche Beratung wegen des stark von wissenschaftlichen, namentlich medizinischen, infektionsbiologischen und epidemiologischen[1462] Faktoren geprägten Pandemiegeschehens notwendig.[1463] Um die tatsächliche Lage, ihre mögliche Entwicklung und ihr potentielles Schadensausmaß erfassen zu können, sind wissenschaftliche Erkenntnisse zwingend erforderlich.

Das RKI scheint für diese Aufgabe aufgrund seiner Struktur und Aufgabenzuweisung (vgl. § 4 Abs. 1 Satz 1 und 2 IfSG)[1464] als wissenschaftliche Einrichtung, die speziell für Pandemien über die hierfür erforderliche wissenschaftliche Sachkunde verfügt, prädestiniert zu sein.[1465] Das RKI ist zwar eine selbstständige Bundesoberbehörde im Geschäftsbereich des BMG[1466] und damit dem jeweiligen Minister

---

[1460] Siehe dazu oben ab Fn. 563 und bei Fn. 1451 sowie unten unter Kapitel 4 C. II. 2. c) ee).

[1461] Oben Fn. 1399, 1404, 1415 sowie für die epidemische Lage von nationaler Tragweite in und bei Fn. 558.

[1462] BVerfGE 161, 299 (Rn. 136).

[1463] Gleichsinnig *Dederer/Preiß*, AöR 148 (2023), 289 (333). Siehe zudem BVerfGE 161, 299 (Rn. 136).

[1464] Der Bundestag wäre aber auch frei darin, sich einen „Pandemierat" an die Seite zu stellen. Siehe zum Entwurf eines „Pandemieratgesetzes" BT-Drs. 19/25254.

[1465] Zur Eignung des RKI in dieser Hinsicht vgl. auch BVerfGE 159, 223 (Rn. 178 ff., 191); 161, 299 (Rn. 137 f., 160); BVerwG, Urt. v. 22. 11. 2022 – 3 CN 1.21, Rn. 56; VerfGH München, Entsch. v. 23. 11. 2020 – Vf. 59-VII-20, juris Rn. 68; OVG Münster, Beschl. v. 19. 05. 2020 – 13 B 557/20.NE, juris Rn. 74.

[1466] § 2 Abs. 1 BGA-NachfG.

weisungsunterworfen.[1467] Bedenken in Bezug auf dessen Weisungsabhängigkeit gegenüber dem BMG[1468] wird vorliegend dadurch begegnet, dass das RKI für diesen Fall gesetzlich unabhängig, insbesondere weisungsfrei[1469] gestellt wird (§ 5 Abs. 2 Satz 2 IfSG-E).[1470] Dadurch wird sichergestellt, dass die gewaltenteilige Zielrichtung des parlamentarischen Ermächtigungsvorbehalts nicht unterlaufen wird.[1471] Im Übrigen ist der Bundestag frei, sich durch die (Ausschuss-)Anhörung weiterer Sachverständiger eine breitere (wissenschaftliche) Basis für seine Willensbildung zu verschaffen.[1472] Ein anderes sachverständiges, interdisziplinär besetztes Expertengremium speziell zur wissenschaftlichen Beratung des Bundestages bei der Feststellung einer gesundheitlichen Notlage einzurichten,[1473] ist wegen des Bestehens und der Geeignetheit des RKI, diese Aufgabe zu übernehmen, nicht nötig.

Der wissenschaftlichen Einschätzung der Lage dürfte ein starkes Gewicht zukommen. Sie hat damit großen Einfluss auf die Entscheidung des Gesetzgebers. Keinesfalls dürfte die Entscheidung über das Vorliegen der Tatbestandsmerkmale jedoch allein einem Expertengremium überantwortet werden. Diese muss vielmehr stets beim Parlament verbleiben.[1474] Daher unterliegt der Deutsche Bundestag nach § 5 Abs. 2 IfSG-E auch lediglich einer Beratungspflicht.[1475]

cc) Evaluierung

§ 5 Abs. 3 IfSG-E statuiert nach dem Vorbild von § 5 Abs. 9 IfSG und in Konkretisierung von Art. 80b Abs. 3 GG-E eine externe Evaluierung. Abweichend von § 5 Abs. 9 IfSG erfolgt die Evaluierung nach der Beendigung des pandemiebedingten Gesundheitsnotstandes und ist nicht an einen vorab festgelegten kalenda-

---

[1467] Arg. e § 5 BGA-NachfG. Vgl. allgemein zu selbständigen Bundesoberbehörden i. S. d. Art. 87 Abs. 3 Satz 1 GG *Sachs*, in: ders., Grundgesetz, 9. Aufl. 2021, Art. 87, Rn. 66.

[1468] *Möllers*, BT-Drs. 19(14)246(15), S. 10; *Pagenkopf*, ZRP 2022, 51 (53). Siehe hingegen OVG Münster, Beschl. v. 19.05.2020 – 13 B 557/20.NE, juris Rn. 76.

[1469] Art. 87 Abs. 3 Satz 1 GG steht einer solchen, gesetzlich punktuell angeordneten sachlichen Unabhängigkeit der Behörde nicht entgegen, *Sachs*, in: ders., GG, 9. Aufl. 2021, Art. 87 Rn. 66.

[1470] *Möllers*, BT-Drs. 19(14)246(15), S. 10 äußert hiergegen mit Blick auf die demokratische Legitimation Bedenken; a. A. (selbst bei Weisungsabhängigkeit) *Greve*, in: Sangs/Eibenstein, IfSG, 2022, Einführung B Rn. 13; *Rixen*, in: Kloepfer, Pandemien als Herausforderung für die Rechtsordnung, 2011, S. 67 (77).

[1471] Gleichsinnig *Dederer/Preiß*, AöR 148 (2023), 289 (334). Die hiesige Formulierung in § 5 Abs. 2 Satz 2 IfSG-E ist dem dortigen Vorschlag (a. a. O., 334 Rn. 299) nachempfunden.

[1472] Vgl. auch BVerfGE 161, 299 (Rn. 160).

[1473] Siehe z. B. die Vorschläge in BT-Drs. 19/25254, BT-Drs. 19/20565, BT-Drs. 19/22547.

[1474] Vgl. *Mayen*, NVwZ 2020, 828 (830).

[1475] Vgl. auch BVerwG, Urt. v. 22.11.2022 – 3 CN 1.21, Rn. 57: Der Verordnungsgeber durfte „die vom RKI zur Verfügung gestellten Erkenntnisse und Bewertungen […] wie ein Sachverständigengutachten bei seiner Entscheidung berücksichtigen und den erlassenen Ge- und Verboten zugrundelegen“.

rischen Zeitpunkt geknüpft.[1476] Die Evaluierung wird von der Bundesregierung in Auftrag gegeben und erfolgt durch von Bundestag und Bundesregierung bestellte unabhängige Sachverständige aus unterschiedlichen Fachbereichen. Neben epidemiologischen und wissenschaftlichen Aspekten sollten auch andere Bereiche bei der Evaluierung berücksichtigt werden, die im Pandemiefall eine Rolle spielen (z.B. Psychologie, Wirtschaft, Recht).

b) § 5a IfSG-E: Notstandsbefugnisse – Verordnungsermächtigungen

Zur Bewältigung eines Notstandes sind im Allgemeinen und im Fall des pandemiebedingten Gesundheitsnotstandes im Besonderen schnelle, flexible und an das dynamische Infektionsgeschehen, den tatsächlichen Pandemieverlauf und sich ändernde wissenschaftliche Erkenntnisse leicht anpassbare Handlungsmöglichkeiten von essentieller Bedeutung. Dies gilt nicht nur, wenn es darum geht, die freiheitsbeschränkenden Pandemieschutzmaßnahmen mit den tatsächlichen Gegebenheiten abzustimmen,[1477] sondern vor allem auch in Zusammenhang mit der „Sicherstellung aller personellen und sächlichen medizinischen Ressourcen, die für eine funktionsfähige Gesundheitsversorgung notwendig sind und hierzu in irgendeiner Form der verstärkten, gelenkten Bewirtschaftung bedürfen".[1478]

Die COVID-19-Pandemie hat gezeigt, dass es im Fall eines pandemiebedingten Gesundheitsnotstandes zu einem erhöhten Bedarf an medizinischen Ressourcen, geschultem Personal und Kapazitäten im medizinischen Bereich kommen kann und dass daher „(kurzfristig) gewisse Waren und Dienstleistungen bewirtschaftet, also den Kräften des freien Marktes entzogen, Ausbildung, Beschäftigung und Einsatz von Personal abweichend von beispielsweise berufsrechtlichen Regeln flexibilisiert sowie bestimmte Infrastrukturen des Gesundheitssystems auf Notfallbetrieb umgestellt werden" müssen.[1479] Diesen Anforderungen kann die Exekutive, „die nach

[1476] Die Frist in § 5 Abs. 9 IfSG musste mehrfach geändert bzw. verlängert werden, dazu *Hollo*, in: Kießling, IfSG, 3. Aufl. 2022, § 5 Rn. 46a. Die Berichte des Gremiums und des BMG sind abrufbar unter: https://www.bundesgesundheitsministerium.de/service/begriffe-von-a-z/s/sachverstaendigenausschuss-infektionsschutzgesetz.html (zuletzt: 28.08.2023). Gleichwohl ist eine Evaluierung nach einer gewissen Notstandsdauer ebenso gut denkbar (dafür noch *Dederer/Preiß*, AöR 148 [2023], 289 [334]).

[1477] Dazu BVerfGE 159, 223 (Rn. 150): „Es liegt in der Natur einer Epidemie, dass der Staat zum Schutz der Bevölkerung nicht in individuellen Verwaltungsverfahren punktuelle Maßnahmen trifft, sondern dass zur Abwehr der Gefahr großflächige Schutzmaßnahmen ergriffen werden müssen. Die exekutive Handlungsalternative zum Gesetz ist dann vor allem die Rechtsverordnung, nicht der Einzelakt der Verwaltung".

[1478] *Dederer/Preiß*, AöR 148 (2023), 289 (339).

[1479] *Dederer/Preiß*, AöR 148 (2023), 289 (336). Ebenso tragen die sog. Sicherstellungsgesetze, die durch die Feststellung des Spannungsfalls durch den Bundestag gemäß Art. 80a Abs. 1 Satz 1 GG freigeschaltet werden können (hierzu etwa *Depenheuer*, in: Dürig/Herzog/Scholz, Grundgesetz, Art. 80a Rn. 46 ff. [2011]) und die (zum Teil) Vorbild der epidemischen Lage von nationaler Tragweite sind (oben Fn. 509), dieser Notwendigkeit zur Sicherstellung der Versorgung Rechnung. Siehe für den Bedarf während der COVID-19-Pandemie etwa die

ihrer Organisation, Funktion und Verfahrensweise über die besten Voraussetzungen für eine möglichst sachgerechte Entscheidung“[1480] verfügt, über den Erlass „gesetzesändernder“ Rechtsverordnungen prinzipiell am besten gerecht werden.[1481] Dass der Gesetzgeber im Zusammenhang mit der Corona-Pandemie verdeutlicht hat, dass „die Legislative unter besonderen Umständen auch einmal binnen Wochenfrist Gesetze in einem formal noch verfassungsgemäßen Verfahren beschließen kann [...], kann dagegen kaum überzeugend gegen die Ermächtigung der Exekutive zu ‚gesetzesändernden‘ Rechtsverordnungen angeführt werden“.[1482] Derart eilige Gesetzgebungsverfahren mögen formal den im Grundgesetz (nur grob) vorgegebenen Verfahrensweisen nicht widersprechen,[1483] entsprechen jedoch nicht dem Wesen und der Funktion parlamentarischer Gesetzgebung, die Opposition und Öffentlichkeit in einem transparenten Verfahren an der Entscheidungsfindung und dem der Entscheidung zugrundeliegenden Interessensausgleich teilhaben zu lassen und die Gesetzgebung dadurch demokratisch besonders zu legitimieren.[1484]

---

zahlreichen Verordnungen, die das BMG während der COVID-19-Pandemie auf Grundlage von § 5 Abs. 2 Satz 1 Nr. 4, 7, 8, 10 IfSG erlassen hat, als Überblick bei *Gausing*, in: BeckOK InfSchR, IfSG, § 5 Rn. 23.1, 37.1. 43.1, 50.1 (2024).

[1480] BVerfGE 159, 223 (Rn. 140).

[1481] Gleichsinnig *Dederer/Preiß*, AöR 148 (2023), 289 (334 f.); zudem *Guckelberger*, DVBl. 2020, 1441 (1443); *Rixen*, VVDStRL 80 (2021), 37 (57); siehe auch BVerfGE 161, 299 (Rn. 137): „Die [...] Bundesregierung bündelt den für eine sachgerechte Bewältigung dieser Herausforderungen erforderlichen Sach- und Fachverstand. Auch kann sie durch auf gesetzlicher Grundlage installierte sachverständige Beratung besonders schnell beurteilen, welche Anforderungen im Sinne eines ausreichenden Immunschutzes an einen Impf- oder Genesenennachweis zu stellen sind. Denn mit dem Robert Koch-Institut und dem Paul-Ehrlich-Institut sind ihr mit spezifisch wissenschaftlicher Fachkompetenz ausgestattete selbständige Bundesoberbehörden im Geschäftsbereich des Bundesministeriums für Gesundheit zugeordnet, die insoweit besonders geeignet sind, hoch dynamische Veränderungsprozesse nachzuvollziehen und zu bewerten“; *Gallon/Hollo/Kießling*, Epidemiegesetz, 2023, S. 72 ff. plädieren sogar ausschließlich für die Rechtsverordnung als Handlungsform bei der Epidemiebekämpfung. Siehe zudem bereits oben unter Kapitel 3 B. IV. 2. und 3. a) und V. 2.

[1482] *Dederer/Preiß*, AöR 148 (2023), 289 (335). Siehe aber z. B. *Gärditz/Meinel*, F. A. Z. v. 26.03.2020, S. 6; *Kingreen*, in: Huster/Kingreen, HdB InfSR, 2. Aufl. 2022, Kapitel 1 Rn. 135. Zum Zeitrahmen der Gesetzgebungsverfahren der Bevölkerungsschutzgesetze siehe oben in und bei Fn. 227. Zu Beschleunigungsphänomenen beim Gesetzgebungsverfahren in Krisen *Schwerdtfeger*, Krisengesetzgebung, 2018, S. 27 ff.

[1483] Siehe aber in diesem Zusammenhang den erfolgreichen Eilantrag gegen die Gestaltung des Gesetzgebungsverfahrens zum Gebäudeenergiegesetz, BVerfG, Beschl. v. 05.07.2023 – 2 BvE 4/23 (dort gleichwohl außerhalb einer Krisensituation und abstellend auf das Recht der Abgeordneten auf gleichberechtigte Teilhabe an der parlamentarischen Willensbildung aus Art. 38 Abs. 1 Satz 2 GG).

[1484] Gleichsinnig *Dederer/Preiß*, AöR 148 (2023), 289 (335 f.); *Dederer*, in: ders./Gierhake/Preiß, COVuR 2021, 454 (459). Siehe zu den Funktionen des Gesetzgebungsverfahrens zudem BVerfGE 157, 30 (149).

Inhaltlich bietet § 5 Abs. 2 Satz 1 Nr. 4, 7, 8, 10 IfSG dafür prinzipiell eine geeignete Blaupause, wenngleich die Ermächtigungen in dieser Form verfassungswidrig sind und daher so nicht übernommen werden können.[1485]

Entscheidend ist, dass der Gesetzgeber vorab, das bedeutet vor dem nächsten pandemiebedingten Gesundheitsnotstand, festlegt, von welchen Bestimmungen eines Gesetzes, zu welchem Zweck, mit welchem Inhalt und welcher Tendenz im Notstandsfall durch die Exekutive abgewichen werden können soll.[1486] Hierdurch wird nicht nur den verfassungsrechtlichen Anforderungen des Art. 80 Abs. 1 Satz 2 GG Rechnung getragen, sondern die Notstandsregelungen werden klar von den Regelungen der Normallage abgegrenzt, was letztlich auch der Einstellung eines Verstetigungseffektes entgegentritt. Die gesetzgeberische Entscheidung – und das ist maßgeblich – müsste dafür anders als bisher in den einschlägigen Parlamentsgesetzen selbst (z. B. im AMG, BtMG, ApoG, SGB V) als Verordnungsermächtigung verankert werden.[1487] Diese Ausgestaltung kann angesichts des Umfangs der von der Ermächtigung betroffenen Bereiche und Regelungen in der vorliegenden Untersuchung nicht im Einzelnen dargestellt werden und ist Aufgabe des Gesetzgebers. Exemplarisch wird daher in § 5a Abs. 1 Satz 2 Nr. 1 IfSG-E eine Option für die Ermächtigung der Bundesregierung zum Erlass von Verordnungen illustriert, die Ausnahmen zu den Vorschriften des Arzneimittelgesetzes (AMG) zulässt. Dafür wird auf einen neuen § 79 Abs. 2 AMG-E Bezug genommen, der die Ermächtigung in oben beschriebener Detailgenauigkeit für die jeweiligen Bereiche vorsehen würde. § 79 AMG müsste entsprechend gesetzgeberisch ergänzt werden. § 79 AMG enthält bereits Ausnahmeermächtigungen im Krisenfall unterschiedlicher Art[1488] und ist

[1485] Vgl. oben unter Kapitel 3 B. V. 2.

[1486] Zu den Anforderungen des Art. 80 Abs. 1 Satz 2 GG hinsichtlich „Inhalt, Zweck und Ausmaß" durch das BVerfG siehe BVerfGE 150, 1 [101]: „Selbstentscheidungsvorbehalt", „Programmfestsetzungspflicht", „Vorhersehbarkeitsgebot". So auch *Kingreen*, in: Huster/Kingreen, HdB InfSR, 2. Aufl. 2022, Kapitel 1 Rn. 128: „konkret bezeichnete Einzelbestimmungen". Der Sache nach ebenso Bericht des Sachverständigenausschusses nach § 5 Abs. 9 IfSG: Evaluation der Rechtsgrundlagen und Maßnahmen der Pandemiepolitik, 2022, S. 108. Hierzu und zum folgenden *Dederer/Preiß*, AöR 148 (2023), 289 (337).

[1487] Ebenso Bericht des Sachverständigenausschusses nach § 5 Abs. 9 IfSG: Evaluation der Rechtsgrundlagen und Maßnahmen der Pandemiepolitik, 2022, S. 108; *Dederer/Preiß*, AöR 148 (2023), 289 (337).

[1488] Siehe zu § 79 AMG etwa *Nickel*, in: Kügel/Müller/Hofmann, AMG, 3. Aufl. 2022, § 79 Rn. 1 ff. § 79 Abs. 4a AMG wurde zwar im Rahmen des Dritten Bevölkerungsschutzgesetzes eingeführt, wird den Anforderungen wie sie in dieser Arbeit gestellt werden (siehe dazu insb. Fn. 1486), aber nur teilweise gerecht. § 79 Abs. 4a AMG erfasst mit dem Herstellen, Beschaffen, Lagern und Inverkehrbringen von Arzneimitteln, Wirk-, Ausgangs- und Hilfsstoffen sowie Packmitteln von Arzneimitteln lediglich einen Teil des Katalogs des derzeitigen § 5 Abs. 2 Satz 1 Nr. 4 IfSG. Der Katalog des § 5 Abs. 2 Satz 1 Nr. 4 IfSG bildet insofern einen guten Anhaltspunkt dafür, welcher Regelungen es im Pandemiefall bedarf. § 79 Abs. 4a AMG müsste daher jedenfalls um die weiteren Anwendungsfälle des § 5 Abs. 2 Satz 1 Nr. 4 IfSG (z. B. die Kennzeichnung, die Zulassung, die klinische Prüfung von Arzneimittel) ergänzt werden, um den Pandemiefall gänzlich zu erfassen und um den Anforderungen des Bestimmtheitsgebots, insbesondere hinsichtlich Inhalt und Ausmaß, zu genügen.

daher als gebündelter Regelungsstandort geeignet. Alternativ wäre eine Verankerung an der jeweiligen Stelle im AMG denkbar, z. B. für die Herstellung von Arzneimitteln in einem neuen § 20e AMG, für die klinische Prüfung in einem neuen § 42d AMG usw., wodurch die zahlreichen im AMG verstreuten Ausnahmevorschriften und Verordnungsermächtigungen[1489] jedoch noch vermehrt werden würden, was zur Unübersichtlichkeit des Gesetzes beitragen würde.

§ 5a IfSG-E stellt den Anknüpfungspunkt für Verordnungsermächtigungen an die Bundesregierung im pandemiebedingten Gesundheitsnotstand dar und legt die für alle diese Verordnungen allgemein geltenden Bestimmungen, vor die Klammer gezogen, fest. Umfang, Inhalt und Ausmaß der jeweiligen Ermächtigung ergeben sich sodann aus den Spezialgesetzen, auf die das IfSG Bezug nimmt.

Von bundeseigenen Vollzugskompetenzen wie den Anordnungsermächtigungen in § 5 Abs. 2 Satz 1 Nr. 5, 6 IfSG sollte bei einem künftigen Regelwerk hingegen abgesehen werden. Die föderale Zusammenarbeit muss auch in Krisenzeiten gewährleistet werden und bietet ausreichend Möglichkeiten für bundesweite und einheitliche Maßnahmen. Eine Kompetenzerweiterung des Bundes ist nicht angezeigt. Zur Sicherstellung eines einheitlichen Vollzugs besteht die Möglichkeit, nach Art. 84 Abs. 2 GG eine koordinierende Verwaltungsvorschrift zu erlassen. Art. 84 Abs. 2 GG bietet der Bundesregierung damit eine flexible Option, um im Bedarfsfall auf die Bundesländer einzuwirken, ohne dass dafür die Verfassung oder das IfSG geändert werden müssten.[1490]

aa) Inhaber und Voraussetzungen

Die Befugnis zum Erlass gesetzesändernder Verordnungen im Rahmen des pandemiebedingten Gesundheitsnotstandes wird in Abweichung zu § 5 Abs. 2 Satz 1 IfSG, der für den Fall einer epidemischen Lage von nationaler Tragweite allein das BMG ermächtigt, entsprechend Art. 80 Abs. 1 Satz 1 Var. 1 GG der Bundesregierung als Kollegialorgan (Art. 62 GG)[1491] übertragen. Die Bundesregierung ist anders als ein einzelnes Ministerium dem Bundestag direkt verantwortlich und verfügt wegen der Aufteilung in verschiedene Ressorts (Art. 65 Satz 2 GG) zudem über die Möglichkeit, die in einer Pandemie vielfach und vielfältig betroffenen Gemeinwohlbelange ausreichend zu berücksichtigen,[1492] wenngleich die Federführung sachbereichsbezogen weiterhin beim Gesundheitsressort liegen mag.[1493]

1489 Siehe dazu z. B. für den Fall bedrohlicher übertragbarer Krankheiten *Dettling/S. Schmidt*, PharmR 2020, 521 ff.

1490 Zum Ganzen oben Kapitel 3 D. I.

1491 Hierzu etwa *Bauer*, in: Dreier, GG, Band II, 3. Aufl. 2015, Art. 80 Rn. 23; *Mann*, in: Sachs, GG, 9. Aufl. 2021, Art. 80 Rn. 15.

1492 Vgl. dazu § 5 Abs. 3 IfSG.

1493 Zur Übertragung der Befugnisse an die Bundesregierung als Kollegialorgan auch *Dederer/Preiß*, AöR 148 (2023), 289 (337); *Hollo*, in: Kießling, IfSG, 3. Aufl. 2022, § 5 Rn. 32;

Die außergewöhnlichen Notstandsbefugnisse der Bundesregierung sind explizit an die vorherige Feststellung eines pandemiebedingten Gesundheitsnotstandes durch den Deutschen Bundestag begrenzt (§ 5a Abs. 1 Satz 1 IfSG-E), wodurch sichergestellt wird, dass das Parlament selbst darüber entscheidet, ob es die besonderen Befugnisse an die Exekutive, auch zum Erlass gesetzesändernder Verordnungen, übertragen möchte.[1494] Als zusätzliche rechtsstaatliche Absicherung ist die Möglichkeit zum Verordnungserlass zudem davon abhängig, dass die Bundesregierung im Fall eines pandemiebedingten Gesundheitsnotstandes feststellt, dass die Versorgung mit personellen oder sächlichen medizinischen Ressourcen im konkreten Einzelfall im Bundesgebiet oder wesentlichen Teilen davon gefährdet ist (§ 5a Abs. 1 Satz 1 IfSG-E).[1495] Dadurch wird sichergestellt, dass die weitreichenden Notstandsbefugnisse der Exekutive nicht per se im Notstandsfall bestehen, sondern die Bundesregierung deren Notwendigkeit darlegen und ihr Handeln begründen muss. Es ist durchaus denkbar, dass es im Fall eines pandemiebedingten Gesundheitsnotstandes erst im Verlauf der Krise oder überhaupt nicht zu einem Engpass in der Versorgung mit medizinischen Ressourcen und Personal kommt. Für diesen Fall wird durch die Feststellung der Bundesregierung klar, welche Bereiche und Güter betroffen sind und dadurch auch abschätzbar, von welchen Verordnungsermächtigungen Gebrauch gemacht werden wird.

Eine nach Art. 80 Abs. 2 GG meist[1496] erforderliche Zustimmung des Bundesrates ist im Sinne einer zügigen und flexiblen Handlungsmöglichkeit der Exekutive, und zumal die Länderinteressen über das Zustimmungserfordernis des Bundesrates bei der Feststellung des Gesundheitsnotstandes durch den Bundestag (Art. 80b Abs. 2 Satz 1 GG-E) bereits berücksichtigt werden, in diesen Fällen entbehrlich.[1497] § 5a Abs. 1 Satz 2 IfSG-E stellt somit eine „anderweitige bundesgesetzliche Regelung" im Sinne von Art. 80 Abs. 2 Satz 1 GG dar.

In § 5a Abs. 1 Satz 2 Nr. 1 IfSG-E wird nach dem Vorbild von § 5 Abs. 2 Satz 1 Nr. 4 lit. a IfSG exemplarisch für das AMG eine Verordnungsermächtigung, ergänzt um den Verweis auf die entsprechende Abweichungsnorm im AMG, skizziert.

Sangs, NVwZ 2022, 1489 (1496); *Thielbörger/Behlert*, VerfBlog v. 30.03.2020. Vgl. § 1 ESVG. Für den Bundeskanzler und die Notwendigkeit eines „Ein-Mann-Organs" hingegen *Böckenförde*, in: FS Hirsch, 1981, 259 (268 f.).

[1494] Vgl. den geltenden § 5 Abs. 2 IfSG.

[1495] Vgl. ähnlich in § 1 ESVG und auf Landesebene § 15 Abs. 1, 17 Abs. 1 IfSBG-NRW.

[1496] Zu den Fällen zustimmungsbedürftiger Rechtsverordnungen, die in Art. 80 Abs. 2 GG aufgelistet werden etwa *Mann*, in: Sachs, GG, 9. Aufl. 2021, Art. 80 Rn. 35 ff.; *Kment*, in: Jarass/Pieroth, GG, 18. Aufl. 2024, Art. 80 Rn. 24 ff.

[1497] Gleichsinnig *Dederer/Preiß*, AöR 148 (2023), 289 (338). Anders für die geltenden Ermächtigungen in § 5 Abs. 2 IfSG *Gerhardt*, IfSG, 6. Aufl. 2022, § 5 Rn. 2e unter Verweis auf eine verfassungsrechtliche Pflicht des Bundesrates, seine Zustimmung zur Änderung des IfSG und der Einführung dieser „anderweitigen bundesgesetzlichen Regelung" im Sinne von Art. 80 Abs. 2 GG nicht zu erteilen.

bb) Parlamentsbeteiligung (Absatz 2 IfSG-E)

Anders als im Rahmen von § 5 Abs. 2 IfSG unterliegen die Befugnisse der Bundesregierung nach § 5a Abs. 2 IfSG-E einer stärkeren Kontrolle und Beteiligung des Bundestages.[1498] Dadurch soll der Kritik an den Verordnungsbefugnissen in § 5 Abs. 2 IfSG während der Corona-Pandemie Rechnung getragen und der Einordnung eines Gesundheitsnotstandes als „Stunde der Exekutive" entgegengetreten werden.[1499]

Der Gesetzgeber kann nach § 5a Abs. 2 IfSG-E jederzeit die Aufhebung oder Aussetzung einer bereits erlassenen Rechtsverordnung durch die Bundesregierung verlangen.[1500] Dadurch kann der Gesetzgeber Einfluss auf das Handeln der Bundesregierung nehmen, ohne generell auf den Vorteil exekutiven Handelns per Verordnung zu verzichten.[1501] Die Aufhebung oder Aussetzung erfolgen in Form eines schlichten Parlamentsbeschlusses und setzen kein langwieriges Gesetzgebungsverfahren voraus.[1502] Der Bundestag kann die Rechtsverordnungen der Bundesregierung allerdings nicht selbst ändern, aussetzen oder aufheben, sondern ein derartiges Handeln lediglich von der Bundesregierung verlangen. Auf diese Weise wird sichergestellt, dass es nicht der Gesetzgeber ist, der durch schlichten Parlamentsbeschluss und ohne ordentliches Gesetzgebungsverfahren in die Verordnungsgebung als solche eingreift, sondern lediglich ein Handeln der Bundesregierung verlangen kann.[1503] Aus diesem Grund wird im vorliegenden Entwurf auch von der Normierung eines Änderungsvorbehalts zugunsten des Bundestages abgesehen.[1504]

Die Mitwirkungsrechte des Bundestages könnten um zusätzliche Informations- oder Anhörungspflichten zugunsten des Parlaments vor Erlass einer Rechtsverordnung ergänzt werden. Dadurch hätte der Bundestag stets Kenntnis von Vorhaben der Bundesregierung und könnte zeitnah nach dem Erlass einer Rechtsverordnung tätig

---

[1498] Zu den Möglichkeiten einer parlamentarischen Beteiligung an der Verordnungsgebung auf Länderebene bereits oben unter Kapitel 3 B. V. 6. b) bb). Zur Zulässigkeit dieser im Vergleich zur vollständigen Delegation (Art. 80 Abs. 1 GG) als Minusmaßnahmen zu charakterisierenden Vorbehalte *Bauer*, in: Dreier, GG, Band II, 3. Aufl. 2015, Art. 80 Rn. 27 ff.; *Mann*, in: Sachs, GG, 9. Aufl. 2021, Art. 80 Rn. 40 ff.; *Remmert*, in: Dürig/Herzog/Scholz, GG, Art. 80 Rn. 102 ff. (2013).

[1499] Über den Mangel an Bestimmtheit hätten derartige parlamentarische Beteiligungsrechte gleichwohl nicht hinweggeholfen (oben Fn. 620). Dieser Zweck wird vorliegend auch nicht verfolgt.

[1500] Entsprechend dem Vorbild in Art. 80a Abs. 2, 3 Satz 2 GG. Ähnlich auch § 2 Abs. 6 Satz 1 IfSBG-NRW. Dafür auch *Dederer/Preiß*, AöR 148 (2023), 289 (334, 338); *Rixen*, VVDStRL 80 (2021), 37 (59).

[1501] Dazu oben in und bei Fn. 1481.

[1502] Vgl. *Bauer*, in: Dreier, GG, Band II, 3. Aufl. 2015, Art. 80 Rn. 28 ff.

[1503] Zur Problematik *Remmert*, in: Dürig/Herzog/Scholz, GG, Art. 80 Rn. 106 ff. (2013).

[1504] Kritisch zu Änderungsvorbehalten des Parlaments *Bauer*, in: Dreier, GG, Band II, 3. Aufl. 2015, Art. 80 Rn. 31; *Mann*, in: Sachs, GG, 9. Aufl. 2021, Art. 80 Rn. 43. Siehe bereits oben Fn. 829.

werden. Gleichzeitig entstünde durch diese Art der Einbeziehung des Parlaments keine ins Gewicht fallende zeitliche Verzögerung beim Verordnungserlass. Diese Formen der Beteiligung gewähren dem Parlament keinerlei eigene Gestaltungsmöglichkeit und sind daher verfassungsrechtlich unbedenklich.[1505] Zwingend sind sie gleichwohl nicht. Im vorliegenden Entwurf wird von der Normierung solcher Pflichten abgesehen.

Ebenso enthält der Entwurf keinen Zustimmungsvorbehalt des Bundestages.[1506] Würde der Erlass einer Rechtsverordnung nach § 5a Abs. 1 IfSG-E von der vorherigen Zustimmung des Bundestages abhängig gemacht, könnte sich dadurch der Erlass der Verordnung zeitlich verzögern, was wiederum im Widerspruch zum Zweck der Verordnungsermächtigungen stehen würde, in einer dynamischen Pandemiesituation schnell und flexibel agieren zu können.[1507] Ein Zustimmungsvorbehalt wäre allenfalls sinnvoll, wenn ein zügiges Handeln der Bundesregierung dennoch möglich bleibt. Dies kann beispielsweise dadurch erreicht werden, dass die Zustimmung des Parlaments fingiert wird, wenn dieses dem Erlass der Verordnung nicht innerhalb einer angemessenen Frist widerspricht[1508] – die Frist müsste freilich entsprechend kurz sein, z. B. fünf Tage, maximal eine Woche.[1509] Zusätzlich sollte es der Bundesregierung bei Gefahr im Verzug möglich sein, auch ohne die Zustimmung des Parlaments tätig zu werden. Der vorliegende Entwurf begrenzt die Handlungsmöglichkeiten der Bundesregierung durch die vorherige Feststellung eines pandemiebedingten Gesundheitsnotstandes durch den Bundestag (§ 5 Abs. 1 Satz 1 IfSG-E), das Erfordernis der Feststellung einer Versorgungsknappheit durch die Bundesregierung (§ 5a Abs. 1 Satz 1 IfSG-E) und zusätzlich durch die Mitwirkungsbefugnisse des Bundestages nach § 5a Abs. 2 IfSG-E. Von einer weiteren parlamentarischen Kontrollbefugnis im Sinne eines Zustimmungsvorbehalts kann in dieser Konstellation daher abgesehen werden.

[1505] *Bauer*, in: Dreier, GG, Band II, 3. Aufl. 2015, Art. 80 Rn. 30; *Mann*, in: Sachs, GG, 9. Aufl. 2021, Art. 80 Rn. 41.

[1506] Zur Zulässigkeit von parlamentarischen Zustimmungsvorbehalten bereits oben Fn. 822.

[1507] So auch *Dederer/Preiß*, AöR 148 (2023), 289 (338).

[1508] Dafür auch *Dreier*, DÖV 2021, 229 (242 f.); so auch der Antrag der Fraktion Bündnis 90/Die Grünen, BT-Drs. 19/18958, S. 3 f.

[1509] Vgl. für die Landesebene *Klafki*, NVwZ 2021, 1718 (1721). Ähnlicher Zeitraum in § 3 Abs. 3 Satz 3 im Entwurf eines Gesetzes zur parlamentarischen Kontrolle der Freiheitsbeschränkungen infolge der Covid-19-Pandemie in Baden-Württemberg, LT-Drs. 16/8152. Hierfür ist ausschlaggebend, dass der Bundestag über den Erlass der Rechtsverordnung zeitnah informiert wird, was durch eine Anhörungs- oder Unterrichtungspflicht abgesichert werden sollte. So z. B. auf Länderebene in § 3 Abs. 4 IfSBG-NRW; § 3 Abs. 1 des Gesetzes über den Erlass infektionsschützender Maßnahmen (BW), GBl. 2020, Nr. 27/649. Die Zustimmungsentscheidung auf die nächste Sitzung des Bundestages zu vertagen, scheint zeitlich hingegen nicht flexibel genug (so aber z. B. in § 2 Abs. 5 Satz 2 des Gesetzes über den Erlass infektionsschützender Maßnahmen [BW], GBl. 2020, Nr. 27/649).

Alternativ könnte der Deutsche Bundestag auch an der Feststellung der Versorgungsknappheit durch die Bundesregierung in Form eines Zustimmungsvorbehalts beteiligt werden. Dies hätte jedoch den Nachteil, dass der Bundestag einem Verordnungserlass im konkreten Anwendungsfall nicht bereits vorzeitig entgegentreten kann, sondern vorab in pauschaler Weise einer Knappheit an medizinischen Gütern und vielen möglichen Verordnungserlassen zustimmt, von denen gegebenenfalls erst in zeitlichem Abstand zur Feststellung der Versorgungsknappheit Gebrauch gemacht wird. Auch davon wird im vorliegenden Entwurf daher abgesehen.

cc) Geltungsdauer (Absatz 3 IfSG-E)

Die besonderen Befugnisse der Bundesregierung sollen ausschließlich im Notstandsfall anwendbar sein und sind daher zeitlich zwingend an die Feststellung und Aufhebung des pandemiebedingten Gesundheitsnotstandes gebunden.[1510] Eine Ausnahme hiervon besteht, wenn der Gesetzgeber den Geltungszeitraum der Verordnung über die Beendigung des pandemiebedingten Gesundheitsnotstandes hinaus festlegt (vgl. § 5a Abs. 3 IfSG-E).[1511] Wird die Notstandslage aufgehoben, ist bereits rechtzeitig vor der Aufhebung festzulegen, was mit den ergriffenen Maßnahmen und erlassenen Verordnungen geschieht. Sollten die in den Rechtsverordnungen getroffenen Regelungen über den Zeitraum des pandemiebedingten Gesundheitsnotstandes hinaus noch benötigt werden, kann der Deutsche Bundestag sie jederzeit in Gesetzesform überführen.[1512] Diese Möglichkeit steht ihm auch während des pandemiebedingten Gesundheitsnotstandes jederzeit offen. Dabei gilt allerdings zu berücksichtigen, dass sich der Bedarf an medizinischen Ressourcen im Verlauf der Pandemie ändern wird und auch die Auslastung der Kapazitäten der Produktionsstätten zu beachten ist. Diese Aspekte kann die Bundesregierung wegen ihrer Organstruktur und Informiertheit in der Regel besser abschätzen als der Bundestag mit einer starren gesetzlichen Regelung. Eine Verlängerungsmöglichkeit für einen Übergangszeitraum kann in bestimmten Konstellationen erforderlich sein, z. B. wenn im Rahmen des pandemiebedingten Gesundheitsnotstandes von den Regelungen über die Ausbildung medizinischer Berufe abgewichen wird.[1513] Eine kalendarische Befristung der Verordnungen sieht das Gesetz nicht vor. Der Zeitraum bemisst sich nach dem tatsächlichen Bedarf und dem Verlauf der Pandemie und kann daher erst für den konkreten Einzelfall durch die Bundesregierung bestimmt werden.

[1510] So auch die Grundregel in § 5 Abs. 4 Satz 1 IfSG. Siehe auch § 2 Abs. 5 IfSBG-NRW.

[1511] Insoweit abweichend von § 5 Abs. 4 Satz 2 IfSG. Dafür schon *Dederer/Preiß*, AöR 148 (2023), 289 (339).

[1512] Dafür schon für § 5 Abs. 2 IfSG *Kingreen*, Rechtsgutachten für die FDP v. 11.06.2020, S. 29f., 40 sowie BT-Drs. 19/20046, S. 3.

[1513] So derzeit in § 5 Abs. 4 Satz 2 IfSG.

c) §§ 31a, 31b IfSG-E: Pandemieschutzmaßnahmen

Zur effektiven Bewältigung eines pandemiebedingten Gesundheitsnotstandes bedarf es großflächig angelegter, die Allgemeinheit betreffender, auf den konkreten Pandemiefall zugeschnittener Schutzmaßnahmen mit „außerordentliche[r] Streubreite“[1514].[1515]

Die Generalklausel des § 28 Abs. 1 IfSG konnte schon nicht als taugliche Grundlage für die COVID-19-Regelungen fruchtbar gemacht werden[1516] und kann diese Funktion nach den Erfahrungen mit der Corona-Pandemie für zukünftige Pandemiefälle erst recht nicht leisten. Eine künftige Pandemie trifft den Gesetzgeber nicht mehr unerwartet, kulante Erstreaktionszeiträume und allenfalls übergangsweise zulässige Generalklauseln greifen nicht mehr. Die in §§ 28 bis 31 IfSG geregelten Schutzmaßnahmen werden dem Ausmaß und der Eigenart einer pandemischen Bedrohung als rein punktuelle Maßnahmen gegen individuelle Störer zudem nicht gerecht.[1517] Die speziell zur Bewältigung der COVID-19-Pandemie ins IfSG eingefügten §§ 28a bis 28c IfSG beschränken sich in ihrem Anwendungsbereich hingegen auf eben diesen besonderen Pandemiefall.

De lege ferenda sind im IfSG daher besondere, auf den Pandemiefall zugeschnittene Hygieneschutzmaßnahmen zu integrieren, die nicht nur auf einen bestimmten Erreger anwendbar sind.[1518] Die Regelungen der §§ 28a bis 28c IfSG sowie die bislang hierzu ergangene Rechtsprechung des BVerfG sind zwar stets im Lichte des konkreten Corona-Pandemiefalls zu betrachten und lassen sich nicht unmittelbar auf künftige Fälle übertragen, „bieten gleichwohl eine gute Orientierung für die Konzeption eines pandemiebezogenen besonderen Infektionsschutzmaßnahmenrechts“.[1519]

In § 31a IfSG-E werden daher gesetzgeberische Leitlinien für pandemische Schutzmaßnahmen erstellt. Die Normierung von Schutzmaßnahmen für den Fall eines pandemiebedingten Gesundheitsnotstandes steht jedoch vor der großen Herausforderung, dass zum einen die Umstände und das Ausmaß künftiger Pandemien nicht vorhersehbar sind und damit auch eine vorab getroffene gesetzliche Regelung nicht gelingen kann.[1520] Zum anderen können und müssen die Regelungen auch im

---

[1514] BVerfGE 159, 223 (Rn. 294).

[1515] Zutreffend BVerfGE 159, 223 (Rn. 150): „Es liegt in der Natur einer Epidemie, dass der Staat zum Schutz der Bevölkerung nicht in individuellen Verwaltungsverfahren punktuelle Maßnahmen trifft, sondern dass zur Abwehr der Gefahr großflächige Schutzmaßnahmen ergriffen werden müssen“.

[1516] Dazu oben in und bei Fn. 149 und 625.

[1517] Ebenso Bericht des Sachverständigenausschusses nach § 5 Abs. 9 IfSG: Evaluation der Rechtsgrundlagen und Maßnahmen der Pandemiepolitik, 2022, S. 104.

[1518] *Sangs*, NVwZ 2022, 1489 (1495); *Dederer/Preiß*, AöR 148 (2023), 289 (339 f.).

[1519] *Dederer/Preiß*, AöR 148 (2023), 289 (340).

[1520] Treffend OVG Münster, Beschl. v. 18.08.2020 – 13 B 847/20.NE, juris Rn. 83: „Angesichts der Dynamik des Infektionsgeschehens, das sich zudem je nach Örtlichkeit wesent-

konkreten Pandemiefall selbst angepasst an das jeweilige tatsächliche Infektionsgeschehen bestimmt werden und flexibel auf die Änderungen des Pandemieverlaufs und die Dynamik der Ausbreitung der übertragbaren Krankheit reagieren können und einer Änderung zugänglich sein. Gleichwohl folgen Infektionskrankheiten bestimmten Naturgesetzlichkeiten und sind – zumindest in äußeren Grenzen – trotz ihrer Ungewissheit im Einzelfall prognostizierbar und insoweit einer Regelung zugänglich.[1521] So ist klar, dass im Fall einer Pandemie schnell gehandelt werden muss und insbesondere Maßnahmen zur Aufrechterhaltung der gesundheitlichen Versorgungssysteme sowie freiheitsbeschränkende Schutzmaßnahmen zur Eindämmung und Verhinderung der weiteren Ausbreitung der Infektionskrankheit notwendig sind, um eine pandemiebedingte Überlastung der Gesundheitsversorgung im Bundesgebiet zu verhindern. Welche konkreten Schutzmaßnahmen dies sind oder welche medizinischen Ressourcen in größerer Menge benötigt werden, lässt sich wiederum nur in Abhängigkeit von den epidemiologischen Merkmalen des jeweiligen Pandemie-Virus bestimmen. Der nachfolgende Entwurf schlägt daher eine Art Baukasten-System vor. Der Gesetzgeber legt demnach bereits in Zeiten der Normallage die rechtlichen Rahmenbedingungen in Form grundlegender Leitlinien im IfSG fest und verpflichtet sich selbst, diese Leitlinien bei Feststellung eines pandemiebedingten Gesundheitsnotstandes (bzw. bei Vorliegen der Voraussetzungen)[1522] an den konkreten Pandemiefall angepasst zu konkretisieren, indem er im jeweiligen Pandemiefall aus dem Anhang des IfSG Maßnahmen und Indikatoren auswählt, die im Pandemiefall maßgeblich sein und zur Verfügung stehen sollen. Diese Konkretisierungen bilden wiederum die Grundlage für Rechtsverordnungen der Bundes- und Landesregierungen, die in ihren Gesamtschutzkonzepten weitere Einzelheiten der Pandemiebewältigung regeln. Auf diese Weise gibt der Gesetzgeber den Regierungen und Verwaltungen bereits jetzt die Maßstäbe für das staatliche Vorgehen im Gesundheitsnotstand vor, belässt aber auch nötige Handlungsspielräume.

Der Gesetzgeber kann bei der Normierung von Schutzmaßnahmen sowohl selbstvollziehende[1523] Normen als auch vollzugsbedürftige[1524] Normen vorsehen.[1525] Wegen des stetigen Abstimmungs- und Anpassungsbedarfs der Regelungen im

lich unterscheiden kann, sind dem Bundesgesetzgeber vorausschauend alle Konstellationen erfassende gesetzliche Regelungen aber kaum möglich". Ähnlich BVerwG, Urt. v. 22.11. 2022 – 3 CN 1/21, Rn. 39: „Der Gesetzgeber kann nicht voraussehen, welche übertragbaren Krankheiten neu auftreten und welche Schutzmaßnahmen zu ihrer Bekämpfung erforderlich sein werden".

[1521] *Klafki*, NJW 2023, 1340 (1342).

[1522] Dazu gleich unten unter Kapitel 4 C. II. 2. c) ee).

[1523] Wie aktuell in § 28b IfSG.

[1524] Wie aktuell in § 28a i. V. m. § 28 Abs. 1 IfSG.

[1525] Dazu, dass dem Konzept der selbstvollziehenden Normen kritisch begegnet werden sollte, bereits oben unter Fn. 687 sowie in und bei Fn. 1324. Zu den selbstvollziehenden Regelungen der „Bundesnotbremse" siehe oben Kapitel 3 B. V. 3. e) und D. III.

Pandemiefall scheint es vorzugswürdig, die wesentlichen Entscheidungen im IfSG zunächst nur in Gestalt vollzugsbedürftiger Normen festzulegen.[1526] Dadurch wird auch der ständigen Nachbesserung der gesetzlichen Grundlage in gewissem Maße vorgebeugt[1527] und es bleibt beim Regelfall des Vollzugs des IfSG durch die Bundesländer in eigener Angelegenheit.[1528] Ein Nachbessern und Anpassen auch der gesetzlichen Regelungen lässt sich in einem dynamischen wie ungewissen Pandemiefall jedoch nie gänzlich vermeiden.[1529] An dieser Konstellation orientiert sich die hier vorgeschlagene Normierung.[1530] Entscheidet sich der Gesetzgeber im Laufe der Pandemie doch für selbstvollziehende Regelungen, sollte er sich an seine Vorgaben im IfSG gebunden sehen.[1531]

aa) Normierungsverpflichtung des Bundesgesetzgebers (Absatz 1)

§ 31a Abs. 1 Satz 1 IfSG-E verpflichtet den Deutschen Bundestag für die Dauer und zur Bewältigung eines pandemiebedingten Gesundheitsnotstandes, die notwendigen Schutzmaßnahmen zu dessen Bewältigung sowie die maßgeblichen Indikatoren zur Beurteilung des Infektionsgeschehens und der Gefahrenlage auszuwählen und gesetzlich im IfSG festzulegen. Orientierung bieten die Schutzmaßnahmen und Indikatoren aus den Anlagen II und III zum IfSG,[1532] die denjenigen entsprechen, die aus dem Umgang mit der COVID-19-Pandemie bekannt sind (§ 31a Abs. 1 Satz 2 IfSG-E).[1533] Dem Gesetzgeber steht es frei, neben den in den Anlagen genannten Schutzmaßnahmen und Indikatoren weitere, sich im konkreten Pandemiefall als nützlich und wirksam erweisende Schutzmaßnahmen und Indikatoren zu

---

[1526] *Dederer/Preiß*, AöR 148 (2023), 289 (340). Hierfür spricht jedenfalls prinzipiell auch der aus Gründen der Verhältnismäßigkeit relevante Aspekt der regionalen Differenzierung. Im Ergebnis wie hier Bericht des Sachverständigenausschusses nach § 5 Abs. 9 IfSG: Evaluation der Rechtsgrundlagen und Maßnahmen der Pandemiepolitik, 2022, S. 113.

[1527] Bericht des Sachverständigenausschusses nach § 5 Abs. 9 IfSG: Evaluation der Rechtsgrundlagen und Maßnahmen der Pandemiepolitik, 2022, S. 113.

[1528] Oben Kapitel 3 D. III.

[1529] Daher kann auch dem Vorschlag des Verbots des normativen Nachrüstens im laufenden Ausnahmezustand (*Barczak*, Der nervöse Staat, 2. Aufl. 2021, S. 658 ff.) jedenfalls für den pandemiebedingten Gesundheitsnotstand nicht zugestimmt werden.

[1530] Der hier vorgeschlagene Regelungsentwurf baut auf den Grundlegungen bei *Dederer/Preiß*, AöR 148 (2023), 289 (339 ff.) auf.

[1531] *Dederer/Preiß*, AöR 148 (2023), 289 (340): „Die im IfSG bereits vorhandenen vollzugsbedürftigen Normen bilden damit in gewisser Weise die Maßstäbe für die selbstvollziehenden Normen. Das IfSG hätte dann den Charakter eines ‚Maßstäbegesetzes'". Grundlegend zum „Maßstäbegesetz" für den Länderfinanzausgleich BVerfGE 101, 158 (216 ff.).

[1532] Die bereits existierende Anlage (zu § 5b Absatz 4 IfSG) sollte zur Klarstellung in Anlage I umbenannt werden.

[1533] Vgl. insbesondere § 28a Abs. 1, 3 Satz 4, 5, § 28b (Abs. 7 Satz 2) IfSG. Zu diesem „Mix aus verschiedenen Indikatoren" *Kingreen*, in: Huster/Kingreen, HdB InfSR, 2. Aufl. 2022, Kapitel 1 Rn. 136; ferner BVerfGE 159, 223 (Rn. 199).

bestimmen (vgl. den Wortlaut von § 31a Abs. 1 Satz 2 IfSG-E „insbesondere" sowie bei den Anlagen II und III „unter anderem").

Diese Regelungsweise ermöglicht es dem Gesetzgeber, die jeweiligen, auf den konkret vorliegenden Pandemiefall passenden Instrumente auszuwählen und der staatlichen Seuchenbewältigung zu Grunde zu legen. Dadurch wird sichergestellt, dass es stets der Gesetzgeber ist, der im Grundsatz über Art und Umfang der Maßnahmen entscheidet. Regelungstechnisch „[a]usreichend, aber aus Gründen der Wesentlichkeitstheorie auch notwendig ist ein umfassender, möglichst vollständiger, aber keinesfalls abschließender Katalog denkbarer Maßnahmen des Schutzes gegen die Übertragung und Aufnahme von Krankheitserregern oder deren toxischer Produkte",[1534] woraus diejenigen Maßnahmen für ein Gesamtschutzkonzept (§ 31a Abs. 2 IfSG-E) ausgewählt werden können, die für die jeweilige Pandemie und den sie auslösenden Krankheitserreger tauglich und verhältnismäßig sind. Das aus dem allgemeinen Sicherheitsrecht bekannte Modell der Standardmaßnahmen ist dagegen unbrauchbar.[1535] Der Gesetzgeber kann weder vorab noch im konkreten Pandemiefall tatbestandliche Grenzen der Maßnahmen formulieren.[1536]

Stellen sich in zukünftigen Pandemiefällen weitere Maßnahmen als effektiv und notwendig heraus oder gibt es weitere wissenschaftliche Methoden zur Beurteilung des Infektionsgeschehens und der Einschätzung der pandemischen Lage, stehen die Anlagen einer Ergänzung offen. Die Anlagen sollten nach der Beendigung eines pandemiebedingten Gesundheitsnotstandes, insbesondere unter Berücksichtigung der Evaluationsergebnisse, um weitere Schutzmaßnahmen und Indikatoren erweitert werden.

bb) Konzeptpflicht (Absatz 2)

Das zentrale Instrument zur Bewältigung des pandemiebedingten Gesundheitsnotstandes bilden auch nach dem vorliegenden Regelungsentwurf die Rechtsverordnungen der Länder nach § 32 IfSG.[1537] Die Verordnungsgeber sind beim Erlass von Regelungen an die gesetzgeberischen Leitlinien zur Pandemiebewältigung gebunden. Neben den vom Bundestag katalogartig für anwendbar erklärten Schutzmaßnahmen und Indikatoren nach § 31a Abs. 1 IfSG-E gehören zu diesen Leitlinien insbesondere die in § 31a Abs. 2 IfSG-E statuierten Anforderungen an den Erlass von Infektionsschutzmaßnahmen. Nach § 31a Abs. 2 Satz 1 IfSG-E sind die besonderen Pandemieinfektionsschutzmaßnahmen aufeinander abzustimmen und im Rahmen

[1534] *Dederer/Preiß*, AöR 148 (2023), 289 (343 f.). So aktuell in § 28a Abs. 1 IfSG.

[1535] Siehe oben bei Fn. 924 und 1371. Anders aber der Entwurf eines Epidemiegesetzes von *Gallon/Hollo/Kießling*, Epidemiegesetz, 2023.

[1536] *Dederer/Preiß*, AöR 148 (2023), 289 (344).

[1537] Zur Verordnungsermächtigung zugunsten der Bundesregierung nach § 32 Satz 3 IfSG-E siehe sogleich unter Kapitel 4 C. II. 2. c) dd).

eines Gesamtschutzkonzeptes[1538] zu erlassen.[1539] Das der jeweiligen Regelung zugrundeliegende Gesamtschutzkonzept muss dabei aus der Verordnung selbst ersichtlich sein. Zudem sieht § 31a Abs. 4 Satz 3 IfSG-E vor, dass das Gesamtschutzkonzept in der Begründung der Rechtsverordnung dargestellt und erläutert wird.[1540] Über diese Verpflichtung wird dem Umstand Rechnung getragen, dass die Wirkungsbeiträge einzelner Schutzmaßnahmen im Pandemiefall mangels hinreichender empirischer Daten nicht bekannt sind und die Bewältigung eines pandemiebedingten Gesundheitsnotstandes nicht durch vereinzelte Maßnahmen gegen individuelle Störer gelingen kann, sondern einer Vielzahl unterschiedlicher, in die Breite wirkender Maßnahmen bedarf, die aufgrund ihrer additiven Wirkung nur in der Gesamtschau beurteilt werden können.[1541]

Die Schutzmaßnahmen müssen am übergeordneten Ziel des Schutzes von Leben und Gesundheit sowie am darauf bezogenen Zwischenziel der Sicherstellung eines stabilen und funktionsfähigen Gesundheitssystems ausgerichtet sein (§ 31a Abs. 2 Satz 2 IfSG-E).[1542] Welche Maßnahmen welches konkrete Nahziel[1543] verfolgen, kann dabei erst bei der Umsetzung im Einzelfall bestimmt werden,[1544] sollte aus Gründen der Verhältnismäßigkeit aber auch näher präzisiert werden.[1545] Anders als in § 28a Abs. 3 Satz 1 IfSG werden die anzustrebenden Ziele abschließend festgelegt.[1546] Das Verhältnismäßigkeitsprinzip gebietet, wenn möglich, ein regional dif-

[1538] Siehe BVerfGE 159, 223 (Rn. 274, 290, 303). Insoweit vergleichbarer Ansatz von *Gallon/Hollo/Kießling*, Epidemiegesetz, 2023, S. 99 ff. (§ 6); *Kießling*, BT-Drs. 19(14)246(7), Anhang S. 2. Zum Erfordernis eines „Gesamtkonzepts“ ferner schon *Rixen*, VVDStRL 80 (2021), 37 (58); *Wollenschläger*, BT-Drs. 19(14)246(20), S. 31. Zu § 28a Abs. 3 Satz 2–8 IfSG und zur Frage, ob eine verfassungsrechtliche Verpflichtung zur Erstellung eines „Gesamtkonzepts“ besteht, *Gerhardt*, IfSG, 6. Aufl. 2022, § 5 Rn. 11c, § 28a Rn. 99, 107b. Zur Konzeptpflicht bereits oben unter Kapitel 3 C. III. 2.

[1539] Siehe auch *Gallon/Hollo/Kießling*, Epidemiegesetz, 2023, S. 99 ff.; *Kießling*, JZ 2022, 53 (59). Die nachfolgenden Ausführungen zur Konzeptpflicht (Fn. 1540 bis Fn. 1559) bauen auf den Grundlegungen bei *Dederer/Preiß*, AöR 148 (2023), 289 (341 ff.) auf.

[1540] So auch bei *Gallon/Hollo/Kießling*, Epidemiegesetz, 2023, S. 18 (§ 5). Entscheidet sich der Bundesgesetzgeber für selbstvollziehende Regelungen, müsste die gesetzliche Regelung das den Maßnahmen zugrundeliegende Konzept entsprechend erkennen lassen und die Gesetzesbegründung das Konzept erläutern.

[1541] Dazu oben Kapitel 3 C. III. 2., insb. Fn. 1113. Dazu auch *Wollenschläger*, in: 50 Jahre Juristische Fakultät Augsburg, 2021, 651 (682).

[1542] Dazu BVerfGE 159, 223 (Rn. 175).

[1543] Dazu *Froese*, DÖV 2022, 389 (391 f.).

[1544] So auch Bericht des Sachverständigenausschusses nach § 5 Abs. 9 IfSG: Evaluation der Rechtsgrundlagen und Maßnahmen in der Pandemiepolitik, 2022, S. 110.

[1545] *Froese*, DÖV 2022, 389 (391 f.); umfassend *Leisner-Egensperger*, JZ 2021, 913 ff.; siehe auch *Murswiek*, NVwZ-Extra 05/2021, 1 (3).

[1546] Kritisch zu § 28a Abs. 3 Satz 1 IfSG etwa *Leisner-Egensperger*, NJW 2021, 2415 (2419): „Einfallstor der Beliebigkeit“.

ferenziertes staatliches Vorgehen, was in § 31a Abs. 2 Satz 3 IfSG-E Ausdruck findet.[1547]

Ein zentrales Element für die Auswahl und Feinjustierung von Schutzmaßnahmen für das in einem bestimmten Stadium des Pandemieverlaufs geltende Gesamtschutzkonzept sind Indikatoren, anhand derer sich gewisse Schwellen markieren lassen, jenseits derer einzelne, mehrere oder alle Schutzmaßnahmen aktiviert werden können (§ 31a Abs. 2 Satz 4 IfSG-E).[1548] Diese Indikatoren werden vom Gesetzgeber nach Absatz 1 für den konkreten Pandemiefall bestimmt und die entsprechenden Daten zu den Indikatoren auf Bundes- und Landesebene, ggf. sogar regional und lokal, werktäglich vom RKI ermittelt (§ 31a Abs. 2 Satz 5 IfSG-E).[1549] Um einen einheitlichen Rahmen für das gesamte Bundesgebiet vorzugeben, zugleich aber regional differenziertes, an das Infektionsgeschehen angepasstes Vorgehen zu ermöglichen und auf die sich stetig ändernden Indikatoren und Fallzahlen während einer Pandemie flexibel reagieren zu können, wird die Bundesregierung ermächtigt, per Rechtsverordnung Schwellenwerte aus den vom Gesetzgeber ausgewählten und durch das RKI aufbereiteten Indikatoren zu bilden, jenseits derer bestimmte Schutzmaßnahmen eingreifen (§ 31a Abs. 2 Satz 6 IfSG-E).[1550] Der Gesetzgeber kann den Aufbau der Stufen und des Ampelsystems im IfSG vorzeichnen, indem er in hinreichender Bestimmtheit z. B. vorgibt, welche konkretisierten Ziele die Schutzmaßnahmen auf einer bestimmten Stufen verfolgen, oder die Wirkweise und Art der Schutzmaßnahmen auf einer bestimmten Stufe skizziert.[1551]

Die vorliegende Ausgestaltung verfolgt das Ziel, ein bundesgesetzlich in den notwendigen Grenzen vorgegebenes Regelwerk zu bieten, das durch die Bundesländer angepasst an das Infektionsgeschehen umgesetzt werden kann, ohne die Länder gänzlich von der Entscheidung über die Schutzmaßnahmen auszuschließen. Der Gesetzgeber gewährt der Exekutive den nötigen Spielraum, ohne aber die Entscheidungsgewalt vollends aus der Hand zu geben. Durch die Vorgabe der maßgebenden Parameter auf Bundesebene wird ein bundeseinheitlicher und vergleichbarer Rahmen sichergestellt; durch die Berücksichtigung verschiedener Indikatoren und der variablen Kombinationsmöglichkeit unterschiedlicher Maßnah-

---

[1547] Vgl. aktuell § 28a Abs. 3 Satz 3 IfSG. Zur Bedeutung dieser Kriterien für die Verhältnismäßigkeit BVerfGE 159, 223 (Rn. 226, 233, 297, 302); siehe auch BVerfGE 159, 355 (Rn. 198); BVerfG (K), Beschl. v. 23.03.2022 – 1 BvR 1295/21, Rn. 32. Zu Notwendigkeit und Grenzen von Differenzierungen siehe auch *Mangold*, VVDStRL 80 (2021), 7 (27 ff.).

[1548] Dazu und zum Folgenden *Dederer/Preiß*, AöR 148 (2023), 289 (344 f.). Siehe zudem oben Fn. 1326 ff.

[1549] Vgl. auch § 28a Abs. 3 Satz 7 IfSG.

[1550] Insofern abweichend zu § 28a Abs. 3 Satz 6 IfSG. Zur Kritik an der Regelungsweise in § 28a Abs. 3 Satz 6 IfSG oben in und bei Fn. 678. Für einheitliche Schwellenwerte auf Bundesebene im Verordnungsweg auch *Kießling*, JZ 2022, 53 (58); *Klafki*, NJW 2023, 1340 (1343). Vgl. auch § 1 Abs. 8 des österreichischen COVID-19-Maßnahmegesetzes.

[1551] Vgl. z. B. § 28a Abs. 3 Satz 2, 3 IfSG sowie § 28a Abs. 3 Satz 5 bis 7 IfSG in der Fassung vom 18.11.2020. Zur fehlenden Bestimmtheit der alten Fassung oben in und bei Fn. 679 ff.

men innerhalb einer Stufe verbleibt die Möglichkeit der Länder, innerhalb dieses Rahmens zwischen den Maßnahmen auszuwählen und auf die örtlichen Besonderheiten reagieren zu können. Dadurch sind auch weitergehende parlamentarische Beteiligungsrechte wie eine Informationspflicht der Bundesregierung[1552] entbehrlich.

Um der Wissenschaftsabhängigkeit bei der Beurteilung und Bewältigung einer Pandemie Rechnung zu tragen, unter Berufung auf das Vorsorgeprinzip bereits frühzeitig und trotz Ungewissheit tätig werden zu können und entsprechend einer dynamischen Risikoregulierung stets auf sich verändernde wissenschaftliche oder tatsächliche Gegebenheiten reagieren zu können, muss das Gesamtschutzkonzept überdies eine wissenschaftliche Grundlage haben, fortlaufend evaluiert und ggf. angepasst werden (§ 31a Abs. 2 Satz 7 IfSG-E).[1553] Die hierfür erforderliche wissenschaftliche Expertise ist beim RKI und – sofern es um Impfstoffe geht – zusätzlich beim PEI einzuholen.[1554]

Das Konzept muss diejenigen Maßnahmen enthalten, die geeignet, erforderlich und angemessen sind, um diese Ziele zu erreichen. Welche Maßnahmen dies im Einzelfall sind, hängt von der jeweiligen Pandemie, insbesondere vom Wesen des betreffenden Krankheitserregers ab. Durch die Verpflichtung zur Erstellung eines Gesamtkonzepts müssen Geeignetheit, Erforderlichkeit und Angemessenheit der einzelnen Schutzmaßnahmen im Verbund aller anderen Schutzmaßnahmen beurteilt und am wesentlichen Maßstab der Kohärenz gemessen werden.[1555] Wichtig ist insbesondere, dass die kurz- und langfristigen Auswirkungen der getroffenen Schutzmaßnahmen jeweils für sich als auch die Auswirkungen des Gesamtschutzpaketes auf andere Bereiche beachtet werden. Dies wird explizit in § 31a Abs. 2 Satz 8 IfSG-E vorgegeben, wobei die Aufzählung der betroffenen Interessen bewusst nicht abschließend ist.[1556]

Um die kurz- und langfristigen Auswirkungen der Schutzmaßnahmen und damit die Verhältnismäßigkeit der getroffenen Maßnahmen besser beurteilen zu können, empfiehlt sich die Errichtung unabhängiger, interdisziplinärer Expertengremien auf Bundes- und Länderebene, welche die Bundesregierung und die Landesregierungen oder die jeweils zuständige Behörde beim Verordnungserlass bzw. im Fall selbstvollziehender Regelungen den Bundestag zu den gesellschaftlichen, psychologi-

---

[1552] Dazu z. B. *Möllers*, BT-Drs. 19(14)246(15), S. 10.

[1553] Zur Bedeutung „dynamisierter Wissensverarbeitung" in der Pandemiebekämpfung *Mangold*, VVDStRL 80 (2021), 7 (19 f.). Wie hier *Dederer/Preiß*, AöR 148 (2023), 289 (341, 345 f.). Siehe dazu zudem oben in Fn. 1056, 1300, 1320.

[1554] Zur besonderen Fachkompetenz beider Bundesoberbehörden in einer Pandemie etwa BVerfGE 161, 299 (Rn. 137). Zur Bedeutung der wissenschaftlichen Beratung durch das RKI bei grundrechtsbeschränkenden Pandemiemaßnahmen auch *Gallon/Hollo/Kießling*, Epidemiegesetz, 2023, S. 100: „antizipierte […] Sachverständigengutachten".

[1555] *Dederer/Preiß*, AöR 148 (2023), 289 (342 f.). Zur Kohärenz als Maßstab der Verhältnismäßigkeit der Maßnahmen oben Fn. 1130.

[1556] Ähnlich § 28a Abs. 6 Satz 2 IfSG.

schen, wirtschaftlichen, finanziellen und weiteren relevanten Auswirkungen der pandemischen Schutzmaßnahmen in anderen Bereichen beraten.[1557] Die Stellungnahmen des Gremiums sind selbstredend unverbindlich und dienen lediglich der Information. Eine gesetzliche Verankerung ist hierfür nicht zwingend erforderlich. Der Corona-Pandemierat in Nordrhein-Westfalen könnte hierfür als Vorbild dienen.[1558] Das Gremium könnte den Bundestag für die Zeit des pandemiebedingten Gesundheitsnotstandes zudem im Wege einer laufenden Evaluierung der bisher getroffenen Maßnahmen, ihrer Wirksamkeit und ihren Auswirkungen auf andere Bereiche ergänzend zum RKI jeweils vor dem Auslaufen der Feststellung eines pandemiebedingten Gesundheitsnotstandes unterrichten und seine Entscheidungsgrundlage verbessern.[1559]

cc) Ausnahmen für Immunisierte (Absatz 3)

Für Immunisierte sieht § 31a Abs. 3 IfSG-E entsprechend den sicherheitsrechtlichen Vorschriften über die Inanspruchnahme von Nichtstörern eine Ausnahmeregelung vor.[1560] Von Immunisierten geht zum einen keine bzw. eine infektionsschutzrechtlich vernachlässigbare Gefahr für andere aus, zum anderen sind sie selbst einem geringeren Infektionsrisiko ausgesetzt. Sie sind daher von den staatlichen Beschränkungen auszunehmen, sofern die Infektionsbekämpfung dies zulässt.[1561] Der Begriff der Immunisierten ist hierfür in § 2 IfSG aufzunehmen.[1562] Welche Anforderungen an die Nachweise eines Immunitätsstatus gestellt werden, ist von der Bundesregierung durch Verordnung festzustellen, die hierbei die Expertise von RKI und PEI miteinbeziehen muss (§ 31a Abs. 3 Satz 2 IfSG-E).[1563] Die Voraussetzungen für den Immunitätsstatus können je nach Erreger unterschiedlich sein, sodass auf eine weitere Eingrenzung der Voraussetzungen verzichtet wurde.[1564] Dass auf den aktuellen Stand von Wissenschaft und Forschung abgestellt wird, stellt sicher, dass die Festlegung fortlaufend aktualisiert wird.

[1557] Siehe dazu z. B. die Vorschläge in BT-Drs. 19/25254, BT-Drs. 19/20565, BT-Drs. 19/22547. Aus der Literatur etwa *Papier*, APuZ 35–37/2020, 4 (5); *Rixen*, RuP 56 (2020), 109 (116).

[1558] https://www.land.nrw/expertenrat-corona (zuletzt: 28.08.2023). Der bei der Bundesregierung angesiedelte Corona-ExpertInnenrat zielte hingegen auf eine zusätzliche wissenschaftliche Beratung der Bundesregierung ab. Die Aufgabe der wissenschaftlichen Beratung wird nach dem vorliegenden Entwurf allein dem RKI überantwortet. Den staatlichen Stellen steht es gleichwohl frei, sich zusätzlich beraten zu lassen.

[1559] Siehe den ähnlichen Vorschlag von *Leisner-Egensperger*, BT-Drs. 19(14)288(9), S. 26. Vgl. auch § 5 Abs. 1 Satz 7 IfSG.

[1560] Dafür bereits *Kingreen*, BT-Drs. 19(14)323(19), S. 11; siehe auch *Dederer/Preiß*, AöR 148 (2023), 289 (346).

[1561] Dazu oben unter Kapitel 3 B. V. 3. c); *Mangold*, VVDStRL 80 (2021), 7 (24 f.).

[1562] Siehe etwa bei *Gallon/Hollo/Kießling*, Epidemiegesetz, 2023, S. 93 f.

[1563] Ähnlich § 22a Abs. 4 IfSG.

[1564] So auch *Gallon/Hollo/Kießling*, Epidemiegesetz, 2023, S. 94, 102 f.

dd) Rechtsverordnungen nach § 32 IfSG-E (Absatz 4)

§ 31a Abs. 4 IfSG-E entspricht weitestgehend § 28a Abs. 5 IfSG und sieht eine Befristungs- und Begründungspflicht von Rechtsverordnungen vor, die auf Grundlage von § 31a i. V. m. § 32 IfSG-E erlassen werden.[1565] Die Begründung erstreckt sich auf das Gesamtschutzkonzept (§ 31a Abs. 4 Satz 3 IfSG-E). Eine Verlängerung einer Rechtsverordnung ist möglich, aber zu begründen (§ 31a Abs. 4 Satz 2 IfSG-E).[1566] Das Befristungs- und Begründungserfordernis trägt der Beobachtungs- und Anpassungspflicht Rechnung und verpflichtet den Verordnungsgeber, sich in regelmäßigen Abständen mit seinen getroffenen Maßnahmen und dem zugrundeliegenden Gesamtkonzept auseinanderzusetzen.[1567]

Abweichend vom Regelfall der Zuständigkeit der Landesregierungen (§ 32 Satz 1, 2 IfSG) sieht der Regelungsentwurf in § 32 Satz 3 IfSG-E vor, dass die Bundesregierung in Form einer Rechtsverordnung[1568] auf Grundlage von § 31a IfSG bundesweit einheitliche Schutzmaßnahmen erlassen kann, sofern dies für eine effektive Bewältigung des pandemiebedingten Gesundheitsnotstandes zwingend erforderlich ist.

Das bisherige infektionsschutzrechtliche Instrumentarium stellte sich unter anderem wegen der dezentralen Struktur des IfSG und fehlender Einwirkungs- und Handlungsmöglichkeiten des Bundes im Angesicht einer bundesweiten pandemischen Bedrohung als defizitär dar.[1569] Durch § 32 Satz 3 IfSG-E wird diese Lücke im Gesetz geschlossen.[1570]

Die Handlungsform der Rechtsverordnung erlaubt es dabei, schnell und flexibel auf das sich ändernde Infektionsgeschehen sowie dynamische Indikatoren zu reagieren und ist einer gesetzlichen Regelung (nach dem Vorbild der „Bundesnotbremse") daher vorzuziehen.[1571]

[1565] § 32 Satz 1 IfSG müsste dafür noch entsprechend auf Maßnahmen nach den §§ 31a, 31b IfSG-E erweitert werden.

[1566] Zur Begründung von Verordnungen *Bauer*, in: Dreier, GG, Band II, 3. Aufl. 2015, Art. 80 Rn. 47.

[1567] Zur Befristung oben Fn. 1058, 1108, 1321 und zur Begründung oben Fn. 1125.

[1568] Art. 80 Abs. 1 Satz 1 GG.

[1569] Vgl. dazu oben Kapitel 2 A. III. und Kapitel 3 F.

[1570] Für eine Verordnungsermächtigung zugunsten der Bundesregierung auch *Hermes*, VerfBlog v. 03.04.2021; *Sangs*, NVwZ 2022, 1489 (1496); *ders./Eibenstein*, JZ 2021, 710 (713); *Waldhoff*, NJW 2021, 2772 (2775). Siehe auch den Vorschlag von *Gallon/Hollo/Kießling*, Epidemiegesetz, 2023, S. 38 (§ 31), 166 ff., dort aber nur als Möglichkeit, eine hinreichende Epidemiebekämpfung in einzelnen Ländern zu gewährleisten. Kritisch *Lepsius*, VerfBlog v. 06.04.2020: „Wer bundeseinheitliche Lösungen fordert, dementiert das grundrechtlich gebotene mildere Mittel".

[1571] Dazu bereits oben Kapitel 3 B. V. 3. d) und e). Siehe zudem *Hermes*, VerfBlog v. 03.04.2021.

Die Ermächtigung ist auf den Fall beschränkt, dass bundesweit einheitliche Vorgaben zur effektiven Pandemiebewältigung zwingend notwendig sind. An der Regelzuständigkeit der Länder und dem landeseigenen Vollzug des IfSG wird demnach festgehalten. Lediglich als *ultima-ratio*-Maßnahme kann der Bund selbst per Rechtsverordnung tätig werden.[1572] Wann bundesweit einheitliche Vorgaben zur effektiven Pandemiebewältigung zwingend erforderlich sind, ist ausgehend von dem „auch aus Gründen der Verhältnismäßigkeit relevanten Aspekt der regionalen Differenzierung“[1573] und der Regelzuständigkeit der Länder zu bestimmen. Der Regelungsansatz verfolgt gerade nicht das Ziel, „alle Länder in Generalhaft [zu nehmen] […], bloß um einen föderalen ‚Flickenteppich‘ zu vermeiden“[1574]. Unterschiedlichen Regelungsansätzen soll auch nicht dadurch entgegengetreten werden, dass der Bund ergänzend zu Verordnungen einzelner Länder Maßnahmen für diese erlassen kann.[1575] Das Merkmal der zwingenden Erforderlichkeit bundesweit einheitlicher Maßnahmen knüpft vielmehr daran an, dass ein „tatsächlicher und nicht bloß wahrgenommener Koordinierungsbedarf“[1576] besteht und eine Verhinderung der weiteren Ausbreitung einer bedrohlichen übertragbaren Krankheit oder deren Eindämmung nicht mehr durch unterschiedliche Regelungen auf Landesebene gewährleistet werden kann. Dies ist der Fall, wenn das gesamte Bundesgebiet oder wesentliche Teile davon in Schwere und Ausmaß der Pandemie derart betroffen sind, dass zur Kontrolle und Steuerung des bundesweiten Infektionsgeschehens ein bundesweit einheitliches Vorgehen notwendig ist.[1577] Die Notwendigkeit kann beispielsweise daraus folgen, dass das Infektionsgeschehen innerhalb eines Bundeslandes durch das Infektionsgeschehen und die Regelungen anderer Bundesländer beeinflusst wird und Infektionswellen nur durch einheitliche Regelungen bundesweit gebrochen werden können.[1578] So können Regelungsunterschiede in den Bundesländern eine Art „Tourismus“ in diejenigen Bundesländer mit weniger einschneidenden Maßnahmen fördern. Kommt es in der Folge zu einer erhöhten Infektionsgefahr und einem Anstieg der Infektionszahlen auch in diesen Gebieten, kann eine

[1572] Für bundeseinheitliche Vorgaben „nicht erst im Sinne von Ultima-ratio-Maßnahmen“ *Sangs/Eibenstein*, JZ 2021, 710 (713); *Gallon/Hollo/Kießling*, Epidemiegesetz, 2023, S. 38 (§ 31), 166 ff., schlagen eine Ermächtigung für den Fall vor, „dass ein Land oder mehrere Länder keine hinreichenden Rechtsverordnungen zur effektiven Epidemiebekämpfung erlassen und deshalb in ihrem Bundesland keine hinreichend effiziente Epidemiebekämpfung gewährleisten“ (S. 167).

[1573] *Dederer/Preiß*, AöR 148 (2023), 289 (340 Rn. 347).

[1574] *Gallon/Hollo/Kießling*, Epidemiegesetz, 2023, S. 168, dort aber als Kritik an der Möglichkeit des Bundes, bundeseinheitliche Regelungen zu erlassen.

[1575] So aber bei *Gallon/Hollo/Kießling*, Epidemiegesetz, 2023, S. 38 (§ 31), 166 ff.

[1576] *Waldhoff*, NJW 2021, 2772 (2775).

[1577] Vgl. auch *Sangs*, NVwZ 2022, 1489 (1496): „ein verantwortungsvolles Reagieren auf bundesweite Bedrohungssituationen“; ähnlich *ders./Eibenstein*, JZ 2021, 710 (713): „sinnvollerweise nur bundesweit einheitlich zu regelnde Themenkomplexe“; vgl. auch die Begründung zu § 28b Abs. 6 IfSG in der Fassung vom 23. 04. 2021 („Bundesnotbremse“) in BT-Drs. 19/28444, S. 2.

[1578] Vgl. *Gallon/Hollo/Kießling*, Epidemiegesetz, 2023, S. 167.

Pandemiewelle letztlich nie gebrochen werden. Für die Beurteilung der Frage, ob es bundesweit einheitlicher Vorgaben bedarf, spielt eine Vielzahl an Faktoren eine Rolle.[1579] Es ist daher nicht möglich, im Gesetz eine starre Grenze, z. B. in Form eines Schwellenwertes, zu bestimmen, die für alle künftigen pandemiebedingten Gesundheitsnotstände als Maßstab herangezogen werden kann. Dies ist vielmehr eine Frage des konkreten Einzelfalls.

Der Geltungsbereich der Ermächtigung ist auf den Fall eines pandemiebedingten Gesundheitsnotstandes beschränkt. Wie auch die Landesregierungen ist auch die Bundesregierung an die Vorgaben von § 31a Abs. 2 bis 4 IfSG-E sowie die gesetzgeberische Entscheidung zu Schutzmaßnahmen und Indikatoren nach § 31a Abs. 1 IfSG-E gebunden.[1580] Die wesentlichen Entscheidungen trifft somit auch im Fall von § 32 Satz 3 IfSG-E der parlamentarische Gesetzgeber, indem er die rechtlichen Rahmenbedingungen des infektionsschutzrechtlichen Instrumentariums selbst bestimmt. Die Rechtsverordnungen sind entsprechend § 31a Abs. 4 Satz 1 IfSG-E zu begründen und zu befristen, wobei die Begründung sich auch zum Vorliegen der Voraussetzungen der Ermächtigung äußern muss. Ein Zustimmungsvorbehalt zugunsten des Bundestages stellt überdies sicher, dass das Parlament sich hinreichend mit dem Vorhaben der Bundesregierung und dessen Konsequenzen auseinandersetzt. Die Ermächtigung führt zudem zu einem Abweichen vom Grundsatz des landeseigenen Vollzugs der Normen des IfSG und der Regelzuständigkeit der Landesregierungen für den Erlass von Rechtsverordnungen in § 32 Satz 1 IfSG. Daher ist zusätzlich eine Zustimmung des Bundesrates zur Rechtsverordnung erforderlich (Art. 80 Abs. 2 GG).[1581] Auf diesem Weg werden informelle Absprachen wie die Bund-Länder-Treffen[1582] vermieden, gleichzeitig aber auch ein Forum für die Koordinierung zwischen Bund und Bundesländern geschaffen, das in die verfassungsrechtlich bekannten Strukturen eingebettet ist.[1583]

Alternativ bleibt dem Bund stets die Möglichkeit eine koordinierende Verwaltungsvorschrift (Art. 84 Abs. 2 GG) zur Sicherstellung des einheitlichen Vollzugs des IfSG im Pandemiefall zu erlassen. Ein Einzelweisungsrecht der Bundesregierung

---

[1579] Dazu zählen unter anderem die Eigenart der jeweiligen Pandemie, deren Verlauf und Ausmaß, das tatsächliche Infektionsgeschehen, die Schwere der gesundheitlichen Folgen einer Infektion, die verfügbaren Kapazitäten der gesundheitlichen Versorgungseinrichtungen, der Grad der Immunisierung der Gesellschaft sowie die bereits ergriffenen Schutzmaßnahmen und deren Wirksamkeit.

[1580] Ähnlich für ihren Entwurf *Gallon/Hollo/Kießling*, Epidemiegesetz, 2023, S. 38 (§ 31), 168.

[1581] Für eine Zustimmung des Bundesrates *Waldhoff*, NJW 2021, 2772 (2775); wohl auch *Gallon*, VerfBlog v. 09.02.2021; ähnlich für ihren Entwurf *ders./Hollo/Kießling*, Epidemiegesetz, 2023, S. 38 (§ 31), 168; anders wohl *Hermes*, VerfBlog v. 03.04.2021; für ein Entfallen der Zustimmungspflicht im Eilfall *Sangs*, NVwZ 2022, 1489 (1496). Vgl. auch die Begründung zu § 28b Abs. 6 IfSG in der Fassung vom 23.04.2021 („Bundesnotbremse“) in BT-Drs. 19/28444, S. 15.

[1582] Dazu oben unter Kapitel 3 B. V. 8. und D. II.

[1583] Dafür *Waldhoff*, NJW 2021, 2772 (2775); *Hermes*, VerfBlog v. 03.04.2021.

auf Grundlage von Art. 84 Abs. 5 oder 85 Abs. 3 Satz 1 GG scheint sich hingegen nicht begründen zu lassen. Bei den zahlreichen Maßnahmen und Variationen in der Bekämpfung einer Pandemie dürfte es sich nicht um die insofern notwendigen „besonderen Fälle“ bzw. „Einzelfälle“ handeln.[1584]

ee) Vorsorgendes Gesamtschutzkonzept (§ 31b IfSG-E)

Die Verpflichtung zur Erarbeitung eines Gesamtschutzkonzeptes besteht mit Blick auf das Vorsorgeprinzip nicht erst, wenn bereits eine ernsthafte Gefahr für die Gesundheit eingetreten ist. Dies ist vielmehr schon dann der Fall, wenn einer der in § 5 Abs. 1 Satz 1 Nr. 1 oder 2 IfSG-E normierten Tatbestände erfüllt ist.[1585] Ob infolge der dort genannten Umstände eine ernsthafte Gefahr für die öffentliche Gesundheit in der Bundesrepublik droht, muss insofern irrelevant sein. Nur so kann passend auf die Dynamik des Infektionsgeschehens in einem mehrjährigen Pandemieverlauf reagiert werden.[1586] Der wissenschaftlichen Beratung des RKI (und ggf. des PEI) kommt in diesem Zusammenhang besondere Bedeutung zu, da sie sicherstellt, dass das Gesamtschutzkonzept „an den jeweiligen, im Pandemieverlauf um die Schwelle der ‚ernsthaften‘ Gefahr herumpendelnden Stand des Infektionsgeschehens sachgerecht angepasst werden kann“.[1587] Der Gesetzgeber muss hierfür freilich die Weichenstellungen treffen, indem er einen Katalog an möglichen (weniger eingriffsintensiven) Maßnahmen vorgibt, aus denen ausgewählt werden kann,[1588] oder bestimmte Maßnahmen festlegt, die nicht ergriffen werden können sollen.[1589] Die Auswahl der Maßnahmen muss am jeweiligen Infektionsgeschehen orientiert sein und dem Verlauf der Pandemie entsprechend erfolgen und kann nicht vorab festgelegt werden.

Von einer Regelung, die die Landesparlamente zur Feststellung einer landesweiten gesundheitlichen Notlage und zur Feststellung der Anwendbarkeit der notstandsrechtlichen IfSG-Regelungen ermächtigt,[1590] wird hier abgesehen.[1591] Durch

---

[1584] Wie hier *Wissenschaftliche Dienste des Deutschen Bundestages*, WD 3-3000-15/20, S. 4. Vgl. dazu für die Anordnungsbefugnisse des BMG in § 5 Abs. 2 Satz 1 Nr. 5, 6 IfSG schon oben in und bei Fn. 1209. Die Überlegungen lassen sich auf den Fall der grundrechtsbeschränkenden Maßnahmen übertragen.

[1585] Dazu bereits *Dederer/Preiß*, AöR 148 (2023), 289 (341 f.). Vgl. auch aktuell § 28a Abs. 3 Satz 2 IfSG: präventiver Infektionsschutz.

[1586] Zur Problematik oben Fn. 563 ff. Vgl. auch das Stufensystem bei *Gallon/Hollo/Kießling*, Epidemiegesetz, 2023, S. 59 f., 77 f.

[1587] *Dederer/Preiß*, AöR 148 (2023), 289 (342).

[1588] So z. B. § 28a Abs. 7 IfSG in der Fassung vom 10.12.2021.

[1589] Vgl. § 28a Abs. 8 IfSG in der Fassung vom 22.11.2021 (dort aber unter dem Feststellungsvorbehalt der Landesparlamente).

[1590] So etwa § 28a Abs. 7 IfSG in der Fassung vom 18.11.2020 und 10.09.2021 oder § 28a Abs. 8 IfSG in der Fassung vom 22.11.2021 und 18.03.2022, siehe dazu *Kießling*, NVwZ 2021, 1246 (1246).

die Möglichkeit, auch unterhalb der Schwelle einer ernsthaften Gefahr für die öffentliche Gesundheit und damit unabhängig von einer Feststellung des pandemiebedingten Gesundheitsnotstandes durch den Bundestag agieren zu können, scheint eine solche Regelung nicht erforderlich zu sein. Damit ginge auch keine wesentliche Stärkung der Landesparlamente einher,[1592] weil die letztliche Entscheidung auch in diesem Fall bei den Regierungen und Verwaltungen verbleiben würde.

[1591] Kritisch zu § 28a Abs. 7 IfSG a. F. *Kingreen*, VerfBlog v. 22. 10. 2021: „die Vorstellung, dass Landesparlamente über die Anwendung von Bundesgesetzen entscheiden können, [setzt] schon ziemlich viel föderalistische Nonchalance voraus".

[1592] *Wollenschläger*, Stellungnahme in der öffentlichen Anhörung des Hauptausschusses v. 15. 11. 2021, S. 17 f.

Zusammenfassung der Ergebnisse

1. Der Ausbruch des neuartigen Coronavirus SARS-CoV-2 führte zu einer weltweiten Pandemie, die nicht nur Medizin und Wissenschaft vor neue Herausforderungen stellte, sondern auch zahlreiche verfassungsrechtliche Fragen aufwarf. Faktisch führte die Pandemie zu einer Ausnahmesituation, einem Gesundheitsnotstand. Ein Gesundheitsnotstand beschreibt einen Zustand, bei dem die Funktionsfähigkeit der gesundheitlichen Versorgungssysteme sowie die Aufrechterhaltung der Infrastruktur im Gesundheitssektor im Bundesgebiet bedroht ist. Eine Pandemie nach Art der COVID-19-Pandemie ist eine mögliche Ursache für einen solchen Gesundheitsnotstand.

2. Nach der Wesentlichkeitstheorie ist der Gesetzgeber verpflichtet, alle wesentlichen Entscheidungen in grundlegenden normativen Bereichen selbst zu treffen. Es ist somit die Aufgabe des parlamentarischen Gesetzgebers, in Erfüllung der staatlichen Schutzpflicht für das Leben und die körperliche Unversehrtheit (Art. 2 Abs. 2 Satz 1 GG) ein rechtliches Regelwerk zur Bewältigung eines pandemiebedingten Gesundheitsnotstandes bereitzustellen.

3. Bis zum Ausbruch der COVID-19-Pandemie war der rechtliche Rahmen zur Bewältigung einer bundeslandübergreifenden Bedrohung durch eine sich dynamisch ausbreitende übertragbare Infektionskrankheit sowohl auf verfassungsrechtlicher als auch auf einfachrechtlicher Bundes- wie Landesebene nur defizitär ausgestaltet. Ein pandemiebedingter Gesundheitsnotstand stellt zwar keinen Ausnahmezustand im klassischen Sinn dar. Er ist verfassungsrechtlich vielmehr als Fall des inneren Notstandes nach Art. 35 Abs. 3 Satz 1 GG einzuordnen. Allerdings stellen die grundgesetzlichen Notstandsregelungen auf Rechtsfolgenseite kein geeignetes Instrumentarium zur Bewältigung eines pandemiebedingten Gesundheitsnotstandes zur Verfügung. Auf einfachrechtlicher Ebene stellt das Infektionsschutzgesetz des Bundes (IfSG) das zentrale Regelwerk zur Pandemiebewältigung dar. Vor der COVID-19-Pandemie waren dessen Regelungen allerdings nur auf kleinere, regionale oder lokale Seuchenausbrüche zugeschnitten, was durch die dezentralen Strukturen und das Fehlen pandemiespezifischer Maßnahmen deutlich wurde.

4. Im Zuge der COVID-19-Pandemie wurde das IfSG mehrfach und umfassend geändert, um den verfassungsrechtlichen Anforderungen, insbesondere denen der Wesentlichkeitstheorie, gerecht zu werden und effektive Regelungen zur Bewältigung eines pandemiebedingten Gesundheitsnotstandes bereitzustellen. Die Regelungen sind speziell auf den SARS-CoV-2-Erreger zugeschnitten und können als einfachrechtliche Notstandsgesetzgebung eingeordnet werden.

5. Zentrale Maßstäbe für ein umfassendes und kohärentes rechtliches Regelwerk zur Bewältigung eines pandemiebedingten Gesundheitsnotstandes sind die Wesentlichkeitstheorie, der schonende Ausgleich von Grundrechtskollisionen und die Einbettung im Mehrebenensystem. Darüber hinaus ist zur Bewältigung des Gesundheitsnotstandes eine dynamische Risikoregulierung notwendig. Gemessen an diesen Maßstäben weisen die SARS-CoV-2-spezifischen Regelungen teilweise noch rechtliche Lücken und Defizite auf, die in einem künftigen Regelwerk geschlossen und vermieden werden sollten.

6. Den wichtigsten Maßstab zur verfassungsrechtlichen Beurteilung der COVID-19-Regelungen stellt die Wesentlichkeitstheorie dar. Demnach ist der Gesetzgeber verpflichtet, alle wesentlichen Entscheidungen in den grundlegenden normativen Bereichen selbst zu treffen. Pandemiegesetzgebung ist Notstandsgesetzgebung. Welche die wesentlichen Entscheidungen im pandemiebedingten Gesundheitsnotstand sind und damit parlamentsgesetzlich zu regeln sind, orientiert sich daher stark an den Vorschlägen für eine grundgesetzliche „Notstandsverfassung", wie sie im Zuge der sechziger und siebziger Jahre des letzten Jahrhunderts diskutiert wurden. Wesentliche Entscheidungen sind damit die Feststellung und Beendigung einer Notstandslage sowie die Ausgestaltung exekutiver Notstandsbefugnisse. Im pandemiebedingten Gesundheitsnotstand treten überdies weitere wesentliche Aspekte hinzu. Hierzu zählen insbesondere Vorkehrungen zur Aufrechterhaltung des Gesundheitssystems und der Gesundheitsversorgung. Für den Fall von Knappheit an medizinischen Gütern wie z. B. Impfstoffen oder Beatmungsgeräten muss der Gesetzgeber zudem Leitlinien für Allokations- und Triageentscheidungen vorgeben. Daneben bedarf es pandemiespezifischer Schutzmaßnahmen, die den grundrechtlichen Freiheits- und Gleichheitsbereich beschränken und damit ebenfalls zu den wesentlichen, vom Gesetzgeber zu treffenden Entscheidungen gehören. Die speziell zur Bewältigung der COVID-19-Pandemie eingeführten Regelungen entsprechen den Anforderungen der Wesentlichkeitstheorie mittlerweile prinzipiell, weisen teilweise aber auch noch verfassungsrechtliche Defizite auf. Dadurch, dass die Regelungen allein auf den SARS-CoV-2-Erreger bezogen und angepasst an den Verlauf der COVID-19-Pandemie erlassen wurden, fehlt es nach wie vor an einer allgemeinen Pandemiegesetzgebung.

7. Bei der Beurteilung der Verfassungsmäßigkeit der grundrechtsbeschränkenden Pandemiemaßnahmen gilt es, das Untermaßverbot einerseits sowie das Übermaßverbot andererseits zu berücksichtigen. Eine Pandemie ist von großer Ungewissheit geprägt. Diese Ungewissheit beeinflusst auch die Beurteilung der Frage, ob und wie der Gesetzgeber tätig werden darf und räumt ihm in Zeiten großer Unsicherheiten einen weitreichenden Einschätzungs- und Gestaltungsspielraum ein. Gleichzeitig ist der Gesetzgeber verpflichtet, das sich dynamisch ändernde Infektionsgeschehen zu beobachten sowie den stetigen Erkenntnisgewinn in Bezug auf die epidemiologischen Besonderheiten des neuartigen Virus und die Wirksamkeit etwaiger staatlicher Schutzmaßnahmen zu berück-

sichtigen und seine Regelungen im Bedarfsfall anzupassen bzw. diese anpassungsfähig auszugestalten.

8. Mit Blick auf das föderale Mehrebenensystem beschränkte der Bundesgesetzgeber die Länder in mehrfacher Hinsicht in ihrer landeseigenen Vollzugskompetenz für das IfSG (Art. 30, 83 Abs. 1 GG), indem er bundeseigene Verwaltungskompetenzen in § 5 Abs. 2 Satz 1 Nr. 5, 6 IfSG einführte, die Vollzugsbedürftigkeit der IfSG-Regelungen im Rahmen der „Bundesnotbremse" vorübergehend aussetzte und sich im Wege informeller Absprachen zwischen den Regierungschefs des Bundes und der Bundesländer ein Mitspracherecht bei den Vollzugsentscheidungen sicherte. In einem künftigen Regelwerk sollte trotz der Notwendigkeit bundesweiter und bundeseinheitlicher Operationsbefugnisse auf ein ausgewogenes Gesamtkonzept geachtet werden.

9. Letztlich verdeutlichte die Überprüfung der COVID-19-Regelungen an den Maßstäben der Wesentlichkeitstheorie, dem schonenden Ausgleich von Grundrechtskollisionen sowie der Einbettung im nationalen Mehrebenensystem, dass zur Bewältigung eines pandemiebedingten Gesundheitsnotstandes flexible, anpassungs- und lernfähige gesetzliche Regelungen notwendig sind. Der rechtliche Umgang mit der Corona-Pandemie hat gezeigt, dass ein pandemiebedingter Gesundheitsnotstand stark von der Dynamik des Infektionsgeschehens, der wissenschaftlichen Ungewissheit in Bezug auf den Erreger, einem stetigen Erkenntnisgewinn sowie einer starken Abhängigkeit der normativen Entscheidungsträger von externem Fachwissen geprägt ist. Im Sinne einer dynamischen Risikoregulierung muss der parlamentarische Gesetzgeber die Leitlinien zur Pandemiebewältigung vorgeben, gleichzeitig Handlungsspielräume für Regierung und Verwaltung bei der Umsetzung der Regelungen im Einzelfall belassen sowie Elemente vorsehen, die eine flexible Anpassung des gesetzlichen Rahmens an sich verändernde Umstände gewährleisten und die Entscheidungsträger zugleich auf eine Beobachtungs- und Nachbesserungspflicht verpflichten.

10. Abschließend werden beruhend auf den Ergebnissen und Erkenntnissen der voranstehenden verfassungsrechtlichen Beurteilung der Regelungen zur Bewältigung der COVID-19-Pandemie Optionen und Ansätze für einen künftigen gesetzlichen Rahmen zur Bewältigung eines pandemiedingten Gesundheitsnotstandes im Sinne einer allgemeinen Pandemiegesetzgebung vorgeschlagen. Nach dem Vorbild von Art. 80a GG wird einer neuer Art. 80b GG-E vorgestellt, der den verfassungsrechtlichen Anknüpfungspunkt für Fälle eines Gesundheitsnotstandes im Allgemeinen darstellt. Bei Feststellung eines Gesundheitsnotstandes werden daran anknüpfende einfachrechtliche Regelungen entsperrt, wie sie in der vorliegenden Untersuchung für den Fall des pandemiebedingten Gesundheitsnotstandes im IfSG vorgeschlagen werden. Die Reformvorschläge im IfSG konzentrieren sich auf die maßgeblichen Eckpunkte einer Pandemiegesetzgebung und betreffen die Feststellung eines pandemiebedingten Ge-

sundheitsnotstandes, pandemiebedingte exekutive Notverordnungsermächtigungen zur Sicherstellung der Versorgung mit sächlichen und personellen medizinischen Ressourcen und Kapazitäten sowie die Normierung der Leitlinien für pandemiespezifische Infektionsschutzmaßnahmen.

Literaturverzeichnis

Aligbe, Patrick: Infektionsschutzrecht in Zeiten von Corona, 1. Auflage, München 2021.

Altenburger, Patricia: Dispensierter Rechtsstaat?, Baden-Baden 2024.

Amhaouach, Lamia/*Huster*, Stefan/*Kießling*, Andrea/*Schaefer*, Lynn: Die Beteiligung der Landesparlamente in der Pandemie – Modelle und Entwicklungen, NVwZ 2021, 825–830.

Appel, Ivo: Reformperspektiven im Zulassungsrecht, in: Kahl, Wolfgang/Ludwigs, Markus (Hrsg.), Handbuch des Verwaltungsrechts, Band IV, Heidelberg 2022, § 122.

Ast, Stephan: Die ex-post-Triage – Ein Blick auf die aktuelle Diskussion, in: Hilgendorf, Eric/Hoven, Elisa/Rostalski, Frauke (Hrsg.), Triage in der (Straf-)Rechtswissenschaft, Baden-Baden 2021, S. 77–90.

Aust, Helmut Philipp: Im Auftrag des Bundes, Verfassungsblog vom 15.12.2020, abrufbar unter: https://verfassungsblog.de/im-auftrag-des-bundes/ (zuletzt: 28.08.2023).

Babiak, Natalia: Die rechtsetzende Funktion des schlichten Parlamentsbeschlusses, Hamburg 2021.

Bäcker, Carsten: Corona in Karlsruhe, Verfassungsblog vom 25.03.2020, abrufbar unter: https://verfassungsblog.de/corona-in-karlsruhe/ (zuletzt: 28.08.2023).

Bäcker, Matthias: Polizeiaufgaben und Regelungsmuster des polizeilichen Eingriffsrechts, in: Lisken, Hans (Begr.)/Bäcker, Matthias/Denninger, Erhard/Graulich, Kurt (Hrsg.), Handbuch des Polizeirechts, 7. Auflage, München 2021, Kapitel D (zit.: *Bäcker*, in: Lisken/Denninger, HdB PolizeiR).

Bals, Patricia/*Kuhn*, Anna Kristina: SARS-CoV-2 – das „Coronavirus" unter rechtlichen Gesichtspunkten, GesR 2020, 213–220.

Barczak, Tristan: Die „Stunde der Exekutive", RuP 56 (2020), 458–468.

Barczak, Tristan: Der nervöse Staat, 2. Auflage, Tübingen 2021.

Barczak, Tristan: Die Handlungsfähigkeit des demokratischen Verfassungsstaates in Krisenzeiten, in: Stiftung Gesellschaft für Rechtspolitik Trier/Institut für Rechtspolitik an der Universität Trier (Hrsg.), Bitburger Gespräche Jahrbuch 2022, München 2023, S. 1–13 (zit.: *Barczak*, in: Bitburger Gespräche Jahrbuch 2022).

Barczak, Tristan: Parlamentsvorbehalt und Bestimmtheitsgebot, in: Stern, Klaus/Sodan, Helge/Möstl, Markus (Hrsg.), Das Staatsrecht der Bundesrepublik Deutschland im europäischen Staatenverbund, Band III, 2. Auflage, München 2022, § 86.

Barczak, Tristan: Zeithorizonte von Verwaltung – Krisenmanagement, langfristige Planung und Systemkohärenz, DVBl. 2023, 1036–1043.

Beck, Ulrich: Risikogesellschaft. Auf dem Weg in eine andere Moderne, Frankfurt am Main 1986.

Beck'scher Online-Kommentar Grundgesetz, herausgegeben von: Epping, Volker/Hillgruber, Christian, 58. Edition, Stand: 15.06.2024, München 2024, (zit.: *Bearbeiter*, in: BeckOK GG).

Beck'scher Online-Kommentar Infektionsschutzrecht, herausgegeben von: Eckart, Christian/Winkelmüller, Michael, 21. Edition, Stand: 21.07.2024, München 2024 (zit.: *Bearbeiter*, in: BeckOK InfSchR).

Behnke, Nathalie: Föderalismus in der (Corona-)Krise?, APuZ 35–37/2020, 9–15.

Bethge, Johannes: Ausgangssperre, Verfassungsblog vom 24.03.2020; abrufbar unter: https://verfassungsblog.de/ausgangssperre/ (zuletzt: 28.08.2023).

Birger, Arndt: Das Vorsorgeprinzip im EU-Recht, Tübingen 2009.

Birkner, Stefan: Parlamentarische Legitimation und effektive Pandemiebekämpfung, ZRP 2020, 157–159.

Böckenförde, Ernst-Wolfgang: Der verdrängte Ausnahmezustand, NJW 1978, 1881–1890.

Böckenförde, Ernst-Wolfgang: Ausnahmerecht und demokratischer Rechtsstaat, in: Vogel, Hans Jochen/Helmut, Simon/Podlech, Adalbert (Hrsg.), Die Freiheit des Anderen, Festschrift für Martin Hirsch, Baden-Baden 1981, S. 259–272 (zit.: *Böckenförde*, in: FS Hirsch).

Bockholdt, Frank, in: Schlegel, Rainer/Meßling, Miriam/Bockholdt, Frank (Hrsg.), COVID-19 – Corona-Gesetzgebung – Gesundheit und Soziales, 2. Auflage, München 2022, § 9 Krankenhausrecht.

Boehme-Neßler, Volker: Das Parlament in der Pandemie, DÖV 2021, 243–251.

Bonner Kommentar zum Grundgesetz, herausgegeben von Kahl, Wolfgang/Waldhoff, Christian/Walter, Christian, Stand: 225. Aktualisierung, Heidelberg 2024 (zit.: *Bearbeiter*, in: BK-GG).

Brade, Alexander/*Müller*, Maxi: Corona-Triage: Untätigkeit des Gesetzgebers als Schutzpflichtverletzung?, NVwZ 2020, 1792–1797.

Brech, Alexander: Triage und Recht, Berlin 2008.

Brenner, Michael: Challenges to the Constitutional Law caused by Corona, ERPL, 34 (2022), 183–197.

Brenner, Michael/*Nehrig*, Anja: Das Risiko im öffentlichen Recht, DÖV 2003, 1024–1030.

Brocker, Lars: Exekutive versus parlamentarische Normsetzung in der Corona-Pandemie, NVwZ 2020, 1485–1488.

Brosius-Gersdorf, Frauke: Schriftliche Stellungnahme zu der Anhörung im Sonderausschuss SARS Cov-2-Pandemie des Niedersächsischen Landtages am 30. November 2020, abrufbar unter: https://www.jura.uni-hannover.de/fileadmin/jura/Fakultaet/Professuren/Prof._Dr._Brosius-Gersdorf/Dokumente/2020-12-07_Stellungnahme_fuer_den_Sonderausschuss_Pandemie_des_Niedersaechsischen_Landtags.pdf (zuletzt: 28.08.2023).

Brugger, Winfried: Gewährleistung von Freiheit und Sicherheit im Lichte unterschiedlicher Staats- und Verfassungsverständnisse, VVDStRL 63 (2004), 101–150.

Bundesärztekammer, Deutsches Ärzteblatt 117 (2020), A 1084–1087.

Busse, Volker: Geschäftsordnung Bundesregierung, 3. Online-Auflage, 2018.

Calliess, Christian: Schutzpflichten, in: Merten, Detlef/Papier, Hans-Jürgen (Hrsg.), Handbuch der Grundrechte in Deutschland und Europa, Band II, Heidelberg 2006, § 44 (zit.: *Calliess*, in: Merten/Papier, HGR).

Cornils, Matthias: Entschädigung für Corona-Schutzmaßnahmen: Grundrechtshaftung oder soziale Hilfen?, DV 54 (2021), 477–513.

Costard, Andreas: Öffentlich-rechtliche Probleme beim Auftreten einer neuen übertragbaren Krankheit am Beispiel von AIDS, Berlin 1989.

Danwitz, Thomas von: Der Grundsatz der Funktionsgerechten Organstruktur: Verfassungsvorgaben für staatliche Entscheidungsstrukturen und ihre gerichtliche Kontrolle, Der Staat 35 (1996), 329–350.

Dederer, Hans-Georg: Gentechnikrecht im Wettbewerb der Systeme, Berlin Heidelberg, 1998.

Dederer, Hans-Georg: Grundsatz der Kohärenz, in: Kahl, Wolfgang/Ludwigs, Markus (Hrsg.), Handbuch des Verwaltungsrechts, Band II, Heidelberg 2021, § 47.

Dederer, Hans-Georg: Keine Triage ohne gesetzliche Grundlage, Verfassungsblog vom 28. 12. 2021, abrufbar unter: https://verfassungsblog.de/keine-triage-ohne-gesetzliche-grundlage/ (zuletzt: 28. 08. 2023).

Dederer, Hans-Georg/*Gierhake*, Katrin/*Preiß*, Marina: Ein Jahr Pandemie – eine Zwischenbilanz aus rechtsphilosophischer und verfassungsrechtlicher Perspektive (Teil 1), COVuR 2021, 454–460.

Dederer, Hans-Georg/*Gierhake*, Katrin/*Preiß*, Marina: Ein Jahr Pandemie – eine Zwischenbilanz aus rechtsphilosophischer und verfassungsrechtlicher Perspektive (Teil 2), COVuR 2021, 522–527.

Dederer, Hans-Georg/*Preiß*, Marina: Gesetzliche Regelung der pandemiebedingten Triage, JZ 2022, 170–180.

Dederer, Hans-Georg/*Preiß*, Marina: Wesentlichkeitstheorie und Pandemiegesetzgebung, AöR 148 (2023), 289–350.

Degenhart, Christoph: Staatsrecht I Staatsorganisationsrecht, 39. Auflage, Heidelberg 2023.

Dettling, Heinz-Uwe/*Schmidt*, Stefan: Arzneimittelversorgung bei bedrohlichen übertragbaren Krankheiten, PharmR 2020, 521–526.

Di Fabio, Udo: Risikoentscheidungen im Rechtsstaat, Tübingen 1994.

Di Fabio, Udo: An den Grenzen der Verfassung, F. A. Z. vom 06. 04. 2020, S. 7.

Di Fabio, Udo: Coronabilanz, München 2021.

Dietlein, Johannes: Anlasslose Waffenkontrollen und das Grundrecht auf Unverletzlichkeit der Wohnung, NVwZ 2020, 1412–1414.

Dreier, Horst (Hrsg.): Grundgesetz Kommentar in 3 Bänden, 3. und 4. Auflage, Tübingen 2015 bis 2023 (zit.: *Bearbeiter*, in: Dreier, GG).

Dürig, Günter (Begr.)/*Herzog*, Roman/*Scholz*, Rupert/*Herdegen*, Matthias/*Klein*, Hans H. (Hrsg.): Grundgesetz Kommentar, 104. Ergänzungslieferung, München 2024 (zit.: *Bearbeiter*, in: Dürig/Herzog/Scholz, GG).

Edenharter, Andrea: Freiheitsrechte Ade?, Verfassungsblog vom 19.03.2020, abrufbar unter: https://verfassungsblog.de/freiheitsrechte-ade/ (zuletzt: 28.08.2023).

Eibenstein, Henrik: Die (vertane) Chance des § 28a IfSG, COVuR 2020, 856–864.

Engels, Andreas: Infektionsschutzrecht als Gefahrenabwehrrecht?, DÖV 2014, 464–474.

Engländer, Armin: Die Pflichtenkollision bei der Ex-ante-Triage, in: Hörnle, Tatjana/Huster, Stefan/Poscher, Ralf (Hrsg.), Triage in der Pandemie, Tübingen 2021, S. 111–148.

Engländer, Armin/*Zimmermann*, Till: „Rettungstötungen" in der Corona-Krise?, NJW 2020, 1398–1402.

Erbs, Georg (Begr.)/*Kohlhaas*, Max (vormals Hrsg.)/*Häberle*, Peter (Hrsg.): Strafrechtliche Nebengesetze, Band 1, 251. Ergänzungslieferung, München 2024 (zit.: *Bearbeiter*, in: Erbs/Kohlhaas).

Eufinger, Alexander/*Klemm*, Victoria: Das Gesetz zum Schutz von Menschen mit Behinderung in der Triage, MedR 2020, 200–204.

Fateh-Moghadam, Bijan/*Gutmann*, Thomas: Gleichheit vor der Triage. Rechtliche Rahmenbedingungen der Priorisierung von COVID-19-Patienten in der Intensivmedizin, in: Hörnle, Tatjana/Huster, Stefan/Poscher, Ralf (Hrsg.), Triage in der Pandemie, Tübingen 2021, S. 291–334.

Fleischfresser, Andreas: Ordnungsrecht – §§ 16 ff., §§ 24 ff. IfSG, in: Kluckert, Sebastian (Hrsg.), Das neue Infektionsschutzrecht, 2. Auflage, Baden-Baden 2021, § 13.

Friesenhahn, Ernst: Parlament und Regierung im modernen Staat, VVDStRL 16 (1958), Reprint 2013, S. 9–73.

Froese, Judith: Das Verhältnismäßigkeitsprinzip in der Krise, DÖV 2022, 389–400.

Fuchs, Michael: Corona, „Gesundheitsdiktatur" und „Legiszid", DÖV 2020, 653–659.

Gaede, Karsten/*Kubiciel*, Michael/*Saliger*, Frank/*Tsambikakis*, Michael: Rechtmäßiges Handeln in der dilemmatischen Triage-Entscheidungssituation, medstra 2020, 129–137.

Gallon, Johannes: Informeller Föderalismus statt öffentlicher Deliberation, Verfassungsblog vom 09.02.2021, https://verfassungsblog.de/informeller-foderalismus-statt-offentlicher-deli beration/ (zuletzt: 28.08.2023).

Gallon, Johannes/*Hollo*, Anna-Lena/*Kießling*, Andrea (Hrsg.): Epidemiegesetz, Baden-Baden 2023.

Gärditz, Klaus Ferdinand: Die Feststellung einer epidemischen Lage von nationaler Tragweite, MedR 2020, 741–744.

Gärditz, Klaus Ferdinand/*Abdulsalam*, Maryam Kamil: Rechtsverordnungen als Instrument der Epidemie-Bekämpfung, GSZ 2020, 108–115.

Gärditz, Klaus Ferdinand/*Meinel*, Florian: Unbegrenzte Ermächtigung?, F.A.Z. vom 26.03.2020, S. 6.

Gassner, Ulrich M.: Internationales und Europäisches Infektionsschutzrecht, in: Kluckert, Sebastian (Hrsg.), Das neue Infektionsschutzrecht, 2. Auflage, Baden-Baden 2021, § 1.

Gelinsky, Katja: Brauchen wir ein Triage-Gesetz?, KAS vom 07.04.2020, abrufbar unter: https://www.kas.de/de/einzeltitel/-/content/brauchen-wir-ein-triage-gesetz (zuletzt: 18.08. 2023).

Gerhardt, Jens: Infektionsschutzgesetz, Kommentar, 6. Auflage, München 2022.

Goldhammer, Michael/*Neuhöfer*, Stefan: Grundrechte in der Pandemie – Allgemeine Lehren, JuS 2021, 212–217.

Goldner Lang, Iris: „Laws of Fear" in the EU: The Precautionary Principle and Public Health Restrictions to Free Movement of Persons in the Time of COVID-19, European Journal of Risk Regulation, 14 (2023), 141–164.

Graulich, Kurt: Gefahrenabwehr und Gefahrenbegriff, in: Lisken, Hans (Begr.)/Bäcker, Matthias/Denninger, Erhard/Graulich, Kurt (Hrsg.), Handbuch des Polizeirechts, 7. Auflage, München 2021, Kapitel E (zit.: *Graulich*, in: Lisken/Denninger, HdB PolizeiR).

Greve, Holger: Infektionsschutzrecht in der Pandemielage – Der neue § 28 a IfSG, NVwZ 2020, 1786–1792.

Greve, Holger/*Lassahn*, Philipp: Die bundeseinheitliche „Notbremse" – Verfassungsfragen zum Vierten Bevölkerungsschutzgesetz, NVwZ 2021, 665–670.

Grüner, Anna-Maria: Biologische Katastrophen – eine Herausforderung an den Rechtsstaat, Baden-Baden 2017 (zit.: *Grüner*, Biologische Katastrophen).

Guckelberger, Annette: Flexiblere Abänderung von Rechtsvorschriften aufgrund der Corona-Pandemie?, DVBl. 2020, 1441–1448.

Gusy, Christoph: Weimar – die wehrlose Republik?, Tübingen 1991.

Gusy, Christoph: Rechtsgüterschutz als Staatsaufgabe, DÖV 1996, 573–583.

Gusy, Christoph: Grundrechte unter Quarantäne?, RuP 56 (2020), 139–141.

Gusy, Christoph: Ende der Krise ohne Ende des Krisenrechts?, Verfassungsblog v. 15.06.2021, https://verfassungsblog.de/ende-der-krise-ohne-ende-des-krisenrechts/ (zuletzt: 28.08.2023).

Gusy, Christoph: Pandemien als Stresstest der Demokratie, DÖV 2021, 757–766.

Gutmann, Thomas/*Fateh-Moghadam*, Bijan: Geplante Regelung der Triage – Grundrechtsschutz als Farce, ZRP 2022, 130–132.

Hartwig, Matthias: Warum der Gesetzgeber die Triage regeln muss, F.A.Z. NET vom 30.04. 2020, abrufbar unter: https://www.faz.net/aktuell/politik/warum-der-gesetzgeber-die-triage-regeln-muss-16748996.html (zuletzt: 28.08.2023).

Heinig, Hans Michael: Gottesdienstverbot auf Grundlage des Infektionsschutzgesetzes, Verfassungsblog vom 17.03.2020, abrufbar unter: https://verfassungsblog.de/gottesdienstverbot-auf-grundlage-des-infektionsschutzgesetzes/ (zuletzt: 28.08.2023).

Heinig, Hans Michael/*Kingreen*, Thorsten/*Lepsius*, Oliver/*Möllers*, Christoph/*Volkmann*, Uwe/*Wißmann*, Hinnerk: Why Constitution Matters – Verfassungsrechtswissenschaft in Zeiten der Corona-Krise, JZ 2020, 861–912.

Heinig, Hans Michael/*Möllers*, Christoph: Die Stunde der Legislative, F.A.Z. vom 20.10. 2020, S. 11.

Heintzen, Markus: Die Schuldenbremse (Art. 109 III und 115 II GG) in der Abfolge der außergewöhnlichen Notsituationen der Jahre 2020 bis 2022, NVwZ 2022, 1505–1512.

Hering, Laura: Exekutive Normsetzung in der Corona-Pandemie – Ein krisenverwaltungs- und krisenverfassungsrechtlicher Vergleich zwischen Deutschland und Italien, DV 55 (2022), 365–398.

Hermes, Georg: Das Grundrecht auf Schutz von Leben und Gesundheit, Heidelberg 1987.

Hermes, Georg: Der deutsche Exekutivföderalismus in der Pandemie, Verfassungsblog vom 03.04.2021, https://verfassungsblog.de/der-deutsche-exekutivfoderalismus-in-der-pandemie/ (zuletzt: 28.08.2023).

Hesse, Konrad: Grundfragen einer verfassungsmäßigen Normierung des Ausnahmezustands, JZ 1960, 105–108.

Hesse, Konrad: Grundzüge des Verfassungsrechts der Bundesrepublik Deutschland, Neudruck der 20. Auflage, Heidelberg 1999 (zit.: *Hesse*, Grundzüge des Verfassungsrechts).

Hilgendorf, Eric: Triage, Recht, und Ethik, in: Hilgendorf, Eric/Hoven, Elisa/Rostalski, Frauke (Hrsg.), Triage in der (Straf-)Rechtswissenschaft, Baden-Baden 2021, S. 166–183.

Hilgendorf, Eric/*Hoven*, Elisa/*Rostalski*, Frauke (Hrsg.): Triage in der (Straf-)Rechtswissenschaft, Baden-Baden 2021.

Hirschberg, Lothar: Der Grundsatz der Verhältnismäßigkeit, Göttingen 1981.

Hollo, Anna-Lena: Lehrstück der Verhältnismäßigkeitsprüfung, Verfassungsblog vom 22.08.2022, abrufbar unter: https://verfassungsblog.de/lehrstuck-der-verhaltnismasigkeitsprufung/ (zuletzt: 28.08.2023).

Hoppe, Tilman/*Risse*, Horst: Das wahre Parlament erkennt man in der Not, DVBl. 2020, 1386–1389.

Hörnle, Tatjana: Plädoyer für die Zulassung von Ex-post-Triage in der Ergänzung des IfSG, medstra 2022, 273–275.

Hörnle, Tatjana/*Hoven*, Elisa/*Huster*, Stefan/*Weigend*, Thomas: Wer darf weiterleben?, F. A. Z. vom 28.07.2022, S. 6.

Hörnle, Tatjana/*Huster*, Stefan/*Poscher*, Ralf (Hrsg.): Triage in der Pandemie, Tübingen 2021.

Hoven, Elisa: Die „Triage"-Situation als Herausforderung für die Strafrechtswissenschaft, JZ 2020, 449–454.

Huster, Stefan: Wer hat Angst vor der Triage? Ähnlichkeiten und Unterschiede zu anderen Priorisierungsentscheidungen und ihre normative Bedeutung, in: Hörnle, Tatjana/Huster, Stefan/Poscher, Ralf (Hrsg.), Triage in der Pandemie, Tübingen 2021, S. 83–107.

Huster, Stefan: Gesundheitsrecht, in: Huster, Stefan/Kingreen, Thorsten (Hrsg.), Handbuch Infektionsschutzrecht, 2. Auflage, München 2022, Kapitel 8 (zit.: *Huster*, in: ders./Kingreen, HdB InfSR).

Huster, Stefan/*Rudolph*, Karsten: Vom Rechtsstaat zum Präventionsstaat, Frankfurt am Main 2008.

Ipsen, Jörn: Deutschland im Ausnahmezustand – Grund und Grenzen administrativer Maßnahmen der Pandemie-Bekämpfung, DVBl. 2020, 1037–1042.

Ipsen, Jörn: Niedersachsen im Ausnahmezustand – Verfassungsrechtliche Aspekte der Corona-Krise, NdsVBl. 2020, 165–169.

Ipsen, Jörn: Notstandsverfassung und Corona-Virus, RuP 56 (2020), 118–132.

Isensee, Josef: Das Grundrecht als Abwehrrecht und als staatliche Schutzpflicht, in: Isensee, Josef/Kirchhof, Paul (Hrsg.), Handbuch des Staatsrechts, Band IX, 3. Auflage, Heidelberg 2011, § 191 (zit.: *Isensee*, in: ders./P. Kirchhof, HStR).

Isensee, Josef: Virokratie, F.A.Z. vom 04.06.2020, S. 7.

Itzel, Peter: Staatliche Ersatz- und Entschädigungsleistungen bei Pandemien, MDR 2021, 649–655.

Jaeckel, Liv: Gefahrenabwehrrecht und Risikodogmatik, Tübingen 2010.

Jäger, Christian/*Gründel*, Johannes: Zur Notwendigkeit einer Neuorientierung bei der Beurteilung der rechtfertigenden Pflichtenkollision im Angesicht der Corona-Triage, ZIS 2020, 151–163.

Jarass, Hans D.: Funktionen und Dimensionen der Grundrechte, in: Merten, Detlef/Papier, Hans-Jürgen (Hrsg.), Handbuch der Grundrechte in Deutschland und Europa, Band II, Heidelberg 2006, § 38 (zit.: *Jarass*, in: Merten/Papier, HGR).

Jarass, Hans D./*Pieroth*, Bodo: Grundgesetz für die Bundesrepublik Deutschland, Kommentar, 18. Auflage, München 2024 (zit.: *Bearbeiter*, in: Jarass/Pieroth, GG).

Jellinek, Georg: Allgemeine Staatslehre, Unveränderter Nachdruck des fünften Neudrucks der dritten Auflage, Kronberg/Ts. 1976.

Kaiser, Anna-Bettina: Ausnahmeverfassungsrecht, Tübingen 2020.

Kaiser, Anna-Bettina: Demokratie perdu?, RuP 57 (2021), 7–15.

Kaltenborn, Markus/*Kreft*, Laura: Völkerrechtliche Grundlagen des Infektionsschutzrechts, in: Huster, Stefan/Kingreen, Thorsten (Hrsg.), Handbuch Infektionsschutzrecht, 2. Auflage, München 2022, Kapitel 3 (zit.: *Kaltenborn/Kreft*, in: Huster/Kingreen, HdB InfSR).

Katzenmeier, Christian: Grundrechte in Zeiten von Corona, MedR 2020, 461–464.

Kau, Marcel: Einreisen und die epidemische Lage von nationaler Tragweite, in: Kluckert, Sebastian (Hrsg.), Das neue Infektionsschutzrecht, 2. Auflage, Baden-Baden 2021, § 5.

Kersten, Jens: Ausnahmezustand?, JuS 2016, 193–203.

Kersten, Jens/*Rixen*, Stephan: Der Verfassungsstaat in der Corona-Krise, 3. Auflage München 2022.

Kießling, Andrea: Ausgangssperren wegen Corona nun auch in Deutschland (?), JuWissBlog vom 19.03.2020, abrufbar unter: https://www.juwiss.de/29-2020/ (zuletzt: 28.08.2023).

Kießling, Andrea: Corona-Maßnahmen in Herbst und Winter 2021/22 nach Ende der „epidemischen Lage“, NVwZ 2021, 1801–1808.

Kießling, Andrea: Infektionsschutzgesetz – Kommentar, 3. Auflage, München 2022 (zit.: *Bearbeiter*, in: Kießling, IfSG).

Kießling, Andrea: Von der punktuellen Gefahrenabwehr zur Risikovorsorge im Infektionsschutzrecht, JZ 2022, 53–62.

Kießling, Andrea/*Kingreen*, Thorsten/*Leisner-Egensperger*, Anna: Keine Priorität für die Rechtswissenschaft, Verfassungsblog vom 02.02.2021, abrufbar unter: https://verfassungsblog.de/keine-prioritat-fur-die-rechtswissenschaft/ (zuletzt: 28.08.2023).

Kingreen, Thorsten: Das Studium des Verfassungsrechts in der Pandemie, Jura 2020, 1019–1035.

Kingreen, Thorsten: „Eine solche Hindenburgklausel", Interview abgedruckt in der SZ vom 26.03.2020, S. 6.

Kingreen, Thorsten: Rechtsgutachten für die FDP vom 11.06.2020, abrufbar unter https://www.fdpbt.de/gutachten-bestaetigt-forderung-ende-pandemie-notlage (zuletzt: 28.08.2023).

Kingreen, Thorsten: Whatever it takes? Der demokratische Rechtsstaat in Zeiten von Corona, Verfassungsblog vom 20.03.2020, abrufbar unter: https://verfassungsblog.de/whatever-it-takes/ (zuletzt: 28.08.2023).

Kingreen, Thorsten: Der demokratische Rechtsstaat in der Corona-Pandemie, NJW 2021, 2766–2771.

Kingreen, Thorsten: Ein Sonderregime ohne Ende?, F.A.Z. vom 25.02.2021, S. 6.

Kingreen, Thorsten: Epidemie ohne epidemische Lage, Verfassungsblog vom 22.10.2021, abrufbar unter: https://verfassungsblog.de/epidemie-ohne-epidemische-lage/ (zuletzt: 28.08.2023).

Kingreen, Thorsten: Grundlagen des deutschen Infektionsschutzrechts, in: Huster, Stefan/Kingreen, Thorsten (Hrsg.), Handbuch Infektionsschutzrecht, 2. Auflage 2022, Kapitel 1 (zit.: *Kingreen*, in: Huster/Kingreen, HdB InfSR).

Kingreen, Thorsten/*Poscher*, Ralf: Polizei- und Ordnungsrecht, 12. Auflage, München 2022.

Kinzig, Jörg/*Maubach*, Franziska: Erfolgsaussicht, Dringlichkeit oder doch etwas ganz Anderes? Kriterien bei der Aufnahmetriage im Kontext der COVID-19- Pandemie, in: Hilgendorf, Eric/Hoven, Elisa/Rostalski, Frauke (Hrsg.), Triage in der (Straf-)Rechtswissenschaft, Baden-Baden 2021, S. 195–217.

Kirchhof, Gregor: Die Allgemeinheit des Gesetzes, Tübingen 2009.

Kisker, Gunter: Neue Aspekte im Streit um den Vorbehalt des Gesetzes, NJW 1977, 1313–1320.

Klafki, Anika: Risiko und Recht, Tübingen 2017.

Klafki, Anika: Coronavirus und Reformbedarf des „Pandemierechts", Verfassungsblog vom 05.03.2020, abrufbar unter verfassungsblog.de/coronavirus-und-reformbedarf-des-pandemierechts/ (zuletzt: 28.08.2023).

Klafki, Anika: Corona-Pandemie: Ausgangssperre bald auch in Deutschland?, JuWissBlog Nr. 27/2020 vom 18.03.2020, abrufbar unter: https://www.juwiss.de/27-2020/ (zuletzt: 28.08.2023).

Klafki, Anika: Neue Rechtsgrundlagen im Kampf gegen Covid-19. Der Gesetzesentwurf zum Schutz der Bevölkerung bei einer epidemischen Lage von nationaler Tragweite, Verfassungsblog vom 25.03.2020, abrufbar unter https://verfassungsblog.de/neue-rechtsgrundlage-im-kampf-gegen-covid-19/ (zuletzt: 28.08.2020).

Klafki, Anika: Wer bekommt den knappen Covid-19-Impfstoff?, Verfassungsblog vom 22.09.2020, https://verfassungsblog.de/wer-bekommt-den-knappen-covid-19-impfstoff/ (zuletzt: 28.08.2023).

Klafki, Anika: Mehr Parlament wagen? – Die Entdeckung des Art. 80 IV GG in der Corona-Pandemie, NVwZ 2020, 1718–1722.

Klafki, Anika: Kontingenz des Rechts in der Krise, JöR 69 (2021), 583–602.

Klafki, Anika: Differenzierte Rechtsgrundlagen als Gebot effektiver Krisenbewältigung, NJW 2023, 1340–1344.

Klein, Eckart: Innerer Staatsnotstand, in: Isensee, Josef/Kirchhof, Paul (Hrsg.), Handbuch des Staatsrechts, Band XII, 3. Auflage, Heidelberg 2014, § 280 (zit.: *Klein*, in: Isensee/Kirchhof, HStR).

Kloepfer, Michael: Handbuch des Katastrophenrechts, Baden-Baden 2014.

Kloepfer, Michael: Umweltrecht, Kommentar, 4. Auflage, München 2016.

Kloepfer, Michael (Hrsg.): Pandemien als Herausforderung für die Rechtsordnung, Baden-Baden 2011.

Kloepfer, Michael/*Deye*, Sandra: Pandemien als Herausforderung für die Rechtsordnung, DVBl. 2009, 1208–1221.

Kluckert, Sebastian: Verfassungs- und verwaltungsrechtliche Grundlagen des Infektionsschutzrechts, in: Kluckert, Sebastian (Hrsg.), Das neue Infektionsschutzrecht, 1. und 2. Auflage, Baden-Baden 2020 und 2021, § 2.

Kluckert, Sebastian: Infektionsschutzmaßnahmen in der Schnittmenge von Verwaltungsanordnung und Gesetzesbefehl, Verfassungsblog vom 27.04.2021, abrufbar unter: https://verfassungsblog.de/infektionsschutzmasnahmen-in-der-schnittmenge-von-verwaltungsanordnung-und-gesetzesbefehl/ (zuletzt: 28.08.2023).

Kluth, Winfried: Pandemierecht 4.0, Verfassungsblog vom 10.12.2021, abrufbar unter: https://verfassungsblog.de/pandemierecht-4-0/ (zuletzt: 28.08.2023).

Kokott, Juliane: Kontrolle der auswärtigen Gewalt, DVBl. 1996, 937–950.

Kovács, Kriszta: Hungary's Orbánistan: A Complete Arsenal of Emergency Powers, Verfassungsblog vom 06.04.2020, abrufbar unter: https://verfassungsblog.de/hungarys-orbanistan-a-complete-arsenal-of-emergency-powers/ (zuletzt: 28.08.2023).

Kovács, Kriszta: Hungary and the Pandemic: A Pretext for Expanding Power, Verfassungsblog vom 11.03.2021, abrufbar unter: https://verfassungsblog.de/hungary-and-the-pandemic-a-pretext-for-expanding-power/ (zuletzt: 28.08.2023).

Kraft, Dennis/*Dohmen*, Anja: Rechtliche Aspekte einer Pandemie in Deutschland, PharmR 2008, 401–407.

Kräusslich, Hans-Georg: Wie gut ist die Wissenschaft auf die nächste Pandemie vorbereitet?, in: Lohse, Ansgar W./Mettenleiter, Thomas C., Infektionen und Gesellschaft – Was haben wir von COVID-19 gelernt?, Hamburg 2022, 98–103.

Kügel, Wilfried/*Müller*, Rolf-Georg/*Hofmann*, Hans-Peter (Hrsg.): Arzneimittelgesetz, 3. Auflage, München 2022 (zit.: *Bearbeiter*, in: Kügel/Müller/Hofmann, AMG).

Kühne, Hartmut: Corona und Bundesstaat, Verfassungsblog vom 25.02.2021, https://verfassungsblog.de/corona-und-bundesstaat/ (zuletzt: 28.08.2023).

Küster, Otto: Das Gewaltenproblem im modernen Staat, AöR 75 (1949), 397–413.

Landmann, Robert von/*Rohmer*, Gustav: Umweltrecht, Kommentar in vier Bänden, 100. Ergänzungslieferung, München 2023 (zit.: *Bearbeiter*, in: Landmann/Rohmer, Umweltrecht).

Lehner, Roman: Die Mär vom „Kriegskabinett“, Verfassungsblog vom 30.10.2020, https://verfassungsblog.de/die-mar-vom-kriegskabinett/ (zuletzt: 28.08.2023).

Lehner, Roman: „Triage“ und Grundrechte – Überlegungen aus der Perspektive von Schutzpflichtendogmatik und Diskriminierungsverboten, DÖV 2021, 252–262.

Leisner, Walter Georg: Die parlamentarische Volksvertretung – der Deutsche Bundestag, in: Stern, Klaus/Sodan, Helge/Möstl, Markus (Hrsg.), Das Staatsrecht der Bundesrepublik Deutschland im europäischen Staatenverbund, Band II, 2. Auflage, München 2022, § 36.

Leisner-Egensperger, Anna: Der legitime Zweck als Bezugspunkt der Verhältnismäßigkeit, JZ 2021, 913–964.

Leisner-Egensperger, Anna: Die Freiheit und ihr Schutz, NJW 2021, 2415–2420.

Leisner-Egensperger, Anna: Freiheiten für Geimpfte – Zur Aufhebung von Grundrechtsbeschränkungen für Geimpfte, Genesene und Getestete, DVBl. 2021, 825–833.

Leisner-Egensperger, Anna: Impfpriorisierung und Verfassungsrecht, NJW 2021, 202–208.

Lenz, Christofer/*Kunkel*, Louisa: Notparlament in die Verfassung, Verfassungsblog vom 05.01.2021, abrufbar unter: https://verfassungsblog.de/notparlament-s-h/ (zuletzt: 28.08.2023).

Lenz, Christofer/*Schulte*, Henrike: Sitzungen des Bundestags per Videokonferenz: Gehst du noch hin oder streamst du schon?, NVwZ 2020, 744–749.

Lepsius, Oliver: Grundrechtsschutz in der Corona-Pandemie, RuP 56 (2020), 258–281.

Lepsius, Oliver: Vom Niedergang grundrechtlicher Denkkategorien in der Corona-Pandemie, Verfassungsblog vom 06.04.2020, abrufbar unter: https://verfassungsblog.de/vom-niedergang-grundrechtlicher-denkkategorien-in-der-corona-pandemie/ (zuletzt: 28.08.2023).

Lepsius, Oliver: Der Rechtsstaat wird umgebaut, F.A.Z. v. 10.12.2021, Seite 9.

Lepsius, Oliver: Einstweiliger Grundrechtsschutz nach Maßgabe des Gesetzes, Der Staat 60 (2021), 609–651.

Lepsius, Oliver: Nach BVerfG zur Bundesnotbremse: Zerstörerisches Potential für den Verfassungsstaat, LTO vom 03.12.2021, abrufbar unter: https://www.lto.de/recht/hintergruende/h/bverfg-1bvr78121-1bvr97121-corona-bundes-notbremse-massnahmen-kontakt-ausgang-schule-kinder-grundrechte-kommentar-verfassung-rechtstaat/ (zuletzt: 28.08.2023).

Lepsius, Oliver: Partizipationsprobleme der Abwägungsdefizite im Umgang mit der Corona-Pandemie, JöR 69 (2021), 705–762.

Lepsius, Oliver: Ausnahme und Krise – Zu den Grundannahmen eines Krisenverwaltungsrechts, DV 55 (2022), 309–343.

Lerche, Peter: Übermaß und Verfassungsrecht, 2. Auflage, Köln 1961.

Lindner, Josef Franz: Kann eine Empfehlung des Deutschen Ethikrates einen unvermeidbaren Verbotsirrtum nach § 17 Satz 1 StGB begründen?, medstra 2020, 199–202.

Lindner, Josef Franz: § 18 Öffentliches Recht, in: Schmidt, Hubert (Hrsg.), COVID-19, Rechtsfragen zur Corona-Krise, 3. Auflage, München 2021.

Lindner, Josef Franz/*Schlögl-Flierl*, Kerstin: Triage bei COVID-19, ZIG – ESSAY Nr. 2, 2020, 2–17.

Luhmann, Niklas: Soziologie des Risikos, Berlin 2003.

Mahlmann, Matthias: Demokratie im Notstand? Rechtliche und epistemische Bedingungen der Krisenresistenz der Demokratie, VVDStRL 80 (2021), 69–103.

Mangold, Anna Katharina: Relationale Freiheit. Grundrechte in der Pandemie, VVDStRL 80 (2021), 7–35.

Mangoldt, Herrmann von (Begr.)/*Huber*, Peter M./*Voßkuhle*, Andreas (Hrsg.): Grundgesetz-Kommentar, 3 Bände, 8. Auflage, München 2024 (zit.: *Bearbeiter*, in: Huber/Voßkuhle, GG).

Manssen, Gerrit: Staatsrecht II, 20. Auflage, München 2024.

März, Wolfgang: Äußerer Staatsnotstand, in: Isensee, Josef/Kirchhof, Paul (Hrsg.), Handbuch des Staatsrechts, Band XII, 3. Auflage, Heidelberg 2014, § 281 (zit.: *März*, in: Isensee/Kirchhof, HStR).

Maurer, Hartmut/*Schwarz*, Kyrill-A.: Staatsrecht I Grundlagen Verfassungsorgane Staatsfunktionen, 7. Auflage, München 2023.

Maurer, Hartmut/*Waldhoff*, Christian: Allgemeines Verwaltungsrecht, 21. Auflage, München 2024.

Mayen, Thomas: Der verordnete Ausnahmezustand, NVwZ 2020, 828–834.

Meickmann, Till: Neuverschuldung des Bundes in Notsituationen, NVwZ 2021, 97–102.

Merkel, Reinhard: Eine Frage von Recht und Ethik, F. A. Z. vom 04. 04. 2020, S. 11.

Merkel, Reinhard/*Augsberg*, Steffen: Die Tragik der Triage – straf- und verfassungsrechtliche Grundlagen und Grenzen, JZ 2020, 704–714.

Merten, Detlef: Verhältnismäßigkeitsgrundsatz, in: Merten, Detlef/Papier, Hans-Jürgen (Hrsg.), Handbuch der Grundrechte in Deutschland und Europa, Band III, Heidelberg 2009, § 68 (zit.: *Merten*, in: ders./Papier, HGR).

Meßerschmidt, Klaus: COVID-19 legislation in the light of the precautionary principle, The Theory and Practice of Legislation, 8 (2020), 267–292.

Michl, Fabian: Der demokratische Rechtsstaat in Krisenzeiten, JuS 2020, 643–647.

Möllers, Christoph: Über den Schutz der Parlamente vor sich selbst in der Krise, Verfassungsblog vom 20. 03. 2020, abrufbar unter: verfassungsblog.de/ueber-den-schutz-der-parla mente-vor-sich-selbst-in-der-krise/ (zuletzt: 28. 08. 2023).

Möllers, Christoph: Parlamentarische Selbstentmächtigung im Zeichen des Virus, Verfassungsblog vom 26. 03. 2020, abrufbar unter: https://verfassungsblog.de/parlamentarische-selbstentmaechtigung-im-zeichen-des-virus/ (zuletzt: 28. 08. 2023).

Monien, Johanna: Prinzipien als Wegbereiter eines globalen Umweltrechts?, Baden-Baden 2014 (zit.: *Monien*, Prinzipien, 2014).

Möstl, Markus: Gesundheitsschädlichkeit und Vorsorgeprinzip, LMuR 2022, 513–519.

Müller, Andreas Th.: Europa und die Pandemie. Zuständigkeitsdefizite und Kooperationszwänge, VVDStRL 80 (2021), 105–149.

Münkler, Laura: Expertokratie, Tübingen 2020.

Münkler, Laura: Demokratie und Expertise, APuZ 26–27/2022, 7–13.

Murswiek, Dietrich: Die Corona-Waage – Kriterien für die Prüfung der Verhältnismäßigkeit von Corona-Maßnahmen, NVwZ-Extra 05/2021, 1–15.

Murswiek, Dietrich: Schutz – Freiheit – COVID, DÖV 2021, 505–510.

Musil, Andreas/*Kirchner*, Sören: Katastrophenschutz im föderalen Staat, DV 39 (2006), 373–392.

Nettesheim, Martin: Liberal constitutionalism in times of crises and emergency, ERPL 34 (2022), 23–39.

Nordgren, Anders: Pandemics and the precautionary principle: an analysis taking the Swedish Corona Commission's report as a point of departure, Medicine, Health Care and Philosophy, 26 (2023), 163–173.

Nowrot, Karsten: Verfassungsrechtliche Vorgaben für die Mitwirkung des Deutschen Bundestages bei Auslandseinsätzen der Bundeswehr gegen den internationalen Terrorismus, NZWehrr 2003, 65–78.

Nußberger, Angelika: Regieren: Staatliche Systeme im Umbruch?, VVDStRL 81 (2022), 7–62.

Oebbecke, Janbernd: Verwaltungszuständigkeit, in: Isensee, Josef/Kirchhof, Paul (Hrsg.), Handbuch des Staatsrechts, Band VI, 3. Aufl. 2008, § 136 (zit.: *Oebbecke*, in: Isensee/P. Kirchhof, HStR).

Ooyen, Robert Chr. van: „Schönwetterdemokratie"? Der Grundrechte-Shutdown im Corona-Notstand als Lackmustest des Grundgesetzes, in: Ooyen, Robert Chr. van (Hrsg.), Öffentliche Sicherheit und Freiheit, 4. Aufl., Baden-Baden 2024, S. 51–57.

Ooyen, Robert Chr. van/*Wassermann*, Hendrik: Zur Einführung: Freiheit, Demokratie und Grundgesetz im Pandemie-Notstand, in: Ooyen, Robert Chr. van/Wassermann, Hendrik (Hrsg.), RuP Beiheft 7, Berlin 2021, 7–10.

Ossenbühl, Fritz: Vorsorge als Rechtsprinzip im Gesundheits-, Arbeits- und Umweltschutz, NVwZ 1986, 161–171.

Ossenbühl, Fritz: Die Not des Gesetzgebers im naturwissenschaftlich-technischen Zeitalter, Wiesbaden 2000.

Ossenbühl, Fritz: Vorrang und Vorbehalt des Gesetzes, in: Isensee, Josef/Kirchhof Paul (Hrsg.), Handbuch des Staatsrechts, Band V: Rechtsquellen, Organisation, Finanzen, 3. Auflage, Heidelberg 2007, § 101 (zit.: *Ossenbühl*, in: Isensee/P. Kirchhof, HStR).

Pagenkopf, Martin: Der freiheitliche Staat und die Wissenschaft in der Corona-Pandemie, ZRP 2022, 51–54.

Papier, Hans-Jürgen: Freiheitsrechte in Zeiten der Pandemie, DRiZ 2020, 181–183.

Papier, Hans-Jürgen: Umgang mit der Corona-Pandemie, APuZ 35–37/2020, 4–8.

Pautsch, Arne/*Haug*, Volker: Parlamentsvorbehalt und Corona-Verordnungen – ein Widerspruch, NJ 2020, 281–286.

Pflug, Manuel: Pandemievorsorge – informationelle und kognitive Regelungsstrukturen, Berlin 2013 (zit.: *Pflug*, Pandemievorsorge).

Poscher, Ralf: Die Abwägung von Leben gegen Leben. Triage und Menschenwürdegarantie, in: Hörnle, Tatjana/Huster, Stefan/Poscher, Ralf (Hrsg.), Triage in der Pandemie, Tübingen 2021, S. 41–81.

Poscher, Ralf: Das Infektionsschutzgesetz als Gefahrenabwehrrecht, in: Huster, Stefan/Kingreen, Thorsten (Hrsg.), Handbuch Infektionsschutzrecht, 2. Auflage, München 2022, Kapitel 4 (zit.: *Poscher*, in: Huster/Kingreen, HdB InfSR).

Rauber, Jochen: Die modifizierende Subdelegation von Verordnungsermächtigungen durch verordnungsvertretendes Gesetz, VerwArch 2021, 205–234.

Reimer, Franz: Notbremse für die Notbremse?, F. A. Z. Einspruch vom 21.04.2021, abrufbar unter: https://www.faz.net/einspruch/corona-notbremse-fuer-die-notbremse-17305693.html (zuletzt: 22.08.2023).

Reimer, Franz: Das Parlamentsgesetz als Steuerungsmittel und Kontrollmaßstab, in: Voßkuhle, Andreas/Eifert, Martin/Möllers, Christoph (Hrsg.), Grundlagen des Verwaltungsrechts, Band I, 3. Auflage, München 2022, § 11.

Reschke, Carl-Moritz: Entschädigungsansprüche für rechtmäßige infektionsschutzrechtliche Maßnahmen im Zuge der COVID-19-Pandemie, DÖV 2020, 423–430.

Ritgen, Klaus: Die Rolle der Landkreise in der Corona-Pandemie, Der Landkreis 2020, 127–135.

Ritgen, Klaus: Rechtsetzung im Schatten der Corona-Pandemie, Der Landkreis 2020, 137–142.

Ritgen, Klaus: Viertes Bevölkerungsschutzgesetz – Verschiebung im bundesstaatlichen Kompetenzgefüge und behördliche Zuständigkeiten, in: Kluckert, Sebastian (Hrsg.), Das neue Infektionsschutzgesetz, 2. Auflage, Baden-Baden 2021, § 18.

Rixen, Stephan: Befugnisse und Grenzen des staatlichen Infektionsschutzrechts, in: Kloepfer, Michael (Hrsg.), Pandemien als Herausforderung für die Rechtsordnung, Baden-Baden 2011, S. 67–84.

Rixen, Stephan: Gesundheitsschutz in der Coronavirus-Krise – Die (Neu-)Regelungen des Infektionsschutzgesetzes, NJW 2020, 1097–1103.

Rixen, Stephan: Grenzenloser Infektionsschutz in der Corona-Krise?, RuP 56 (2020), 109–117.

Rixen, Stephan: Die epidemische Lage von nationaler Tragweite – einfachrechtliche Regelungen und verfassungsrechtliche Problematik, in: Kluckert, Sebastian (Hrsg.), Das neue Infektionsschutzrecht, 2. Auflage, Baden-Baden 2021, § 4.

Rixen, Stephan: Rechtmäßigkeit und Semantik der Impfpflicht, Verfassungsblog vom 28.07. 2021, abrufbar unter: https://verfassungsblog.de/rechtmaessigkeit-und-semantik-der-impfpflicht/ (zuletzt: 28.08.2023).

Rixen, Stephan: Verwaltungsrecht der vulnerablen Gesellschaft, VVDStRL 80 (2021), 37–67.

Rixen, Stephan: Viertes Bevölkerungsschutzgesetz – Verfassungsrecht, in: Kluckert, Sebastian (Hrsg.), Das neue Infektionsschutzrecht, 2. Auflage, Baden-Baden 2021, § 18.

Rixen, Stephan: Abschied von der Verhältnismäßigkeit?, Verfassungsblog vom 25.05.2022, abrufbar unter: https://verfassungsblog.de/abschied-von-der-verhaltnismasigkeit/ (zuletzt: 28.08.2023).

Rixen, Stephan: Impfschutzrecht, in: Huster, Stefan/Kingreen, Thorsten (Hrsg.), Handbuch Infektionsschutzrecht, 3. Auflage, München 2022, Kapitel 5 (zit.: *Rixen*, in: Huster/Kingreen, HdB InfSR).

Rixen, Stephan: Resilienz als Aufgabe des Verwaltungsrechts – Desiderate und Schwierigkeiten eines Forschungsprogramms, DV 55 (2022), S. 345–364.

Robert Koch-Institut: Infektionsschutz und Infektionsepidemiologie, Berlin 2015.

Rönnau, Thomas/*Wegner*, Kilian: Grundwissen – Strafrecht: Triage, JuS 2020, 403–407.

Rudolf, Walter: Kooperation im Bundesstaat, in: Isensee, Josef/Kirchhof, Paul (Hrsg.), Handbuch des Staatsrechts, Band VI: Bundesstaat, 3. Auflage, Heidelberg 2008, § 141 (zit.: *Rudolf*, in: Isensee/P. Kirchhof, HStR).

Sachs, Michael: Grundgesetz Kommentar, 9. Auflage, München 2021 (zit.: *Bearbeiter*, in: Sachs, GG).

Sangs, André: Das Dritte Gesetz zum Schutz der Bevölkerung bei einer epidemischen Lage von nationaler Tragweite und Gesetzgebung während der Pandemie, NVwZ 2020, 1780–1785.

Sangs, André: Das COVID-19-Schutzgesetz, NVwZ 2022, 1489–1496.

Sangs, André/*Eibenstein*, Henrik: Die epidemische Lage von nationaler Tragweite – Eine Analyse der aktuellen Pandemiegesetzgebung, JZ 2021, 710–719.

Sangs, André/*Eibenstein*, Henrik: Infektionsschutzgesetz, 1. Auflage, München 2022 (zit.: *Bearbeiter*, in: Sangs/Eibenstein, IfSG).

Scherzberg, Arno: Risiko als Rechtsproblem, VerwArch 84 (1993), 484–513.

Scherzberg, Arno: Risikosteuerung durch Verwaltungsrecht: Ermöglichung oder Begrenzung von Innovation?, VVDStRL 63 (2004), 214–263.

Schmidt, Thorsten Ingo: Das Parlament in der Pandemie zwischen Notverordnungsrecht und Notausschuss, DVBl. 2021, 231–236.

Schmitt, Carl: Politische Theologie Vier Kapitel zur Lehre von der Souveränität, 8. Auflage, Berlin 2004.

Schmitt, Felix: Die Verfassungswidrigkeit der landesweiten Ausgangsverbote, NJW 2020, 1626–1631.

Schöne-Seifert, Bettina: Wen soll man leben lassen?, F.A.Z. v. 31.03.2020, S. 11.

Schütz, Peter: Der neue Art. 80 IV GG – Gesetzgebung an Verordnungs Statt, NVwZ 1996, 37–40.

Schwarz, Kyrill-Alexander: Haushaltsverfassungsrecht in Zeiten der Corona-Krise, COVuR 2020, 74–78.

Schwarz, Kyrill-Alexander: Zur Verfassungswidrigkeit der bundeseinheitlichen „Corona-Notbremse“, COVuR 2021, 257–262.

Schwarz, Kyrill-Alexander: In dubio pro imperio?, NVwZ-Beilage 2022, 3–6.

Schwarz, Kyrill-Alexander: Notstandsverfassungsrecht, in: Stern, Klaus/Sodan, Helge/Möstl, Markus (Hrsg.): Das Staatsrecht der Bundesrepublik Deutschland im europäischen Staatenverbund, Band I, 2. Auflage, München 2022, § 24.

Schwarz, Kyrill-Alexander/*Sairinger*, Lukas: Metamorphosen des Föderalismus in Krisenzeiten, NVwZ 2021, 265–272.

Schwerdtfeger, Angela: Krisengesetzgebung, Tübingen 2018.

Seidel, Tim: Verantwortlichkeit Nichtverantwortlicher, Tübingen 2023.

Shirvani, Foroud: Defizitäres Infektionsschutz-Entschädigungsrecht, NVwZ 2020, 1457–1462.

Shirvani, Foroud: Gesundheitsnotstand und Kompetenzordnung, JZ 2021, 109–160.

Sodan, Helge: Infektionsschutzrecht, in: Ehlers, Dirk/Fehling, Michael/Pünder, Hermann (Hrsg.), Besonderes Verwaltungsrecht, Band 2, 3. Auflage, Heidelberg 2013, § 56.

Sodan, Helge: Grundsatz der Verhältnismäßigkeit, in: Stern, Klaus/Sodan, Helge/Möstl, Markus (Hrsg.), Das Staatsrecht der Bundesrepublik Deutschland im europäischen Staatenverbund, Band III, 2. Auflage, München 2022, § 87.

Sodan, Helge/*Ziekow*, Jan: Grundkurs Öffentliches Recht, 10. Auflage, München 2023.

Steinau-Steinrück, Sandra von: Die staatliche Verhütung und Bekämpfung von Infektionskrankheiten, Frankfurt am Main 2013.

Stern, Klaus: Das Staatsrecht der Bundesrepublik Deutschland Band III/1, Allgemeine Lehren der Grundrechte. Grundlagen und Geschichte, nationaler und internationaler Grundrechtskonstitutionalismus, juristische Bedeutung der Grundrechte, Grundrechtsberechtigte, Grundrechtsverpflichtete, München 1988; Band III/2, Grundrechtstatbestand, Grundrechtsbeeinträchtigungen und Grundrechtsbegrenzungen, Grundrechtsverluste und Grundpflichten, Schutz der Grundrechte, Grundrechtskonkurrenzen, Grundrechtssystem, München 1994.

Sternberg-Lieben, Detlev: Corona -Pandemie, Triage und Grenzen rechtfertigender Pflichtenkollision, MedR 2020, 627–637.

Sunstein, Cass R.: Laws of Fear: Beyond the Precautionary Principle, Cambridge 2005.

Sunstein, Cass R.: This Time the Numbers Show We Can't Be Too Careful, Bloomberg News, 26 March 2020 (available at: https://www.bloomberg.com/view/articles/2020-03-26/coronavirus-lockdowns-look-smart-under-cost-benefit-scrutiny; last accessed: 22.08.2023).

Taupitz, Jochen: Infektionsschutzrechtliche „Triage" – Wer darf überleben? Zur Verteilung knapper medizinischer Güter aus juristischer Sicht, in: Kloepfer, Michael (Hrsg.), Pandemien als Herausforderung für die Rechtsordnung, Baden-Baden 2011, S. 103–126.

Taupitz, Jochen: Verteilung medizinischer Ressourcen in der Corona -Krise: Wer darf überleben?, MedR 2020, 440–450.

Thielbörger, Pierre/*Behlert*, Benedikt: Covid-19 und das Grundgesetz: Zur (Un)tauglichkeit des verfassungsrechtlichen „Immunsystems", Verfassungsblog vom 19.03.2020, abrufbar unter: https://verfassungsblog.de/covid-19-und-das-grundgesetz/ (zuletzt: 28.08.2023).

Thielbörger, Pierre/*Behlert*, Benedikt: COVID-19 und das Grundgesetz: Neue Gedanken vor dem Hintergrund neuer Gesetze, Verfassungsblog vom 30.03.2020, abrufbar unter: https://

verfassungsblog.de/covid-19-und-das-grundgesetz-neue-gedanken-vor-dem-hintergrund-neuer-gesetze/ (zuletzt: 28.08.2023).

Thym, Daniel/*Bornemann*, Jonas: Binnenmarktrechtliche Grundlagen des Infektions- und Gesundheitsschutzrechts, in: Huster, Stefan/Kingreen, Thorsten (Hrsg.), Handbuch Infektionsschutzrecht, 2. Auflage, München 2022, Kapitel 2.

Trute, Hans-Heinrich: Gefahr und Prävention in der Rechtsprechung zum Polizei- und Ordnungsrecht, DV 36 (2003), 501–522.

Trute, Hans-Heinrich: Katastrophenschutzrecht – Besichtigung eines verdrängten Rechtsgebiets, KritV 2005, 342–363.

Trute, Hans-Heinrich: Ungewissheit in der Pandemie als Herausforderung, GSZ 2020, 93–101.

Untrieser, Christian/*Neußer*, Fabian: Parlamentsarbeit in der Corona-Pandemie, NVwZ 2021, 282–286.

Volkmann, Uwe: Der Ausnahmezustand, Verfassungsblog vom 20.03.2020, abrufbar unter: https://verfassungsblog.de/der-ausnahmezustand/ (zuletzt: 28.08.2023).

Volkmann, Uwe: Heraus aus dem Verordnungsregime, NJW 2020, 3153–3160.

Volkmann, Uwe: Wir Verdrängungskünstler, F.A.Z. vom 25.01.2021, S. 12.

Volkmann, Uwe: Das Parlament als Polizeibehörde, F.A.Z. Einspruch vom 20.04.2021, abrufbar unter: https://www.faz.net/einspruch/corona-notbremse-das-parlament-als-polizeibehoerde-17303021.html (zuletzt: 28.08.2023).

Völzmann, Berit: Versammlungsfreiheit in Zeiten von Pandemien, DÖV 2020, 893–904.

Voßkuhle, Andreas: Der Wandel der Verfassung und seine Grenzen, JuS 2019, 414–423.

Voßkuhle, Andreas: Die Zumutungen der Prognose, in: Kortmann, Bernd/Schulze, Günther G, Jenseits von Corona, Bielefeld 2020, S. 205–211.

Wagner, Edgar/*Brocker*, Lars: Das „verordnungsvertretende Gesetz“ nach Art. 80 IV GG, NVwZ 1997, 759–761.

Wahl, Rainer/*Appel*, Ivo: Prävention und Vorsorge. Von der Staatsaufgabe zur rechtlichen Ausgestaltung, in: Rainer, Wahl (Hrsg.), Prävention und Vorsorge, Bonn 1995, 1–216.

Waldhoff, Christian: Der Bundesstaat in der Pandemie, NJW 2021, 2772–2777.

Walter, Tonio: Lasst das Los entscheiden, ZEIT ONLINE vom 02.04.2020, abrufbar unter: https://www.zeit.de/gesellschaft/2020-04/corona-krise-aerzte-krankenhaeuser-ethik-behandlungen-medizinische-versorgung (zuletzt: 28.08.2023).

Walter, Tonio: Keine Verpflichtung zu einem Triagegesetz – und kaum Vorgaben dafür, NJW 2022, 363–366.

Walus, Andreas: Pandemie und Katastrophennotstand: Zuständigkeitsverteilung und Kompetenzmängel des Bundes, DÖV 2010, 127–133.

Waßmer, Martin Paul: Zur Strafbarkeit der Triage in der Covid-19-Pandemie, in: Hilgendorf, Eric/Hoven, Elisa/Rostalski, Frauke (Hrsg.), Triage in der (Strafrechts-)Wissenschaft, 2021, S. 341–360.

Weber, Klaus: Rechtswörterbuch, 33. Edition, München 2024 (zit.: *Bearbeiter*, in: Weber, Rechtswörterbuch).

Weigend, Thomas: Auf dem Weg zu einer Regelung der Triage, in: Hilgendorf, Eric/Hoven, Elisa/Rostalski, Frauke (Hrsg.), Triage in der (Strafrechts-)Wissenschaft, 2021, S. 375–395.

Weschpfennig, Armin von: Der Parlamentsvorbehalt in der Corona-Krise, DV 53 (2020), 469–500.

Windsberger, Alexandra: Allokationsentscheidungen in Dilemmasituationen, NK 2023, 63–80.

Wißmann, Hinnerk: Verfassungsbruch? Schlimmer: Ein Fehler, Verfassungsblog vom 06.02.2021, abrufbar unter: https://verfassungsblog.de/verfassungsbruch-schlimmer-ein-fehler/ (zuletzt: 28.08.2023).

Wißmann, Hinnerk: Impfen im Verfassungsstaat, Verfassungsblog vom 06.12.2021, abrufbar unter: https://verfassungsblog.de/impfen-im-verfassungsstaat/ (zuletzt: 28.08.2023).

Witte, Tobias: Recht und Gerechtigkeit im Pandemiefall, Baden-Baden 2013.

Wolf, Anna-Lea: Triage in der Pandemie, Baden-Baden 2024.

Wolff, Daniel: Priorisierung in der Pandemie – Zehn Thesen zur Allokation eines zukünftigen Corona-Impfstoffs, DVBl. 2020, 1379–1385.

Wollenschläger, Ferdinand: Die COVID-19-Pandemie als Stunde der Exekutive und die parlamentarische Demokratie des Grundgesetzes, in: Koch, Arnd/Kubiciel, Michael/Wollenschläger, Ferdinand/Wurmnest, Wolfgang, 50 Jahre Juristische Fakultät Augsburg, Tübingen 202, S. 651–704.

Stichwortverzeichnis

Anna Katharina Lintz

Pandemie und Staatshaftung

Zur Haftung des Staates für infektionsschützende Maßnahmen mit wirtschaftlichen Folgen

Die Arbeit untersucht das Infektionsschutzrecht aus staatshaftungsrechtlicher Sicht und prüft, ob das Staatshaftungsrecht etwas zur Folgenbewältigung bei Pandemien beitragen kann. Trotz bestehender Entschädigungsregelungen im Infektionsschutzgesetz, fehlen Anspruchsgrundlagen bei generellen Betriebsschließungen. Das Staatshaftungsrecht könnte Lösungen bieten, wobei das Ausmaß der Einschränkungen die Grenzen der Staatshaftung herausfordert. Betriebsbeeinträchtigende Maßnahmen mögen zwar gerechtfertigt sein, bei unzumutbarer Belastung der Gewerbetreibenden ist eine Ausgleichspflicht dennoch verfassungsrechtlich geboten. Infektionsschutzmaßnahmen können im Einzelfall zu unzumutbaren Belastungen führen, da einzelne Unternehmen besonders intensiv und ungleich in Anspruch genommen werden. Das Infektionsschutzrecht muss überarbeitet werden, um die Balance zwischen Handlungsfähigkeit des Staates in Krisenzeiten und dem notwendigen Sonderopfer der Betroffenen im Infektionsschutz zu gewährleisten.

Schriften zum Öffentlichen Recht, Band 1535
359 Seiten, 2024
ISBN 978-3-428-19162-8, geb., € 99,90
Titel auch als E-Book erhältlich.